全国医学院校高职高专系列教材

中　医　学

主　　编　姚军汉　吴水盛
副 主 编　侯志英　徐袁明　张明德
编　　者　（以姓氏笔画为序）
　　　　　闫立国（张掖医学高等专科学校）
　　　　　李艳茹（山东万杰医学院）
　　　　　吴水盛（怀化医学高等专科学校）
　　　　　张立峰（大庆医学高等专科学校）
　　　　　张丽霞（怀化医学高等专科学校）
　　　　　张明德（常德职业技术学院）
　　　　　侯志英（张掖医学高等专科学校）
　　　　　姚军汉（张掖医学高等专科学校）
　　　　　唐云峰（怀化医学高等专科学校）
　　　　　徐袁明（柳州医学高等专科学校）
编写秘书　闫立国

北京大学医学出版社

ZHONGYIXUE

图书在版编目（CIP）数据

中医学/姚军汉，吴水盛主编. —北京：北京大学医学出版社，2010.12（2015.7重印）
（全国医学院校高职高专系列教材）
ISBN 978-7-5659-0030-3

Ⅰ.①中… Ⅱ.①姚…②吴… Ⅲ.①中医学—高等学校：技术学校—教材 Ⅳ.①R22

中国版本图书馆CIP数据核字（2010）第236684号

中医学

主　　编：姚军汉　吴水盛
出版发行：北京大学医学出版社
地　　址：(100191) 北京市海淀区学院路38号　北京大学医学部院内
电　　话：发行部 010-82802230；图书邮购 010-82802495
网　　址：http://www.pumpress.com.cn
E - mail：booksale@bjmu.edu.cn
印　　刷：北京东方圣雅印刷有限公司
经　　销：新华书店
责任编辑：张彩虹　　　责任校对：金彤文　　　责任印制：张京生
开　　本：787mm×1092mm　1/16　　印张：22.5　　字数：581千字
版　　次：2010年12月第1版　2015年7月第7次印刷
书　　号：ISBN 978-7-5659-0030-3
定　　价：38.00元
版权所有，违者必究
（凡属质量问题请与本社发行部联系退换）

全国医学院校高职高专系列教材编审委员会组成名单

主任委员：王德炳
学术顾问：程伯基
第一副主任委员
  陈涤民 怀化医学高等专科学校   校长
副主任委员（以姓氏笔画为序）
  匡奕珍 山东万杰医学院   院长
  杨文明 常德职业技术学院   院长
  何旭辉 大庆医学高等专科学校   校长
  姚军汉 张掖医学高等专科学校   校长
  秦海洸 柳州医学高等专科学校   副校长
  高炳英 青海卫生职业技术学院   党委书记
  雷巍娥 湖南环境生物职业技术学院 副院长
秘书长：李晓阳 怀化医学高等专科学校   副校长
委员（以姓氏笔画为序）

马红茹	马晓健	王化修	王晓臣	王喜梅	王嗣雷	邓 瑞	邓开玉
艾晓清	叶 玲	申小青	田小英	付林海	冯丽华	冯燕俊	吕 冬
向开祥	向秋玲	邬贤斌	庄景凡	刘一丁	刘兴国	刘金宝	刘振华
许健瑞	阳 晓	李 兵	李争鸣	李金成	李钟峰	李淑文	李雪兰
李新才	李豫青	杨立明	杨新忠	吴 艳	吴水盛	吴和平	吴德诚
宋 博	宋国华	张 申	张 萍	张 慧	张 薇	张玉兰	张振荣
张跃新	张琳琳	陆 春	陆 涛	陈小红	陈良富	陈建中	易德保
岳新荣	周 毅	周旺红	周德华	郑丽忠	柳 洁	赵亚珍	郝晓鸣
段于峰	饶利兵	姜海鸥	姚本丽	贺 伟	桂 芳	耿 磊	聂景蓉
徐凤生	郭 毅	陶 莉	黄建林	黄雪霜	曹庆旭	曹述铁	阎希青
彭 湃	彭 鹏	彭艾莉	董占奎	蒋乐龙	曾孟兰	谢日华	蓝琼丽
蒲泉州	鲍缇夕	蔡岳华	谭占国	熊正南	戴肖松		

序

　　医药卫生类高职高专教育是我国高等医学教育体系的重要组成部分。目前我国正在积极推进医药卫生体制改革，力争用几年时间基本建成覆盖全国城乡的基本医疗卫生制度，初步实现人人享有基本医疗卫生服务的目标。因此，对基层卫生服务人才的需求在大量增加，同时对其素质要求也在提高。卫生部针对基层人才严重缺乏的问题，指出当前和今后一段时间内还需要培养高等专科水平的医学人才，充实基层卫生服务技术人才队伍。

　　在新一轮医药卫生体制改革逐步推进的大背景下，为配合教育部"十二五"国家级规划教材建设，中国高等教育学会医学教育专业委员会与北京大学医学出版社共同发起成立全国医学院校高职高专系列教材编审委员会，组织二十余所医学院校启动了全国医学院校高职高专系列教材的编写、出版工作。本系列教材包括4个子系列，即基础课程（14种）、临床专业课程（10种）、全科医学专业课程（5种）和护理专业课程（11种），有些教材还编写了配套实验指导与学习指导。

　　这套教材编写的指导思想是：符合人才培养规律，体现教学改革成果，确保教材质量。各教材在编写中把握了以下原则：①根据专业培养目标、就业需要及本课程在教学计划中的地位、作用和规定学时数确定编写大纲及内容的深度、广度、重点和字数。②着重于基础理论、基本知识和基本技能的叙述。基础课教材要体现专业特色，要为专业课服务。③保证内容的科学性、启发性、逻辑性、先进性和适用性。应做到概念清楚，定义准确，理论有据，名词术语准确统一；启发学生理解、分析问题，有利于提高学生的学习兴趣和培养他们的钻研探索精神。④恰当处理相关课程内容之间的交叉与衔接，以避免知识点的不必要重复。⑤内容涵盖执业助理医师或护士执业资格考试最新版考试大纲的要求，以利于学生应考和就业。

　　这套教材的编写、出版和使用，离不开二十余所医学院校领导和教务部门的支持，凝聚了各教材编写组老师们的辛勤劳动和汗水。这套教材的出版时值国家"十二五"规划开局之年，我们会积极努力申报，争取有更多教材入选"十二五"国家级规划教材，为医药卫生类高职高专教育的改革和发展贡献力量！

王德炳

2010年12月

前　言

中医学是中国医药学的简称，是中华民族在长期的医疗、生活实践中积累总结而成、具有独特理论风格和诊疗效果的医学理论体系，是我国卫生事业的重要组成部分，与现代医学共同承担着提高人民健康水平的重要任务。作为临床医学专业的基础课，通过本课程的教学，使学生能够理解中医整体观念及辨证论治的精华，初步掌握中医基本理论和诊断、治疗常识，加深对人类复杂生命现象的认识，理解不同医学体系对于生命现象认知的差异，拓宽视野，开阔思路，增加临床诊疗知识和技术，为今后进一步学习中医学、进行中西医结合工作打下基础。同时，加深对中国传统文化思想的理解，提高医学生的传统文化素质。

本书为医学高等专科学校临床医学专业系列教材之一，由张掖医学高等专科学校等6所院校、10人参与编写，供全国高等医学专科学校临床医学专业及相关专业学习中医课程使用。本教材以现行各版本的教材为基础，吸取各家的长处，又在内容与形式上做了一些改进，努力做到既有继承性、连续性，又适应与满足学生的学习需求。本课程计划课时76学时，主要介绍中医学的基础理论以及在临床的综合运用。通过对本门课程的学习，使学生能够掌握一定的中医学基本理论和基本技能，并能初步运用中医药防治常见病和多发病。内容分上、下篇。上篇主要内容有阴阳五行精气学说、藏象学说、气血津液、经络、病因病机、四诊、辨证、治则与治法、中药、方剂。下篇有针灸、内科病证、妇科病证、儿科病证、外科病证。书末附有常用方剂、参考书目，以备查阅。

本课程教学以课堂讲授为主，结合多媒体教学和讨论式教学，适当安排实践教学。课堂讲授要用通俗准确的语言，由浅入深、循序渐进地阐述各章内容，做到条理清楚，既要深入细致，又要重点突出，讲清重点或难点，力求使学生弄清基本概念，熟练掌握基本内容。应努力保持中医学理论体系的科学性和完整性，分析中医学产生和发展的人文背景、哲学思想，介绍中医学的生命观、疾病观、诊疗技术及应用实践，必须围绕"整体观念"和"辨证论治"进行教学，突出中医学的学术特点，使学生明确中医、西医两个不同医学体系因为哲学基础的不同，所以对自然社会、对人体生理病理、对疾病的诊断治疗等也存在有不同的理论体系，使同学能在比较中初步掌握中医学的基础知识。教师除完成大纲所规定的内容及任务外，可结合自己的临床经验，适当补充讲述，激发学生学习中医的兴趣，提高本课程的教学质量。

本书的编写强调科学性，力求保持中医药学原有特色。此外，基于教材的特殊性，在内容取舍上，主张积极、稳妥、谨慎，对个人经验或争议较大的内容，一般不列入正文。本书的编写分工：前言、绪论、阴阳五行精气学说、四诊部分由张掖医学高等专科学校姚军汉教授编写；藏象学说部分由常德职业技术学院张明德教授编写；气血津液、外科病证部分由大庆医学高等专科学校张立峰讲师编写；经络、防治原则与治法、针灸、附录部分由张掖医学高等专科学校闫立国讲师编写；病因病机部分由怀化医学高等专科学校张丽霞教授编写；辨证部分由张掖医学高等专科学校侯志英教授编写；中药部分由山东万杰医学院李艳茹副教授编写；方剂部分由柳州医学高等专科学校徐袁明副教授编写；内科病证部分由怀化医学高等专科学校吴水盛教授编写；妇科病证、儿科病证部分由怀化医学高等专科学校唐云峰讲师编写。

全书由主编单位张掖医学高等专科学校负责统稿编审。在筹划、审定过程中，亦曾邀请教研室多位老师参与部分编审工作，在此一并表示感谢。

由于编者水平有限，时间紧迫，人员分散，疏漏错误在所难免，敬请各医学专科学校或卫生职业技术学院的老师及广大中医同道提出宝贵意见，以利进一步修订完善。

《中医学》教材编写组

2010年10月

目 录

绪论 ……………………………………… 1
 一、中国医药学的发展概况 …………… 1
 二、中医学的科学性 …………………… 5
 三、中医学的基本特点 ………………… 5
 四、中医理论的基本框架 ……………… 8

上篇　基础理论部分

第一章　中医理论体系的哲学基础
　　　　——阴阳五行精气学说 ……… 12
第一节　阴阳学说 ………………………… 12
 一、阴阳学说的基本概念 ……………… 12
 二、阴阳学说的基本内容 ……………… 13
 三、阴阳学说在医学中的应用 ………… 14
第二节　五行学说 ………………………… 16
 一、五行的基本概念 …………………… 16
 二、五行学说的基本内容 ……………… 16
 三、五行学说在医学中的应用 ………… 18
第三节　精气学说 ………………………… 21
 一、精气学说的基本概念 ……………… 21
 二、精气学说的基本内容 ……………… 21
 三、精气学说在中医学中的应用 … 22
第四节　阴阳、五行、精气三学说的
　　　　相互关系 ………………………… 24

第二章　中医理论体系的核心
　　　　——藏象 …………………………… 29
第一节　藏象概述 ………………………… 29
第二节　脏腑 ……………………………… 29
 一、五脏 ………………………………… 29
 二、六腑 ………………………………… 37
第三节　脏腑之间的关系 ………………… 39
 一、脏与脏之间的关系 ………………… 39
 二、脏与腑之间的关系 ………………… 40
 三、腑与腑之间的关系 ………………… 41

第三章　脏腑经络的物质基础
　　　　——气血津液 …………………… 43
 一、气 …………………………………… 43
 二、血 …………………………………… 46
 三、津液 ………………………………… 47
 四、气、血、津液间的关系 …………… 48

第四章　经络 ……………………………… 51
 一、经络的概念 ………………………… 51
 二、经络的组成 ………………………… 51
 三、经络的功能 ………………………… 52
 四、十二正经 …………………………… 54
 五、奇经八脉 …………………………… 55

第五章　病因病机 ………………………… 58
第一节　病因 ……………………………… 58
 一、外感致病因素 ……………………… 59
 二、情志因素 …………………………… 63
 三、继发因素 …………………………… 65
 四、其他因素 …………………………… 67
第二节　病机 ……………………………… 70
 一、邪正盛衰 …………………………… 70
 二、阴阳失调 …………………………… 73

第六章　诊法 ……………………………… 81
第一节　望诊 ……………………………… 81
 一、全身望诊 …………………………… 81
 二、局部望诊 …………………………… 83
 三、望舌 ………………………………… 85
 四、望小儿食指络脉 …………………… 88
第二节　闻诊 ……………………………… 88
 一、听声音 ……………………………… 88
 二、嗅气味 ……………………………… 89
第三节　问诊 ……………………………… 89
 一、问一般情况 ………………………… 89
 二、问现病史 …………………………… 90
 三、问既往病史和家族病史 …………… 90
 四、问现在症状 ………………………… 90

第四节　切诊 ………………………… 95
　　　一、脉诊 …………………………… 95
　　　二、按诊 …………………………… 99
第七章　辨证 …………………………… 102
　　第一节　八纲辨证 …………………… 103
　　　一、表里辨证 ……………………… 103
　　　二、寒热辨证 ……………………… 104
　　　三、虚实辨证 ……………………… 105
　　　四、阴阳辨证 ……………………… 107
　　　五、八纲之间的关系 ……………… 107
　　第二节　气血津液病辨证 …………… 108
　　　一、气病辨证 ……………………… 108
　　　二、血病辨证 ……………………… 109
　　　三、气血同病辨证 ………………… 110
　　　四、津液病辨证 …………………… 111
　　第三节　脏腑病辨证 ………………… 113
　　　一、心与小肠病辨证 ……………… 113
　　　二、肺与大肠病辨证 ……………… 114
　　　三、脾与胃病辨证 ………………… 115
　　　四、肝与胆病辨证 ………………… 117
　　　五、肾与膀胱病辨证 ……………… 118
第八章　治则与治法 …………………… 123
　　第一节　治则 ………………………… 123
　　　一、治病求本 ……………………… 123
　　　二、扶正祛邪 ……………………… 124
　　　三、因时、因地、因人制宜 ……… 125
　　第二节　治法（八法）……………… 125
　　　一、汗法 …………………………… 125
　　　二、吐法 …………………………… 126
　　　三、下法 …………………………… 126
　　　四、和法 …………………………… 126
　　　五、温法 …………………………… 126
　　　六、清法 …………………………… 127
　　　七、消法 …………………………… 127
　　　八、补法 …………………………… 127
第九章　中药 …………………………… 131
　　第一节　中药基本知识 ……………… 131
　　　一、中药采收和贮藏 ……………… 131
　　　二、中药的炮制 …………………… 131
　　　三、中药的性能 …………………… 132
　　　四、中药的应用 …………………… 134
　　第二节　常用中药 …………………… 136
　　　一、解表药 ………………………… 136
　　　二、清热药 ………………………… 141
　　　三、泻下药 ………………………… 149
　　　四、祛风湿药 ……………………… 151
　　　五、芳香化湿药 …………………… 154
　　　六、利水渗湿药 …………………… 155
　　　七、温里药 ………………………… 158
　　　八、理气药 ………………………… 160
　　　九、消导药 ………………………… 163
　　　十、活血祛瘀药 …………………… 165
　　　十一、止血药 ……………………… 169
　　　十二、化痰止咳平喘药 …………… 171
　　　十三、安神药 ……………………… 177
　　　十四、平肝熄风药 ………………… 179
　　　十五、开窍药 ……………………… 181
　　　十六、补益药 ……………………… 182
　　　十七、收涩药 ……………………… 192
　　　十八、驱虫药 ……………………… 194
　　　十九、外用药 ……………………… 194
　　　附药：常用抗肿瘤中药 …………… 194
第十章　方剂 …………………………… 198
　　第一节　方剂基本常识 ……………… 198
　　　一、方剂的组成原则 ……………… 198
　　　二、方剂的组成变化 ……………… 198
　　　三、常用的剂型 …………………… 199
　　第二节　常用方剂 …………………… 200

下篇　临床各科

第十一章　针灸 ………………………… 224
　　第一节　针灸基本常识 ……………… 224
　　　一、针法 …………………………… 224
　　　二、灸法 …………………………… 229
　　　三、取穴法 ………………………… 231
　　第二节　腧穴 ………………………… 233
　　　一、十四经穴 ……………………… 233
　　　二、经外奇穴 ……………………… 256
　　第三节　针灸治疗总则 ……………… 257

一、治则……………………… 257
二、特定穴位的应用…………… 258
第十二章　内科病证……………… 263
　第一节　感冒……………………… 263
　第二节　咳嗽……………………… 267
　第三节　喘证……………………… 271
　　附：喘脱………………………… 274
　第四节　水肿……………………… 274
　第五节　消渴……………………… 278
　第六节　胃痛……………………… 281
　第七节　眩晕……………………… 284
　第八节　便秘……………………… 287
　第九节　黄疸……………………… 290
　第十节　痹证……………………… 293
第十三章　妇科病证……………… 302
　第一节　月经病…………………… 302
　　一、月经先期…………………… 302
　　二、月经后期…………………… 304

三、月经先后无定期…………… 305
四、崩漏………………………… 306
五、闭经………………………… 307
六、痛经………………………… 309
　第二节　带下病…………………… 311
　第三节　妊娠病…………………… 312
　　一、妊娠恶阻…………………… 312
　　二、胎漏、胎动不安…………… 313
　第四节　产后缺乳………………… 315
第十四章　儿科病证……………… 320
　第一节　小儿腹泻………………… 320
　第二节　痄腮……………………… 323
第十五章　外科病证……………… 326
　第一节　丹毒……………………… 326
　第二节　蛇串疮…………………… 328
附　方剂索引……………………… 332
参考文献…………………………… 345

绪 论

> **学习目标**
> 1. 掌握中医学的基本特点；中医学中证、症状、疾病三者的含义及其联系。
> 2. 熟悉中医学的理论框架。
> 3. 了解中医药学的发展概况。

重点难点

以中医学的基本特点为重点；以中医学中证、症状、疾病三者的含义及其联系为难点。

中医学是一门具有独特理论体系的传统医学。它的历史悠久，具有浓郁的中国传统文化特色，并受古代哲学思想的影响和指导，是我国人民长期同疾病作斗争的经验总结。数千年来，它不仅为我国人民的健康事业和世界医学的发展做出了巨大贡献，而且成为中国文化的一个重要组成部分，是中华民族五千年文明史中的一颗璀璨明珠。

一、中国医药学的发展概况

（一）中国医药学的起源

在原始社会，早期人类为了生存要与自然界、猛兽等进行斗争，对于产生的伤痛自发采用简单的处理方法，并逐步积累形成了原始的医学卫生知识。例如：在与野兽搏斗、部落战争及劳动过程中必然有外伤发生，对负伤部位本能的抚摸、按压则为最原始的按摩止痛、止血之法；使用泥土、野草、树叶、树皮等敷裹伤口，为外治法的开始；石器的出现，利用砭石切开脓疱是外科的雏形，在此基础上，逐渐发展为石针、骨针，成为针刺术的萌芽。火的发明使人们在烘火取暖时，不仅身体感到舒服，而且一些疼痛感到减轻，于是用火烤热砂石、用树皮或兽皮包上烧热的砂石进行局部温熨疼痛之处，为最初的"熨法"。进而利用树枝和干草作燃料，进行局部固定部位的灸熨以治疗疾病，为"灸法"的开始。并且"火"使人类由茹毛饮血的时代进入熟食时代，促进了身体、大脑的发育，减少了胃肠疾病的发生。原始社会，人们为了生活，采集植物根茎、果实、花、叶来充饥，由于盲目和饥不择食，有的出现呕吐、腹泻、甚至昏迷死亡的中毒现象，有的则解除了某些疾病和痛苦，经过无数次的反复实践、尝试，认识到了某些植物对人体的益处和害处，从而发现了许多草药。《淮南子·修务训》记载："神农氏尝百草之滋味，水泉之甘苦，令民知所避就。当此之时，一日而遇七十毒"。随着生产工具的不断改进，有了石刀、石锄、石杵、弓箭等，狩猎、捕鱼逐渐增多。随着肉食类食物的丰富，人们逐渐认识了某些动物药。《山海经》有"河罗鱼……食之已痈"和"有鸟焉……名曰青耕，可以御疫"的记载。后随着金属冶炼时代的到来，矿物药也相继出现。

由此可见，中医药学起源的历史是人类文明史的一部分，是古代劳动人民长期为了生存、生活、发展而与疾病作斗争的创造史，是在生产劳动和生活实践中产生、积累、创造并

（二）中医药理论体系的确立

随着人类自身智能的发展、社会的进步、生产力的提高、经济的发展和文明的进步，社会科学、自然科学、生物科学及哲学、文学的积累等均取得了一定成就。人类由生存救护发展到有意识、有目的、有组织的医疗行为，为中医药理论的确立奠定了基础。战胜巫医和迷信，在阴阳五行哲学思想指导下，以天人合一的系统整体观，运用古代朴素的唯物辨证法思维方法，在对以往的医药学实践经验进行总结、概括的基础上，跨越了一个又一个发展阶段，从而初步确立了中医药学独特的理论体系，以《内经》、《难经》、《伤寒杂病论》、《神农本草经》等医学典籍的问世为标志。

《黄帝内经》是我国现存最早的一部医学典籍，包括《素问》和《灵枢》两个部分，每部9卷81篇，共18卷162篇，约成书于春秋战国至秦汉时期。采用问答体裁，以阴阳五行学说和朴素的唯物辨证法思想为理论基础，对人体的组织结构、生理现象、病理变化及疾病的诊断、治疗、预防方法和原则等作了系统全面的论述。具体内容包括藏象、经络、病因、病机、诊法、辨证、治法、针灸、汤液治疗、预防和养生保健、运气等。此外，还对阴阳五行，天人相应、内外统一的整体观念、形神关系，因时、因地、因人制宜的辨证治疗方法等进行了深入探讨。它在人体形态结构方面，对人体骨骼、血脉长度、内脏器官的大小和容量记载，与实际基本相符，如食管和肠管的比例为1∶35，与现代解剖学的1∶37非常接近。在血液循环方面，"心主身之血脉"，血液在脉管内"流行不止，环周不休"的观点，比英国哈维在公元1628年发现血液循环早一千多年。在疾病的发生发展、预后转归方面，强调"正气"的主导作用，"正气存内，邪不可干"，"精神内守，病安从来"。防治方面，倡导"防重于治"，提出"治未病"的观点。养生方面，提倡"保精、养神、御神"和"恬淡虚无"的精神调摄方法。所以，《内经》的问世，奠定了中医药学理论体系的基础。

《难经》是继《内经》之后的又一部以质疑问难方式探究中医药学理论的专著。全书共设81个问题，称"八十一难"。内容包括脏腑、经络、疾病、脉学、针灸等，尤其在脉诊和针灸方面，更为详细，对命门、三焦的论述具有创见性，补充了《内经》的不足。

东汉末年张仲景的《伤寒杂病论》是以条目的形式由临床表现到病机分析、确定病证，提出治法及方药。概括了中医的望、闻、问、切四诊，阴、阳、表、里、寒、热、虚、实八纲，汗、吐、下、和、温、清、补、消（利）八法，使理、法、方、药趋于完备。以六经辨证为纲治疗外感病，以脏腑辨证治疗内伤杂病，开创了中医辨证论治的先河，为中医临床医学和方剂学奠定了基础，对后世中医药学的发展具有重大影响。

《神农本草经》为我国现存最早的药物学专著，成书于两汉时期，托名神农所著。它的问世，使中医学和中药学相辅相成，融为一体。全书共收载药物365种，其中植物药252种，动物药67种，矿物药46种。书中根据药物性能功效和有无毒性分为上、中、下三品。并提出了药物的寒、热、温、凉四气及酸、苦、甘、辛、咸五味等药物学理论，同时对药物产地、采集、炮制、剂型等作了论述，为中药理论的形成奠定了基础。至此，历经先秦、秦、汉时期，中医药学已经在其基础理论体系方面渐趋完整，在其临床实践的各个领域方面也积累了丰富的经验，为以后的发展奠定了坚实的基础。

（三）各学科的形成与发展

远在周代的食医（营养医）、疾医（内科）、疡医（外科）、兽医的医学分科为最早的学科分化。随着中医药理论的不断完善和临床治疗经验的不断积累，逐步形成了以内、外、妇、儿、针灸、方药等为主的主干学科。在此基础上，进一步发展到近代，形成了以基础理论、诊断、中药、方剂为基础学科，内、外、妇、儿、针灸、五官、眼科为临床学科的完整的学科分化。

1. 内科学　疾医是最早的内科学雏形。《金匮要略》以脏腑分证治疗杂病，理法方药，立论精确；隋代巢元方的《诸病源候论》对多种内科疾病的病因病机、证候作了详细的分析和论述，成为内科学发展的基础。

唐代王焘的《外台秘要》所记录的消渴一病的证候和治法，给后世内科疾病分型治疗很大启发。宋、金、元时期，学术争鸣，学派蜂起，在推动整个中医药学发展的同时，内科学取得了长足的发展。特别是以刘完素、张子和、李东垣、朱丹溪为代表的四大医家，后称"金元四大家"。其中刘完素倡导"火热论"而用药以寒凉为主，后称"寒凉派"；张子和主张邪气为致病之主因，"邪去则正安"，用药长于汗、吐、下三法，后称"攻下派"；李东垣重视中焦脾胃，提出"内伤脾胃，百病由生"，用药主张先补脾胃，后称"补土派"；朱丹溪独重"相火"，火易耗阴而提出"阳常有余，阴常不足"之论，力主滋阴降火，后称"滋阴派"。不同的学术流派从不同的侧面丰富发展了中医辨证治疗的方法。明清为温病学的迅速发展时期，吴又可提出"疠气"的特殊病因，详论了瘟疫的传染途径及证治；叶天士、吴鞠通对外感温病深入研究，创立卫气营血辨证及三焦辨证，与《伤寒论》的六经辨证共成外感病辨证论治的两大体系，完善了外感热病的诊治。张景岳、王清任的命门学说，瘀血的理论，血证辨证的深入和创造，推动了内科学的发展。从此，内科学一整套的辨证治疗理论体系基本完善。

新中国成立后，理论探讨、临床研究、实验研究、古医籍整理等各类内科学专著大量问世，使内科疾病的病因病机日益明确，诊断更加准确，辨证分型进一步规范，治疗手段和方法更加先进，疗效显著提高。

2. 外科学　中医外伤科学起源很早，但发展缓慢，古称"疡科"，其起源于原始社会，明清时已较成熟。

汉代医家华佗使用"麻沸散"全身麻醉施行各种手术为世界最早的外科麻醉术。晋代的《刘涓子鬼遗方》是我国第一部外科专著，总结了许多金疮痈疽、疔疖及其皮肤病的治疗经验。隋代《诸病源候论》、唐代《千金方》收载了许多外科疾病，如瘿瘤、疔疮、痈疽、痔瘘、丹毒、虫蛇兽咬伤及皮肤疾病的治疗方药。宋、元时期，《圣济总录》、《太平圣惠方》、《外科精要》、《世医得效方》等的问世，对外科病的辨证治疗用药及创伤外科的内外结合治法都有独特创新，使外伤科得到了较快发展，为以后的完善奠定了基础。

明清时代，中医外科已逐渐发展成熟。以陈实功的《外科正宗》为标志，其详载病名，各附治法，条理清楚，内容丰富，此前的大部分外科病证治法均收录。《医宗金鉴》对外科、伤科许多疾病的诊断、用药、治疗手法阐述系统而详细，使外科学得到了迅速发展。

新中国成立后，中医药在外科领域，特别是在治疗痈、疮、疔、毒，结扎和注射治疗内痔，切开或挂线治疗肛瘘，辨证治疗脱疽、骨疽，中西医结合治疗红斑狼疮、烧伤，手法整复及小夹板局部固定治疗骨折等方面，都取得了长足发展。

3. 妇科学　妇科古称"女科"。早在《内经》中就有不孕、不月、子瘤、血枯、石瘕等妇科病的记载。《伤寒杂病论》中专论妇科妊娠、产后、杂病三篇，理法方药严谨，为妇科学的发展奠定了基础。

从唐代我国最早的妇产科专著《经效产宝》的问世，到宋代陈自明著《妇人良方大全》、明代王肯堂的《妇科证治准绳》、武之望的《济阴纲目》等，对妇产科学的发展起到了很大促进作用。尤其是清代《傅青主女科》的问世，对妇科疾病经、带、胎、产的辨证、诊断、治疗均提升到了一个新的水平。

新中国成立后，对妇产科的许多疾病的诊治均取得了突破性进展，特别是中西结合医学的发展。非手术治疗宫外孕、针灸纠正胎位防治难产、中医药治疗宫颈癌及乳腺疾病、习惯性流产、功能性子宫出血和一些内分泌病变等方面均取得较好疗效。

4. 儿科学　儿科古称"哑科"。据文献记载，战国时期已有儿科医生出现。西汉初期问世的《颅囟经》是中医儿科的第一部专著。

北宋儿科名医钱乙著《小儿药证直诀》，提出儿科疾病以五脏为纲的辨证方法，并对水痘、麻疹等几种传染病有相当的认识，自始儿科学有了进一步的发展。元代曹世荣著《活幼新书》，对小儿惊风、抽搐的辨证治疗有了创新的发展。明清两代儿科学发展迅速，众多儿科专著问世，尤其是《幼幼集成》、《医宗金鉴·幼科心法要诀》，内容丰富，论述详尽，对小儿惊风、发热、呕吐辨证独特有效。

新中国成立后，儿科飞速发展。过去儿科四大症之痘（天花）被消灭，痧（麻疹）已控制，惊（破伤风）、疳（疳积）发病率大幅度下降，已极少见。中医药在治疗儿科多发病和急、慢性传染病方面取得了良好的成绩，为小儿健康成长做出了很大的贡献。

5. 针灸学　针灸学起源很早，约开始于新石器时代，在砭石的基础上，发展为石针、骨针，开始有了针刺术。《内经》尤其是《灵枢》中记载针灸理论较为丰富而系统，为后世的发展奠定了理论基础。

晋代皇甫谧著《针灸甲乙经》，把经络理论与针灸临床紧密结合，总结了晋以前的针灸学成就，确定穴位349个，并详细介绍了针灸手法、宜忌和一些疾病的治疗，对针灸学的发展起到了承前启后的作用。宋代王唯一著《铜人腧穴针灸图经》，并铸造有经络路线和穴位名称的针灸铜人，为学习和教学开辟了新途径。明代杨继洲汇百家之术，结合自己的经验，著成《针灸大成》，使针灸学得到巨大发展。

新中国成立后，出版了一批古代针灸学医籍，总结了历代针灸学的成果，创立了许多新的针灸疗法。针刺麻醉，经络实质的探研，特殊穴位的治病功效并结合现代研究手段，使针灸学得到空前发展。

6. 方药学　药物学和方剂学的发展是同步的。继《神农本草经》之后，唐代《新修本草》问世，收集药物已达850种，是世界上第一部由政府颁布的药典。中药学发展的重要标志是明代李时珍的《本草纲目》，他以毕生之精力，科学的态度，严谨的学风，虚心求教，大胆实践，广收博采，历时27年，总结明代以前的药物学知识，加上自己丰富的实践经验，全面考证，著成本书。全书共有52卷，190余万字，载药1892种，绘图1000多幅，收录方剂11096首，将药物进行科学分类。《本草纲目》先后被译成多种文字，广泛流传。其后又有清代汪昂《本草备要》、赵学敏《本草纲目拾遗》、吴仪洛《本草从新》等许多药物学专著问世，使中药学有了飞速的发展。

早在春秋战国时期，已将单味药组成复方用于临床，组方之后既能提高疗效，又能减少毒副作用。《内经》的13方、《伤寒论》的113方、《金匮要略》的262方，为方剂学发展奠定了坚实的基础。历代收录方剂的论著浩如烟海，如晋代葛洪的《肘后备急方》、唐代孙思邈的《千金方》、明代朱橚组织编写的《普济方》（收方达61739首）、清代汪昂的《医方集解》，吴仪洛的《成方切用》等这些传世之作，均为方剂学发展的重要标志。

新中国成立后，方药新品种的开发，从单味药的提取到复方成分的研究，利用现代科技手段，使新药的品种大幅度增加，剂型改革不断创新，极大地方便了临床应用，适应了病情的需要，提高了疗效。

二、中医学的科学性

中医学的科学性最根本的表现在它对人体的全面系统的认识上，这种认识集中体现在形气神理论、脏腑理论和经络理论，构成了中医学完整的理论体系。而且其理论体系的完善始终以实践为基础，来源于实践而又指导着实践，显示出理论和实践的紧密结合性。以丰富的诊疗经验不断完善其理论体系并创新、发展，再加上中医学在几千年中国历史的长河中保障中华民族生命和健康的"实效"。这本身就说明中医学的科学性。

（一）中医学具有完整的理论体系

中医学以形气神理论、脏腑理论和经络理论为核心，构建完整的理论体系。首先对人体本质认识上的科学性就在于人体是一个形气神的统一体，不仅有物质上的形，而且有信息上的气和意识上的神，对形、气、神相互关系的认识与现代物质、信息、意识相互关系的认识是基本一致的。充分显示其认识上的科学性和合理性。其次在对人体功能、结构的认识上，中医学将整个人体的功能系统概括为以五脏为核心的脏腑系统。其五脏并非以独立的形体结构存在，而是以功能活动存在，其五大系统的功能活动又是多个形体结构相互协作的结果。这是中医学对人体功能系统的科学揭示，从脏腑的角度阐明了人体功能系统的基本构成及其活动的基本规律。经络理论则揭示了人体形气神之间、脏腑之间及形气神与脏腑之间的相互联系和相互作用的途径和机制。这三大理论将意识科学和人体科学相结合，更注重功能活动的整体性，实现了它对整个人体的全面系统的科学认识和把握，再加上阴阳五行学说作为说理工具，突出整体观念和辨证论治，显示了中医学理论体系的完整性、系统性、科学性。

（二）中医学理论来源于实践

能被称为科学的一是从实践中来，到实践中去；二是有完整的理论基础。中医学理论体系的形成主要来源于实践，它是我国劳动人民长期以来和各种疾病作斗争的经验总结。从中医学的起源到理论体系的形成、发展，始终是建立在实践这一坚实基础上的。但其发展都从未完全停留在实践和经验之上，而是通过长期的发展完善，不断把实践经验上升为理论，并用于指导实践，而实践的结果验证了治疗疾病、保证健康的有效性。因此，来源于实践并不断完善，又可指导实践并有卓效的理论是科学的。

（三）中医学具有丰富的诊疗经验

中医学的真正基础乃是长期积累的经验，包括对人体生理病理的研究、实际的诊断和治疗。诊病时，直接把切脉、望象、问病情等诊断方法和病症、药物的疗效直接联系。从中医学的起源至今，这些诊疗经验的积累一天也未中断过。正是从这些浩如烟海的直接来源于临床实践的诊疗经验中，总结出了完整而科学的理论体系，历代众多医家留下的个人诊疗经验是中医学宝贵的财富，是中医科学发展的基石。

三、中医学的基本特点

中医学理论体系具有两个基本特点，即整体观念和辨证论治。

（一）整体观念

整体是指统一性、完整性和相互联系性。中医学是古代劳动人民长期的生产、生活及与疾病作斗争的实践经验总结,而在实践经验基础上逐渐形成了对疾病认识的整体观,并成为中医理论体系的基本特点。中医学理论认为人体是一个有机整体,同时人与自然界息息相关,人与社会密切联系。这种机体自身整体性的思想及其与自然、社会环境的统一性,即整体观念。

1. 人是一个有机的整体,具体体现在三个方面:

(1) 人体形体结构的整体性:人体形体结构的严密、科学、合理是千万年来生物进化的结果。人体是由若干脏腑器官共同组成的有机的统一整体,每一个组成部分均可作为一个独立器官,但所有的器官在结构上是不可分割、相互联系的,各自都是整体不可分割的一部分,离开整体而不能独立存在。

(2) 人体功能活动的整体性:形体结构的整体性决定了功能活动的统一性。中医学认为,人体功能活动的实现是以五脏为中心,配合六腑、形体、官窍,以一脏配一腑、一体、一窍构成五个子系统,既完成各自的生理功能,又相互制约,以其相生相克的关系维持其功能的动态平衡,共同完成人体的各种功能活动。心理和生理是人体的两大基本功能活动,五脏以心为最高统帅,"心主神",心身之间存在着相互依赖、相互促进、相互制约的协调关系,形神合一是中医整体统一、功能协调的核心表现。各脏腑、组织、器官各自发挥着不同的生理功能,而这些功能又是整体功能活动的组成部分,每个脏腑器官的功能均受整体功能活动的制约和影响,同时又影响着其他脏腑器官的功能活动,通过其相互协调、制约,维持其生理平衡,从而表现出人体局部与整体之间的辩证统一。

(3) 人体疾病诊断治疗的整体性:人体组织结构和生理功能的整体统一,决定了疾病状态的相互影响,从而表现出整体性。所以中医学在分析疾病的病因病机、疾病的诊断、治疗和预防等方面,亦立足于整体,重视局部病变的整体病理反应,重视整体联系的治疗方法。在病理上,各脏腑组织器官相互联系、相互影响。所以,脏腑病变可通过经络反映于体表,体表病变可通过经络影响脏腑,脏腑之间亦可互相传变。这种互相影响和传变体现了中医病理上的整体观念。在诊断上,运用"有诸内必形于诸外"的以表知里的思维方法,通过五官、形体、舌、脉等外在变化来把握内在疾病的变化规律,创望、闻、问、切四诊这种测知内脏及全身病理变化的诊病方法。治疗上,在治疗局部病变的同时,重视整体的调治,局部和整体相结合。例如,"肝开窍于目",眼病多从肝调治而取得满意疗效。

2. 人与外界环境的密切联系性,主要体现在两个方面:

(1) 人与自然界的相关性:人生活在自然环境之内,是整个物质世界的一部分,外界环境为人提供了赖以生存的必要条件。所以,环境的变化必然影响人体而发生相应变化,即《灵枢·邪客篇》所谓"人与天地相应也",人与天地是一个不可分割的整体,人受自然变化的影响并与之相适应。自然变化对人体的影响主要体现在季节气候、昼夜、地理环境等方面。

人秉天地之气而生存。"天覆地载,万物悉备,莫贵于人,人以天地之气生,四时之法成"(《素问·宝命全形论》)。可知人是天地正常作用而产生的,并接受天地间正常变化规律,顺应四时变化法度而完成其生命活动。如果天地间异常变化则对人体产生相应影响,变化严重反常,则人无法生存。

季节气候对人体的影响:自然界季节气候的变化规律表现为春温、夏热、秋凉、冬寒,自然界万物与之相适应呈现出春生、夏长、秋收、冬藏的规律。人与之相应,"天暑衣厚则腠理开,故汗出……;天寒则腠理闭,气湿不行,水下留于膀胱,则为溺为气"(《灵枢·五癃津液别论》）。反映到脉象上，则有春弦、夏洪、秋毛、冬石之不同。古医籍中很多论述足以说明人体生理活动与季节气候相应的变化。

晨昏昼夜对机体的影响：晨昏昼夜一日的变化，人体亦必与之相应。"以一日分为四时，朝则为春，日中为夏，日入为秋，夜半为冬"（《灵枢·顺气一日分为四时》）。以四季而喻一日的气温升降，"故阳气者，一日而主外，平旦人气生，日中而阳气隆，日西而阳气已虚，气门乃闭"（《素问·生气通天论》），反映了人体因昼夜影响而产生阴阳消长变化，人体体温的升降与精神的兴奋、抑制，代谢的增强、衰减等相适应。

地理区域对人体的影响：不同的地域有不同的气候环境，其人的生活习惯亦不同。就我国来说，江南水乡，地势低平，气候温暖湿润，则人体腠理疏松，皮肤细腻，体格瘦削；西北地区，地高山多，气候寒冷干燥，则人体腠理多致密，皮肤粗糙，体格剽悍、壮实。这是长期居住在特定地理环境下所形成的。如若改变其地域，则初期多感不适应，久之方逐渐与新的地域环境相适应。

人与天地相应，不是消极的、被动的，而是积极的、主动的。人不仅能够主动适应环境，而且能积极地改造自然环境以利于人的生存和健康。但人的适应能力和改造自然的能力是有限的，而且个体之间差异也是巨大的，一旦与之不适应，又无力调整机体时，则会产生疾病。

（2）人与社会的统一性：人是社会的组成部分，人能够改造社会。社会变革的主要力量是人，而社会的变迁对人也会产生影响，其中较明显的有社会制度和社会的进步与落后，社会的安定与动乱，人的社会地位及不同的生活方式等。

首先，优越的社会制度，经济发达，食品衣着供给丰富，居住环境幽雅舒适，则有利于健康。社会关注健康，政府重视，投入医疗保健的人力、物力大，人们对卫生、预防、保健知识了解多，文明程度高，寿命必然延长，身心健康状况必然提高。同时，社会的进步、发达的经济也会对人类产生一些不利因素。如水、土壤、大气、食品的污染，生物资源衰退，温室效应，臭氧层破坏，噪声，农药、放射性污染等，都会影响人体的健康状况，改变人体生理功能，产生许多新的疾病。而社会制度不优越，经济落后，人类赖以生存的基本物质条件得不到保障，食不饱，衣不暖，医疗保健条件落后，则人类健康必然受到影响，体质差，体格虚弱，抵抗力低，疾病发生率高。其次，社会安定，则人们的生活稳定、规律，心理安静，有利于身心发展，健康状况自然良好，体格壮实，不易患病。反之，社会动荡不安，战争、灾荒、瘟疫不断，生活不定，流离失所，饥饱失常，则人体体质下降，疾病增多。第三，个人社会地位的变化也会带来物质和精神方面的变化而影响人体。社会激烈的竞争带来就业、升迁、贫富、人际关系、家庭等变化，无时无刻在对人体产生影响，给人以心理、精神上的压力。人体必须进行自我调节，与之相适应，才能维持其生活活动的稳定、有序、平衡和协调。否则，必然影响其生理功能，导致疾病的发生。第四，不良的生活方式，如膏粱厚味，嗜烟酗酒，久逸熬夜，情绪波动剧烈，长期过度紧张，工作过度繁忙，身心疲惫等均会影响人体，产生疾病。

总之，中医学的整体观贯穿于中医生理、病理、诊断、治疗、养生各个方面。它把人体看作是以五脏为中心的统一的有机整体。同时，认为人与自然界、社会密切相关，互相影响，也是一个统一的整体。

（二）辨证论治

辨证论治是中医诊断和治疗疾病的基本原则，是中医对疾病的一种独特的研究和处理方法，也是中医学理论体系的基本特点之一。

中医诊治疾病的方法主要有辨证论治、辨病论治和对症治疗。这三种论治方法只有辨证论治能够抓住疾病的本质，所以，以辨证论治为主，而其余两种论治方法只能成为辅助手段。

"证"，即证候，有"证据"之意，它不是疾病的全过程，也不是某个症状，而是机体在疾病发展过程中某一阶段的病理概括。它包括疾病在这一阶段的各种临床表现、病因、病机、病位、病性、程度及其发展趋势，同时也反映出机体的自身抗病能力、邪正关系以及与疾病相关的年龄、性别、生活环境、季节气候等因素，是疾病本质的反映，比病更具体，比症更深刻全面。

"病"是指有特定的病因、发病形式、病机、发病规律和转归的完整过程，如感冒、痢疾、哮喘、中风等。病的全过程中不同阶段有不同的证，而同一证又可见于不同的病中。

"症"是指"症状"，是疾病的各种具体临床表现。它包括患者自觉的症状如发热、头痛、腹泻、腹痛和经过医生和仪器检查而发现的异常体征。这些表现有的为某种疾病所特有，有的则是几种疾病所共有。

辨证论治包括辨证和论治两个方面。"辨证"就是根据望、闻、问、切四诊收集到的症状、体征等所有资料，通过分析、归纳、鉴别，辨清疾病的病因、性质、部位及邪正关系、发展阶段、程度，最后概括、判断为某种性质的证，判定疾病的本质，为治疗提供正确的指导方针。

"论治"即施治，是根据辨证的结果，结合地域，季节，气候，病人的年龄、性别、职业、个人生活方式等，因人、因地、因时制宜，确立相应的治疗原则和方法。因此，辨证是确定治疗方法的前提和依据，论治是辨证的目的、方法和手段，辨证的正确与否直接影响治疗的效果。而通过论治的效果，可以检验辨证是否正确。两者是诊治疾病过程中相互联系、不可分割的两个部分。

四、中医理论的基本框架

中医理论体系的基本框架结构主要包含四个部分，即精气论、阴阳五行学说、脏腑经络理论及其他相关理论。

（一）精气论是中医理论体系的基石

精气论作为我国古代认识宇宙的方法论和哲学之一，对中医的影响是巨大的，它贯穿于中医理论体系的各个方面。精气论认为气是构成宇宙万物的基本物质元素。气是不断运动、变化的，从而引起世界万事万物的不停运动和变化，气作为天、地、万物之间的中介，使它们相互联系、相互感应，成为一个整体。人是天地之精气相合而产生的，所以，精气论用以说明生命过程的物质性和运动性，说明人体的整体性和联系性，用以解释人体的各种生理、病理现象，用于疾病的诊断和治疗。因此，成为中医理论体系的基石。

（二）阴阳五行学说是中医理论体系的方法论

阴阳五行是人们用以认识世界和解释世界的一种世界观和方法论。阴阳学说认为世界是物质的，构成世界的所有物质都是由阴阳二气的相互作用而产生的，并在阴阳二气的相互作用和推动下运动、发展和变化着。阴阳是自然中相互关联的事物和现象对立双方的概括。古代医家把阴阳学说运用于中医学领域，用以说明人体的组织结构、生理功能、病理变化，分析致病因素，用于疾病的诊断、治疗和预防，划分药物的属性等，运用阴阳双方既对立又统一的观点来阐释人的生命活动，说明其生命机体的物质性、整体性、运动性、联系性。

五行学说认为世界是由木、火、土、金、水五种物质为基本元素构成的，这五种物质的运动变化形成了世界万物的不同特征。它们之间具有相互资生和相互制约的关系，从而促进了自然界事物的生发和发展，维持着它们的协调平衡。运用于中医学领域，通过取象比类和演绎推理的方法，抽象归纳地将人体的组织结构、生理功能归结为以五脏为中心的五个生理、病理系统，用以阐明五脏的生理功能及相互的关系、病理的相互影响，指导疾病的诊断和治疗。五行学说和阴阳学说具有同一性。所以，阴阳五行学说是中医理论体系的方法论。

（三）脏腑经络理论是中医理论体系的核心

脏腑经络理论是指"藏象学说"和"经络学说"。"藏"通"脏"，是指藏于体内的内脏；"象"是指表现于外的生理功能和病理现象。藏象学说是以五脏为中心的整体观，它主要阐述脏腑的生理功能、病理变化及其相互关系和精、气、血、津液、神的生理功能、病理变化和脏腑的关系。经络学说是阐述经络的组织结构、生理功能、病理变化及其与脏腑形体官窍、气、血、津液等的相互关系。经络具有运送全身气血，联络脏腑器官，沟通上下内外，传导感应信息，调节功能平衡的作用。

脏腑经络是人体生命活动的具体体现。在生物学方面，人作为一个鲜活的机体，是以脏腑经络为中心的。在社会学方面，社会诸多因素也直接影响其脏腑经络的生理功能。在生理学方面，人具有思维和智慧，其心理活动亦直接影响脏腑经络的功能。人的机体、社会制度、心理活动均处于不断变化之中，而这种变化所引起的生理功能的改变、病理现象的发生，其最本质的东西就是脏腑经络功能的改变和以脏腑经络为中心的各种平衡失调及联系失控。因此，脏腑经络理论是中医理论体系的核心。

（四）其它组成部分是中医理论体系的框架支撑

中医理论体系以精气论为基石，阴阳五行学说为方法，脏腑经络理论为核心，形成了完整的理论体系。此外，其它的组成部分：中药学的炮制理论，四气五味，升降浮沉，归经及配伍理论；方剂学的方剂与治法理论，方剂的君、臣、佐、使配伍理论；临床各科独特的诊疗理论；气功推拿、腧穴理论；养生保健理论等，都极大地补充和丰富了中医理论体系。在中医整个理论体系中，既有其"基础"、"核心"、"方法"这一框架的主体结构，又有辅助的各个支撑部分，主辅结合，指导着中医的整个临床诊疗、预防保健，为保障人类的健康起着巨大的作用。

复习题

一、单项选择题

1. 中医学中成功运用辨证论治的第一部著作是（   ）
    A.《黄帝内经》　　　　　　B.《难经》　　　　　　C.《神农本草经》
    D.《伤寒杂病论》　　　　　E.《小儿药证直诀》

2. 哪部著作的问世标志着中医学理论体系的初步形成（   ）
    A.《金匮要略》　　　　　　B.《伤寒论》　　　　　C.《黄帝内经》
    D.《神农本草经》　　　　　E.《难经》

3. 我国第一部药物学专著是（   ）
    A.《神农本草经》　　　　　B.《新修本草》　　　　C.《黄帝内经》

D. 《千金要方》　　　　　E. 《本草纲目》
4. 药物的"四气"、"五味"是在哪部著作中首次提出的（　　）
   A. 《本草纲目》　　　　B. 《神农本草经》　　　C. 《新修本草》
   D. 《神农本草经集注》　　E. 《医学纲目》
5. 我国现存医学文献中最早的一部典籍是（　　）
   A. 《伤寒杂病论》　　　　B. 《黄帝内经》　　　　C. 《难经》
   D. 《神农本草经》　　　　E. 《温疫论》
6. 中医诊治疾病主要着眼于（　　）
   A. 症　　　　　　　　　B. 病　　　　　　　　　C. 病因
   D. 证　　　　　　　　　E. 体征
7. 中医学认为构成人体有机整体的中心是（　　）
   A. 命门　　　　　　　　B. 脑　　　　　　　　　C. 经络
   D. 六腑　　　　　　　　E. 五脏

二、填空题

1. 《伤寒杂病论》即后世的_____和_____。
2. 中医学理论体系的基本特点是_____和_____。
3. 辨证论治包括辨明疾病的_____、_____、_____及其_____，即辨明疾病从发展到转归的总体病机。

三、名词解释

1. 整体观念　2. 辨证论治　3. 辨证　4. 证

四、简答题

1. 中医学理论体系的基本特点是什么？
2. 《黄帝内经》的主要成就是什么？
3. 《伤寒杂病论》的主要成就是什么？
4. 简述辨证与辨病的关系。

（张掖医学高等专科学校　姚军汉）

上篇 基础理论部分

第一章 中医理论体系的哲学基础
——阴阳五行精气学说

> **学习目标**
> 1. 掌握阴阳五行精气的基本概念、阴阳五行精气学说的基本内容。
> 2. 熟悉事物的五行归类。
> 3. 了解阴阳五行精气学说在中医学中的应用。

重点难点

以阴阳五行精气的基本概念、阴阳五行精气学说的基本内容为重点；以阴阳的基本内容、五行的生克乘侮、精气的运动变化为难点。

阴阳五行和精气学说是古人用以认识世界和解释自然现象的方法论，是我国古代的唯物论和辨证法。阴阳学说认为世界是物质的，构成世界的万事万物都是由阴阳二气的相互作用而产生的，物质世界在阴阳二气相互作用下资生、发展和变化着。五行学说认为世界是木、火、土、金、水五种基本物质的运动变化构成的，这五种物质之间具有相互资生和相互制约的关系。精气学说认为精气是构成人体和维持人体生命活动的精微物质，精和气之间又可互相化生。

古代医学家在长期医疗实践的基础上，将阴阳五行和精气学说运用于医学领域，用来阐明人体的生理功能和病理变化，指导疾病的诊断和治疗，成为中医学理论的重要组成部分，对中医理论体系的形成和发展，起着极为深刻的影响。

第一节 阴阳学说

一、阴阳学说的基本概念

阴阳是对自然界相互关联的某些事物和现象对立双方的概括。它既可以代表相互对立的两个事物，也可以代表同一事物内部所存在的相互对立的两个方面。阴阳的最初涵义是指日光的向背，即向日为阳，背日为阴。根据这一特点加以引申，凡是光明、温暖的事物或现象属阳；黑暗、寒冷的事物或现象属阴。如昼为阳，夜为阴；晴天为阳，阴天为阴；春夏为阳，秋冬为阴；火为阳，水为阴等。这样引申归纳的结果，使古人发现自然界的一切事物或现象都有正反两个方面，因其状态、性质、位置、趋势、作用、功能等的不同，都可以用阴阳来概括。一般地说，凡是温热的、明亮的、运动的、外在的、上升的、兴奋的、功能亢进的、强大的、功能的都属于阳；反之，寒冷的、晦暗的、静止的、内在的、下降的、抑制的、功能衰退的、弱小的、物质的都属于阴（表1-1）。

表1-1　事物的阴阳属性举例

自然界	天地	日月	水火	上下	昼夜	四季	温度	明暗	动静	内外	升降	状态	功能
阳	天	日	火	上	昼	春夏	温热	明亮	运动	向外	上升	兴奋	亢进
阴	地	月	水	下	夜	秋冬	寒冷	晦暗	静止	向内	下降	抑制	衰退

由此可见，阴阳是一对抽象的概念，是对事物不同属性的概括，既具有普遍性，又具有相对性。它不局限于某一特定事物而具有广泛的代表性和概括性，任何事物和现象都可用阴阳属性加以区别。虽然如此，阴阳属性的划分必须是在相互关联的一对事物或现象之间进行的，如果两者不是相互关联的事物，不是统一体的对立双方，就不能用阴阳来划分其阴阳属性。如白天与黑夜之间，相互对立、相互依存，便可用阴阳属性来概括；如果是白天和水之间，就不属于既对立又互相关联的事物，不在一个统一体当中，就不能用阴阳来确定其属性。

事物的阴阳属性并不是绝对的，而是相对的。这主要表现在两个方面：一是在一定条件下，阴阳可以相互转化，阴可以转化为阳，阳也可以转化为阴。如寒属阴，热属阳，寒极可以转化为热，热极可以转化为寒；向日为阳，背日为阴，但由于日光的移动，向日的可变为背日，背日的可变为向日，事物的阴阳属性也就发生了变化。二是阴阳的无限可分性，也就是说，在阴阳之中，还可再分阴阳，阴中有阴阳，阳中也有阴阳。如昼为阳，而再以上下午来区分，上午为阳中之阳，下午为阳中之阴；夜为阴，而前半夜为阴中之阴，后半夜为阴中之阳。宇宙间的任何事物都可以概括为阴和阳两类属性，任何一种事物内部又都可分为阴和阳两个方面，事物内部阴或阳的任何一方，还可以再分阴阳，如此往复，没有穷尽。一个事物或现象，其阴阳属性是无法确定的，因为阴阳属性的划分，是与它相关联的另一事物或现象相比较而确定的，当它所处的统一体发生变化时，它的阴阳属性有时也会随之发生变化，因此单就某一具体事物或现象而言，它的阴阳属性不是一成不变的。如人体胸部的阴阳属性，它和腹部同居人体前面，胸在上为阳，腹在下属阴；它又和背部共同位于人体的上半身，胸向内属阴，背向外属阳。

二、阴阳学说的基本内容

（一）阴阳的对立制约

自然界的一切事物和现象都存在着互相对立的阴阳两个方面。阴阳的相互对立主要表现在它们之间的互相制约、互相斗争上。如温热可以驱散寒冷，冰冷可以降低高温。事物的变化和发展也正是阴阳之间相互对立和制约的结果。如夏季阳气隆盛，但夏至以后阴气渐生，用以制约炎热的阳气；冬季阴气寒盛，但冬至以后阳气渐复，用以制约严寒的阴气。这样产生了体现对立双方在制约关系中力量消长变化的寒、热、温、凉四季。也就是说，阴阳对立制约的形成，主要是通过阴阳之间的相互消长来实现的。任何事物互相对立着的一方面，总是通过消长对另一方面起着制约作用。

（二）阴阳的互根互用

阴阳两个方面，既是互相对立的，又是互相依存的，双方互为存在的前提条件和依据，任何一方都不能脱离另一方而单独存在。如上为阳，下为阴。没有上，也就无所谓下；没有下，也就无所谓上。热为阳，寒为阴。没有热，就无所谓寒；没有寒，也就无所谓热。与此同时，阴阳之间还存在着相互为用、相互促进的关系。如气为阳，血为阴，血的循行要靠气的推动和统摄，气的运行要靠血为载体。体现于物质和功能之间的关系上，物质属阴，功能属阳，功能活动是物质运动的结果，物质是功能活动的基础。世界上没有不运动的物质，因而也就不存在没有功能的物质和离开物质运动的功能，两者之间同样存在着互相依存的关系。阴阳之间这种相互依存、互为前提和需求的关系，称为阴阳的互根互用。阳根于阴，阴根于阳，如果阴阳双方失去了互为存在的条件，即所谓"孤阴不生"和"独阳不长"，也就不能再生化和滋长了。阴阳的互根互用，又是阴阳转化的内在依据。

（三）阴阳的消长平衡

阴阳消长是指相互对立又相互依存的阴阳双方不是处于静止不变的状态，而始终处于"阴消阳长"或"阳消阴长"的运动变化状态之中。所谓"消长"是说一方增长，会削弱对方的力量，导致对方相对不足，即"此长彼消"；或一方的不足，导致对方的相对亢盛，即"此消彼长"。阴阳双方在这种消长变化的运动中，维持着阴阳之间的相对平衡。所以说，阴阳之间的平衡，不是静止的和绝对的平衡，而是始终贯穿着阴阳双方的消长变化，是动态的、相对的平衡。静止和平衡是相对的，运动和消长才是绝对的，因此把阴阳之间的这种平衡关系称为消长平衡。阴阳消长平衡理论也反映了辩证唯物主义关于物质的绝对运动和相对静止的观点。阴阳消长平衡运动是普遍存在的。如以四时气候变化而言，从冬到春再到夏，气候由寒逐渐变暖，即是阴消阳长的过程；由夏到秋再到冬，气候由热逐渐变凉变寒，即是阳消阴长的过程，从而维持了一年四季气候的正常交替。在正常情况下，这种阴阳消长是处于相对平衡的状态，如果这种消长关系超过一定限度，不能保持其动态平衡，便会出现阴阳某一方的偏胜或偏衰，从而出现气候的反常和疾病的发生。

（四）阴阳的相互转化

阴阳转化是指阴阳对立的双方，在一定条件下可以向着各自相反的方向转化，即阴可转化为阳，阳也可以转化为阴。阴阳互相转化，一般表示事物发展的物极阶段，即所谓"物极必反"。阴阳的转化，大多数也是一个由量变到质变的发展过程，而阴阳消长就是这一量变过程，是阴阳转化这一质变过程的准备阶段。阴阳的转化必须具备一定的条件才能发生，即阴阳的消长必须超过一定的限度才能发生。如"重阴必阳，重阳必阴"、"寒极生热，热极生寒"，在这里"重"和"极"就是它们转化的必要条件，即对立双方的力量消长必须达到极限，才可发生根本变化，没有这一条件，阴阳的转化便不可能实现。

综上所述，阴阳的对立制约、互根互用、消长平衡和互相转化等是阴阳学说的基本内容。这四个方面既有区别又有联系，阴阳之间的对立制约形式要通过阴阳的消长来实现，阴阳消长又是阴阳转化的量变过程，阴阳互根互用是阴阳转化的内在依据。以上内容说明阴和阳之间的关系不是孤立的、静止不变的，它们之间是互相联系、互相影响、相反相成的。理解了这些基本观点，才能更好地理解阴阳学说在中医学中的运用。

三、阴阳学说在医学中的应用

（一）阐明人体的组织结构

人体是一个有机的整体，人体内部充满着阴阳对立统一的现象，它的组织结构，可以用阴阳两方面加以概括说明。一般而言，人体上部属阳，下部属阴；外侧属阳，内侧属阴；体表属阳，内脏属阴；六腑属阳，五脏属阴。五脏之中，居于上部的心、肺属阳；居于下部的肝、肾属阴。具体到每一脏腑，又有阴阳之分，如心有心阴、心阳；肾有肾阴、肾阳等。以此类推，只要是人体相对而又相联系的两个方面，都可用阴阳来概括。

（二）说明人体的生理功能

人体正常的生命活动是阴阳两个方面保持着对立统一协调关系的结果。如属于阳的功能与属于阴的物质之间，就是这种阴阳对立统一关系的体现。人体的生理活动是以物质为基础的，没有物质的运动就无以产生生理功能，而功能活动的结果，又不断促进着物质的代谢。阴阳对立统一关系可以用来作为人体的生理功能与物质之间关系的概括，两者协调，人体的正常生理功能才能得以正常发挥，否则便会导致疾病的发生。

（三）说明人体的病理变化

疾病的病理变化虽然复杂，但究其本质是阴阳之间动态平衡遭到破坏的结果，因此都可用阴阳失衡加以概括和说明。疾病的过程，多为邪正斗争的过程，其结果则引起机体的阴阳偏胜、偏衰。

1. 阴阳偏胜　胜，指邪气盛。阴阳偏胜即阴邪或阳邪偏盛，是指属于阳或阴任何一方高于正常水平的病理状态。而阴或阳任何一方病邪的亢盛，必然导致另一方的相对不足，即"阳胜则阴病，阴胜则阳病"。阳性为热，阴性为寒，因此，阳热之邪侵犯人体可出现发热、面红、脉数等热证，阴寒之邪侵犯人体可出现形寒、面白、脉迟等寒证，即"阳胜则热，阴胜则寒"。

2. 阴阳偏衰　衰，指正气虚。阴阳偏衰即阴虚或阳虚，是指属于阴或阳任何一方面正气低于正常水平的病理状态。而阴或阳任何一方的不足，必然导致另一方的相对亢盛，即"阳虚则寒，阴虚则热"。此外，由于阴阳互根，当阴阳任何一方虚损到一定程度时，也常可导致对方的不足，即所谓"阴损及阳，阳损及阴"，最终导致"阴阳俱虚"。阴阳两虚并不是阴阳的对立处于低水平的平衡状态，同样存在着偏于阳虚或偏于阴虚的不同。

3. 阴阳的转化　由阴阳偏胜偏衰所致的病证。在一定条件下，偏胜偏衰的双方还可向各自相反的方向转化，阳证可以转化为阴证，阴证也可以转化为阳证。

（四）用于疾病的诊断

1. 阴阳是归纳四诊的首要方法　正确的诊断，首先要在繁杂的四诊内容当中分清其阴阳两大属性，才能执简驭繁，抓住本质。如望诊中色泽鲜明者属阳，晦暗者属阴；闻诊中声音洪亮、呼吸气粗者属阳，语声低微、呼吸无力者属阴；问诊中自觉发热恶热、渴喜冷饮者属阳，畏寒怕冷、不渴或渴喜热饮者属阴；切诊中浮、数、有力之脉属阳，沉、迟、无力之脉属阴。

2. 阴阳是辨证的总纲　由于疾病的发生和发展是阴阳失去其相对平衡的结果，所以无论疾病的变化多么复杂，临床表现怎样千变万化，但就其本质而言，总不外阴阳两类。临床上常用的"阴、阳、表、里、寒、热、虚、实"八纲辨证，是各种辨证的纲领，而阴阳又是其中的总纲，统领其他六纲，即表、热、实属阳，里、寒、虚属阴，抓住了阴阳这一总纲，就是把握住了疾病诊断的精髓。

（五）用于疾病的治疗和预防

1. 确定疾病的治疗原则　中医学认为，疾病的本质就是阴阳失调，因此，治疗的根本原则就是调整阴阳，补偏救弊，恢复阴阳的相对平衡状态。针对疾病阴阳偏胜偏衰的状况，采取"实则泻之"、"虚则补之"的治疗原则，以达到恢复其新的平衡目的。

2. 归纳药物的性能　阴阳学说在临床治疗上还可用来概括中药的性能，根据药物四气（性）、五味、升降沉浮等性能划分其阴阳属性。如药物的"四气"中，温、热属阳；寒、凉属阴。"五味"中，辛、甘、淡属阳；酸、苦、咸属阴。升降沉浮中，具有上升发散作用的属阳；具有下降收敛作用的属阴。临床治疗时可依据药物的阴阳属性来调整机体阴阳偏胜偏衰的状况。

3. 指导疾病的预防　祖国医学认为，人以正气为本，"正气存内，邪不可干"，善于保养阴精阳气，则邪气不侵。而养护正气的根本法则就是要求人体内部的阴阳变化与天地自然之间的阴阳变化协调一致，也就是说善于调整阴阳，是防病摄生的根本。

第二节　五行学说

一、五行的基本概念

五，指构成客观世界的五种基本物质，即木、火、土、金、水。行，是指它们的运动和变化。五行，就是指木、火、土、金、水五种物质的运动变化。我国古代劳动人民在长期的生活和生产实践中，认识到木、火、土、金、水是自然界不可缺少的基本物质。这五种物质各具其特性，但都不是孤立存在的，而是紧密联系，既相互资生，又相互制约，从而促进了自然界事物的发生和发展，维持着它们的协调和平衡。五行学说运用于医学领域，借以说明人体的生理、病理及其与外在环境的相互关系，从而指导临床诊断与治疗。

二、五行学说的基本内容

（一）五行的特性

古人对五行特性的认识，是通过长期的生活和生产实践体验，并加以抽象归纳的结果。因此，五行的特性虽然来自于木、火、土、金、水，但实际上又超越了这五种具体事物的本身，具有抽象的特征和更广泛的涵义。《尚书·洪范》说"水曰润下，火曰炎上，木曰曲直，金曰从革，土爰稼穑。"

1. 木的特性　"木曰曲直"。"曲直"，本义指树木的生长形态，枝干可弯曲、伸直，向上、向外伸展，引申为木具有生长、升发、条达、舒畅的特性。

2. 火的特性　"火曰炎上"。"炎上"，是指火具有温热、上升的特性，引申为火具有温热、升腾的特性。

3. 土的特性　"土爰稼穑"。"稼穑"，是指土具有使人类播种和收获农作物的作用，引申为土具有生化、承载、受纳的特性。又有"土为万物之母"、"土载四行"之说。

4. 金的特性　"金曰从革"。"从"，即顺从；"革"，即变革、改革、革除。本义指金属物质可随意进行销铄铸造，引申为金具有收敛、肃杀、下降、清洁的特性。

5. 水的特性　"水曰润下"。"润下"，指水有滋润和向下的特性，引申为水具有寒凉、滋润、下行、封藏的特性。

（二）对事物的五行分类

古人根据具体事物或现象的特性，与五行相类比，最终把世界上的各种事物和现象都归纳分成五大类。五行分类的方法主要有以下两种：

1. 取类比象法　即是以事物之间的某一点相似之处加以归类，也就是将事物的特有征象与五行各自的特性相比较，找出其相似之处，加以归类，确定其属性。如以方位配五行，日出于东，与木的升发特性相类似，故东方归属于木；南方炎热，与火的炎上特性相类似，故南方归属于火；日落于西，与金的肃降特性相类似，故西方归属于金；北方寒冷，与水的寒凉特性相类似，故北方归属于水。以五脏配五行，肝气主升发、条达，归属于木；心阳主温煦，归属于火；脾主运化，为气血生化之源，归属于土；肺气主降，归属于金；肾主藏精，滋润周身，归属于水。

2. 推演络绎法　即是根据已知的某些事物的五行属性，推演出与它相关联事物的五行属性。如已知肝属木，由于肝合胆、主筋、开窍于目、其华在爪，所以可推演出胆、筋、目、爪的五行属性也都属木；已知心属火，由于心合小肠、主血脉、开窍于舌、其华在面，所以可推演出小肠、脉、舌、面的五行属性也都是火；已知肾属水，由于肾合膀胱、主骨、开窍于耳及二阴、其华在发，所以膀胱、骨、耳及二阴、发的五行属性也都是水。以自然现象分，如冬季寒冷，冬属水，那么寒亦归为水。以此类推。

事物的五行分类是把自然界千变万化的复杂事物，归结为木、火、土、金、水五大类。对人体来说，可以将人体的各种组织和功能，归结为以五脏为中心的五个生理、病理系统，以便更好地揭示中医学的整体观念。自然界和人体有关的事物或现象的五行归属见表1-2。

表1-2　自然界和人体有关的事物和现象的五行归属

自然界						五行	人体					
五音	五味	五色	五化	五气	五季	五方		五脏	六腑	五官	五体	五志	五声
角	酸	青	生	风	春	东	木	肝	胆	目	筋	怒	呼
徵	苦	赤	长	暑	夏	南	火	心	小肠	舌	脉	喜	笑
宫	甘	黄	化	湿	长夏	中	土	脾	胃	口	肉	思	歌
商	辛	白	收	燥	秋	西	金	肺	大肠	鼻	皮	悲	哭
羽	咸	黑	藏	寒	冬	北	水	肾	膀胱	耳	骨	恐	呻

注：表头"五方"列下数据行只有六列自然界数据，实际每行第7项为五行。

（三）五行的生克乘侮

五行学说主要是以五行的相生、相克制化来说明事物和现象之间的平衡协调关系，同时又以相乘、相侮来解释事物和现象的失调异常变化。

1. 五行的生克和制化　相生，是指五行之间具有促进、助长和资生的作用；相克，是指五行之间具有抑制和制约的作用。正常情况下，五行之间的相互促进、相互制约，维持平衡协调的关系，即是五行的制化。

五行相生的次序是：木生火、火生土、土生金、金生水、水生木（图1-1）。在相生的关系下，任何一行都有"生我"和"我生"两方面的关系，即"母子"关系，"生我"者为"母"，"我生"者为"子"。以火为例，由于木生火，故"生我"者为木；由于火生土，故"我生"者为土。这样，木为火之母，而土为火之子。

五行相克的次序是：木克土，土克水，水克火，火克金，金克木（图1-1）。在相克的关系中，任何一行都有"克我"和"我克"两方面的关系。在《内经》中被称为"所不胜"和"所胜"，"克我"者为"所不胜"，"我克"者为"所胜"。以火为例，由于水克火，故"克我"者为水，水为火

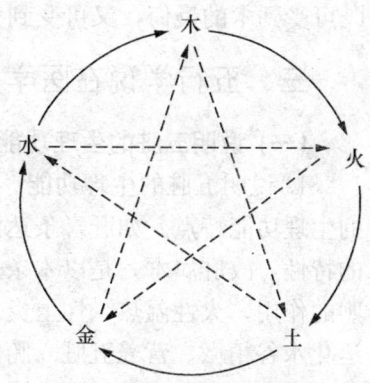

实线为相生　虚线为相克

图1-1　五行相生、相克图

之"所不胜";由于火克金,故"我克"者为金,金为火之"所胜"。

在以上的生克关系中,由于五行之间存在着相生、相克的关系,因此对五行中的任何一行来说,都存在着"生我"、"我生"、"克我"、"我克"四个方面的联系。

五行中的生克关系,是事物不可分割的两个方面。没有生,就没有事物的发生和成长;没有克,也就不能维持事物的协调和发展。生中有克,克中有生。如在相生关系中,"生我"和"我生"两者之间又存在着相克的关系,以木为例,"生我"者为水,"我生"者为火,而水能克火。在相克的关系中,"克我"和"我克"的两者之间又存在着相生的关系,以木为例,"克我"者为金,"我克"者为土,而土能生金。五行学说就是用相生和相克关系的结合,来说明事物之间互相资生和互相制约的联系,起到整体调节作用,以防止其太过或不及,从而维持事物的协调和平衡,这种相生、相克关系的调节作用又被称为"制化"。

2. 五行的乘侮　　乘侮是五行之间正常的生克制化现象遭到破坏以后出现的异常现象。

相乘,即以强凌弱或乘虚侵袭,是指五行中的某一行对被其克制的一行克制太过,超过正常限度的异常相克状态。因此相乘的次序与相克的次序是一致的,表现为:木乘土,土乘水,水乘火,火乘金,金乘木。引起相乘的原因主要有两个方面:一是五行中的某一行本身过于强盛,因而造成对被其克制一行的克制太过,导致被克一行的虚弱。如木气亢盛,过度克制土,导致土的不足,即为"木乘土"。此即以强凌弱。二是五行中的某一行本身虚弱,使克制它的那一行相对亢盛,产生克制太过,使其本身更加虚弱。如木本不过于强盛,但由于土本身的不足,使木气相对亢盛,对土的克制相对增强,使土更加虚弱,即为"木乘土",也称"土虚木乘"。此即乘虚侵袭。

相侮,即欺负、侮弄之意,在此指反侮,是指五行之间的克制次序遭到破坏,出现逆向克制的异常现象,又称"反克"。因此,相侮的次序与相克的次序正好相反,表现为:木侮金,金侮火,火侮水,水侮土,土侮木。发生相侮的原因也主要有两个方面:一是五行中的某一行过于强盛,对原来"克我"的一行进行反克。例如,正常情况下木应受到金的克制,若因木气亢盛,不仅不受金的克制,反而对金产生克制,称为"木侮金"。二是五行中的某一行过于虚弱,不仅不能克制应克的一行,反而受到被克一行的反克。例如,正常情况下,金应克木,若金气虚弱,不仅不能克木,反而受到木的反侮,称为"木侮金",也叫"金虚木侮"。

五行之间的乘侮现象可以同时发生。如木过强时,既可以乘土,又可以侮金;金虚时,既可受到木的反侮,又可受到火乘。

三、五行学说在医学中的应用

(一) 说明五脏的生理功能与相互关系

1. 说明五脏的生理功能　　五行学说将五脏分别归属于五行,以五行的特性来说明五脏的生理功能特点。如肝喜条达而恶抑郁,有疏泄的功能,木性可曲可直,枝叶条达,有生发的特性,故肝属木,是以木条达生发的特性来说明肝主疏泄而恶抑郁的生理功能;心阳有温煦的作用,火性温热,性上炎,故心属火,是以火的特性来说明心阳温煦的生理功能;脾有运化水谷精微、营养五脏六腑、四肢百骸的功能,为气血生化之源,土有生化万物的特性,故脾属土,是以土的特性来说明脾的化生气血的功能;肺性清肃,肺气以肃降为顺,金有清肃、收敛的特性,故肺属金,是以金的特性来说明肺气清肃下降的生理功能;肾主藏精、主水,有滋润周身的作用,水有滋润下行的特性,故肾属水,是以水的特性来说明肾藏精,主水的生理功能。

2. 说明五脏之间的相互联系　五脏的功能活动不是孤立的，而是相互联系的，既相互资生，又相互制约，这种相互联系就是利用五行学说的生克制化理论来说明的。

五脏相互资生的关系：用五行相生的关系说明五脏之间相互资生、相互为用的关系。如木生火是指肝可以资生心，即肝藏血以济心，又叫肝生心；火生土是指心火可以温养脾土，又叫心生脾；土生金是指脾吸收、输布水谷精微，营养肺，又叫脾生肺；金生水是指肺气清肃下行，通调水道，使水液下归于肾，以助肾水，又叫肺生肾；水生木是指肾藏精以滋养肝阴血，又叫肾生肝。

五脏相互制约的关系：用五行相克的关系说明五脏之间相互制约、相互克制的关系。如木克土就是指肝的疏泄功能可以防止脾土的壅滞；土克水就是指脾运化水湿的功能可以防止肾水的泛滥；水克火就是指肾水上济于心，可以防止心火的过亢；火克金就是指心阳的温煦功能可以防止肺的清肃太过；金克木就是指肺气的肃降功能可以防止肝气的升发太过。

此外，五行学说还将人体的组织结构，分别配属五行，同时又将自然界的五方、五时、五气、五味、五色等与人体的五脏、六腑、五体、五官、精神、情志等联系起来，组合成以五脏为中心的五行系统，以五行的特性和相互联系来说明它们的特性和联系，进一步体现了中医学的人体内部以及人与外在环境之间的整体观。

（二）说明五脏病变的相互影响

五脏在生理上相互联系，在病理上相互影响。一脏有病，可以传至他脏，这种病理上的相互影响称为"传变"。用五行学说来说明五脏疾病的传变，可以分为相生关系的传变和相克关系的传变。

1. 相生关系的传变　在相生关系中，每一行都存在着"生我"和"我生"两种联系，有"母"和"子"的双重属性。因此相生关系的传变又包括"母病及子"和"子病犯母"两个方面。

（1）母病及子：是指疾病从母脏传于子脏。如肾属水，肝属木，水生木，故肾为母脏，肝为子脏。肾病传肝，即是母病及子。如临床上常见先有肾精不足，不能滋养肝阴，导致肝肾阴虚，又叫"水不涵木"。

（2）子病犯母：是指疾病由子脏传于母脏，又称"子盗母气"。如肝属木，心属火，木能生火，故肝为母脏，心为子脏。心病及肝，即是子病犯母。临床上常见先有心血不足，累及肝，导致肝血不足而成心肝血虚；或先有心火旺盛，累及肝，引动肝火，导致心肝火旺，均属"子病犯母"或"子盗母气"。

2. 相克关系的传变　在相克关系中，每一行都存在着"克我"和"我克"两种联系，因此相克关系的传变又包括"相乘"和"相侮"两个方面。

（1）相乘：是指克制太过而为病。相克太过有两种情况：一种是由于一方的力量过强，导致被克的一方受到过分的克伐；另一种是由于被克的一方本身虚弱，而使克我的一方相对亢盛，从而对被克的一方克制太过。如肝属木，脾属土，正常情况下，木克土，即肝气的疏泄功能，可以制约脾气的壅滞。若是肝气亢盛，影响脾的运化功能，叫"木乘土"，或叫"木旺乘土"；若脾气先虚，不能耐受肝的相克，叫"土虚木乘"。

（2）相侮：是指逆向克制而致病。相侮亦有两种情况：一种是由于一方过于强盛，不仅不受克己一方的克制，而且对其反侮；另一种是由于一方的过于虚弱，不仅不能对被克一方进行克制，反而受到对方的反克。如肺属金，肝属木，正常情况下，金克木，即肺气肃降，可制约肝气升发太过。若肝火过亢，销铄肺金，导致"肝火灼肺"，称为"木火刑金"或"木火侮金"；若先由肺金不足，不能克制肝气，反受其侮，称为"金虚木侮"。

需要明确的是，五脏之间在生理功能上相互影响，相互配合，达到协调平衡的目的，但是它们之间的联系并不能单纯地运用五行学说的生克制化理论来说明，同样离不开脏腑、经络、气血的理论。在病理状况下，五脏疾病的传变也并不是完全按照五行的生克乘侮规律依次相传，而是受到感受病邪的性质、程度、患者体质的强弱等多方面因素的影响。

（三）用于疾病的诊断

人体是一个有机的整体，内脏有病可以反映到体表相应的组织器官，出现色泽、声音、气味、形态、脉象等方面的异常变化。由于五脏与五色、五音、五味等都是以五行进行分类归属，因此，在诊断疾病时，就可以用望、闻、问、切四诊所得来的资料，用五行的归类和生克乘侮规律来推断疾病。如面见青色、喜食酸味、脉见弦象，多为肝病；面见赤色、口苦、心烦、脉洪，多为心火亢盛；面见黄色，多为脾病；面见白色，多为肺病；面见黑色，多为肾病。青色多属寒证、痛证、瘀血、惊风；赤色主热证；黄色主虚证、湿证；白色主虚证、寒证；黑色主水饮、肾虚。脾虚病人面见青色，为木来乘土；心病病人面见黑色，为水来乘火等。

（四）用于疾病的治疗

1. 控制疾病的传变　疾病的发生是人体脏腑组织功能失调的结果，脏腑组织功能失调必然导致内脏生克关系的失常。因此在治疗时，除对本脏的病变进行治疗以外，还应考虑到其他有关脏腑的传变关系，根据五行的生克乘侮规律来调整其太过与不及，控制其传变，防止其病传入他脏。例如，肝气亢盛，可致木旺乘土，传病于脾，故在泻肝时要补脾，以防止其传变。

2. 确定治则和治法　五行学说用以确定治疗原则和治疗方法，又根据相生和相克规律而有所不同。

（1）根据相生规律确定治疗原则：因为五脏疾病相生关系的传变无外乎"母"、"子"两个方面，即"子盗母气"和"母病及子"。所以临床上运用相生规律来治疗疾病，其基本治疗原则是补母和泻子，即"虚则补其母，实则泻其子"。补母用于母子关系的虚证，泻子用于母子关系的实证。

根据相生规律确定的治疗方法常用的有：①滋水涵木法：即滋养肝肾法，是通过滋补肾阴以养肝阴，适用于肝肾阴虚及肝阳偏亢之证。②培土生金法：即补脾益肺法，是通过补益脾气来补肺气，适用于脾肺气虚证。

（2）根据相克规律确定治疗原则：临床上无论出现何种相克规律异常的病理变化，总的来说，无非是强、弱两个方面，即克者属强，被克者属弱。因此，其基本治则为"抑强"和"扶弱"。

根据相克规律确定的治疗方法常用的有：①抑木扶土法：即疏肝健脾法，是通过疏肝健脾来治疗肝旺脾虚的一种方法，适用于木旺乘土的肝郁脾虚证。②培土制水法：即补脾制水法，是通过温运脾阳或温肾健脾来治疗脾虚水停的一种方法，适用于脾虚水泛证。③佐金平木法：即泻肝清肺法，是通过清肃肺气以抑制肝气的一种治疗方法，适用于木旺侮金之证。

3. 用于情志疾病的治疗　情志生于五脏，分属于五行，故情志之间也存在着相生相克的关系。因此，在临床上可利用情志之间互相抑制的关系来治疗某些情志疾病。如怒为肝志属木，喜为心志属火，思为脾志属土，悲为肺志属金，恐为肾志属水。木能克土，故怒胜思；土能克水，故思胜恐；水能克火，故恐胜喜；火能克金，故喜胜悲；金能克木，故悲胜怒。在临床上若见狂喜不休者，可用恐惧来制约；大怒不止者，可用悲忧来制约；思虑过甚者，可用愤怒来制约等。

综上所述，五行学说对于疾病的治疗确有很大的价值，但并非所有的疾病都完全适用于五行的生克规律。中医学确定疾病治则、治法的理论依据是多方面的，除五行学说外，还有阴阳学说、脏腑学说、经络学说、病因学说等，临床上要针对具体病情辨证施治，绝不可机械地搬套五行学说。

第三节 精气学说

一、精气学说的基本概念

精气是构成宇宙万物的基本物质元素。精气学说是研究精气及其聚散、运动以及和万物（包括人）关系的一门科学。

精气学说是中国传统文化的精髓，是古代认识宇宙的方法论和占主导地位的哲学思想。中国朴素科学（包括医学）的发展和成就，受到精气学说的极大影响。

精气学说始于战国，形成于汉，至明清得到不断的补充和完善。老子最先提出"道"的概念："有物混成，先天地生，寂兮寥兮，独立而不改，周行而不殆，可以为天下母，吾不知其名，字之曰道。"他认为"道"是宇宙的本原。到战国后期稷下学者将老子的"道"解释为"气"，并提出了万物根本的"精气学说"。东汉哲学家王充在此基础上，对"精气学说"重新进行了唯物主义的解释，使之臻于完善。精气学说认为精气是构成宇宙万物的本原。宇宙万物的生存或消亡来自精气的聚散，出入升降的气化运动是万物新陈代谢的基本形式。精气学说除了以唯物论的观点揭示了万物的本原外，还以辨证法的思维解释了宇宙万物生长消亡的客观规律。

精气学说渗透到医学，成为中医学理论的基石。《内经》运用精气学说的基本理论来说明人体的生理、病理、诊断、治疗，使医学沿着唯物主义的道路向前发展。

二、精气学说的基本内容

（一）精气是构成万物的基本物质元素

精气学说认为天地和自然界万物都是由精气构成的，精气是构成万物的一种统一的物质元素。《论衡》曰："天地，含义之自然也"。"天地合气，万物自生。"前面讲到老子的"道"，"有物混成，先天地生，寂兮寥兮，独立而不改，周行而不殆，可以为天下母，……"即是说"道"或"精气"是一种未成形质，视之不见，听之不闻，取之不得，没有具体规定性的，无形无质的一种物质。精气之所以被称之为无形无质，是因它极其微小，无法察到它的存在，但它确实以物质的形式存在着，正因为有它的存在，事物才能从无形中油然而变化为有形。亦即老子所说的"有生于无"。万物的生成是由于精气的聚合，万物的消亡是由于精气的离散。《庄子》说："人之生，气之聚也，聚则为生，散则为死。"《难经》也说："气聚则形成，气散则形亡。"万物的生死在于精气的聚散，但作为物质元素的"精气"，是不生不死，永恒存在的。

精气是永恒存在的，其运动变化也是永恒存在的。原始的混沌的精气演化为性质相反的阴阳二气，阴阳二气再进一步以不同形式和结构排列组合，演化为更多的物质，以至无穷。也即老子所说的"道生一，一生二，二生三，三生万物"。这种演化，是按同气相求，以类相从的形式排列组合而成，就产生了各种不同形质的万物。

（二）气化理论

精气的运动除了精气的聚散之外，还有精气的"气化"。它是机体生命活动的根本形式，也是机体生死存亡的关键所在。什么是气化呢？气化指气由运动而产生的变化。气聚合而成万物，同时又推动和激发着万物的生化运动。故气化可泛指气作用下的一切物质形态的运动变化。气化理论大致包括如下内容：

1. 气化是机体最根本的生命运动形式，机体有序、稳定的气化运动，是保持健康的最基本前提。

2. 气为形之本源。"气聚则形成，气散则形亡。"形、气又可相互转化，无形之气可聚合而成有形之物，有形之物离散而成无形之气。在形气相互转化的过程中，都存在着气化运动过程。

3. 升降出入是气化运动的基本形式，是机体新陈代谢的基本过程。《素问·六微旨大论》曰："出入废，则神机化灭；升降息，则气立孤危。故非出入，则无以生长壮老已；非升降，则无以生长化收藏。是以升降出入，无气不有。"所谓升降，是指机体内部的气机运动形式；所谓出入，是指机体与外界环境的气机运动形式。机体的气化，既要有内部气机的升降运动，又要有机体与外界环境气机的出入交换。升降出入，四者缺一不可，相互协调运动，才能保持机体的有序稳定，才能维持正常的生命活动。故而气化运动始终贯穿于机体的生命全过程。它一方面维持着机体与外界环境的统一，另一方面维持着机体本身有序的新陈代谢，从而赋予机体正常的生命活动。

三、精气学说在中医学中的应用

（一）说明人体的基本构成

哲学永远驾驭着自然科学。古代精气学说的哲学理论，也自然而然地渗透到医学，并且成为中医学理论的基石。

宇宙万物由精气构成。人作为万物之灵，其构成同样是禀受了精气，组成了人体的五脏六腑、筋骨肌肉、四肢百骸等组织器官以及精血津液等人体的基本物质。其间主要是通过生理功能和病理现象这样一个动态过程来感知生命物质——精气的存在。精气，就其来源而言，有先天和后天之分。先天之精气，先身而生，禀受于父母，是构成胚胎的原始物质；后天之精气，包括饮食中的营养物质和自然界中的清气，是在人体出生之后，被摄取和利用，用以补充先天之精气，作为维持人体生命活动物质和能量的源泉。就其生成、分布和功能而论，又可分元气、宗气、营气、卫气及五脏六腑之气。精气既是物质的元素，又是功能的体现，所以由精气构成的五脏六腑等组织器官和精血津液等物质就具有物质的和功能的双重概念。这些内容在《藏象经络》一章中将进一步介绍。

（二）说明人体的生理功能

中医学把人体当作一个运动着的过程来认识和把握。人体的生理功能是通过气的运动变化来实现的。因此，精气也就不单是物质和结构的概念，同时含有功能和作用的含义，是物质与运动、结构与功能的辩证统一。所以，精气就不仅仅是构成人体的物质基础，也是人体生理活动的根本动力。精气充沛则功能旺盛，人体健康；反之，精气不足，则功能衰减，人体羸弱。人体的生命是一个运动变化的过程，其生、长、壮、老、已及繁殖过程，主要取决于精气的盛衰，尤其是肾中精气。各脏腑的功能活动也是通过脏腑的气机运动来完成。总之，人体的一切生理功能，都是气化运动的反映。《素问·五常政大论》曰："气始而生化，气散而有形，气布而蕃育，气终而象变，其致一也。"《素问·六微旨大论》曰："物之生从于化，物之极由乎变，变化相薄，成败之所由也。"都是将人的生长、发育、衰老、死亡过程看作气的运动变化过程，亦即气化过程。人体的生理活动以气化学说为核心，人的生命即是由气化活动构成的恒动过程。而气化活动的形式主要是升降出入。这部分内容在本节"精气学说的基本内容"中已经论述，这里不再赘述。需要特别指出的是，中医学用气化理论解释人体的生理活动，是把人体解释为一种活结构，得出了与现代耗散结构理论相同的认识。

（三）说明人体的病理变化

人体的生理活动主要是气化功能的表现。人体的病理变化主要是气化失常、气机失调的结果，所以气机失调是人体功能障碍、疾病产生的根本缘由。临床上众多疾病都是直接或间接地由于气化失常、气机失调所造成。《素问·举痛论》曰："余知百病生于气也。怒则气上，喜则气缓，悲则气消，恐则气下，寒则气收，热则气泄，惊则气乱，劳则气耗，思则气结。"张景岳更进一步说："夫百病皆生于气。正以气之为用，无所不至，一有不调，则无所不病。故其在外，则有六气之侵，在内则有九气之耗。而凡病之为虚，为实，为寒，为热，至其变态，莫可名状，欲求其本，则止一气字足以尽之，盖气有不调之处，则病本所在之处也。"气机的调与不调，主要是从升降出入几个方面来考察。升降出入四种气机运动，决定着气化的整体性功能。《仁斋直指方》曰："人以气为主，一息不运，则机缄穷，一毫不续，则穷壤判。阴阳之所以升降者，气也；血脉之所以流行者，亦气也。……顺则平，逆则病"。气机的变化，关系到脏腑、经络、气血津液等全身各个方面。就脏腑而言，肺的宣发与肃降，肝的疏泄与升发，脾的升清，胃的降浊，心火之下济，肾水之上承，都是气机升降出入运动的表现。升降失常，则影响五脏六腑、表里内外、四肢九窍的正常功能，肺失宣降则胸闷喘咳，胃失和降则呕恶嗳腐，肝失疏泄则气血上冲，眩晕昏仆，心火不降，肾水不升，则心肾不交，水火不济而心烦失眠。

气机的失调，往往先出现气虚、气郁、气陷、气滞、气逆等气机本身的病变，继则波及形质，影响津血，可造成痰凝、血瘀，甚而发展为器质性病变。但不论何病，总由气机失调为先导。故《医原》曰："大凡形质之失宜，莫不由气行之失序。"总之，中医学对生理、病理的认识都是以精气学说为理论根据。

（四）用于疾病的诊断和治疗

疾病根之于内，症状形诸于外。诊断即是通过证候的外在表现，经过去伪存真，由表及里的分析，推断疾病的原因、部位、性质以及发展变化趋向，探求疾病本质的过程。在这个过程中，也充分运用了精气学说的理论。如临床见到少气懒言、神疲乏力等均为气虚，若兼有心悸怔忡、胸闷气短，多属心气虚；若兼有咳喘无力、少气不足以息，多属肺气虚；若兼有纳呆、食少、腹胀、便溏，多属脾气虚；若兼呼多吸少、腰膝酸软、小便清长，多属肾气虚。

精气学说把精气不足和气机失调看作是疾病产生的根源和本质。培护精气和调理气机就成为治疗疾病的基本原则。

精气是构成人体的基本物质，精气的亏乏，必然导致疾病的发生，此即"正虚"。治疗就必须根据正虚的程度和性质，予以补益精气，此即"扶正"。精气对于人至关重要，故

《素问·疏五过论》曰："治病之道，气内为宝"。即是在治疗过程中，把"扶正固本"，培护精气放在极其重要的地位。在正与邪的关系上，正为本，邪为标。"正气存内，邪不可干"，"邪之所凑，其气必虚"。邪不得正气之虚不能单独侵害人体，一切邪气都是通过正气而发挥其致病作用。所以扶正的治法就成为治疗的一个中心环节。具体治法如补中益气、益气固表、温补肾阳、填精补髓等，都是围绕这一指导思想进行的。

调理气机是治疗的另一个关键环节。所谓调理，是在气化理论的指导下，调其失序，理其不顺，恢复气机的正常升降出入。在具体治法的运用上主要是以通为顺，因势利导。气机的失调无不因"不通"所致，故调理气机即在于变"不通"为"通"，变"不顺"为"顺"。《灵枢·师传篇》曰："未有逆而治之也，夫唯顺而已矣。"《至真要大论》亦曰："疏其血气，令其调达，而致和平。"在这个原则指导下的具体治法很多，如疏肝理气、升阳举陷、和胃降逆等。因势利导则是顺其脏的气机升降出入的趋向，就近排邪，给邪以出路的治疗方法。如《阴阳应象大论》所述的"其高者，因而越之；其下者，引而竭之"等都是在调理气机原则指导下的具体应用。

一切致病因素必须通过干扰人体的正气才能导致疾病的发生。同样，一切治疗措施也都必须通过机体作出相应的反应才能起作用。张景岳讲得很清楚："凡治病之道，攻邪在乎针药，行药在乎神气。故施治于外，则神应于中，使之升则升，使之降则降，是其神之可使也。若以药剂治其内，而胜气不应；针灸治其外，而经气不应，此其神气已去，而无可使也"。他所讲的神气，即气化功能。气化功能衰弱，则治疗难以奏效。故一切治法均应以气化功能为基础。这种认识仍是把正气作为疾病治愈的主导方面。依靠、保护、增强人体的正气和气化功能是中医治疗学的一贯原则。

中医治疗的另一特点是不直接对病因和病灶进行特异性治疗，而是利用药物、能量、信息的输入，作用于机体的气化，推动机体气化功能旺盛而达到愈病的目的。清代王三尊说："夫药者，所以治病也，其所以使药之治病者，元气也"。这种治疗，即是把"气化功能"作为"中介"，用药物、针灸、气功等治疗手段触发"中介"作出反应来取得愈病目的。实际也是根据气化理论而采取的一种启发人体自愈能力的治疗原则。

第四节　阴阳、五行、精气三学说的相互关系

阴阳、五行和精气学说都属我国古代的哲学范畴，是朴素的唯物论和自发的辩证法思想。它们虽是三种不同的学说，但在解释自然现象和医学问题时又是相互联系、相互补充的。阴阳学说主要是对自然界相互关联的某些事物或现象对立双方的概括。阴阳既可以代表相互对立的两个事物或现象，又可用于分析同一事物或现象内部存在的相互对立的两个方面，表明它们之间存在着对立制约、互根互用、消长平衡和转化的关系。一般来讲，阴阳学说是纲领性的，自然界的一切事物和现象，包括人体在内，都可以用阴阳来概括。五行学说认为木、火、土、金、水五种基本物质的运动变化构成了自然界的万事万物。一般地讲，五行学说较精细，其个性差异也较大，主要用来概括事物各自的特性以及事物之间的相互联系。精气学说是对构成世界的本原物质的概括，用气的运动变化来概括世界万物的发展变化。三者比较而言，精气学说更为具体，重在说明事物构成的物质属性，而阴阳和五行学说重在说明事物内部以及不同事物之间的辩证关系。气构成了世界万物，而依据这些事物的不同属性和相互关联，可以把它们分为木、火、土、金、水五大类，而构成万物的气又可分为

阴气和阳气两种。用精气学说研究医学问题，可以把复杂的生命现象看作是气运动变化的过程加以把握；用阴阳学说分析医学问题，可以把错综复杂的生理现象如病理现象概括为对立统一的阴阳两个方面；用五行学说研究医学问题，可以借助五行归类的方法，用以概括人体各个部分的生理特性以及人与自然之间、人体内部各个脏腑之间存在着的相互联系和影响。

在实际运用过程中，三者又是相互联系、不可分割的。气的运动变化，只有用阴阳、五行的特性加以概括才更加准确，阴阳、五行的辩证关系也只有通过气的描述才更加具体。换句话说，阴阳、五行的辩证关系是建立在气这种基本构成物之上的，离开构成物的关系，也就失去了研究意义。在具体研究过程中，阴阳和五行之间也是相互联系、不可分割的，阴阳之中包含五行，五行之中又有阴阳。总之，三者之间是相互依存、相互为用的。如在研究脏腑的生理功能时，也离不开三者的相互联系。以心和肾为例，它们都是由气构成的，又都有阴阳属性和五行属性的不同，从阴阳属性来分，一为阳，一为阴；以五行归属来看，一属火，一属水。若肾之阴气（水）不足，不能上济于心，则心阳（火）亢盛，就会出现阴阳失调、水火不济的症状。也就是说，阴阳之间的相互对立也好，五行之间的相互制约也好，重在概括它们之间的特性和关系。这种特性和关系的发生还必须通过气的作用来实现，只有把三者结合起来，才能更深入、更具体地阐明这种极为复杂的病理变化。在疾病的辨证治疗中，同样依靠三者的联系。任何一脏腑的病理变化，都是气的运动变化失常所致，概括地讲是阴气阳气偏胜偏衰的结果，辨清脏腑的阴阳盛衰，就抓住了疾病的本质。但为防止疾病的发展传变，还要利用五行的生克乘侮规律来指导治疗。如肾气虚可有阴气虚和阳气虚的不同，若肾阴虚，"母病及子"可导致肝阴虚，肝阴虚"阴不制阳"，又可导致肝阳上亢。因此治疗时，在补肾阴的同时又要补肝阴，并酌加柔肝潜阳之品。只有阴阳、五行和精气学说相互联系、相互补充，才能更准确地解释人体复杂的生理和病理现象，指导临床诊断和治疗。

必须指出，阴阳、五行和精气学说是我国古代的哲学思想，毕竟受到当时社会历史和科技条件的限制，还属于朴素的唯物论和自发的辩证法思想。因此，它在全面、准确地概括人体的生理现象以及病理变化规律方面存在着一定的局限性。我们还需以历史唯物主义和辩证唯物主义的立场、观点和方法，取其精华，弃其糟粕，使之更好地为人类健康事业服务。

复习题

一、单项选择题

1. 以下哪种说法不正确（   ）
   A. 火为阳，水为阴　　　　B. 南为阳，北为阴　　　　C. 木为阳，土为阴
   D. 气为阳，味为阴　　　　E. 动为阳，静为阴
2. 事物的阴阳两个方面的相互转化是（   ）
   A. 绝对的　　　　　　　　B. 有条件的　　　　　　　C. 必然的
   D. 属于量变　　　　　　　E. 单方面的
3. 属于阴中之阳的时间是（   ）
   A. 上午　　　　　　　　　B. 前半夜　　　　　　　　C. 下午
   D. 后半夜　　　　　　　　E. 中午
4. 下列哪种情况不宜用阴阳概念来说明（   ）
   A. 昼与夜　　　　　　　　B. 天与地　　　　　　　　C. 表与风

D. 水与火　　　　　　　　E. 左与右
5. 言人身脏腑中阴阳，则肝为（　　）
　　A. 阳中之阳　　　　　　B. 阳中之阴　　　　　　C. 阴中之阳
　　D. 阴中之阴　　　　　　E. 阴中之至阴
6. 不属于阳的症状是（　　）
　　A. 声高气粗　　　　　　B. 多言而躁动　　　　　C. 面色鲜明
　　D. 脉细涩　　　　　　　E. 舌苔黄燥
7. 下列阴阳失调的病理变化，"阴"的含义为"阴邪"的是（　　）
　　A. 阴虚则阳亢　　　　　B. 阳盛则阴病　　　　　C. 阴盛则阳病
　　D. 阴损及阳　　　　　　E. 阳盛格阴
8. 可用阴阳的对立制约来解释的是（　　）
　　A. 寒极生热　　　　　　B. 阴损及阳　　　　　　C. 寒者热之
　　D. 重阳必阴　　　　　　E. 阴中求阳
9. 下列哪项不能说明阴阳的互根互用关系（　　）
　　A. 阳在外，阴之使也　　B. 孤阴不生，独阳不长　C. 阴在内，阳之守也
　　D. 重阴必阳，重阳必阴　E. 阴损及阳，阳损及阴
10. "寒极生热，热极生寒"可用阴阳学说中哪一个观点来解释（　　）
　　A. 对立制约　　　　　　B. 互根互用　　　　　　C. 消长平衡
　　D. 相互转化　　　　　　E. 阴阳格拒
11. "益火之源，以消阴翳"的治法，最适用于（　　）
　　A. 阴盛则寒之证　　　　B. 阳虚则寒之证　　　　C. 阳盛则热之证
　　D. 阴盛伤阳之证　　　　E. 阴损及阳之证
12. "益火之源，以消阴翳"的治疗方法，又可称为（　　）
　　A. 阳病治阴　　　　　　B. 阴病治阳　　　　　　C. 阳中求阴
　　D. 阴中求阳　　　　　　E. 补阴扶阳
13. "阴中求阳"是指（　　）
　　A. 阴寒证用阳热之药　　B. 虚热证用滋阴药
　　C. 虚寒证用补阳药　　　D. 在补阳时适当配以补阴之品
　　E. 在滋阴时适当配以补阳之品
14. "阳病治阴"的治则是针对下列何证（　　）
　　A. 阳损及阴之证　　　　B. 阳盛伤阴之证　　　　C. 阳虚阴盛之证
　　D. 阳气暴脱之证　　　　E. 阴虚阳亢之证
15. 下列除哪一项外都属五行之土（　　）
　　A. 五脏之脾　　　　　　B. 六腑之胃　　　　　　C. 五志之悲
　　D. 五官之口　　　　　　E. 五气之湿
16. 五行学说中金的特性是（　　）
　　A. 炎上　　　　　　　　B. 稼穑　　　　　　　　C. 润下
　　D. 从革　　　　　　　　E. 曲直
17. 按五行木、火、土、金、水次序归类，下列哪项不妥（　　）
　　A. 青赤黄白黑　　　　　B. 筋脉肉皮骨　　　　　C. 生长化收藏

D. 怒喜悲思恐　　　　　　　E. 角徵宫商羽

18. 下列五行生克关系中哪项是错误的（　　）
    A. 木克土　　　　　B. 火生土　　　　　C. 火克水
    D. 金生水　　　　　E. 金克木

19. 肺的肃降可以抑制肝阳的上亢，是属于五行的（　　）
    A. 相生关系　　　　B. 相乘关系　　　　C. 相克关系
    D. 相侮关系　　　　E. 母子关系

20. 五行相乘的基本概念是（　　）
    A. 母病其气有余而乘其子　B. 子病其气有余而乘其母　C. 其气有余则乘己所胜
    D. 其气有余则乘己所不胜　E. 其气不及则己所胜者侮而乘之

21. 下列不符合五行生克规律的是（　　）
    A. 木为水之子　　　B. 水为火之所不胜　C. 火为土之母
    D. 金为水之所胜　　E. 金为土之子

22. 土壅导致木郁属于（　　）
    A. 相乘　　　　　　B. 相克　　　　　　C. 相侮
    D. 相生　　　　　　E. 相胜

23. 根据五行生克乘侮规律，以下哪种说法是错误的（　　）
    A. 木火刑金　　　　B. 肝木乘土　　　　C. 心火亢盛，反侮肺金
    D. 心火不盛，肾水乘之　E. 心肝火旺

24. "肝火犯肺"是属于（　　）
    A. 子病犯母　　　　B. 相克　　　　　　C. 相乘
    D. 相侮　　　　　　E. 母病及子

25. 肝病色青见沉脉为（　　）
    A. 主　　　　　　　B. 客　　　　　　　C. 逆
    D. 顺　　　　　　　E. 色脉相符

26. 泻南补北法适用于（　　）
    A. 肾阴虚而相火妄动　B. 心阴虚而心阳亢盛　C. 肾阴虚而心火旺
    D. 肾阴虚而肝阳上亢　E. 肾阳虚损而心火浮越

27. 下列情志相胜中哪一项是错误的（　　）
    A. 惊胜怒　　　　　B. 恐胜喜　　　　　C. 怒胜思
    D. 喜胜忧　　　　　E. 思胜恐

28. 下列不属于相克规律确定的治法是（　　）
    A. 泻南补北　　　　B. 抑木扶土　　　　C. 滋水涵木
    D. 培土制水　　　　E. 佐金平木

29. 对中医学构建整体观念最有影响的学说是（　　）
    A. 阴阳学说　　　　B. 五行学说　　　　C. 精气学说
    D. 经络学说　　　　E. 三因学说

30. 天、地、万物之间相互联系的中介是（　　）
    A. 天气　　　　　　B. 气　　　　　　　C. 气化
    D. 神　　　　　　　E. 地气

二、填空题

1. 阴阳偏胜的治疗原则为_____；阴阳偏衰的治疗原则为_____。
2. 五行学说用以说明五脏病变的相互影响，如按相生关系传变则包括_____和_____两方面；按相克关系传变，包括_____和_____两方面。
3. 用五行相生规律确定的治疗原则是_____和_____；用五行相克规律确定的治疗原则是_____和_____。

三、名词解释

1. 气（哲学概念） 2. 阴阳 3. 阳胜则热 4. 阳虚则寒 5. 阴虚则热 6. 阴阳交感 7. 阴中求阳 8. 阳中求阴 9. 阴阳转化 10. 阳胜则阴病 11. 阴胜则阳病 12. 阳病治阴 13. 阴病治阳 14. 五行 15. 木曰曲直 16. 火曰炎上 17. 土爱稼穑 18. 金曰从革 19. 相克 20. 相乘 21. 相侮 22. 母病及子 23. 滋水涵木 24. 培土制水

四、简答题

1. 阴阳学说的相对性体现在哪些方面？
2. 相乘与相侮有何联系与区别？
3. 以五行相克关系确立的治则和常用治法有哪些？

（张掖医学高等专科学校　姚军汉）

第二章 中医理论体系的核心——藏象

学习目标

1. 掌握五脏、六腑的生理功能；掌握五脏与形、窍、志、液的联系。
2. 熟悉藏象、奇恒之府的概念和藏象学说的内容、脏腑的总体功能特点。
3. 了解脏腑间的关系。

重点难点

以脏腑各自的生理功能为重点；以脏腑的病理变化、脏腑之间的关系为难点。

第一节 藏象概述

"藏象"一词首见于《素问·六节藏象论》。"藏"与"脏"同，属古今字，后以脏为胸腹内诸脏器的总称，故加肉月旁以与"藏"区别。藏是指藏于体内的内脏；象是指内脏的生理活动和病理变化反映于外的征象。如张景岳在《类经》中说"象，形象也。藏居于内，形见于外，故曰藏象。""藏象"一词，反映了中医学对人体生理活动的认识方法。

藏象学说是研究人体各脏腑的生理功能、病理变化及其相互关系的学说，是中医理论体系的核心，是辨证论治的基础，对指导临床实践具有普遍意义。

藏象学说的内容主要包括三个部分：一是脏腑的生理、病理及其相互关系；二是脏腑、形体、五官九窍之间的相互关系；三是精、气、血、津液的生理、病理及其与脏腑的关系。

脏腑是人体内脏的总称，按照脏腑的结构和生理功能特点的不同，可分为脏、腑、奇恒之腑三类。脏，即肝、心、肺、脾、肾，合称为五脏；腑，即胆、胃、小肠、大肠、膀胱、三焦，合称为六腑；奇恒之腑，即脑、髓、骨、脉、胆、女子胞。五脏多为实质性脏器，其共同生理特点是化生和贮藏精气；六腑多为中空性器官，其共同生理特点是受盛和传化水谷；奇恒之腑是形态似腑，功能似脏，有贮藏精气的作用，故名奇恒之腑。

第二节 脏 腑

一、五脏

(一) 心

心居胸腔之内，膈膜之上，形如倒垂之莲蕊，外有心包卫护。主宰人体生命活动，称为"君主之官"。心在五行属火，手少阴心经与手太阳小肠经经脉相互络属，故心与小肠相表里。

1. 心的主要功能

(1) 主血脉：心主血脉，是指心有推动血液在脉中运行以营养全身的作用。人体各脏腑组织器官皆有赖于血液的濡养，才能发挥其正常的生理功能，以维持正常的生命活动。血液的正常运行与五脏功能密切相关，其中心的作用尤为重要。而心脏的搏动主要依赖于心气的推动，心气是推动血液运行的动力。其次，是脉道的通利和血液自身的充盈。只有心气充沛，脉道通利，血液充盈，心主血脉的功能才能正常。反之，若以上任何一个因素出现了异常，均会导致心主血脉的功能异常，而使血液运行失常。由此可见，心、脉、血三者构成了一个相对独立的系统，在这个系统中，心起着主导作用。

心主血脉的功能正常与否，主要从面色、舌象、脉象、心胸部的感觉等几方面来观察。若心主血脉的功能正常，则面色红润光泽，舌质淡红、荣润，脉象和缓有力，心胸部无不适感。若心气不足，或脉道瘀阻，或血液亏虚，致使心主血脉的功能失常，则见面色无华或面色青紫，舌质淡白或青紫，或见瘀点、瘀斑，脉象细弱无力，或见涩、结、代脉，心胸部憋闷或刺痛，或见心悸、怔忡等症。

（2）主神志：又称主神明、心藏神。神，有广义和狭义之分。广义的神，泛指整个人生命活动的外在表现，包括面色、眼神、言语、意识、肢体活动姿态等。狭义的神，是指人的精神、意识、思维活动。心主神志，主要是指心有主管和调控人的精神、意识、思维活动和整个生命活动的作用。具体体现在两个方面：一是心主管着人的整个精神、心理活动，尤其是对人的精神、意识、思维、睡眠等具体的心神活动和过程起着调控作用。这是心主神志理论中最为实质的内容。故《灵枢·本神》曰："所以任物者谓之心。"二是主宰整个生命活动。心为人的生命活动的主宰，五脏六腑必须在心的统一指挥下，才能进行统一协调的正常生理活动，从而维持整个人体生命活动的正常进行。所以《素问·灵兰秘典论》曰："心者，君主之官，神明出焉。"《灵枢·邪客》曰："心者，五脏六腑之大主，精神之所舍也。"

心之所以具有藏神的生理功能，是因为血液是神志活动的物质基础，而心主血脉，由此决定了心具有藏神的生理功能。两者相互影响，密不可分。

心藏神的生理功能正常，则精神振奋，神志清晰，思维敏捷，反应灵敏，睡眠安稳。若心藏神的功能异常，不仅可以出现精神、意识、思维活动的异常，如失眠、多梦、神志不宁、甚至谵狂，或反应迟钝、精神萎靡，甚则昏迷、不省人事等，而且还可以影响其他脏腑的功能活动，甚至危及生命。

2. 心的生理联属

（1）心志为喜：志，是指情志活动；喜，是一种喜悦、愉快的情绪和心境。适度的喜乐，有助于血流的畅通和心主血脉的功能正常。若过喜、暴喜，则可伤及于心，损伤心神，轻者可导致心气涣散，表现为思想、注意力不集中；严重者可致神志异常，而见神志错乱、喜笑不休，甚或诱发心疾，累及五脏。

（2）在体合脉、其华在面：脉，指脉管，是血液运行的通道，故又称血府。脉的生理功能可概括为两方面：一是气血运行的通道。二是运载水谷精微，滋养全身。这些功能全有赖于心气的作用。脉管靠血液来充盈，脉管的搏动靠心气来鼓动，故脉搏的强弱、快慢、节律能反映心气的盛衰，且与心搏保持一致。若心气充沛，则脉象均匀，和缓有力。若心气不足，则脉象虚弱无力；若脉道瘀阻，血运不畅，则脉律不齐，可见涩、结、代脉。

其华在面，是指心的生理功能是否正常以及气血的盛衰，可以从面部的色泽变化反映出来。由于头面部的血脉极为丰富，当心气旺盛，血脉充盈时，则面部红润光泽。若心气血不足，则可见面色淡白、晦滞；心血瘀阻，则面色青紫；心火亢盛，则面部红赤。

(3) 开窍于舌：舌为心之外候，又有"舌为心之苗"之说。舌体脉络非常丰富，舌体得心之气血濡养，则能发挥其司味觉、表达语言的功能，从而表现为舌质淡红、荣润，柔软灵活自如。若心有病变，也可反映于舌，如心的阳气不足，则舌质淡白、胖嫩；心的阴血不足，则舌质红绛、瘦瘪；心火上炎，则舌尖红，甚则口舌生疮；心血瘀阻，则舌质暗紫、或有瘀斑；心神失常，则可见舌强语謇、或失语等。

(4) 汗为心液：汗是阳气蒸迫津液从毛窍排出者，故中医有"阳加于阴谓之汗"之说。由于汗为津液所化生，而血液又由津液和营气化生而成，它们都来源于饮食水谷，故称"血汗同源"。而血又为心所主，故有"汗为心之液"之说。由于心、血、汗三者在生理上密切联系，因此在病理上必然相互影响，当心有病变时，可表现为异常的出汗。

附：心包

心包，亦称心包络，是包于心脏外面的包膜，有保护心脏的作用。故外邪入侵于心，心包常先受邪。温病中出现高热、神昏、谵语等症状，常称为"热入心包"。实际上，心包受邪所出现的病症与心是一致的，故在临床辨证与治疗亦是相同的。

(二) 肺

肺居胸腔，左右各一，五脏之中，肺位最高，覆盖诸脏，称为"华盖"。因肺叶娇嫩，不耐寒热，易被邪侵，又有"娇脏"之名。肺在五行属金，手太阴肺经与手阳明大肠经经脉相互络属，故肺与大肠相表里。

1. 肺的主要功能

(1) 主气、司呼吸：肺主气，是指肺有主持人体之气的功能。包括主呼吸之气和主一身之气两个方面。

主呼吸之气：是指肺有司呼吸的作用，是体内外气体交换的场所。肺通过呼吸运动，吸入自然界的清气，呼出体内的浊气，实现了体内外气体的交换，促进气的生成，调节气的升降出入运动，保证人体新陈代谢的正常进行。肺司呼吸的功能正常，则呼吸调匀，气息平和；反之，则可见胸闷、咳嗽、喘促、气短等呼吸不利之象。

主一身之气：是指肺有主持和调节全身之气的作用。这一作用主要体现在两个方面：一是参与气的生成，尤其是宗气的生成依靠肺吸入的自然清气与脾运化产生的水谷精气结合而成，积于胸中，通过肺的作用，出入于咽喉以司呼吸，贯注心脉以行气血，并通过心脉周流全身。二是调畅全身气机。肺有节律的一呼一吸的宣肃活动，对全身气机的升降出入运动产生重要的调节作用。而气机调畅与否，又影响着气能否正常发挥其生理功能，进而影响着整个人体的生命活动。

由此可见，肺的呼吸功能对于生命的维持至关重要。肺的呼吸均匀和调，是气的生成和气机调畅的重要条件。只有当肺司呼吸的功能正常时，肺主气的功能才能得以实现，人体一身之气的生成和运行才能正常。反之，则会影响气的生成和运行，而出现一系列的病理变化。如果肺丧失了呼吸的功能，则清气不能吸入，浊气不能呼出，人的生命活动也就终结。

(2) 主宣发肃降：宣发，是指肺有宣布卫气和津液于全身，散发浊气和剩余水分于体外的作用。肃降，是指肺气有向下通降及维持呼吸道洁净的作用。

肺的宣发主要表现在三个方面：一是将脾上输的水谷精微和津液布散全身。二是宣发卫气外合皮毛，开合腠理，调节汗液排泄，维持体温恒定。三是呼出体内浊气。

肺的肃降亦表现在三个方面：一是吸入自然界清气。二是肃清呼吸道异物。三是向下布散清气、津液、水谷精微，一方面供体内各脏腑组织所用；另一方面将代谢后的水液不断地下输到肾，在肾的气化作用下生成尿液而下输膀胱，排出体外。

肺的宣发与肃降相反相成，是一个过程的两个方面，宣发有利于肃降，肃降促进宣发。若两者失调就会发生"肺失宣降"的病理变化，出现咳、喘、痰、闷等病症。

（3）通调水道：是指肺对水液的输布和排泄有疏通和调节的作用。肺的这一作用，也是通过肺气的宣发和肃降来实现的。肺通过宣发，将水液布散于体表和人体上部，并促进代谢后的水液以汗的形式、呼出之气的形式排出体外；通过肃降将水液布散于体内和人体下部，并促进代谢后的水液下输到肾，转化为尿经膀胱排出。肺的这种作用促进了水液在体内的正常输布、运行和排泄，对维持人体水液代谢的平衡起着重要作用。故有"肺主行水"，"肺为水之上源"之说。若肺气失于宣发肃降，则可影响肺的通调水道的功能，致使水液代谢失常，从而引发水液的停聚而生痰成饮，甚则水湿泛溢肌肤而成水肿等病变。

（4）朝百脉、主治节：朝，是朝向、汇聚之意。肺朝百脉，是指全身的血液均通过血脉汇聚于肺，通过肺的呼吸，吐故纳新，进行清浊交换，然后将富含清气的血液再输送到全身的作用。全身的血和脉虽统属于心，心气是血液在脉中运行的基本动力，但还需肺的协助与配合。这是因为肺司呼吸，主一身之气，调节着全身的气机，气行则血行，血液的正常运行也有赖于肺气的敷布与调节，肺有助心行血的作用。若肺气充足，宣降正常，呼吸调匀，气机调畅，则血行正常。反之，肺气虚弱，肺失宣肃，致使呼吸不利，气机不畅，则可影响心主血脉的功能，出现血行障碍，而见胸闷、心悸、唇舌青紫等症状。

"治节"，即治理和调节。肺的治节作用主要体现在四个方面：一是调节呼吸功能。二是治理和调节全身的气机运动。三是辅助心脏，推动和调节血液的运行。四是治理和调节津液的输布、运行和排泄。肺主治节，实际上是对肺的整个生理功能的高度概括。

2. 肺的生理联属

（1）肺志为忧（悲）：忧与悲都是消极不良的情感表现，虽是不同的情绪，但对机体的影响却相似，都对肺产生不良影响。因肺主气，过度悲忧易耗伤肺气，出现呼吸不利、气短、音哑、干咳、咯血等病症。

（2）在体合皮、其华在毛：皮毛，包括皮肤、毫毛、汗腺等组织，为一身之表，依赖卫气和津液的温润滋养。行使着保护机体、抵御外邪侵袭、调节津液代谢与恒定体温、司部分感觉和辅助呼吸等功能。肺的生理功能正常，则皮毛致密，毫毛光泽，抵御外邪侵袭的能力亦较强；若肺气虚弱，肌表失于温养，则卫表不固，抵御外邪侵袭的能力就低下，可出现多汗和易于感冒，或皮毛憔悴枯槁等现象。

（3）开窍于鼻：鼻是肺的门户，为气体出入的通道。肺开窍于鼻是指鼻的通气和嗅觉功能，主要依靠肺气宣发的作用才能正常发挥。肺气通利，则呼吸畅顺，嗅觉灵敏；外邪犯肺，肺气不利，则见鼻塞、流涕、嗅觉不灵；邪热壅肺，常见鼻流浊涕、甚至鼻翼煽动等。由于"鼻为肺之窍"，故外邪袭肺，常以鼻为通道。

（4）涕为肺液：涕由鼻腔所分泌，有润泽、清洁鼻腔之功。涕由肺之阴液所化，故涕为肺之液。当肺阴充足时，则能上濡于鼻，使涕液的分泌适度，濡养鼻腔。反之，当肺出现病变时，则可见涕液的异常。如肺为风寒所袭，则鼻流清涕；肺热，则涕液黄稠；肺为燥邪所伤，则鼻干无涕。

（三）脾

脾位于中焦，在膈之下、左季肋的深部，附于胃的背侧左上方。在五行属土，足太阴脾经与足阳明胃经经脉相互络属，故脾与胃相表里。脾胃合称"后天之本"、"气血生化之源"。

1. 脾的主要生理功能

(1) 主运化：运，即转运输送；化，即消化吸收。脾主运化，是指脾具有把水谷化为精微，并将精微物质吸收传输至全身的生理功能。脾的运化包括运化水谷和运化水液两个方面。

运化水谷：是指脾对饮食物的消化、吸收和输布作用。饮食入胃后，主要在胃和小肠内进行消化，经过胃的"腐熟"和小肠的"化物"而分解成水谷精微和糟粕，但是，必须依赖于脾的运化功能，才能将水谷化为精微。同样，也有赖于脾的传输和散精功能，才能把水谷精微上输于肺，经肺的宣发与肃降使水谷精微得以输布至全身。而水谷精微又是人体维持生命活动所需要的营养物质的主要来源，也是生成气血的主要物质基础，所以说"脾为后天之本，气血生化之源"。因此，脾的运化功能正常（脾气健运），才能为化生精、气、血、津液提供足够的养料，使机体组织得到充分的营养。若脾的运化功能减退（脾失健运），则机体的消化吸收功能就会失常，可出现食欲不振、腹胀、便溏、倦怠乏力等病症。

运化水液：是指脾具有吸收、输布水液，防止水液在体内停滞的作用。这是水液代谢的一个重要环节。脾既可以帮助胃肠吸收水液，又可以把水液传输、布散至全身而发挥滋养和濡润作用；同时，又有助于把各组织器官利用后的多余水液及时传输至肺和肾，化为汗和尿排出体外，从而防止了水湿浊液在体内的停滞潴留。故《素问·至真要大论》曰："诸湿肿满，皆属于脾。"这也就是脾虚生湿、"脾为生痰之源"和脾虚水肿的机制所在。脾主运化水谷和运化水液是一个功能的两个方面，两者可分而不可离。

(2) 主升清：升，指上升；清，指水谷精微等营养物质。脾主升清，是指脾具有将水谷精微等营养物质向上输至心肺头目，以发挥其濡养作用；又有升提内脏，防止其下垂的作用。脾之升清，是和胃的降浊相对而言。脾气升则健，胃气降则和。两者既对立又统一，共同完成饮食物之消化吸收和输布。另一方面，脏腑之间的升降相因、协调平衡是维持人体内脏位置相对恒定的重要因素。因此，脾的升清功能正常，水谷精微才能正常吸收和输布，人体气血才能充盛。同时，内脏位置恒定而不下垂。若脾不升清，则水谷不能运化，气血生化无源，可出现神疲乏力、眩晕、泄泻等症状。脾气下陷，则可见久泄脱肛甚或内脏下垂等病症。

(3) 主统血：统，指统摄、控制之意。脾主统血，是指脾具有统摄、控制血液在脉中正常运行，防止溢出脉外的功能。脾统血的机制，究其实质是通过脾主运化能化生人体之气，气能摄血而实现的。若脾气健旺，则气血生化有源，气旺则能统血，使血行脉中而不外溢。若脾失健运，则气的生化乏源而亏虚，气虚则固摄作用减弱，统摄无权，就会导致血溢脉外而出血的脾不统血证。

2. 脾的生理联属

(1) 脾志为思：思，即思考、思虑，是人体精神、思维活动的一种状态。人们要认识客观事物，处理问题就必须思考，因此，思是正常的思维活动。一般来说，思考、思虑对机体的正常生理活动无不良影响；但在思虑过度或所思不遂等情况下，就会影响气的升降出入，而致气机郁结，脾的运化升清功能失常，而出现不思饮食、脘腹胀闷、头晕失眠等症。

(2) 在体合肉、主四肢：脾为气血生化之源，全身的肌肉都需要依靠脾所运化的水谷精微来营养，才能使肌肉发达，丰满健壮，活动有力。所以人体肌肉的健壮与否，与脾的运化功能密切相关，若脾的运化功能障碍，必致肌肉消瘦、萎软不用。

四肢与躯干相对而言，是人体之末，故又称"四末"。人体的四肢，同样需要脾运化的水谷精微濡养，以维持正常的生理活动。若脾气健运，营养化生充足，则四肢轻劲，灵活有力。若脾气虚弱，营养化生不足，则四肢乏力，甚或萎弱不用。

(3) 开窍于口、其华在唇：脾开窍于口，是指饮食口味与脾运化功能有密切关系。若脾气健旺，则食欲、口味正常；若脾失健运，则食欲不振、口淡乏味。脾有湿热，可觉口甘、口腻。

口唇的色泽，与全身的气血是否充足有关。由于脾为气血生化之源，所以口唇的色泽是否荣润，不仅是全身气血状况的反映，而且也是脾运化水谷精微功能状态的反映。若脾气健运，气血充足，营养良好，则口唇红润光泽；若脾失健运，气血不足，营养不良，则口唇淡白无华或萎黄不泽。

(4) 涎为脾液：涎为口津，润泽口腔，有助于食物的吞咽和消化。在正常情况下，涎液上行于口，但不溢于口外。若脾胃不和，则涎液分泌剧增，而发生口涎自出；脾不生津，则口干。

(四) 肝

肝位于腹部，横膈之下，右胁之内。具有体阴而用阳的生理特点。在五行属木，足厥阴肝经与足少阳胆经经脉相互络属，且肝胆直接相连，故肝与胆相表里。

1. 肝的主要功能

(1) 主疏泄：疏，即疏通；泄，即宣泄。肝主疏泄，是指肝对人体气机有疏散宣泄，使之畅达的作用。具体表现在以下几个方面：

调畅气机：气机，指气的升降出入运动。机体脏腑经络器官的活动，均有赖于气机调畅。肝性主升主动，有助于全身气机的调畅，从而促使气血和调，经脉通利，脏腑器官的功能活动健旺与协调。若肝的疏泄失常，常表现为两个方面：一是疏泄不及，而致气行不畅，气机郁结，出现胸胁、两乳或少腹等部位胀痛不适，甚则刺痛或为癥积。二是疏泄太过，即肝气的升发太过，而形成肝气上逆的病理变化，出现头目胀痛、面红目赤、烦躁易怒等症。气升太过，则血随气逆，而致吐血、咯血，甚则猝然昏仆，不省人事。

调节情志：情志活动，由心所主，但与肝的疏泄功能密切相关。肝通过调节气机而调理气血，进而调畅人的情志。肝的疏泄正常，则气机调畅，气血和调，心情舒畅；肝的疏泄功能减退，则肝气郁结，心情郁闷；肝的升泄太过，则急躁易怒。反之，持久的情志异常，亦影响肝的疏泄功能，而致肝气郁结，或疏泄太过的病理变化。

促进消化：肝的疏泄有助于脾升胃降和胆汁的分泌、排泄，以维持正常的消化、吸收功能。若肝失疏泄，则影响脾胃之气的升降和胆汁的排泄，而出现消化功能异常的表现。临床常见的病证有：肝胃不和、肝脾不调等。

此外，肝的疏泄还有利于三焦水道的通利；调畅气血，调理冲任，调节月经与孕育；调节男子精液的正常排泄等。

(2) 主藏血：肝主藏血，是指肝有贮藏血液、调节血量及防止出血的功能。人体内各部分的血液，常随着不同的生理状态而改变其血流量。当人体处于安静状态时，机体的血液需要量减少，部分血液就回流到肝并贮藏起来；当人体处于活动状态时，机体的血液需要量增加，肝内的血液又被运送到全身，供给各组织器官的需要。所以王冰注释《素问·五脏生成论》曰："人动则血运于诸经，人静则血归于肝"。肝藏血功能失常，可出现两种情况：一是藏血不足，而见头晕目眩、夜盲、筋肉拘挛、肢体麻木、屈伸不利、女子月经不调、闭经等症。二是肝不藏血，导致多种出血病症。

2. 肝的生理联属

（1）肝志为怒：怒是人们在情绪激动时的一种情志变化。怒对于机体生理活动来说，属于一种不良刺激。怒对机体的主要影响为："怒则气上"。若突然大怒，或经常发怒，势必造成肝的阳气升发太过而伤肝。反之，肝的阴血不足，肝的阳气升泄太过，则稍有刺激，极易发怒。

（2）在体合筋、其华在爪：筋，即筋膜，有连接和约束骨节、肌肉，主持运动等功能。在五脏中，肝与筋关系最为密切，这是因为全身筋膜有赖于肝血的滋养。若肝血充盛，筋膜得养，则筋力强健，运动自如，且能耐受疲劳。若肝血不足，筋膜失养，则表现为四肢无力、动作迟缓、手足震颤、肢体麻木、抽搐拘挛、屈伸不利等症。

爪，即爪甲，包括指甲和趾甲，乃筋之延续，故称"爪为筋之余"。肝血充盛，则爪甲红润，坚韧明亮；肝血不足，则爪甲软薄，色泽枯槁，甚则变形、脆裂。

（3）开窍于目：肝的经脉上连目系，"肝气通于目"，目能视物，有赖于肝血的濡养。故肝的功能正常与否，可表现在目的病变上。如肝的阴血不足，则两目干涩、视物不清或夜盲；肝火上炎，则目赤肿痛；肝阳上亢，则头晕目眩；肝风内动，则两目上视等。

（4）泪为肝液：肝开窍于目，泪为目液，所以说肝在液为泪。正常情况下，泪可濡润和保护双目，而不溢出。泪的过多过少均属病态。肝阴不足，泪液分泌减少，则两目干涩；肝经风热，则目赤痒痛或迎风流泪；肝经湿热，可见目眵增多等。

（五）肾

肾位于腰部脊柱两侧，左右各一。故称"腰者，肾之府。"在五行属水，足少阴肾经与足太阳膀胱经经脉相互络属，故肾与膀胱相表里。

1. 肾的主要功能

（1）藏精，主生长、发育与生殖：肾藏精，是指肾具有贮存和封藏精气的作用。这为精气在体内充分发挥其生理效应创造了必要的条件。《素问·六节藏象论》曰："肾者主蛰，封藏之本，精之处也"。

肾所藏之精包括"先天之精"和"后天之精"。"先天之精"是禀受于父母的生殖之精，与生俱来，是构成胚胎的原始物质。所以称"肾为先天之本"。"后天之精"来源于饮食所化生的精微物质，用以营养脏腑，维持人体生命活动，所余部分藏之于肾。所谓"肾者主水，受五脏六腑之精而藏之"。

"先天之精"与"后天之精"是相互为用的，"先天之精"有赖于"后天之精"的不断充养，才能充分发挥其生理效应；"后天之精"又依赖于"先天之精"的活力资助，才能不断摄入和化生。两者相辅相成，紧密结合而藏之于肾。

肾藏精，精能化气，肾精所化之气叫肾气。肾中精气的生理作用：一是促进机体的生长、发育与生殖；二是促进脏腑的功能活动。

促进机体的生长、发育与生殖：《素问·上古天真论》曰："女子七岁，肾气盛，齿更发长；二七而天癸至，任脉通，太冲脉盛，月事以时下，故有子；三七，肾气平均，故真牙生而长极；四七，筋骨坚，发长极，身体盛壮；五七，阳明脉衰，面始焦，发始堕；六七，三阳脉衰于上，面皆焦，发始白；七七，任脉虚，太冲脉衰少，天癸竭，地道不通，故形坏而无子也。丈夫八岁，肾气实，发长齿更；二八，肾气盛，天癸至，精气溢泻，阴阳和，故能有子；三八，肾气平均，筋骨劲强，故真牙生而长极；四八，筋骨隆盛，肌肉满壮；五八，肾气衰，发堕齿槁；六八，阳气衰竭于上，面焦，发鬓斑白；七八，肝气衰，筋不能动；八八，天癸竭，精少，肾脏衰，形体皆极，则齿发去。"所以人的整个生命过程就是肾中精气盛衰的反映。若肾中精气不足，可见小儿生长发育迟缓，成人生殖功能减退或早衰。

促进脏腑的功能活动：肾中精气是人体生命活动的根本，从阴阳属性的角度，又可把肾中精气分为肾阴、肾阳两个方面：对各脏腑组织起滋润作用的称之为肾阴；对各脏腑组织起温煦、生化作用的称之为肾阳。肾阴与肾阳，又称元阴与元阳、真阴与真阳，是五脏阴阳的根本。肾阴、肾阳相互依存、相互制约，共同维系着肾及全身阴阳的相对平衡。若肾的阴阳失调，既可出现内热、眩晕、耳鸣、腰膝酸软、遗精、舌红少津等肾阴虚证；亦可出现神疲乏力、形寒肢冷、腰膝冷痛、水肿、阳痿、女子宫寒不孕、舌淡等肾阳虚证。

（2）主水：肾主水，是指肾具有主持和调节人体水液代谢的功能。在正常情况下，水液通过胃的受纳，脾的运化，肺的宣降，肾的气化，三焦的决渎，膀胱的开合等共同作用，清者布于脏腑组织，浊者化为汗和尿液排出体外。所有这些均有赖于肾的气化作用，故称"肾者主水"。

（3）主纳气：肾主纳气，是指肾具有摄纳肺吸入之清气，防止呼吸浅表，以保证体内外气体正常交换的功能。呼吸虽为肺所主，但必须依赖于肾的纳气作用，才能保持呼吸均匀，气道通畅。肾主纳气，实际上就是肾的封藏作用在呼吸运动中的具体体现。肺司呼吸要保持一定的深度，有赖于肾的纳气作用。因此，肾的纳气功能正常，则呼吸均匀和调。若肾的纳气功能减退，摄纳无权，呼吸表浅，可出现动则气喘，呼多吸少等肾不纳气的表现。所以说"肺为气之主"、"肾为气之根"。

2. 肾的生理联属

（1）肾志为恐：恐，是一种恐惧、害怕的情志活动，与肾的关系密切。《素问·举痛论》曰："恐则气下"，是指人在恐惧的状态中，气不得升而转降，导致遗尿、大小便失禁等。

（2）在体合骨，生髓通脑，其华在发：肾藏精，精生髓，髓养骨。肾中精气充盈，则骨髓、脑髓、脊髓得以充养。髓海得养，脑的发育就健全，表现为头聪目明，思维敏捷；骨得髓养，则坚强有力；反之，肾中精气亏虚，则生髓不足，不仅可见头晕耳鸣、健忘、思维迟钝，还会出现骨骼软弱无力、甚至发育不良。

"齿乃骨之余"。齿是骨的延续，均赖肾中精气充养。肾中精气充沛，则"齿牙完坚"；肾中精气不足，则齿浮易松，甚至脱落。

其华在发：是说肾的荣华反映在头发。肾藏精，精化血，精血旺盛，则发长润泽。若久病而见发稀、发枯、发落、发白者，多属肾精亏虚和血虚。

（3）开窍于耳及二阴：耳是听觉器官。肾开窍于耳，是指耳的听觉功能，依赖于肾中精气的充养。肾中精气充盛，髓海得养，则听觉灵敏。若肾中精气不足，髓海空虚，耳失所养，则出现耳鸣、听力减退，甚至耳聋。老年人由于肾中精气虚衰，故多见听力减退。

二阴，指前阴和后阴。前阴有排尿和生殖的功能，后阴有排泄粪便的作用。尿液的贮存和排泄虽在膀胱，但必须依赖肾的气化才能完成。而人的生殖功能亦由肾所主。若肾精气不足，可出现遗精、遗尿、早泄、尿清长、尿频、尿少等症。大便的排泄，亦与肾的气化作用有关。若肾阳虚，脾失温煦，水湿不运而致大便溏泄；肾阴不足，可见大便秘结。

（4）唾为肾液：唾为口津，指唾液中较稠厚的部分，能润泽口腔，并与食物搅拌而下咽。唾由肾精所化，咽之又有滋养肾精之功，故善养生者，常以吞咽唾液的方法以养肾精。而多唾或久唾，易耗伤肾精。病理上，肾阴不足，可见口舌干燥；肾气虚失于固摄，可见唾液增多。

附：命门

命门，有生命的根本之意。"命门"一词，首见于《内经》。尽管历代医家对命门的认识不同，争议颇多，但归纳起来不外两个方面：一是命门与肾的关系密切；二是命门是人体生命的根本。"肾为先天之本"，所以命门之火，即指肾阳；命门之水，即指肾阴。临床上补命门之火，就是温补肾阳。故提出命门，无非是强调肾中阴阳的重要性。正如《景岳全书·传忠录》中所说："命门为元气之根，为水火之宅。五脏之阴气非此不能滋，五脏之阳气非此不能发"。

二、六腑

（一）胆

胆为六腑之一，又属于奇恒之腑，附于肝之右叶下，呈中空的囊状器官。其主要功能为：

1. **贮存和排泄胆汁**　胆汁由肝之精气所化，贮存于胆，根据消化的需要适时施泄于小肠，起到助消化的作用。中医学认为，胆汁的化生与排泄全赖于肝的疏泄功能的控制和调节。若肝主疏泄正常，则胆汁分泌排泄畅达，脾胃消化功能正常。反之，若肝失疏泄，导致胆汁分泌排泄不利，并影响脾胃的运化功能，而出现胁下胀满疼痛、腹胀、纳减、便溏等症；若肝胆气逆，则胆汁外溢，可见口苦、呕吐黄绿水及黄疸等症。

2. **主决断**　决断属于思维的范畴。胆主决断，是指胆具有判断事物，并作出决定的作用。中医理论认为，肝主谋虑，胆主决断，肝胆必须相互配合，才能进行正常的思维活动。故《素问·灵兰秘典论》曰："胆者，中正之官，决断出焉。"《类经·藏象类》曰："肝气虽强，非胆不断，肝胆相济，勇敢乃成"。故胆气虚者，常易惊善恐，遇事不决，失眠多梦。

（二）胃

胃，又称胃脘，位于上腹部，上连食管，下接小肠。胃的上口为贲门，下口为幽门。胃分为上、中、下三部，上部称上脘，包括贲门；中部称中脘，即胃体部分；下部称下脘，包括幽门。其主要功能为：

1. **主受纳、腐熟水谷**　受纳，是接受和容纳的意思。因其容纳食物，故称"水谷之海"、"太仓"。腐熟，是饮食物经胃初步消化，形成食糜的意思。胃主受纳、腐熟水谷，是指胃有接受、容纳饮食物并对饮食物进行初步消化的作用。饮食入口，经食管下达容纳于胃，在胃中阳气的作用下，经过胃的初步消化而形成易于吸收的食糜。胃对食物的这种消化，须在脾的运化协助下才能完成，以利于饮食物的进一步消化和吸收。脾胃的这种功能称为"胃气"。胃气强，则食欲旺盛，食易消化。胃气弱，则纳呆、食少、脘胀、消化不良。

2. **主通降**　通降，是指胃气以通畅下降为顺。这一特点，不仅体现于胃能将初步消化后的食物向下送至小肠，以利于在小肠内进一步的消化吸收，还包括小肠将食物残渣下输于大肠，以及大肠排泄糟粕的功能在内。胃正常的通降是继续受纳的前提。因此，胃主通降正常，实为保证整个消化系统功能正常的重要条件。若胃失通降，不仅影响食欲，而且"浊气在上"可引起口臭，在中可见脘腹胀闷或疼痛等，在下可见大便秘结。若胃气上逆，又可见嗳气、恶心、呕吐、呃逆等症。

（三）小肠

小肠位于腹中，上通于胃，下连大肠，包括现代医学的十二指肠、空肠、回肠。其主

功能为:

1. 受盛化物　受盛,是接受、以器盛物之意。化物,即变化、消化食物之意。这一功能是指小肠接受从胃传下的初步消化的食物,并将其进一步消化。当食物从胃进入小肠后,要在小肠内停留相当长的时间,在脾主运化的作用下,食糜被进一步消化成为能被机体吸收的水谷精微。若化物功能失调,可导致消化不良。

2. 泌别清浊　是指小肠将消化后形成的水谷精微和食物残渣分开,并将水谷精微吸收,食物残渣则下传至大肠。由于小肠所吸收的水谷精微多呈液态状,因此,小肠在吸收水谷精微的同时,也吸收了大量的水液,故有"小肠主液"之说。因而,人体大便的干薄和尿量的多少与小肠主液的功能密切相关。若小肠主液的功能异常,则水液吸收障碍,常表现为小便短少而大便稀薄以及全身津液不足之象。

(四) 大肠

大肠位于腹腔,上端在阑门处与小肠相接,下端紧接肛门,是一个管道器官。其主要功能为传化糟粕。

大肠接受小肠泌别清浊后剩下的食物残渣,再吸收其中多余的水液形成粪便,经肛门排出体外。大肠功能失调,主要表现为传导失常和粪便的改变。大肠湿热,气机阻滞,可见腹痛下痢,里急后重;大肠实热,肠液干枯,可见便秘;大肠虚寒,可见腹痛、肠鸣、泄泻。

(五) 膀胱

膀胱位于下腹部,上通过输尿管与肾相通,下连尿道,开口于前阴。其主要功能为贮尿和排尿。

津液经肾的气化生成尿液,下注膀胱。膀胱内尿液充盈至一定程度时,可自主地排出体外。故《素问·灵兰秘典论》曰:"膀胱者,州都之官,津液藏焉,气化则能出矣。"然而,膀胱的贮尿和排尿功能,全赖于肾气的固摄与气化作用。若肾气不固,膀胱不约,可见遗尿,尿后余沥,甚则小便失禁。若肾与膀胱气化失司则膀胱不利,可见尿痛、淋涩、排尿不畅、甚则癃闭。

(六) 三焦

三焦是上、中、下三焦的总称,为六腑之一。在人体脏腑中三焦最大,有"孤腑"之称。从部位来划分,膈肌以上为上焦,包括心肺;膈肌以下,脐以上为中焦,包括脾胃、肝胆;脐以下为下焦,包括肾、膀胱、小肠、大肠。三焦与心包相表里。其主要功能为:

1. 主持诸气,总司人体气化　三焦是元气通行的道路,是人体之气升降出入的通道,亦是气化的场所。所以说:"三焦者,气之所终始也"。

2. 为人体水液运行的道路　三焦还有疏通水道,运行水液的作用,是水液升降出入的通路。体内的水液代谢是由肺、脾、肾等许多脏腑的协同作用完成的,但必须以三焦为通道,才能正常地升降出入。故《素问·灵兰秘典论》曰:"三焦者,决渎之官,水道出焉"。

此外,三焦的部位划分有其各自的功能特点。上焦主宣发,敷布水谷精气于周身,若雾露之溉,故称"上焦如雾"。中焦主消化、吸收并输布水谷精微,以化气血,如酿酒发酵,故称"中焦如沤"。下焦主泌别清浊,排泄糟粕和尿液,有如水浊不断向下疏通,向外排泄,故称"下焦如渎"。

附: 奇恒之腑

奇恒之腑,包括脑、髓、骨、脉、胆、女子胞。髓、骨、脉、胆前已论述,在此仅对脑、女子胞简要介绍。

（一）脑

脑居颅内，由髓汇集而成。故称"脑为髓之海"。其主要功能为：

1. 主持精神活动　《素问·脉要精微论》谓"头者，精明之腑。"是说脑是汇聚精髓而主神明的处所。这说明中医学既强调心主神明，又重视脑主精神活动的功能。脑主精神活动正常，则精力充沛、思维敏捷、记忆力强。脑髓不充，则出现精神萎靡，反应迟钝，健忘。

2. 主感觉运动　《本草纲目》谓"脑为元神之腑"。"元神"即"元始之神"，是说人的视、听、言、行、动等本能与脑密切相关。脑主感觉运动的功能正常，则视物清晰，听力聪颖，嗅觉灵敏，言语清晰，肢体灵活；反之，则可出现视物不清，听觉失聪，嗅觉不灵，感觉迟钝，运动迟缓，言语謇涩等症。

（二）女子胞

女子胞，又称胞宫、子处、子宫，位于小腹正中，是女性的内生殖器官。其主要功能为：

1. 主月经　女子"二七而天癸至，任脉通，太冲脉盛，月事以时下"。"天癸"是由肾中精气所化生的一种促进人体生殖功能成熟的物质。在天癸的作用下，胞宫发育完善，任脉通，冲脉气血盛，月经应时来潮。所以说，女子胞是女子发育成熟后，主持月经的主要器官。

2. 孕育胎儿　月经正常来潮后，女子胞就具有生殖和养育胎儿的能力。女子受孕以后，胎儿在母体子宫中发育，女子胞就聚集气血以养胎，成为保护胎儿和孕育胎儿的重要器官，直至十月怀胎期满分娩。

第三节　脏腑之间的关系

一、脏与脏之间的关系

1. 心与肺　心与肺的关系主要是气和血的关系。心主血，肺主气，两脏配合，以保证气血正常运行。血的循行依赖气的推动，气的输布又需血的运载。所以说"气为血之帅，血为气之母"。若肺气虚弱，宗气不足，运血无力，则见胸痛、心悸、唇青、舌紫等症；若心血不畅，亦会影响肺的宣降，出现咳、喘、胸闷等症。

2. 心与脾　心与脾的关系主要表现在血液的生成和运行两个方面。心主血，脾统血、生血。脾气健运，血有所生，则心血充盈，脾气摄血，则血行脉道而不外溢；心行血于脾，则脾运健旺。病理上脾虚可致心虚，心虚可致脾虚，最终导致心脾两虚，出现心悸、失眠多梦、食少、腹胀、便溏等症。

3. 心与肝　心与肝的关系主要表现在血液生理和神志活动两方面。心血充足，则肝有所藏，肝藏血，调节血量，则心有所主，两脏配合，以维持血液正常生理活动。心主神志，肝能调节情志，心肝协作，共同维持神志活动的正常。故病理上有心肝血虚、心肝火旺等证。

4. 心与肾　心在上属火，肾居下属水。生理状态下，心火必须下降于肾，使肾水不寒；肾水必须上济于心，使心火不亢。这种阴阳相交、水火相济的协调关系，称为"心肾相交"、"水火既济"。若这种平衡协调关系失调，则会出现心烦、失眠多梦、遗精等心肾不交证。

5. 肺与脾　肺与脾的关系主要体现在气的生成和津液代谢两方面。气的生成需肺的呼吸和脾的运化配合；水液代谢需肺的宣降，通调水道与脾的运化协作。病理上，脾失健运，水液停滞，聚而成痰，影响肺的宣降，可见咳、喘、痰、闷等症。故有"脾为生痰之源，肺为贮痰之器"之论。反之，肺病日久亦可导致脾虚，出现食少、腹胀、便溏、水肿等症。

6. 肺与肝　肺与肝的关系主要体现在气机调节方面。肺主降，肝主升，共同维持气机的平衡协调。若肝升太过，肺降不及，导致气火上逆，可见咳嗽、咯血等"木火刑金"之象。反之，若肺失清肃可致肝失疏泄，出现咳嗽、胸胁胀痛、头晕目眩等症。

7. 肺与肾　肺与肾的关系主要表现在水液代谢和呼吸运动两方面。

水液代谢方面：肺主宣降，通调水道，使在上之水津宣降有度，所以说"肺为水之上源"。肾主水，下达于肾之水，通过肾阳气化，使清者升，浊者流入膀胱变成尿液。如此肺肾协作，共同维持水液代谢正常。若肺失宣降，通调失职累及于肾，可见水肿、尿少；肾不主水累及于肺，可见水肿、喘满等症。

呼吸运动方面：肺司呼吸，肾主纳气，肾气充足，才能助肺吸气和降气，所以说"肺为气之主，肾为气之根"。若肾气不足或肺虚久咳伤肾，均可出现呼多吸少、动则气喘等肾不纳气的表现。

此外，肺肾之阴也是相互资生的，故有"金水相生"之说。病理情况下亦常相互影响，如肺肾阴虚证。

8. 肝与脾　肝与脾的关系主要表现在气机的协调和消化方面。肝的疏泄可促进脾的运化；脾气健运，气血化源充足，则肝血充盈，从而保证肝气条达。若肝失疏泄，木不疏土，可见精神抑郁、胸胁胀满、纳呆、腹胀、腹痛、溏泄等症。反之，脾病也可影响到肝。如脾失健运，水湿内停，蕴而化热，湿热郁蒸肝胆，可形成黄疸。

9. 肝与肾　肝与肾的关系主要体现在精血互化和藏泄相济两方面。

肝藏血，肾藏精，精血可以互相转化。所以说"肝肾同源"、"精血同源"。病理上两脏互损，常见肝肾阴虚证。

肝主疏泄，肾主封藏。两者共同维持女子月经、男子排精的生理现象。若藏泄失调，可见女子月经不调、男子排精异常等病象。

10. 脾与肾　脾与肾的关系主要表现在先天、后天相互资生，相互促进。脾为后天之本，肾为先天之本。先天温后天，后天养先天。若肾阳不足，不能温煦脾阳，或脾阳虚久，损及于肾，均可导致脾肾阳虚而见腹部冷痛、便溏腹泻，甚或五更泄等。

二、脏与腑之间的关系

1. 心与小肠　心与小肠通过经络相互络属构成表里关系。心与小肠的关系表现在病理方面较为明显。如心火循经下移小肠可见尿少、尿赤、尿痛、排尿灼热等小肠实热证。反之，小肠有热，也可循经上炎，出现心烦、舌赤、口疮等病症。

2. 肺与大肠　肺与大肠通过经络相互络属构成表里关系。肺气的肃降可促进大肠的传导；大肠的传导，有利于肺的肃降。若肺失肃降，津不下达，可见大便秘结；若大肠壅滞不通，又可引起肺气不利，出现咳喘。

3. 脾与胃　脾与胃通过经络相互络属构成表里关系。脾主运化，胃主受纳；脾主升清，胃主降浊；脾为湿土属阴，喜燥恶湿；胃为燥土属阳，喜润恶燥。两者纳运协调，升降相因，燥湿相济，阴阳相合，共同完成饮食物的消化、吸收以及水谷精气的输布。合称"后天之本"、"气血生化之源"。

病理上常相互影响，如脾运失职，可影响胃的受纳与和降，出现纳呆、恶心、呕吐、脘胀。反之，胃失和降，又会影响脾的运化与升清，而见腹胀、泄泻等症。

4. 肝与胆　肝与胆通过经络相互络属构成表里关系。肝的疏泄，分泌胆汁，调畅气机，促进胆囊排泄胆汁；胆汁排泄通畅，又有利于肝之疏泄。病理上肝胆常相互影响，如肝胆火旺、肝胆湿热证等。

5. 肾与膀胱　肾与膀胱通过经络相互络属构成表里关系。膀胱的贮尿和排尿，依赖于肾的固摄与气化。肾气充足，则固摄有权，膀胱开合有度，水液代谢正常。若肾气不足，气化失常，膀胱开合失度，可见小便失禁、尿频、遗尿或小便不利。

三、腑与腑之间的关系

六腑，以"传化物"为其生理特点。六腑之间的关系主要体现于饮食物的消化、吸收和排泄过程中的相互联系和密切配合。

生理上：饮食入胃，经胃的腐熟和初步消化，下传于小肠，小肠受盛胃下移的食糜，再进一步消化，泌别清浊。其清者为精微物质，经脾的传输以营养全身。其浊者为剩余的水液和食物残渣，经肾的气化，水液形成尿液渗入膀胱，及时排出体外；而糟粕残渣，由小肠进入大肠，经大肠的燥化和传导，形成粪便，由肛门排出体外。在饮食物的消化过程中，还有赖于胆汁的排泄以助消化。三焦不仅是水谷传化的道路，更重要的是三焦的气化，推动和支持着传化功能的正常进行。因此，人体对饮食物的消化、吸收和排泄，是由六腑分工合作共同完成的。

病理上：六腑是相互影响的。胃有实热，消灼津液，可使大便燥结，大肠传导不利。反之，肠燥便秘，腑气不通，亦可影响胃气通降，而见恶心、呕吐、口臭等胃气上逆之症。若胆火炽盛，也可犯胃，使胃失和降，呕吐苦水。

复习题

一、单项选择题

1. 心主神志的物质基础是（　　）
   A. 营气　　　　　　　　B. 宗气　　　　　　　　C. 津液
   D. 精液　　　　　　　　E. 血液
2. 肺主一身之气，取决于（　　）
   A. 生成宗气　　　　　　B. 调节全身气机　　　　C. 宣发卫气
   D. 肺气通于天　　　　　E. 肺主呼吸
3. 维持呼吸功能正常必须依赖于哪两脏的共同作用（　　）
   A. 肺脾　　　　　　　　B. 肺肾　　　　　　　　C. 心肺
   D. 肝脾　　　　　　　　E. 脾肾
4. 既是奇恒之腑又是六腑之一的是（　　）
   A. 胃　　　　　　　　　B. 胆　　　　　　　　　C. 脉
   D. 骨　　　　　　　　　E. 髓
5. 与水液代谢相关的脏腑是（　　）
   A. 心肝肾　　　　　　　B. 肺脾肾　　　　　　　C. 心肝脾

D. 肝脾肾　　　　　　　E. 脾胃肾

6. 具有升清功能的是（　　）
   A. 心　　　　　　　B. 肝　　　　　　　C. 脾
   D. 肺　　　　　　　E. 肾
7. 主宰生命活动的是（　　）
   A. 心　　　　　　　B. 脉　　　　　　　C. 脑
   D. 肾　　　　　　　E. 髓
8. 胆的主要生理功能是（　　）
   A. 贮藏胆汁以助消化　B. 传化水谷　　　　C. 主决断
   D. 泌别清浊　　　　E. 主疏泄
9. 肝其华在（　　）
   A. 爪　　　　　　　B. 面　　　　　　　C. 唇
   D. 毛　　　　　　　E. 发
10. 肾为气之根依赖于肾（　　）
    A. 藏精　　　　　　B. 主水　　　　　　C. 主纳气
    D. 化生元气　　　　E. 主生殖

二、简答题
1. 何谓藏象及藏象学说？
2. 脏、腑、奇恒之腑有何区别？
3. 何谓"心肾相交"、"肝肾同源"？
4. 肾精、先天之精、天癸各指什么？

三、论述题
1. 藏象学说包括哪些内容？
2. 为何说"脾为生痰之源，肺为贮痰之器"？
3. 何谓"胃气"？"胃气"有何意义？其表现在哪些方面？
4. 五脏各有何生理功能和特性？

（常德职业技术学院　张明德）

第三章 脏腑经络的物质基础——气血津液

> **学习目标**
> 1. 掌握气、血、津液的基本概念、生成过程、重要功能；元气、宗气、营气、卫气的组成、分布、生理功能；津液的生成、分布、排泄及生理功能。
> 2. 熟悉气、血、津液相互之间的关系。
> 5. 了解气、血、津液失常的主要病理表现。

重点难点

以气、血、津液的基本概念、生成过程；元气、宗气、营气、卫气的组成、分布、生理功能及津液的生成、分布、排泄及生理功能为重点。以元气、宗气、营气、卫气的生理功能；气、血、津液之间的关系为难点。

气、血、津液不仅是构成人体的基本物质，同时也是维持脏腑、经络等组织器官生理活动的物质基础。脏腑、经络等组织器官所进行的生理活动，能量来源于气、血、津液；同时，气、血、津液的生成和代谢有依赖于脏腑、经络等组织器官的正常生理活动。因此，它们之间相互依存，相互作用，相互影响，关系密切，维持机体正常的生理活动。

一、气

气，是不断运动的、具有很强活力的精微物质，也是构成和维持人体生命活动的基本物质之一。中医学继承和发展了中国古代哲学的气论，从人的生理、病理，疾病的诊断、治疗、康复、保健等方面给气论予以说明，由此可见气论在中医学理论中占有重要位置。中医学认为，气是构成人体生命活动的最基本物质。人体是自然界发展到一定程度的产物，是"天地之气"的产物，故曰"人以天地之气生，四时之法成"，"天地合气，命之曰人"。气是构成世界的最基本物质，所以说，气也是构成人体生命活动的最基本物质。构成人体之气，一般有两种变化形式：一是维持人体生命活动的物质基础，如呼吸之气、水谷之气等；二是脏腑组织的生理功能，如经络之气、脏腑之气等。

（一）气的生成

构成和维持人体生命活动的气，其物质来源于三个方面：一是先天之精气；二是水谷之精气；三是自然界之清气，后两者统称为后天之精气。

1. **先天之精气** 秉承父母之精气，先身而生，是构成胚胎的原始物质。因其秉承父母之精，故称为先天之精，其依赖于肾藏精的生理功能才能充分发挥其生理效应。

2. **水谷之精气** 水谷之精气又称谷气，是饮食中的营养物质，是人体赖以生存的基本要素。胃为水谷之海，食物经过胃的腐熟，脾的运化，将营养物质分化为水谷精微，输布全身，生化气血，濡养脏腑。

3. **自然界之清气** 自然界之清气又称天气，它依赖于肺的呼吸功能进入人体，并在体内完成气体交换，吐故纳新，参与人体气的生成。

（二）气的运动

1. 气机的概念　气的运动称为气机。人体的气是在不断运动的、具有强活力的精微物质。人体的气处于不断运动之中，它布散于全身各个脏腑、组织、经络等部位，时刻推动和维持各种生命活动。气之所以能够发挥各种生理功能，是因为气在人体内的不断运动，气的运动一旦停止，生命活动也就终止了。

2. 气的运动形式　升、降、出、入是气运动的基本形式。升，是气由下向上的运动；降，是气由上向下的运动；出，是气由内向外的运动；入，是由外向内的运动。气的升降出入运动的场所是脏腑、经络等部位，人的生理活动都是脏腑升降出入运动的表现形式。人体的生理功能无非就是升清阳，降浊阴，摄所需，排所弃。脏腑之气的运动有其独特之处，不仅体现了脏腑生理功能活动的特点，也表现了脏腑之气运动的不同趋势。就五脏而言，心肺在上、主降，肝肾在下、主升，脾胃居中，连通上下，为气机升降的枢纽。六腑虽然传化物而不藏，以通为用，主降。但在传化饮食过程中，也有吸收水谷精微、津液的作用，所以说，六腑的气机运动是主降，降中寓升。就脏腑关系而言，肺主出气、肾主纳气，共同维系着吸入清气、调节呼吸的作用；脾主升清、胃主降浊，共同主持着食物的消化、吸收和水谷精微的输布；心火下降、肾水上升，水火相济，心肾相交，维持机体阴阳平衡，这些都说明了脏与脏、脏与腑之间处于不断升降的运动之中。故《素问·六微旨大论》曰"升降出入，无气不有"。

气的升降出入必须相对协调才能发挥其维持身体生命活动的作用。气的升降出入运动和谐平衡谓之"气机调畅"。当气的运动失去平衡时，机体就会出现异常现象而形成病变，称之为"气机失调"。若气的运动受到阻碍，称为"气机不畅"；若气的运动受阻较重，阻滞在局部不通时，称为"气滞"；若气的上升运动太过，称为"气逆"；若气的下降运动不及，称为"不降"；若气的上升不及或下降太过，称为"气陷"；若气的外出运动太过，称为"气脱"；若外出运动不及或结聚于内，称为"气结"、"气郁"，甚则"气闭"。如脾气下陷、胃气上逆、肝气郁结。气的升降出入一旦停止，也就意味着生命的终止。所以，中医学十分强调气机的调理。

（三）气的功能

气是构成和维持人体生命活动的根本，"气者，人之根本也"。气的生理功能主要概括为以下几方面：

1. 推动作用　是指气具有激发和推动作用。气是活力很强的精微物质，不仅能够激发、促进人体生长发育和脏腑、经络等组织器官的生理功能，还具有推动血液生成、运动，促进津液的生成、输布以及排泄的作用。如气行则血行，气行则水行。当气的推动功能减退时，可影响人体的生长、发育，也可使脏腑、经络功能减退而出现病理变化。

2. 温煦作用　是指阳气气化生热，具有温煦人体的作用。人体的体温恒定正常，有赖于气的温煦作用；血和津液的正常循行，需要气的温煦作用；各脏腑、经络等组织器官的生理功能必须在气的温煦作用下得以体现。温煦人体的气是阳气，阳气气化而生热，故有"气有余便是火"、"气不足便是寒"的说法。

3. 防御作用　是指气具有保卫肌肤、抗御邪气的作用。"正气受伤，邪气方张"。气的防御作用表现在不仅可以抵御邪气侵袭，还能够驱邪外出。所以，气的防御作用正常时，邪气不易侵袭。即使邪气侵袭，也不易发病，或是发病易愈。如果气的防御作用下降时，机体易感邪致病，或病后难愈。所以，气的防御作用与疾病的发生、发展、转归有着密切的关系。

4. 固摄作用　是指气对机体内的液态物质具有统摄、控制作用。气的固摄作用主要体现在：一是固摄血液，保证血液在脉中循行，防止血液溢出脉外，血液外行；二是固摄汗液、唾液、尿液、胃肠液等，控制其分泌、排泄，以防机体液体流失；三是固摄精液，防止妄泄；四是固摄冲任，防止经血妄行，稳固胎元。气的固摄作用减退时，可导致体内液体大量流失。如气不摄津，而致自汗、尿频、多尿、尿失禁、流涎、泄泻滑脱等；若气不摄血，可致各种出血；若气虚而冲任不固，可出现小产、滑胎等。

5. 气化作用　是指通过气的运动而产生的各种变化。气能够促进机体内的精微物质化生和转化，包括了精、气、血、津液等物质的生成、转化、利用和排泄的过程。气的这一作用，促使饮食转化为水谷精微，再化生为气、血、津液，气化作用还可促使津液转化成尿液和汗液，使饮食经过消化和吸收转化成为糟粕。人的气化运动是永恒的，存在于生命始终，由此可见，气化运动是生命最基本的特征。

6. 营养作用　是指脾胃运化饮食而化生水谷精气的作用。水谷精气与津液结合而化生血液，运至全身各部位而发挥其营养作用。

（四）气的分类、分布与作用

人体之气运行全身，无处不在。其主要来源、分布部位及功能作用也各不相同，可划分为元气、宗气、营气、卫气。

1. 元气　又名"原气"、"真气"，是人体中最根本、最重要的气，是人体生命活动的原动力。元气根源于肾，是由肾所藏之先天精气化生而来，赖于后天脾胃运化水谷精微的充养，所以元气充足，必须脾胃之气无伤。元气包括元阴、元阳之气。元气发于肾，通过三焦布散全身，内至五脏六腑，外达肌肤腠理，无处不在，发挥其生理功能。

元气的主要作用，一是促进人体的生长发育和生殖；二是激发和推动脏腑、经络等组织器官的生理作用，所以，元气是人体生命活动的原动力。元气的盛衰变化体现在机体的生、长、壮、老、已的自然规律。元气充沛，则脏腑、经络等组织器官活力旺盛，机体强健；元气虚衰，则脏腑、经络功能减弱，而见机体各种病理变化。

2. 宗气　是由肺吸入的自然界清气与脾胃从饮食中化生的水谷精气结合而成的，聚于胸中，积聚之处称为"上气海"，又名膻中。宗气是由清气与水谷精气相互结合而生成，因此，肺和脾胃在宗气的形成过程中起着重要的作用。饮食经过胃的受纳、腐熟化生为水谷精微，经脾的升清作用上传输于肺，与肺吸入的自然界清气相互结合而成宗气。肺的呼吸功能与脾的运化功能强弱，与宗气的生成情况有着密切的关系。

宗气的主要作用表现在有三方面：一是走息道以司呼吸。宗气上走息道，协助肺推动呼吸。所以凡语言、呼吸、声音的强弱，都与宗气的盛衰关系密切。宗气充盛，则语言清晰、呼吸均匀、声音洪亮；宗气衰弱，语言不清、呼吸微弱、声音低微。二是贯心脉而行气血。宗气贯注心脉中，推动血液循行。宗气对气血循行具有推动作用，因而气血的循行、心搏强弱等，都与宗气盛衰关系密切。三是与人体的视、听、言、动等功能相关，"宗气者，动气也。凡呼吸言语声音，以及肢体运动，筋力强弱者，宗气之功用也。"

3. 营气　是行于脉中具有营养作用之气，因富于营养，故称"营气"。营气与血关系密切，可分而不可离，故常合称"营血"。营气与卫气相对而言，营气行于脉中，属阴，故营气又称"营阴"。

营气是由脾胃运化水谷精微化生而来，分布于脉中，循脉上下，营运于全身。其主要功能有两方面：一是营养全身，为脏腑、经络等生理活动提供营养物质；二是化生血液，为组成血液的成分之一。

4. 卫气　是运行脉外具有防御作用之气，因其具有保卫机体、避免外邪侵袭的作用，故称"卫气"。卫气与营气相对而言，卫气行于脉外，属阳，故卫气又称"卫阳"。

卫气主要由脾胃运化水谷精微化生而来，具有活动力强、流速快，即"慓悍滑利"的特性。卫气的功能主要有三方面：一是温养脏腑、肌肉、皮毛等；二是调节腠理开合，调节汗液排泄，维持体温恒定，调节气血；三是保卫机表，防御外邪侵袭。

营气与卫气均由脾胃化生水谷精微为其主要物质来源，但就其性质、分布与作用又各不相同。营气行于脉中，卫气行于脉外；营气主内守，属阴，具有营养周身的作用，卫气主外卫，属阳，具有温阳脏腑，护卫机表的作用。两者一阴一阳，互为其根，必须协调，才能维持正常，发挥其正常生理功能。

二、血

血是运行于脉中而循环流注全身的富有营养和滋润作用的红色液体，是构成和维持人体生命活动的基本物质之一。脉是血运行的管道，所以脉又称"血府"。血液在脉中运行全身，外达肢节，内至脏腑，周而复始，不断为生命活动提供营养物质。

（一）血的生成

血，主要是由营气和津液所组成的，由于营气和津液均来源于脾胃化生的水谷精微，故称脾胃为气血生化之源。饮食经胃的腐熟和脾的运化作用，化生为水谷精微，水谷精微上输于肺，与肺吸入的清气相结合，通过心肺气化作用，贯注心脉，化生为血，循行周身。

（二）血的功能

1. **营养滋润功能**　血液沿脉管循行周身，内至脏腑，外达肢节，为全身脏腑组织器官提供营养，人体的一切正常生理功能都有赖于血液的营养滋润，《素问·五脏生成篇》曰："肝受血而能视，足受血而能行，掌受血而能握，指受血而能摄。"血的营养滋润作用具体体现在面色、肌肉、皮肤、毛发等方面。如血液充盈，则面色红润，肌肉丰满壮实，皮肤、毛发润泽；若血液亏损，或营养滋润功能减弱时，可见面色无华、萎黄、肢体或肢端麻木，毛发、皮肤干燥枯槁，头晕眼花等病理表现。

2. **神志活动的物质基础**　血液为人体精神活动提供物质基础。机体精力充沛，神志清晰，感觉灵敏，思维敏捷，活动自如，均依赖于血液的充养。如血虚或运行失常，则可见精神不振、失眠健忘、烦躁多梦、甚则神情恍惚、惊悸不安、谵狂、昏迷等病理表现。

（三）血的循行

脉为血之府，血液在脉管中运行，周而复始，布流全身，为全身各个脏腑器官提供丰富的营养。血液的正常运行必须具备三个条件：一是脉管系统需完整而通畅；二是血液要充盈；三是全身各脏腑发挥正常生理功能，特别是心、肺、脾、肝脏器的功能尤为重要。

1. **心主血脉**　心气推动血液在脉中运动，流注全身，营养滋润全身各脏腑经络组织器官，心脏、脉管和血液构成了一个相对独立的系统。血液有赖于心气的推动，通过脉管输送至全身各处，所以心气推动作用是否正常，在血液运动中起着十分重要的作用。

2. **肺朝百脉**　肺司呼吸，主一身之气，调节全身气机，通过肺朝百脉的功能，辅助心脏，推动和调节血液的正常运动。

3. 脾主统血　全身之血有赖于脾统摄血液。脾气健运，则气血旺盛，故而气固摄有力，血液循行于脉道。

4. 肝主藏血　肝具有贮藏血液和调节血量的作用。此外，肝主疏泄、调畅气机，对血液运行也起到重要作用。

综上所述，血液能够正常运行需要推动力和固摄力协调平衡，推动力是血液运行的动力，体现在心主血脉、肺朝百脉及肝的疏泄功能方面；固摄力是保障血液能够在脉中循行、而不外溢的因素，体现在脾统血和肝藏血功能方面。可见，血液运行是在心、肺、肝、脾四脏相互配合、相互协调下进行的，若其中任何一脏腑功能失调，则都可能会引起血液运行失常。

三、津液

津液是人体一切正常水液的总称，包括脏腑、组织、器官的体液及其正常的分泌物，如肠液、胃液、尿液、涕、泪、关节液等。津液也是构成和维持人体生命活动的基本物质之一。

津液是津与液的总称。津与液虽均属水液，同源于水谷精微，但就其性状、功能和分布等方面又有一定差别。一般来说，津的性质稀薄，流动性大，运行于全身体表，分布在体表皮肤、肌肉和孔窍等部位，并能渗注血脉，能够起到滋润作用；液的性质黏稠，流动性小，运行脏腑，贯注于骨节、脏腑、脑、髓等部位，能够起到濡养作用。津与液两者可以互相补充、相互转化，病理过程中，又可相互影响，故一般不予严格区分，并称为津液。

（一）津液的生成、输布和排泄

1. 津液的生成　津液的生成来源于饮食水谷。胃受纳腐熟，吸收水谷中的部分精微，再由小肠分清别浊，吸收大部分营养物质和水分，大肠接受下注饮食残渣和剩余水分后，将部分水液重新吸收。胃、小肠、大肠所吸收的精微物质传输至脾，经脾的运化作用转化为津液，布散全身。

2. 津液的输布　津液的输布有赖于脾、肺、肾、肝和三焦等多个脏腑生理功能的总和作用而共同完成的。

（1）脾气散精：脾主运化，一方面将津液上输于肺，通过肺的宣发肃降，使津液输布全身；另一方面脾又可直接将津液向四周布散，而至全身。

（2）肺主行水：肺通调水道，为水之上源。肺接受来自脾传输的津液之后，一方面通过宣发作用，将津液向上向外宣发至人体上部及体表；另一方面通过肃降作用，将津液向下输布至肾、膀胱及人体下部。

（3）肾主水：肾对津液的输布起着主宰作用。一方面肾中精气的蒸腾气化作用是脾的散精，胃的"游溢精气"，肺的通调水道，以及小肠分清别浊等作用的动力；另一方面下注于肾的水液，通过肾的气化作用，清者蒸腾经三焦上输于肺，布散全身，浊者化为尿液下注膀胱。

（4）肝主疏泄：肝主疏泄，调畅气机，气行则水行，推动津液输布全身。

（5）三焦决渎：三焦为"决渎之官"，是津液体内输布的通道。

（二）津液的功能

津液的功能主要包括以下几方面：

1. 滋润濡养作用　津液是液态物质，富含营养物质，所以，津液具有滋润、濡养作用。外至皮肤毛发，内至脏腑筋骨，津液均有滋润濡养作用。一般来说，津的质地清稀，滋润作用较强，液的质地稠厚，营养作用较强。

2. 化生血液　津液是血液化生的基本成分之一。津液通过孙络渗入血脉之中，充养血脉，并调节血液的浓度。

3. 调节机体的阴阳平衡　正常情况下，人体阴阳处于相对平衡状态，人体津液代谢随着人体内生理状况和外界环境变化而变化，调节着机体的阴阳平衡。

4. 排泄代谢产物　津液在代谢过程中，能够把机体的代谢产物以汗、尿等形式排出体外，以维持机体脏腑组织器官的正常生理功能。

5. 运载全身之气　津液为气的载体之一，人体之气依附于津液存在，所以，当大汗、大吐、泻下等流失大量津液时，气也随之脱失，即为"气随液脱"。

四、气、血、津液间的关系

气、血、津液是构成和维持人体生命活动的基本物质，在生理功能上，它们相互依赖、相互制约，又相互转化、相互促进，共同维持着人体的生命活动。

(一) 气与血的关系

气属阳，血属阴，"气主煦之，血主润之"。气、血均来源于脾胃化生的水谷精微和肾中精气，两者相互依存，相互制约，密不可分，这种关系可概括为"气为血之帅，血为气之母"。

1. 气为血之帅

(1) 气能生血　一方面气的运动变化是血液生成的动力。从饮食转化成水谷精微，再从水谷精微转化成营气和津液，最后由营气化生为血液，每一转化过程无不依赖于气化作用。另一方面气为化生血液提供原料，主要指营气。所以气旺则血充，气虚则血少。

(2) 气能行血　血液运行有赖于气的推动作用。一方面气可直接推动血行，另一方面气又可促进脏腑功能活动，通过脏腑活动推动血液运行。气行血的作用主要依赖心气的推动、肺气宣发肃降以及肝气的疏泄条达协同完成。所以，气的正常运动对于血液的运行具有重要作用。所以说，气行则血行，气滞则血瘀。

(3) 气能摄血　气对血具有统摄作用，使血液行于脉内而不外溢。气能摄血实质上是脾统血的作用。脾气虚弱，则可见各种出血证。

2. 血为气之母

(1) 血能生气　血液不断地为气生成和功能活动提供营养。所以血盛则气旺，血衰则气弱。

(2) 血能载气　血是气的载体，气依赖于血的运载而到达全身。若血不载气，则气无所归而见气脱。所以说大出血时，气亦随之涣散，而见气脱之象。

(二) 气与津液的关系

气属阳，津液属阴，两者均来源于脾胃运化的水谷精微，关系类似于气与血的关系。气的存在与运动变化依附于血和津液，津液的生成、输布和排泄又有赖于气的运动、气化、温煦、推动和固摄作用。

1. 气对津液的作用

(1) 气能生津　气是津液生成的物质基础和动力。津液源于饮食经过脾胃运化形成的水谷精微，气可推动和激发脾胃的功能活动，脾胃之气旺盛，则津液生成之力强，津液充足。

(2) 气能行津　津液的输布、排泄有赖于气的推动和气化作用。气的运动作用于脏腑，表现为脏腑的运动。尤其是肺气的宣发和肃降、脾气的散精和传输、肾中精气的蒸腾气化，才能够使津液运行于全身，完成津液在体内的输布和排泄作用。所以说气行则水行，气停则水聚。当气的升降出入活动异常时，津液的输布和排泄功能亦随之受阻。

（3）气能摄津　气的固摄作用控制着津液的排泄。津液在体内代谢保持着一定的平衡，有赖于气的固摄作用。若机体气虚，固摄无力，则可见多汗、多尿等病理表现。

2. 津液对气的作用　饮食化生为津液，在元阳之气的蒸腾作用下，化生为气，滋养脏腑，保证机体正常的生理功能。此外，津液又是气的载体之一，气依附于津液而存在，固有"津能载气"之说。若津液大量流失时，气也随之丧失，形成"气随津脱"。

（三）血与津液的关系

血与津液均属于阴，两者相互转化渗透，关系密切。

1. 血对津液的作用　脉中的血液渗于脉外变化为津液，所以当血虚时，可见津液不足的现象。如大失血时，渗于脉外的津液不足，可见口渴、尿少、皮肤干燥等现象。

2. 津液对血的作用　津液与血均来源水谷精微，所以有"津血同源"之说。津液渗注于脉内，即化生为血，所以当津液亏虚时，可见血虚现象。如大汗、大吐、大泻时，脉外津液不足，血中的津液又会渗于脉外，致使血量减少，脉管空虚，所以有"夺汗者无血"之说。

复习题

一、单项选择题

1. 与气生成密切相关的脏腑有（　　）
   A. 心、肝、脾胃　　　　　B. 脾胃、肾、肺　　　　　C. 脾胃、肾、肝
   D. 脾胃、心、肺　　　　　E. 肾、肺、心

2. 维持血液不溢出脉外的是气的（　　）
   A. 推动作用　　　　　　　B. 温煦作用　　　　　　　C. 防御作用
   D. 固摄作用　　　　　　　E. 气化作用

3. 机体易感冒，表明气的（　　）功能减弱
   A. 推动作用　　　　　　　B. 温煦作用　　　　　　　C. 防御作用
   D. 固摄作用　　　　　　　E. 气化作用

4. 元气主要来源于（　　）
   A. 肾中精气　　　　　　　B. 脏腑精气　　　　　　　C. 水谷精气
   D. 清气　　　　　　　　　E. 脾胃之气

5. 膻中又称为（　　）
   A. 上气海　　　　　　　　B. 血海　　　　　　　　　C. 水谷之海
   D. 髓海　　　　　　　　　E. 经脉之海

6. 营养全身，为脏腑、经络等生理功能提供营养物质的气是（　　）
   A. 元气　　　　　　　　　B. 宗气　　　　　　　　　C. 卫气
   D. 脏腑之气　　　　　　　E. 营气

7. 具有"彪悍滑利"特性的气是（　　）
   A. 元气　　　　　　　　　B. 宗气　　　　　　　　　C. 卫气

D. 脏腑之气   E. 营气

8. 与血液生成关系密切的脏是（   ）
  A. 肝   B. 心   C. 脾
  D. 肺   E. 肾

9. 人体精神活动的物质基础是（   ）
  A. 精   B. 气   C. 血
  D. 津   E. 液

10. 气随血脱的生理基础是（   ）
  A. 气能生血   B. 气能行血   C. 气能摄血
  D. 血能载气   E. 血能养气

11. 治疗血虚配伍补气药的理论基础是（   ）
  A. 气能生血   B. 气能行血   C. 气能摄血
  D. 血能载气   E. 血能养气

12. 气随津脱的理论基础是（   ）
  A. 气能生津   B. 气能化津   C. 气能摄津
  D. 津能载气   E. 气能行津

二、简答题

1. 人体之气划分为哪几种？其主要生理功能是什么？
2. 简述血与津液的关系。

三、论述题

如何理解"气为血之帅，血为气之母"？

（大庆医学高等专科学校　张立峰）

第四章 经 络

学习目标

1. 掌握经络、十二正经、奇经八脉的概念；经络系统的组成；十二正经的命名、分布、走向、交接规律。
2. 熟悉奇经八脉的作用。
3. 了解经络的生理作用。

重点难点

以十二正经的命名、分布、走向、交接规律为重点；以奇经八脉的作用为难点。

经络是人体组织结构的重要组成部分，人体气、血、津液的运行，脏腑器官的功能活动，以及相互之间的联系和协调，均需通过经络系统的运输传导、联络调节的功能得以实现，并使之成为一个有机的整体。

经络学说是研究人体经络系统的组织结构、生理功能、病理变化及其与脏腑相互关系的学说，是中医学理论体系的重要组成部分。它不仅是针灸、推拿、气功等学科的理论基础，而且对指导中医临床各科，均有十分重要的意义。

一、经络的概念

经络是人体运行全身气血，联络脏腑肢节，沟通上下内外的通道。

经络是经脉和络脉的总称。经，即路径之意。经脉是经络系统中纵行的干线，多行于深部，有一定的循行路径。络，即网络之意。络脉是经脉的分支，循行于较浅的部位，有的还显现于体表，纵横交错，网络全身。经络内属于脏腑，外络于肢节，把人体所有的脏腑、器官、孔窍以及皮肉筋骨等组织联结成一个统一的有机整体，使人体各部的功能活动保持相对的协调和平衡。

二、经络的组成

经络系统由经脉和络脉组成（表 4-1）。在内连属于脏腑，在外连属于筋肉、皮肤。

（一）经脉

经脉可分为正经和奇经两大类，为经络系统的主要部分。

1. 正经　正经有十二条，即手足三阴经和手足三阳经，合称"十二经脉"。十二经脉有一定的起止、一定的循行部位和交接顺序，在肢体的分布和走向有一定的规律，与脏腑有直接的络属关系，是气血运行的主要通道。

2. 奇经　奇经有八条，即督、任、冲、带、阴跷、阳跷、阴维、阳维，合称"奇经八脉"，有统帅、联络和调节十二经脉的作用。

3. 十二经别　是从十二经脉别出的经脉，分别起自四肢，循行于体腔脏腑深部，上出于颈项浅部。十二经别的作用主要是加强十二经脉中相互表里的两经之间的联系,并能通达某些正经未循行到的器官和形体部位,因而能补正经之不足。

表 4-1 经络系统简表

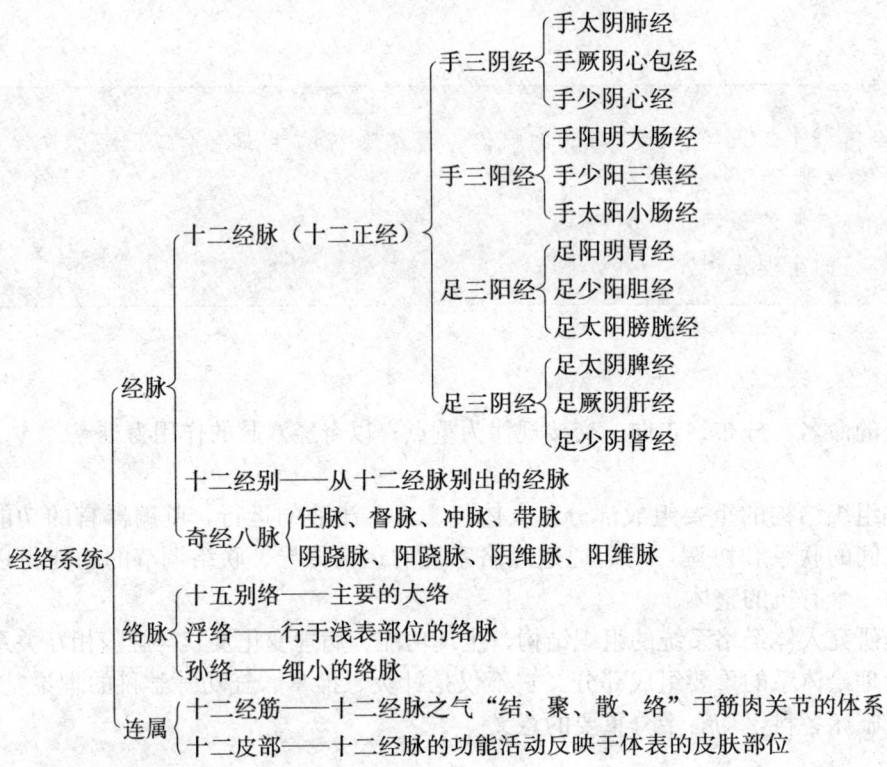

(二) 络脉

络脉有别络、浮络、孙络之分。

1. 别络　是较大的和主要的络脉。十二经脉和任、督二脉各有一条别络,再加上脾之大络,合为"十五别络"。其主要功能是加强相为表里的两条经脉之间在体表的联系。

2. 浮络　循行于人体浅表部位而常浮现的络脉。

3. 孙络　最细小的络脉。

(三) 经筋和皮部

十二经筋和十二皮部是十二经脉与筋肉和体表的连属部分。

1. 十二经筋　是十二经脉之气"结、聚、散、络"于筋肉、关节的体系,是十二经脉的附属部分。具有联缀四肢百骸、主司关节运动的作用。

2. 十二皮部　是十二经脉的功能活动在体表一定的皮肤部位的反应区,也是经络之气的散布所在,是机体的卫外屏障。

三、经络的功能

(一) 生理方面

1. 沟通表里上下,联系脏腑器官　人体是由五脏六腑、四肢百骸、五官九窍、皮肉筋骨等组成,它们虽各有不同的生理功能,但又共同进行着有机的整体活动,使机体内外、上下保持协调统一。这种有机配合、相互联系,主要是依靠经络的沟通、联络作用实现的。由于十二经脉及其分支的纵横交错，入里出表，通上达下，相互络属于脏腑；奇经八脉联系沟通于十二正经；十二经筋、十二皮部联络筋脉皮肉，从而使人体各个脏腑组织器官有机地联系起来，构成了一个表里、上下彼此间紧密联系，协调共济的统一体。

2. 通行气血，濡养脏腑组织　人体各个组织器官均需气血濡养，才能维持其正常的生理功能。而气血之所以能通达全身，发挥其营养脏腑组织器官，抗御外邪，保卫机体的作用，则必须有赖于经络的传注。

3. 感应传导作用　经络系统对于针刺或其他刺激有感觉传递和通导作用，针刺中的"得气"现象和"行气"现象就是经络传导感应作用的表现。

4. 调节机体平衡　经络能运行气血和协调阴阳，使人体功能活动保持相对平衡。当人体发生疾病，出现气血不和及阴阳失调时，即可运用针灸等治法，激发经络的调节作用，以"泻其有余，补其不足，阴阳平复"（《灵枢·刺节真邪》）。

（二）病理方面

1. 传递病邪　经络是病邪由表达里，或由里达表和里病互传的途径。外邪侵袭皮毛，通过经络传递，可内传五脏六腑，形成里证。脏腑之间也因经络的沟通联系可使病变相互影响。如足厥阴肝经夹胃、注肺中，所以肝病可犯胃、犯肺；心火可下移小肠等。

2. 反映病变　经络也是脏腑与体表组织之间病变相互影响的径路。内脏的病变可以通过经络的传导，反映于体表的特定部位或与其相应的孔窍。如真心痛，不仅表现为心前区疼痛，且常放射至上肢内侧缘，这是因为手少阴心经行于上肢内侧后缘之故。其他如胃火炽盛见牙龈肿痛，肝火上炎见目赤等，都是经络传导的反映。

（三）诊断方面

1. 根据经络循行部位及特异联系指导辨证归经　根据经络循行的部位及特定的脏腑络属，对病变所在部位进行分析，以判断病属何经、何脏或何腑。如两胁疼痛，多为肝胆疾病；缺盆中痛，常是肺的病变。又如头痛一症，痛在前额者，多与阳明经有关；痛在两侧者，多与少阳经有关；痛在后头部及项部者，多与太阳经有关；痛在巅顶者，多与厥阴经有关。

2. 根据经络所属穴位异常反应作为诊断疾病依据　机体患病时，常在体表的某些穴位或部位出现病理性反应。如肺有病时可在肺俞穴出现结节或中府穴有压痛；肠痈可在阑尾穴有压痛；长期消化不良者可在脾俞穴见到异常变化等。这些反应常随疾病的不同和消长而发生变化，在临床上可作为诊断疾病的依据之一。

（四）治疗方面

1. 指导针灸、按摩治疗　针灸与按摩治疗常采用"循经取穴"的方法治疗某一脏腑组织的病证。如胃痛取胃经的足三里穴；肝病刺肝经的期门穴等。

2. 指导临床用药　药物治疗也是以经络为渠道，通过经络的传导转输，才能使药到病所，发挥其治疗作用。古代医家根据某些药物对某一脏腑经络所具有的特殊选择性作用，创立了"药物归经"的理论，对临床用药有一定的指导作用。如治疗头痛，病在太阳可选羌活，病在阳明可选白芷，病在少阳可选柴胡，病在厥阴可用藁本等。

（五）预防保健

临床可以用调理经络的方法预防疾病，如常灸足三里穴，可以强身、防病、益寿；灸风门穴可以预防感冒；灸足三里、悬钟穴可预防中风等。

四、十二正经

（一）名称与分布规律

十二经脉分为手三阴经、手三阳经、足三阴经、足三阳经。它们对称地分布于人体的两侧，分别循行于上肢或下肢的内侧或外侧，每一条经脉又分别属于一脏或一腑。因此，名称和分布规律是根据各经所联系内脏的阴阳属性及其在肢体循行位置的不同而定，阴经属脏，行于四肢内侧，阳经属腑，行于四肢外侧；内侧分三阴，外侧分三阳，大体上，太阴、阳明在前缘，少阴、太阳在后缘，厥阴、少阳在中线；手经行于上肢，足经行于下肢。十二经脉据此规律分别命名为：手太阴肺经、手厥阴心包经、手少阴心经、手阳明大肠经、手少阳三焦经、手太阳小肠经、足太阴脾经、足厥阴肝经、足少阴肾经、足阳明胃经、足少阳胆经、足太阳膀胱经（表4-2）。

表4-2 十二经脉名称分类表

	阴经（属脏）	阳经（属腑）	循行部位（阴经行于内侧，阳经行于外侧）	
手	太阴肺经	阳明大肠经	上肢	前缘
	厥阴心包经	少阳三焦经		中线
	少阴心经	太阳小肠经		后缘
足	太阴脾经	阳明胃经	下肢	前缘
	厥阴肝经	少阳胆经		中线
	少阴肾经	太阳膀胱经		后缘

注：足厥阴经在足部和小腿下半部排列于足太阴之前，至内踝上8寸处交叉到足太阴之后

（二）走向和交接规律

十二经脉的走向和交接是有一定规律的。十二经脉的循行走向是：手三阴经从胸腔走向手指末端，与手三阳经交会；手三阳经从手指末端走向头面部，与足三阳经交会；足三阳经从头面部走向足趾末端，与足三阴经交会；足三阴经从足趾走向腹腔、胸腔，与手三阴经交会。这样就构成一个阴阳相贯，如环无端的循环径路。

十二经脉的交接有一定的规律：相为表里的阴经与阳经在四肢末端交接；同名的手足阳经在头面部交接；手足阴经在胸部交接（图4-1）。

（三）表里关系

手足三阴、三阳，通过经别和别络互相沟通，组合成六对"表里相合"关系。即手太阴肺经与手阳明大肠经为表里，手少阴心经与手太阳小肠经为表里，手厥阴心包经与手少阳三焦经为表里，足太阴脾经与足阳明胃经为表里，足少阴肾经与足太阳膀胱经为表里，足厥阴肝经与足少阳胆经为表里。相为表里的两条经脉，都在四肢末端交接，分别循行于四肢内外两个侧面的相对位置，分别络属于相为表里的脏腑，因而使相互表里的一脏一腑在生理功能上相互配合，在

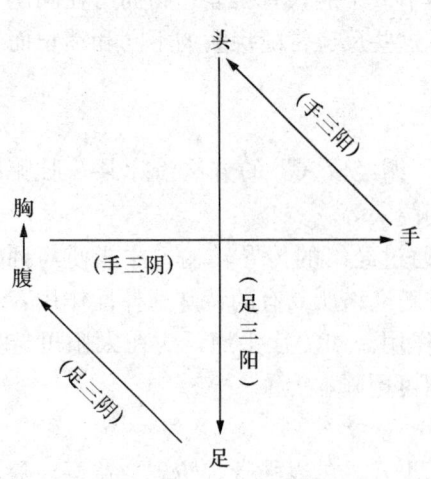

图4-1 十二经脉走向及交接规律示意图

病理上也可相互影响。

（四）流注次序

十二经脉分布在人体内外，经脉中的气血运行是循环贯注的，即从手太阴肺经开始，依次传至足厥阴肝经，再传至手太阴肺经，首尾相贯，如环无端。其流注次序见表4-3。

表4-3 十二经脉流注次序表

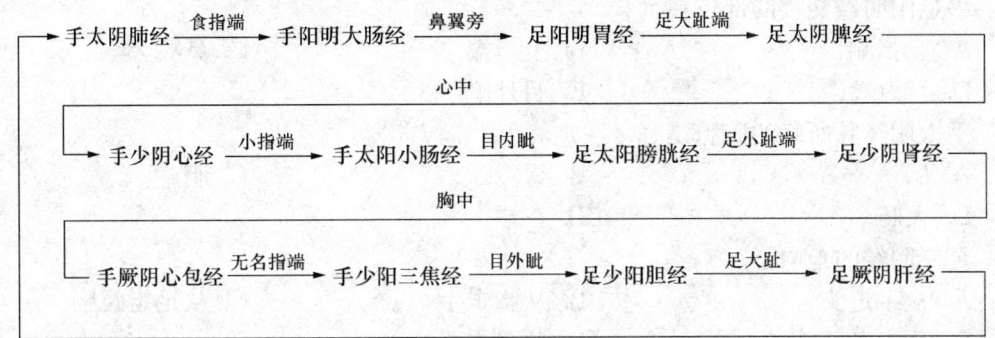

五、奇经八脉

奇经八脉是督脉、任脉、冲脉、带脉、阴跷脉、阳跷脉、阴维脉、阳维脉的总称。由于它们的分布不像十二经脉那样规则，既不直属脏腑，又无表里相配，与十二正经不同，故称"奇经"。奇经八脉纵横交叉于十二经脉之间，其生理功能主要是密切十二经脉之间的联系，并对十二经气血有蓄积和渗灌的调节作用，同时又与肝、肾等脏及女子胞、脑、髓等奇恒之腑的关系密切。

八脉之中，督、任、冲三脉均起于胞中，同出会阴，称为"一源三歧"。其中任脉行于胸腹正中，上抵颏部，能总任一身阴经，称为"阴脉之海"；督脉行于腰背正中，上至头面，能总督一身阳经，称为"阳脉之海"；冲脉并足少阴经挟脐上行，环绕口唇，十二经脉均来汇聚，并有调节十二经气血的作用，为气血的要冲，称为"十二经之海"，亦称"血海"；带脉起于胁下，绕腰一周，犹如束带，能约束纵行诸经；阴跷脉起于足跟内侧，随足少阴等经上行，至目内眦与阳跷脉会合；阳跷脉起于足跟外侧，伴足太阳等经上行，至目内眦与阴跷脉会合，沿足太阳经上额，于项后会于足少阳经。二跷脉主宰一身左右的阴阳，共同调节肢体的运动和眼睑的开合功能。阴维脉起于小腿内侧，沿股内侧上行，与六阴经相联系，至咽喉与任脉会合，主一身之里；阳维脉起于足跗外侧，沿股膝外侧上行，与六阳经相联系，至项后与督脉会合，主一身之表。二维脉维络一身表里之阴阳，进一步加强了机体的统一性。因督、任二脉有专穴，故与十二经脉并称"十四经"。

复习题

一、单项选择题

1. 足少阴肾经在下肢的循行部位是（　　）
   A. 外侧中线　　　　B. 内侧中线　　　　C. 内侧后线
   D. 外侧前线　　　　E. 内侧前线
2. 上肢内侧后缘疼痛应责之于（　　）

A. 手太阴肺经 B. 手太阳小肠经 C. 手少阳三焦经
D. 手少阴心经 E. 手厥阴心包经

3. 手太阴肺经在何处交于何经（ ）
   A. 在足大趾交于足厥阴经 B. 在无名指端交手少阳经 C. 在小指端交手太阳经
   D. 在食指端交手阳明经 E. 在足大趾端交足太阴经

4. 手足阳明经交接的部位在（ ）
   A. 食指端 B. 上指端 C. 鼻翼旁
   D. 目内眦 E. 目外眦

5. 手太阴经脉所络的脏腑是（ ）
   A. 肺 B. 胃 C. 胆
   D. 大肠 E. 三焦

6. 足三阴经的走向是（ ）
   A. 从手走头 B. 从胸走手 C. 从足走腹胸
   D. 从头走足 E. 从足走头

7. 下列哪一经的名称是错误的（ ）
   A. 足太阳膀胱经 B. 足厥阴脾经 C. 足少阴肾经
   D. 手阳明大肠经 E. 手厥阴心包经

8. 足太阴脾经与足厥阴肝经是在内踝上几寸之处交叉变换前后位置的（ ）
   A. 8寸处 B. 2寸处 C. 3寸处
   D. 5寸处 E. 以上均非

9. 十二经脉气血充盛有余时，则渗注于（ ）
   A. 经别 B. 别络 C. 浮络
   D. 孙络 E. 奇经

10. 所谓"一源而三歧"的经脉是（ ）
    A. 任冲督 B. 冲任带 C. 任督带
    D. 冲督带 E. 以上均非

11. 称"阴脉之海"的经脉是（ ）
    A. 冲脉 B. 督脉 C. 任脉
    D. 阴维脉 E. 阴跷脉

12. 上肢内侧，由前至后分布的经脉是（ ）
    A. 少阳、阳明、太阳 B. 太阴、厥阴、少阴 C. 少阴、厥阴、太阴
    D. 太阳、阳明、少阳 E. 厥阴、少阴、太阴

13. 根据十二经脉的流注次序，手少阳三焦经流注于（ ）
    A. 手太阴肺经 B. 足少阴肾经 C. 手少阴心经
    D. 足少阳胆经 E. 足厥阴肝经

二、填空题

1. 经脉可分为_____和_____两类。
2. 十二经脉中每一经脉的名称，包括手或足、_____、_____三个部分。
3. 手阳明大肠经在_____处与足阳明胃经交接；手太阳小肠经在_____处与足太阳膀胱经交接。

三、名词解释
1. 经络 2. 经脉 3. 络脉 4. 正经 5. 一源三歧

四、简答题
1. 十二经脉的走向、交接规律如何？
2. 经络的生理功能有哪些？

（张掖医学高等专科学校　闫立国）

第五章 病因病机

> **学习目标**
> 1. 掌握六淫的性质和致病特点；痰饮、瘀血的概念、形成和致病的规律；邪、正的概念及邪、正与发病的关系；阴阳失调的临床分类及病机特点。
> 2. 熟悉情志致病的特点和常见情志发病。
> 3. 了解饮食、劳逸、外伤致病的一般情况。

重点难点

以六淫的性质和致病特点；痰饮、瘀血的概念、形成和致病的规律为重点。以邪、正的概念及邪正与发病的关系及阴阳失调的临床分类及病机特点为难点。

中医学认为人体是一个有机的整体，各脏腑组织之间互相联系，与自然界既对立又统一，它们在不断的运动变化过程中保持着相对的动态平衡，维持着人体正常的生理活动。当这种相对平衡因某种原因遭到破坏，而不能自行调节恢复时，机体就有可能产生病理改变，发生疾病。

病因是指破坏人体生理动态平衡而导致疾病发生的原因，即致病因素。病机，即疾病发生、发展变化及转归的机制。病因病机学说是研究疾病发生、发展的原因及条件，疾病变化的内在机制和患者机体的证候变化等规律的一门学科。它以阴阳五行、精气学说为指导，以脏腑经络、气血津液理论为基础，研究致病因素的性质与致病特点，疾病发生与人体产生病理反应的过程及其规律，揭示疾病的发生、发展、演变、转归的机制所在，为辨证论治提供理论依据。

第一节 病　因

疾病发生的原因多种多样，如外感六淫、疫疠侵袭、精神刺激、饮食失宜、劳逸不当、外伤等。这些因素在一定条件下都可使人发生疾病。此外，在病变过程中某一阶段的病理产物如痰饮、瘀血等，随着疾病的发展，可能成为致病的继发病因。

历代医家均重视研究致病因素的来源、性质和致病特点，提出了不同的病因分类方法。《内经》有阴阳分类法；汉代张仲景《金匮要略》按病因命名分为三类；宋代陈无择的《三因极一病证方论》在前人分类的基础上明确提出了外因、内因、不内外因的"三因学说"，对中医病因学的发展产生了较大的影响，是后世医家对病因分类的主要依据。

中医探求病因的方法主要有两种：一是问诊求因，即详细询问发病的经过，是否感受外邪、有无情志影响及接触传染病因和外伤等有关因素，以推断其病因。这种方法简便易行，但受外界诸多因素的限制和干扰。二是辨证求因，以疾病的临床表现为依据，通过对疾病的症状和体征进行综合分析来探求致病因素，这种方法又叫"审证求因"。中医病因学，不仅研究病因的性质和致病特点，同时也探讨各种病因所致病证的临床表现，以便准确地探求致病原因，来进行正确的诊断和治疗。

一、外感致病因素

外感致病因素是指来自外界，或从皮毛肌腠，或从口鼻等体表部位侵入人体引起外感疾病的致病因素，亦称之为"外邪"。外感病一般发病较急，初起多见恶寒发热、头痛身痛等表证。外感致病因素包括六淫和疫疠两类。

（一）六淫

六淫，即风、寒、暑、湿、燥、火六种外感致病因素的统称。风、寒、暑、湿、燥、火是自然界六种不同的气候变化，在正常情况下，称为"六气"。"六气"是万物赖以生长的基本条件，人们在日常生活中通过自身的调节，使人体的生理活动与六气变化规律相适应，正常情况下六气一般不会使人致病。当气候发生异常变化，六气发生太过或不及，或非其时而有其气（如春天应温而反寒，冬天应寒而反暖），以及气候变化过于急骤，超过了一定的限度，使人体不能与之相适应；或人体正气不足，抵抗力下降时，"六气"才侵犯人体而发生疾病，成为致病因素。这种情况下的六气，便称为"六淫"。淫，有太过和浸淫之意，是指能够导致疾病发生的六气，所以又称为"六邪"。

六淫致病，一般具有以下共同特点：

1. **外感性** 六淫邪气来源于自然界，多从肌表或口鼻侵犯人体而发病，并有由表入里、由浅入深的传变过程，故又称外感"六淫"，所致的疾病又称"外感病"。初起阶段以恶寒发热、舌苔薄白、脉浮为主要临床特征，称为表证。

2. **季节性** 六淫致病多具有明显的季节性，如春季多风病，夏季多暑病，长夏多湿病，秋季多燥病，冬季多寒病等。

3. **地域性** 六淫致病常与生活、工作的区域和环境密切相关，不同的地域有不同的发病特点。如西北高原地区多寒病、燥病；东南沿海地区多热病；久居湿地多湿病；高温环境作业多燥热或火邪为病等。

4. **相兼性** 六淫邪气既可单独侵袭人体致病，又可两种或两种以上邪气相兼同时侵犯人体而致病。如风热感冒、风寒湿痹、寒湿腰痛等。

5. **转化性** 六淫邪气在导致人体发病过程中，不仅可以相互影响，而且在一定条件下可以相互转化。如寒邪入里可以化热，暑湿日久可以化燥伤阴等。

此外，临床上还有因脏腑功能失常或气血津液失调所产生的类似于风、寒、湿、燥、火等五种病理反应，其临床表现与外感六淫致病特点和证候相似，但并非六淫外邪所致，而是由内而生，称之为"内生五邪"，即内风、内寒、内湿、内燥、内火（内热）。

1. **风** 风为春季的主气，但四季皆有，故风邪致病四时皆会发生，以春季为多。风邪多从皮毛侵犯人体，产生各种病证。

风邪的性质及致病特点：

（1）风为阳邪，其性开泄，易袭阳位 风邪具有轻扬、升散、向上、向外的特性，故属阳邪。风性开泄，是指感受风邪易使皮毛腠理失于固密而出现汗出、恶风等症状。阳位包括人体上部、肌表和阳经，风性轻扬，善于向上、向外，故风邪伤人常易侵袭人体的上部、肌表等阳位，而出现头痛、鼻塞流涕、项背痛等。《素问·太阴阳明论》曰："伤于风者，上先受之"。

(2) 风性善行而数变　善行是指风邪具有善动不居，易行而无定处的特性。其致病时病位游移，行无定处。如痹证中的行痹（风痹）之四肢关节游走性疼痛。数变指风邪致病有发病急、变化快的特点。如风疹，皮肤瘙痒，起风团，发无定处，此起彼伏。《素问·风论》曰："风者，善行而数变"。

(3) 风性主动　动，指动摇不定。风邪致病具有动摇不定的特点。如临床上常见的眩晕、震颤、四肢抽搐、角弓反张、两目上视等，多与风邪有关。

(4) 风为百病之长　六淫之中，风邪居首位，致病广泛，为"六淫之首"，常兼夹它邪，多与其它邪气杂合伤人。凡寒、湿、燥、热诸邪多依附于风邪而侵犯人体，故称风为"百病之长"，如风热、风燥等。《素问·骨空论》曰："风者，百病之始也"。

2. 寒　寒为冬季的主气，故冬季多寒病，亦可见于其他季节气温骤降，不注意防寒保暖，或淋雨涉水，汗出当风以及贪凉露宿，或过饮寒凉之物，感受寒邪而致病。

寒邪外袭，据其所侵犯人体的部位不同又有伤寒、中寒之别。寒邪伤于肌表，郁遏卫阳，称为"伤寒"；寒邪直中于里，伤及脏腑阳气，则称为"中寒"。

寒邪的性质及致病特点：

(1) 寒为阴邪，易伤阳气　寒为自然界阴气盛的表现，故其性清冷，属阴，"阴盛则寒"。寒邪侵袭人体，阳气受损，失其正常的温煦气化作用，故呈阳气衰退的寒证，全身或局部出现明显的寒象。如寒邪侵袭肌表，卫阳被遏，可见到恶寒；寒邪直中于里，损伤脾阳，脾胃纳运升降失常，出现脘腹冷痛、呕吐、腹泻等症。

(2) 寒性凝滞　凝滞即凝结、阻滞不通之意。气血津液的运行，有赖于阳气的温煦推动，寒邪侵袭人体，阳气受损，经脉气血失却温煦，运行不畅，则凝结阻闭，涩滞不通，不通则痛。因寒邪伤人多见疼痛症状，所以说"寒性主痛"。如寒袭肌表，凝滞经脉，可见头项强痛，骨节疼痛；寒邪直中于里，阻滞气机，则脘腹冷痛。感受寒邪所致的疼痛，多为局部冷痛，得温则减，遇寒加重。

(3) 寒性收引　收引，即收缩牵引之意。寒邪侵袭人体，使气机收敛，腠理闭塞，经络、筋脉收缩挛急。如寒袭肌表，毛窍闭塞，则卫阳被郁而不宣，见恶寒、无汗；寒邪客于经络关节，则四肢拘挛收引，疼痛、屈伸不利。寒邪侵于肌肉血脉，则身体蜷缩，全身颤抖，面色苍白，脉紧。

(4) 寒性清澈　寒邪致病临床上多表现排泄物及分泌物为清稀样。如风寒感冒初期，则鼻流清涕；寒邪束肺则咳痰清稀；大便清冷、小便清长多属寒象。《素问·至真要大论》曰："澄澈清冷皆属于寒"。

3. 暑　暑为夏季主气，乃火热所化，有明显的季节性，独见于夏令。主要发生在夏至之后，立秋之前。暑邪纯属外邪，无内暑之说。

暑邪致病，有伤暑、中暑及暑厥之别。起病缓慢，病情较轻者为伤暑；发病急骤，病情较重者为中暑；如伴有神志昏迷、四肢厥冷、抽搐者为暑厥，是暑病中的危重证候。

暑邪的性质及致病特点：

(1) 暑为阳邪，其性炎热　暑为盛夏火热之气，其性炎热，故为阳邪。暑邪伤人多表现出一派阳热征象，如壮热、口渴、面赤、心烦、脉洪大等。

(2) 暑性升散，易伤津耗气　升散即上升、发散之意。暑为阳邪，阳性升发。暑邪伤人，易使腠理开泄而多汗。汗出过多，一方面导致津液耗伤，可见口渴喜饮，唇干舌燥，尿少色黄等症；另一方面随着大量汗出的同时，气随津泄，而致气虚，出现气短乏力、倦怠懒言，甚则气随津脱而突然昏倒，不省人事，手足厥冷。

（3）暑多夹湿　夏暑气候炎热，多雨而潮湿，热蒸湿动，故暑邪致病，常兼夹湿邪同时侵犯人体。临床除有发热、烦渴等暑热表现外，常同时伴有四肢困倦，胸闷呕恶，大便溏泻不爽等湿阻症状。一般暑湿并存，以暑热为主，湿邪次之。

4. 湿　湿为长夏主气。长夏正当夏秋之交，此时暑热未消，阳热下降，水气上腾，潮湿充斥，是一年之中湿气最盛的季节。湿邪致病有外湿、内湿之分。外湿多因感受湿邪而患病，如气候潮湿、淋雨涉水、以水为事、居住潮湿等外来湿邪侵袭人体所致。内湿指湿从内生，多因脾失健运，水湿停聚所致。两者虽有不同，但又互相影响。

湿邪的性质及致病特点：

（1）湿为阴邪，易阻遏气机，损伤阳气　湿与水同类，由水气所化。水性寒属阴，故湿为阴邪。湿邪留滞于脏腑经络，最易阻滞气机，使气机升降失常。湿阻胸膈，气机不畅常出现胸闷；湿困脾胃，使脾胃纳运失职，则食少纳呆、脘痞腹胀、小便短涩、大便不爽。"阴盛则阳病"，湿为阴邪，故湿邪入侵，易损伤人体阳气，有"湿盛则阳微"之说。脾为阴土，主运化水湿，性喜燥而恶湿，对湿邪有特殊的易感性。故湿邪侵犯人体，常先困脾，使脾阳不振，运化无权，水湿停聚，导致泄泻、水肿、小便短少等。

（2）湿性重浊　重有沉重、重着之意。湿邪致病常有沉重感或重着不移的特点。湿邪侵袭肌表，遏困清阳，则头身困重、四肢酸楚；湿邪留滞经络关节，阳气失于布达，可见肢体关节疼痛，重着不移、肌肤不仁，甚或难以转侧。浊即秽浊，湿邪致病，临床上多见分泌物、排泄物秽浊不清。如湿浊在上，则面垢、眵多；湿滞大肠，则大便溏泄、下痢脓血黏液；湿浊下注，则小便浑浊、妇女带下量多；湿邪浸淫肌肤，可见疮疡、湿疹、脓水秽浊等。

（3）湿性黏滞　黏滞即黏腻停滞。湿邪致病具有黏滞胶着难解的特性。主要表现在两个方面：一是症状的黏滞性。可见排出物黏滞不爽，如湿留大肠，则大便黏腻不爽，里急后重，下痢脓血；湿阻膀胱，则小便涩滞不畅，或尿频涩痛；湿浊内盛，则见分泌物黏浊和舌苔垢腻等。二是病程的缠绵性。湿性黏滞，蕴蒸不化，久羁难除，故湿邪致病，多起病缓慢，病程长，缠绵难愈，易复发，如湿疹、湿痹、湿温等。

（4）湿性趋下，易袭阴位　湿性类水，水性向下，具有沉降之性。故湿邪有下趋之势，易于伤及人体下部，致病多见下部症状。如下肢水肿、带下、淋证、泄泻下痢、阴部湿疹、下肢湿疮等，多因湿邪下注所致。《素问·太阴阳明论》曰："伤于湿者，下先受之。"

5. 燥　燥为秋季主气。秋季天气收敛，空气中湿度降低，气候干燥，故多燥病。燥邪多易从口鼻、皮毛而入，侵犯肺卫，产生外燥病证。燥邪为病，有温燥、凉燥之分。初秋有夏热之余气，秋阳以曝，燥与热结合侵犯人体，则病多温燥；深秋有近冬之凉气，西风肃杀，燥与寒结合侵犯人体，则病多凉燥。

燥邪的性质及致病特点：

（1）燥性干涩，易伤津液　"干涩"，即干燥涩滞。燥与湿相对，湿气去而燥气来。燥为秋季敛肃之气所化，其性干涩枯涸。燥邪伤人，最易耗伤人体的津液，形成津液亏损的病变，表现出各种干涩的症状和体征。如鼻咽干燥、口唇燥裂、毛发不荣、两目干涩、皮肤干燥、小便短少、大便干结等。故《素问·阴阳应象大论》曰"燥胜则干"。

（2）燥易伤肺　肺为娇脏，喜清肃滋润而恶燥，外合皮毛，开窍于鼻，主司呼吸，与自然界大气相通。燥邪伤人，经口鼻、皮毛而入，故最易伤肺，使肺津受损，宣肃失职，从而出现干咳少痰、或痰黏难咳、或痰中带血、或咽干而痛，甚则喘息胸痛等。

6. 火（热） 火以温暖、炎热为特点，旺于夏季。火、热、温三者属于同一性质，均为阳邪，仅在程度上有差异。一般认为热为温之渐，火为热之极，温能化热，热能化火，所以常混称为"温热之邪"，"火热之邪"。火热之邪在炎热的夏季比较多见。外感火热致病，多为直接感受温热邪气所致，亦可因感受风、寒、暑、湿、燥等外邪转化而来，即"五气化火"。

火（热）邪的性质及致病特点：

(1) 火（热）为阳邪，其性炎上　火（热）为阳盛所化，其性燔灼、升腾上炎，故属阳邪。火热邪气伤人，多表现于人体上部症状，如头痛、面红目赤、口舌生疮、齿龈肿痛等。致病多具有明显的热象，临床可见高热、面赤、烦渴、汗出、脉洪大等热盛之象。故《素问·阴阳应象大论》曰"阳胜则热"。

(2) 火（热）易伤津耗气　火热之邪燔灼蒸腾，一是迫津外泄，使津液化汗，汗出津伤；二是消灼煎熬阴津。故火热致病，除有热象外，常伴有口渴引饮，咽干舌燥，小便短赤，大便秘结等津伤液耗的症状。当火热迫津外泄时，易气随津泄，导致津气两伤，轻者可见体倦乏力、少气懒言等津耗气虚征象；严重者津气两脱而出现气脱亡阴、阴损及阳，亦可见亡阳之危象。《素问·阴阳应象大论》曰"壮火食气"。

(3) 火（热）易生风、动血　生风指肝风内动，动血指迫血妄行。火（热）邪气侵袭人体易于引起肝风内动和血液妄行的病证。其燔灼肝经，劫耗阴液，使筋脉失其滋养濡润，而致肝风内动，可出现高热神昏，四肢抽搐，两目上视，颈项强直，角弓反张等"热极生风"的表现。火热之邪，加速血液流行，甚则灼伤脉络，血不归经，而致吐血、衄血、尿血、便血、皮下瘀斑及妇女月经过多、月经先期、崩漏等。

(4) 火（热）易扰心神　心属火，对火热邪气有特殊的易感性，火热之邪侵入营血，易扰心神。轻者见心神不宁、心烦躁动、惊悸失眠；重者神不守舍、狂躁不安、神昏谵语。故《素问·至真要大论》曰"诸燥狂越，皆属于火"。

(5) 火（热）易致肿疡　火热之邪侵入血分，滞结于局部，使气血壅聚不散，进而腐蚀血肉发为痈肿疮疡。临床表现以局部红、肿、热、痛为特征，甚至肿疡溃破流脓血。《灵枢·痈疽》说"大热不止，热胜则肉腐，肉腐则为脓"。《医宗金鉴·痈疽总论歌》曰"痈疽原是火毒生"。

(二) 疫疠

1. 疫疠的概念　疫疠是一种具有强烈传染性和流行性的致病因素。因其传染性强、病情较重，故又称"疫气"、"毒气"、"异气"、"戾气"、"乖戾之气"等。疫疠引起的疾病称为"疫病"、"瘟病"或"瘟疫病"。如大头瘟、疫痢、白喉、天花、霍乱、鼠疫、传染性非典型肺炎、甲型流感等均属于"疫病"的范畴。

2. 疫疠侵入人体的方式　疫疠不同，其侵入人体及传染方式各异，有自口鼻而入、从肌表侵袭、随饮食入里、由蚊虫叮咬、因相互接触等途径侵入人体而致病。

3. 疫疠的发生与流行因素　疫疠属于外感致病因素，但有别于六淫，是六淫邪气以外的一种异气。"夫瘟疫之为病，非风非寒非暑非湿，乃天地间别有一种异气所感"。一般认为其发生和流行与下列因素有关：

(1) 气候因素　自然气候的反常变化，如久旱、酷热、水灾、湿雾瘴气等，均可滋生疫疠而导致疫病的发生。

(2) 环境污染和饮食不洁　环境污染，如水源、空气污染，居处环境恶劣易滋生疫疠；食物污染、饮食不洁亦可发生疫疠而导致疫病的流行。

(3) 预防和隔离措施不力　疫疠、传播途径、人体正气不足是疫病发生的三大要素。如未能及时发现疫疠；对疫病流行趋势、伤人程度未能进行预测，预防工作疏忽；未将疫病病人进行有效的隔离，往往导致疫病发生和流行。

(4) 社会因素　社会因素对疫病的发生与流行有一定的影响。若战乱不断，社会动荡不安，生活极度贫困，灾荒等，均会导致疫病的发生和流行。若社会安定，卫生防疫工作得力，采取有效的预防和隔离治疗措施，那么疫病可以得到有效的控制。

4. 疫疠的致病特点

(1) 传染性强，易于流行　疫疠致病，具有强烈的传染性和流行性，这是疫疠有别于其他病邪最显著的特点。可通过空气、食物、接触等多种途径在人群中传播形成疫病流行。《瘟疫论》曰："此气之来，无论老少强弱，触之者即病"。

(2) 发病急骤，病情危重　疫疠之气多属热毒之邪，其发病急骤，来势凶猛，病情危重，变化多端，传变较快。疫病临床表现一派火热之象，发热，且热势较高，常发生热盛伤津、生风动血、热扰神明等病变。如治疗不及时，其死亡率较高。《诸病源候论》曰："人感乖戾之气而生病，则病气转相染易，乃至灭门"。

(3) 一气一病，症状相似　疫疠所致的疾病有一定的特异性，一种疫疠常导致一种疫病发生，即"一气一病"。疫疠对人体具有一定的亲和力，当某一种疫病流行时，其临床症状及传变规律基本相似。如白喉，均表现为鼻、咽、喉有白色假膜形成，咳如犬吠，并有热入营血症状；传染性非典型肺炎，无论男女，其主要表现为发热、干咳、头痛、肌肉痛及呼吸道感染症状；大头瘟，表现为头面红肿或咽喉肿痛。《素问遗篇·刺法论》曰："五疫之至，皆相染易，无问大小，症状相似"。

疫病种类繁多，包括现代许多传染病和烈性传染病。

二、情志因素

(一) 七情的概念

七情，指喜、怒、忧、思、悲、恐、惊七种情志变化，是人体对外界客观事物和现象作出的不同情感反应。包括精神、意识及情绪活动，属人的正常精神活动范畴，一般不会导致疾病发生。只有突然、强烈或持久的情志刺激，引起情感过于剧烈的波动，超越了正常人体生理活动所能调节的范围，引起脏腑气血功能紊乱，阴阳失调，才会导致疾病的发生，成为致病因素。七情能否致病除与情志刺激的强度有关外，还与机体本身的耐受和调节能力有关。七情致病不同于六淫，六淫主要自肌表、口鼻由外而入，故称为外感六淫，七情则直接影响有关内脏而发病，使脏腑功能失调，病自内而生，是造成内伤病的主要致病因素之一，故又称为"内伤七情"。

(二) 七情与脏腑气血的关系

1. 七情与脏腑的关系　人体的情志活动与脏腑气血有着密切的关系，《素问·阴阳应象大论》曰："人有五脏化五气，以生喜怒悲忧恐"，可见情志活动必须以五脏精气作为物质基础，而在一定程度上情志活动又是脏腑气血的外在表现。只有五脏精气充足，功能协调，才能对来自外界的各种精神刺激作出相应的、适度的情感反应。外界的精神刺激只有作用于内脏，才能表现出不同的情志变化。所以中医学将人体情志变化分属五脏，称喜、怒、思、悲

（忧）、恐（惊）为"五志"，分属心、肝、脾、肺、肾五脏，即心"在志为喜"，肝"在志为怒"，脾"在志为思"，肺"在志为忧"，肾"在志为恐"。可见内在脏腑功能异常或脏腑气血的异常变化也会影响到情志的变化，而七情太过也会损伤相应的内脏，引起七情致病。

2. 七情与气血的关系　脏腑的生理活动必须依赖气的温煦、推动和精血的充养。而情志活动是脏腑功能活动的反映，亦以气血作为重要物质基础，所以人的情志活动与气血的关系非常密切。如果气血失调，也会影响情志活动，出现异常的情志变化。如《素问·调经论》曰"血有余则怒，不足则恐"。

（三）七情内伤形成的因素

七情作为致病因素，一方面取决于情志异常变化是否超出了人体的适应范围，另一方面与个体耐受调节能力的强弱有关。就是说同样的情志变化，有的人致病，有的人不致病，所以七情具有生理和病理的双重性。七情内伤形成的原因很复杂，与下列因素有关：

1. 社会因素　社会是由多个层面构成的错综复杂的生活平台，常常直接或间接地影响人体的身心健康。例如战争、社会地位、人际关系、工作环境、经济收入、家庭婚姻等，都是导致七情内伤的常见因素。

2. 疾病因素　无论患急性病或慢性病，均可能导致脏腑功能失调，气血津液受损，精神受到不同程度的影响，或情绪低落，或悲观失望，导致七情内伤。不良的情志刺激，影响脏腑生理活动；脏腑生理活动失调，又产生异常的情志反应，加重七情内伤。

3. 体质因素　人体对外界不良刺激的心理适应能力和调节能力是有较大差别的，禀赋因素、个人修养、体质强弱、年龄差异等，都会对情志刺激作出不同程度的反应。心胸开朗、精力充沛、有修养的人，很少有精神情志的大起大落，青少年、老年人、身体虚弱的人，则情绪变化相对较大。

（四）七情的致病特点

1. 发病与精神刺激有关　七情属于精神致病因素，其发病一般不以人体正气强弱和抗病能力为前提，而以情志刺激的强度和持续时间为依据，常在突然、强烈或长期的精神刺激后导致发病。

2. 直接伤及内脏　七情与脏腑气血有着密切的关系，七情过激可直接影响内脏的生理活动而产生疾病。由于五脏与情志活动的相对应关系，因此，不同的情志刺激可伤及不同脏腑，如喜伤心，怒伤肝，思伤脾，忧伤肺，恐伤肾。情志致病的这种选择性虽有一定的实际意义，但临床并非绝对如此。因为人是一个有机整体，情志活动是各脏腑生理功能整体协调的反映。五脏之中，以伤心、肝、脾三脏多见。因为心主血而藏神，为五脏六腑之大主，既主宰人体生理活动，也主宰心理活动，包括情志活动。外界事物的刺激首先通过感官内传于心，由心作出相应的反应，所以说七情皆发于心。因此七情太过首先伤及心神，然后影响到其他脏腑而引起疾病。《灵枢·素问》曰："故悲哀愁忧则心动，心动则五脏六腑皆摇。"可见心在七情发病中起着主导作用。肝藏血，主疏泄，调节情志，使全身功能活动处于协调和畅状态。脾为后天之本，主运化而为气血生化之源，是全身气机升降的枢纽。故情志为害，多造成心肝脾三脏气血失调。例如，过喜、惊吓、思虑劳神可伤心，而致心神不宁，出现心悸、失眠、多梦，甚则精神失常等症；郁怒不解则伤肝，肝气郁结，疏泄失常，出现两胁胀痛、善太息，或咽中如有物梗阻，或妇女月经不调、乳房胀痛结块等症。思虑忧愁则伤脾，使脾失健运，出现食欲不振，脘腹胀满，大便溏泻等症。七情伤及内脏，主要表现在三方面：一是一种情志可以伤及多脏；二是多种情志可同伤一脏；三是既可单独发病，也常互相影响。如思虑劳神，同时损伤心脾，致心脾两虚，同时出现上述心神不宁和脾失健运诸症。郁怒伤肝，肝气逆乱，可以横逆乘脾犯胃，导致肝脾不调、肝胃不和等证。

3. **影响脏腑气机** 七情对内脏的直接损伤主要通过影响脏腑气机，使气血运行紊乱，升降出入失常而发病。情志变化不同，对气机的影响亦有区别。"怒则气上"，怒为肝志。若暴怒伤肝，肝气升发太过，肝气上逆，气血并走于上，则见头晕头痛，面红目赤，甚则呕血或晕厥。故《素问·生气通天论》曰："大怒则形气绝，而血菀于上，使人薄厥"。"喜则气缓"，喜为心志。正常情况下，喜能缓和精神紧张，使心情平静、舒畅，血脉通利。但暴喜过度，可使心气涣散、神不守舍，出现心悸不安、注意力不集中，甚至喜笑不休、失神狂乱等心神病变。"悲则气消"，悲为肺志。悲哀太过会耗伤肺气，使肺气虚弱，意志消沉，出现胸闷气短，少气懒言，精神萎靡不振等症。"恐则气下"，恐为肾志。过度恐惧，可使肾气受损而不固，气泄于下，出现尿频，甚则二便失禁，遗精，下肢酸软无力等症。"惊则气乱"，惊能动心，突然受惊可导致心气紊乱，心无所倚，神无所归，虑无所定，出现心悸，惊慌失措，目瞪口呆，失眠易惊，甚至神志错乱等症。惊与恐均指受惊吓所产生的情志异常，但有区别，一般来说，对来自外界的刺激不自知者为惊，而自知者为恐。"思则气结"，思为脾志。思虑过度，导致中焦脾胃气机郁结，升降失常，纳运失健，出现食少，腹胀，大便不调等症。此外，思发于脾而成于心，久思不解，不仅影响脾的运化，也可暗耗心血，使心神失养。"忧则气郁"，忧亦为肺志。单独致病者少，往往与悲、愁、思等相兼为病。如过度悲忧，忧愁不解，忧思太过等，既可伤肺，亦可伤心脾，使气机郁滞，肺气郁闭，神气不达，纳运呆滞，出现忧心忡忡，心胸憋闷，不思饮食，腹胀，大便不爽等症。

4. **影响病情变化** 七情不仅是导致内伤病的重要因素，而且对疾病的演变也有着重要的影响，使病情发生明显变化。良好的精神状态，如情绪饱满、乐观、坚毅、豁达，自我调节能力好，可使"气和志达，营卫通利"，或郁随泪解，从而起到心理调整作用，使五脏安和，气机顺畅，促进疾病康复，甚至因为精神刺激的消除而使疾病获愈。不良的精神刺激，剧烈的情绪波动，可加重脏腑气血的逆乱，促使病情加重，甚至急剧恶化。如素有肝阳上亢者，若遇恼怒，肝阳暴涨，阳亢风动，气血冲逆于上，蒙扰清窍，出现突然昏仆，不省人事，半身不遂，口眼歪斜等而发为中风，甚至引起死亡。又如胸痹、心痛患者，可因暴喜或暴怒而引起怔忡，心痛暴作，大汗淋漓，四肢厥冷，面色青紫等为心阳暴脱的危重证候。疾病初愈，若情志波动过大，或猝然遭受强烈的精神刺激，不仅直接影响病后正气的恢复，也可使人体气血逆乱而导致原病复发。

总之，七情致病情况比较复杂，临床上应根据不同的症状，结合病史进行具体分析。

三、继发因素

痰饮、瘀血是人体受到外感或内伤等致病因素的影响，引起气血津液代谢失调，脏腑经络等组织器官功能异常的病理变化所形成的病理产物。这些病理产物一旦滞留体内，又可以成为新的致病因素，引发机体更复杂的新的病证。所以痰饮、瘀血具有既是病理产物，也是致病因素的双重特点，故称之为"继发性致病因素"。

（一）痰饮

1. **痰饮的概念** 痰和饮都是体内水液输布运化失常所形成的病理产物，一般较稠浊的称为痰，较清稀的称为饮。因两者同出一源，俱为津液停蓄蕴结而成，故临床一般合称"痰饮"。痰和饮虽然同为水液代谢的病理产物，但还是有区别的。痰常分为两类：一是有形之痰，指视之可见，闻之有声，触之可及，有形质的痰液而言，如咳嗽咳出可见之痰，喉间喘息痰鸣等；二是无形之痰，指由水液代谢障碍所形成的病理产物及其病理变化和临床表现而言，只见其症，不见其形的痰病，如眩晕，癫狂等证。中医学对"痰"的认识，主要是通过临床一些特殊症状和体征来确定其痰的病因。饮多停留在人体脏腑组织间隙或疏松部位，如肠胃、胸胁、肌肤等。因其所停留的部位不同，而表现出不同的临床症状，又有不同的病名。饮停胁下者称为悬饮，饮留胸膈者称为支饮，饮停四肢、肌肤者称为溢饮，饮留胃肠者称为痰饮（狭义）。

2. 痰饮的形成　　痰饮形成的原因较为复杂，多由外感六淫，或饮食不节，或七情内伤等因素，导致肺、脾、肾、三焦等脏腑功能失调，气化不利，水液代谢障碍，津液不能正常的输布和运行，以致水湿停聚而成痰饮。因此，外感、内伤是形成痰饮的初始病因，肺、脾、肾、三焦主司水液代谢的功能失常，是形成痰饮的中心环节。此外，肝主疏泄气机，肝气不调，亦可影响三焦水道通利而致痰饮内生。

3. 痰饮的致病特点　　痰饮形成后，可流窜全身各个部位，无处不到，外而经络、肌肤，内而脏腑，产生各种不同的病变。致病范围相当广泛，临床表现各不一样。

（1）阻滞气血运行　　痰饮一旦形成，既可阻滞气机，影响脏腑气机升降出入；又可流注经络，阻碍气血运行，出现多种病理变化。痰阻于肺，肺气失宣，则胸闷气促，喘咳咯痰；痰困脾胃，脾气不运，胃失和降，则腹胀纳呆、恶心呕吐、痞满不舒；痰流经络，气血运行不畅，则骨节疼痛肿胀、肢体麻木、屈伸不利，甚至半身不遂；若聚结于局部，则形成痰核，或阴疽流注；痰气凝结咽喉，出现喉中似有物梗阻、吞之不下、吐之不出的"梅核气"。

（2）影响水液代谢　　痰饮作为一种继发性致病因素反过来作用于人体，进一步影响肺、脾、肾等脏腑功能活动，造成水液代谢失常。痰饮阻肺，肺失宣肃，水道不通；痰湿困脾，脾失健运，水湿内停；痰滞下焦，使肾与膀胱气化失职，小便不利，水液积聚。

（3）扰乱心神　　痰浊为病，随气上逆，最易蒙蔽清窍，干扰心神，出现一系列神志活动失常病症。痰蒙心窍，则头昏目眩，胸闷，心悸，精神困倦；扰乱神明，则神昏，痴呆；痰火扰心，则神昏谵语，甚则发狂。

（4）致病广泛，变化多端　　痰饮随气上下，无处不到，内而五脏六腑，外而皮肉筋骨，周身内外皆可为病。其病证较多，症状复杂，变化多端，故有"百病多由痰作祟"，"怪病多痰"之说。因其在不同部位致病而临床表现各异，大体可归纳为：咳、喘、悸、眩、呕、满、肿、痛八大症状。

（5）病势缠绵难愈　　痰饮为病是因脏腑功能失调在先，而后痰饮又作为一种病理产物进一步影响到脏腑功能，加重了水液代谢障碍，两者互为因果。痰饮为阴邪，具有黏滞特性，故痰饮致病多病势缠绵，病程较长。如咳喘、癫痫、中风、痰核、阴疽流疰等，常反复发作，难以速愈。

（二）瘀血

1. 瘀血的概念　　瘀血，是指血液运行障碍或停滞，留积体内，不能及时消散，丧失了生理作用的血液。包括离经之血积聚体内，以及气血运行不畅，阻滞于经脉或脏腑内的血液。

2. 瘀血的形成　　正常情况下，血在气的推动与固摄下运行于经脉之内，濡养全身，这一生理功能的实现与心气的主宰、脾气的统摄生化、肝的贮藏调节、肺气的助心行血密不可分；与寒热环境，以及脉道的通利紧密相连。凡能影响血液正常运行，或造成血离经脉而瘀积的内外因素，均可导致瘀血的产生。形成瘀血的原因很多，主要有以下几个方面：

（1）气虚致瘀　气为血之帅，气的推动和固摄作用，维持血液的正常运行。气虚无力行血，血行迟缓涩滞；统摄无权，血溢脉外，不能及时消散或排除，停留体内而成瘀血。

（2）气滞致瘀　气行则血行，气滞则血瘀。情志郁结，或痰饮、水湿等邪气积留体内，阻遏脉道，使脏腑气机运行受阻，导致血液运行不畅，停滞不行而成瘀血。

（3）血热致瘀　外感火热之邪，或脏腑郁热化火，热入营血，血热搏结，煎熬津血，血液黏滞不行；或热伤脉络，迫血妄行，血溢脉外，留于体内，均可形成瘀血。

（4）血寒致瘀　寒为阴邪，其性凝滞，血得温则行，得寒则凝。阴寒之邪侵袭人体，或阳虚内寒，阳气受损，机体经脉气血失于温煦，血行涩滞而成瘀血。

（5）出血致瘀　各种外伤，如跌打损伤、刀斧创伤，使脉道破损而出血；或脾不统血，肝不藏血而血溢脉外，成为离经之血，若未能及时消除，滞留体内则成为瘀血。

3. 瘀血的致病特点　瘀血形成后，不仅失去了血液的正常滋养脏腑组织器官的作用，反而会作为致病因素影响津液的代谢和血液的运行而产生各种新的病理变化。瘀血的致病特点概括起来主要表现在以下几个方面：

（1）阻滞气机　气能行血，血能载气，两者相互为用。瘀血阻于体内，必然影响气的运行，导致气的升降出入失常而气滞，使气滞与血瘀并见，互为因果。如外伤瘀血，局部青紫、肿胀、疼痛等。

（2）阻塞经脉　瘀血形成后，无论瘀滞脉内还是留积脉外，均可影响脏腑组织的功能，导致局部或全身血液运行失常，使受阻部位得不到血液的充分濡养，引发更为复杂的病理变化。如瘀阻于心，则心悸、心痛、胸闷、唇甲青紫；阻于肺，可见胸痛、咳嗽、咳血；阻于胃肠，则呕血、黑便；阻于肝，则胁痛、痞块；经脉瘀阻不通，血不归经则出血。故有"瘀血不去，出血不止"之说。

（3）影响新血生成　瘀血阻滞体内，使脏腑组织的生理功能不能正常发挥，严重影响血液生成。久瘀之人常见肌肤甲错，面色黧黑，毛发不荣。故有"瘀血不去，新血不生"之说。

（4）病证繁杂　由于瘀血所阻滞的部位及形成的原因各异，其产生的病理变化复杂，病证繁多。临床表现归纳起来有以下特点：一是疼痛：多为刺痛，痛处固定不移，拒按，夜间痛甚，或久痛不愈，反复发作。二是肿块：肿块固定不移，在肌肤可见青紫肿胀；在脏腑则为癥积痞块，质地坚硬，位置固定不移。三是出血：出血常反复不止，血色紫黯并伴有瘀块。四是青紫：面部、爪甲、肌肤、口唇青紫。五是舌质紫暗，或舌质有瘀点瘀斑，或舌下静脉曲张等。六是脉细涩、沉弦或结代。七是瘀血日久，可见面色黧黑、肌肤甲错、皮肤紫斑或赤丝红缕，腹壁脉络怒张等。

临床判断是否有瘀血致病，可从以下方面进行分析：一是有瘀血特征者；二是发病有外伤、出血、月经或胎产史；三是瘀血特征虽不明显，但病程较长，且屡治无效，根据"初病在气，久病入血"的理论，也可考虑有瘀血的存在。

四、其他因素

（一）饮食

饮食是人类生存与保持健康的必要条件，是摄取营养、维持人体生命活动必不可少的物质。但饮食要有一定的节制，需要科学、合理的安排，否则会影响人体生理功能，导致脏腑功能失调或正气损伤，发生疾病。饮食物主要依靠脾胃的纳运作用消化、吸收，所以饮食不节，主要是损伤脾胃，导致脾胃纳运失调、升降失常，也可形成食积、湿聚；生痰、化热，或累及脏腑变生他病。饮食失宜包括饮食不节、饮食不洁、饮食偏嗜等三个方面，是内伤病的主要致病因素之一。

1. 饮食不节　节，为节制，含有定质、定量、定时之意。饮食不节指饮食质量、时间没有规律，没有节制，包括饥饱失常，或不能按时进食等。

（1）饥饱失常　饮食以适量为宜，食量过少或过多均可导致疾病。过饥则摄入食量不足，人体长期处于饥饿状态，气血生化无源，日久造成脏腑亏虚，营养缺乏，正气不足，抗病能力低下而容易生病。反之，饮食过量，或暴饮暴食，超过了脾胃的消化、吸收和运化能力，导致饮食积滞，脾胃损伤，可出现脘腹胀满、厌食、嗳腐吞酸、呕吐、大便不调等症状。《素问·痹论》曰："饮食自倍，肠胃乃伤"。尤其小儿，脾胃功能薄弱，进食缺乏规律性；饮食不足，营养缺乏，影响生长发育；过量则食积，食滞日久，可以化热、生痰、生湿，使脾胃功能更加虚弱，而酿成"疳积"，出现脘腹胀大、面黄肌瘦、手足心热、烦躁易哭等症。

（2）饮食无时　定时有规律的进餐，可以保证胃主受纳腐熟、脾主运化水谷的功能正常发挥，使水谷精微布散全身，营养各脏腑组织器官。饮食不定时，或隔日隔餐进食，常可损伤脾胃，破坏脏腑功能活动的有序性，使脏腑功能失调，导致疾病发生。

2. 饮食不洁　饮食不洁是指进食不清洁、不卫生或腐败变质的食物，引起多种胃肠道疾病，或肠道寄生虫病。临床常出现腹痛、呕吐、泄泻、痢疾或嗜食异物、面黄肌瘦、肛门瘙痒等症状。若进食腐败变质或有毒食物，可造成食物中毒，出现剧烈腹痛、吐泻等症状，重者可致昏迷或死亡。

3. 饮食偏嗜　饮食种类要合理搭配，五味调和，寒热适中，无所偏嗜，才能使人体获得各种需要的营养物质。若饮食过寒过热，或膳食结构失宜，偏嗜五味，均可导致阴阳失调、某些营养物质缺乏而发生疾病。

（1）偏嗜寒热　偏嗜生冷寒凉之品，可损伤脾胃阳气，导致寒湿内生，发生腹痛、泄泻等症；若偏嗜辛温燥热之品，可致胃肠积热，出现口渴、口臭、腹胀满、大便秘结等。日久则化热、生痰，导致痰热内蕴。

（2）偏嗜五味　人体的气血津液，都由饮食五味所资生，从而获取各类营养物质。饮食五味与人体五脏有着密切的联系，《素问·至真要大论》曰："夫五味入胃，各归所喜攻。酸先入肝，苦先入心，甘先入脾，辛先入肺，咸先入肾"。如果长期偏嗜某种饮食，就会造成与该食物相应的脏腑功能偏盛，久之又可损伤他脏，从而使五脏的平衡协调和制约关系遭到破坏，发生多种病变。如过食酸，肝气易旺，肝气旺，则乘脾，出现脾失健运的病变。如过食肥甘厚味，易酿湿生痰导致肥胖；过食咸，肤色易晦暗、皮肤易粗糙；偏嗜辛辣，胃肠易积热，发生便秘痔疮。所以，平时饮食要五味配合，不能偏嗜，病人更应注意饮食宜忌，"药治不如食治"，饮食与病变相宜，能起到辅助治疗的作用，促进病情好转；反之，就会加重病情。

（二）劳逸

劳，指劳作、运动、用脑等；逸，指安乐、闲逸。正常的劳作和体育锻炼，有助于气血流通，增强体质，延缓衰老，促进健康。必要的休息、清闲，可以消除疲劳，恢复体力和脑力。劳逸结合是维持人体健康的重要条件，长时间地过度劳累或过度安逸，会损伤机体，成为致病因素。

1. 过劳　过劳指过度劳累，又称劳伤，包括劳力过度、劳神过度和房劳过度三个方面。

(1) 劳力过度　指长时间从事繁重或超负荷的持续劳作。"劳则气耗"，使机体始终处于疲劳状态，导致脏腑组织器官功能受损，气血运行障碍，积劳成疾而引发疾病。《素问·宣明五气篇》曰："久立伤骨，久行伤筋，久坐伤肉"，说明劳倦过甚，都能损害人体健康。

(2) 劳神过度　劳神，指脑力劳动。长期用脑，思虑太过，精神处于紧张状态，得不到缓解，会损伤心脾，导致心血暗耗，使心神失养和脾失健运，出现精神萎靡、记忆力减退、面色无华、纳呆腹胀、便溏等症状。

(3) 房劳过度　房劳，指性生活过于频繁，没有节制，人体精气过度耗伤而致病，又称"肾劳"。肾主藏精，为先天之本，肾精耗损太过，根本动摇，则出现腰膝酸软、耳鸣失聪、毛发稀疏脱落、女子月经不调、男子遗精滑泄，甚至阳痿早衰等症状。

2. 过逸　过逸，是指长期贪图享受，过度安逸，不参加劳作和体育锻炼。日久易使人体气血运行不畅，脏腑功能减退而产生病理变化。主要表现在两个方面：一是安闲少动，气机阻滞，造成脾胃运化功能下降，出现食少乏力、肢体软弱、肌肉松弛、肥胖臃肿，所谓"骨弱肌肤盛"。二是阳气不振，正气虚弱，造成脏腑组织功能衰减，表现体质虚弱，抵抗力下降，动则心悸、气喘、汗出，易感外邪。过逸还可继发其他疾病。

(三) 外伤

外伤，主要是指因机械暴力导致的损伤或人体的意外伤害，包括枪弹伤、金刃伤、跌打损伤、持重努伤，以及化学伤、电击伤、烧烫伤、冻伤、虫兽咬伤等。主要造成皮肤、肌肉、筋骨损伤，严重者可伤及内脏，危害生命。

1. 外力伤　指枪弹、金刃、跌打、持重等引起的外伤。轻者可引起受伤部位皮肤、肌肉、血脉破损而出血，或瘀血肿痛。重则筋伤骨折，伤及内脏，或出血过多，导致昏迷、亡阳虚脱，危及生命。

2. 烧烫伤　指因高温引起的灼伤，包括水火烫伤及光电、化学物质等引起的烧灼伤。轻则损伤肌肤，受伤部位红肿、灼热、疼痛，或起水泡，或皮肉糜烂；重则伤及肌肉筋骨；严重烧烫伤，不但局部受损很重，而且热毒炽盛，可内攻脏腑，出现津气亡失，影响生命，甚至导致死亡。

3. 冻伤　是指人体在低温环境，遭受寒冷侵袭时所引起的全身或局部性损伤。温度越低，受冻时间越长，则冻伤程度越重。全身性冻伤，多为阴寒过盛，全身阳气严重受损，失去温煦、推动作用，血行不畅所致。表现寒战，面色苍白，唇甲青紫，呼吸微弱，甚至昏迷，如不及时救治，则可阳绝身亡。局部冻伤常发为冻疮，多发于面颊、鼻尖、耳廓、手足等部位，初起受冻部位因气血凝结，阳气不达，出现局部皮肤苍白、冷麻，继则肿胀青紫、痒痛灼热，溃烂，溃后常易感染，要尽早防治。

4. 虫兽伤　虫兽伤主要是指毒蛇咬伤，猛兽伤，狂犬咬伤，昆虫咬（蛰）伤，及其他家畜、动物咬伤。轻则局部损伤，出现肿痛、出血等，或伴有头晕、呕吐等轻度中毒症状；重者可伤及内脏，或出血过多危及生命。毒蛇、蜂蝎等蜇伤，不仅局部肿胀、出血、剧痛，而且可出现神志恍惚、肢体抽搐、恶心呕吐，甚至昏迷等全身中毒反应，中毒严重者，可迅速导致死亡。狂犬咬伤，除局部破损、肿痛、出血外，经过一段时间后，可发为狂犬病，病情严重。猛兽所伤，与外力损伤相类似。

第二节 病　机

病机是指致病因素侵袭机体所产生的基本病理反应，也就是疾病发生、发展变化及转归的机制。任何疾病的发生、发展变化及其转归，与患者机体的正气强弱和致病邪气的性质、感邪的轻重等密切相关。当致病邪气侵入人体，机体的正气必然奋起抗邪，引起正邪斗争。邪正斗争成为疾病过程中的主要矛盾。在疾病过程中，邪正之间的斗争导致双方力量的盛衰改变，造成人体阴阳的平衡失调，或气血津液功能失常，或脏腑经络功能紊乱，从而产生一系列的病理变化。但从整体来说，离不开邪正盛衰、阴阳失调、气血失常等基本病机。

一、邪正盛衰

邪正盛衰是指在疾病发展变化过程中，机体正气与致病邪气之间相互斗争所发生的盛衰变化。这种双方力量对比不断产生的消长盛衰，直接影响疾病的发展与转归，也决定疾病虚实的病理改变。疾病的发生是一个复杂的病理过程，正常情况下，机体内部各脏腑组织器官的生理活动与气血阴阳处于相对平衡，与自然界保持协调统一，人体就处于健康状态。如果机体某些平衡遭到破坏，出现脏腑、经络等组织器官的功能活动异常，或气、血、津液的损耗和代谢失常，并不同程度地影响正常的生理活动，便发生了疾病。但概括起来又不外乎正气与邪气之争，即机体抗病能力与致病邪气之间的相互抗争。所以说，各种疾病的发展过程，也是邪正斗争及其盛衰变化的过程。

（一）邪正与发病

正气，是指人体正常功能活动和抗病、康复能力，简称为"正"，包括自我调节能力、适应环境能力、抗邪防病能力和康复自愈能力。正气是在人的生长发育和不断适应自然环境的过程中逐渐完善的，具有抵御、消除各种有害因素对人体的伤害，或受到伤害后促使其康复的能力。邪气，泛指各种致病因素，简称为"邪"，包括六淫、疫疠、七情、外伤、痰饮及瘀血等。这些因素不同程度地损伤人体正气、破坏脏腑组织器官的功能活动而致病。因此疾病的发生、发展和变化都是在一定条件下邪正斗争的反映。

1. 正气不足是疾病发生的内在因素　中医发病学非常重视人体的正气，强调正气在发病过程中的主导作用，认为人体脏腑功能强健、正气旺盛、气血充盈、卫外固密，即使外感六淫、内伤七情，也难以伤害机体，疾病无从发生。《素问·刺法论》曰"正气存内，邪不可干"。只有在人体正气相对虚弱，卫外不固，防邪无力或病邪之毒力太强之时，邪气方能乘虚而入，使人体阴阳失调，脏腑经络功能障碍，气血功能紊乱，导致疾病发生。《素问·评热病论》曰："邪之所凑，其气必虚。"由此可知，人体发病与否，正气强弱是内在依据。

2. 邪气是疾病发生的重要条件　中医发病学强调正气在发病中的主导地位，也不排除邪气是发病的重要条件，是破坏阴阳平衡、损伤正气的主要原因。任何邪气都有不同程度的致病性，一般情况下，只有人体正气相对不足，或超出正气抗邪的限度时，邪气侵袭才是疾病发生的重要条件，但并非是决定发病与否的唯一因素。如六淫邪气伤人就是如此。在某些特殊环境下，邪气在发病中起主导作用。如高温、高压电流、化学毒剂、冻伤、毒蛇咬伤等，即使正气强盛，也难免被伤害。又如疫毒之邪，具有强烈的传染性，对人体有较大的危害，无论老幼强弱，都可以感染致病。所以在强调"正气存内，邪不可干"的同时，还要注重"避其毒气"以及"虚邪贼风，避之有时"。

3. 正邪相争的胜负，决定发病与否　正邪相争，是指正气与病邪的抗争。致病因素入侵人体后，随之可以引起气血阻滞，脏腑功能失调，阴阳平衡紊乱等一系列病理变化，同时也激起正气的一系列抗邪反应。无论哪方面的盛衰，都影响着疾病的发生、发展及转归。

（1）正能胜邪则不发病　自然界存在着各种各样的致病因素，并非所有接触的人都发病，正气充足，正能御邪，邪不能伤人。既使邪气侵袭人体，正气旺盛，抗邪有力，入侵之邪也能被正气及时消除，病邪难以深入人体，不会产生病理反应，疾病无从发生，即正胜邪却。

（2）邪胜正负则发病　在正邪抗争的过程中，如果邪气偏胜，正气相对不足，抗邪无力，邪胜正负，邪气乘虚而入，从而使脏腑功能受损，气血失调，导致疾病发生。根据正气虚弱的程度、病邪的性质、感邪的轻重、中邪部位的深浅不同，疾病的发生也有轻重缓急之别。

（二）邪正盛衰与疾病的虚实变化

在疾病发展变化的过程中，正邪双方力量对比不是固定不变的，而是在抗争过程中，不断发生消长、盛衰的改变。一方面邪气对人体脏腑功能、气血津液起着损害作用；另一方面，正气对致病邪气具有抗御和驱除作用。其结果或正盛邪退，或正邪相持，或邪盛正衰，或正虚邪恋。随着机体的正邪消长，在疾病过程中就相应地形成了虚实的病理变化。

1. 虚实病机　实，是指以邪气亢盛为矛盾主要方面的一种病理反应。"邪气盛则实"，实证具体表现为邪气亢盛而机体正气未衰，正邪抗争剧烈所产生的一系列亢盛、有余为特征的实性病理变化。多因外邪入侵人体，或脏腑功能失调，以及痰饮、饮食、瘀血等病理产物停积体内而引起的病证。一般多见于疾病的初期或中期，病程相对较短。如临床表现壮热、狂躁、呼吸气粗、脘腹胀痛拒按、二便不通等症状，都属于实证。虚，指正气不足，邪气亦不盛，以正气亏虚为矛盾主要方面的一种病理反应。"精气夺则虚"，虚证具体表现为机体的精、气、血、津液亏少，脏腑、经络的生理功能减退，抗病能力低下等一系列以衰退、虚弱为特征的虚性病理变化。一般多见于疾病的后期和慢性疾病过程中，病程相对较长。如大病久病、精气耗损所表现的面色苍白、神疲体倦、心悸、气短、自汗、盗汗、五心烦热、畏寒肢冷等气血阴阳虚损等症状，都属于虚证。

2. 虚实错杂　虚实错杂指疾病过程中，正邪相争，邪盛与正衰同时并存的病理变化，包括虚中夹实或实中夹虚。在病变过程中这种病理变化的产生，多由于病程较长，失治误治，以致病邪久留，损伤人体的正气，或正气不足，无力驱邪外出，而致水湿、痰饮、瘀血等病理产物停聚阻滞，形成虚实错杂的病理变化，同时表现出正虚与邪实两方面的病变。如外感热病，既可见到高热、汗出、便秘、舌红、脉数之实热证，同时又见口干舌燥、口渴引饮、气短喘促、乏力等邪热伤津耗气之虚证，以实热为主，实中夹虚。又如肾气衰微之水肿病人，既可见到心悸、四肢逆冷、面色晦暗、脉沉迟无力等阳虚之证，同时又有面浮身肿、按之凹陷不起等水气泛滥之实证，以虚为主，虚中夹实。

3. 虚实转化　虚实转化指疾病在发生、发展和变化过程中，尤其是一些慢性的、复杂的疾病，随着邪正双方力量的消长盛衰，可以形成多种复杂的虚实病理转化。凡是邪气久羁耗伤正气，或正气亏虚变生实邪者，均可导致虚实转化的病理。若先有实邪为病，继而正气损伤，邪气虽去而正气大虚，即由实而转化为以正虚为主的虚性病理，称为"由实转虚"或"因实致虚"。如六淫之邪，伤及肺系出现咳嗽等外感实证，如果误治、失治或抵抗力差，使病情迁延，正气日损，致咳嗽频作，逐渐出现肌肉消瘦、纳呆食少、气短乏力等肺脾气虚证，此属实证转化为虚证。若先有正气不足，脏腑功能减退，推动、运化无力，出现食积、水湿、痰饮等病理产物停积，即由虚而转化为以实为主的实性病理，称为"由虚成实"或"因虚致实"。如脾阳虚衰，健运失司，气不化水，以致下焦水邪泛滥，既有脾主运化功能减退的虚象，又有水液停留于体内的邪实之证，这种水湿内聚是由脾阳亏虚所致，故称之为因虚致实。

4. **虚实真假** 虚实真假指疾病过程中，邪正抗争所出现的现象与本质不完全一致的真实假虚和真虚假实的病理变化。一般情况下，在疾病发展变化的过程中，病变的现象与本质大都是相一致的，症状和体征可以较准确地反映病机的虚或实。但在特殊情况下，由于邪正抗争的复杂性，人体功能活动和代谢出现紊乱，也可表现疾病的现象与本质不一致的许多假象，这些假象不能反映病证的本质，表现出"虚实真假"的病理。临床常有"真虚假实"、"真实假虚"证。如脾胃虚弱的病人，由于中气不足，脾失健运，推动无力而出现脘腹胀满等类似"实"的假象，则称为"至虚有盛候"的"真虚假实"证。又如邪热深伏于里，阳气内遏，不能透达于外而出现四肢逆冷等类似"虚"的假象，则称为"大实有羸状"的"真实假虚"证。因此，必须全面分析疾病的症状，透过现象看到本质，才能揭示其中的虚实真假。

总之，疾病在发生发展过程中，邪正的盛与衰、病机的虚与实是相对的，只能用相对的观点来分析虚实病机，才能把握疾病的本质和发展趋势。

（三）邪正盛衰与疾病转归

在疾病发生发展及其转归过程中，邪正双方在其抗争的过程中所出现的消长盛衰变化，直接关系到疾病的转归。

1. **正胜邪退** 正胜邪退是正邪消长盛衰变化过程中，疾病向好转和痊愈的方面转归的一种趋势，也是疾病在临床治疗中最理想的一种结局。患者正气充盛，机体抗御病邪的能力较强，并能得到及时正确的治疗和护理，使邪气对机体的病理损害得到控制或消除，脏腑、经络等组织器官的功能活动逐渐恢复，精、气、血、津液的耗伤得以逐渐补充，机体的阴阳两方面在新的基础上又获得了新的相对平衡，疾病即告痊愈。如六淫所致的外感病，若正气不虚，尚有一定的抗病能力，外邪仅停留于肌表或浅表部位，此时，只要通过发汗解表，病邪即可祛除，正气修复，疾病告愈。

2. **邪胜正衰** 邪胜正衰是正邪消长盛衰变化过程中，疾病趋向恶化、甚至死亡方面转归的另一种趋势。由于机体的正气虚弱，抗御病邪的能力日趋低下；或邪气过盛，严重耗损了人体正气，以致不能阻止邪气对机体的病理损害，使病情日趋恶化和加剧。若正气难复，或邪气独盛，脏腑生理功能严重衰竭，乃至"阴阳离决"，生命活动将终止而死亡。关键时刻若能及时给予正确的治疗和恰当的护理，也可以避免恶化的转归。

总之，疾病的转归取决于邪正的消长盛衰。正胜邪退，疾病趋向好转和痊愈；邪胜正衰，则疾病趋向恶化，甚至导致死亡。此外，在邪正消长盛衰过程中，若邪正双方的力量对比相持不下，则出现正虚邪恋，或邪去而正气未复等情况，常常是许多疾病由急性转化为慢性，或慢性病持久不愈的主要原因之一。邪正抗争是病变过程中的基本矛盾，邪正盛衰不仅关系到疾病虚实性质的变化和疾病的转归、预后，而且影响到脏腑组织器官的功能活动，导致不同的病理改变。

二、阴阳失调

阴阳失调是指机体在疾病发生、发展过程中，由于各种致病因素的作用，导致机体的阴阳失去相对的平衡而出现阴阳偏盛、偏衰，或阴不制阳、阳不制阴的病理状态。阴阳失调既是脏腑、经络、气血、营卫等相互关系失调，也是对疾病过程中表里、寒热、虚实的病理概括。由于六淫、七情、饮食、劳逸等致病因素作用于人体，破坏机体内部的阴阳平衡从而形成疾病。所以，阴阳失调又是疾病发生、发展、变化的内在根据。

阴阳失调是人体各种病理改变的高度概括，其病理变化虽然复杂，但主要是阴阳消长异常和阴阳互根关系失调，具体表现在阴阳偏盛、阴阳偏衰、阴阳互损、阴阳格拒、阴阳转化以及阴阳亡失六个方面。

（一）阴阳偏盛

阴阳偏盛是指阴或阳单方面的亢盛而导致的阴阳平衡失调。其本质是"邪气盛则实"的实证。阳热病邪侵入人体或某些因素导致脏腑阳气亢盛形成阳偏盛；阴寒之邪侵入人体或体内阴寒性病理产物积聚形成阴偏盛。阴阳偏盛的结果是阳偏盛必然会伤阴，导致阴偏衰；阴偏盛必然会伤阳，导致阳偏衰。"阳盛则热"，"阴盛则寒"明确指出了阳偏盛和阴偏盛的病机特点；"重阳必阴"，"重阴必阳"揭示了阳偏盛和阴偏盛病变的发展趋势。

1. **阳偏盛** 即阳胜，是指机体在疾病过程中所出现的一种阳气偏盛，脏腑、经络功能亢进，阳热过盛的病理状态。多因感受热邪，或感受阴邪从阳化热，或五志化火，或气滞、血瘀、食积等郁而化热、化火所致。其病理变化多表现为阳盛而阴未衰的实热证。

由于阳主热、主动、主燥，所以多见壮热、烦躁、面红、目赤、汗多、脉数等实证、热证，即所谓"阳胜则热"。另外，阳热亢盛必然不同程度地耗伤阴液，出现口渴、尿赤、大便干结等阴液不足的症状，即所谓"阳胜则阴病"。如果阳气亢盛至极，病变性质由阳（热）转化为阴（寒），即所谓"重阳必阴"，"热极生寒"。

2. **阴偏盛** 即阴胜，是指机体在疾病过程中所出现的一种阴气偏盛，脏腑、经络功能障碍或减退，产热不足以及阴寒性病理产物积聚的病理状态。多因感受寒湿阴邪，或过食生冷，寒滞中焦，阳不制阴所致。其病理变化多表现为阴寒盛而阳未衰的实寒证。由于阴主寒、主静、主湿，所以多见形寒肢冷、脘腹冷痛、下利、脉迟等实寒证，即所谓"阴胜则寒"。另外，阴寒内盛必然不同程度地损伤阳气，出现面色淡白、小便清长、大便溏泻等阴寒内盛的症状，即所谓"阴胜则阳病"。如果阴寒亢盛至极，病变性质由阴（寒）转化为阳（热），即所谓"重阴必阳"，"寒极生热"。

（二）阴阳偏衰

阴阳偏衰是指阴或阳单方面的不足而导致的阴阳平衡失调。其本质是"精气夺则虚"的虚证。"精气夺"包括了机体的精、气、血、津液等基本物质的亏损及脏腑、经络等组织器官的生理功能减退和失调所形成的病理变化。阴阳偏衰的病变发展趋势是阳偏衰必然不能制阴，导致阴寒内盛；阴偏衰必然不能制阳，导致阴虚阳亢。"阳虚则寒"，"阴虚则热"指出了阳偏衰和阴偏衰的病机特点。

1. **阳偏衰** 即阳虚，是指机体阳气虚损，脏腑功能减退或衰弱，阳热不足，机体失温的病理状态。阳偏衰多因先天禀赋不足，或后天营养失调，或劳倦内伤，或久病损伤阳气所致。其病理变化多表现为机体阳气不足，阳不制阴，阴相对偏盛的虚寒证。临床常见畏寒喜暖、身冷蜷卧、下利清谷、小便清长、舌淡脉迟等症。阳虚则寒与阴胜则寒尽管在病机上有联系，但病理特点和临床表现各不相同，前者是以阳虚为主的虚寒，发病势缓，无明显受寒原因；后者是以寒盛为主的实寒，虚象不突出，发病较急，有明显受寒原因。阳气不足，一般以脾肾两脏多见，尤其是肾。所以，肾阳虚在阳偏衰的病机中占有重要地位。

2. 阴偏衰　即阴虚，是指机体精、血、津液等物质亏耗，导致阴不制阳，阳气相对亢盛，功能活动呈虚性亢奋的病理状态。阴偏衰多因阳热病邪，伤津耗液；或五志过极，化火伤阴；或久病耗伤阴液；或津血流失过多所致。其病理变化多表现为机体阴液不足，不能制阳，滋养、宁静功能减退，从而形成阴虚阳亢，阴虚火旺等阳气相对亢奋的虚热证。临床常见五心烦热、潮热盗汗、颧红、消瘦、口燥咽干、舌红少津、脉细数等症。阴虚则热与阳胜则热尽管在病机上有联系，但病理特点和临床表现各不相同，前者是阴虚为主的虚热，发病相对较缓，无明显感受热邪原因；后者是以阳盛为主的实热，虚象并不明显，发病迅速，有感受邪热的病史或化热化火的病变过程。阴液亏虚一般以肝肾两脏多见，尤其是肾，所以，肾阴不足在阴偏衰的病机中占有重要地位。

（三）阴阳互损

阴阳互损是指在阴或阳任何一方虚损的前提下，病变发展影响及相对的一方不足，形成阴阳两虚的病理变化。如果在阳虚的基础上，导致阴虚，称为"阳损及阴"；在阴虚的基础上，导致阳虚，称为"阴损及阳"。由于肾主藏精，内寓元阴元阳，为人体一身阴液和阳气的根本，因此，无论阴虚或阳虚，多损及肾阴肾阳，导致肾阴阳失调的情况下，才易发生阳损及阴，或阴损及阳等阴阳互损的病理变化。

1. 阳损及阴　阳损及阴是指由于先有阳气虚损，继而累及阴液生成、运化不足，在阳虚的基础上又导致了阴虚，形成了以阳虚为主的阴阳两虚的病理状态。如临床上常见的水肿一证，其病机主要为阳气不足，气化失司，水液代谢障碍，津液停聚，水湿内生，溢于肌肤所致。但随病变发展，"无阳则阴无以生"，阴液日益亏耗，而见形体逐渐消瘦，烦躁不安，甚则筋脉拘急、瘈疭等阴虚症状，由阳气不足转化为阳损及阴的阴阳两虚证。阳损及阴病机变化的关键是以阳气亏虚为前提，"阳虚之久者阴亦虚，终是阳虚为本"。

2. 阴损及阳　阴损及阳是指由于先有阴液亏损，继而累及阳气生化不足，或阳气无所依附而耗散，在阴虚的基础上又导致阳虚，形成了以阴虚为主的阴阳两虚的病理状态。如临床上常见的肝阳上亢一证，其病机主要为"水不涵木"的阴虚阳亢，但随着病变发展，进一步耗伤肾中精气，损及肾阳，出现畏寒、肢冷、面色苍白、脉沉弱等阳虚症状，由阴液不足转化为阴损及阳的阴阳两虚证。阴损及阳病机变化的关键是以阴液亏虚为前提，"阴虚之久者阳亦虚，终是阴虚为本"。

（四）阴阳格拒

阴阳格拒是指由于某些原因引起阴或阳任何一方偏盛至极而壅遏于内，将另一方格拒于外；或者由于阴或阳任何一方极度虚弱，导致另一方相对偏盛，双方盛衰悬殊，盛者居于内，将衰者格拒于外，使机体阴阳之间不相维系，从而出现病变的本质与现象不一致的阴盛格阳或阳盛格阴的病理变化。阴阳格拒多见于疾病过程中极盛阶段，病情多较危重。

1. 阳盛格阴　阳盛格阴指邪热极盛，深伏于里，阳气郁闭于内，不能透达，格阴于外，使阴阳之气不相顺接，相互格拒，出现内真热、外假寒的一种病理变化。由于病理本质是阳热内盛，所以临床常常除见到面红、气粗、胸腹扪之灼热、口干舌燥等症状外，还表现出与病变本质不符的手足厥冷、脉沉伏等假寒之象。这种病理改变属于热极似寒、"热深厥亦深"的真热假寒证。

2. 阴盛格阳　阴盛格阳是指阳气极虚，阴寒邪气过盛，壅阻于内，逼迫阳气浮越于外，使阴阳之气不相顺接，相互格拒，出现内真寒、外假热的一种病理变化。由于病理本质为阴寒内盛，所以临床常常除见到四肢厥冷、下利清谷、脉微欲绝等阴寒症状外，还表现出与病变本质不符的面颊泛红如妆、烦躁、口渴等假热之象。这种病理改变属于寒极似热的真寒假热证。

（五）阴阳转化

在疾病发展过程中，阴阳失调在一定条件下可出现阴阳的相互转化，即阳证转化为阴证，阴证转化为阳证。阴阳转化相当于物质运动中的量变到质变过程，如果说"阴阳消长"是量变，那么"阴阳转化"就是质变。所谓"物极必反"，这个"极"就是阴阳转化的条件，"寒极生热"，"热极生寒"。条件是主要的，没有一定的条件，不可能转化。

1. 阳转化为阴　由阳转阴是指疾病的性质原属阳气偏盛，当阳气亢盛到一定程度时，会向阴的方面转化，表现出阴寒的症状。如外感热病，高热、口渴、汗出不但损伤津液，也耗伤阳气，属邪热壅盛、内遏不达的阳证，若突然出现面色苍白、四肢厥冷、脉微欲绝等阴寒危象，就形成了阳转化为阴、热极生寒的病理变化。

2. 阴转化为阳　由阴转阳是指疾病的性质原属阴气偏盛，当阴气亢盛到一定程度时，会向阳的方面转化，表现出阳热的症状。如外感风寒，出现恶寒、身痛、无汗、脉浮紧等证，为寒束肌表、肺气不宣的风寒表证，若日久不去，寒邪闭郁，遏而化热，出现高热、烦渴、汗出、脉数等阳热亢盛的症状，就形成了阴转化为阳、寒极生热的病理变化。

（六）阴阳亡失

阴阳亡失是指机体的阴液或阳气突然大量地丧失，导致脏腑功能活动严重衰减，出现生命垂危的一种病理变化，包括亡阴和亡阳两种情况。

1. 亡阳　亡阳是指在病变过程中，机体的阳气突然亡失，导致脏腑组织功能活动严重衰竭的一种病理变化。多因感邪太盛，正不胜邪；或素体阳虚，因过度疲劳，阳气消耗过甚；或汗、吐、下太过，气随液脱；或慢性消耗性疾病，阳气耗散严重所致。亡阳时，由于阳气的温煦、推动、固摄功能严重衰竭，所以，临床多见大汗淋漓、手足逆冷、面色苍白、呼吸微弱、精神疲惫、脉微欲绝等危重证候。

2. 亡阴　亡阴是指在病变过程中，机体的阴液突然大量丧失或耗损，导致机体脏腑组织功能活动严重衰竭的一种病理变化。多因热邪炽盛，或邪热久留，或久病严重耗伤阴液；或大吐、大汗、大泻、大失血等因素大量耗损阴液所致。亡阴时，由于其制阳、内守的功能严重衰退，所以，临床多见烦躁不宁、气喘、口渴、汗出欲脱、脉细数无力等危重证候。

总之，阴阳失调的病机是以阴阳的属性、阴阳之间的相互制约、相互消长、互根互用、相互转化关系的理论来阐述、分析、综合机体一切病理现象的机制。阴阳之间的偏盛和偏衰、亡阴和亡阳，都存在着内在的密切联系。因此，阴阳失调的各种病机，并不是固定不变的，而是随病情的进退和邪正盛衰等情况的变化而有改变，应该灵活掌握运用。

复习题

一、单项选择题

1. 以下哪种说法对"六淫"的解释较准确（　　）
   A. 六气　　　　　　　　B. 风寒暑湿燥火　　　　C. 六元
   D. 六种致病因素　　　　E. 不正常之六气

2. 以下哪种说法欠妥（　　）
   A. 六淫致病与居处环境有关　　B. 六淫为病，只犯肌表
   C. 六淫可单独或兼夹致病　　　D. 六淫亦称六邪，为外感病的主要病因
   E. 高温作业，受热而病者，属六淫致病
3. 为外感病先导的邪气是（　　）
   A. 疫疠　　　　　　B. 风邪　　　　　　C. 火邪
   D. 寒邪　　　　　　E. 燥邪
4. 风性善行而数变的"善行"，主要是指风邪致病（　　）
   A. 迫血妄行　　　　B. 病位行无定处　　C. 善于向上向外
   D. 善于运行气血　　E. 易行遍全身而致各脏腑同时发病
5. 易致人体腠理开泄而汗出的邪气是（　　）
   A. 燥邪　　　　　　B. 风邪　　　　　　C. 湿邪
   D. 火邪　　　　　　E. 寒邪
7. 寒邪致病的特性是（　　）
   A. 伤人阳气　　　　B. 凝滞　　　　　　C. 收引
   D. 主痛　　　　　　E. 以上都是
8. 寒邪中里，伤及内脏阳气，称为（　　）
   A. 伤寒　　　　　　B. 中寒　　　　　　C. 内寒
   D. 虚寒　　　　　　E. 阴寒
9. 易致筋脉拘挛，屈伸不利的致病因素是（　　）
   A. 风邪　　　　　　B. 寒邪　　　　　　C. 湿邪
   D. 瘀血　　　　　　E. 痰饮
10. 下列哪项不属暑邪致病的病症特点（　　）
    A. 发热烦渴　　　　B. 四肢困重　　　　C. 胸闷呕恶
    D. 皮肤干燥　　　　E. 身热汗出
11. "纯为外邪，无内邪之说"者为（　　）
    A. 暑　　　　　　　B. 湿　　　　　　　C. 火
    D. 寒　　　　　　　E. 燥
12. 湿邪致病，病程较长，是因为（　　）
    A. 湿性重浊　　　　B. 湿阻气机　　　　C. 湿性趋下
    D. 湿性黏滞　　　　E. 湿伤脾阳
13. 症见头重如裹，四肢酸楚者多因感受下列何种邪气（　　）
    A. 暑邪　　　　　　B. 寒邪　　　　　　C. 燥邪
    D. 湿邪　　　　　　E. 风邪
14. 燥邪最易伤（　　）
    A. 肾　　　　　　　B. 肝　　　　　　　C. 肺
    D. 心　　　　　　　E. 脾
15. 下述哪一点不属火邪的致病特点（　　）
    A. 其性开泄　　　　B. 易于动血　　　　C. 易于生风
    D. 其性炎上　　　　E. 易伤阴津

16. 内风内寒内燥属于（　　）
    A. 外感六淫所致　　　　B. 外邪内传所致　　　　C. 内外合邪所致
    D. 内在病理变化　　　　E. 外邪直中所致
17. 六淫与疫疠致病的根本区别在于（　　）
    A. 发病季节　　　　　　B. 病变部位　　　　　　C. 症状轻重
    D. 有无传染性　　　　　E. 居处环境
18. "异气"是指（　　）
    A. 不正常之气　　　　　B. 疫疠邪气　　　　　　C. 六淫邪气
    D. 山岚瘴气　　　　　　E. 外邪直中所致
19. 下列哪项不是七情的主要致病特点（　　）
    A. 影响心神活动　　　　B. 发病与精神刺激有关　C. 直接影响脏腑气血
    D. 病自内发　　　　　　E. 疾病初起见表证
20. 情志致病影响脏腑气机，下列哪一项是错误的（　　）
    A. 喜则气缓　　　　　　B. 怒则气上　　　　　　C. 悲则气郁
    D. 恐则气下　　　　　　E. 思则气结
21. 七情之中易伤肺的是（　　）
    A. 怒　　　　　　　　　B. 忧　　　　　　　　　C. 思
    D. 喜　　　　　　　　　E. 恐
22. 七情之中易伤肾的是（　　）
    A. 怒　　　　　　　　　B. 忧　　　　　　　　　C. 思
    D. 喜　　　　　　　　　E. 恐
23. 既是病理产物又是致病因素的是（　　）
    A. 六淫　　　　　　　　B. 七情　　　　　　　　C. 劳倦
    D. 痰饮　　　　　　　　E. 疫疠
24. 支饮是指水饮停于（　　）
    A. 胃肠　　　　　　　　B. 胸膈　　　　　　　　C. 四肢
    D. 胁肋　　　　　　　　E. 皮肤
25. 与痰饮形成密切相关的是（　　）
    A. 心肝脾　　　　　　　B. 肺脾肝　　　　　　　C. 肺脾肾
    D. 心肾脾　　　　　　　E. 肝脾肺
26. 下列哪项不是痰饮形成的主要原因（　　）
    A. 外感六淫　　　　　　B. 三焦失司　　　　　　C. 脾失健运
    D. 肺失宣降　　　　　　E. 肾失气化
27. 与痰饮的形成关系较小的内脏有（　　）
    A. 脾　　　　　　　　　B. 心　　　　　　　　　C. 肺
    D. 肾　　　　　　　　　E. 三焦
28. 痰与饮的区别主要在以下哪方面（　　）
    A. 色黄者为痰，色白者为饮　B. 热者为痰，寒者为饮　C. 脾虚生痰，肾虚生饮
    D. 质稠浊者为痰，质清稀者为饮
    E. 得阳气煎熬而成者为痰，为阴寒凝聚而成者为饮

29. 下述哪一项不属瘀血致病的特点（　　）
    A. 肌肤甲错　　　　　B. 出血、紫绀　　　　C. 刺痛拒按
    D. 唇甲色淡　　　　　E. 肿块固定
30. 饮食所伤主要是（　　）
    A. 损伤肺气　　　　　B. 损伤肝血　　　　　C. 损伤大小肠
    D. 损伤心脾　　　　　E. 损伤脾胃
31. 偏嗜五味可导致（　　）
    A. 气血失调　　　　　B. 滋生寒病　　　　　C. 某些营养物质缺乏
    D. 食物中毒　　　　　E. 滋生热病
32. 下列哪项不属于过劳致病（　　）
    A. 过度劳累　　　　　B. 房劳过度　　　　　C. 劳力过度
    D. 劳神过度　　　　　E. 饮食过度
33. 疾病发生的内在因素是（　　）
    A. 致病邪气　　　　　B. 正气不足　　　　　C. 生活环境
    D. 精神状态　　　　　E. 邪正盛衰
34. 疾病的发生、发展和转归主要取决于（　　）
    A. 邪气性质　　　　　B. 禀赋厚薄　　　　　C. 精血盈亏
    D. 邪正盛衰　　　　　E. 发病季节
35. "实"的病机概念是（　　）
    A. 脏腑功能紊乱　　　B. 邪气亢盛，正气未衰　C. 气滞血瘀，脉道不通
    D. 水湿潴留，痰饮壅盛　E. 正能抗邪，邪气不盛
36. 外感热病，高热，咳嗽，烦渴，少气懒言，其病理变化属于（　　）
    A. 虚中夹实　　　　　B. 实中夹虚　　　　　C. 由实转虚
    D. 由虚致实　　　　　E. 实的病变
37. 病证的虚实变化主要取决于（　　）
    A. 正气强弱　　　　　B. 邪气盛衰　　　　　C. 感邪轻重
    D. 体质强弱　　　　　E. 邪正盛衰
38. "至虚有盛候"是指（　　）
    A. 虚中夹实证　　　　B. 因虚致实证　　　　C. 真实假虚证
    D. 真虚假实证　　　　E. 由实转虚证
39. 除下列哪一项外均属阴偏胜的病理变化（　　）
    A. 阴胜则阳病　　　　B. 阳虚则阴盛　　　　C. 阴盛则寒
    D. 阴盛格阳　　　　　E. 阴证似阳
40. "阴胜则阳病"主要是指（　　）
    A. 阴寒内盛而致阳脏受病　B. 阴寒内盛而致阳部受病　C. 阴寒内盛而致阳气受损
    D. 阴寒内盛而致阳气不运　E. 阴寒内盛而致阳气不升
41. 阴寒内盛而出现热象者，其病变多为（　　）
    A. 阴盛则阳病　　　　B. 寒极生热　　　　　C. 阴盛格阳
    D. 阴虚则热　　　　　E. 阳盛则热
42. 阴阳互损是指在阴或阳任何一方虚损的前提下，影响到相对的一方，导致（　　）

A. 阴阳偏衰 B. 阴阳亡失 C. 阴阳两虚
D. 阴损及阳 E. 阳损及阴

43. 阴阳互损最易发生于下列哪个脏（　　）
A. 肾 B. 肝 C. 肺
D. 脾 E. 心

44. 阳气亏损、气化不利之水肿病，若出现日渐消瘦，烦躁不安等，其病机是（　　）
A. 阳气亏损，水停血淤，新血不生
B. 阳气亏损，阴盛逼阳，阳气浮越
C. 阳气亏损，水气凌心，心神不宁
D. 阳气亏损，失于温养，经脉不利
E. 阳气亏损，阴无以生，阳损及阴

45. 阳盛格阴系指下列何种病理（　　）
A. 邪热内盛，复感外寒，内热外寒
B. 阳热内阻，气机不达，胃浊上逆
C. 热毒内盛，气随汗泄，阴气不守
D. 阳热内盛，乘袭阴位，逼阴于外
E. 热邪深入，阳气被遏，格阴于外

46. 因热邪深伏，阳热内盛而出现寒象者，其病理变化属于（　　）
A. 阳盛格阴 B. 阳盛则阴病 C. 阴盛则寒
D. 阳虚生外寒 E. 热极生寒

47. 真寒假热又称为（　　）
A. 阴盛则阳病 B. 重阴必阳 C. 阴盛格阳
D. 阳盛格阴 E. 阴证转阳

48. 热极生寒是指（　　）
A. 阳盛格阴 B. 阳损及阴 C. 阴盛格阳
D. 由阴转阳 E. 由阳转阴

49. 由于阴阳的制约消长，阳偏盛的同时必然导致（　　）
A. 重阳必阴 B. 热极生寒 C. 阳盛则热
D. 阳盛则阴病 E. 阳盛格阴

50. 持续高热，面红目赤之实热病变，若突然出现肢厥面白，脉微欲绝，其病机属于（　　）
A. 阳盛则热 B. 阳损及阴 C. 阳虚则寒
D. 阳盛格阴 E. 阴阳转化

二、填空题

1. 风性善行、数变的"善行"是指风邪致病具有_____、_____的特征；"数变"是指风邪致病具有_____、_____的特性。

2. 感受寒邪致病，若寒伤于肌表，郁遏卫阳，称为_____；寒邪直中于里，伤及脏腑阳气，称为_____。

3. 湿邪致病，病程长，难以速愈，是因湿性_____之故；而表现有关节疼痛，重着难移，是因湿性_____。

4. 燥邪致病，初秋尚热，燥与热结合侵犯人体，多发为_____；深秋已凉，燥与寒结合侵犯人体，多发为_____。燥邪最易伤_____脏，易损伤人体的_____。

5. _____邪每多夹湿，_____邪易生风动血。

6. _____性开泄，_____性收引，_____性趋下，_____性炎上。

7. 疫疠的致病特点为_____、_____、_____。

8. 七情致病除与七情刺激强度有关系外，还与机体的_____和_____能力有关。

9. 七情的致病特点为_____、_____，影响病情变化。

10. 七情致病伤脏，其中_____伤心，_____伤肝，_____伤脾，_____伤肺，_____伤肾。

11. 七情致病影响脏腑气机，其中喜则气_____，怒则气_____，思则气_____，悲则气_____，恐则气_____，惊则气_____。

12. 痰饮和瘀血，既是_____，又是_____，它们各自均有双重性。

13. 痰和饮是人体水液代谢障碍所形成的病理产物，一般认为_____为痰，_____为饮。

14. 痰饮的形成与_____、_____、_____以及_____等脏腑的关系最为密切。

15. 瘀血所致的疼痛，性质多为_____，部位_____。

16. 瘀血所致出血的特点是_____，或夹有_____。

17. 饮食失宜包括_____、_____、_____三方面。

18. 过劳包括_____、_____、_____三方面。

19. 以发病原理言之，_____是发病的重要条件，_____是发病的内在因素。

20. 在疾病的发展过程中，正气与邪气不断地进行抗争，其结果若正胜邪退则_____，若邪胜正衰则_____。

21. _____盛则实，_____夺则虚。

22. 疾病的发生与发展总的关系到_____和_____两个方面。

23. 阳偏衰病变以_____二脏为多见，尤其是_____。

24. 阴偏衰病变以_____二脏为多见，尤其是_____。

25. 阳盛格阴实为_____证，阴盛格阳是指_____证。

三、名词解释

1. 六淫 2. 六气 3. 辨证求因 4. 疫疠 5. 瘀血 6. 痰饮 7. 内生五邪 8. 内伤七情

四、简答题

1. 六淫致病的一般特点是什么？
2. 正气在疾病的发生、发展中有何重要意义？
3. 何谓七情？情志致病有何特点？
4. 瘀血的形成主要与哪些因素有关，其机制是什么？
5. 试述饮食致病的病变特点。
6. 邪正盛衰可以导致哪些虚实变化？各有何病理特点？

（怀化医学高等专科学校　张丽霞）

第六章 诊 法

> **学习目标**
> 1. 掌握神的各种表现及临床意义；"五色主病"的意义；舌诊的内容和临床意义；小儿食指络脉的临床意义；问寒热、问汗、问疼痛的临床意义；寸口脉的部位、正常脉象、临床常见异常脉象与主病。
> 2. 熟悉问饮食口味、睡眠、二便等的临床意义。
> 3. 了解局部望诊、闻诊、按诊的临床意义。

重点难点

以神的各种表现及临床意义、"五色主病"的意义、舌诊的内容和临床意义为重点。以问寒热、问汗、问疼痛的临床意义、临床常见异常脉象与主病为难点。

诊法，即四诊，是指望、闻、问、切四种诊察疾病的基本方法。

四诊理论是在长期的医疗实践中逐步形成和发展起来的。中医学认为，人体是一个有机的整体，局部的病变可影响全身，内脏的病变也可从五官四肢等体表组织反映出来。医者通过目察、耳闻、鼻嗅、口问和触摸按压等"以外测内"的诊察方法，可以了解到疾病的病因、性质、部位及其内在联系，从而为辨证论治提供可靠的依据。

四诊方法各有其独特之处，临床运用时，必须将它们有机地结合起来，才能全面、系统地了解病情，做出正确诊断，即四诊合参。否则，就会导致诊断的片面性，从而造成错误的诊断和治疗。

第一节 望 诊

望诊是对病人的神、色、形态、舌象以及分泌物和排泄物等进行有目的地观察，以获得与疾病有关的辨证资料的一种诊察方法。其在中医诊断中占有重要地位，列为四诊之首。望诊的主要内容有全身望诊、局部望诊、望舌、望小儿食指络脉等。

一、全身望诊

全身望诊主要是通过对病人的神、色、形态进行观察，来诊断疾病的一种方法。包括望神、望色、望形态等。

（一）望神

神是指人体生命活动总的外在表现，又指人的精神、意识及思维活动。神以精气作为物质基础，通过机体的形态动静、面目表情、语言气息及对外界环境的反应等方面表现出来。其中尤以眼神最为突出，因目为五脏六腑之精气所注，内通于脑，又为肝之窍、心之使，有"神藏于心，外候于目"之说，所以观察眼神的变化是望神的重点。一般来说，精气充盛则神旺，精气虚衰则神疲，通过望神的得失，可以了解病人精气的盛衰，判断病情的轻重，推测疾病的发展、转归及预后。

神的表现一般可概括为四种：

1. 有神　亦称得神。主要表现为神志清楚，语言清晰，面色荣润，表情自然，目光明亮，反应灵敏，体态自如，呼吸平稳，肌肉不削等。有神是精气充足的表现，表明脏腑功能未衰，正气未伤，预后良好。

2. 少神　亦称神气不足。主要表现为精神倦怠，动作迟缓，气短懒言，反应迟钝，面色无华等。少神表明正气已伤，脏腑功能不足，多见于虚证。

3. 无神　亦称失神。主要表现为神志昏迷，或语言错乱，或循衣摸床，撮空理线，或目无光彩，瞳仁呆滞，面色晦暗，反应迟钝，呼吸异常，大肉已脱等。无神是精气亏损的表现，表明脏腑功能衰败，已属病情严重阶段，多预后不良。

4. 假神　假神是垂危病人突然出现精神暂时好转的假象，为临终前的预兆，多见于久病、重病之人。如原来神志昏迷不清，目无光彩，不欲言语，语声低微，突然神志清醒，精神转佳，目光明亮，言语不休，声音响亮，欲见亲人者；或原来面色晦暗，突见面赤如妆者；或原来不欲饮食，突然食欲增强，甚至暴食者等。假神是精气衰竭已极，阴阳即将离决的危象，表明病情恶化，脏腑功能将绝。古人喻为"残灯复明"、"回光返照"，临床应特别注意。

此外，还有神志异常的说法，其包括烦躁不安、神昏谵语以及癫、狂、痫等精神失常的表现。

（二）望色

望色是医生通过观察患者皮肤的颜色和光泽变化来了解病情的方法。皮肤的颜色分为青、赤、黄、白、黑五种，简称五色，其变化可以反映疾病的不同性质和不同脏腑的病证；皮肤的光泽，即皮肤的荣润或枯槁，可以反映脏腑精气的盛衰。由于人体"十二经脉、三百六十五络，其血气皆上于面而走空窍"（《灵枢·邪气脏腑病形篇》），加之面部皮肤薄嫩，色泽变化易现于外，因此，望色是以望面部色泽为主。

面色分为"常色"和"病色"。常色即正常面色，我国人的正常面色为红黄隐隐，明润含蓄。由于体质禀赋的不同、气候条件或生活、工作环境等因素的影响，亦可出现偏红、偏白、偏黑等差异，但只要荣润光泽即为正常。病色是指人在疾病过程中出现的异常色泽。根据病人面部五色变化进行诊察疾病的方法，称为"五色诊"或"五色主病"。现分述如下：

1. 青色　主寒证、痛证、瘀血、惊风。色青多由寒凝气滞，气血运行不畅，经脉瘀阻而成。面色苍白淡青，多属寒邪外袭，或阴寒内盛；面色青灰，口唇青紫，伴心胸闷痛或刺痛，为心阳不振，心血瘀阻；小儿鼻柱、眉间及口唇四周青紫，常见于惊风或惊风先兆；重证病人面色青黑，痰涎壅盛，腹胀呃逆，为脾胃气绝。

2. 红色　主热证。热则血流急速，脉络充盈，故肤色发红。满面通红，为外感发热或脏腑阳盛之实热证；两颧潮红娇嫩，为阴虚阳亢之虚热证；久病、重病患者，面色苍白，却时而泛红如妆，嫩红带白，游移不定，多为虚阳外浮的"戴阳证"，属真寒假热之危重证候。

3. 黄色　主虚证、湿证。黄色为脾失健运，水湿不化，或气血乏源，肌肤失养所致。面色萎黄，枯槁无泽，多为脾胃虚弱、气血不足之萎黄证；面黄而虚浮，为黄胖，多因脾虚湿阻所致。病人面目一身尽黄为黄疸，黄而鲜明如橘皮色，为湿热熏蒸之阳黄证；黄而灰暗如烟熏，为寒湿内蕴之阴黄证。

4. 白色 主虚证、寒证、水饮证。白色为阳气虚衰，血行无力，脉络空虚，气血不荣所致。面白而虚浮，多为阳虚；苍白无华为血虚或失血；淡白无华为气虚；面白而颧红为阴虚；产后面色㿠白，多为失血伤气；面色突见苍白，伴冷汗淋漓，多为阳气暴脱；面白伴腹痛剧烈或战栗，多为阴寒凝滞，经脉拘急所致。

5. 黑色 主肾虚证、寒证、水饮证、瘀血证。黑色为阴寒水盛或气血凝滞所致。面色黧黑，为肾阳虚衰、阴寒凝滞之证；面黑而干焦，为肾阴亏虚，虚火上蒸；色黑伴肌肤甲错，为有瘀血；眼眶黑为肾虚或有水饮，或经常熬夜，妇女多为寒湿带下证。

（三）望形态

望形态是通过观察病人的形体与姿态来诊察疾病的一种方法。

1. 望形体 主要观察病人形体的强弱、胖瘦等情况。

发育良好，形体壮实，是体质强壮的表现；发育不良，形体消瘦，是体质虚弱的表现。若形体肥胖而肌肉松软，气短乏力，称为"形盛气衰"，多属阳气不足，脾虚有痰；形体消瘦，肌肉瘦削，皮肤干燥，多属阴血不足或虚劳重证。

2. 望姿态 主要是通过对病人动静姿态及形体异常动作的观察，以测知内在脏腑的病变。

病人的动静姿态和体位与疾病有密切关系。喜动者属阳，喜静者属阴。如病人卧时身体多转侧，且面常向外，多属阳、热、实证，为邪热内盛，正气未衰的表现；卧时身重难以转侧，面常向里，多属阴、寒、虚证，是正气亏虚、阴寒内盛所致。卧时仰面伸足，欲揭衣被，不欲近火者，多属热证；卧时蜷曲，喜加衣被，向火取暖者，多属寒证。咳喘，坐而仰首，多是痰涎壅盛的肺实证；坐而俯首，气短不足以息，多是肺虚或肾不纳气证。从病人形体的异常动作来看，如半身不遂，口眼㖞斜，多为风痰阻络；颈项强直，四肢抽搐，角弓反张，是动风之象；关节疼痛，屈伸困难，行动不便，多属痹证；四肢萎软无力，不能握物和行动，多属痿证。病人手按脘腹者，多为脘腹疼痛；手托腮部，多为牙痛；弯腰屈背，以手护腰，转侧不利者，多为腰痛。

二、局部望诊

局部望诊是医者对病人的头颈、五官、皮肤以及分泌物、排泄物等进行有目的地观察，以测知疾病的一种方法。

（一）望头颈和五官

1. 望头颈 主要是望头的外形、动态和头发的色泽变化。

（1）望头颈 小儿头形过大或过小，伴有智力发育不全者，多属先天禀赋不足所致；小儿囟门下陷者，多属津液损伤，髓海不足之虚证；囟门高突者，多属痰热内蕴或温病之邪上攻；囟门迟闭，多为肾精不足，发育不良。头颈无力抬起，多为虚证或病重；头颈强直，多为温病火邪上攻引起；头摇不能自主者，多为风证，或气血虚衰、脑神失养所致。

（2）望头发 发黑浓密润泽者，是肾气盛而精血足的表现。头发稀疏不长，是肾气亏虚；发黄干枯，稀疏易落，多为精血不足；突见片状脱发，多属血virus受风，或痰瘀阻滞，气血不荣；青壮年头发稀疏易落，多为肾虚或血热；小儿发结如穗，常见于疳积病。

2. 望五官 五官的功能，渊源于五脏。观察五官的形色变化，可测知五脏的病变。

（1）望眼 望眼应注意观察眼神、外形、颜色及动态等变化。眼睛黑白分明，精彩内含、神光充沛、视物清晰，为有神之象，虽病易治；两目暗浊，呆滞无光，视物模糊，为无神之象，病多难治。目赤红肿，多属风热或肝火；目眦红赤为心火；白睛发黄为黄疸；眼睑淡白，为气血不足；眼睛肿如卧蚕状，多为水肿病；下眼睑肿，多为肾气虚衰，常见于中老年人；目窠凹陷，是津液耗损所致；瞳仁散大，为肾精枯竭，或心神散乱；小儿睡眠露睛，多为脾虚；两目上视、斜视、直视，均为肝风内动。

（2）望耳　望耳应注意耳轮色泽及分泌物的变化。耳轮肉厚，色红明润为肾精充沛或病浅易治；肉薄干枯则为肾精不足。耳色淡属寒，青黑属痛，焦黑属肾精亏极之凶兆。小儿耳背见红络，伴有耳根发凉，多为麻疹先兆；耳中疼痛，耳聋流脓，多为肝胆湿热，或少阳经风热上壅，或肾虚相火上炎所致；久病血瘀可见耳轮甲错。

（3）望鼻　主要望鼻内分泌物和鼻的外形。鼻流清涕，多为外感风寒；鼻流浊涕，多属风热；久流浊涕而有腥臭味者，多为"鼻渊"；鼻头色红生粉刺者，为"酒糟鼻"；鼻翼煽动，呼吸喘促，初病为肺热、久病为肺肾虚衰；鼻柱溃陷，常见于梅毒或麻风病。

（4）望口唇　主要望口唇的色泽和形态变化。口唇红润而有光泽为正常。唇色深红为实热证，鲜红为阴虚，樱红为煤气中毒，唇色淡白为血虚证；唇色青紫为寒凝或血瘀；唇深红而干焦为热极伤津；环口黧黑，唇卷露齿者，是脾气将绝。睡时口角流涎，多属脾虚湿盛或胃中有热。口唇糜烂，多由脾胃蕴热上蒸。口开而不闭，主病虚。口噤不语，兼四肢抽搐，多为痉病或破伤风。

（5）望齿龈　主要是观察齿龈的色泽、形态和润枯情况，从而了解胃津和肾液的存亡。睡中龂齿，为胃热或虫积。齿龈色淡白为血虚；齿龈红肿为胃火上炎；齿龈萎缩而色淡，多是胃阴不足，或肾气虚乏。牙齿松动稀疏，齿龈外露，多为肾虚或虚火上炎。

（6）望咽喉　主要观察咽喉的色泽和形态的变化。咽喉红肿而痛多为肺胃有热，兼有黄白脓点为肺胃热盛；咽喉漫肿，其色淡红，多为痰湿凝聚；咽部嫩红，肿痛不甚，多为阴虚火旺；咽喉腐点成片，色呈灰白，不易拭去，重剥出血者为白喉。

（二）望皮肤

皮肤居一身之表，为机体之屏障，内合于肺，为气血所荣。脏腑病变可通过经络反映于肌表。望皮肤应注意色泽、外形的变化和斑疹的鉴别。

1. 色形变化　正常人皮肤荣润而有光泽，是精气充沛的征象。皮肤呈大片红肿，色赤如丹者，名"丹毒"，多由风热、肝火或湿热所致；皮肤、面目俱黄者，多为黄疸；皮肤青紫者，常见于中毒；皮肤虚浮肿胀，按之凹陷，多属水湿泛滥；皮肤干瘪枯槁，为津液耗伤；皮肤粗糙如鱼鳞，抚之涩手者，称肌肤甲错，常见于血瘀证。

2. 斑疹　斑疹是指出现于肌肤表面的红或紫色片状、点状的皮疹。斑与疹不同：点大成片，平摊于皮下，摸之不碍手者谓"斑"；点小如粟，高于肤面，扪之碍手的为"疹"。一般来说，疹轻斑重，斑疹同见则更重。望斑疹要辨清外感或内伤。

（1）外感热病斑疹　是温热之邪入于营血所致。其机制为外感热邪失于透泄，邪郁于肺胃，深入营血，正邪相搏，邪热外透所致。从肌肉而出者为斑；由血络外溢者为疹。斑疹布点稀少，色红身热，先胸腹出现，后延及四肢，同时热退神清，是热邪透泄的佳兆，属轻证、顺证；若布点稠密，色深红或紫黑，且先四肢出现，后延及胸腹，伴高热不退，神志昏迷，为热毒深重，正不胜邪，是重证、逆证；若斑疹色黑而晦滞焦枯，是热毒痼结，正气衰亡之危候。

（2）内伤杂病见斑疹　一般多属血热，如斑色暗紫，其形较大，时出时陷，则多为气虚不能摄血或夹有瘀血之候。

（三）望排泄物与分泌物

排泄物与分泌物包括呕吐物、痰、涎、涕、唾、泪及二便、经、带、汗液、脓液等，观察其形、色、质、量的变化，可以了解有关脏腑的病理变化以及病邪的性质。此处只介绍部分内容。

1. 痰　痰是由肺和气道排出的黏液，属病理性产物。痰色白而清稀，多为寒证；痰色黄而黏稠者，多属热证；痰少色白，难以排出者，多为燥痰；痰白量多，易咳出者多为湿痰；痰色白而多泡沫者为风痰；咳吐腥臭脓血痰，或吐脓痰如米粥者，为热毒蕴肺，多是肺痈；痰中带血，或咯吐鲜血者，多为热伤肺络。

2. 涕　鼻流浊涕为外感风热；流清涕为外感风寒；久流浊涕不止者为鼻渊。

3. 呕吐物　呕吐是胃气上逆所致。呕吐物清稀无臭，属胃中虚寒；呕吐物秽浊酸臭，多为胃有实热或食积；呕吐清水痰涎，多属痰饮；呕吐黄绿苦水，多为肝胆湿热，邪热犯胃；呕吐鲜血或紫暗有块，夹杂食物残渣者，多属肝火犯胃或瘀血内停；呕吐脓血，味腥臭者，多属内痈。

三、望舌

望舌，即舌诊，是望诊的重要组成部分，也是中医诊断疾病的重要依据之一。

（一）舌与脏腑的关系

舌为心之苗窍，又为脾之外候，舌通过经络与脏腑联系，脏腑的精气上荣于舌，舌象又为脏腑生理病理之外候。前人在长期的临床实践中发现舌面的一定部位与一定脏腑相联系，并反映出相关脏腑的病理变化。舌尖、舌中、舌根、舌边四个部分分属于心肺、脾胃、肾、肝胆等有关脏腑。这种以舌面分部来诊断脏腑病变的方法，在临床上有一定的参考价值（图6-1）。

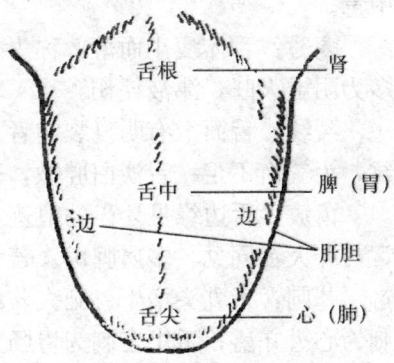

图6-1　舌诊脏腑部位分属图

（二）舌诊的方法及注意事项

望舌时应在充足而柔和的自然光线下进行；病人应自然地将舌伸出口外，暴露舌体，舌尖略向下，不可太过用力。医者应循舌尖、舌中、舌根及两边的顺序察看，先看舌苔，后看舌质。某些食物与药物可使舌苔染上颜色，称之为"染苔"。如乌梅、橄榄可使苔染黑；黄连、核黄素可使苔染黄等。临床如见到舌苔突然变化，或苔色与病情不相符时，应注意询问其饮食及服药情况，以防假象，避免诊断错误。

（三）舌诊的内容

望舌，主要是观察舌质与舌苔两方面的变化。舌质，又称舌体，是舌的肌肉脉络组织，由脏腑气血所荣；舌苔，是舌面上附着的苔状物，由胃气上蒸而成。舌质和舌苔的综合变化，统称舌象。正常的舌象是舌体柔软，活动自如，颜色淡红，不胖不瘦，舌面铺有薄薄的、颗粒均匀、干湿适中的白苔，一般统称淡红舌、薄白苔。患病时可见舌质、舌苔的改变，舌质的变化主要反映人体脏腑的虚实、气血的盛衰；舌苔的改变主要反映病位的深浅、疾病的性质、津液的存亡、病邪的进退和胃气的有无。

1. 望舌质　主要观察舌质的颜色和形态的变化。

（1）望舌色　常见的有淡白舌、红舌、绛舌、紫舌四种，现分述如下：

淡白舌：主虚证、寒证。较正常色浅淡的称淡白舌。若淡白不泽或舌体瘦薄，则属气血两虚；舌白少津，多属阳虚津亏；淡白湿润，舌体胖嫩，多为虚寒证。

红舌：主热证，有虚实之分。较正常舌色深，甚则呈鲜红色，为红舌。舌色鲜红而起芒刺，或兼黄厚苔的，多属实热证；色鲜红而少苔，或有裂纹，或舌红无苔，多为虚热证；舌尖红为心火亢盛；舌边红为肝胆火旺。

绛舌：主热盛证。舌色深红为绛舌，主病有外感与内伤之分。外感热病见绛舌，为邪热已深入营血；内伤杂病见绛舌少苔或有裂纹，多属阴虚火旺，常见于久病、重病之人；若舌色绛红，舌面光如镜者，为胃津大伤；舌色绛红而干枯者，为肾阴枯涸。

紫舌：主瘀血、寒证、热证。舌质呈紫色为紫舌，主病有寒热之分。色紫暗或见瘀斑、瘀点，多为气滞血瘀；舌绛紫而干枯少津，为热盛伤津；舌淡紫或青紫润滑，多为寒凝血瘀。

(2) 望舌形　是指观察舌体的形状，包括老嫩、胖瘦、裂纹、齿痕和芒刺等。

老嫩：舌质纹理粗糙，形色坚敛苍老，不论苔色如何，都属实证、热证；舌质纹理细腻，形色浮胖娇嫩，主虚证、寒证。

胖大：较正常舌大，甚则肿胀满口者，称胖大舌。舌淡胖，苔白滑，属脾肾阳虚，水津不布之象；舌红而胖大，苔黄腻，为脾胃湿热，痰浊上泛；舌体肿胀而青紫晦暗，多为中毒。

瘦薄：舌体瘦小而薄，称为瘦薄舌。瘦薄色淡，多是气血两虚；瘦薄色红绛而干燥者，多为阴虚火旺，津液耗伤。

裂纹：舌面上有明显裂沟者，称裂纹舌。舌红绛而有裂纹，为热盛伤津；舌淡白而有裂纹，为气血不足；舌淡白胖嫩，边有齿痕而见裂纹者，为脾虚湿浸。

齿痕：舌边缘见牙齿的痕迹者，为齿痕舌，多因舌体胖大而受齿缘压迫所致。故齿痕舌常与胖大舌同见，多属脾虚。若舌质淡白而湿润，多为脾虚、寒湿壅盛。

芒刺：舌乳头增生、肥大，高起如刺，摸之棘手，称为芒刺舌，多属邪热内盛。舌尖芒刺为心火亢盛；舌中芒刺为胃肠热盛；舌边芒刺为肝胆火盛。

(3) 望舌态　即观察舌体运动时的状态，如强硬、痿软、颤动、歪斜、吐弄、短缩等。

强硬：舌体失其柔和，屈伸不便或不能转动，以致语言謇涩者，为强硬舌，或称"舌强"。舌质红而强硬，兼神志不清者，多属热扰心神；舌红干而强硬，为热盛伤津；舌强不语，口眼歪斜，为中风；舌胖，苔厚腻而强硬者，为痰湿内阻。

痿软：舌体软弱，屈伸无力者，称痿软舌。久病舌淡而痿，多因气血虚极；久病舌绛而痿，多为阴亏已极；新病舌干红而痿者，则为热灼津伤。

颤动：舌体震颤抖动，不能自主者，为颤动舌，亦称"舌战"。舌淡白而颤动者，属血虚生风；舌红绛而颤动者，为热极生风，亦见于酒精中毒之人。

歪斜：舌体伸出时，舌尖向一侧偏斜者，为歪斜舌。多因风中经络或风痰阻络所致，常见于中风或中风先兆。

吐弄：舌伸出口外者为吐舌；舌微露出口又立即收回，或不时舐口唇上下者称为弄舌。皆因心脾二经有热。若全舌青紫而吐舌者，多见于疫毒攻心或正气已绝；弄舌常见于小儿智能发育不全或中风先兆。

短缩：舌体紧缩不能伸长者为短缩舌。若舌淡或青而湿润短缩，为寒凝经脉；舌胖苔腻而短缩，为痰浊内阻；舌红干而短缩，是热盛津伤。

2. 望舌苔 主要观察苔色与苔质。

(1) 望苔色 苔色常见的有白、黄、灰、黑四种颜色。

白苔：多主表证、寒证、湿证。舌苔薄白，多为表证；舌苔白润，多为寒证；舌苔白腻，多为湿浊或寒湿；舌苔白腐，多为食积；舌苔白如积粉，为暑湿秽浊之邪内蕴，常见于瘟疫病。

黄苔：多主热证、里证。一般黄色越深，热邪越重。舌苔薄黄为风热在表，深黄为热重，焦黄为热极。舌苔黄腻为湿热、或热痰、或食积化热。若外感病舌苔由白转黄，为表邪入里化热的征象。但应注意，若舌苔黄滑，舌质淡而胖嫩，多为阳虚水湿不化之证。

灰黑苔：多主里热证或里寒证。苔色较黑色浅淡者为灰苔，色深者为黑苔。灰苔与黑苔仅有程度轻重的差别，故常灰黑苔并称。灰黑苔多由白苔或黄苔转化而成，因此多见于里热或里寒之重证。如苔灰黑而润滑，舌质淡白者，为阴寒内盛或痰湿久郁之证；若苔灰黑干燥，甚则起芒刺者，为里热炽盛、津液干涸之象。

(2) 望苔质 主要观察舌苔厚薄、润燥、腐腻、剥落等变化。

厚薄：舌苔的厚薄以"见底"和"不见底"为标准，即透过舌苔能隐隐见到舌质者为薄苔，不能见到舌质者属厚苔。薄苔本是胃气所生，属正常舌苔。若有病见之，为病邪在表，病轻浅；厚苔表示病邪在里，病情较重。

润燥：正常舌苔是润泽的，是津液上承之征象。若苔面干燥无津为燥苔，多见于热盛津伤或阴液亏耗；若舌面水分过多，滑润而湿，甚至伸舌流涎欲滴者，为滑苔，多为水湿内停。

腐腻：苔质颗粒粗大、疏松而厚，形如豆腐渣堆积舌面、揩之可去为腐苔，多因实热蒸腾，胃中腐浊邪气所致，常见于食积胃肠或痰浊内蕴证。苔质颗粒细腻致密，如罩一层油腻状黏液，不易刮去为腻苔，多为湿浊内盛，阳气被遏所致，常见于痰饮、湿温等病证。

剥脱：舌苔全部退去，不再复生以致舌面光洁如镜，为光剥苔，又称镜面舌，多为胃阴枯竭，胃气大伤。舌苔剥脱不全，剥脱处见红色舌质，余处斑驳尚存舌苔，界限明显，为花剥苔，多为胃之气阴两伤。故观舌苔之剥脱，可测知胃气、胃阴之存亡，判断疾病的预后。

(四) 舌诊的临床意义

由于舌象的变化能较客观地反映病情，所以舌诊对于临床辨证论治、判断疾病转归及其预后，都有十分重要的意义。综合起来有以下几个方面：

1. 判断正气盛衰 因舌质受脏腑气血的荣润，舌苔乃胃气所生，故舌质红润为气血旺盛，舌质淡白则气血虚损；舌苔薄白而润者胃气充盛，舌光无苔是胃之气阴不存。

2. 分辨病位深浅 舌苔薄，为疾病初起，病位在表；舌苔厚，为病邪入里，病位较深；舌质绛者，为热入营血，病情危重。

3. 区别病邪性质 白苔多主寒证；黄苔多主热证；腻苔多属痰湿；腐苔多属食积；黄腻苔主湿热；舌质紫暗或边有瘀点、瘀斑者，主瘀血证；舌体歪斜或强硬，多为中风证。

4. 推断病情进退 舌苔由薄白转黄厚、变灰或黑，说明疾病由表入里，由寒化热、由轻变重；舌苔由润转燥，多是热盛而津液耗伤；舌苔由厚变薄，由燥转润，是病邪渐退、津液来复之佳兆。

5. 测知病情预后 舌胖瘦适中，活动自如，淡红润泽，舌面有苔等，是正气内存，胃气旺盛，预后多佳；舌质干枯，舌苔骤剥，舌体强硬或歪斜等，多属正气亏虚，胃气衰败，病情危重，预后多凶。

四、望小儿食指络脉

望小儿食指络脉,原称望小儿指纹,是指对3岁以内的小儿食指内侧浮露可见的络脉色泽与形态的观察。食指内侧络脉由手太阴肺经分支而来,因此,望小儿食指络脉的变化与诊寸口脉有相似的临床意义。

(一) 三关部位

小儿食指络脉分为风、气、命三关:食指第一节部位为风关;第二节为气关;第三节为命关(图6-2)。

(二) 诊察方法

医者用左手的拇指与食指捏住小儿食指,再以右手拇指轻推其食指内侧络脉,一般由指端向掌侧(即由命关向气关、风关)连推数次,边推边诊察。

图6-2 小儿络脉三关示意图

(三) 望络脉内容

正常小儿食指络脉为:色泽红黄相兼,隐隐于风关之内。若其形色变化,多与疾病有关。望络脉侧重以下几点:

1. **三关测轻重** 络脉显于风关之内,为邪气入络,邪浅而病轻;络脉显至气关,为病邪入经,病情较重;络脉延伸至命关者,是邪气深入脏腑,病情危重。若络脉一直至甲端者,称"透关射甲",为病情凶险,预后不佳。

2. **浮沉分表里** 络脉浮现明显者,主病在表;络脉沉隐不明显者,主病在里。

3. **形色辨寒热** 络脉色鲜红,多属外感表证;色紫红者,多主热证;色青主风证、痛证;色紫黑为邪热深重或气滞血瘀;络脉色淡者,为正虚的表现。络脉增粗,多属热证、实证;络脉变细者,多属寒证、虚证。

望小儿食指络脉是中医诊断特色之一,为儿科不可忽视的诊断方法,但在临床应用时,必须与其他诊断方法相结合,才能做出全面正确的诊断。

第二节 闻 诊

闻诊是通过听声音和嗅气味来诊断疾病的方法。听声音是指诊察病人的语言、呼吸、咳嗽、呃逆、嗳气等各种声响;嗅气味是指嗅病人的口气、体气、分泌物和排泄物等异常气味。

一、听声音

(一) 语声

语声的强弱和语言的错乱,可反映出正气的盛衰与邪气的性质。

1. **语声强弱** 病人语声高亢洪亮,多言而躁动者,属实证、热证;语声低微无力,少言而沉静者,属虚证、寒证。语声重浊,常见于外感,亦见于湿浊阻滞,为肺气失宣所致。声音嘶哑,不能发音,称"失音",亦分虚实,实者为外邪袭肺、肺失宣发;虚者由多肺肾阴虚、津不上承所致。

2. **语言错乱** 语言错乱多属心的病变。如神志不清,语无伦次,声高有力者,称"谵语",多属热扰心神之实证;若神志不清,语言重复,时断时续,声音低弱者,称"郑声",

多属心气大伤,神无所依之虚证。精神抑郁,自言自语,或喃喃独语,或哭笑无常者,多为痰气郁闭之癫证;神志失常,狂躁妄动,言语粗暴,多为痰火扰心之狂证。

(二) 呼吸

呼吸有力,声高气粗,为外感邪气有余,属热证、实证;呼吸低微,气少不足以息,称"少气",多因内伤正气不足所致,属虚证、寒证。呼吸困难,张口抬肩,鼻翼煽动,不能平卧者为喘证。喘分虚实:实喘声高气粗,胸闷,以呼出为快,多因肺有实邪,气机不利所致;虚喘声低息微,呼多吸少,气不接续,以深吸为快,多因肺肾虚损,气失摄纳所致。哮证乃喘气时喉中有哮鸣声,多属外邪引动宿痰而发。

(三) 咳嗽

有声无痰谓之咳,有痰无声谓之嗽,有痰有声谓之咳嗽。咳声重浊有力属实证;咳声低微属虚证;咳痰清稀为外感风寒;咳痰黄稠为肺热;痰多易咳出者为寒湿或痰饮;干咳无痰或少痰,多属燥邪犯肺或阴虚肺燥;咳声阵发,发则连声不断,终止时似鹭鸶叫声者,名为"顿咳"或"百日咳",常见于小儿,属肺实证。

(四) 呃逆、嗳气

1. 呃逆　俗称"打呃"。是胃气上逆,冲膈动喉而发出的冲击声,声短而频。呃声频频,连续有力,高亢而短者,多属实热;呃声低沉而长,声弱无力,良久一作者,多属虚寒。久病见呃逆,且声音低怯者,为胃气将绝之兆。

2. 嗳气　为自感气从胃直上冲喉咙发出的声音,其声长而缓,也是胃气上逆的一种表现。饱食之后,偶有嗳气,并非病态。若嗳气酸腐,兼胸脘胀满者,多为食滞内停;嗳声响亮,频频发作,且嗳气后腹胀得减者,多为肝气犯胃;嗳气低沉,无酸腐气味,纳谷不香者,多为脾胃虚弱,常见于久病患者或老人。

二、嗅气味

(一) 口气

正常人不会出现口臭。口气臭秽,多属胃热或消化不良,也见于龋齿、口腔不洁;口气酸馊,多为胃有宿食;口气腐臭,多为牙疳或有内痈。

(二) 排泄物与分泌物

包括二便、痰液、脓液、经带等,有恶臭者多属实热证;略带腥臭者多属虚寒证。如大便臭秽为热结肠道;便溏腥臭为脾胃虚寒;矢气酸臭为宿食停滞。尿臊黄少多为下焦湿热;小便清长无臭为肾虚。妇女带下清稀有腥气为寒;黄稠有臭气为热。

第三节　问　诊

问诊是医生通过对病人或陪诊者进行有目的地询问,从而了解疾病的发生、发展、治疗经过和现在症状、既往病史等情况,以诊察疾病的一种方法。古代医家谓其为"诊病之要领,临证之首务",说明了问诊的重要性。

问诊的主要内容包括:一般情况、主诉、现病史、既往病史、家族病史及现在症状等。询问时应根据病人就诊的情况,如初诊或复诊、急或缓等,有针对性地进行询问。

一、问一般情况

一般情况包括病人的姓名、性别、年龄、职业、民族、婚否、籍贯、工作单位、住址等。

询问一般情况，有两方面临床意义：一方面便于与病人或家属进行联系和随访，对病人的诊断和治疗负责，也便于为临床研究收集资料；另一方面可根据病人的年龄、性别、职业、婚否、籍贯等，获得与疾病有关的资料，为诊断治疗提供一定的依据。

二、问现病史

现病史是指围绕主诉（患者就诊时的主要病痛）从起病到此次就诊时疾病的发生、发展和变化，以及治疗的经过。问现病史应从以下三个方面进行询问：

1. 发病情况　主要包括发病时间的新久、发病原因或诱因，最初的症状及性质、部位，当时曾作何处理等。一般起病急、时间短者，多属实证；患病久，反复发作，经久不愈者，多属虚证或虚实夹杂证。如因情志不舒而致胁肋胀痛，急躁易怒者，多属肝气郁结；如因暴饮暴食而致胃脘胀满疼痛者，多属食滞胃脘等。综上可见，医生通过询问病人的发病情况，对辨别疾病的病因、病位、病性有重要作用。

2. 病变过程　医者了解病人的病变过程，一般按疾病时间先后顺序进行询问。如某一阶段出现哪些症状、症状的性质、程度的变化以及有无新病情出现、病情变化有无规律等。通过询问病变过程，对了解疾病邪正斗争情况以及病情发展趋势有重要的临床意义。

3. 诊治经过　有些病人，尤其是患病较久者，在就诊前已经过他人诊断和治疗。所以，对初诊者很有必要询问曾作过哪些检查，结果怎样；作过何种诊断，诊断的依据是什么；经过哪些治疗，治疗的效果及反应等。了解诊治经过，可作为当前诊断与治疗的参考。

此外，问现在症状也属问现病史的范畴，但因其内容多，又是问诊的主要内容，将专门讨论。

三、问既往病史和家族病史

（一）既往病史

又称过去病史，主要包括病人平素健康状况，以及过去曾患疾病的情况。还应注意询问病人是否接受过预防接种、有无药物或其它物品的过敏史、做过何种手术治疗等。

（二）家族病史

主要询问与病人长期生活相处的父母、兄弟姐妹、爱人、子女等接触密切的人的健康和患病情况，必要时应注意询问直系亲属的死亡原因。这是由于某些疾病与血缘关系、密切接触、生活方式等有关。

了解家族史和既往史，可帮助诊断某些传染病和遗传性疾病，为诊断现有疾病作参考。

四、问现在症状

现在症状是指患者就诊时所感到的痛苦与不适，以及与其病情相关的全身情况等。问现在症状的内容涉及范围较为广泛，医生询问时应首先抓住病人的主症，围绕主病，有目的、有步骤地进行询问，既要有重点，又要全面了解。明代张景岳写有《十问歌》，后人在前人的基础上略作修改，成为："一问寒热二问汗，三问头身四问便，五问饮食六胸腹，七聋八渴俱当辨，九问旧病十问因，再兼服药参机变。妇女尤必问经期，迟速闭崩皆可见。再添片语告儿科，预防接种全占验"。《十问歌》内容言简意赅，可作为临床问诊时的参考。现将临床常见症状逐一阐述如下：

(一) 问寒热

问寒热是指询问病人有无怕冷与发热的感觉。寒与热是临床上常见的症状,是辨别病邪性质和机体阴阳盛衰的重要依据。寒有恶寒、畏寒之分:病人感觉寒冷,虽覆加衣被或近火取暖仍觉寒冷者,称为恶寒,多为外感寒邪所致;病人身寒怕冷,但加衣被或近火取暖而有所缓解者,称为畏寒,多为内伤阳虚所致。热即发热,包括体温高于正常的发热以及体温正常而病人自我感觉的发热。寒热表现的形式有恶寒发热、但寒不热、但热不寒、寒热往来四种。

1. **恶寒发热**　是指恶寒与发热同时出现,多属外感表证,为外邪袭表,正邪相争的表现。一般来说,恶寒重、兼发热,为外感风寒;恶寒轻、兼发热,为外感风热。寒热的轻重,还与感邪轻重、正邪强弱有关:如感邪轻者,恶寒发热俱轻;感邪重且正不虚者,发热恶寒俱重;感邪重且正气虚者,恶寒重而发热轻。

2. **但寒不热**　病人只觉畏寒而不发热者,称但寒不热,多见于里虚寒证。因阳气虚于内,不能温煦肌表所致,常伴面色苍白、肢冷蜷卧等虚寒症状。新病则多见于寒邪直中脏腑,损伤阳气的里实寒证。

3. **但热不寒**　病人不恶寒而只恶热或发热者,称但热不寒。临床常见以下几种情况:

(1) **壮热**　病人高热不退(体温超过39℃),不恶寒,反恶热者,称壮热。为里热亢盛,蒸腾于外所致。常伴有烦渴、汗多、脉洪大等。

(2) **潮热**　指病人发热如潮汐之定时,或定时热甚,故名潮热。

①阳明潮热:其特点是热势较高,每于日晡(申时,即下午3~5时)热甚,兼见腹满、便秘,属阳明腑实证。因热结于阳明,日晡为阳明经气当旺之时,故日晡热甚。

②湿温潮热:其特点是身热不扬,午后热甚。其病多在脾胃,因湿遏热伏,热难透达,故身热不扬(初扪肌肤不觉甚热,稍久灼手);午后属阴,湿为阴邪,旺于阴分,故午后热甚。多伴有胸闷、呕恶、头重身困、便溏、苔腻等症。

③阴虚潮热:其特点是午后或入夜低热,五心烦热,甚至有热自深层向外透发的感觉。兼见颧红、盗汗等,属阴虚证。因阴虚不能制约阳气,午后及夜间阳气外达而失敛,于是外散于肌肤。

(3) **微热**　即低热。指发热日期较长,而热势仅稍高于正常体温的轻度发热。临床多见于阴虚潮热、气虚发热、气郁化热等。

4. **寒热往来**　恶寒与发热交替发作,称寒热往来,属半表半里证,为邪正分争,互为进退的表现。若寒热交替发作无定时,兼口苦咽干、目眩等,属少阳病;寒战与壮热交替发作,发有定时,兼头痛剧烈、口渴汗出者,属疟疾。

(二) 问汗

汗是阳气蒸化津液,出于体表而成。问汗主要诊察有无汗出、出汗时间、多少、部位、性质等,结合兼证,以辨表里寒热虚实。

1. **有汗、无汗**　出汗与恶寒发热并见,苔薄白,脉浮缓,属表虚证,因表虚腠理不固,津液外泄。出汗伴有发热恶寒,咽痛,舌边尖红,苔薄黄,脉浮数,属风热表证,因风、热属阳邪,能致腠理疏松而汗出。恶寒发热而无汗属表实证,因寒性收敛而使汗孔闭塞。大汗、壮热、烦渴者属里实热证,因里热亢盛,蒸津外泄,故大汗出。大汗淋漓,伴有脉微肢冷,神疲气弱,则多属阳气暴脱于外,津液随之外泄的重证,又称为"绝汗"。

2. **汗出时间**　白天经常汗出不止,活动尤甚者为自汗,属阳气虚,多因阳气不足,卫外不固所致。入睡则汗出，醒则汗止者为盗汗，属阴虚，因入睡后阳入于阴，阴虚不能潜阳，阳气扰动营阴，迫津外泄而汗出。

3. 汗出部位　汗出仅限于头部，多因上焦邪热，或中焦湿热郁蒸所致。若头汗见于大病之后，或老年人气喘而头汗出，多为虚证。重病后期，突然额汗大出，兼见四肢厥冷，脉微细欲绝者，则是虚阳上越，阴不附阳，津随阳脱的危象。半侧身体出汗，或上或下，或左或右，都为风痰或风湿阻滞经络，营卫不调，或气血不和所致。若手足心汗出过多，又兼口燥咽干，便秘尿赤等，多为脾胃湿热郁蒸所致。

（三）问疼痛

问疼痛，主要询问疼痛的部位、性质和持续时间等。

1. 疼痛的性质　导致疼痛的病因病机不同，可使疼痛的性质及特点各异。凡新病疼痛，痛势剧烈，持续不解而拒按者为实证；久病疼痛，痛势较轻，时痛时止而喜按者为虚证。

（1）胀痛　胀痛是气滞疼痛的特点，是机体某一部分或某一脏腑气机阻滞，运行不畅所致。其特点是痛而且胀，胀重痛轻，部位不定，嗳气或矢气后能减轻。在机体很多部位都可出现，以胸、脘、腹部最常见。

（2）刺痛　刺痛即疼痛如针刺，是瘀血疼痛的特点。疼痛固定不移，拒按。以胸胁、少腹、胃脘部为多见。

（3）隐痛　疼痛不剧，但绵绵不休，称为隐痛。多因精血亏损，或阳气不足，阴寒内生，机体失于濡养、温煦所致。多见于头、脘、腹、腰部的虚痛。

此外，痛处走窜，病位游移者为游走痛，或为气滞，或为风盛；痛处固定，发于胸胁脘腹，多为血瘀；见于关节为痹证，冷痛者，多为寒邪阻络或阳虚失于温煦所致；灼痛者，多因邪热亢盛；绞痛者，多为有形之邪阻滞气机，或因阴寒之邪凝滞气机；重痛者，常为湿邪困阻，气机不畅所致；酸痛见于肢体多为湿阻，见于腰膝多为肾虚。

2. 疼痛的部位

（1）头痛　头为诸阳之会，手足三阳经循于头面，厥阴经亦上巅顶，五脏六腑之精气皆上注于头，故六淫外袭，内伤诸疾，均可导致头痛。临床可根据头痛的不同部位，判断其病变属于何经。一般说来，头项痛属太阳经；两侧痛属少阳经；前额痛属阳明经；头顶痛属厥阴经。外感头痛，一般发病较急，病势较剧，且痛无休止；痰浊上蒙，多头痛而有沉重感；瘀血阻络，多为头刺痛；营血不足，不能上荣清窍，多为绵绵作痛，眩晕；肾精不足，髓海空虚，多为头空痛。

（2）胸痛　胸为心肺所居，故心肺的病变常可导致胸部疼痛。胸闷痛而痞满者，多为痰饮；胸胀痛而走窜，嗳气痛减者，多为气滞；胸痛，咳喘发热，多为肺热；胸痛伴潮热、盗汗、颧红多是肺痨；胸痛彻背，背痛彻心，多为心阳不振，痰浊阻滞的胸痹；胸前闷痛如刺，甚如刀绞，伴有汗出肢冷的，多属气血瘀阻，阳气衰微证；胸痛而咳吐脓血者，多见于肺有脓疡。

（3）胁痛　多与肝胆病关系密切，可见于肝郁气滞、肝胆湿热、肝胆火旺、瘀血阻络及水饮内停等病证。

（4）胃脘痛　胃脘冷痛，得热减轻，为寒邪客胃；胃脘灼痛，消谷善饥，口臭便秘，属胃火炽盛；胃脘隐痛，喜温喜按，呕吐清水，属胃阳不振；胃脘隐痛，嘈杂不舒，饥不欲食，舌红少苔，为胃阴虚；胃脘刺痛，痛有定处，属胃腑瘀血；胃脘胀满疼痛，嗳腐吞酸，为食滞胃脘。

(5) 腹痛　腹部分为大腹、小腹、少腹三部分。脐以上为大腹，属脾胃；脐以下为小腹，属肾、膀胱、大小肠及胞宫；小腹两侧为少腹，是肝经经脉所过之处。大腹隐痛，喜温喜按，为脾胃虚寒；小腹胀痛，小便不利者，是膀胱气化不利，属癃闭；少腹冷痛，牵引阴部，为寒滞肝脉；绕脐痛，有块状物或条索状物，按之可移者，为虫积。

(6) 腰痛　腰为肾之府，腰痛多见于肾的病变。因风、寒、湿邪阻滞经脉，或瘀血阻络者，为实证，多呈冷痛、重痛或刺痛等；因肾精不足或阴阳虚损，失于濡养、温煦者，为虚证，多呈酸痛、隐痛、空痛等。

(7) 四肢痛　四肢痛，或在关节，或在经络，或在肌肉，多由风寒湿邪的侵袭，阻碍气血运行所致。亦有因脾胃虚弱、水谷精气不能濡养四肢而致者。若足跟独痛，或腰膝酸痛者，多属肾虚，常见于年老体弱之人。

(四) 问饮食口味

问饮食口味包括问食欲、食量、口渴与口味等方面。

1. 食欲与食量　了解病人的食欲状况，进食多少，对于判断其脾胃功能以及疾病的预后有重要临床意义。食少纳呆者，或为脾胃气虚，或为内伤食滞，或为湿邪困脾；厌食腹胀，嗳腐吞酸，多是宿食停滞；厌食油腻，胁胀呕恶，可见于肝胆湿热，横逆犯胃；消谷善饥者，多为胃火炽盛，伴有多饮多尿者，多见于消渴病；饥不欲食者，常因胃阴不足所致；小儿嗜食异物，如泥土、生米等，多是虫积之征。

疾病过程中，食量渐增，表示胃气渐复；食量渐减，常为脾胃功能减退的表现。但久病、重病，厌食日久者，突然思食、索食、多食，多为脾胃之气将绝之征，属"回光返照"之象。

2. 口渴与饮水　口渴与否，饮水多少，常反映津液的盈亏和输布情况。病变过程中口不渴，标志津液未伤，多见于寒证。如口渴喜冷饮，兼壮热面赤，烦躁多汗，脉洪大者，属实热证。口渴引饮，小便量多，兼能食消瘦者，为消渴病。汗、吐、下太过，耗伤津液，亦可见口渴引饮。口渴不多饮，为津伤不重，或津液输布障碍所致；若口干不欲饮，颧红，潮热者，为阴虚证；口渴喜热饮，所饮不多，或饮入即吐者，属痰饮内停，为阳虚不能化水所致。

3. 口味　即病人口中的异常味觉。口淡乏味，属脾胃气虚；口甜或黏腻，属脾胃湿热；口中泛酸，多为肝胃不和；口苦多属热证，常见于胃热、肝胆湿热、外感发热；口咸多属肾病。

(五) 问睡眠

睡眠失常主要有失眠和嗜睡两种变化。

1. 失眠　是以经常不易入睡，或睡而易醒，不能复睡，甚至彻夜不眠为其证候特点，且常伴有多梦或噩梦纷纭。失眠是阳不入阴，神不守舍的病理表现。其致病原因主要有两方面：一是营血亏虚，不能濡养心神，或阴虚火旺，内扰心神，以致阳不入阴，心神不宁而失眠、多梦；二是邪气干扰，如痰、火上扰心神，或食滞胃脘，浊气上泛，扰动心神而致失眠。

2. 嗜睡　是不分昼夜、时时欲睡的症状。多因机体阳虚阴盛或湿困脾阳所致，亦可见于温病邪入心包的病人。如困倦嗜睡，伴头目昏沉，身重脘闷者，为湿邪困脾，清阳不升所致。若食后嗜睡，伴神疲倦怠，食少纳呆者，多属中气不足，脾失健运所致。大病后，精神疲乏而嗜睡，是正气未复的表现。而热性病出现高热昏睡，为热入心包之象。

(六) 问二便

应注意询问二便的性状、颜色、气味、量的多少以及排便时间、次数和伴随症状等。

1. 大便

(1) 便秘　大便干燥，排出困难，排便次数减少，称为便秘。便秘又需辨虚实：阳虚气弱，推动无力，或阴虚血少，肠燥便结者，为虚秘，多见于久病、老人、孕妇、产后等；新病伴腹胀疼痛或发热者，多属实证、热证。

(2) 泄泻　泄指大便稀软不成形；泻指粪便如水下注者。如大便清稀如水或兼有恶寒发热者，为外感寒湿；大便黄褐、热臭、肛门灼热，多为湿热；大便酸臭为食积；久泻不止，完谷不化，或便稀溏薄，迁延日久，多为脾虚；黎明前腹痛腹泻，泻后即安，为肾阳虚；大便脓血，伴里急后重，为痢疾。

2. 小便

(1) 尿量增多　若小便清长量多，伴畏寒神疲，属虚寒证；若小便量多，伴口渴多饮，饮一溲一者，多为消渴病；若排尿频数，或尿失禁，尿量多，色澄清者，为肾气不固，膀胱失约；若夜尿增多，小便清长，多见于老年人或肾阳虚者。

(2) 尿量减少　若尿量少，色赤，多属热盛伤津，或汗、吐、下后伤津所致。若尿少肢肿，属水湿内停，气化不利的水肿病；小便不畅，点滴而出，或小便不通，小腹胀急者，称为癃闭，多因湿热蕴结膀胱，或瘀血、结石阻塞，属实证；若因肾阳亏虚，不能气化所致，则为虚证。

(3) 排尿感异常　如排尿不畅而痛，或尿意急迫，尿道有灼热感，多为湿热下注的淋证；尿后余沥不尽，为肾气不固；睡眠中不自主排尿为遗尿，为肾气不足，膀胱失约的虚证。

(七) 问经带

女性病人除以上内容之外，还应询问其经、带、胎、产等情况。

1. 月经

主要询问月经的周期、行经天数及月经的量、色、质等。月经正常周期一般为28天左右，行经时间3～5天，经量50～100ml，色红无瘀块。

(1) 经期异常　若月经周期提前7天以上，且连续两个周期以上者，称为月经先期。月经先期，经色深红，质稠量多者，属血热，为热邪灼伤脉络，迫血妄行所致；月经先期，经色淡红，质稀量多者，属气虚，为气不摄血所致。

月经周期延后7天以上，且连续两个周期以上者，称为月经后期。月经后期，经色淡红，质稀量少者，属血虚，为血少，血海不能按时满溢所致；若月经后期，经色紫暗有块，量少，为寒凝血瘀，因寒凝血脉，血行缓慢，或瘀血阻滞，血行不畅所致。

月经或前或后7天以上，经期错乱不定者，称为月经先后无定期。多因肝气郁结，疏泄失职，气机不调，或肾虚，封藏失司，或瘀血阻滞，使血海蓄溢失常，月经错乱。

(2) 经量异常　由于个体素质、年龄的不同，在正常情况下，经量的多少也有差异，但属生理范围。经量超过生理范围，称为月经过多，多因血热、气虚所致；经量明显少于生理范围，称为月经过少，多属精血亏虚。

(3) 经行异常　正常月经，一般每月一次。若超出正常范围，就属异常。异常月经，有生理和病理两种。如有月经两月一行的叫并月；三月一行的叫居经；一年一行的叫避年；终身不来月经而能受孕的叫暗经；受孕早期仍能按月来经而不影响胎儿的叫激经。这些都属生理上的特殊现象，不是月经疾病。病理上的月经异常即月经病，除上述的经期、经量异常外，临床常见的有痛经、闭经、崩漏等。

①痛经　即经行腹痛，是指在经期前后，或行经期间发生下腹部疼痛，甚至剧痛难忍，并伴随月经呈周期性发作者。经前小腹胀痛，经后痛减者，多属气滞血瘀之实证；经后小腹隐痛，兼见腰酸者，多为血虚或肾虚之证；经行小腹冷痛，得热痛减者，为寒凝胞脉所致。

②闭经　即经闭不行。妇女年满18周岁月经尚未来潮，或月经周期建立后，又连续停经三个周期以上未孕者，称为闭经。多因精血衰少，血海空虚，或由寒凝、瘀血、痰湿阻滞胞脉所致。

③崩漏　是指妇女不在行经期间，阴道大量出血，或持续下血、淋漓不断者。一般来势急，出血量多的称为崩；来势缓，出血量少的称为漏。两者常可相互转化，相兼出现，故临床上崩漏并称。若血色紫暗有块，腹痛者多属血瘀；若血色深红质稠，口渴心烦者属热证；若量多，色淡质稀者属气虚或肾虚。

2. 带下　正常情况下，妇女阴道内分泌少量白色黏液，以起濡润和防护作用。若分泌过多，淋漓不断，或色、质改变，或有臭气，即为带下病。带下量多，色白质稀，无臭气者，属脾虚或肾虚；带下量多，色黄质稠，有臭气，伴外阴瘙痒者，属湿热下注；带下色红黏稠，或赤白相间，微臭者，多因肝郁化热，胞络受损所致；若绝经期后仍见带下色红淋漓不断者，应考虑是否为癌症。

（八）问小儿

问小儿病，除一般问诊内容外，应结合小儿的生理特点，注意询问是否足月顺产，出生及哺养情况，是否患过麻疹、水痘，预防接种情况，以及父母兄妹的健康状况和家族中有无遗传性疾病等。关于疾病的起因，应问有无伤风受凉、伤食、惊吓等。此外，还须询问传染病接触史。

第四节　切　诊

切诊包括脉诊和按诊，是医者运用手和指端的感觉，对病人体表某些部位进行触、摸、按、压，以诊察疾病的方法。

一、脉诊

脉诊，又称切脉、候脉、持脉等，是医生运用指端的触觉切按病人脉搏，探测脉象，以了解病情、辨别病证的诊察方法。

（一）脉象形成的原理

脉象的形成与脏腑气血密切相关。因心主血脉，脉为血之府，在心气的推动下，血液在脉管中运行，故气动脉应，脉搏乃生；此外，还有赖于其他脏腑的协调配合：肺朝百脉，血液亦有赖肺气敷布全身；脾胃为气血生化之源，以补充血液；脾主统血，保证血液在脉道内运行；肝藏血，主疏泄，以调节血量；肾藏精，肾精所化之气为人体阳气之根，所化之血为血液来源之一。

（二）诊脉的部位与方法

1. 诊脉部位　诊脉的部位历来有多种，现在临床运用"寸口诊法"，即切按病人两手腕后桡动脉搏动明显处。寸口脉分为寸、关、尺三部（图6-3）。正对腕后高骨（桡骨茎突）处为关部，关前为寸部，关后为尺部。两手各有寸、关、尺三部，它们分候的脏腑是：左寸候心、左关候肝、左尺候肾；右寸候肺、右关候脾、右尺候肾（命门）。

2. 诊脉方法　诊脉时间以平旦为宜，可不必拘泥。但应让病人稍事休息，使气血平和一些。诊脉时，病人取坐位或仰卧位，手掌向上平放在与心脏同一水平上，并垫脉枕，以便气血通畅。医生用左手诊病人的右手脉，用右手诊病人的左手脉。医生先用中指按在病人高骨上定关脉部位，然后用食指、无名指按其寸、尺部。三指应呈弓形斜按在同一水平，以指腹接触脉体，布指疏密以病人身材高矮及臂之长短而调整。小儿寸口脉狭小，不能容三指，可用"一指（拇指）定关法"，而不细分三部。3岁以下的小儿可用望食指络脉代替切脉。

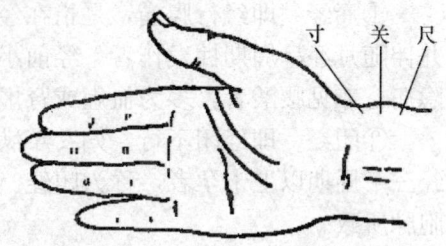

图6-3　诊脉寸、关、尺部位图

诊脉时常用三种指力体察脉相：用轻指力按在皮肤上称举，又称浮取或轻取；用重指力按压至筋骨间称按，又称沉取或重取；指力不轻不重，以委屈求之称寻，又称中取。三指平布同时切脉的，称为总按法；单用一指切脉的，叫单按法。医生根据临床需要，可用举、寻、按或相反的顺序触按，也可分部取一指直压以体会脉象的变化。寸、关、尺三部，每部有浮、中、沉三候，合称三部九候。

诊脉时，要求医生呼吸自然均匀，态度认真，把注意力集中于指下，用一呼一吸时间（称为一息）来计算病人脉搏至数。每次诊脉时间：每侧脉搏跳动不得少于五十次，即必满五十动，才能察知五脏之气。

（三）正常脉象

正常脉象又称平脉或常脉，即三部有脉，不快不慢（一息四至，每分钟60~90次），不浮不沉，不大不小，从容和缓，柔和有力，节律一致。正常脉象与内外环境关系密切，如四时脉象的变化为：春弦、夏洪、秋毛、冬石。年龄、性别不同，脉象表现亦不相同：小儿脉搏偏快，青壮年人脉搏有力，老年人脉搏较弱，运动员脉多迟缓，成年女性较成年男性脉搏快且弱。人在运动、饮食及情绪激动时，也会影响脉象的变化，但稍事休息即恢复正常。此外，有的人脉不见于寸口，而从尺部斜向手背，称斜飞脉；若脉出现在寸口的背部，称反关脉，均为生理性特异现象，不作病脉。

（四）常见病脉与主病

疾病反映于脉象的变化，称为病脉。病脉分类甚多，历代各有不同，现将临床常见的16种病脉的脉象及其主病分述如下：

1. 浮脉

【脉象】　轻取即得，重按稍弱。特点是脉搏显现部位表浅。

【主病】　表证，亦主虚证。

【分析】　外邪袭表，卫阳与之相争，脉气鼓动于外，故应指而浮；久病体虚见者，多浮大无力，为阴不敛阳，虚阳外越所致，不可误作表证。

2. 沉脉

【脉象】　轻取不应，重按始得。特点是脉象显现部位深。

【主病】　里证。沉而有力为里实，沉而无力为里虚。

【分析】　邪气内郁，气血内困，阳气被遏不能鼓动脉气于外，故脉沉而有力；阳气衰微，推动无力，不能运行营气于外，故脉沉而无力。

3. 迟脉

【脉象】 脉来迟缓，一息不足四至。特点是脉搏较慢，每分钟不足 60 次。

【主病】 寒证。迟而有力为实寒证，迟而无力为虚寒证。

【分析】 迟脉乃因寒凝气滞，气血运行不畅而成。实寒证则血凝气滞，气血充盈，血行缓慢，故脉迟而有力；若阳气虚弱，无力推动气血正常运行，则脉迟而无力。

4. 数脉

【脉象】 脉来急促，一息脉来五至以上。特点是脉搏较快，每分钟 90 次以上。

【主病】 热证。数而有力为实热，数而无力为虚热。

【分析】 邪热亢盛，鼓动血脉，血行加速，故见脉数而有力；久病阴液耗损过度，虚热内生，脉亦见数，但数而无力。

5. 虚脉

【脉象】 三部脉举按皆无力，为无力脉的总称。

【主病】 虚证。多为气血两虚。

【分析】 虚为气血不足之象。气虚无力运血，则脉来无力，血少则脉道不充，故按之空虚。

6. 实脉

【脉象】 三部脉举按均有力，为有力脉的总称。

【主病】 实证。

【分析】 正盛邪实，正邪相搏，气血涌盛，故脉应指有力。

7. 滑脉

【脉象】 往来流利，应指圆滑，如珠走盘。

【主病】 痰饮，食滞，实热。

【分析】 滑乃气血充盛之象，血盛则血流量大，气足则血运有力，是以血行通畅，应指而滑。平人脉滑而冲和，是营卫充实之象；病者见滑脉，为实邪壅盛于内，气血充盈而致。若孕妇见滑脉，乃血盛养胎，不为病脉。

8. 涩脉

【脉象】 往来艰涩不畅，如轻刀刮竹。

【主病】 精亏血少，气滞血瘀，夹食夹痰。

【分析】 精亏血少，不能濡养经脉，血行不畅，往来艰涩，故脉涩而无力；气滞血瘀或食痰胶结，气机不畅，血行受阻，故脉涩而有力。

9. 洪脉

【脉象】 脉来极大，满指有力，状如波涛汹涌，来盛去衰。特点是脉阔，且波动大。

【主病】 热盛。

【分析】 邪热炽盛，热盛血涌，脉道扩张，故见脉洪。若久病气虚、或虚劳、失血、久泄等病见洪脉，但必洪大而虚，此乃阴虚阳浮之象，为邪盛正衰的危象。

10. 细脉

【脉象】 脉细如线，应指明显。特点是脉体窄，且波动小。

【主病】 诸虚劳损、湿证。

【分析】 细脉之因，多为气血不足所致。营血亏虚，脉道不能充盈，故脉细如线；气虚则血运乏力，故脉细软无力。湿邪阻遏脉道，则脉细缓而无力。若热病神昏，脉细数，是热邪深入营血或邪陷心包之危候。

11. 濡脉

【脉象】 浮而细软，举之有余，按之渐无。

【主病】 虚证、湿证。

【分析】 气血不足，脉道狭小，脉行无力，则见脉浮而细软；柔软无力，故主虚证。湿邪侵袭，阻遏阳气，脉气不振，则脉来细软。

12. 弦脉

【脉象】 端直以长，如按琴弦。特点是脉体的硬度大。

【主病】 肝胆病、痰饮、痛证、疟疾。

【分析】 邪气滞肝，疏泄失常，气机不利，则脉气劲急，故脉弦；痛证、痰饮，阻滞气机，导致经脉拘急而脉弦。

13. 紧脉

【脉象】 脉来绷急有力，状如牵绳转索。特点是搏动的张力大。

【主病】 寒证、痛证、宿食。

【分析】 寒主收引，阴寒之邪外袭或内闭，阻碍阳气，寒邪与正气相搏，以致脉道紧张而拘急；痛则不通，脉气因而阻滞，故见紧脉；饮食停积胃肠，气机升降受阻，正邪相搏则脉拘而紧。

14. 代脉

【脉象】 脉来一止，止有定数，良久复来。特点是脉来缓弱而呈有规则的间歇。

【主病】 脏气衰微、风证、痛证、惊恐、跌打损伤。

【分析】 因脏气衰微，元气不足，气血亏损，脉气难以为续，故脉来微弱而止有定数，且歇止时间较长。若逢惊恐、风证、痛证、跌仆损伤而瘀阻气机，致脉气不能衔接，则见代脉而有力。此外，个别孕妇接近分娩时亦可出现代脉。

15. 结脉

【脉象】 脉来缓慢，时而一止，止无定数。特点是脉来迟缓而呈不规则间歇。

【主病】 阴盛气结、寒痰瘀血、癥瘕积聚。

【分析】 结脉乃阴寒结聚，或气血痰食凝滞经脉，致使脉气不相接续，故脉来缓慢，偶有停顿。若心阳不足，气血虚弱，血流不畅，亦可见脉迟缓，时有中止。

16. 促脉

【脉象】 脉来急数，时有一止，止无定数。特点是脉来急促有力而呈不规则间歇。

【主病】 阳盛实热、气血痰饮宿食停滞、虚脱。

【分析】 阳热亢盛，热迫血行，故脉急数；热盛灼津耗气，心气受损，血气不相接续，故脉有歇止。痰食瘀血留滞，脉气接续不及，亦可见促脉。两者皆脉促而有力。若脏气衰败，真元衰惫，阴血虚少，气血运行不相顺接，亦见促脉，然脉必促而无力。

(五) 相兼脉与主病

相兼脉又称复合脉，是指由两种或两种以上的病脉同时出现的脉象。如浮数相兼为二合脉，沉细数互见为三合脉。还有四合脉，如浮数滑实脉，但这种情况在临床上见到或运用的机会很少。

相兼脉的主病往往是各单一脉象主病的总和：如浮紧脉为表寒证；沉细脉为里虚或血虚；滑数脉为痰热或痰火等。此外，有的脉本身就是复合脉：如浮细软是濡脉；细软为弱脉等。然而相兼必有原则，只有与自己不相反的脉才能相兼，如沉与浮、迟与数、滑与涩等，彼此相反，绝不能相兼。

二、按诊

按诊是医生对病人的肌肤、手足、脘腹及其他病变部位进行触摸和按压，以推断疾病的部位和性质的一种诊察方法。

（一）按肌肤

主要了解肌肤的寒热、润燥及肿胀等情况。按肌肤的寒热，以辨别疾病的性质：一般阳证、热证，肌肤多灼热；阴证、寒证，肌肤多发凉；手足心热甚者，多属阴虚内热。察肌肤的润燥，可了解病人有汗、无汗和津液情况：若肌肤润滑，多属津液未伤；肌肤枯燥或甲错，多属津液已伤或有瘀血。按压肌肤肿胀，以辨别水肿和气肿：肌肤肿胀，按之凹陷不起者为水肿；肌肤绷紧，按之随手即起，多属气肿。

（二）按手足

主要探明手足的寒热。手足俱冷是阳虚阴盛，属寒；手足俱热多为阳盛热炽。但要注意临床上有内热炽盛，阳郁于里不能外达的四肢厥冷，属里实热证。成人手足心热多为阴虚发热；小儿手足心热多为乳积、食积；手背热盛多为外感风寒。

（三）按脘腹

主要检查脘腹的软硬、有无压痛及包块等情况。腹痛喜按为虚证，拒按为实证。腹部有肿块，按之软且聚散不定者为癥为聚，病属气分；按之坚硬，部位固定不移者为瘕为积，病属血分。腹痛绕脐，左下腹按之有块累累，伴有便秘者，为燥屎内结。右少腹作痛，尤以重按后突然放手时疼痛更剧，为肠痈。

（四）按腧穴

腧穴是经络的气血在人体表面聚集、注入或通过的重点部位，也是五脏六腑之气传输的地方。按腧穴是通过对身体上某些腧穴的按压，了解穴位的变化及异常反应，以验证内在脏腑病变的诊察方法。腧穴的变化主要是出现结节或条索状物，其异常反应为压痛或敏感反应。如肺病在肺俞穴可摸到结节，或中府穴有压痛；肝病在肝俞穴和期门穴有压痛；胃病在胃俞穴和足三里穴有压痛；肠痈在上巨虚（阑尾穴）穴有压痛等。临床实践证明，某些腧穴的敏感反应，可以帮助我们对体内某些疾病进行鉴别诊断。

复习题

一、单项选择题

1. 以下哪一项为失神的表现（　　）
   A. 目光暗淡　　　　B. 精力充沛　　　　C. 面色红润
   D. 表情活泼　　　　E. 神态清晰
2. 两颧潮红，见于（　　）
   A. 虚阳上越　　　　B. 阳虚发热　　　　C. 阴虚内热
   D. 阳明实热　　　　E. 心火亢盛
3. 面色黄而虚浮，多见于（　　）
   A. 气血两虚　　　　B. 寒湿郁滞　　　　C. 湿热交蒸

  D. 脾胃虚寒   E. 以上都不是
4. 五色分属五脏，则赤色属（ ）
  A. 心   B. 肺   C. 肝
  D. 脾   E. 肾
5. 以下哪一项证候不是"面青色"的主证（ ）
  A. 瘀血证   B. 痛证   C. 寒证
  D. 惊风证   E. 脾虚证
6. 以下哪一项病证不是"面白色"的主证（ ）
  A. 肺病   B. 失血证   C. 寒证
  D. 肾病   E. 虚证
7. 诊断为正常舌象，哪一项是错误的（ ）
  A. 舌质淡红   B. 舌苔薄白   C. 舌体活动灵活
  D. 舌体柔软   E. 舌质娇嫩
8. 观察舌苔以辨别疾病寒热属性的主要依据是（ ）
  A. 舌苔的润燥   B. 舌苔的厚薄   C. 舌苔有根无根
  D. 舌苔的颜色   E. 舌苔是否剥脱
9. 热入营血或阴虚火旺的舌象是（ ）
  A. 红舌   B. 紫舌   C. 绛舌
  D. 淡红舌   E. 青紫舌
10. 舌质红，苔黄腻，多见于（ ）
  A. 里热炽盛   B. 湿热内蕴   C. 阴虚火旺
  D. 寒湿阻滞   E. 以上都不是
11. 舌质红绛，有裂纹，多见于（ ）
  A. 血虚不润   B. 脾肾阳虚   C. 阴虚火旺
  D. 热盛伤阴   E. 以上都不是
12. 沉涩之脉的主病常为（ ）
  A. 肝郁气滞   B. 水饮内结   C. 寒凝血瘀
  D. 脾肾阳虚   E. 里寒过盛
13. 盗汗的病机主要是（ ）
  A. 肺卫失调   B. 阴虚阳亢   C. 阳气虚衰
  D. 正邪交争   E. 以上都不是
14. 瘀血阻络的疼痛特点是（ ）
  A. 冷痛   B. 重痛   C. 游走胀痛
  D. 固定刺痛   E. 隐隐作痛
15. 五更泄泻，下利清谷属（ ）
  A. 脾虚不运   B. 饮食积滞   C. 寒湿内蕴
  D. 脾肾阳虚   E. 肝郁脾虚
16. 头痛如裹，肢体困重属（ ）
  A. 风寒头痛   B. 风热头痛   C. 风湿头痛
  D. 气虚头痛   E. 瘀血头痛

17. 邪在半表半里的热型为（　）
    A. 壮热　　　　　　B. 微热　　　　　　C. 往来寒热
    D. 潮热　　　　　　E. 恶寒发热
18. 小儿惊风，多在眉间、鼻柱、口唇四周呈现（　）
    A. 苍白　　　　　　B. 青黑　　　　　　C. 青紫
    D. 青色　　　　　　E. 青灰
19. 气滞证所致疼痛可以出现（　）
    A. 重痛　　　　　　B. 胀痛　　　　　　C. 窜痛
    D. 绞痛　　　　　　E. 酸痛
20. 腐苔的辨苔要点是（　）
    A. 颗粒疏松　　　　B. 刮之不脱　　　　C. 揩之可去
    D. 形如豆腐渣堆积　E. 状如油腻黏液

二、填空题
1. 望神色包括得神、失神、＿＿＿＿、假神和＿＿＿＿。
2. 五色主病，青色主＿＿＿＿、＿＿＿＿、瘀血和惊风。
3. 正常小儿食指络脉色泽＿＿＿＿，隐隐显露于＿＿＿＿之内。
4. 舌质红绛起芒刺多属＿＿＿＿证；若舌质鲜红而少苔，则属＿＿＿＿证。
5. 恶寒重，发热轻，主＿＿＿＿证；发热轻，恶风，主＿＿＿＿证。
6. 胀痛一般属＿＿＿＿证；刺痛是＿＿＿＿的特点之一。

三、名词解释
1. 失神　2. 得神　3. 主诉　4. 潮热　5. 自汗　6. 盗汗　7. 透关射甲　8. 斑　9. 反关脉

四、简答题
1. 试述失神的特征及临床意义。
2. 试述面部赤色的主病及临床意义。
3. 简述恶寒和发热同时并见的临床意义。
4. 临床怎样鉴别斑和疹？

（张掖医学高等专科学校　姚军汉）

第七章　辨　证

> **学习目标**
>
> 1. 掌握辨证、八纲辨证、脏腑辨证的概念；表、里、寒、热、虚、实各种证候的辨证要点及机制；气血津液病各证的辨证要点及机制；脏腑病中各证型的辨证要点及机制。
> 2. 熟悉表、里、寒、热、虚、实各种证候的机制；气血津液辨证中各证的机制；脏腑辨证中各证型的机制。

重点难点

以脏腑病各证候的辨证要点和气血津液病各证候的辨证要点为重点。以表、里、寒、热、虚、实各证之间的关系为难点。

辨证是中医认识和诊断疾病的方法。辨证的过程也是诊断的过程。

辨证，即辨别、分析疾病的证候。就是从整体观念出发，运用中医理论作依据，将四诊收集的病史、症状等资料，进行综合、分析、归纳，找出疾病的病因、病位、性质、病机及正邪盛衰等情况，对疾病当前的病理本质做出判断，最后概括为具体证型的诊断过程。例如病人近两天有咳嗽，咳吐黄稠痰，口渴，身热恶风，头痛有汗，咽喉痛，舌尖红苔薄黄，脉浮数等。根据"肺主气、司呼吸、主宣发，外合皮毛"和"风为阳邪，其性开泄"与"热邪伤津"等理论，分析其病因为外感风热，其病变部位在肺系和皮毛，病变性质属热，机体正邪斗争情况是疾病初起邪气盛，正气也不虚，呈正邪相搏之实证。综合分析，此病人可辨证为"风热犯肺证"。

中医学中的"症"、"证"、"病"的概念是不同的，但三者又有密切联系。"症"，即症状和体征，是病人自觉感到的异常变化及医者通过四诊等诊察手段获得的形体上的异常特征，如发热、恶寒、腹痛拒按等。通过病人出现的症状，可以探求疾病的内在变化。所以，症状是辨病和辨证的重要依据。"病"，是对疾病发展全过程中特点与规律的概括。"证"，是机体在疾病发展过程中某一阶段的病理概括。临床上根据疾病的主要表现和特征，来确定疾病病名的过程称为"辨病"。分析、辨别疾病证候作出诊断的过程称为"辨证"。总之，"病"与"证"的确定都是以症状作为依据的。一病可以出现多证，一证可见于多病之中。因此，临床上必须辨证与辨病相结合，才能使诊断更加全面、准确。

在长期的医疗实践中，中医学形成了一套比较完整的辨证理论体系，如八纲辨证、脏腑辨证、六经辨证、卫气营血辨证、三焦辨证等。这些辨证方法各有特点，对不同疾病的辨识和诊断各有其侧重点，且它们之间又是互相联系的。八纲辨证是各种辨证的总纲，也是从各种辨证方法的个性中概括出来的共性；脏腑辨证是以藏象学说为依据，从脏腑病变中总结出来的一种辨证方法，为各种辨证的基础，主要应用于杂病；六经辨证、卫气营血辨证和三焦辨证是从外感病发展变化过程中总结出的辨证理论和方法。总之，辨证是中医诊断疾病的方法，辨证也是中医临床各科共同的诊断学基础，在中医基础理论中具有重要的地位和作用。本章重点介绍八纲辨证和脏腑辨证。

第一节 八纲辨证

八纲，即阴、阳、表、里、寒、热、虚、实八种辨证纲领。八纲辨证是根据四诊收集的资料，进行分析综合，归纳为表里、寒热、虚实、阴阳八个纲领，用来说明疾病的部位、性质、邪正盛衰等情况的一种辨证方法，为指导治疗提供重要的依据。

临床上尽管疾病的表现极其复杂，但基本上都可用八纲加以归纳，如疾病的类别，可分阴证与阳证；病位的深浅，可分为表证与里证；疾病的性质，可分为寒证与热证；正邪之盛衰，可分为实证与虚证。临证时，可根据八纲辨证找出疾病的关键。故八纲辨证可起到执简驭繁、提纲挈领的作用。

八纲辨证虽然每一纲均有其独特的内容，但不能截然分开，它们之间是相互联系的。如辨别表里必须与寒热虚实联系，辨别虚实又必须与表里寒热联系。因为疾病的变化，往往不是单纯的，而经常出现表里、寒热、虚实交织在一起的错综复杂情况，此外还有表证入里，里证出表，寒证化热，热证转寒，虚实互变，以及寒热真假等。因此，运用八纲辨证时，不仅要熟练掌握八类证候的各自特点，而且还要注意它们之间的相互联系，只有灵活运用，才能作出准确判断。

一、表里辨证

表里辨证是辨别病变部位、病情轻重和病势趋向的两个辨证纲领。一般说，人体的皮毛、肌腠、经络在外，属表；脏腑、骨髓在内，属里。外表受病，多是疾病初起，一般比较轻浅；脏腑受病，多是病邪深入，一般比较深重。

（一）表证

表证是指六淫邪气经皮毛、口鼻侵入机体所表现的证候。表证是外感病的初起阶段。具有起病急、病程短、病位浅的特点。

【辨证要点】 以恶寒（风）、发热、舌苔薄、脉浮为主。常兼见头身痛、鼻塞、流涕、咽痛、咳嗽等症状。临床常见有风寒表证和风热表证两种。

【证机概要】 外邪侵犯皮毛肌腠，正邪相争则发热；卫气受遏，肌表失于温煦，故恶寒或恶风；邪气阻滞经脉，气血运行不畅，故头身痛；邪未入里，舌象无变化；正邪相争于表，脉气鼓动于外，故脉浮；肺主皮毛，鼻为肺窍，咽喉为肺气之通道，皮毛受邪，伤及肺系，肺失宣降，故鼻塞、咳嗽、咽痛。

（二）里证

里证是泛指病变部位在内，由脏腑、气血、骨髓等受病所表现的证候。多见于外感病的中、后期或内伤疾病。里证的产生可由表邪不解、内传入里或外邪直接入里侵犯脏腑等部位，或由情志内伤、劳倦过度、饮食不节等因素，直接损伤脏腑气血，导致功能失调，而出现的各种病证。

里证包括的范围很广，因此，临床表现也是多种多样的，但概括起来以脏腑的证候为主。里证不恶风寒，脉象不浮，多有舌质、舌苔的改变等可以与表证相鉴别。其具体内容将在脏腑辨证中介绍。

（三）表证和里证的关系

1. 表里同病　表证和里证在一个病人身上同时出现，称表里同病。一般多见于表证未解，邪已入里；或旧病未愈，复感外邪；或先有外感，又伤饮食；或病邪同时侵犯表里等。例如患者既有恶寒发热、头痛、脉浮等表证；又有腹胀、便秘等里证，即为表里同病。

2. 表里转化　在一定条件下，表证和里证可以相互转化，主要取决于正邪双方斗争的情况。表邪入里，多因机体抗邪能力低，或邪气过盛，或护理不当，或误治、失治等所致。里邪出表，多为治疗及时，或护理得当，使机体抗邪能力增强所致。总之，病邪由表入里，表示病势加重；由里出表，表示病势减轻。

二、寒热辨证

寒热辨证是辨别疾病性质的两个辨证纲领。寒热是反映机体阴阳偏盛偏衰的具体表现。辨寒热就是辨阴阳之盛衰，阴盛或阳虚则表现寒证；阳盛或阴虚则表现热证。所谓"阳盛则热，阴盛则寒"，"阳虚则外寒，阴虚则内热"，即是此意。辨别疾病性质的属寒属热，是确定治疗时用温热药或寒凉药的重要依据。

（一）寒证

寒证是感受寒邪，或阳虚阴盛，机体功能活动衰退所表现的证候。

【辨证要点】　恶寒或畏寒喜暖，口淡不渴，面色苍白，肢冷蜷卧，小便清长，大便稀溏，舌淡苔白而润滑，脉迟或紧等。

【证机概要】　阳气不足或外感寒邪，不能温煦周身，故恶寒或畏寒喜暖，肢冷倦卧；阴寒内盛，津液不伤，故口淡不渴；阳气不足不能温化水液，故尿、痰、涎等排泄物清冷；阳虚不化，寒湿内生，则舌淡苔白而润滑；阳气虚弱，无力推动血液运行，故脉迟；寒性收引，经脉拘急，故脉紧。

（二）热证

热证是感受热邪，或阳盛阴虚，机体功能活动亢进所表现的证候。

【辨证要点】　发热喜凉，口渴饮冷，面红目赤，烦躁不宁，小便短赤，大便燥结，舌红苔黄，脉数等。

【证机概要】　阳热偏盛，则身热喜凉；火热伤阴，津液被耗，故小便短赤，大便干结，渴喜冷饮；火性炎上，故面红目赤；热扰心神，则烦躁不宁；舌红苔黄为内热之象；邪热亢盛，鼓动血脉，血行加速，故脉数。

（三）寒证与热证的鉴别

辨别寒证与热证，不能孤立地根据某一症状作出判断。临床多从病人面色、寒热喜恶、口渴与否、四肢冷暖、二便情况，以及舌、脉等变化进行辨别（表 7-1）。

表 7-1　寒证、热证鉴别表

	面色	四肢	寒热	渴饮情况	大便	小便	舌象	脉象
寒证	苍白	不温	怕冷	不渴或热饮不多	稀溏	清长	舌淡、苔白、润	迟
热证	红赤	灼热	发热	口渴喜冷饮	秘结	短赤	舌红、苔黄、干	数

（四）寒证与热证的关系

寒证与热证虽有阴阳盛衰的本质区别，但又相互联系，它们既可在一个病人身上同时出现，表现为寒热错杂的证候，在一定条件下又可相互转化。在疾病的危重阶段，还可出现假象，临床表现错综复杂，必须详辨。

1. 寒热错杂　寒证与热证交错在一起同时出现，称为寒热错杂。临床上结合病位则有表寒里热、表热里寒、上热下寒、上寒下热等。

寒热同时并见，除了要分清表里上下、经络脏腑之外，还要分清寒与热孰多孰少和标本先后主次。这些鉴别十分重要，是临床用药的准绳。

2. 寒热转化　病人先出现寒证，后出现热证，热证出现而寒证消失，称寒证转化为热证；病人先出现热证，后出现寒证，寒证出现而热证消失，称为热证转化为寒证。

寒热证的相互转化，反映了邪正盛衰的情况。由寒证转化为热证，是邪盛而正气尚充，阳气旺盛，邪气从阳化热；由热证转化为寒证，多为邪热伤正，正不胜邪，阳气受损所致。

3. 寒热真假　在疾病发展过程中，尤其是病情危重阶段，有时出现疾病症状与本质不符的现象，称为假象，即真寒假热或真热假寒的证候。

（1）真热假寒：是内有真热而外见假寒的证候。如有手足逆冷、脉迟等证，似属寒象，但反见身恶热，不欲近衣被，脉沉数有力，烦渴喜冷饮，谵语，小便黄赤，大便燥结，咽干口臭等热象。其病机为内热炽盛，阳气郁闭于内，格阴于外。

（2）真寒假热：是内有真寒外见假热的证候。如有身热面赤，口渴，脉大等似属热象，但反见欲加衣被，口渴而喜热饮，脉大重按无力，四肢厥冷，小便清长，大便稀溏，舌淡苔白等寒象。其病机为阴寒内盛，格阳于外。

三、虚实辨证

虚实是用以概括和辨别正气强弱和邪气盛衰的两个纲领。所谓虚与实是由病变过程中的致病邪气和人体正气相互斗争所决定的。实证主要表现为邪气亢盛，而虚证主要表现为正气亏虚。正如《素问·通评虚实论》所说："邪气盛则实，精气夺则虚"。辨别疾病属虚属实，是治疗时确定扶正或祛邪的依据。

（一）虚证

虚证是指正气虚弱、脏腑功能减退所表现的证候。多见于素体虚弱，后天失调，久病、重病后，或七情、劳倦等所导致的阴阳气血亏虚。一般常见的临床表现是精神萎靡，面色苍白，身倦无力，形体消瘦，气短懒言，心悸气短，自汗盗汗，大便溏泄，小便清长，舌淡少苔，脉细弱等。但因气、血、阴、阳虚损的程度不同，所以临床又有血虚证、气虚证、阴虚证、阳虚证的区别。

1. 血虚证　血虚证是指血液亏虚，脏腑失其濡养所表现的证候。

【辨证要点】　面白无华或萎黄，唇色淡白，爪甲苍白，头晕眼花，心悸眩晕，失眠多梦，手足麻木，舌淡，脉细无力等。

【证机概要】　血虚不能滋养头目，则头晕眼花；不能外荣，则面色无华或萎黄、唇色淡白、爪甲苍白、舌淡；心神失养则心悸眩晕，失眠多梦；筋脉失养，则手足麻木；不能充盈脉管，故脉细无力。

2. 气虚证　气虚证是指机体元气不足，脏腑功能减退所表现的证候。

【辨证要点】　神疲乏力，少气懒言，语声低微，自汗畏风，活动后诸症加重，舌淡，脉虚无力。

【证机概要】　元气不足，脏腑功能减退，故神疲乏力，少气懒言，语声低微；气虚则腠理疏松，肌表不固，故自汗畏风；劳则气耗，故活动后诸症加重；舌淡，脉虚无力，均为气虚之象。

3. 阴虚证　又称虚热证。是指机体阴液亏损，阴不制阳，虚热内生所表现的证候。

【辨证要点】　形体消瘦，午后潮热，颧红，盗汗，五心烦热，口燥咽干，小便黄少，大便干结，舌红少苔，脉细数。

【证机概要】　阴虚生内热，虚热内扰，则见五心烦热，午后潮热，颧红；因入睡，则阳入于阴，阴虚不能潜阳，阳气扰动营阴，迫津外泄，故见盗汗；热伤津液，则口燥咽干，小便黄少，大便干结；舌红少苔，脉细数，皆为阴虚有热之象。

4. 阳虚证　又称虚寒证，是指机体阳气不足，脏腑功能衰退所表现的证候。

【辨证要点】　畏寒肢冷，精神萎靡，体倦乏力，气短，口淡不渴，或渴喜热饮，小便清长，大便稀溏，或尿少浮肿，面白，舌淡胖嫩苔白，脉沉迟无力。

【证机概要】　阳气不足，不能温煦肌表，故畏寒肢冷；阳气虚，气血运行无力，故面白，精神萎靡，神疲乏力，气短；阳气不足，阴寒内盛，故口淡不渴，喜热饮，小便清长，大便稀溏，舌淡胖嫩苔白，脉沉迟无力；阳气亏虚，不能温化水液，故尿少浮肿。

（二）实证

实证是指邪气过盛，脏腑功能活动亢盛所表现的证候。实证多因外感六淫邪气侵犯人体，或脏腑功能失调，以致痰饮、水湿、瘀血、宿食等病理产物停留体内所致。由于病邪的性质及所在部位的不同，其临床表现亦不一样。

【辨证要点】　一般常见的有发热，形体壮实，胸胁、脘腹胀满，疼痛拒按，精神烦躁，声高气粗，痰涎壅盛，大便秘结或下痢，小便不利或淋沥涩痛，舌苔厚腻，脉实有力等。

【证机概要】　邪气过盛，正气与之抗争，阳热亢盛，故发热；实邪扰心，故烦躁；邪阻于肺，故痰涎壅盛；实邪积于肠胃，腑气不通，故腹胀满、疼痛拒按，大便秘结；湿热下注，故下痢；水湿内停，气化不行，故小便不利；湿热下注膀胱，故小便淋沥涩痛；正盛邪实，气血壅盛，故脉实有力，苔厚腻。

（三）虚证与实证的鉴别

辨别虚证与实证主要从病人的形体盛衰，精神好坏，声音气息的强弱，痛处喜按与拒按，二便以及舌苔、脉象来鉴别（表7-2）。

表7-2　虚证、实证鉴别表

	病程	体质	形态	疼痛	二便	舌象	脉象
虚证	久病	虚弱	神疲乏力，少气懒言，四肢倦怠	喜按	大便稀溏 小便清长	舌淡嫩少苔	细弱
实证	新病	壮实	精神兴奋，声高气粗	拒按	大便秘结 小便短赤	舌苔厚腻	实而有力

（四）虚证与实证的关系

疾病的变化是一个复杂过程，常由于体质、治疗、护理等各种因素的影响，致使虚证和实证可发生虚实夹杂、虚实转化。

1. 虚实夹杂　患者在同一时期出现正虚与邪实两方面的病变，称为虚实夹杂。虚实夹杂的证候，有以实证为主夹有虚证的，有以虚证为主夹有实证的，也有虚实并重的。如肝硬化腹水病人，既可见腹部膨隆，青筋暴露，小便不利的实象；又有形体消瘦，气弱无力，脉沉细的虚象，这便是虚实夹杂证。

2. 虚实转化　在疾病发展过程中，由于正邪相争，在一定条件下，虚证实证可相互转化。实证转化为虚证，多由失治或误治，或邪气过盛损伤正气而成，临床较为多见。如原为高热、汗出、口渴、脉洪大之实证，因治疗不当，日久不愈，导致津气耗伤，出现形体消瘦，面色淡白，少气无力，舌少苔或无苔，脉细无力等虚证，此为实证转化为虚证。

虚证病人，由于正气不足，既不能运化水谷，又不能驱邪外出和促使气血正常运行，而出现食滞、痰饮、气血瘀滞、二便不通等实证。此为虚证转化为实证，但此时正虚仍在，并非全部转化为实证，仍为虚实夹杂证。故临床虚证转为实证较为少见。

四、阴阳辨证

阴阳辨证是概括病证类别的一对纲领。阴阳又是其它六纲的总纲，它概括其他三对纲领，即表、热、实属阳，里、寒、虚属阴。一切病证，尽管千变万化，但总起来不外阴证和阳证两大类。

（一）阴证与阳证

1. 阴证　是体内阳气虚衰，或寒邪凝滞的证候。其病属寒、属虚，机体反应多呈衰退的表现。

【辨证要点】　精神萎靡，面色苍白，畏寒肢冷，气短声低，口淡不渴，小便清长，大便稀溏，舌淡胖嫩，脉迟弱。

【证机概要】　阴主静、主寒，虚寒内生，阳气不足，故精神萎靡，面色苍白，畏寒肢冷，阳气虚衰，肺、脾功能减退，故气短声低，大便稀溏；寒不伤津，故口淡不渴，小便清长；舌淡胖嫩，脉迟弱，均为虚寒之象。

2. 阳证　是体内热邪壅盛，或阳气亢盛的证候。其病属热、属实，机体反应多呈亢盛的表现。

【辨证要点】　身热面赤，烦躁不安，声高气粗，口渴喜冷饮，小便短赤，大便秘结，舌红绛、苔黄，脉数有力等。

【证机概要】　阳主动、主热，阳热亢盛，蒸达于外，故身热；热盛血涌而见面红；热扰心神，故烦躁不安；热盛伤津，故口渴喜冷饮，小便短赤，大便秘结；舌红绛、苔黄，脉数有力，均为阳亢热盛之象。

（二）亡阴证与亡阳证

亡阴与亡阳是疾病过程中的危重证候，一般在高热大汗或发汗太过，或剧烈吐泻、失血过多等阴液或阳气迅速亡失的情况下出现。

亡阴证是指体内阴液大量消耗后所表现出的阴液衰竭的证候。主要见症是：汗出而黏，呼吸短促，身热，手足温，烦躁不安，渴喜冷饮，面色潮红，舌红而干，脉细数无力。

亡阳证是指体内阳气严重耗损而表现为阳气虚脱的证候。主要见症是：大汗淋漓，面色苍白，神情淡漠，身畏寒，手足厥冷，气息微弱，口不渴或渴喜热饮，舌淡，脉微欲绝。

阴阳是对立互根的，所以，亡阴可迅速导致亡阳，亡阳之后亦可出现亡阴，只不过是先后主次的不同而已。因此，在临床应分别亡阴、亡阳的主次矛盾，才能及时正确抢救。

五、八纲之间的关系

在临床应用八纲时，虽然每一纲都有其独特的内容，但它们是相互关联而不能截然分割的。如辨别表里应与虚实寒热相联系，辨别寒热又必须与虚实表里相联系，辨别虚实又必须与表里寒热相联系。因为表证有表寒、表热、表虚、表实之别，还有表寒里热、表实里虚等错综复杂的变化。表证如此，其他里证、寒证、热证、虚证、实证也不例外。在一定条件下，各证之间又可相互转化。此外，在病情发展到严重阶段，还会出现与疾病本质相反的假象。因此，运用八纲辨证，既要掌握八纲各自不同的证候特点，又要注意八纲之间的相兼、转化、夹杂、真假等，才能对疾病做出全面正确的判断。

第二节　气血津液病辨证

气血津液病辨证是运用脏腑学说中气血津液的理论，分析气、血、津液所反映的病证的一种辨证诊病方法。由于气、血、津液都是脏腑功能活动的物质基础，而它们的生成及运行又有赖于脏腑的功能活动。因此，在病理上，脏腑发生病变，可以影响到气、血、津液的变化；而气、血、津液的病变，也必然要影响到脏腑的功能。所以，气、血、津液的病变是与脏腑密切相关的。气血津液病辨证应与脏腑辨证互相参照。

一、气病辨证

气的病证很多，临床常见的证候可概括为气虚、气陷、气滞、气逆四种。

（一）气虚证

气虚证是指脏腑组织功能减退所表现的证候。常由久病体虚，劳累过度，年老体弱等因素引起。

【辨证要点】　少气懒言，神疲乏力，头晕目眩，自汗，活动时诸症加剧，舌淡苔白，脉虚无力。

【证机概要】　由于元气亏虚，脏腑组织功能减退，所以气少懒言，神疲乏力；气虚清阳不升，不能温养头目，则头晕目眩；气虚毛窍疏松，外卫不固则自汗；劳则耗气，故活动时诸症加剧；气虚无力鼓动血脉，血不上荣于舌，而见舌淡苔白；运血无力，故脉象按之无力。

（二）气陷证

气陷证是指气虚无力升举而下陷的证候。多见于气虚证的进一步发展，或劳累用力过度，损伤某一脏器所致。

【辨证要点】　头晕目花，少气倦怠，久痢久泄，腹部有坠胀感，脱肛或子宫脱垂等。舌淡苔白，脉弱。

【证机概要】　本证以内脏下垂为主要诊断依据。气虚功能衰退，故少气倦怠。清阳之气不能升举，所以头晕目花。脾气不健，清阳下隐，则久痢久泄。气陷于下，以致诸脏器失其升举之力，故见腹部坠胀、脱肛、子宫或胃等内脏下垂等证候。气虚血不足，则舌淡苔白，脉弱。

（三）气滞证

气滞证是指人体某一脏腑或某一部位气机阻滞，运行不畅所表现的一类证候。多由情志不舒，或邪气内阻，或阳气虚弱，温运无力等因素导致气机阻滞而成。

【辨证要点】　胀闷，疼痛，攻窜阵发。

【证机概要】　气机以畅顺为要，一有郁滞，轻则胀闷，重则疼痛，而常攻窜发作，无论郁于脏腑经络及肌肉关节，都能反映这一特点。同时由于引起气滞的原因不同，因而胀、痛出现的部位状态也各有不同。如食积滞阻，则脘腹胀闷疼痛；若肝气郁滞，则胁肋窜痛；当然气滞于经络、肌肉，又必然与经络、肌肉部位有关。所以，辨气滞证候尚须与辨因、辨位相结合。

（四）气逆证

气逆证是指气机升降失常，上逆不顺所引起的证候。临床以肺胃之气上逆和肝气升发太过的病变为多见。

【辨证要点】 肺气上逆，则见咳嗽喘息；胃气上逆，则见呃逆、嗳气、恶心、呕吐；肝气上逆，则见头痛、眩晕、昏厥、呕血等。

【证机概要】 肺气上逆，多因感受外邪或痰浊壅滞，使肺气不得宣发肃降，上逆而发喘咳。胃气上逆，可由寒饮、痰浊、食积等停留于胃，阻滞气机，或外邪犯胃，使胃失和降，上逆而为呃逆、嗳气、恶心、呕吐。肝气上逆，多因郁怒伤肝，肝气升发太过，气火上逆而见头痛、眩晕、昏厥；血随气逆而上涌，可致呕血。

二、血病辨证

血的病证表现很多，因病因不同而有寒热虚实之别，其临床表现可概括为血虚、血瘀、血热、血寒四种证候。

（一）血虚证

血虚证，是指由于禀赋不足；或脾胃虚弱，生化乏源；或各种急慢性出血；或久病不愈；或思虑过度，暗耗阴血；或瘀血阻络，新血不生；或因肠道有寄生虫，导致血液亏虚，脏腑百脉失养，表现全身虚弱的证候。

【辨证要点】 本证以面色、口唇、爪甲失其血色及全身虚弱为辨证要点。常见面白无华或萎黄，唇色淡白，爪甲苍白，头晕眼花，心悸失眠，手足发麻，妇女经血量少色淡，经期错后或闭经，舌淡苔白，脉细无力。

【证机概要】 人体脏腑组织赖血液之濡养，血盛则肌肤红润，体壮身强，血虚则肌肤失养，面唇、爪甲、舌体皆呈淡白色。血虚脑髓失养，睛目失滋，故头晕眼花。心主血脉而藏神，血虚心失所养则心悸，神失滋养而失眠。经络失滋致手足发麻，脉道失充则脉细无力。女子以血为本，血液充盈，月经按期而至，血液不足，经血乏源，故经量减少，经色变淡，经期迁延，甚则闭经。

（二）血瘀证

血瘀证是指因寒邪凝滞，以致血液瘀阻，或气滞则血瘀，或气虚而血瘀，或外伤及其它原因造成血溢脉外，不能及时排出和消散导致瘀血内阻所引起的一些证候。

【辨证要点】 疼痛如针刺刀割，痛有定处，拒按，常在夜间加剧。肿块在体表者，色呈青紫；在腹内者，坚硬按之不移，称为癥积。出血反复不止，色泽紫暗，中夹血块，或大便色黑如柏油。面色黧黑，肌肤甲错，口唇、爪甲紫暗，或皮下紫斑，或肤表丝状如缕，或腹部青筋外露，或下肢筋青胀痛等。妇女常见经闭。舌质紫暗，或见瘀斑瘀点，脉象细涩。

【证机概要】 由于瘀血阻塞经脉，不通则痛，故疼痛是瘀血证候中最突出的一个症状。瘀血为有形之邪，阻碍气机运行，故疼痛剧烈如针刺，部位固定不移。由于夜间血行较缓，瘀阻加重，故夜间痛甚。积瘀不散而凝结，则可形成肿块，故外见肿块色青紫，内部肿块触之坚硬不消。瘀血内阻，气血运行不利，肌肤失养，则见面色黧黑，肌肤甲错，口唇、舌体、指甲青紫色暗等体征。瘀血内阻，冲任不通，则为经闭。丝状红缕、青筋显露、脉细涩等，皆为瘀阻脉络、血行受阻之象。舌体紫暗，脉象细涩，则为瘀血之征。

（三）血热证

血热证是指脏腑火热炽盛，热迫血分所表现的证候。本证多因烦劳、嗜酒、恼怒伤肝、房事过度等因素引起。

【辨证要点】 咳血、吐血、尿血、衄血、便血、妇女月经先期、量多、血热、心烦、口渴、舌红绛、脉滑数。

【证机概要】 血热逼血妄行，血络受伤，故表现为各种出血及妇女月经过多等。火热炽盛，灼伤津液，故身热、口渴。火热扰心神，则心烦。热迫血行，壅于脉络，则舌红绛，脉滑数。血分火热炽盛，有内伤外感之别。此处所指血热主要为内伤杂病。在外感热病辨证中，有热入血分的"血分证"亦是指血热。但与此处所指的血热在概念上完全不同。外感热病之血热，详见卫气营血辨证。

（四）血寒证

血寒证是指局部脉络寒凝气滞，血行不畅所表现的证候。常由感受寒邪引起。

【辨证要点】 手足或少腹冷痛，肤色紫暗发凉，喜暖恶寒，得温痛减，妇女月经延期，痛经，经色紫暗，夹有血块，舌紫暗，苔白，脉沉迟涩。

【证机概要】 寒为阴邪，其性凝敛，寒邪客于血脉，则使气机凝滞。血行不畅，故见手足或少腹冷痛。血得温则行，得寒则凝，所以喜暖怕冷，得温痛减。寒凝胞宫，经血受阻，故妇女经期推迟，色暗有块。舌紫暗，脉沉迟涩，皆为寒邪阻滞血脉，气血运行不畅之征。

三、气血同病辨证

气血同病辨证是用于既有气的病证，同时又兼见血的病证的一种辨证方法。

气和血具有相互依存，相互资生，相互为用的密切关系，因而在发生病变时，气血常可相互影响，既见气病，又见血病，即为气血同病。气血同病常见的证候有气滞血瘀、气虚血瘀、气血两虚、气不摄血、气随血脱等。

（一）气滞血瘀证

气滞血瘀证是指由于气滞不行以致血运障碍，而出现既有气滞又有血瘀的证候。多由情志不遂或外邪侵袭，导致肝气久郁不解所引起。

【辨证要点】 本证以病程较长和肝经循行部位的疼痛、痞块为辨证要点。妇女有经闭或痛经，经色紫暗夹有血块，乳房胀痛等症，舌质紫暗或有紫斑，脉弦涩。

【证机概要】 肝主疏泄而藏血，具有条达气机、调节情志的功能。情志不遂，则肝气郁滞，疏泄失职，故见性情急躁，胸胁胀满、走窜疼痛。气为血帅，气滞则血凝，故见痞块疼痛拒按，以及妇女闭经痛经，经色紫暗有块，乳房胀痛等症。脉弦涩，为气滞血瘀之征。

（二）气虚血瘀证

气虚血瘀证是指既有气虚之象，同时又兼有血瘀的证候。多因久病气虚，运血无力而逐渐形成瘀血内停所致。

【辨证要点】 面色淡白或晦滞，身倦乏力，少气懒言，疼痛如刺，常见于胸胁，痛处不移，拒按，舌淡暗或有紫斑，脉沉涩。

【证机概要】 本证虚中夹实，以气虚和血瘀的表现为辨证要点。面色淡白，身倦乏力，少气懒言，为气虚之症。气虚运血无力，血行缓慢，终致瘀阻络脉，故面色晦滞。血行瘀阻，不通则痛，故疼痛如刺，拒按不移。临床以心肝病变为多见，故疼痛出现在胸胁部位。气虚舌淡，血瘀紫暗，沉脉主里，涩脉主瘀，是为气虚血瘀证的常见舌脉。

（三）气血两虚证

气血两虚证是指气虚与血虚同时存在的证候。多由久病不愈，气虚不能生血，或血虚无以化气所致。

【辨证要点】 头晕目眩，少气懒言，乏力自汗，面色淡白或萎黄，心悸失眠，舌淡而嫩，脉细弱等。

【证机概要】 本证以气虚与血虚的表现共见为辨证要点。少气懒言，乏力自汗，为脾肺气虚之象；心悸失眠，为血不养心所致。血虚不能充盈脉络，见唇甲淡白，脉细弱。气血两虚不得上荣于面、舌，则见面色淡白或萎黄，舌淡嫩。

（四）气不摄血证

气不摄血证又称气虚失血证，是指因气虚而不能统血，气虚与失血并见的证候。多因久病气虚，失其摄血之功所致。

【辨证要点】 吐血，便血，皮下瘀斑，崩漏，气短，倦怠乏力，面色白而无华，舌淡，脉细弱等。

【证机概要】 本证以出血和气虚证共见为辨证要点。气虚则统摄无权，以致血液离经外溢，溢于胃肠，则为吐血、便血；溢于肌肤，则见皮下瘀斑。脾虚统摄无权，冲任不固，渐成月经过多或崩漏。气虚则气短、倦怠乏力，血虚则面白无华。舌淡，脉细弱，皆为气血不足之征。

（五）气随血脱证

气随血脱证是指大出血时所引起的阳气虚脱的证候。多由肝、胃、肺等脏器本有宿疾而脉道突然破裂，或外伤，或妇女崩中、分娩等引起。

【辨证要点】 大出血时突然面色苍白，四肢厥冷，大汗淋漓，甚至晕厥。舌淡，脉微细欲绝，或浮大而散。

【证机概要】 本证以大量出血时，随即出现气脱之症为辨证要点。气脱阳亡，不能上荣于面，则面色苍白；不能温煦四肢，则手足厥冷；不能温固肌表，则大汗淋漓；神随气散，神无所主，则为晕厥。血失气脱，正气大伤，舌体失养，则色淡，脉道先充而微细欲绝，阳气浮越外亡，脉见浮大而散，证情更为险恶。

四、津液病辨证

津液病辨证是分析津液病证的辨证方法。津液病证一般可概括为津液不足和水液停聚两个方面。

（一）津液不足证

津液不足证是指由于津液亏少，失其濡润滋养作用所出现的以燥化为特征的证候。多由燥热灼伤津液，或因汗、吐、下及失血等所致。

【辨证要点】 口渴咽干，唇燥而裂，皮肤干枯不泽，小便短少，大便干结，舌红少津，脉细数。

【证机概要】 本证以皮肤、口唇、舌、咽干燥及尿少便干为辨证要点。由于津亏则使皮肤、口唇咽喉失去濡润滋养，而呈干燥不荣之象。津伤则尿液化源不足，故小便短少；大肠失其濡润，故见大便秘结。舌红少津，脉细数皆为津亏内热之象。

（二）水液停聚证

水液停聚证是指水液输布，排泄失常所引起的痰饮水肿等病证。凡外感六淫，内伤脏腑皆可导致本证发生。

1. 水肿　是指体内水液停聚，泛滥肌肤所引起的面目、四肢、胸腹甚至全身浮肿的病证。临床将水肿分为阳水、阴水两大类。

（1）阳水　病较急，水肿性质属实者，称为阳水。多为外感风邪，或水湿浸淫等因素引起。

【辨证要点】　眼睑先肿，继而头面，甚至遍及全身，小便短少，来势迅速。皮肤薄而光亮。并兼有恶寒发热，无汗，舌苔薄白，脉象浮紧。或兼见咽喉肿痛，舌红，脉象浮数。或全身水肿，来势较缓，按之没指，肢体沉重而困倦，小便短少，脘闷纳呆，呕恶欲吐，舌苔白腻，脉沉。

【证机概要】　本证以发病急，来势猛，先见眼睑头面，上半身肿甚者为辨证要点。风邪侵袭，肺卫受病，宣降失常，通调失职，以致风遏水阻，风水相搏，泛溢于肌肤而成水肿。

（2）阴水　发病较缓，水肿性质属虚者，称为阴水。多因劳倦内伤，脾肾阳衰，正气虚弱等因素引起。

【辨证要点】　身肿，腰以下为甚，按之凹陷不易恢复，脘闷腹胀，纳呆食少，大便溏稀，面色㿠白，神疲肢倦，小便短少，舌淡，苔白滑，脉沉缓。或水肿日益加剧，小便不利，腰膝冷痛，四肢不温，畏寒神疲，面色白，舌淡胖，苔白滑，脉沉迟无力。

【证机概要】　本证以发病较缓，足部先肿，腰以下肿甚，按之凹陷不起为辨证要点。由于脾主运化水湿，肾主水，所以脾虚或肾虚均能导致水液代谢障碍，下焦水湿泛滥而为阴水。

2. 痰饮　痰和饮是由于脏腑功能失调以致水液停滞所产生的病证。

（1）痰证　痰证是指水液凝结，质地稠厚，停聚于脏腑、经络、组织之间而引起的病证。常由外感六淫、内伤七情导致脏腑功能失调而产生。

【辨证要点】　咳嗽咳痰，痰质黏稠，胸脘满闷，纳呆呕恶，头晕目眩，或神昏癫狂，喉中痰鸣，或肢体麻木，见瘰疬、瘿瘤、痰核等，苔白腻，脉滑。

【证机概要】　本证临床表现多端，所以古人有"诸般怪证皆属于痰"之说。在辨证上除掌握不同病变部位反映的特有症状外，一般可结合下列表现作为判断依据：吐痰或呕吐痰涎，或神昏时喉中痰鸣，或肢体麻木，或见痰核，苔腻，脉滑等。

（2）饮证　饮证是指水饮质地清稀，停滞于脏腑、组织之间所表现的病证。多由脏腑功能衰退等原因引起。

【辨证要点】　咳嗽气喘，痰多而稀，胸闷心悸，甚或倚息不能平卧，或脘腹痞胀，水声漉漉，泛吐清水，或头晕目眩，小便不利，肢体浮肿、沉重酸困，苔白滑，脉弦。

【证机概要】　本证主要以饮停心肺、胃肠、胸胁、四肢的病变为主。饮停于肺，肺气上逆则见咳嗽气喘，胸闷或倚息，不能平卧。水饮凌心，心阳受阻则见心悸。饮停胃肠，气机不畅，则脘腹痞胀，水声漉漉。胃气上逆，则泛吐清水。水饮留滞于四肢肌肤，则肢体浮肿、沉重酸困，小便不利。饮阻清阳，则头晕目眩，饮为阴邪，故苔见白滑，饮阻气机，则脉弦。

第三节 脏腑病辨证

脏腑病辨证是以藏象学说为基础，运用四诊八纲的诊断方法，根据脏腑的病理表现，进行分析归纳，从而确定病位，了解病性，寻求病因，推究病机及正邪盛衰的一种辨证方法。脏腑病辨证主要适用于内伤杂病的辨证，它是其他各种辨证的基础，是中医辨证方法中的一个重要组成部分。

内伤杂病是内在脏腑功能失调的反映。因每个脏腑的生理功能不同，故其反映出来的病证也就不同。根据不同脏腑的生理功能及其病理变化来分辨病证，是脏腑病辨证的理论依据。熟悉各脏腑的生理功能及病理变化规律，就能掌握脏腑病辨证的要点。

脏腑病辨证包括脏病辨证、腑病辨证、脏腑兼病辨证三个部分，其中脏病辨证是脏腑辨证的主要内容。本节重点讨论脏与腑病的辨证。

一、心与小肠病辨证

心的病证有虚有实。虚证多由久病伤正、禀赋不足、思虑劳倦或年高体弱等，导致心气心阳受损，心阴心血亏耗；实证多由痰阻、火扰、瘀滞等引起。

（一）心气虚证、心阳虚证

心气虚证是指心功能减退所表现的证候；心阳虚证是指心之阳气虚衰所表现的证候。

【辨证要点】 心悸、气短，活动时加重，自汗，脉细弱或结代为其共有症状。若兼见面白无华，体倦乏力，舌淡苔白等症为心气虚；若兼见形寒肢冷，心胸憋闷，舌淡胖或紫暗为心阳虚。

【证机概要】 多由久病体虚，禀赋不足，或年高脏气亏虚导致心气、心阳受损所致。

（二）心血虚证、心阴虚证

心血虚证是指心血亏虚、心失濡养所表现的证候；心阴虚证是指心阴亏损、虚热内扰所表现的证候。

【辨证要点】 心悸健忘、失眠多梦为其共有症状。若兼见面白无华，眩晕，唇舌色淡，脉细为心血虚；若兼见心烦，颧红，五心烦热，盗汗，舌红少苔，脉细数为心阴虚。

【证机概要】 多由久病耗伤阴血，或失血过多，或阴血不足，或情志不遂，耗伤心血、心阴所致。

（三）心火亢盛证

心火亢盛证是指心火炽盛、扰乱心神所表现的证候。

【辨证要点】 心胸烦热，失眠多梦，面赤口渴，小便黄赤，大便干结，舌尖红、苔黄，脉数。或口舌生疮，舌体糜烂，甚或狂躁谵语。

【证机概要】 常因七情郁久化火，或六淫内郁化火，或过食辛辣食物、温补药物所致。

（四）心脉痹阻证

心脉痹阻证是指由于瘀血、痰浊、寒邪、气滞等痹阻心脉所表现的证候。

【辨证要点】 心胸憋闷或疼痛，或痛引肩背内臂，时作时止，心悸怔忡，面唇青紫，舌质紫暗或有瘀斑、瘀点，脉涩或结代。

【证机概要】 多因正气先虚，心阳不振，无力温运血脉致瘀血痹阻心脉。由于病因不同，又有痰阻心脉、寒凝心脉、血瘀心脉等。

(五) 痰迷心窍证

痰迷心窍证是指痰浊蒙闭心神所表现的证候。

【辨证要点】 精神抑郁、表情淡漠，或神情痴呆，举止失常，或意识模糊，或昏不知人，或突然昏仆不省人事，面色晦暗，胸脘痞闷，舌淡、苔白腻，脉滑。

【证机概要】 多因七情所伤，气郁不舒，或感受湿浊邪气，阻滞气机，导致气结痰凝，痰浊阻闭心神所致。

(六) 痰火扰心证

痰火扰心证是指火热痰浊之邪侵扰心神所表现的证候。

【辨证要点】 发热，面赤气粗，口苦，痰黄，喉中痰鸣，狂躁谵语，舌红、苔黄腻，脉滑数；或见失眠心烦，或见神志错乱，哭笑无常，狂躁妄动，甚则打人骂人。

【证机概要】 多由情志刺激，气郁化火，炼液为痰，痰火内扰心神所致。

(七) 小肠实热证

小肠实热证为心火炽盛，下移小肠所表现的证候。

【辨证要点】 心烦失眠，口渴，口舌生疮，小便赤涩，尿道灼痛，甚则尿血，舌红、苔黄，脉数。

【证机概要】 多因心火炽盛，内扰心神，火邪循经下移于小肠，灼伤血络所致。

二、肺与大肠病辨证

肺的病证有虚有实，虚证多见气虚和阴虚，实证多由风、寒、燥、热等邪气侵袭或痰湿阻肺所致。

(一) 肺气虚证

肺气虚证是指肺气不足所表现的证候。

【辨证要点】 咳喘无力，动则气短，痰液清稀，声音低微，倦怠无力，面白无华或自汗畏风，易感冒，舌淡，脉虚弱。

【证机概要】 多因久咳久喘，或禀赋不足，或它脏病变及肺，使肺的主气功能减弱所致。

(二) 肺阴虚证

肺阴虚证是指肺阴不足，虚热内生所表现的证候。

【辨证要点】 干咳少痰，或痰少而黏，或痰中带血，口燥咽干，声音嘶哑，形体消瘦，午后潮热，五心烦热，盗汗，颧红，舌红少津，脉细数。

【证机概要】 多由久咳伤肺，或痨虫袭肺，或热病后期耗伤肺阴所致。

(三) 风寒束肺证

风寒束肺证是指感受风寒，肺卫失宣所表现的证候。

【辨证要点】 咳嗽声重，胸闷气粗，痰稀色白，鼻塞流清涕，兼有恶寒，无汗，头身疼痛，苔薄白，脉浮紧。

【证机概要】 多由外感风寒，肺失宣降，卫气失调所致。

(四) 风热犯肺证

风热犯肺证是指风热之邪袭肺，肺失宣降，卫气失调所表现的证候。

【辨证要点】 发热、微恶风寒，咳嗽，咳痰黄稠，咽痛，口渴，舌尖红，苔薄黄，脉浮数。

【证机概要】 多由风热之邪袭肺，肺失宣降，卫气失调所致。

（五）燥邪犯肺证

燥邪犯肺证是由燥邪侵犯肺卫所表现的证候。

【辨证要点】 干咳无痰，或痰少而黏，不易咳出，或痰中带血，唇、舌、咽、鼻干燥欠润，或微有寒热，舌红、苔薄黄，脉浮数或细数。

【证机概要】 多因秋季感受燥邪，耗伤肺津，肺失宣降，或因诸邪伤津化燥而成。

（六）痰热壅肺证

痰热壅肺证是指热邪夹痰，内壅于肺所表现的实热证候。

【辨证要点】 咳嗽气喘，呼吸气促，甚则鼻翼煽动，咳痰黄稠，或痰中带血，或咳腥臭、脓血痰；发热，胸痛，烦躁不安，口渴，小便黄赤，大便秘结，舌红、苔黄腻，脉滑数。

【证机概要】 多因外邪犯肺，郁而化热，热伤肺津，炼液成痰，或肺有宿痰，郁久化热，痰与热结，壅阻于肺所致。

（七）痰湿阻肺证

痰湿阻肺证是指痰湿内阻，肺气不利所表现的证候。

【辨证要点】 咳嗽，痰多质稠，色白易咳出，胸闷或气喘，痰鸣，舌淡、苔白腻，脉滑。

【证机概要】 多由长期咳嗽，损伤肺气，肺不布津，聚液成痰；或脾虚生湿，输布失常，水湿凝聚为痰，上渍于肺；或由感受寒湿，使肺失宣降，水液停聚而为痰湿所致。

（八）大肠湿热证

大肠湿热证是指湿热蕴结大肠所表现的证候。

【辨证要点】 腹痛腹泻，或下痢脓血，里急后重，肛门灼热，小便短赤，或发热，口渴，舌红、苔黄腻，脉滑数。

【证机概要】 多由饮食不洁，暑湿热毒侵犯肠胃，湿热蕴结，下注大肠，损伤气血所致。

（九）大肠津亏证

大肠津亏证是由于阴液亏虚，不能濡润大肠所表现的证候。

【辨证要点】 大便秘结干燥，难于排出，常数日一行，口干咽燥，或伴见口臭、头晕，舌红少津，苔黄燥，脉细。

【证机概要】 多由素体阴虚，或久病伤阴，或热病津伤未复，或妇女产后出血过多，年老津亏等所致。

三、脾与胃病辨证

脾胃病证皆有寒热虚实之不同。脾以虚证为多，胃以实证常见。脾病以阳气虚衰，运化失调，水湿痰饮内生以及气虚下陷为常见；胃病以受纳腐熟功能障碍，胃气上逆为主要病理改变。

（一）脾气虚证

脾气虚证是指脾气不足，失其健运所表现的证候。

【辨证要点】 食少纳呆，脘腹胀满，口淡无味，大便溏薄，四肢倦怠，少气懒言，面色萎黄，形体消瘦，舌淡苔白，脉虚弱。

【证机概要】 多由饮食失调，或思虑过度，或劳倦，或病久虚损，或先天禀赋不足，素体虚弱，或受其它疾病的影响损伤脾气所致。

（二）中气下陷证

中气下陷证是指脾气虚，脾不升清所表现的证候。

【辨证要点】 脘腹重坠作胀，或便溏久泄，肛门重坠，甚则脱肛，或内脏下垂，或小便混浊如米泔，常伴见气短乏力，倦怠懒言，头晕，面白无华，食少，舌淡苔白，脉虚弱。

【证机概要】 多由脾气虚进一步发展而来，或久泄久痢，或劳累太过，或思虑过度等损伤脾气所造成。

（三）脾不统血证

脾不统血证是指脾气虚，不能统摄血液所表现的证候。

【辨证要点】 便血，尿血，肌衄，齿衄，或妇女月经过多、崩漏等，伴有食少，腹胀便溏，神疲乏力，少气懒言，面白无华，舌淡，脉细弱。

【证机概要】 多因久病脾气虚弱，或劳倦伤脾，以致脾气虚、统摄无权所致。

（四）脾阳虚证

脾阳虚证是指脾阳虚衰，阴寒内盛所表现的证候。

【辨证要点】 腹胀纳少，脘腹冷痛，喜温喜按，形寒肢冷，大便稀溏，甚则下利清谷，口淡不渴，或肢体浮肿，或白带清稀、量多，舌淡胖嫩，苔白滑，脉沉迟无力。

【证机概要】 多由脾气虚发展而来，也可因饮食失调，过食生冷，过用寒凉药物，损伤脾阳，或因肾阳不足、久病损伤脾气，导致脾阳不足。

（五）寒湿困脾证

寒湿困脾证是指寒湿内盛，脾阳受困所表现的证候。

【辨证要点】 脘腹胀满，不思饮食，恶心欲吐，腹痛便溏，口淡而腻，头重身困，或浮肿，或身目发黄而晦暗，或白带量多，舌淡胖、苔白腻，脉濡缓。

【证机概要】 多由贪凉饮冷，过食寒凉，或外感寒湿，内侵于脾，或内湿素盛，脾阳被困所致。

（六）湿热蕴脾证

湿热蕴脾证是指湿热蕴结中焦，脾胃功能失职所表现的证候。

【辨证要点】 脘腹胀满，恶心欲吐，厌油腻，渴不多饮，肢体困重，便溏不爽，或面目、肌肤发黄，或身热不扬，汗出热不解，舌红、苔黄腻，脉濡数。

【证机概要】 因感受湿热之邪，或饮食不节，或过食肥甘厚味，酿成湿热，内蕴脾胃，运化受纳失职，升降失常所致。

（七）胃阴虚证

胃阴虚证是指胃阴不足，胃失濡润、和降所表现的证候。

【辨证要点】 胃脘隐痛或嘈杂，饥不欲食，或干呕呃逆，脘痞不舒，口燥咽干，口渴欲饮，大便干结，舌红少苔或无苔，脉细数。

【证机概要】 多由胃病迁延不愈，或热病后期阴液未复，或偏嗜辛辣燥热，或情志不遂，气郁化火伤阴，胃阴不足，虚热内生，热郁胃中，胃气失和所致。

（八）胃火炽盛证

胃火炽盛证是指胃中火热炽盛所表现的证候。

【辨证要点】 胃脘灼痛，吞酸嘈杂，口渴，喜冷饮，消谷善饥，或牙龈肿痛，口苦口臭，便结尿黄，舌红苔黄，脉数。

【证机概要】 多由过食辛辣厚味，化热生火，或邪热犯胃，或情志不遂，肝火犯胃，胃火内炽，气血壅滞所致。

（九）寒邪犯胃证

寒邪犯胃证是因寒邪犯胃，胃失和降所表现的证候。

【辨证要点】 胃脘冷痛，喜温，病势急剧，呕吐清水，恶寒肢冷，苔白，脉弦紧。

【证机概要】 多因过食生冷，或寒邪直中，以致寒凝胃脘、阻遏气机所致。

（十）食滞胃脘证

食滞胃脘证是食物停滞胃脘不能腐熟所表现的证候。

【辨证要点】 脘腹胀满、疼痛，嗳腐吞酸，或呕吐酸腐馊食，吐后胀痛得减，矢气酸臭，大便溏泄臭秽，舌苔厚腻，脉滑。

【证机概要】 多因饮食不节，暴饮暴食，或吃不易消化食物，引起宿食停滞于胃，阻滞气机所致。

四、肝与胆病辨证

肝的病证有虚有实。虚证多为肝阴、肝血不足，实证多为气郁火盛，或寒邪、湿热等侵犯。而肝阳上亢、肝风内动，多为虚实夹杂之证。

（一）肝气郁结证

肝气郁结证是指肝失疏泄、气机郁滞所表现的证候。

【辨证要点】 情志抑郁，或急躁易怒，善太息，胸胁少腹胀痛，或走窜不定，或咽部有梗阻感，妇女可见乳房胀痛、痛经、月经不调，脉弦。

【证机概要】 多因情志不遂或精神刺激，郁怒伤肝，肝失疏泄，气机郁滞所致。

（二）肝火上炎证

肝火上炎证是火热炽盛，内郁于肝，气火上逆所表现的证候。

【辨证要点】 胁肋灼痛，口苦口干，或呕吐苦水，急躁易怒，失眠多梦，或头晕胀痛，面红目赤，耳鸣如潮，甚或突发耳聋，尿黄，便秘，舌红、苔黄，脉弦数。

【证机概要】 多因情志不遂，肝郁化火，或因火热之邪内侵，或他脏火热累及于肝所致。

（三）肝血（阴）虚证

肝血虚、肝阴虚证是肝之血液、阴液亏虚所表现的证候。

【辨证要点】 面白无华，头晕目眩，视物模糊或夜盲，爪甲不荣，肢体麻木，筋脉拘挛，心烦失眠，或胁肋隐痛，月经量少、色淡或经闭，舌淡，脉细；若兼颧红，手足心热，舌红、少苔，脉弦细数，为肝阴虚证。

【证机概要】 多因生血不足，或失血过多，或久病耗伤肝血，肝阴血不足，不能上荣于头面所致。

（四）肝阳上亢证

肝阳上亢证是指肝肾阴虚，阴不潜阳或肝阳暴涨引起肝阳亢盛，上扰头目所表现的证候。

【辨证要点】 眩晕，头胀痛，面红目赤，烦躁易怒，脉弦，或面部烘热，口苦咽干，两目干涩，耳鸣，腰膝酸软，五心烦热，舌红少苔，脉弦细数。

【证机概要】 多由于肝阴虚或肝肾阴虚，阴不潜阳，导致阴虚阳亢；或素体阳盛，突然肝阳暴涨而致肝阳上亢。

（五）肝风内动证

凡疾病过程中出现眩晕、抽搐等动摇不定为特征的病变，均称为肝风内动。一般常见有肝阳化风证、热极生风证、血虚生风证三种。

1. 肝阳化风证　肝阳化风证是肝阳亢逆无制而出现的动风证候。

【辨证要点】　眩晕欲仆，头胀痛，肢体麻木，语言不利，行走不稳，甚则猝然昏倒，不省人事，或口眼㖞斜，半身不遂，舌强语謇，舌红，脉弦等。

【证机概要】　多由情志不遂，气郁化火伤阴，或肝肾阴虚，不能潜阳，肝阳亢逆无制，阳动化风。

2. 热极生风证　热极生风证是指邪热炽盛，热极动风所表现的证候。

【辨证要点】　高热，烦渴，躁扰不安，神昏谵语，颈项强直，四肢抽搐，甚则角弓反张，舌红苔黄，脉洪数。

【证机概要】　多见于外感温热病中，由于热邪炽盛，燔灼肝经、筋脉失养所致。

3. 血虚生风证　血虚生风证是血虚筋脉失养所表现的风动证候。多由急慢性出血过多，或久病血虚所引起。本证的证候、分析，参见肝血虚证。

（六）肝胆湿热证

肝胆湿热证是指湿热蕴结肝胆，疏泄失常所表现的证候。

【辨证要点】　胁肋胀痛，口苦纳呆，呕恶腹胀，厌油腻，小便短少，大便不调，苔黄腻，脉滑数。或身目发黄，发热；或见阴囊湿疹，外阴瘙痒，带下黄臭等。

【证机概要】　多由感受湿热之邪，或过食肥甘厚味，湿热内生，蕴结肝胆，疏泄失常，气机郁滞所致。

五、肾与膀胱病辨证

肾为先天之本，藏元阴而寓元阳，只宜封藏，不宜泄漏。此外，任何疾病发展到严重阶段，都可累及肾，所以肾病多虚证。肾的病证主要有肾气不固、肾不纳气、肾精不足、肾阳虚、肾阴虚等证。膀胱病以湿热证多见。

（一）肾阳虚证

肾阳虚证是肾阳气虚衰，失其温煦气化所表现的证候。

【辨证要点】　形寒肢冷，头晕耳鸣，神疲乏力，阳痿，男女不育，尿少浮肿，或夜尿多，或五更泄，面色㿠白或黧黑，舌淡胖嫩，脉沉弱。

【证机概要】　多因素体阳虚，年高肾亏或久病及肾，房劳过度，损耗肾精所致。

（二）肾气不固证

肾气不固证是肾气亏虚，固摄无权所表现的证候。

【辨证要点】　腰膝酸软，小便频数清长，或余沥不尽，或遗尿，或小便失禁，夜尿多，男子滑精早泄，女子带下清稀，或胎动易滑，舌淡、苔白，脉沉弱。

【证机概要】　多由年老体衰、或先天不足，或房劳过度，或久病伤肾，致肾气亏损，失其封藏、固摄之权所致。

（三）肾不纳气证

肾不纳气证是肾气虚衰，气不归元所表现的证候。

【辨证要点】　久病咳喘，呼多吸少，气不得续，动则喘甚。自汗神疲，声音低怯，腰膝酸软，舌淡，脉沉细无力。或喘息加重，冷汗淋漓，肢冷面青，脉浮大无根，或气息短促，舌红苔少，脉细数。

【证机概要】 多由久病咳喘，肺虚及肾，或年老体衰，肾气亏虚或劳伤肾气，肾虚摄纳无权，气不归元所致。

（四）肾精不足证

肾精不足证是肾精亏损，反映为生殖、生长功能低下所表现的证候。

【辨证要点】 男子精少不育，女子经闭不孕，性功能减退；小儿发育迟缓，身材矮小，智力和动作迟钝，囟门迟闭，骨骼痿软；成人则见早衰，发脱齿摇，耳鸣耳聋，健忘恍惚，动作迟缓，反应迟钝，足痿无力等。

【证机概要】 多因禀赋不足，先天元气不充或后天失养，或房劳过度，或久病伤肾，肾精亏少，肾气不足，生育功能减退所致。

（五）肾阴虚证

肾阴虚证是肾阴亏虚，虚热内扰所表现的证候。

【辨证要点】 腰膝酸软，眩晕，耳鸣耳聋，潮热盗汗，五心烦热，失眠多梦，形体消瘦，咽干口燥，男子遗精不育，女子经少、经闭、不孕或见崩漏，舌红少苔，脉细数。

【证机概要】 多由久病伤肾，或房事不节，或急性热病后，或情志内伤，耗伤肾阴后不能生髓充骨养脑所致。

（六）膀胱湿热证

膀胱湿热证是指湿热蕴结膀胱所表现的证候。

【辨证要点】 尿急尿频，尿涩少而痛，尿黄赤混浊，或尿血，或尿有砂石，可伴有发热，腰痛，舌红、苔黄腻，脉滑数。

【证机概要】 多由外感湿热之邪，蕴结膀胱，或饮食不节，湿热内生，下注膀胱，膀胱气化不利所致。

复习题

一、单项选择题

1. 辨证的总纲是（　　）
   A. 六经辨证　　　　B. 卫气营血辨证　　　C. 八纲辨证
   D. 脏腑辨证　　　　E. 三焦辨证
2. 产生表证的主要原因是（　　）
   A. 外邪直中　　　　B. 六淫侵袭　　　　　C. 劳倦所伤
   D. 里邪出表　　　　E. 虫兽所伤
3. 表虚证的辨证要点是（　　）
   A. 发热，恶风，无汗　　B. 恶风，头痛，项强　　C. 恶风，有汗
   D. 发热恶寒　　　　　　E. 头痛，有汗
4. 下列各项中最不具有表证特点的是（　　）
   A. 起病急　　　　　B. 病位浅　　　　　　C. 症状多
   D. 病势轻　　　　　E. 病程短
5. 辨寒热是指（　　）

A. 辨疾病性质　　　　　B. 辨正气强弱　　　　　C. 辨疾病部位
D. 辨恶寒发热的有无　　E. 辨邪正斗争的胜负

6. 热证的典型舌象是（　　）
   A. 舌红、苔黄而干　　B. 舌红、苔黄腻　　　　C. 舌淡红、苔白腻
   D. 舌绛、苔白而干　　E. 舌紫、干、少苔

7. 下列何项不见于热证（　　）
   A. 发热口渴　　　　　B. 面红目赤　　　　　　C. 大便干结
   D. 吐血衄血　　　　　E. 痰涕清稀

8. 虚证的病理特点是（　　）
   A. 正虚邪不盛　　　　B. 邪盛而伤正　　　　　C. 正虚邪盛
   D. 邪正交争　　　　　E. 邪正相持

9. 实证的病理特点是（　　）
   A. 邪盛伤正　　　　　B. 正气抗邪　　　　　　C. 邪盛正虚
   D. 邪正剧争　　　　　E. 邪正相持

10. 下列哪项不是阳证临床表现的特点（　　）
    A. 兴奋　　　　　　　B. 躁动　　　　　　　　C. 亢进
    D. 明亮　　　　　　　E. 向下

11. 下列哪项不是阴证临床表现的特点（　　）
    A. 抑制　　　　　　　B. 沉静　　　　　　　　C. 亢进
    D. 晦暗　　　　　　　E. 向内

12. 病人胸胁胀闷或走窜疼痛，性情急躁，胁下痞块，刺痛拒按，入夜甚，舌紫暗或有瘀斑，脉弦涩，属于下列哪一证候（　　）
    A. 气滞证　　　　　　B. 气滞血瘀证　　　　　C. 气虚血瘀证
    D. 血瘀证　　　　　　E. 血寒证

13. 血瘀证的主要脉症是（　　）
    A. 各种出血症状，脉数　　B. 面色萎黄，脉虚而细　　C. 胀闷疼痛，脉弦
    D. 痛如针刺，痛有定处，脉涩　E. 少气懒言，身倦乏力，脉虚无力

14. 水液代谢失常与下列哪项关系最密切（　　）
    A. 肺、脾、肾　　　　B. 肝、脾、肾　　　　　C. 肾、膀胱
    D. 心、肾、胃　　　　E. 脾、胃、肠

15. 下列各项中，不属于导致气随津脱证原因的是（　　）
    A. 大吐　　　　　　　B. 大泻　　　　　　　　C. 高热
    D. 过食辛燥　　　　　E. 大汗

16. 阳虚证最主要的表现是（　　）
    A. 口不渴　　　　　　B. 大便稀溏　　　　　　C. 畏寒肢冷
    D. 面色淡白　　　　　E. 无汗或少汗

17. 病人神倦乏力，少气懒言，自汗，胸胁刺痛固定不移，拒按，或胁下痞块，或肢体瘫痪，半身不遂，舌淡紫，或紫斑，脉涩。其证属（　　）
    A. 气滞血瘀证　　　　B. 气虚血瘀证　　　　　C. 血瘀证
    D. 气虚证　　　　　　E. 气血两虚证

18. 面色㿠白，少气懒言，畏寒肢冷，精神萎靡，口淡不渴，喜热饮，小便清长，大便溏泄，舌淡胖，苔白滑，脉沉弱。其证属（　　）
    A. 阴盛证　　　　　　　B. 阳虚证　　　　　　　C. 阴虚证
    D. 亡阳证　　　　　　　E. 亡阴证
19. 心血虚证的主要病因是（　　）
    A. 心气不足，鼓动乏力　B. 心血虚亏，不能濡养　C. 心阴亏虚，虚热内扰
    D. 心阳虚衰，鼓动乏力　E. 心火内炽
20. 下列哪项属心病实证（　　）
    A. 心气虚　　　　　　　B. 心血虚　　　　　　　C. 心阳虚
    D. 心火亢盛　　　　　　E. 心阴虚
21. 咳嗽痰少，痰中带血，颧红盗汗，口燥咽干，应诊为（　　）
    A. 热邪犯肺证　　　　　B. 肺肾阴虚证　　　　　C. 肺阴虚证
    D. 燥邪犯肺证　　　　　E. 肝火犯肺证
22. 干咳少痰，难咳，口干咽燥，颧红潮热，舌红少苔，脉细数，应诊为（　　）
    A. 燥邪犯肺证　　　　　B. 肺肾阴虚证　　　　　C. 肺阴虚证
    D. 肝火犯肺证　　　　　E. 肺热炽盛证
23. 脾病的常见症状不包括下列哪项（　　）
    A. 嗳气　　　　　　　　B. 出血　　　　　　　　C. 腹胀
    D. 便溏　　　　　　　　E. 内脏下垂
24. 下列哪项不是肝病的常见症状（　　）
    A. 急躁易怒　　　　　　B. 少腹胀痛　　　　　　C. 纳呆便溏
    D. 月经不调　　　　　　E. 眩晕肢颤
25. 两目干涩，视物不清，面部烘热，脉弦细数，宜诊断为（　　）
    A. 肝血虚证　　　　　　B. 肝阳上亢证　　　　　C. 肝火上炎证
    D. 肝阴虚证　　　　　　E. 肝胆湿热证

二、填空题
1. 气陷证是指气虚无力升举而反＿＿＿＿＿＿所表现的证候。
2. 气逆证是指＿＿＿＿＿＿，脏腑之气上逆所表现的证候。
3. 津液不足证是指体内的津液不足，脏腑组织官窍失其濡养所表现的证候，属＿＿＿＿＿＿证。
4. 气虚血瘀证是指气虚不足，推动血行无力，以致＿＿＿＿＿＿所表现的证候。
5. 气随津脱证常由高热、大汗耗伤津液，或严重＿＿＿＿＿＿所引起。
6. 阴盛证是指阴气偏盛，脏腑功能障碍或减退，＿＿＿＿＿＿过盛所表现的证候。
7. 阴阳两虚证以阴液不足和＿＿＿＿＿＿并见为主要病机。
8. 亡阴证是指机体阴液突然大量＿＿＿＿＿＿，而致全身功能严重衰竭所表现的危重证候。

三、名词解释
1. 八纲辨证　2. 亡阳证　3. 亡阴证　4. 真实假虚　5. 气滞血瘀证　6. 气血两虚证

四、简答题
1. 气虚证的辨证要点是什么？

2. 气陷证的主要临床表现有哪些？
3. 何谓血虚证？其临床表现有哪些？
4. 临床上如何鉴别亡阴证和亡阳证？
5. 试述气血两虚、气不摄血、气随血脱证的临床表现。
6. 脾气虚、脾不统血和中气下陷证有何区别和联系？
7. 肝气郁结、肝火上炎、肝阳上亢和肝阳化风证有何区别和联系？
8. 肾阳虚证和肾阴虚证的临床表现及辨证要点是什么？

（张掖医学高等专科学校　侯志英）

第八章 治则与治法

> **学习目标**
> 1. 掌握治则、治法的含义，常用的治则与治法。
> 2. 熟悉正治法与反治法的涵义及内容。

重点难点

以常用的治则与治法为重点；以正治法与反治法的涵义及内容为难点。

治则是治疗疾病的总则。辨证是确立治则的前提和基础，通过辨证，分析四诊收集的客观资料，探求疾病的病机、病位、病性，在整体观念的指导下确立指导治疗疾病的总原则。治则对临床治疗、立法、处方、用药具有普遍的指导意义。体现了高度的原则性和灵活性。

治法是在一定治则指导下制订的治疗疾病的具体方法。它灵活多样，不同的疾病或同一疾病过程中的不同阶段，治法有所不同。不同疾病的病变阶段中，如出现相同的证，又可采用相同的治法。

第一节 治 则

治则的基本内容包括治病求本，扶正祛邪和因时、因地、因人制宜三个方面。

一、治病求本

治病求本是指在治疗疾病时，必须寻求疾病的本质，针对其本质进行治疗的法则。《素问·阴阳应象大论》提出："治病必求于本"。疾病在发生和发展过程中，疾病的本质是通过若干症状和体征表现出来的，必须从这些复杂的表象中综合分析，找出其根本原因，抓住本质，方能制订出准确、有效的治疗法则。治病求本其内容包括治标与治本、正治与反治两个方面。

（一）治标与治本

标和本是一个相对概念，由于疾病变化的复杂性，病症有先后，矛盾有主次，病情有缓急，标本主次不同，治疗上就有先后缓急的区别。

1. 急则治其标　在标病危急，若不先治其标，则会危及生命或影响对本病治疗的一种原则。其最终目的仍是为了更好地治本。如各种原因引起的大出血，首先应先止血以治其标，血止再图治本。

2. 缓则治其本　慢性病变或急性病的恢复期，其病情缓和，则针对其本质治疗的一种原则。如阴虚内热之咳嗽，虽有咳嗽，烦热之标症，但采取滋阴治本法，阴虚平复，则热、咳自除。

3. 标本同治　标病本病并重，治标则影响其本，治本则影响其标，则应标本同治的一种原则。如气虚外感证，宜益气解表等。

（二）正治与反治

《素问·至真要大论》提出："逆者正治，从者反治"。这两种治疗方法是"治病求本"这一法则的具体运用。

1. 正治　是逆其疾病的证候性质而治的一种常用治疗法则。适用于征象与本质相一致的病证的治疗。所用方药的性质与疾病的性质相反。

（1）寒者热之：寒证表现出寒象，用温热性质的方药治疗。

（2）热者寒之：热证表现出热象，用寒凉性质的方药治疗。

（3）虚者补之：虚损病证表现出虚象，用补益功用的方药治疗。

（4）实者泻之：邪实病证表现出实象，用攻邪泻实的方药治疗。

2. 反治　是顺疾病外在表现的假象而治的一种治疗原则。适用于征象与其本质不完全一致的病证的治疗。所用方药性质与疾病中假象的性质相同，又称"从治"。

（1）寒因寒用：用寒凉性质的药物来治疗具有假寒征象的病证。适用于真热假寒证，虽外见寒象，但其本仍是热盛，而用寒凉药治其真热，假寒征象自消。

（2）热因热用：用温热性质的药物治疗具有假热征象的病证。适用于真寒假热证，虽外见热象，但其本属寒盛而用温热药治其真寒，从而消除假热之症。

（3）塞因塞用：用补益的药物治疗具有闭塞不通症状的虚证，即以补开塞。适用于因虚而致闭阻不通的真虚假实证，虽见闭阻之实象，但其本属虚，而用补益药治其真虚，则闭塞自通。

（4）通因通用：用具有通利作用的药物治疗具有通泻症状的实证，虽临床征象为泻利，但其本属实，仍要用攻泻治疗。宿食而致的泄泻，治需消食导滞攻下。

正治与反治虽然概念有别，但均属治病求本的范畴。

二、扶正祛邪

在疾病演变过程中，邪正斗争的胜负决定疾病的发展变化和转归预后。通过扶正祛邪，以改变双方力量对比，促使疾病向痊愈方向转化，故成为疾病治疗的一个重要原则。

（一）扶正

是扶助正气，增强体质，恢复脏腑功能，提高抗邪能力的一种治疗原则。适用于虚证。具体手段：除服药外，还有针灸、推拿、气功、食养、精神调摄、锻炼身体等。

（二）祛邪

是祛除邪气，减轻或消除病邪侵袭和损害的一种治疗原则。适用于实证。因邪气不同、部位不同而方法各异，如汗、吐、下、清等法。

具体运用时，要全面分析正邪双方的消长盛衰状况，据其在疾病中的地位，决定扶正与祛邪的方式。单纯扶正法适用于以纯虚证或以正虚为主而邪气不盛的虚性病证；单纯祛邪法适用于纯实证或邪盛为主而正不虚的实性病证；扶正与祛邪并用，体现为攻补兼施，适用于虚实夹杂的病证。运用时要分清正虚和邪盛矛盾的主次而分别使用。扶正兼祛邪是以扶正为主，佐以祛邪，适用于正虚为主的虚实夹杂病证；祛邪兼扶正是以祛邪为主，佐以扶正，适用于邪实为主的虚实夹杂证。扶正与祛邪的先后使用亦适用于虚实夹杂病证。先祛邪后扶正适用于邪盛正虚但正气尚能耐攻者；先扶正后祛邪适用于正虚邪实，以正虚为主，若攻邪则正气更损者。无论采用哪种方式，必须本着扶正不留邪，祛邪不伤正的基本原则。

三、因时、因地、因人制宜

气候因素、地理环境因素，患者个体的性别、年龄、体质、生活饮食习惯等因素对疾病的发生、发展、转归、预后都有着不同程度的影响。因而，在治疗疾病时，必须考虑这些因素的影响，区别对待，制订出适宜的治法和方药。因此，也是治疗疾病必须遵循的一个原则。

（一）因时制宜

根据不同季节和气候特点来制订适宜的治法、用药原则。例如，夏季气候炎热，温热之药宜减量应用；冬季气候寒冷，寒凉之药应轻用；暑季多雨而潮湿，病多夹湿，故宜配合化湿、渗湿之品。《素问·六元正纪大论》提出："用热远热，用温远温，用寒远寒，用凉远凉"的戒律。

（二）因地制宜

根据不同的地域环境特点来制订适宜的治法、用药原则。西北地高、气寒，病多燥寒，治宜辛润，寒凉之品慎之；东南地低、气热多雨，病多温热或湿热，治宜清化，温热和助湿之药当慎用。同一风寒表证，西北地区，则多用麻黄、桂枝；东南地区，则多用荆芥、苏叶；湿重之地，则多用羌活、防风等。

（三）因人制宜

根据患者的年龄、性别、体质等不同特点来制订适宜的治法、用药原则。小儿生机旺盛，但脏腑娇嫩，气血未充，患病后易寒易热，易虚易实，变化较快，故治疗用药当忌用峻剂，用药宜轻。老年生机减退，脏腑气血已衰，其病多虚证和虚实夹杂证，治疗用药要注重扶正补虚，即令祛邪亦勿伤正。妇人有经、带、胎、产诸因素，月经病变应以调和为主，带下病变应注重湿邪用药，妊娠应禁用或慎用峻下、破血、走窜、有毒的药物，产后应考虑气血亏虚及恶露等情况。男子嗜烟酒，应注意肺、胃疾患及肾精亏损、性功能障碍等病证。阳热体质或平素偏食辛辣者，用药宜偏凉，亦耐攻伐，慎用温热；阳虚体质或平素偏食生冷者，用药宜偏温补，不耐攻伐，慎用寒凉。另外，肥人多痰湿，瘦人多燥火，职业病变等亦应区别对待。

因时、因地、因人制宜的原则反映出了辨证论治的原则性和灵活性，体现了中医学整体观念。

第二节 治法（八法）

治法是在辨清证候、辨证审因、辨明病机的基础上，有针对性地采取的基本治疗方法和具体治疗方法。基本治疗方法是针对某一类病机共性所确立的治法，称治疗大法，包括汗、吐、下、和、温、清、补、消"八法"。具体治疗方法是针对具体证候所确定的治法。如辛温解表法、清热凉血法等。

一、汗法

是通过开泄腠理，调和营卫，宣发肺气的方药，来逐邪外出、解除表证的一种治疗方法。它适用于一切外感疾病初起，病邪在表的病证。此外，对于麻疹初起未透、风湿在表、水肿实证、疮疡、痢疾等初起兼表证者亦可应用。由于病情有寒热之分，体质有强弱之异，而又有辛温解表和辛凉解表、扶正解表之别。另外，汗法常和下法、清法、温法、消法等并用，称"表里双解法"。

汗法以汗出邪去为度，不可发汗太过，过则会耗气伤津。对表邪已解、麻疹已透、疮疡已溃、自汗、盗汗、吐泻、失血、热病后期津亏者，均不宜用。服用汗剂后，应避风寒，加衣被，遍身微汗，忌食生冷、油腻、辛辣食物。

二、吐法

是通过具有涌吐作用的方药，使停留在咽喉、胸膈、胃脘等部位的痰涎、宿食或毒物从口中吐出的一种治疗方法。它适用于咽喉痰涎壅阻、顽痰停滞胸膈、宿食留滞胃脘、误食毒物尚在胃中等病证。一般在病情严重急迫情况下多用。

吐法诚为祛邪捷径，但终究系一种急救之法，易伤正气，必须慎用。应用中病即止，勿使过剂。对年老体弱、孕妇、产后及病情危重、素有慢性病变者均不宜使用。使用吐法吐后，令病人避风寒，以稀粥自养，禁食辛辣、细腻、硬性食物，要保持情绪稳定舒畅。

三、下法

是通过泻下通便作用的药物，使积聚肠胃的宿食、燥屎、冷积、瘀血、痰结、水饮、虫积等有形的实邪从大便排出体外的一种方法。它适用于胃肠积滞、实热内结、冷积便秘、蓄血、蓄水、宿食结痰等实证。由于积滞有寒热之别，正气有盛衰之分，病邪有性质之异而分为寒下、温下、润下、逐水、攻补兼施等。

下法以攻逐为特点，易耗伤正气，故应用时药量应适宜，中病即止。表邪已解、里实已成方可使用。对年老体弱、孕妇、产后或月经期、病后正气耗伤、失血等均应慎用或禁用。下后应调养脾胃，恢复正气。

四、和法

是通过和解和调和作用的方药来达到祛除病邪、调整脏腑功能的一种治疗方法。适用于邪在半表半里的少阳证，肝脾不和，肠胃不和，肝胃不和，肝气郁滞的月经不调，表里同病，脏腑功能失调，气血失调，疟疾等病证。具体运用可分为和解少阳、调和肝脾、调和胃肠、表里双解等方法。

和法的特点是作用缓和，照顾全面，适应的病情比较复杂，应用较广。但亦应辨证准确，严格把握其适应证。若邪在肌表或邪已入里而阳明热盛，劳倦内伤，气血虚弱者，皆非所宜。

五、温法

是通过具有温中、祛寒、回阳、通络等作用的方药来祛除寒邪、温补阳气的一种治疗方法。适用于里寒证的治疗。寒邪侵及脏腑，阴寒内盛的实寒证和阳虚而寒从内生的虚寒证均可应用。据其寒邪侵犯的部位不同及阳气亏虚的程度不同而分为温中祛寒、温经散寒和回阳救逆等方法。

温法所用药物多为辛温燥热之品，易耗伤阴血而助火热，故凡阴血亏虚及血热妄行的出血证，阴虚内热，孕、产妇均应慎用或禁用。

六、清法

是通过具有清热、泻火、凉血、解毒、滋阴透热等作用的方药来清除热邪的一种治疗方法。适用于里热证的治疗。凡气分热盛、热入营血、火毒壅盛、暑热、脏腑热、久病阴虚热伏于里等病证均可运用。据其热病发展阶段的不同和邪热侵犯的部位不同而有清气分热、清营凉血、清热解毒、清热祛暑、清脏腑热、清虚热等方法。

清法所用方药多寒凉之性,最易损伤脾胃阳气,故不宜久服,必要时可配合和胃护脾之品。

七、消法

是通过具有消食导滞、软坚散结等作用的方药,使结聚于体内的气、血、痰、食、水、虫等有形之积滞渐消缓散的一种治疗方法。适用于饮食积滞、气滞血瘀、癥瘕积聚、水湿内停、痰饮不化、疳积虫积等逐渐形成的有形实证的治疗。

消法虽比下法缓和,但毕竟属于攻邪之法,故凡正气亏虚而邪实之病证,当兼以扶正。正气亏虚较甚者,属"至虚有盛候"之病证则当慎用或禁用。

八、补法

是通过具有滋养、补益人体气血阴阳或增强脏腑功能的方药,来治疗人体气血阴阳不足或脏腑功能虚弱所引起的虚证的一种治疗方法。适用于各种原因造成的虚证的治疗。应用时可分为补气、补血、补阴、补阳、气血双补、阴阳并补等方法。另外,根据具体病变,而有直接针对某一脏腑的直补法和结合气血相依、阴阳互根、五行相生理论而采用的"补气生血"、"补血载气"、"阴中求阳"、"阳中求阴"、"虚则补其母"的间接补法等。

补法应用虽广,具有治疗虚证和强壮身体的作用,但正虚而邪未尽,不宜过早使用,否则有"闭门留寇"之弊。而对于"大实有羸状"的真实假虚证,应禁用补法。另外,为了使补法更好地发挥作用,常可配伍健脾、理气之品。

随着临床治法的发展,八法已不能涵盖目前所有的治法。如开窍法、固涩法、安神法、熄风法、润燥法等是对八法的补充和发展。

复习题

一、单项选择题

1. 见肝之病,先实其脾气,这种治疗属于（　　）
   A. 早期治疗　　　　　B. 治病求本　　　　　C. 扶正祛邪
   D. 先安未受邪之地　　E. 急则治其标
2. 对疾病早期诊断、早期治疗的目的是（　　）
   A. 提高治愈率　　　　B. 尽早确定治疗方法　C. 提高诊断的准确率
   D. 中止病情的发展变化　E. 以上均不是
3. 疾病的标本实质上反映了疾病的（　　）
   A. 轻与重　　　　　　B. 危与安　　　　　　C. 虚与实
   D. 表与里　　　　　　E. 本质与现象

4. 不属于治则的是（　　）
   A. 治病求本　　　　　B. 扶正扶邪　　　　　C. 调理气血
   D. 活血化瘀　　　　　E. 三因制宜
5. 下列何项属正治法（　　）
   A. 标本兼治　　　　　B. 塞因塞用　　　　　C. 寒者热之
   D. 因人制宜　　　　　E. 寒因寒用
6. 下列何项不属正治法（　　）
   A. 热因热用　　　　　B. 寒者热之　　　　　C. 热者寒之
   D. 虚则补之　　　　　E. 实则泻之
7. "阴中求阳"的治疗方法是指（　　）
   A. 在扶阳剂中适当佐以滋阴药
   B. 在滋阴剂中适当佐以扶阳药
   C. 在温热散寒同时佐以扶阳药
   D. 在清泻阳热同时佐以滋阴药
   E. 以上皆不是
8. 攻补兼施适用于何证（　　）
   A. 虚证　　　　　　　B. 真实假虚证　　　　C. 实证
   D. 真虚假实证　　　　E. 虚实夹杂证
9. 真实假虚证的治疗原则应是（　　）
   A. 祛邪兼扶正　　　　B. 扶正兼祛邪　　　　C. 先祛邪后扶正
   D. 单独祛邪　　　　　E. 先扶正后祛邪
10. 真虚假实证的治疗原则应是（　　）
    A. 单独祛邪　　　　　B. 单独扶正　　　　　C. 先扶正后祛邪
    D. 扶正兼祛邪　　　　E. 祛邪扶正并重
11. "通因通用"适用于下列哪种病证（　　）
    A. 脾虚泄泻　　　　　B. 肾虚泄泻　　　　　C. 食积泄泻
    D. 气虚泄泻　　　　　E. 寒湿泄泻
12. "塞因塞用"不适用于下列哪种病证（　　）
    A. 脾虚腹胀　　　　　B. 血枯经闭　　　　　C. 肾虚尿闭
    D. 气郁腹胀　　　　　E. 阴虚便秘
13. "寒因寒用"适用于（　　）
    A. 寒热错杂证　　　　B. 真寒假热证　　　　C. 阴偏盛的实寒证
    D. 真热假寒证　　　　E. 阳偏盛的实热证
14. "虚则补之，实则泻之"属于（　　）
    A. 反治　　　　　　　B. 治标　　　　　　　C. 标本兼顾
    D. 逆治　　　　　　　E. 以上都不是
15. "热因热用"的治法适用于（　　）
    A. 寒热错杂　　　　　B. 真寒假热　　　　　C. 真热假寒
    D. 阳盛阴虚　　　　　E. 阳盛则热
16. "寒因寒用"的治法是指（　　）

A. 虚寒证用寒药 B. 实寒证用寒药 C. 假热证用寒药
D. 假寒证用寒药 E. 实热证用寒药

17. 邪实致病而具有通泄症状，采用具有攻邪泻实作用的方药来治疗，此为下列哪一项治则（　　）
A. 正治法 B. 攻补兼施 C. 通因通用
D. 以补开塞 E. 急则治其标

18. 气虚患者，复感外邪，应采用的治疗法则是（　　）
A. 治其标 B. 治其本 C. 标本同治
D. 先治标后治本 E. 先治本后治标

19. 下述关于标本的概念，哪项说法不确切（　　）
A. 病因为本，症状为标 B. 正气为本，邪气为标
C. 外感病为标，内伤病为本 D. 原发病为本，继发病为标
E. 脏腑病为本，经络病为标

20. 素体阳虚又感受寒邪的患者，治以助阳解表法，应属于（　　）
A. 先治其标 B. 先治其本 C. 标本兼治
D. 虚则补之 E. 以上皆不是

21. 患者虽感邪较盛而正气虚，但疾病过程中正气尚耐攻伐者，应采用（　　）
A. 扶正 B. 先扶正后祛邪 C. 祛邪
D. 先祛邪后扶正 E. 扶正祛邪兼用

22. 瘀血所致的崩漏，治疗应采用（　　）
A. 扶正 B. 扶正祛邪兼用 C. 先扶正后祛邪
D. 寒因寒用 E. 先祛邪后扶正

23. "阳中求阴"适用于（　　）
A. 阳虚证 B. 阴虚证 C. 阴阳两虚证
D. 阴阳亡失 E. 阴阳格拒

24. "用凉远凉"属于（　　）
A. 因病制宜 B. 因地制宜 C. 因人制宜
D. 因时制宜 E. 未病先防

25. 以下哪种治法符合"用热远热"的观点（　　）
A. 阴虚慎用热药 B. 阴盛慎用热药 C. 火旺慎用热药
D. 假热慎用热药 E. 夏季慎用热药

二、填空题

1. 正治，是_____的一种常用治疗法则，又称_____；反治，是_____的一种治疗法则，又称_____。

2. 根据阴阳互根原理，治疗阳偏衰时，在扶阳剂中适当佐用滋阴药，称为_____；滋阴剂中适当佐用扶阳药，称为_____。

3. 寒因寒用，即用寒性药物治疗具有_____症状的病证，适用于_____证。

4. 通因通用，是用_____的药物治疗具有_____症状的实证。

5. 三因制宜包括_____、_____和_____。

三、名词解释

1. 治则　2. 反治　3. 治病求本　4. 寒者热之　5. 虚则补之　6. 塞因塞用　7. 通因通用　8. 寒因寒用　9. 热因热用　10. 扶正　11. 调整阴阳　12. 因时制宜　13. 用热远热

四、简答题

1. 何谓治则？中医治疗原则包括哪些内容？
2. 治则与治法有何区别与联系？
3. 何谓正治、反治？正治法与反治法有何异同？
4. 何谓标本？治标与治本的使用原则和方法如何？
5. 扶正祛邪的运用要掌握的原则有哪些？

（张掖医学高等专科学校　闫立国）

第九章 中 药

> **学习目标**
> 1. 掌握中药配伍禁忌、煎服法；常用中药的功效与应用。
> 2. 熟悉中药的性能。
> 3. 了解中药的采收、贮藏、炮制与应用。

重点难点

以常用中药的功效为重点；以常用中药的应用为难点。

以中医传统理论为指导，进行采收加工、炮制以利于临床应用的药物称为中药。包括植物药、动物药、矿物药以及部分化学制品和生物制品。其中中药以植物药居多，故历史上把中药称为本草。

中药是中医学的重要组成部分，内容丰富，种类繁多，目前记载的品种已达八千余种。其独特的理论体系和应用形式反映了我国历史、文化、自然资源等方面的特点，记述了我国人民的聪明才智和对世界医药学的贡献，为中华民族文化宝库中的一个重要内容。数千年来，中药作为防病治病的主要武器，在保障我国人民健康和民族繁衍中发挥了巨大作用。

第一节 中药基本知识

一、中药采收和贮藏

中药的采收和贮藏是否合理，将直接影响药物的质量与疗效，因此，必须严格掌握采收原则和科学的贮藏方法。

（一）采收

采收应该在有效成分最多的时候进行。通常叶、全草或全株在植物生长最旺盛时期采收；花在含苞待放时采收；花粉在花盛开时采收；果实在成熟时期采收，少数在未成熟时采收；种子和种仁在完全成熟时期采收；根和根茎在植物地面部分枯萎时采收；皮类在植物生长最旺盛时期采收等。

（二）贮藏

药物的贮藏主要是为了避免霉烂、虫蛀、变色等变质现象。一般造成药物变质的因素是潮湿、温度、光照和氧化，为了确保疗效，必须消除上述因素的影响，通常采用干燥、低温、避光、密闭保存及化学药物熏杀等方法处理、贮存。一般药物与剧毒药物必须分别贮存。对剧毒药物，宜写明"剧毒药"标签并由专人保管，以免发生中毒事故。

二、中药的炮制

"炮制"又称"炮炙"，是药物在应用或制成各种剂型以前所进行的特殊加工过程。

（一）炮制目的

1. 除去杂质和非药用部分，使药物纯净、用量准确。
2. 减低毒性，保证用药安全。如乌头、半夏生用有毒，炮制后可消除或降低毒性而减少副反应。
3. 改变药物性能，增强疗效。如地黄生用性寒凉而泻火、凉血，酒蒸成熟地黄则性微温而补血；延胡索醋制后止痛作用增强等。
4. 矫臭矫味，便于服用。有的生用具有腥臭难闻怪味，如椿白皮用麸炒后臭味消失，较易服用。酒制乌梢蛇、醋炒五灵脂、麸炒白僵蚕等。

（二）炮制方法

炮制方法一般可分为五类：

1. **修制** 修制主要包括纯净、粉碎、切制三种方法。纯净处理采用挑、拣、簸、筛、刮、刷、剔等方法去掉灰屑杂质及非药用部分，使之纯净。如刷去枇杷叶的茸毛。粉碎处理是用捣、碾、镑、锉、研等法将药物粉碎，如水牛角用镑、锉法制碎屑薄片等。切制是将药物切成片、丝、段、块，如麻黄切段，桑白皮切丝，葛根切块等。
2. **水制** 用水或其他液体辅料处理药材的方法称为水制法。主要目的是使药物清洁、软化、减低毒性、祛除腥臭。如淋、洗、泡、漂、浸、润、飞等方法。
3. **火制** 火制是将药材经火加热处理。常用方法有炒、炙、烫、煅、煨、烘、焙等。
   （1）炒：不加辅料者称清炒，有炒黄、炒焦、炒炭，如炒苏子、焦麦芽、地榆炭等。加辅料炒的有土炒白术、麸炒枳壳、米炒党参等。
   （2）炙：是将液体辅料同药物拌炒，如蜜炙甘草、醋炙香附、盐炙杜仲、姜炙半夏等。
   （3）烫：是先在锅里加热中间物（如砂、蛤粉等）后再入药物拌炒，如砂烫穿山甲。
   （4）煅：是用高温加热药物，使其松脆、易碎，以便煎煮，有明火煅、暗火煅。如煅龙骨、煅磁石等。
   （5）煨：是用纸或面糊裹药，置热灰火中加热至面或纸黑为度，以减轻其烈性和副作用，如煨木香等。
4. **水火共制** 水火共制是既用水又用火加工的方法。常用方法有煮、蒸、淬等。
5. **其他制法** 有发芽、发酵等。

三、中药的性能

中药的性能是指药物与疗效有关的性质和功能，就是药物的药性理论。它包括四气、五味、归经、升降浮沉及有毒、无毒等。

1. **四气** 四气又称四性，即药物寒、热、温、凉四种性质。其中凉次于寒，温次于热。药性的寒、热、温、凉是由药物作用于人体所产生的不同疗效而总结出来的，它是与疾病的性质相对而言的。一般来讲，寒凉属阴，分别具有清热泻火、凉血解毒、滋阴除蒸、泻热通便、清热利尿、清化热痰、清心开窍、凉肝熄风等作用；温热属阳，分别具有温里散寒、暖肝散结、补火助阳、温阳利水、温经通络、引火归源、回阳救逆等作用。

《素问·至真要大论》云："寒者热之，热者寒之。"《神农本草经》云："疗寒以热药，疗热以寒药。"即寒凉药主要用于治疗实热烦渴、温毒发斑、血热吐衄、火毒疮疡、热结便秘、热淋涩痛、痰热咳喘、高热神昏、热极生风等阳热病症；温热药主要用于治疗中寒腹痛、寒疝作痛、阳痿不举、阴寒水肿、风寒痹证、血寒经闭、亡阳虚脱等阴寒病症。

此外，还有平性药。平性指药物偏性不著、作用缓和，也有偏温偏凉的差别，仍属四气的范畴。如党参、山药、甘草等为平性药。

2. 五味　五味是指药物酸、苦、甘、辛、咸五种不同的味道。此外，尚有淡味和涩味，通常淡附于甘、涩附于酸，故仍称五味。药物的作用与五味有一定的关系，不同的味有着不同的作用。

（1）辛味：能散、能行，有发散、行气、活血、开窍、化湿等功能。常用于表证、气滞血瘀、神昏窍闭、湿阻等证。如发散解表的麻黄、薄荷等；又如行气、止痛的香附、木香和活血化瘀的川芎等。

（2）甘味：甘即甜味。能补、能和、能缓，具有滋补强壮、缓急止痛、和中及调和药性的功效。常用于虚证、脾胃不和、拘急疼痛证。如人参、熟地、甘草、饴糖等均有甘味。

（3）酸味：能收、能涩。具有收敛摄泄、涩止固脱的功效，常用于虚汗、泄利、遗精、带下等证，如五味子、乌梅等收敛止汗，乌梅涩肠止泻，金樱子涩精止带。

（4）苦味：能泄、能燥、能坚阴。具有清热泻火、降气通便、燥湿、泻火存阴等功效，用于热证、湿证、气逆之喘呕、便秘及阴虚火旺等证。如大黄泻热通便；杏仁降肺气，止咳平喘；黄连清热泻火；苍术燥湿；黄柏清湿热与坚阴。

（5）咸味：能下、能软。具有润下通便、软坚散结等功效。用于痰核瘰疬、瘿瘤痞块与热结便秘等证。如芒硝泻下通便，瓦楞子、牡蛎软坚散结等。

淡味：能渗、能利。具有渗湿、利尿的作用，用于水肿脚气、小便不利证。如泽泻、茯苓等。

涩味：与酸味药作用相似，常用于治疗虚汗、泄泻、出血、遗滑尿频等滑脱不收证。如芡实、五味子等。

四气是说明药物的寒热属性，五味不仅是药物味道的反映，更重要的是对药物作用的高度概括。四气、五味是从不同角度来说明药物性能的，是论述和运用药物功效的重要依据，因此必须气味合参。一般而言，药物气味相同，大多作用相近；气味不同，作用不同；而气同味异或味同气殊，则作用同中有异、异中有同；一药兼有数味者，作用则更加广泛。总之，要掌握药性，既要熟悉四气五味的一般规律，又要掌握气味的特殊性，才能正确地了解和使用药物。

3. 升降浮沉　升降浮沉是指药物在人体内作用的四种不同趋向。升是上升、升提，降是下降、降逆，浮是上浮、发散，沉是泻利、收敛。一般来讲，升浮药主上行而向外，有升阳解表、宣毒透疹、祛风散寒、催吐开窍等作用；沉降药主下行而向内，有潜阳降逆、清热泻下、止咳平喘、渗湿收敛等作用。

药物的升降浮沉是与疾病的病变部位和病势相对而言的。凡病位在上在表者宜用升浮药而不宜用沉降药，如风寒表证当选麻黄、生姜；病位在下在里者宜用沉降药而不宜用升浮药，如肠燥便秘当选大黄、芒硝等。凡病势上逆者宜降不宜升，如头痛眩晕当用石决明、龙胆草。病势下陷者宜升不宜降，如久泻、脱肛、子宫脱垂等证当选黄芪、升麻等。

升降浮沉与药物气味、质地轻重及炮制、配伍有着密切的关系。凡味辛、甘，性温热的药物多为升浮之品；凡味酸、苦、咸，性寒凉的药物多为沉降之品。质地轻的药物多主升浮；质地重的药物多主沉降。但有少数药品特殊，如诸花皆升，旋覆花独降；诸子皆降，苍耳、蔓荆主升。炮制中用酒炒的药物主升，醋炒的药物主收敛，姜汁炒的药物主发散，盐炒的药物主下行。配伍中，少数升浮药在多数沉降药中可随之下降，少数沉降药在多数升浮药中则随之上升。但也有少数药物可引多数药物上升或下降，如桔梗能载药上浮，牛膝可引药下行。可见药物所具升降浮沉的性质，在一定条件下可人为地使之改变，正如李时珍所指出："酸咸无升，辛甘无降，寒无浮，热无沉"，"升降在物，也在人也"。

总之，四气、五味、归经与升降浮沉是古人在长期的医疗实践中总结出来的。只有全面掌握药物的性能，才能准确地选方用药，提高临床疗效。

4. 归经 归经是指药物对机体某部分的选择作用，即对某经或某几经起主要作用，而对其他经没有作用或作用很小。归经指出了药物的作用范围，说明了药效所在。归经是以脏腑、经络理论为基础，以所治病症为依据总结出来的用药理论。如咳喘胸痛多见于肺经，胁痛抽搐多见于肝经病变，那么川贝、杏仁能治咳喘就归纳为归肺经，全蝎、蜈蚣能止抽搐则归纳为归肝经等。掌握归经理论，既有利于临床选药，也有助于把功效相似的药物区别开来。但必须与四气五味、升降浮沉学说相结合，才能做到全面准确。

还有一些药物可同时归入数经，对多经病变都有治疗作用。如山药归脾、肺、肾经，其作用能补脾止泻，养肺益阴，补肾固精。另有部分药物在对某经病变治疗的同时，又对其他药物有引导归经的作用，称为引经药。如手阳明大肠：白芷、石膏。足太阴脾：升麻、苍术。足阳明胃：白芷、石膏、葛根。手少阴心：细辛、黄连。手太阳小肠：木通、竹叶。足少阴肾：肉桂、细辛。足太阳膀胱：羌活。手厥阴心包络：柴胡、丹皮。手少阳三焦：连翘、柴胡。足厥阴肝：柴胡、白芍、青皮、吴茱萸。足少阳胆：柴胡、青皮。

四、中药的应用

中药的应用包括药物的配伍、用药禁忌、用量及煎服方法等内容。掌握这些知识对于充分发挥药效、确保用药安全具有十分重要的意义。

（一）配伍

根据病情需要和药物性能特点，将两种以上的药物合用叫配伍。前人把药物配伍关系总结为用药"七情"。

1. 单行 一味药治疗疾病，不须他药配伍。如独参汤治气虚欲脱证。

2. 相须 两种以上功效相似的药物合用，以增强原有的疗效，如石膏配知母能增强清热泻火的作用；大黄配芒硝能增强攻下热结的作用等。

3. 相使 一药为主，一药为辅，辅药以提高主药的功效。如黄芪与茯苓同用，茯苓能提高黄芪补气利水的作用；石膏配牛膝，牛膝能提高石膏清泻胃火的作用。

4. 相畏 一药的毒性或副作用被另一药减轻或消除。如生半夏的毒性可以被生姜减弱或消除；熟地腻胃之弊可以被砂仁减轻。

5. 相杀 一药能减轻或消除另一药的毒性或副作用。如生姜配半夏，可以减弱或消除半夏的毒性；绿豆能杀巴豆毒等。

6. 相恶 一药可使另一药的某些功效降低或丧失。如莱菔子与人参同用，莱菔子可降低人参的补气作用；生姜与黄芩同用，则生姜之辛温与黄芩之寒凉均被消弱等。

7. 相反 两种药物合用后能产生剧烈的毒性反应或副作用。如"十八反"与"十九畏"中所列药物等。

总之，相须、相使可产生协同作用而增强疗效，是临床常用的配伍方法；相畏、相杀能减轻或消除毒副作用，是应用毒性较强药物的配伍方法；相恶可互相削弱或抵消原有功效，应避免配伍使用；相反可以产生毒副作用，不能同用，属配伍用药的禁忌。

(二) 禁忌

为了保证用药安全和提高疗效，必须讲究用药禁忌。主要有：配伍禁忌、证候禁忌、妊娠禁忌和服药禁忌四个方面。

1. 配伍禁忌　在配伍中提到的"相恶"、"相反"原则上应当禁忌。金元时期已将配伍禁忌概括为"十八反"、"十九畏"，并编成歌诀，以宜习诵，摘录如下：

十八反歌（《儒门事亲》）："本草明言十八反，半蒌贝蔹及攻乌，藻戟遂芫俱战草，诸参辛芍反藜芦。"

十九畏歌（《医经小学》）："硫黄原是火中精，朴硝一见便相争；水银莫与砒霜见，狼毒最怕密陀僧；巴豆性烈最为上，偏与牵牛不顺情；丁香莫与郁金见，牙硝难合京三棱；川乌草乌不顺犀，人参最怕五灵脂；官桂善能调冷气，若逢石脂便相欺；大凡修合看顺逆，炮爁炙煿莫相依。"

2. 妊娠禁忌　凡能损害胎元或引起流产的药物，都应作为妊娠用药的禁忌。近代根据药物对胎元损害的程度将其分为禁用和慎用两类。禁用药物大多数是毒性较强、药性猛烈的药物，如巴豆、牵牛、斑蝥、水蛭、虻虫、麝香、三棱、莪术、大戟、芫花、甘遂、商陆、水银、轻粉、雄黄等。慎用药包括活血祛瘀、行气破滞及辛热滑利等药物，如桃仁、红花、乳香、没药、王不留行、大黄、枳实、附子、干姜、肉桂等。

凡属禁用药物绝对不能使用；慎用药物可根据孕妇的病情慎重选用，做到有效而安全。

3. 证候禁忌　指由于药性不同使临床用药有所禁忌。其内容多见于每味药物的"使用注意"部分。如麻黄的"表虚自汗者"忌用；黄精的"脾虚湿盛，中寒便溏者"忌用等。

4. 服药禁忌　俗称"忌口"，指服药期间对某些食物的禁忌。在服药期间一般忌食生冷、油腻、荤腥及有刺激性的食物；热证患者忌辛辣、油腻、煎炸食品；虚寒证者不宜食生冷瓜果；麻疹表证不宜食油腻、酸涩之物；疮疖肿毒、皮肤瘙痒当忌鱼、虾、牛肉、羊肉等腥膻发物；胸痹忌食肥甘厚味等。此外，文献还记载有地黄、何首乌忌葱、蒜、萝卜；甘草忌鲢鱼；茯苓忌醋；使君子忌茶；蟹甲忌苋菜；薄荷忌鳖鱼；蜂蜜反生葱等。

(三) 剂量

所谓剂量是指一剂药中每味药物成人1日的用量，或指在一方剂中药与药间的比较分量，即相对剂量。

剂量大小与药物的疗效密切相关，用量过小，难以取效；用量过大，损伤正气。尽管中药多是原生之品，其性平和，剂量变化的幅度较大，不如化学制剂那样严格，但对性质猛烈和毒性药物，如乌头、马钱子等的剂量仍须严格掌握。

剂量大小必须根据药物的性能、质地、配伍，以及病情、年龄、体质等来掌握。如毒大、性猛者用量宜小，无毒而性平和者用量宜大；质地轻者用量小，质地重者用量大；单方剂量宜大，复方剂量宜小；主药用量要比辅药用量大；丸、散剂用量要比汤剂小；病情危急或顽疾患者用量宜重，病情轻者用量宜轻；体质壮实者用量宜重，老、幼、孕、产或久病体弱者用量宜轻。

此外，还应依据季节、气候、区域或环境因时、因地制宜。如用解表药在严冬或北方地区，用量宜重；若在酷暑或南方地域其量宜轻。一般药物的内服剂量均指干燥后的生药。常用量大多为5～10g，药物用量较大者，为15～30g；个别药物用量较小，不过3g。5岁以下儿童，用成人量的1/4；6～10岁可用成人量的1/2等。

中药的计量单位有重量和数量两种，重量如市制（斤、两、钱、分、厘）和公制（kg、g）；

数量如生姜3片,大枣10枚,蜈蚣2条等。自1979,我国对中药计量统一采用公制单位,为了计算方便规定了近似值:1两=30g,1钱=3g,1分=0.3g,1厘=0.03g。

(四)煎法与服法

1.煎药法　煎药器皿以砂罐、搪瓷为宜,忌用铁器等。用水以清澈的泉水、河水及自来水为宜,加冷水浸泡30~60min,水量以高出药面为度。一般每剂煎煮两次,第2煎加水量和煎煮时间均应适当减少。火候取决于药物的不同性质和质地,通常解表药宜用武火,不宜久煎,沸后10~15min即可;补益药宜文火久煎,沸后煎40~60min。含挥发性成分的芳香药物宜后下;质地坚硬的矿石、骨角、贝壳类宜打碎,先下久煎;某些贵重药品则另煎,以免它药干扰或吸收其有效成分。总之,各种不同煎法目的均为尽量使其有效成分煎出,以发挥其治疗作用。常用的不同煎法列举如下:

(1) 先煎:龙骨、牡蛎、石膏、磁石、代赭石、石决明、珍珠母、羚羊角、鳖甲、龟甲等,宜先煎15min后再入它药。

(2) 包煎:旋覆花、车前子、海金沙等应用纱布包好。

(3) 另煎:人参、西洋参、藏红花等宜单独煎。

(4) 后下:薄荷、钩藤、藿香、佩兰、小茴香、砂仁、豆蔻等,待它药煎至一定时间后放入,再煎5~10min。

(5) 烊化:阿胶、鹿角胶、龟板胶等需单独加温溶化或隔水炖使之烊化。

(6) 冲服:朱砂、琥珀、芒硝、三七、竹沥、姜汁等。

(7) 泡服:番泻叶、胖大海、肉桂等。

2.服药法　一般汤剂宜温服,解表散寒药热服;治疗呕吐或药食中毒宜小量频服。寒性药治热证宜凉服;温热药治寒证宜热服。滋补药宜饭前服;驱虫或泻下药宜空腹服;对胃肠道有刺激的药宜饭后服;宁神安眠药宜睡前服。一般每天1剂,可分2~3次服,病缓者早晚各一次,病情危急者,每隔4h一次,使药力持续,以利顿挫病势,祛邪扶正。

第二节　常用中药

一、解表药

凡以发散表邪、解除表证为主要功效的药物,称解表药。针对表证的寒热,解表药分辛温解表和辛凉解表两类。

解表药虽能通过发汗解除表证,但汗出过多则能耗散阳气,损伤津液或产生不良反应,因此要中病即止,不宜过量久服;凡阳虚自汗、阴虚盗汗、泻利呕吐、吐血下血、疮疡已溃、麻疹已透、热病伤津等证应慎用或随证配伍,以利祛邪。解表药为辛散之品,多含挥发油,故不宜久煎,且宜温服。

(一)辛温解表药

此类药物性味辛温,辛能发散,温能祛寒,发汗力强,适用于风寒表证。

麻　黄

为麻黄科植物草麻黄 *Ephedra sinica* Stapf.、木贼麻黄 *E. equisetina* Bge. 或中麻黄 *E. intermedia* Schrenk et C. A. Mey. 的干燥草质茎。立秋采收,阴干切段,生用或蜜炙用或

捣绒用。

【性味归经】 味辛、微苦,性温。归肺、膀胱经。

【功效】 发表散寒,宣肺平喘,利水消肿。

【应用】

(1) 治外感风寒表实证,常配桂枝以增强发汗解表之功。

(2) 治风寒外袭,肺气壅遏的咳喘,常与杏仁、甘草同用,若寒喘配半夏等,热喘配石膏等。

(3) 治水肿兼表证者常与白术、生姜等配伍应用。

【用量用法】 3~10g 水煎服。解表发汗宜生用,平喘止咳多炙用。

【使用注意】 体虚多汗,肺虚咳喘者忌用,失眠、高血压者慎用。

【现代研究】 本品所含麻黄碱能收缩血管,升高血压,解除支气管痉挛;伪麻黄碱有明显利尿作用;挥发油能刺激汗腺分泌而发汗。

桂 枝

为樟科植物肉桂 *Cinnamomum cassia* Presl 的嫩枝。春夏两季割取嫩枝,切片或段用。

【性味归经】 味辛、甘,性温。归心、肺、膀胱经。

【功效】 解肌发汗,温经通阳,祛风除湿。

【应用】

(1) 治外感风寒表证。表虚有汗者常与白芍等同用;表实无汗者常配麻黄以助发汗解表。

(2) 治胸痹心痛常与瓜蒌、薤白等同用;若心阳不足、心悸、脉结代者常与炙甘草、人参等同用。

(3) 治风寒湿痹、肢节酸痛者常与附子、羌活等同用。

(4) 治脾肾阳虚、水湿不化所致的痰饮常与白术、茯苓配伍;膀胱气化失常,小便不利的蓄水证常与茯苓、泽泻等同用。

【用量用法】 3~10g,水煎服。

【使用注意】 阴虚火旺、热盛出血者忌用。

【现代研究】 本品含桂皮油、桂皮醛等。桂皮油有健胃、解痉、镇痛及强心作用。桂枝提取物有抗炎、抗过敏作用。

荆 芥

为唇形科植物荆芥 *Schizonepeta tenuifolia* Briq. 的茎叶及花穗。夏、秋开花后采割,切段,生用或炒炭用。

【性味归经】 味辛,性微温。归肺、肝经。

【功效】 疏风解表,透疹止痒,散瘀止血。

【应用】

(1) 治外感表证。外感风寒与防风、羌活等同用;外感风热与薄荷、金银花等同用。

(2) 治麻疹不透、风疹、荨麻疹。属风寒者与防风、麻黄配伍;属风热者与蝉蜕、牛蒡子等同用。

(3) 治吐衄、便血、崩漏常随症与侧柏叶、槐花等止血药同用。

【用量用法】 3~10g,水煎服。芥穗发汗力强,无汗用芥穗,有汗用茎叶,止血用芥炭。

【使用注意】 表虚自汗者不宜用。
【现代研究】 本品所含挥发油能使汗腺分泌旺盛，并有解痉作用。芥炭能缩短出血和凝血时间。

防 风

为伞形科多年生草本植物防风 Saposhnikovia divaricata (Turcz.) Schischk. 的根。春、秋采挖，切片，生用。

【性味归经】 味辛、甘，性温。归膀胱、肝、脾经。
【功效】 散风解表，祛湿止痛，解痉。
【应用】
(1) 治感冒头痛、风疹瘙痒。风寒头痛常与荆芥、羌活同用；外感风湿头痛如裹者与羌活、藁本等同用；风热感冒咽痛目赤者与薄荷、连翘等同用；风疹瘙痒与苦参、荆芥等同用。
(2) 风寒湿痹，肢节疼痛，身体重着，筋脉挛急者常与羌活、桂枝、当归等同用。
(3) 治破伤风角弓反张、牙关紧闭、抽搐痉挛等与天南星、白附子等配伍。
【用量用法】 3~10g，水煎服。
【现代研究】 本品煎剂能解除血管痉挛疼痛，对多种杆菌及皮肤真菌有抑制作用。可解砒霜毒。

紫 苏

为唇形科植物紫苏 Perilla frutescens (L.) Britt. 的叶及全草。夏、秋采收。切段，生用。
【性味归经】 味辛，性温。归肺、脾经。
【功效】 发表散寒，行气宽中，安胎，解鱼、蟹毒。
【应用】
(1) 治风寒感冒。咳嗽胸闷者与荆芥、防风、杏仁、前胡等同用；气滞胸闷者与陈皮、香附等同用。
(2) 治脾胃不和因于外感风寒、内伤湿滞而头痛、胸闷、呕吐。偏寒者配藿香；偏热者配黄连等。
(3) 治妊娠恶阻常与陈皮、砂仁等配伍。
(4) 治鱼、蟹中毒所引起的吐泻腹痛可单用或配生姜、白芷等煎服。
【用量用法】 3~10g，水煎服。不宜久煎。
【现代研究】 本品主含紫苏醛，有发汗解热作用，能减少支气管分泌，缓解支气管痉挛，对大肠埃希菌、痢疾杆菌、葡萄球菌均有抑制作用，并能促进消化液分泌，增强胃肠蠕动。

(二) 辛凉解表药

此类药物味辛、性凉，能宣散风热。发汗作用比较缓和，适用于外感风热表证。部分药物还有透疹解毒作用，可治风疹、麻疹或疮疡肿毒初起而兼表热证者。

桑 叶

为桑科植物桑 Morus alba L. 的叶。霜后采收，生用或蜜炙用。
【性味归经】 味苦、甘，性寒。归肺、肝经。
【功效】 疏散风热，清肝明目。

【应用】

（1）治风热表证，常配菊花、薄荷等，若燥热伤肺、咳嗽咽干者则配杏仁、贝母等。

（2）治肝经实热或风热所致的目赤肿痛常配菊花、车前子、决明子等。

（3）治肝肾不足，视物昏花者常与黑芝麻、枸杞、熟地等补肝肾药同用。

【用量用法】 6～12g，水煎服。单味外用洗眼30～120g。肺热燥咳宜蜜炙用。

【现代研究】 本品含黄酮苷。对伤寒杆菌、金黄色葡萄球菌有抑制作用；有降压和利尿作用。

菊 花

为菊科植物菊 *Chrysanthemum morifolium* Ramat. 的头状花序。药用分白菊花、黄菊花，花期采收，阴干，生用。

【性味归经】 味甘、苦，性微寒。归肺、肝经。

【应用】

（1）治风热表证与薄荷、桑叶、连翘等同用。

（2）治肝经风热或肝火上攻所致目赤肿痛多与生地、决明子、龙胆草、夏枯草同用。

（3）治肝阳上亢所致头晕头痛常与白芍、钩藤、石决明等配伍。

（4）治肝肾不足之目暗昏花与枸杞子、熟地黄等同用。

【用量用法】 10～15g，煎服或入丸散。疏散风热用黄菊花，养肝明目用白菊花。

【现代研究】 菊花能扩张周围血管而降低血压，能显著扩张冠状动脉，增加冠状动脉血流量。体外对金黄色葡萄球菌、乙型溶血性链球菌有抑制作用。

薄 荷

为唇形科植物薄荷 *Mentha haplocalyx* Briq. 的茎、叶。夏、秋季分次采收，切段，生用。

【性味归经】 味辛，性凉。归肺、肝经。

【功效】 疏散风热，清利头目，利咽，透疹。

【应用】

（1）治风热感冒或温病初起常与金银花、连翘、牛蒡子等同用。

（2）治头痛目赤，咽喉肿痛常与菊花、荆芥等配伍。

（3）治麻疹不透，风疹瘙痒常与蝉蜕、牛蒡子等同用。

（4）能疏肝解郁，用于肝郁气滞，胸胁胀痛，常与柴胡、白芍等配伍同用。

【用量用法】 3～10g，入煎剂宜后下，其叶长于发汗，梗偏于理气。

【使用注意】 本品芳香辛散，发汗耗气，故气虚、阳亢、体虚多汗者，均不宜用。

【现代研究】 薄荷挥发油小量内服有兴奋作用，能刺激中枢神经，促进汗腺分泌而有发汗解热作用；外用有清凉、止痛、止痒的作用。薄荷油有健胃、抑菌作用。有解痉，保肝利胆，促使呼吸道分泌，祛痰及抗炎作用。

柴 胡

为伞形科植物柴胡（北柴胡）*Bupleurum chinense* DC. 和狭叶柴胡（南柴胡）*B. scorzonerifolium* Willd. 的根。春秋采挖，切片，生用、酒炒或醋炒。

【性味归经】 味苦、微辛，性微寒。归肝、胆、脾、胃、三焦经。

【功效】 和解退热,疏肝解郁,升阳举陷。
【应用】
(1) 治表证发热常与葛根同用;少阳证往来寒热与黄芩等配伍;疟疾之寒热往来与青蒿、黄芩等同用。
(2) 治肝气郁结所致胸胁胀痛、月经不调等常与白芍、当归、香附等同用。
(3) 治气虚下陷所致脱肛、胃下垂、子宫脱垂等常与黄芪、升麻等配伍。
【用量用法】 3～10g,退热可用18g,醋炒可增强止痛作用。
【现代研究】 柴胡有镇痛、解热镇咳和抑制流感病毒、结核分枝杆菌及疟原虫的作用。还有利胆、抗脂肪肝和抗肝损伤的作用。

葛 根

为豆科植物野葛 *Pueraria lobata* (Willd.) Ohwi 的根。秋冬采挖,生用或煨用。花蕾为葛花。
【性味归经】 味甘、辛,性凉。归脾、胃经。
【功效】 解肌退热,生津,透疹,升阳止泻。
【应用】
(1) 外感表证,项背强者尤宜。属风寒者与麻黄、桂枝、白芍等同用;风热者与柴胡、黄芩等合用。
(2) 热病津伤或消渴与芦根、天花粉、知母等配伍。
(3) 透发麻疹配升麻、白芍。
(4) 湿热泻痢配黄芩、黄连等;脾虚泄泻与党参、白术等配伍。
【用量用法】 9～15g,退热生津宜生用;升阳止泻宜煨用;解酒毒宜用葛花。
【现代研究】 本品有解热、降低血糖和降压作用。能扩张血管,增加脑动脉和冠状动脉血流量。水煎剂对痢疾杆菌有抑制作用。葛根黄酮片治早期突发性耳聋有效。

其他解表药见表9-1。

表 9-1 其他解表药简表

药名	性味	归经	功效	应用	用量	备注
羌活	味辛、苦,性温	膀胱、肾	散寒祛风 除湿止痛	风寒感冒,头痛身痛,风寒湿痹,肩臂疼痛	3～10g	善治腰以上风湿痹痛
白芷	味辛,性温	肺、胃	解表祛风 通窍止痛 燥湿止带 消肿排脓	外感风寒,恶寒头痛,鼻渊脓涕,窍闭不通,风湿痹证,寒湿带下,痈疽疮疖,已溃未溃	3～10g	长于治鼻渊
细辛	味辛,性温,有小毒	肺、肾、心	祛风散寒 通窍止痛 温肺化饮	风寒感冒,头痛鼻塞,风寒湿痹,关节疼痛,外感风寒,引动内饮	1～3g;入丸散剂,0.5～1g	反藜芦
苍耳子	味辛、苦,性温,有小毒	肺	散寒解表 祛风除湿 通窍止痛	外感风寒,头痛鼻塞,风寒湿痹,关节疼痛,鼻渊头痛,鼻流浊涕	3～10g	过量服用超过100g易中毒

续表

药名	性味	归经	功效	应用	用量	备注
辛夷	味辛，性温	肺、胃	散寒解表 宣通鼻窍	外感风寒，头痛鼻塞， 鼻渊头痛，浊涕腥臭	3～10 g	包煎
牛蒡子	味辛、苦，性寒	肺、胃	疏风散热 宣肺透疹 解毒利咽	外感风热，头痛发热， 肺热咳嗽，麻疹不透， 痈疽疔疮，咽喉肿痛	3～10 g	
蝉蜕	味甘，性寒	肺、肝	疏散风热 透疹止痒 明目退翳 止痉	风寒感冒，咽痛喑哑， 麻疹不透，风疹瘙痒， 目赤翳障，惊痫夜啼， 破伤风证	3～10 g	
升麻	味辛、甘，性微寒	肺、脾、胃、大肠	发表透疹 清热解毒 升举阳气	风热头痛，麻疹不透， 齿痛口疮，咽喉肿痛， 气虚下陷，久泻脱肛	3～10 g	发表透疹宜生用，升阳举陷宜炙用

二、清热药

凡药性寒凉，能清泄里热，适用于热病、温疫、痈肿疮毒、痢疾等各种里热证的药物称清热药。属《内经》"热者寒之"、"温者清之"的治疗原则。根据清热药不同药性及作用特点，分为清热泻火、清热燥湿、清热凉血、清热解毒及清虚热五大类。"热"、"火"、"毒"三者均属热的范畴，只有程度的差异，热为火之渐，火为热之甚，毒为火之极，又称热毒、火毒。

清热药多为苦寒之品，过用易伤阳气，对脾胃虚弱、食少泄泻、阴虚体亏者应慎用。

（一）清热泻火药

清热泻火药主清气分实热，适用于急性热病、热在气分的实热证和肺、胃、心、肝所呈现的脏腑实火证。

石 膏

为含水硫酸钙的矿石（$CaSO_4 \cdot 10H_2O$）。采挖后除去杂质，碾碎，生用或煅用。

【性味归经】 味辛、甘，性大寒。归肺、胃经。

【功效】 生用：清热泻火，除烦止渴。煅用：收敛生肌。

【应用】

（1）治气分实热证之壮热，烦渴，大汗，脉洪大者与知母同用；若温邪渐入血分，肺胃热盛，气血两燔，神昏发斑可与水牛角、玄参等同用。

（2）治肺热咳喘与麻黄、杏仁等同用。

（3）治胃热口渴、牙龈肿痛、口舌生疮常与生地、牛膝、升麻等同用。

（4）治疮疡湿疹、水火烫伤可单味煅用或与大黄、青黛共研。

【用量用法】 15～60 g，内服生用，打碎先煎，外用火煅，研末。

【现代研究】 生石膏能抑制发热时过度兴奋的体温调节中枢，有解热止渴和抑制汗腺分泌作用，并使血钙浓度升高而抑制肌肉的兴奋性，起镇静、镇痉作用；降低血管通透性，有消炎、抗过敏作用；能增强巨噬细胞吞噬能力。煅石膏为无水硫酸钙，外用能收敛黏膜，减少分泌。

知 母

为百合科植物知母 *Anemarrhena asphodeloides* Bge. 的根茎。夏秋采挖，除去须根晒干。切片，生用或盐水炒用。

【性味归经】 味苦、甘，性寒。归肺、胃、肾经。

【功效】 清热泻火，滋阴润燥。

【应用】

(1) 治外感热病。高热烦渴常与石膏相须为用；若气血两燔，血热毒盛发斑疹与水牛角、羚羊角等同用。

(2) 治肺热咳嗽，吐痰黄稠与黄芩、瓜蒌等生用；燥咳少痰配贝母、沙参。

(3) 治阴虚火旺、骨蒸潮热、盗汗等症常与黄柏、熟地黄、山茱萸、龟甲等同用。

(4) 治阴虚消渴同天花粉、五味子同用。

(5) 治肠燥便秘配当归、火麻仁。

【用量用法】 6~15g，清热泻火宜生用；滋阴降火宜盐水炒。

【使用注意】 脾虚便溏者慎用。

【现代研究】 知母有解热镇静、降血糖、祛痰、利尿和抗菌、抗血小板聚集作用，能防止肾上腺萎缩。有抗癌作用。

栀 子

为茜草科植物栀子 *Gardenia jasminoides* Ellis 的成熟果实。秋季采收，生用或炒用。

【性味归经】 味苦，性寒。归心、肺、胃、三焦经。

【功效】 泻火除烦，清热利湿，凉血解毒。

【应用】

(1) 治热病发热、心烦不宁。轻症与淡豆豉合用；重者与石膏、黄连、连翘等同用。

(2) 治湿热黄疸与黄柏、茵陈、大黄等同用。

(3) 治热毒疮疡与菊花、连翘、黄连同用。

(4) 治血热吐衄、尿血与蒲黄、生地、茅根等同用。

【用量用法】 3~10g，煎服。生用泻火；炒黑止血；姜汁炒除烦止呕。

【使用注意】 脾虚便溏者慎用。

【现代研究】 有解热、镇静、降压、止血、抗菌抗炎、利胆作用。可用于治小儿发热、腮腺炎、黄疸型肝炎、胆囊炎等。

龙 胆 草

为龙胆科植物龙胆 *Gentiana scabra* Bunge 和三花龙胆 *Gentiana triflora* Pall. 或条叶龙胆 *Gentiana manshurica* Kitag. 的根和根茎。春秋季采挖，切段，生用。

【性味归经】 味苦，性寒。归肝、胆、胃经。

【功效】 清热燥湿，泻肝胆火。

【应用】

(1) 治肝胆火盛、头痛目赤、胁痛、口苦、耳聋耳肿等与黄芩、栀子等同用。

(2) 治湿热下注、阴肿阴痒、带下色黄及湿疹瘙痒与黄柏、苦参、苍术等同用。

(3) 治湿热黄疸初起配茵陈、栀子等。

【用量用法】 3~10 g，煎服。

【使用注意】 脾胃虚寒者不宜用。

【现代研究】 本品含龙胆苦苷、龙胆碱等，有镇静、降压、健胃、利胆、降谷丙转氨酶（ALT）及抗肝细胞损伤和保肝作用。

（二）清热解毒药

清热解毒药主要能解除各种火热毒盛，适用于各种火热毒盛所致的红、肿、热、痛等症，如温病高热、斑疹丹毒、痈肿疔疮、喉痹、痄腮、肺痈、肠痈、热痢、毒蛇咬伤及癌肿等。寒凉易伤脾胃，应中病即止，不可过量久服。

金 银 花

为忍冬科植物忍冬 *Lonicera japonica* Thunb. 的花蕾。夏初采摘。阴干。生用或制成露剂使用。

【性味归经】 味甘，性寒。归肺、心、胃经。

【功效】 清热解毒，疏散风热。

【应用】

（1）治痈肿疔疮。为治一切痈肿疔疮的要药，常与蒲公英、紫花地丁、野菊花等同用。

（2）治外感风热或温病初起配合连翘、薄荷、牛蒡子等同用；若热入营血，高热烦渴或舌绛、斑疹隐隐，常与石膏、知母或生地、水牛角等同用。

（3）治肺热咳嗽、肺痈喉痹与桔梗、鱼腥草、黄芩等同用。

【用量用法】 10~30 g，水煎服。

【现代研究】 本品花和藤水浸剂有广谱抗菌作用。有明显抑制炎症和解热作用；有抑制皮肤真菌、降血脂等作用；有中枢兴奋作用。

连 翘

为木犀科植物连翘 *Forsythia suspensa* (Thunb.) Vahl 的果实。白露前采初熟带绿的果实，蒸熟晒干称"青翘"；寒露前采摘熟果实则为"黄翘"。生用。

【性味归经】 味苦，性微寒。归肺、心、胆经。

【功效】 清热解毒，消肿散结，疏散风热。

【应用】

（1）治热毒疮疡、瘰疬、喉痹，素有"疮家圣药"之称。治痈肿疮毒与金银花、蒲公英等同用；治瘰疬常与玄参、浙贝母等同用；治喉痹常与黄芩、板蓝根等同用。

（2）治外感风热、温病初起常与金银花、荆芥等同用；热入营血，高热发斑常与水牛角、金银花等同用。

【用量用法】 6~15 g，水煎服。青翘的清热解毒力比黄翘强，连翘心长于清心热。

【使用注意】 虚寒阴疽者忌用。

【现代研究】 本品有广谱抗菌作用；醇提取物有抗炎作用；对流感病毒、真菌有抑制作用；有抗内毒素休克、解热镇吐、抗肝损伤作用；能增强毛细血管致密性，用于紫癜。

板蓝根

为十字花科植物菘蓝 *Isatis indigotica* Fort. 的干燥根。秋季采挖,切片,生用。

【性味归经】 味苦,性寒。归心、胃经。

【功效】 清热解毒,凉血利咽。

【应用】

(1) 治热入营血、温毒发斑,常与玄参、生地、赤芍、丹皮等同用。

(2) 治外感瘟疫时毒所致痄腮、喉痹、大头瘟、烂喉丹痧、丹毒、痈肿、黄疸等症,常与连翘、薄荷、牛蒡子、黄芩、黄连、玄参等同用。

【用量用法】 9～15g,水煎服。

【现代研究】 有广谱抗菌及抗病毒作用;有抗内毒素、抗癌作用;有免疫调节作用。对流行性感冒、流行性乙型脑炎、腮腺炎、麻疹、病毒性肝炎、流行性出血热等有较好疗效。

蒲公英

为菊科植物蒲公英 *Taraxacum mongolicum* Hand.-Mazz.、华蒲公英 *Taraxacum sinicum*. Kitag. 或同属数种植物的干燥全草,又名黄花地丁。春至秋季花初开时采收,鲜用或生用。

【性味归经】 味苦、甘,性寒。归肝、胃经。

【功效】 清热解毒,消痈散结。

【应用】

(1) 治乳痈、痄腮可单用,大剂量内服、外敷皆有良效;治疗疔疮疖肿、肺痈、肠痈与苦地丁、野菊花、金银花等同用;目赤肿痛配胆草、黄连等。

(2) 治急性黄疸配茵陈、栀子等;治热淋配车前子、金钱草等。

【用量用法】 10～30g,水煎服。外用鲜品捣敷或水煎熏洗患处。

【使用注意】 用量过大易致腹泻,阴疽忌用。

【现代研究】 蒲公英对金黄色葡萄球菌、伤寒杆菌、痢疾杆菌等均有抑制作用,并有抗溃疡、抗肿瘤、利胆保肝以及疏通阻塞之乳腺管和提高机体免疫功能等作用。

白头翁

为毛茛科植物白头翁 *Pulsatilla chinensis* (Bunge) Regel 的根。春秋采挖。生用。

【性味归经】 味苦,性寒。归胃、大肠经。

【功效】 清热解毒,凉血止痢。

【应用】

(1) 治热毒血痢、休息痢与黄连、黄柏、秦皮同用。

(2) 治瘰疬未溃用白头翁根煎服或外涂。

(3) 治带下阴痒与苦参、椿白皮、黄柏同用内服或外洗皆可。

【用量用法】 15～30g,水煎服。

【现代研究】 白头翁煎剂对阿米巴原虫、痢疾杆菌有较强抑制作用,对绿脓杆菌、金黄色葡萄球菌有抑制作用,并能杀灭阴道滴虫。白头翁素有镇痛、镇静、解痉作用。

（三）清热燥湿药

清热燥湿药适用于湿热内蕴或湿邪化热之湿温、黄疸、湿疹、淋浊带下及疖痈疮疡和关节肿痛等症。苦寒多能伐胃，且性燥又易伤阴，故脾胃虚寒、津液亏耗者慎用。

黄 芩

为唇形科植物黄芩 *Scutellaria baicalensis* Georgi 的根。春秋采挖，蒸透或沸水烫，切片晒干。生用，酒炒或炒炭用。

【性味归经】 味苦，性寒。归肺、胆、胃、大肠、小肠经。

【功效】 清热燥湿，泻火解毒，止血，安胎。

【应用】

（1）湿温或暑温所致胸脘痞闷、发热、苔腻等可与滑石、白蔻仁等同用；大肠湿热、泻痢可与葛根、黄连同用；湿热黄疸可与茵陈、栀子同用。

（2）血热吐血、痈肿疮毒常与石膏、栀子、大黄、黄连等同用。

（3）本品为清肺热要药，治肺热咳嗽、肺痈喉痹常与贝母、桔梗、山豆根等同用。

（4）胎热不安与白芍、白术等同用。

【用量用法】 3～10 g，水煎服。生用清热，炒用安胎，炒炭止血。

【现代研究】 黄芩有广谱抗菌、抗病毒作用。此外，还有解热、镇静、降压、降脂、利胆、保肝、抗肿瘤等作用。

黄 连

为毛茛科植物黄连 *Coptis chinensis* Franch、三角叶黄连 *Coptis deltoidea* C. Y. Cheng et Hsiao 或云南黄连 *Coptis teetoides* C. Y. Cheng 的根茎。秋季采挖，生用、姜炒、酒炒或吴茱萸水炒用。

【性味归经】 味苦，性寒。归心、肝、胃、大肠经。

【功效】 清热燥湿，泻火解毒。

【应用】

（1）治湿热泻痢、呕吐。痢疾泄泻而身热者可与葛根、黄芩同用；下痢血多与白头翁、黄柏等同用；胃热呕吐可与竹茹等同用。肝火犯胃、呕吐吞酸可与吴茱萸同用。

（2）治心火炽盛的心烦不眠，血热吐衄与栀子、黄芩、大黄同用；胃火炽盛的牙痛、消渴以及肝火盛的目赤胁痛与石膏、生地等配伍。

（3）治热毒疮疡配伍连翘、蒲公英等。

【用量用法】 3～10 g，水煎服。外用适量。清胃止呕用姜汁炒，清上焦用酒炒，泻肝胆实火用吴茱萸炒。

【现代研究】 黄连对痢疾杆菌、金黄色葡萄球菌、肺炎链球菌等有抑制作用。能增强白细胞及网状内皮系统的吞噬功能。还有抗溃疡、抗肿瘤、解热、降压、利胆等作用。

黄 柏

为芸香科植物黄皮树 *Phellodendron chinense* Schneid. 或黄檗 *Phellodendron amurense* Rupr. 的树皮，前者称"川黄柏"，后者称"关黄柏"。清明前后剥取树皮，去粗皮，晒干压平，生用或盐水炒用。

【性味归经】 味苦,性寒。归肾、膀胱、大肠经。

【功效】 清热燥湿,泻火解毒。

【应用】

(1) 治湿热痢疾配黄连、白头翁;带下、热淋配苦参、车前子;脚气痿躄与苍术、牛膝同用。

(2) 治阴虚火旺的骨蒸劳热、遗精盗汗配知母、熟地、龟甲等。

(3) 治疮疡肿毒、湿疹、阴肿阴痒配黄连、白鲜皮、苦参等煎服或外洗。

【用量用法】 3～10g,水煎服。

【现代研究】 抗菌谱、抗菌效力与黄连大致相似。有解热、抗炎、减慢心率、降血糖、抗血小板聚集作用。并能增强白细胞吞噬能力,有镇咳、祛痰作用。

苦 参

为豆科植物苦参 *Sophora flavescens* Ait. 的根。春、秋季采挖。切片,生用。

【性味归经】 味苦,性寒。归心、肝、胃、大肠、膀胱经。

【功效】 清热燥湿,祛风杀虫。

【应用】

(1) 治湿热痢疾、黄疸、带下阴痒等症。泻痢与木香、白头翁同用;黄疸与栀子、龙胆草等同用;带下阴痒与黄柏、白芷、蛇床子同用。

(2) 治皮肤瘙痒、湿疹疥癣、疮疡可单用或与黄柏、白鲜皮等同用煎汤浴洗。

(3) 治湿热淋浊与车前子、石韦等同用。

【用量用法】 3～10g,水煎服。外用适量。

【现代研究】 有抗心肌缺血、抗心律失常、抗辐射、抗肿瘤作用。对痢疾杆菌、大肠埃希菌、变形杆菌及滴虫有抑制作用。尚有利尿、平喘及抗过敏作用。

(四) 清热凉血药

清热凉血药能清营分、血分实热,适用于热入营血所致身热发斑、心烦不眠、神昏谵语、吐血衄血、舌绛脉数等及其他疾病的出血证。

生 地 黄

为玄参科植物地黄 *Rehmannia glutinosa* (Gaert.) Libosch. ex Fisch. et Mey. 的块根。秋季采挖,鲜用(鲜地黄)或烘至八成干(生地黄),切片生用或炒炭用。

【性味归经】 味甘、苦,性寒。归心、肝、肾经。

【功效】 清热凉血,养阴生津。

【应用】

(1) 治温热病热入营血的高热发斑、口干舌绛者常与水牛角、玄参同用。

(2) 治血热妄行的吐血、衄血、崩漏下血常与水牛角、丹皮、侧柏叶等同用。

(3) 治热病津伤口渴常与麦冬、玉竹等同用,治消渴证常与人参、黄芪、山药、天冬等同用。

【用量用法】 10～20g,水煎服。鲜用或生用清热养阴;炒炭止血。

【使用注意】 脾虚有湿、腹满便溏者忌用。

【现代研究】 有强心、利尿、抗炎、保肝、降血糖及促进血液凝固作用;能提高机体的免疫功能，促进骨髓造血功能；能拮抗激素引起的垂体、肾上腺皮质功能低下。

玄 参

为玄参科植物玄参 Scrophularia ningpoensis Hemsl. 的根。立冬前后采挖，切片，生用。

【性味归经】 味甘、苦、咸，性微寒。归肺、胃、肾经。

【功效】 清热凉血，养阴生津，解毒散结。

【应用】

(1) 治热入营血之高热神昏、口干舌绛、发斑与水牛角、石膏、生地等同用。

(2) 治阴虚火旺、潮热咽燥、干咳咯血者配百合、麦冬、贝母等。

(3) 为治喉痹肿痛要药，对风热、虚火、火毒所致喉痹肿痛皆有良效。

(4) 治瘰疬痰核与贝母、牡蛎同用。

(5) 治津伤便秘配当归、生地。

【用量用法】 10～15g，水煎服或入丸散。

【使用注意】 脾胃虚寒、食少便溏者慎用，反藜芦。

【现代研究】 玄参有增加冠状动脉血流量、降血压、降血糖、解热、镇静、抗惊厥、抗菌作用。

牡 丹 皮

为毛茛科植物牡丹 Paeonia suffruticosa Andr. 的根皮。秋季采挖根皮。生用或酒炒、炒炭用。

【性味归经】 味苦、辛，性微寒。归心、肝、肾经。

【功效】 清热凉血，活血化瘀。

【应用】

(1) 温病热入营血，发斑吐衄常与水牛角、生地黄、赤芍同用。

(2) 血滞经闭、痛经，外伤瘀肿常与红花、桃仁、乳香、没药同用。

(3) 治胃火牙痛、牙败口臭常配黄连、生地、升麻等。

(4) 血热瘀滞的痈肿疮毒、肠痈常与金银花、连翘、赤芍、大黄等同用。

(5) 治阴虚骨蒸配知母、黄柏、熟地。

【用量用法】 6～12g，水煎服。生用清热凉血，酒炒散瘀，炭用止血。

【使用注意】 血虚有寒、孕妇及月经过多者慎用。

【现代研究】 牡丹皮有抗菌、抗炎、抗过敏作用；有镇静、镇痛、解痉、退热等中枢抑制作用。所含丹皮酚能抑制毛细血管通透性，有抗凝血作用。

(五) 清虚热药

清虚热药能清除虚热，治疗虚热证。适用于肝肾阴虚所致低热烦渴，潮热骨蒸，手足心热，舌红少苔，脉细数等虚热证。亦可用于热病后期余热未清所致的夜热早凉证。常与养阴、凉血药同用。

青 蒿

为菊科植物黄花蒿 Artemisia annua L. 的全草。秋季花盛开时采割，鲜用或阴干切段生用。

【性味归经】 味苦、辛,性寒。归肝、胆、肾经。

【功效】 清热除蒸,解暑,截疟。

【应用】

(1) 治阴虚发热,骨蒸劳热,低热不退常与银柴胡、地骨皮同用。

(2) 治暑热、暑湿、湿温诸证,有防暑之效,常与滑石、甘草同用。

(3) 治疟疾大剂量单用即有效;对脑型疟疾和抗氯喹的恶性疟疾亦有良好效果。

(4) 治暑热外感发热有汗或无汗、头痛、脉洪数证,多以鲜青蒿与荷叶同用。

【用量用法】 5~10 g,截疟 20~40 g,水煎服,或鲜品捣汁服。

【使用注意】 不宜久煎。

【现代研究】 青蒿有抑制心肌收缩力、减慢心率,降低冠状动脉血流量,降血压,抗心律失常。青蒿素作用于疟原虫的膜系结构而起直接杀灭作用;有促进机体细胞免疫、抗肿瘤作用。有退热作用。青蒿对皮肤真菌有抑制作用。

地 骨 皮

为茄科植物枸杞 *Lycium chinense* Mill. 或宁夏枸杞 *Lycium barbarum* L. 的根皮。春秋季采挖,剥取根皮,晒干。切段,生用。

【性味归经】 味甘,性寒。归肺、肝、肾经。

【功效】 清虚热、泻肺火、凉血除蒸。

【应用】

(1) 治阴虚潮热,骨蒸盗汗常与银柴胡、鳖甲等同用。

(2) 治肺热咳嗽常与桑白皮、甘草等同用。

(3) 治血热妄行而出血者与侧柏叶、白茅根等同用。

(4) 治消渴常配生地、天花粉等。

【用量用法】 9~15 g,水煎服。

【使用注意】 脾胃虚寒者慎用。

【现代研究】 地骨皮有解热、降血压、降血糖、降血脂和兴奋子宫作用。对伤寒、甲型副伤寒和弗氏痢疾杆菌有抑制作用。

其他清热药见表 9-2。

表 9-2 其他清热药简表

药名	性味	归经	功效	主治	用量	备注
芦根	味甘,性寒	肺、胃	清热生津 除烦止呕	热病烦渴,胃热呕逆 肺热咳嗽,肺痈吐脓	干品,15~30 g 鲜品,30~60 g	
天花粉	味甘、微苦,性微寒	肺、胃	清热生津 清肺润燥 解毒消痈	热病口渴,消渴多饮 肺热燥咳,干咳少痰 痈疽疮疡,口舌生疮	10~15 g	孕妇忌用
夏枯草	味苦、淡,性寒	肝、胆	清肝火 散郁结	目赤肿痛,头痛眩晕 瘰疬瘿瘤	10~15 g	

续表

药名	性味	归经	功效	主治	用量	备注
大青叶	味苦,性寒	心、胃	清热解毒 凉血消斑	热毒泻痢,痄腮丹毒, 热入营血,热毒发斑	10～15 g	
鱼腥草	味辛,性微寒	肺	清热解毒 消痈排脓 利尿通淋	热毒疮疡,痈肿疔毒, 肺痈吐脓,肠痈腹痛, 湿热淋证,湿热泻痢	15～30 g	
败酱草	辛、微寒	胃、肝、大肠	清热解毒 消痈排脓 祛瘀止痛	痈肿疮毒,肺热咳嗽, 肺痈吐脓,肠痈腹痛, 产后瘀阻,经行腹痛	6～15 g	
射干	苦、寒	肺	清热解毒 利咽消肿	肺热咳嗽,痰热壅盛, 咽喉肿痛,喉痹暗哑	3～10 g	
白花蛇舌草	微苦、甘、寒	胃、大肠、小肠	清热解毒 利湿通淋	咽喉肿痛,毒蛇咬伤, 膀胱湿热,尿赤涩痛	15～30 g	
胡黄连	苦、寒	肝、胃、大肠	清虚热 清湿热 除疳热	阴虚发热,盗汗骨蒸, 湿热泻痢,痔疮肿痛, 疳积发热,腹胀纳差	3～10 g	

三、泻下药

泻下药能引起腹泻或滑利大肠,促使排便,其作用有三:一为清除肠内的宿食燥屎;二为清热泻火,使实热通过泻下而解;三为逐水消肿,使水邪随大便而退。适用于大便不通、肠胃积滞、实热内盛及水肿停饮的里实证。

根据泻下作用的不同,泻下药又可分攻下药、润下药和峻下逐水药。

攻下药和峻下逐水药峻烈力猛,奏效迅速,但易伤正气,不可过量久服,年老体弱及妇女胎前产后,月经期等均应慎用;润下药力缓,适用于老年体虚及妇女胎前产后等血燥、津液不足所致的肠燥便秘证。使用泻下药必须注意临证配伍,对里实而又体虚者,当与补益配伍使用,以攻补兼施。

(一) 攻下药

攻下药性味苦寒,有强烈的泻下作用。适用于实热壅盛、肠胃积滞及瘀血阻滞的里实证。

大 黄

为蓼科植物掌叶大黄 *Rheum palmatum* L.、唐古特大黄 *Rheum tanguticum* Maxim ex Balf. 或药用大黄 *Rheum officinale* Baill. 的干燥根及根茎。春秋采挖,削去外皮,切片。生用、酒炒、炒炭或蒸熟用。

【性味归经】 味苦,性寒。归脾、胃、大肠、肝经。

【功效】 泻火通便,凉血解毒,逐瘀通经。

【应用】

(1) 治热结便秘，腹痛拒按常用生大黄配芒硝、枳实；津伤者加生地、玄参。

(2) 火毒内盛所致的目赤头痛、咽痛、牙痛、口舌生疮、吐血、衄血单用或与黄芩、黄连同用。

(3) 湿热黄疸配茵陈、栀子等。

(4) 小便淋沥涩痛配木通、车前子等。

(5) 治癥瘕积聚、产后腹痛、跌打损伤配桃仁、红花、蟅虫等。

【用量用法】 3～12g，煎服。生用力猛，熟用力缓，炒炭止血，酒制善清上部热邪。

【使用注意】 入煎剂宜后下，不宜久煎。孕妇或妇女经期、产后、哺乳期当慎用或忌用。

【现代研究】 大黄有明显的泻下作用，还有利尿、抗胃及十二指肠溃疡、利胆作用及广谱抗菌作用。大黄煎剂有止血、解热、降血压、降血脂作用。所含大黄酸、大黄素对癌细胞有抑制作用。

芒 硝

芒硝为含结晶水的硫酸钠矿物经精制而成的结晶体（$Na_2SO_4 \cdot 10H_2O$）。秋冬扫取地面上土硝，加水，加热溶解、过滤、冷却析出结晶，称朴硝或皮硝，再加水和白萝卜共煮，取滤液冷却析出的结晶细锋如芒者称"芒硝"；似马牙状者称"牙硝"。芒硝经风化或炒后失去结晶水者名"风化硝"或"玄明粉"。

【性味归经】 味咸、苦，性寒。归胃、大肠经。

【功效】 泻火通便，润燥软坚。

【应用】

(1) 治胃肠实热积滞，大便燥结常与大黄等相须为用。

(2) 治热毒痈肿，如肠痈、乳痈、喉痹口疮、目赤、痔疮等内服、外用皆有良效。

(3) 用于回乳，欲断乳妇女，取芒硝20g，纱布包裹分置两侧乳房上，2h取下。

【用量用法】 内服10～15g，冲服或开水溶化后服。玄明粉多为眼、喉科散剂。

【使用注意】 孕妇、水肿患者忌用，畏三棱。

【现代研究】 本品含硫酸钠96%～98%，服后其硫酸根离子在肠内形成高渗，使肠内水分增加，刺激肠壁运动增强而致泻。利用其高渗压吸水作用，用于感染性创伤，可产生消肿、止痛作用。

(二) 润下药

润下药性平质润，富含油脂，以植物的种仁为多。有润燥滑肠的缓泻作用。适用于年老体弱、久病、产后津血不足的肠燥便秘证。

火麻仁

为桑科植物大麻 Cannabis sativa L. 的成熟种仁。秋季果实成熟时采收，去壳，晒干，微炒打碎。

【性味归经】 味甘，性平。归脾、胃、大肠经。

【功效】 润燥滑肠，利水通淋。

【应用】
(1) 治老人、体虚、产后津血不足的肠燥便秘，常与当归、肉苁蓉等同用。
(2) 治皮肤干裂瘙痒单味捣烂外搓即可。

【用量用法】 10~15g，打碎入煎剂。

【使用注意】 若食入量大（60g上以）可引起中毒，轻者恶心、呕吐、腹泻，较重者则有烦躁意乱、昏迷等症状。

【现代研究】 本品含脂肪油、蛋白质、毒蕈碱、维生素B等。有缓泻、降血压、降血脂等作用。

（三）峻下逐水药

本类药攻逐峻猛，能引起剧烈腹泻，又能利尿，使体内积液从大小便排出，适用于水肿、胸腹积水、痰饮喘满等邪实而正气未衰证。本类药多具毒性，必须严格炮制，适当配伍，中病即止。

甘遂 味苦，性寒，有毒。归肺、肾、大肠经。功效：泻水逐饮，破积通便。主治：水肿胀满，胸腹积水等症，常与大戟、芫花同用；治肿毒疮腮，生用配大黄研末水调外敷。宜入丸散。每次0.5~1g，醋制可减低毒性。孕妇禁用，反甘草。

大戟 味辛、苦，性寒，有毒。归肺、肾、大肠经。功效：泻水逐饮，消肿散结。主治：水肿胀满，胸腹积水，大便秘结，痰饮积聚，癫痫发狂，痈肿疮毒，瘰疬痰核等常与山菇、雄黄同用。内服醋制。用量1.5~3g，水煎服。孕妇禁用，反甘草。

牵牛子 味苦，性寒，有毒。归肺、肾、大肠经。功效：利水通便，祛痰逐饮，杀虫消积。主治：水肿胀满，痰饮喘咳，食积便秘，虫积腹痛。内服炒用，用量3~10g，水煎服。孕妇禁用，畏巴豆。

商陆 味苦，性寒，有毒。归肺、肾、大肠经。功效：利水逐水，解毒散结。主治：水肿胀满，二便不通，痈肿疮毒。内服醋制5~10g，水煎服。外用适量，取根捣敷，过量可引起中毒。

其他泻下药见表9-3。

表9-3 其他泻下药简表

药名	性味	归经	功效	应用	用量	备注
番泻叶	味甘、苦，性寒	大肠	泻热通便 行水消胀	热结便秘，腹满胀痛，腹水胀满，二便不利	2~6g，泡服	孕妇忌用
郁李仁	味辛、苦、甘，性平	脾、大肠、小肠	润燥通便 下气利水	肠燥便秘，水肿脚气	3~10g	
巴豆	味辛，性热，大毒	胃、大肠	泻下冷积 逐水消肿 祛痰利咽 蚀腐疗疮	寒积便秘，宿食积滞，腹水臌胀，二便不利，喉痹痰阻，梗阻窒闷，脓成未溃，疥癣恶疮	入丸散，0.1~0.3g	制成巴豆霜用可减毒，不宜与牵牛同用

四、祛风湿药

祛风湿药能祛除风寒湿邪，解除痹痛。主要适用于风寒湿痹、筋骨拘急疼痛、屈伸不利、腰膝酸痛、下肢痿弱、麻木不仁或半身不遂等证。其中有一部分药物兼有补肝肾、壮筋骨之功效。

具体应用时应根据不同证候适当配伍，病邪在上在表或偏于风盛之行痹，可配祛风解表药；湿盛之着痹，配祛湿或燥湿药；寒盛之痛痹，配温经散寒止痛药；热痹，配清热药；血凝气滞者，配活血通络药；气血不足者，配益气养血药；肝肾亏损，配补益肝肾药。痹证多属慢性疾患，多制成酒剂、丸剂、片剂或膏剂服用或硬膏外贴。

本类药物大多辛散温燥，易伤阴耗血，对阴亏血虚者当慎用。

独 活

为伞形科植物重齿毛当归 Angelica pubescens Maxim. f. biserrata Shan et Yuan 的根。春秋季采挖。切片，生用。

【性味归经】 味辛、苦，性微温。归肾、膀胱经。

【功效】 祛风胜湿，散寒止痛。

【应用】

（1）治风湿痹痛。本品为治风寒湿痹的要药，对下半身风湿腰膝疼痛，两足痿痹尤为适宜。常与桑寄生、牛膝、秦艽等同用。

（2）治表寒夹湿的头痛如裹、身痛肢重常与羌活、防风等同用。

【用量用法】 3～10g，煎服。

【使用注意】 阴虚血燥者慎用。

【现代研究】 独活有抗菌、抗炎、镇痛、镇静作用，并能扩张血管、降低血压及抗血栓形成，还有抗肿瘤作用。

威 灵 仙

为毛茛科植物威灵仙 Clematis chinensis Osbeck.、棉团铁线莲 Clematis hexapetala Pall. 或东北铁线莲 Clematis manshurica Rupr. 的根。秋季采挖，生用或酒炒用。

【性味归经】 味辛、咸、微苦，性温。归膀胱、肝经。

【功效】 祛风除湿，通络止痛。

【应用】

（1）治风湿痹痛，关节不利，麻木瘫痪单用，研末黄酒冲服；或与秦艽、桂枝、制川乌同用。

（2）治筋脉拘挛、骨节变形配木瓜、伸筋草、白花蛇等通风活络药。

（3）治诸骨梗喉可单用本品加砂糖、米醋水煎频服。

【用量用法】 5～12g，水煎服。

【使用注意】 本品性走窜，多服易伤正气，体弱及气血虚者慎用。

【现代研究】 威灵仙有镇痛、抗菌、降压、利胆、抗利尿作用；可缓解咽、食管局部挛缩、增加蠕动的作用，故能使骨梗松脱。所含白头翁素和白头翁醇为有毒成分，过量服用会引起中毒。

秦 艽

为龙胆科植物秦艽 Gentiana macrophylla Pall.、麻花艽 Gentiana straminea Maxim.、

粗茎秦艽 *Gentiana crassicaulis* Duthie ex Burk. 或小秦艽 *Gentiana dahurica* Fisch. 的根。

【性味归经】 味辛、苦，性微寒。归胃、肝、胆经。

【功效】 祛风湿，舒筋络，清虚热，退黄疸。

【应用】

(1) 治风湿痹证之筋脉拘挛及手足不遂，无论寒热新久皆可用之。风湿热痹配黄柏、苍术；风寒湿痹配独活、细辛等。

(2) 治阴虚骨蒸潮热配鳖甲、青蒿、地骨皮；小儿疳热配胡黄连、鸡内金等。

(3) 治湿热黄疸与茵陈、栀子等同用。

【用量用法】 5～10g，水煎服。

【现代研究】 秦艽有抑制实验性关节炎和抗过敏作用，有解热、镇痛、镇静、降血压、抗过敏性休克及抗组胺作用，有利尿、减慢心率及广谱抗菌作用。

木 瓜

为蔷薇科植物贴梗海棠 *Chaenomeles speciosa* (*sweet*) Nakai 的近成熟果实。以安徽宣城产的质佳，称"宣木瓜"。秋季采绿黄色果实，沸水烫后，晒干。切片，生用。

【性味归经】 味酸，性温。归肝、脾经。

【功效】 舒筋活络，化湿和胃。

【应用】

(1) 治风湿痹痛，筋脉拘挛常与牛膝、苍术等同用。

(2) 治吐泻转筋常配藿香、半夏。

(3) 治脚气水肿，寒湿足膝肿痛常配吴茱萸、槟榔等。

【用量用法】 6～12g，煎水服。

【现代研究】 木瓜水煎剂对关节炎有明显消肿作用，并对腓肠肌痉挛及吐泻所致的抽搐有缓解作用，还有广谱抗菌、保肝作用。

五加皮

为五加科植物细柱五加 *Acanthopanax gracilistylus* W.W. Smith 的根皮，习称"南五加皮"。夏秋两季采挖，剥取根皮，晒干。生用。

【性味归经】 味辛、苦，性温。归肝、肾经。

【功效】 祛风湿，补肝肾，强筋骨。

【应用】

(1) 治风湿痹证之足膝沉重肿痛常与木瓜等同用或单味泡酒服。

(2) 治筋骨痿软、小儿行迟或行走乏力可与龟甲、牛膝等同用。

(3) 治水肿脚气、小便不利与茯苓皮、大腹皮等同用。

【用量用法】 10～15g，水煎服。

【使用注意】 阴虚火旺者慎用。

【现代研究】 五加皮有抗应激作用，能增强机体的抗病能力，对放射性损伤有保护作用；有性激素样作用；能调节血压、降低血糖；还有抗利尿、抗炎及镇咳、祛痰作用。

桑寄生

为桑寄生科植物桑寄生 *Taxillus chinensis* (DC.) Danser 的带叶茎枝。冬春季采细茎枝，切段。生用或酒炒用。

【性味归经】 味苦、甘，性平。归肝、肾经。

【功效】 补肝肾，强筋骨，祛风湿，安胎。

【应用】

（1）治风湿痹痛、腰膝酸软。本品内补肝肾，外散风湿，尤适宜肝肾虚弱的风湿痹证，常与独活、牛膝、杜仲等同用。

（2）治冲任不固、妊娠漏血、胎动不安等常与续断、菟丝子、阿胶等同用。

（3）治气滞血瘀所致胸痹（冠心病心绞痛及心律失常）与丹参、川芎同用。

【用量用法】 10～20g，水煎服。

【现代研究】 桑寄生有降压、利尿、镇静作用，并对脊髓灰质炎病毒及乙型肝炎表面抗原有抑制作用。

五、芳香化湿药

芳香化湿药气味芳香，能化湿健脾、疏通气机，宣化湿浊，醒脾和胃，消痞除胀。适用于湿浊内阻，脾阳被困，运化失职而引起的脘腹胀满，吐泻泛酸，食少体倦，大便溏稀，舌苔白腻等症。亦可用于暑湿或湿温初起者。

本类药物易耗气伤阴，故气虚或阴虚血燥者均慎用。又因气味芳香多含挥发油，不宜久煎。

藿香

为唇形科植物藿香 *Agastache rugosus* (Fisch. et Mey.) O. Ktze. 的干燥地上部分。枝叶茂盛时采割，日晒夜闷，反复至干。切段，生用。

【性味归经】 味辛，性微温。归脾、胃、肺经。

【功效】 祛暑解表，化湿和胃。

【应用】

（1）治湿浊中阻之脘腹胀满、纳呆不食、恶心呕吐等配苍术、半夏、厚朴等。

（2）治暑湿外感所致的恶寒发热、头痛胸闷、腹痛吐泻等症与紫苏、白芷、厚朴、半夏等同用；湿温初起，脘痞苔腻者配伍杏仁、薏苡仁、白蔻仁等。

（3）有芳香辟秽健胃之效，与佩兰煎汤可作解暑饮料。

【用量用法】 5～10g，鲜者15～30g，煎服。

【使用注意】 本品含挥发油，不宜久煎。其叶偏于解表，梗偏于和中，鲜品解暑辟秽。

【现代研究】 具有广谱抗菌作用，能促进胃液分泌，增强消化功能；有收敛止泻、扩张毛细血管、发汗等作用。对常见致病性真菌有抑制作用。尚有抗螺旋体作用。

苍 术

为菊科植物茅苍术（南苍术）*Atractylodes lancea* (Thunb.) DC. 或北苍术 *Atractylodes chinensis* (DC.) Koidz. 的根茎。春秋季采挖。生用或炒用。

【性味归经】 味辛、苦,性温。归脾、胃、肝经。
【功效】 燥湿健脾,祛风湿,明目。
【应用】
（1）治脾为湿困,运化失司,食欲不振,消化不良,呕吐满闷,腹胀泄泻等配白术、茯苓。
（2）治风寒湿痹之关节肢体疼痛与桂枝、防风、秦艽等同用；寒湿俱盛者与桂枝、川乌等配伍。
（3）治诸郁证。苍术总解诸郁,气郁加香附；湿郁加茯苓、白芷；热郁加炒栀子、青黛；血郁加桃仁、红花。
【用量用法】 5~10g,煎服。
【使用注意】 阴虚内热,表虚多汗者忌用。
【现代研究】 苍术含挥发油及大量维生素 A、D 等,对夜盲症、软骨病、角膜软化症有效；有降低血糖作用；有抗实验性胃炎及胃溃疡作用；药理试验有明显排钾、排钠作用。

厚 朴

为木兰科植物厚朴 *Magnolia officinalis* Rehd. et Wils. 或凹叶厚朴 *Magnolia officinalis* Rehd. et Wils. var. *biloba* Rehd. et Wils. 的树皮。夏季采取树皮,切丝生用或姜汁制用。

【性味归经】 味苦、辛,性温。归脾、胃、肺、大肠经。
【功效】 燥湿除满,行气消积,降逆平喘。
【应用】
（1）治湿阻中焦,胸腹胀满,食少便溏,常与苍术、陈皮、甘草等同用。
（2）治食积气滞或腹痛胀满、便秘者,与大黄、枳实等配伍。
（3）治痰饮阻肺之胸闷咳喘痰多者,配麻黄、杏仁等。
【用量用法】 3~10g,煎服或入丸散。
【现代研究】 厚朴水煎剂有肌肉松弛及广谱抗菌作用。厚朴酚有抗溃疡及抗肿瘤作用。

六、利水渗湿药

利水渗湿药能通利水道,渗除水湿,味多甘淡,能渗湿利尿,使小便通畅、尿量增多而利水消肿。部分药物性寒,兼有清利湿热之功。适用于小便不利、水肿、痰饮、淋证、黄疸、泄泻、湿温、湿痹及妇女白带等湿证。

应用时,需根据不同病证临证配伍。如肾阳虚水肿应配补肾阳药；湿热盛者应配清热泻火药等。此外,行水必先行气,故常与行气药同用。

利水渗湿药能耗伤阴液,凡阴虚津亏者当慎用。

茯 苓

为多孔菌科真菌茯苓 *Poria cocos* (Schw.) Wolf 的菌核。寄生于赤松或马尾松的根部。白色为白茯苓；淡红色者为赤茯苓；外皮为茯苓皮；抱松根而生者为茯神。7月采挖,切片或块,阴干。生用。

【性味归经】 味甘、淡,性平。归心、脾、肾经。

【功效】 利水渗湿，健脾和胃，宁心安神。

【应用】

（1）治水肿、小便不利、痰饮，常与猪苓、泽泻同用；水湿内停所致的心悸、咳嗽等则与桂枝、白术、半夏等同用。

（2）治脾虚倦怠，食少便溏与人参、白术同用。

（3）治心悸、失眠常与酸枣仁、远志、茯神等同用。

【用量用法】 10～15 g，水煎服。利水用茯苓皮，安神用茯神，健脾渗湿用白茯苓，渗利湿热用赤茯苓。

【现代研究】 茯苓有镇静、降血糖和降压的作用。并能提高机体的免疫功能、预防胃溃疡及防治肝损伤。对金黄色葡萄球菌、大肠埃希菌等有抑制作用。有抗肿瘤作用。

泽 泻

为泽泻科植物泽泻 *Alisma orientalis* (Sam.) Juzep. 的块茎。冬季采挖，洗净，除去粗皮及须根，切片入药。生用、麸炒或盐水炒用。

【性味归经】 味甘、淡，性寒。归肾、膀胱经。

【应用】

（1）治水肿胀满，小便不利、淋浊，湿热带下常与茯苓、猪苓、龙胆草等同用。

（2）治脾运不健，水湿停聚而致泄泻配茯苓、白术等。

（3）治肾阴不足、相火亢盛的遗精、耳鸣、眩晕，常配知母、黄柏、山药等以补泻同施。

【用量用法】 5～15 g，水煎服。

【使用注意】 无湿热及肾虚滑精忌用。

【现代研究】 泽泻有显著的利尿作用，并有降血压、降血糖、降血脂及抗脂肪肝、抗动脉粥样硬化等作用。

薏 苡 仁

为禾本科植物薏苡 *Coix lacryma-jobi* L. var. *ma-yuen* (Roman.) Stapf 的成熟种仁。秋季果实成熟后采收，晒干除去种皮，生用或炒用。

【性味归经】 味甘、淡，性凉。归脾、胃、肺经。

【功效】 利湿健脾，舒筋除痹，清热排脓。

【应用】

（1）治水肿，脚气，小便不利与茯苓、滑石、猪苓同用。

（2）治脾虚泄泻，常与白术、山药、党参同用。

（3）治风湿痹拘挛，屈伸不利常与羌活、独活、威灵仙同用；湿重者，可与黄柏、苍术同用。

（4）治肺痈常与苇茎、桃仁、冬瓜仁同用；肠痈常与丹皮、败酱草同用。

【用量用法】 10～30 g，健脾止泻炒用；排脓生用。

【现代研究】 薏苡仁有收缩子宫和减少肌肉挛缩作用；还有解热、镇痛及降血糖作用。此外，其煎剂对癌细胞有一定抑制作用。

车前子

为车前科植物车前 *Plantago asiatica* L. 或平车前 *Plantago depressa* Willd. 的成熟种子。夏秋两季采收，晒干。生用或盐水炒用。

【性味归经】 味甘，性微寒。归肝、肾、肺、小肠经。

【功效】 清热利尿，渗湿止泻，明目，祛痰。

【应用】

(1) 治水肿、淋病常与萹蓄、木通、滑石同用。

(2) 治目赤肿痛常与菊花、龙胆草、草决明同用。

(3) 治肝肾不足的眼花、视力减退常与地黄、枸杞子、菟丝子同用。

(4) 治咳嗽痰多常与杏仁、桔梗、黄芩同用。

(5) 治暑湿泄泻与白扁豆、香薷同用；湿胜泄泻，小便不利与白术、茯苓配伍。

【用量用法】 5～10 g，布包煎服。

【使用注意】 寒滑、肾虚滑精者忌用。

【现代研究】 车前子有显著的利尿作用，并能促进呼吸道黏膜分泌，稀释痰液，抑制呼吸中枢，故有祛痰止咳作用。大剂量可使血压降低。有预防肾结石形成的作用。

茵 陈

为菊科植物茵陈蒿 *Artemisia capillaris* Thunb. 或滨蒿 *Artemisia scoparia* Waldst. et Kit. 的地上部分。春季幼苗高 6～10 cm 时采收，习称"绵茵陈"，除去杂质及老根，晒干。生用。

【性味归经】 味苦，性微寒。归脾、胃、肝、胆经。

【功效】 清热利湿，利胆退黄。

【应用】

(1) 治湿热黄疸。茵陈专功利胆退黄，治阳黄常配大黄、栀子；治寒湿阴黄常配白术、附子、干姜。

(2) 治胆道蛔虫症常与乌梅、川椒、槟榔同用。

(3) 治湿疮瘙痒常配苦参、土茯苓等煎汤内服或外洗。

(4) 单味茵陈治高脂血症，每日 15 g 煎汤代茶饮。

【用量用法】 19～30 g，水煎服。外用适量。

【现代研究】 茵陈有利胆、护肝作用；解热、利尿、降血压、降血脂作用；抗病原微生物及抗肿瘤作用。

滑 石

为硅酸盐类矿物滑石的块状体。全年均可采挖，打碎或研末，或研细，水飞用。

【性味归经】 味甘、淡，性寒。归膀胱、胃经。

【功效】 利水通淋，清热解暑，渗湿敛疮。

【应用】

(1) 治膀胱湿热，小便不利，淋沥涩痛等证常与车前子、木通等同用。

(2) 治暑热烦渴，身热溲赤常配甘草；暑湿泄泻常与车前子、藿香同用。

（3）治湿疹、湿疮、痱子常与黄柏、炉甘石、枯矾调匀，搓患处。

【用量用法】 10～30g，包煎，外用适量。

【现代研究】 滑石有吸附和收敛作用，能保护肠道，止泻而不引起肠胀气。

金 钱 草

为报春花科植物过路黄 Lysimachia christinae Hance 的全草。夏秋两季采收，晒干。切段，生用或鲜用。

【性味归经】 味甘、咸，性微寒。归肝、胆、肾、膀胱经。

【功效】 清热利湿，通淋排石。

【应用】

（1）治湿热黄疸常与栀子、茵陈等同用以增强利胆退黄作用。

（2）治热淋、石淋，常与海金沙、鸡内金同用；治肝、胆结石常与柴胡、茵陈同用。

（3）治痈疮疖肿、烫伤、虫蛇咬伤，取鲜品捣汁内服或涂擦患处。

【用量用法】 15～30g，煎服。鲜品适量捣烂外敷。

【现代研究】 本品能促进胆汁分泌与排泄，有化石、排石、抗炎、镇痛作用。

其他利水渗湿药见表 9-4。

表 9-4 其他利水渗湿药简表

药名	性味	归经	功效	应用	用量	备注
佩兰	味辛，性平	脾、胃、肺	解暑发表 化湿和中	外感暑湿，湿温初起，湿浊中阻，脘痞呕恶	3～10g	善治脾湿口甜
豆蔻	味辛，性温	肺、脾、胃	化湿消痞 温中止呕	湿浊中阻，脾胃不和，过服寒凉，胃寒呕吐	3～6g	入汤剂宜后下
猪苓	味甘、淡，性平	肾、膀胱	利水渗湿	小便不利，水肿淋浊	5～10g	
木通	味苦，性寒	心、小肠、膀胱	利尿通淋 通经下乳	热淋涩痛，心烦尿赤，经闭乳少，湿热痹痛	3～9g	
萹蓄	味苦，性微寒	膀胱	利尿通淋 杀虫止痒	湿热淋证，小便涩痛，虫积腹痛，湿疹阴痒	10～30g	

七、温里药

温里药性味辛热，能温补阳气、温中健脾、散寒止痛或兼温肾助阳，回阳救逆。根据《内经》"寒者温之"的治则，适用于寒邪内侵，阳气受困；或阳气衰微，阴寒内盛引起的面色苍白，畏寒肢冷，脘腹冷痛，呕吐呃逆，泄泻下痢，小便清长，舌淡苔白，脉沉细，或大汗亡阳，四肢厥冷，脉微欲绝等阳脱证。

使用温里药时，应随证配伍。如寒凝气滞配行气药；寒湿内蕴配健脾化湿药；脾肾阳虚配温补脾肾药。

温里药药性燥烈，易伤阴液，当中病即止，热证、阴虚证及孕妇忌用。

附 子

为毛茛科植物乌头 Aconitum carmichaeli Debx. 的子根加工而成。夏至后采挖,除去须根及泥沙者,称泥附子。然后加工成盐附子(取泥附子,洗净,浸入食用胆巴的水溶液中,过夜,再加食盐浸泡,然后晒晾至表面出现盐霜,体质变硬为止)、黑顺片(取泥附子,洗净,浸入食用胆巴的水溶液中数日,连同浸液煮至透心,捞出,水漂,切片,再用水浸漂,后以调色液染成浓茶色,取出蒸至出现油面光泽后,晒干或烘干)等。

【性味归经】 味辛,性大热,有毒。归心、肾、脾经。

【功效】 回阳救逆,补火助阳,散寒除湿。

【应用】

(1) 治亡阳证的冷汗淋漓、四肢厥冷、脉微欲绝常与干姜、人参、炙甘草配用。

(2) 治脾肾阳虚,脘腹冷痛,便溏与人参、白术、干姜同用;心阳衰微的心悸、胸痹疼痛者与桂枝、人参同用;肾阳不足的尿频、阳痿配肉桂等。

(3) 治风寒湿痹、周身骨节疼痛与桂枝、白术同用。

(4) 寒性阴疽,疮肿漫肿不溃或溃久不敛者常与人参、黄芪、当归配伍使用。

【用量用法】 3~15 g。入汤剂应先煎 30~60 min 以减弱其毒性。

【使用注意】 过量易引起中毒,孕妇、阴虚和热证者均当忌用。

【现代研究】 本品含乌头碱及次乌头碱等。有抗心肌缺血、缺氧,强心,抗休克作用;可改善全身循环功能;有中枢性镇痛、致心律失常作用。

肉 桂

为樟科植物肉桂 Cinnamomum cassia Presl 的树皮多于秋季剥取,阴干。

【性味归经】 味辛、甘,性大热。归肾、脾、心、肝经。

【功效】 补火助阳,引火归元,散寒止痛,温经通脉。

【应用】

(1) 治肾阳不足的命门火衰,形寒肢冷,阳痿尿频常与附子、熟地、山茱萸配伍。

(2) 治脾肾阳虚的脘腹冷痛、纳呆、便溏与附子、干姜同用;治虚阳上浮、下元虚冷、面色浮红、下肢怕冷、尺脉弱与山茱萸、五味子、牡蛎同用。

(3) 治虚寒性痛经、寒疝腹痛与当归、小茴香同用;寒痹配羌活、秦艽;寒性脓疡、痈肿脓成不溃或溃后久不收口者常与补气活血药黄芪、当归等同用。

【用量用法】 2~5 g,入煎剂宜后下。研末冲服 1~2 g。

【使用注意】 阴虚火旺、里有实热、血热妄行及孕妇忌用;畏赤石脂。

【现代研究】 肉桂挥发油有扩张血管,增强血液循环的作用;有促进唾液分泌,解除内脏平滑肌痉挛性疼痛,抗溃疡作用;有抗炎、抗菌、抗肿瘤、抗血小板聚集作用;能增强心肌收缩力。

干 姜

为姜科植物姜 Zingiber officinale Rosc. 的干燥根茎。冬季采挖,切片,晒干或烘干。生用或炒用。

【性味归经】 味辛,性热。归脾、胃、心、肺经。

【功效】 温中散寒，回阳通脉，温肺化饮。

【应用】

（1）治脾胃虚寒、脘腹冷痛、呕吐泄泻常与人参、炙甘草同用；胃寒痛甚者与高良姜配伍。

（2）治心肾阳虚配附子，加强祛寒作用。

（3）治寒饮伏肺、咳喘、痰多清稀多与麻黄、细辛、五味子同用。

【用量用法】 3～10g，水煎服。

【使用注意】 热证、阴虚证及孕妇忌用。

【现代研究】 干姜有促进血液循环、反射性地兴奋血管运动中枢使血压上升，促进发汗的功用。能促进消化液分泌而健胃、止呕。还能促进肾上腺皮质激素的合成和释放。

八、理气药

理气药能疏畅气机，行气解郁，消除气滞。适用于脾胃气滞的脘腹胀满、恶心呕吐、嗳腐吞酸、便秘或腹泻；肝气郁滞的胁肋胀痛、疝气腹痛、月经不调、乳房胀痛；肺气壅滞的胸闷疼痛、咳嗽气喘等气滞、气逆证。

气滞常由情志郁结、痰饮、食积、瘀血所致，应用时当注意临证配伍。理气药辛散温燥，易耗气伤阴，故阴虚、气虚者宜慎用。

陈　皮

为芸香科植物橘 *Citrus reticulata* Blanco. 及其栽培变种的成熟果皮。秋季采集，晒干或低温干燥切丝入药。以陈久者为佳，生用。

【性味归经】 味苦、辛，性温。归肺、脾经。

【功效】 理气健脾，燥湿化痰。

【应用】

（1）治脾胃气滞、脘腹胀满、纳差常与厚朴、枳实同用；呕吐、呃逆配竹茹、丁香；脾虚气滞配党参、白术。

（2）治痰湿阻肺，肺气壅滞，咳嗽，痰多色白常与半夏、茯苓同用；痰多色黄者则配瓜蒌、贝母等。

【用量用法】 3～10g，水煎服。

【使用注意】 本品辛温苦燥，内有实热者慎用。阴虚燥咳者不宜用。

【现代研究】 本品所含挥发油可缓和消化道的刺激作用，有利于胃肠积气的排出；促进胃液分泌，有助于消化而行气健胃；并能刺激呼吸道黏膜分泌，使痰液清稀，有利于祛痰止咳及抗炎。

附：青皮

本品为陈皮的幼果或未成熟的果皮。味苦、辛，性温。归肝、胆、胃经。功能为疏肝破气，消积化滞。用于胸胁胀痛、乳房胀痛或结块、疝痛及食积不化、嗳气吞酸等症。用量3～10g，水煎服，气虚者慎用。橘核为橘的种子，功能为行气散结。用于疝气腹痛、睾丸肿痛及乳房结块等证。用量3～10g。

枳 实

为芸香科植物酸橙 *Citrus aurantium* L. 及其栽培变种或甜橙 *Citrus sinensis* Osbeck 的幼果。5～6月份采收幼果，晒干或低温干燥。生用或麸炒用。

【性味归经】 味苦、辛、酸，性微寒。归脾、胃经。

【功效】 破气消积，化痰散痞。

【应用】

(1) 治胃肠积滞，脘腹胀闷，饮食不消，大便秘结，常与山楂、麦芽同用。

(2) 治痰热结胸，胸脘痞痛，咳痰黄稠，常与黄芩、半夏、瓜蒌同用。

(3) 治湿热积滞痢疾，泻痢不畅，腹痛后重者，可与大黄、黄连等同用。

【用量用法】 3～10 g，大剂量15 g，水煎服。

【使用注意】 脾胃虚弱及孕妇慎用。

【现代研究】 枳实、枳壳均能使胃肠蠕动增强而有节律，能兴奋子宫，并有强心及明显而持久的升压作用。还有抗炎、抗菌、抗病毒、抗氧化、抗变态反应的作用。

附：枳壳

为酸橙或甜橙的未成熟果实去瓤。性味、归经、功效、应用及用法等与枳实相同，但作用较缓和，以行气、宽中、除胀为主。治内脏下垂、脱肛等有较好的疗效。用量3～10 g，水煎服。

香 附

为莎草科植物莎草 *Cyperus rotundus* L. 的根茎。秋季采挖，燎去毛根，晒干。生用或醋炒用。

【性味归经】 味辛、微苦、微甘，性平。归肝、脾、三焦经。

【功效】 舒肝理气，调经止痛，安胎。

【应用】

(1) 治肝郁气滞，胸胁胀痛常与柴胡、枳壳同用；寒疝腹痛常配合小茴香、乌药使用。

(2) 治月经不调、痛经、闭经、行经乳胀常与柴胡、当归、乌药同用。

(3) 治胎动不安，妊娠恶阻配藿香、紫苏；妊娠漏血配熟地、阿胶、白术等。

【用量用法】 6～12 g。

【使用注意】 凡气虚无滞，阴虚血热者忌用。

【现代研究】 本品有抑制子宫收缩作用，并有镇痛、解热、抗炎、强心、降压的作用。

木 香

为菊科植物木香 *Aucklandia lappa* Decne. 的根。秋冬季采挖。生用或煨用。

【性味归经】 味辛、苦，性温。归脾、胃、大肠、三焦、胆经。

【功效】 行气止痛，调中导滞。

【应用】

(1) 治胃肠气滞、脘腹胀痛，常与枳壳、元胡同用；食积气滞与山楂、青皮同用；脾虚气滞与党参、白术配伍。

（2）湿热郁蒸引起的胁痛、黄疸常与柴胡、郁金、枳壳同用。

（3）治泻痢腹痛、里急后重可配槟榔、枳实等。

【用量用法】 煎服，3～10g，生用行气，煨用止泻。

【使用注意】 阴虚津亏火旺者慎用。

【现代研究】 木香碱能促进胃肠蠕动，解除平滑肌痉挛。对伤寒杆菌、痢疾杆菌、大肠埃希菌以及多种真菌有较强的抑制作用。有利尿、降糖及促进纤维蛋白溶解作用。

砂 仁

为姜科植物阳春砂 *Amomum villosum* Lour.、绿壳砂 *Amomum villosum* Lour. var. *xanthioides* T. L. Wu et Senjen 或海南砂 *Amomum longiligulare* T. L. Wu 的成熟果实。夏秋采收，晒干或低温干燥。打碎，生用。

【性味归经】 味辛，性温。归脾、胃、肾经。

【功效】 化湿行气，温脾止泻，理气安胎。

【应用】

（1）治湿阻中焦。脾胃食积气滞配木香、枳实；脾胃虚弱配党参、白术。

（2）治脾胃虚寒，腹痛泄泻常与干姜、附子同用。

（3）治妊娠呕吐，胎动不安常与苏梗、桑寄生、白术同用。

【用量用法】 5～10g，水煎服。后下。

【使用注意】 阴虚内热者不宜用。

【现代研究】 砂仁挥发油有芳香健胃，促进胃液分泌，排除消化道积气及抗溃疡和镇痛作用。

川 楝 子

为楝科植物川楝 *Melia toosendan* Sieb. et Zucc. 的成熟果实。冬季采收，生用或麸炒用。

【性味归经】 味苦，性寒；有小毒。归肝、小肠、膀胱经。

【功效】 疏肝泄热，行气止痛，杀虫。

【应用】

（1）治肝郁气滞诸痛常与延胡索、香附同用；治寒疝腹痛配乌药、橘核等；肝胃不和的胁痛配柴胡、白芍。

（2）治虫积腹痛与使君子、槟榔同用。

（3）川楝子适量焙黄研末与等量猪油调涂患处治头癣。

【用量用法】 5～10g，水煎服。

【使用注意】 脾胃虚寒者不宜用。有小毒，不宜过量。

【现代研究】 川楝子有驱蛔虫作用，对铁锈色小芽孢癣菌有抑制作用。过量可损伤肝功能。

其他理气药见表 9-5。

表 9-5 其他理气药简表

药名	性味	归经	功效	应用	用量	备注
沉香	味辛、苦，性微寒	脾、胃、肾	行气止痛 温中止呕 纳气平喘	寒凝气滞，胸腹胀痛， 寒邪犯胃，呕吐清水， 下元虚冷，肾不纳气	1.5～4.5g	煎剂宜后下
乌药	味辛，性温	肺、脾、肾、膀胱	行气止痛 温肾缩尿	寒凝气滞，胸腹冷痛， 膀胱虚冷，小便频数	3～9g	
薤白	味辛、苦，性温	肺、胃、大肠	理气宽胸 通阳散结	寒痰凝滞，胸痹疼痛， 痰饮咳喘，泻痢后重	3～9g	

九、消导药

消导药能健运脾胃、消食化积、除胀和中。适用于饮食积滞而引起的消化不良、脘腹胀满、嗳腐吞酸、食欲不振、恶心呕吐和大便失常等症。

临床应用时，当根据病情不同临证配伍。如脾胃虚寒者配温中散寒药；胃肠湿滞者配芳香化湿药；食积化热便秘者配清热通便药；脾胃气虚者配益气健脾药等。

山 楂

为蔷薇科植物山里红 Crataegus pinnatifida Bge. var. major N. E. Br. 或山楂 Crataegus pinnatifida Bge. 的成熟果实。秋季果实成熟时采收。切片，晒干。生用或炒用。

【性味归经】 味酸、甘，性微温。归脾、胃、肝经。

【功效】 消食积，化瘀滞。

【应用】

(1) 治肉食积滞，胃酸缺乏症常与神曲、麦芽、莱菔子等同用。

(2) 治泻痢腹痛与木香、槟榔同用。

(3) 治产后瘀阻或痛经与当归、益母草同用；治疝气、睾丸肿痛与小茴香、橘核同用。

(4) 治冠心病、心绞痛、高血压病、高脂血症常与何首乌、丹参等同用。

【用量用法】 10～15g，水煎服。消食炒焦用。

【使用注意】 胃酸过多、胃溃疡及孕妇慎用。

【现代研究】 山楂有扩张血管、降血压和降低胆固醇及保护心肌的作用。能增加胃液消化酶的分泌，促进消化；有利尿、防癌、抗氧化、增强免疫作用。

麦 芽

为禾本科植物大麦 Hordeum vulgare L. 的成熟果实经发芽后干燥而得。全国各地随时可制备。生用或炒用。

【性味归经】 味甘，性平。归脾、胃经。

【功效】 消食化积，回乳消胀。

【应用】

(1) 主消米面谷物，食积不消常与神曲、山楂、鸡内金同用。小儿乳食不化，用单味麦芽煎服有效；胃脘胀闷、纳呆配山楂、陈皮；食后腹胀配白术、茯苓。

(2) 回乳，乳房胀痛者可单用本品大剂量煎服。

【用量用法】　10～15 g，水煎服。健脾养胃生用；行气消积炒用；退乳宜大剂量，生用30～120 g。

【使用注意】　哺乳期不宜使用。

【现代研究】　麦芽主含淀粉酶以助消化。麦芽生用含酶量高，炒焦后降低消化酶的活力。

神 曲

为面粉、麸皮、杏仁、赤小豆等多种药物混合发酵制成。原主产于福建，为建曲，现全国各地均有生产，以陈久者为佳。生用或炒用。

【性味归经】　味甘、辛，性温。归脾、胃经

【功效】　消食化积，健脾和胃。

【应用】

(1) 治食积不化，脘腹胀满，食少纳差，肠鸣腹泻常与山楂、麦芽配伍。

(2) 治暑湿吐泻，头昏胸闷，不思饮食者常配藿香、佩兰等。此外神曲还可助金石类药物的消化吸收，如磁朱丸。

【用量用法】　6～15 g，水煎服，本品麦芽、山楂炒焦合用，称焦三仙，消积之力增强。

【使用注意】　胃火炽盛，胃酸过多者忌用。

【现代研究】　本品主含消化酶，能促进消化液分泌而助消化。还有健脾止泻作用。

鸡 内 金

为雉科动物家鸡 *Gallus gallus domesticus* Brisson 的胃内壁。全国各地均有。生用或炒用。

【性味归经】　味甘，性平。归脾、胃、小肠、膀胱经。

【功效】　健脾消食，涩精止遗，消腐化食。

【应用】

(1) 治消化不良，食积不化，小儿疳积常与山楂、神曲同用。

(2) 治遗尿配桑螵蛸、益智仁等；治遗精与菟丝子、莲子肉、芡实同用。

(3) 治石淋、结石与金钱草、海金沙同用。

(4) 治癥瘕积聚、妇女经闭配鳖甲、砂仁等。

【用量用法】　3～10 g，水煎服。微炒，研末服，每次1.5～3 g。

【现代研究】　鸡内金能使胃液分泌量和酸度增高、胃蠕动加强、排空加速；有抗利尿作用。其他消导药见表9-6。

表9-6　其他消导药简表

药名	性味	归经	功效	应用	用量	备注
谷芽	味甘，性平	脾、胃	消食化积 健脾开胃	食积停滞，脘腹胀满，脾胃虚弱，消化不良	10～15 g	炒用消食；生用和中；炒焦健脾化滞
莱菔子	味辛、甘，性平	肺、脾、胃	消食除胀 降气化痰	食积气滞，痰涎壅盛，气喘咳嗽	6～10 g	不宜与人参同用

十、活血祛瘀药

活血祛瘀药,味多辛、苦而性温,善于走散,有行血散瘀,通经活络,续伤利痹,消肿止痛之功效。适用于血行不畅,瘀血阻滞之证,如外伤瘀肿、产后瘀痛、痛经闭经、痈肿疮疡、半身不遂、痹痛、胸痹等。

应用时结合血瘀原因进行适当的配伍。如寒凝气滞者宜配温里药;跌打损伤者与行气和营药配伍;痰热互结者配泻火凉血药;风湿痹痛配祛风湿药;正虚夹瘀者配补益药等。

活血祛瘀药不宜用于妇女月经过多或血虚无瘀者。孕妇忌用。

川 芎

为伞形科植物川芎 *Ligusticum chuanxiong* Hort. 的根茎。夏季采收。生用、酒炒或麸炒用。

【性味归经】 味辛,性温。归肝、胆、心包经。

【功效】 活血祛瘀,行气解郁,祛风止痛。

【应用】

(1) 用于气血瘀滞诸证。治血瘀经闭、痛经、月经不调配红花、赤芍;治寒凝经闭配肉桂、当归;治产后腹痛常与当归、炮姜同用;治肝郁胁痛配柴胡、白芍;治胸痹瘀阻配当归、枳壳;治外伤肿痛配乳香、没药;治痈肿疮疡配黄芪、穿山甲等。

(2) 治风寒头痛配白芷、防风、细辛;治风热头痛配菊花、石膏、僵蚕;治风湿头痛配羌活、藁本、防风;治血瘀头痛配赤芍、白芷、丹参;治风湿痹痛配羌活、独活、防风等。

【用量用法】 3~10g,水煎服。

【使用注意】 阴虚火旺、月经过多者不宜应用。

【现代研究】 川芎可扩张脑血管、增加脑血流量,扩张冠状动脉、增加冠脉血流量;有抗血栓形成,抑制妊娠子宫的收缩作用;有显著利尿作用;有镇静、解痉和镇痛等作用;有抗肿瘤及抗放射损伤作用;对胰腺炎有防治作用和改善记忆的作用。

郁 金

为姜科植物温郁金 *Curcuma wenyujin* Y. H. Chen et C. Ling.、姜黄 *Curcuma longa* L.、广西莪术 *Curcuma kwangsiensis* S. G. Lee. C. F. Liang 或蓬莪术 *Curcuma phaeocaulis* Val. 的块根。冬季采挖,蒸或煮透心,切片,晒干。生用或醋制用。

【性味归经】 味辛、苦,性寒。归肝、心、肺经。

【功效】 活血止痛,行气解郁,清心凉血,利胆退黄。

【应用】

(1) 治血瘀气滞诸痛常与柴胡、香附、当归同用。

(2) 治热病神昏、痰闭癫狂与菖蒲、栀子、白矾同用。

(3) 治肝郁化火,气火上逆所致的吐血、衄血及妇女倒经常与生地黄、丹皮、栀子、牛膝同用。

(4) 治湿热黄疸常与茵陈、栀子、大黄同用。

【用量用法】 3~10g,水煎服。

【使用注意】 阴虚失血者忌服,孕妇慎用。畏丁香。

【现代研究】 郁金能溶解胆固醇，促进胆汁分泌和排泄，减少尿内的尿胆原的作用。对心肌损伤、肝损伤有保护作用。所含姜黄二酮有明显的中枢抑制、延长睡眠的作用。

丹 参

为唇形科植物丹参 *Salvia miltiorrhiza* Bge. 的根和根茎。春秋采挖。切片，生用或酒炒用。

【性味归经】 味苦，性微寒。归心、心包、肝经。

【功效】 活血调经，消痈止痛，凉血安神。

【应用】

（1）治月经不调闭经、痛经、产后瘀滞腹痛和恶露不尽等证，常与当归尾、益母草、桃仁同用。

（2）治心腹刺痛与檀香、砂仁配伍；治癥瘕积聚与赤芍、鳖甲、三棱同用。

（3）治热病心烦不寐与生地、玄参、黄连配伍；心悸、失眠与夜交藤、酸枣仁、何首乌同用。

（4）治热痹肿痛、跌打损伤与忍冬藤、秦艽、赤芍同用。

【用量用法】 5～15 g，水煎服。

【使用注意】 反藜芦。

【现代研究】 丹参能扩张冠状动脉和外周血管，改善微循环，增加血流量；改善心、肾功能及心脑缺血，缩小心肌梗死范围；有抗凝、促进纤维蛋白溶解的作用；有镇静安神、降血压和血糖作用；有抗炎、抗过敏、抗氧化作用；还有调节免疫功能、促进组织修复及再生作用。

桃 仁

为蔷薇科植物桃 *Pruntus persica* (L.) Batsch 或山桃 *Prunus davidiana* (Carr.) Franch. 的种仁。秋季采收，取种子去皮，晒干。打碎，生用或炒用。

【性味归经】 味苦、甘，性平。归心、肝、大肠经。

【功效】 活血祛瘀，润肠通便。

【应用】

（1）治闭经、痛经、产后瘀血作痛、跌打损伤等多种瘀血证常与红花、当归、赤芍等同用。

（2）治肺痈、肠痈常与苇茎、薏苡仁、大黄、丹皮配伍。

（3）治肠燥便秘常与火麻仁、杏仁配伍。

（4）治癥瘕痞块积聚常配五灵脂、丹皮、莪术、三棱等。尚有止咳平喘作用，治咳嗽气喘。

【用量用法】 6～10 g，水煎服。

【使用注意】 血虚者及孕妇忌用。

【现代研究】 桃仁能扩张周围血管，增加血流量，改善微循环；能促进初产子宫收缩及子宫止血；有抗炎、抗过敏及镇咳作用。

红 花

为菊科植物红花 *Carthamus tinctorius* L. 的干燥花。夏季采收。晒干，生用或微炒用。

【性味归经】 味辛，性温。归心、肝经。

【功效】 活血通经，祛瘀止痛。
【应用】
(1) 治闭经、痛经、产后瘀阻腹痛、癥瘕积聚等证常与桃仁、当归、川芎配伍。
(2) 治跌打损伤、瘀滞作痛常与当归、苏木、鸡血藤同用。
(3) 治冠心病心绞痛、脑血栓后遗症常配川芎、丹参、降香等。
【用量用法】 3～10 g，水煎服。
【使用注意】 孕妇及月经过多者忌用。
【现代研究】 红花能增加冠状动脉血流量，降低血压；有抗凝血及抑制血栓形成的作用；能使子宫发生紧张性节律性收缩；有镇痛、降脂作用。

牛 膝

为苋科植物牛膝 Achyranthes bidentata Bl. 的根，亦称怀牛膝。秋冬采挖，切片晒干，生用或酒炒用。
【性味归经】 味苦、酸，性平。归肝、肾经。
【功效】 补肝肾，强筋骨，活血通经，引血下行。
【应用】
(1) 治肝肾不足的腰膝酸软常与杜仲、续断配伍；风湿腰痛常与络石藤、续断同用。
(2) 治闭经、痛经、产后瘀滞腹痛与桃仁、红花、当归配伍。
(3) 治阴虚火旺的牙龈肿痛、口舌生疮与石膏、知母、熟地配伍；肝阳上亢之眩晕与龙骨、代赭石同用。
【用量用法】 10～15 g，水煎服。
【使用注意】 孕妇及月经过多者忌服。
【现代研究】 牛膝可减低血液黏度，加速凝血时间；有镇痛、抗炎、收缩子宫、降血压、降血糖、降脂及利尿作用；还有促进蛋白质合成、抗衰老的作用及轻度抑制中枢神经作用。

延 胡 索

为罂粟科植物延胡索 Corydalis yanhusuo W. T. Wang 的块茎。立夏后采挖，洗净，入沸水中煮至内无白心时捞出晒干。生用、醋炒或酒炒用。
【性味归经】 味辛、苦，性温。归肝、脾经。
【功效】 活血祛瘀，行气止痛。
【应用】
(1) 治气血阻滞的各种疼痛证，如胸胁、脘腹痛配川楝子、香附、郁金；经行腹痛、产后瘀阻配当归、川芎、香附等。
(2) 治寒疝痛配小茴香、川楝子。
(3) 治跌仆肿痛与乳香、没药、红花等同用。此外，单用治多种内脏痉挛或非痉挛性疼痛，有较好的疗效。
【用量用法】 5～10 g，水煎服；研末服，每次 1.5～3 g。
【使用注意】 孕妇忌服。
【现代研究】 延胡索醋炒可使生物碱溶解度提高，产生明显的镇痛效果。并有催眠、镇静、安定作用。还有扩张冠状动脉，增强冠状动脉血流量的作用及抗溃疡、抗心律失常作用。

鸡 血 藤

为豆科植物密花豆 *Spatholobus suberectus* Dunn 的藤茎。秋冬采收，切片晒干。生用或熬膏用。

【性味归经】 味苦、甘，性温。归肝、肾经。

【功效】 活血舒筋，养血调经。

【应用】

（1）治月经不调、痛经、经闭常与当归、川芎配伍。

（2）治风湿或血虚所致腰膝酸软、麻木瘫痪等配芍药、防己、威灵仙等。

（3）治跌打损伤、瘀血肿痛常配骨碎补、续断、土鳖虫等。

【用量用法】 10～20g，水煎服。

【使用注意】 月经过多者不宜服用。

【现代研究】 鸡血藤有镇静、催眠和补血作用，并能提升白细胞和血红蛋白，用于白血病和贫血证的治疗。能促进磷代谢，对实验性关节炎有显著疗效。

益 母 草

为唇形科植物益母草 *Leonurus japonicus* Houtt. 的地上部分，种子名茺蔚子。夏季采收，割取全草，晒干。生用或熬膏用。

【性味归经】 味苦、辛，性微寒。归肝、心包经。

【功效】 活血调经，利尿消肿，清热解毒。

【应用】

（1）治产后恶露出血、经闭、经行不畅等。本品为妇科经产要药，可单用熬膏，或配川芎、艾叶、当归等。

（2）治跌打损伤、瘀血作痛与当归、赤芍同用。

（3）治水肿、小便不利可单用，或配白茅根、车前子等同用。

（4）治疮痈肿毒、皮肤痒疹，外敷或内服均有清热解毒消肿之功效。

【用量用法】 10～20g，水煎服。外用适量。

【使用注意】 孕妇、阴虚血少者忌用。

【现代研究】 益母草能兴奋子宫、加强子宫肌肉持久的收缩和紧张性。有增加冠状动脉血流量和抗血小板聚集及抗血栓形成的作用。

其他活血祛瘀药见表9-7。

表9-7 其他活血祛瘀药简表

药名	性味	归经	功效	应用	用量	备注
乳香	味辛、苦，性温	心、肝、脾	活血止痛 消肿生肌	瘀血气滞，疼痛诸证，跌打损伤，疮疡痈疔	3～10g	孕妇忌用
没药	味辛、苦，性平	心、肝、脾	同乳香	同乳香	3～10g	孕妇及月经过多者慎用
莪术	味辛、苦，性温	肝、脾	破血行气 消积止痛	癥瘕痞块，瘀血经闭，食积不化，脘腹胀满	5～10g	月经过多及孕妇忌用
三棱	味苦、辛，性平	肝、脾	同莪术	同莪术	5～10g	孕妇忌用

十一、止血药

止血药能制止人体内外出血,分别具有凉血止血、收涩止血、化瘀止血、温经止血等作用。适用于咯血、吐血、衄血、尿血、便血、崩漏以及外伤出血等。

应用时,当注意临证选药及临证配伍。如血热妄行之出血,应选用清热凉血药;如虚损不足之出血,应配伍益气健脾药或滋阴降火药;瘀血内阻之出血,应选配活血祛瘀、行气止血药;虚寒性出血可与温阳、益气、健脾及养血药同用。

使用凉血止血及收敛止血药,应注意有无瘀血之证,以免产生留瘀之弊。若出血过多而致气虚欲脱者,应急予大补元气药配伍,以益气固脱。止血药多炭用。

蒲 黄

为香蒲科植物水烛香蒲 *Typha angustifolia* L.、东方香蒲 *Typha orientalis* Presl 或同属植物的花粉。夏季采收蒲棒上部的黄色雄花序,晒干后辗轧,筛取花粉。生用或炒炭用。

【性味归经】 味甘,性平。归肝、心包经。

【功效】 化瘀止血,利尿通淋。

【应用】

(1) 治咯血、衄血、吐血、尿血、便血、崩漏等各种出血证配侧柏叶、旱莲草等。

(2) 治心腹疼痛、痛经、产后瘀阻、跌打损伤等证常配五灵脂。

(3) 治血淋涩痛与冬葵子、生地等同用。

【用量用法】 3~10 g,包煎。止血宜炭用,行血宜生用。

【使用注意】 孕妇忌服。

【现代研究】 蒲黄能缩短出血时间,使血小板增加而有止血作用;能增加冠状动脉血流量;能扩张血管,加强心脏射血功能;有收缩子宫和利尿作用。生蒲黄有降低血清胆固醇、抗动脉粥样硬化和降压作用。对免疫功能有抑制作用。

三 七

为五加科植物三七 *Panax notoginseng* (Burk.) F. H. Chen 的根。秋季采挖,洗净,晒干。切片或打粉生用。

【性味归经】 味甘、微苦,性温。归肝、胃、心、肺、大肠经。

【功效】 化瘀止血,消肿镇痛。

【应用】

(1) 用于人体内外各种出血证,有瘀滞者尤宜单用或与其他止血药配伍均可。

(2) 治跌打损伤、胸痹绞痛、瘀滞肿痛,单味研末温酒送服或配活血行气药同用。

【用量用法】 3~10 g,煎服;水研末吞服,每次 1.5 g;外用适量。

【使用注意】 本品昂贵,临床多研末冲服。血热妄行或阴虚者宜配凉血或滋阴清热之品。

【现代研究】 三七能缩短凝血时间,使全血黏度下降,兼有止血、活血、镇痛作用。能促进机体造血功能,增加冠状动脉血流量,有改善心肌氧代谢作用。有抗心律失常、抗动脉粥样硬化、抗休克、抗炎、抗肿瘤的作用。有抗衰老,改善物质代谢作用。

白 及

为兰科植物白及 *Bletilla striata* (Thunb.) Reichb. f. 的块茎。夏秋两季采挖,置沸水中煮或蒸至内无白心,除去粗皮,晒干。切片或打粉生用。

【性味归经】 味苦、甘、涩,性微寒。归肺、肝、胃经。

【功效】 收敛止血,消肿生肌。

【应用】

(1) 治人体内外各种出血证。治肺出血配阿胶、枇杷叶等;治胃出血配乌贼骨、三七等。

(2) 治疮疡、手足皲裂、痈肿初起与银花、天花粉、贝母同用;治外伤出血、疮疡溃不收口,单味研末外用;手足皲裂或烫火伤也可单用研末,麻油调敷。

【用量用法】 6～10 g,水煎服;研末吞服,每次 1.5～3 g;外用适量。

【使用注意】 反乌头、附子。

【现代研究】 白及有缩短凝血时间,使血细胞凝集形成人工血栓从而达到止血的作用。对胃黏膜有保护作用。对结核分枝杆菌有显著抑制作用,亦能抑制革兰阳性菌。有抗肿瘤作用。

地 榆

为蔷薇科植物地榆 *Sanguisorba officinalis* L. 或长叶地榆 *Sanguisorba officinalis* L. var. *longifolia* (Bert.) Yu et Li 的根。春秋两季采收。生用或炒炭用。

【性味归经】 味苦、酸,性微寒。归肝、胃、大肠经。

【功效】 凉血止血,清热解毒,消肿敛疮。

【应用】

(1) 主治下焦出血,如治便血、痔血常与槐角、生地同用;久痢脓血与黄连、木香、诃子同用。

(2) 治烫伤常配大黄,研粉,调油外搽;疮疡肿毒常与蒲公英、金银花同用。

【用量用法】 10～15 g,水煎服。外用适量。烧伤宜生用,止血宜炒用。

【使用注意】 大面积烧伤不宜用,以防大量产生中毒性肝炎。虚寒者慎用。

【现代研究】 地榆能缩短出血时间,有止血作用。有收敛作用,可减轻烧伤面渗出,促进伤口愈合。对大肠埃希菌、痢疾杆菌、伤寒杆菌和铜绿假单胞菌等均有抑制作用,并有降血压和止泻作用。

艾 叶

为菊科植物艾 *Artemisia argyi* Levl. et Vant. 的叶。夏末开花时采收。生用、炒炭用或捣绒用。

【性味归经】 味辛、苦,性温。归肝、脾、肾经。

【功效】 温经止血,散寒止痛,除湿止痒。

【应用】

(1) 治虚寒出血尤宜,妇女月经过多、崩漏、妊娠出血常与阿胶、炮姜同用。

(2) 治腹中冷痛、痛经、月经不调及带下常与吴茱萸、当归同用。

(3) 治血热出血与生地、侧柏叶同用等。此外,制成艾条、艾柱供灸治用,具有温煦气血、透达经络的作用;煎汤熏洗可用于湿疹瘙痒。

【用量用法】 3~10g，水煎服；外用适量。散寒止痛宜生用；止血宜醋炒或炒炭用。
【使用注意】 阴虚血热者慎用；过量可引起急性胃肠炎、中毒性肝炎。
【现代研究】 本品含挥发油，能缩短出血与凝血时间，炒炭后作用更显。内服有较好的止咳、平喘、祛痰作用。还有抗菌、抗过敏、利胆作用及增强子宫收缩的作用。

白 茅 根

为禾本科植物白茅 Imperata cylindrica Beauv. var. major (Nees) C. E. Hubb. 的根茎。春秋两季采挖，晒干，切段。生用或鲜用。

【性味归经】 味甘，性寒。归肺、胃、膀胱经。
【功效】 凉血止血，清热生津，利尿通淋。
【应用】
(1) 治热病咯血、衄血、尿血常与生地、黑山栀、小蓟等同用。
(2) 治热淋涩痛、水肿与木通、车前草、滑石同用。
(3) 治热病烦渴、胃热呕吐、肺热咳嗽常配石斛、知母等。
【用量用法】 15~30g，水煎服。鲜品加倍。
【使用注意】 脾胃虚寒者慎用。
【现代研究】 白茅根有利尿作用和促凝血作用。对痢疾杆菌有明显的抑制作用。

其他止血药见表9-8。

表9-8 其他止血药简表

药名	性味	归经	功效	应用	用量	备注
大蓟	味苦、甘，性凉	心、肝	凉血止血 解毒消痈	血热妄行，咳吐崩漏，热毒痈肿，疮疡肿痛	10~15g	
槐花	味苦，性微寒	肝、大肠	凉血止血 清肝明目	血热吐衄，便血崩漏，目赤肿痛，头昏头痛	6~15g	凉血生用 止血炒用
侧柏叶	味苦、涩，性微寒	肺、肝、大肠	凉血止血 祛痰止咳	血热妄行，出血诸证，肺热咳嗽，痰多黏稠	6~12g	生用凉血 炒炭止血
仙鹤草	味苦、涩，性平	肝、肺、脾	收敛止血 止痢杀虫 健脾补虚	寒热虚实，出血诸证，久病泻痢，阴痒带下，劳力过度，脱力劳伤	10~15g	

十二、化痰止咳平喘药

化痰药能消除痰涎；止咳平喘药能减轻或制止咳嗽气喘。

痰、咳与气喘在病机上关系密切，一般咳喘每多夹痰，痰多易致咳喘。故化痰药多兼有止咳平喘之功，止咳平喘药亦多有化痰之效。治疗上化痰药与止咳平喘药没有截然的区别，故合称为化痰止咳平喘药。

化痰药有寒温之分，化痰止咳平喘药又分为温化寒痰药、清化热痰药及止咳平喘药三大类。

临证时还须辨证论治，加以选择，适当配伍。如兼表证者配解表药；兼里热者配清热药；有里寒者配温里药；虚痨者配补虚药；癫痫、眩晕惊厥者配平肝熄风、开窍安神药；痰核瘰疬、瘿瘤者配软坚散结药等。

(一) 温化寒痰药

温化寒痰药性多温燥，能温肺祛寒、燥湿化痰。适用于寒痰、湿痰引起的咳嗽、气喘及痰湿阻于经络所致的肢体酸痛、阴疽流注、疼痛等症。临床多与温肺散寒、燥湿健脾或理气药同用。

本类药物性多温燥，故凡热痰、燥痰及有咯血倾向者，均当慎用。

半 夏

为天南星科植物半夏 *Pinellia ternata* (Thunb.) Breit. 的块茎。夏秋两季采挖，去外皮及须根，洗净晒干为生半夏；经白矾水浸渍者为清半夏；经生姜、白矾水浸渍者为姜半夏；经甘草、石灰液浸渍者为法半夏。法半夏研细加面粉姜汁等制成饼状并经发酵者为半夏曲。

【性味归经】 味辛，性温；有毒。归脾、胃、肺经。

【功效】 燥湿化痰，降逆止呕，消痞散结。

【应用】

(1) 治湿痰咳喘、胸脘痞闷配茯苓、陈皮；治寒痰咳嗽、痰多清稀配细辛、干姜。

(2) 治各种呕吐。如胃寒呕吐配生姜；胃热呕吐配黄连、竹茹；妊娠呕吐配苏梗、砂仁。

(3) 治瘿瘤痰核、痈疽肿毒与海藻、浙贝同用；风痰眩晕，常配天麻、白前等。

【用量用法】 5～10g，煎服。消水肿散结生品外用；燥湿宜用法半夏；化痰宜用清半夏；止呕宜用姜半夏；半夏曲化痰兼消食。

【使用注意】 阴虚燥咳、血证及热痰均慎用。反乌头！

【现代研究】 半夏有镇咳祛痰、缓解支气管痉挛和抑制呕吐中枢的作用。

天 南 星

为天南星科植物天南星 *Arisaema erubescens* (Wall.) Schott、异叶天南星 *Arisaema heterophyllum* Blume. 或东北天南星 *Arisaema amurense* Maxim. 的块茎。秋冬两季采挖，洗净晒干为生南星；经白矾水浸漂至无麻舌感为度，再与生姜共煮至内无白心，切片晒干为制南星。

【性味归经】 味苦、辛，性温；有毒。归肺、肝、脾经。

【功效】 祛风止痉，化痰散结。

【应用】

(1) 治湿痰、寒痰、咳喘胸闷与陈皮、半夏同用；热痰咳嗽与黄芩、半夏同用。

(2) 治风痰证之眩晕、中风痰厥、口眼㖞斜、半身不遂、癫痫、破伤风等与半夏、白附子、全蝎、僵蚕、天麻等同用。

(3) 治疮疖肿毒、瘰疬痰核生用醋研，浓汁涂患处；毒蛇咬伤用鲜南星捣敷患处。

【用量用法】 10～15g，水煎服；生南星外用适量。

【使用注意】 阴虚燥痰及孕妇忌用。生南星不作内服。孕妇慎用。

【现代研究】 天南星有镇静、镇痉和镇痛作用；能使呼吸道分泌物增加，有祛痰作用。有类似生半夏的毒性，用白矾制或久煎可减轻其毒性。有抗肿瘤作用，主要用于子宫颈癌。

附：胆南星

味苦、微辛，性凉。归肺、肝、脾经。功能清热化痰，熄风定惊。主治痰热咳嗽，咳痰黄稠，中风痰厥，癫狂惊痫。用量3～6g，水煎服。

桔　梗

为桔梗科植物桔梗 *Platycodon grandiflorum* （Jacq.）A. DC. 的根。春秋采挖，晒干，切片，生用。

【性味归经】　味苦、辛，性平。归肺经。

【功效】　宣肺利咽，祛痰排脓。

【应用】

（1）治咳嗽痰多，无论寒热均可使用。如风寒咳嗽配苏叶、陈皮；风热咳嗽与桑叶、菊花同用。

（2）治外感风热或热邪闭肺的咽喉肿痛、声音嘶哑与蝉蜕、薄荷、牛蒡子同用。

（3）治肺痈咳吐脓痰常配鱼腥草、薏苡仁等。

（4）能引药上行，故有"甘草、桔梗，专治喉咙"之说。

【用量用法】　3～10g，水煎服。

【使用注意】　肺虚久咳或咯血者慎用。

【现代研究】　桔梗能使呼吸道黏液分泌量增加，使痰液稀释易于咯出，有较强的镇咳、祛痰作用。有抗炎、抗溃疡及减慢心率作用。对中枢神经有抑制作用。

（二）清化热痰药

清化热痰药药性寒凉，能清热化痰。适用于热痰所致的咳喘胸闷、痰稠而黄、咳痰不爽以及癫痫惊厥、瘿瘤瘰疬等证。临床多与清热药、滋阴润肺药、软坚散结药配伍。

本类药物多寒凉质润，故寒痰、湿痰者不宜应用。

瓜　蒌

为葫芦科植物栝楼 *Trichosanthes kirilowii* Maxim. 或双边栝楼 *Trichosanthes rosthornii* Harms 的成熟果实。秋季采收，全果实称全瓜蒌；瓜蒌仁压榨、去油后称瓜蒌霜。仁多炒用。

【性味归经】　味甘、微苦，性寒。归肺、胃、大肠经。

【功效】　清热化痰，宽胸散结，润燥滑肠。

【应用】

（1）治肺热咳嗽，痰黄黏稠难咳常与黄芩、知母同用。

（2）治胸痹、结胸、痞闷作痛等配薤白、半夏、黄连同用。

（3）治疮肿、乳痈常与蒲公英、乳香、青皮同用；肺痈配鱼腥草、桔梗；肠痈配牡丹皮、蒲公英等。

（4）治肠燥便秘与柏子仁、火麻仁、郁李仁同用。

【用量用法】　全瓜蒌10～20g，瓜蒌皮6～10g，瓜蒌仁10～15g，水煎服。

【使用注意】　寒饮及脾虚便溏者忌用。反乌头！

【现代研究】　瓜蒌有降血脂和增加冠状动脉血流量的作用；有广谱抑菌和祛痰作用。瓜蒌仁对肉瘤和腹水癌细胞有一定抑制作用。有抗衰老作用。

川 贝 母

为百合科植物川贝母 *Fritillaria cirrhosa* D. Don、暗紫贝母 *Fritillaria unibracteata* Hsiao et

K. C. Hsia. 、甘肃贝母 *Fritillaria przewalskii* Maxim. 或梭砂贝母 *Fritillaria delavayi* Franch. 的地下鳞茎。夏季采收，晒干。生用。

【性味归经】 味苦、甘，性微寒。归肺、心经。

【功效】 清热润肺，化痰止咳，散结消肿。

【应用】

（1）治痰热咳嗽与知母、黄芩同用；肺虚久咳与沙参、麦冬配伍。

（2）治肺痈咳吐脓痰与鱼腥草、芦根、薏苡仁同用。

（3）治痈肿瘰疬与玄参、牡蛎同用。

【用量用法】 3～10g，水煎服。

【使用注意】 寒痰、湿痰者不宜用。反乌头！

【现代研究】 川母贝有祛痰、镇咳、平喘、降血压和升高血糖等作用。能松弛肠道平滑肌。

竹 茹

为禾本科植物青秆竹 *Bambusa tuldoides* Munro、大头典竹 *Sinocalamus beecheyanus* (Munro) McClure var. *pubescens* P. F. Li 或淡竹 *Phyllostachys nigra* (Lodd.) Munro var. *henonis* (Mitf.) Stapf ex Rendle 的茎秆的中间层刮成的丝状物。四季采制。鲜用、生用或姜汁炒用。

【性味归经】 味甘，性微寒。归肺、胃、胆经。

【功效】 清热化痰，除烦止呕。

【应用】

（1）治各种痰热证。肺热咳嗽与瓜蒌、黄芩配伍；胆火夹痰之心烦失眠、惊悸与半夏、枳实等同用。

（2）治胃热呕吐与黄连、半夏同用；胃虚夹热、呕吐配人参、生姜等。

（3）治吐血、衄血、尿血、崩漏与生地、白茅根、大蓟等同用。

【用量用法】 6～10g 水煎服。祛痰生用；止呕姜汁炒用。

【现代研究】 竹茹粉对白色葡萄球菌、枯草杆菌、大肠埃希菌、伤寒杆菌等均有抑制作用。

前 胡

伞形科植物白花前胡 *Peucedanum praeruptorum* Dunn. 和紫花前胡 *Peucedanum decursivum* (Miq.) Maxim 的根。冬季至次春或未抽花茎时采挖。刮去栓皮，切片晒干。生用或蜜炙用。

【性味归经】 味苦、辛，性微寒。归肺经。

【功效】 疏散风热，降气化痰。

【应用】

（1）治肺热咳嗽、痰黄黏稠、呕逆常与川贝母、桑白皮、杏仁同用。

（2）外感风热、咳嗽痰多常与薄荷、牛蒡子、桔梗同用。

【用量用法】 6～10g，肺虚燥咳宜蜜炙用。

【使用注意】 寒饮咳喘不宜用。

【现代研究】 紫花前胡能增加呼吸道分泌而有显著的祛痰效力，对流感病毒有抑制作用。白花前胡丙素能增加冠状动脉血流量。

(三) 止咳平喘药

本类药物能宣肺祛痰、止咳平喘。适用于咳嗽喘息证。咳喘有外感、内伤、寒热虚实之分，故临证时，尚须详细辨证，选用适宜的药物，并作恰当配伍。

百 部

为百部科植物蔓生百部 *Stemona japonica* (Bl.) Miq.、直立百部 *Stemona sessilifolia* (Miq.) Miq. 或对叶百部 *Stemona tuberosa* Lour. 的块根。春秋采挖，沸水中烫或蒸至内无白心，晒干切段。生用或蜜炙用。

【性味归经】 味甘、苦，性微温。归肺经。

【功效】 润肺止咳，杀虫灭虱。

【应用】

(1) 主治咳嗽。风寒咳嗽配麻黄、杏仁；肺热咳嗽配知母、贝母；肺痨咳嗽与沙参、杏仁同用。

(2) 治小儿百日咳与沙参、川贝同用。

(3) 治诸虫病。如蛲虫、滴虫、头虱等常与苦楝皮、乌梅配伍，内服、外用均可奏效。

【用量用法】 5～10g，水煎服。外用适量。

【使用注意】 本品易伤胃滑肠，脾虚便溏者不宜用。

【现代研究】 百部能降低呼吸中枢的兴奋性，抑制咳嗽反射而起祛痰、镇咳平喘作用；有抗菌、杀虫作用。

苦 杏 仁

为蔷薇科植物山杏 *Prunus armeniaca* L. var. *ansu* Maxim.、西伯利亚杏 *Prunus sibirica* L.、东北杏 *Prunus mandshurica* (Maxim.) Koehne 或杏 *Prunus armeniaca*. L. 的成熟种子。夏季采收，晒干入药。

【性味归经】 味苦，性微温；有小毒。归肺、大肠经。

【功效】 止咳平喘，润肠通便。

【应用】

(1) 治各种咳喘。风寒咳嗽，与苏叶、半夏同用；风热咳嗽，配桑叶、菊花；肺热咳嗽与石膏、知母同用。

(2) 治肠燥便秘，常与火麻仁、当归等同用。

【用量用法】 3～10g，煎服。

【使使注意】 因有小毒，内服不宜过量。婴儿慎用。

【现代研究】 所含苦杏仁能抑制呼吸中枢而有止咳作用。

款 冬 花

为菊科植物款冬 *Tussilago farfara* L. 的花蕾。地冻前当花尚未出土时采摘，阴干。生用或蜜炙用。

【性味归经】 味辛、微苦，性温。归肺经。

【功效】 润肺下气，化痰止咳。

【应用】 治各种咳嗽。肺寒咳喘痰多与紫菀相须为用；治肺热咳嗽配知母、桑白皮；治风寒咳嗽配麻黄、干姜；治肺气虚咳嗽配人参、黄芪；治肺阴虚咳嗽配百合、沙参；治肺痈咳嗽则与桔梗同用等。

【用量用法】 5～10g，水煎服。

【现代研究】 款冬花有镇咳、祛痰、平喘作用，醚提物对组胺引起的支气管痉挛有解痉作用。

桑白皮

为桑科植物桑 *Morus alba* L. 的根皮。秋末至春季发芽前采收，刮去栓皮，晒干。生用或蜜炙用。

【性味归经】 味甘，性寒。归肺经。

【功效】 泻肺平喘，利水消肿。

【应用】

（1）治肺热咳喘及水饮停肺与川贝、黄芩、地骨皮、甘草同用。

（2）治水肿、小便不利常配大腹皮、茯苓皮、五加皮等同用。

【用量用法】 10～15g，水煎服。行水宜生用；平喘止咳宜炙用。

【使用注意】 肺寒咳喘忌用。

【现代研究】 桑白皮有镇咳、利尿、镇静、降血压作用。

葶 苈 子

为十字花科植物独行菜 *Lepidium apetalum* Willd. 或播娘蒿 *Descurainia sophia* （L.）. Webb ex Prantl 的成熟种子。前者习称"北葶苈"，后者称"南葶苈"，立夏前后采收。生用或微炒、捣碎用。

【性味归经】 味辛、苦，性大寒。归肺、膀胱经。

【功效】 泻肺平喘，利水消肿。

【应用】

（1）治痰涎壅盛证。治咳嗽喘促，面目浮肿常与苏子、桑白皮配伍。

（2）治胸腹积水、小便不利与防己、大黄、椒目配伍。

（3）治肺心病、水肿喘促常与黄芪、附子配伍等。

【用量用法】 3～10g，水煎服。

【使用注意】 肺虚喘促，脾虚肿满，膀胱气虚均当忌用。

【现代研究】 两种葶苈子均有强心作用，能使心肌收缩力加强，输出量增加，并有利尿平喘作用。治心源性水肿，对结核性渗出性胸膜炎、胸腔积液等有效。

其他化痰止咳平喘药见表9-9。

表9-9 其他化痰止咳平喘药简表

药名	性味	归经	功效	应用	用量	备注
旋覆花	味苦、辛咸，性微温	肺、胃	化痰降气，降逆止呕	胸中痞闷，咳喘痰多，胃气上逆，嗳气呕吐	3～10g	

续表

药名	性味	归经	功效	应用	用量	备注
浙贝母	味苦,性寒	肺、心	清热化痰 散结消痈	风热、燥热、痰火咳, 瘰疬痰核,疮毒痈肿	3～10 g	反乌头
枇杷叶	味苦,性微寒	肺、胃	清热化痰 降逆止呕	肺热咳喘,咳痰黄稠, 胃热呕逆,烦热口渴	5～10 g	止呕生用,止咳炙用
紫菀	味辛、苦,性温	肺	化痰止咳 润肺下气	新久咳嗽,气喘痰多, 肺气虚衰,咳嗽喘息	5～10 g	
白果	味甘、苦、涩, 性平,有毒	肺	敛肺定喘 止带缩尿	哮喘咳嗽,久咳虚喘, 妇女带下,尿频遗尿	5～10 g	超量服用易中毒

十三、安神药

安神药能安神定志,治疗神志失常病症。

根据作用和药物来源不同可分养心安神药和重镇安神药两大类。养心安神药多属植物果实、种子类药物,质润滋养,具有养心、益血、滋阴的作用,适用于阴血不足所致的心悸怔忡、失眠多梦等虚证。重镇安神药多属矿石、贝壳类药物,质重沉降,有重镇潜阳、安定神志的作用,适用于心火亢盛、痰火扰心所致的惊悸失眠、惊痫癫狂等实证。

应用安神药时,当注意临证选药和临证配伍。如心火亢盛当配清热降火药;肝阳上亢当配平肝潜阳药;阴血亏少当配滋阴养血药;痰火扰心当配清热化痰药等。

矿石类安神药易耗伤胃气,不宜久服。安神药均宜久煎。

(一) 养心安神药

本类药物能滋补阴血,交通心肾。适用于心、脾、肾气血不足引起的心悸怔忡、虚烦不眠、健忘多梦等精神失常证。

酸 枣 仁

为鼠李科植物酸枣 Ziziphus jujuba Mill. var. spinosa (Bunge) Hu ex H. F. Chou 的成熟种子。秋末冬初果实成熟时采收,除去果肉,晒干。生用或炒用。

【性味归经】 味甘、酸,性平。归肝、胆、心经。

【功效】 养心安神,益肝,敛汗。

【应用】

(1) 治心肝血虚所致惊悸怔忡、失眠多梦常配当归、何首乌等;治肝虚有热之虚烦不眠常与知母、茯苓等配伍;治心脾两虚之心悸失眠常配当归、龙眼肉等;治心肾不交、阴虚阳亢之虚烦不眠、健忘梦遗与生地、白芍等同用。

(2) 治体虚自汗、盗汗常与五味子、山茱萸等同用。

【用量用法】 9～15 g,水煎服。研末,睡前吞服,每次 1.5～3 g。

【现代研究】 酸枣仁有镇静、催眠、安定、抗惊厥、降温、抗心律失常、改善心肌缺血、提高耐缺氧能力、降血脂、降血压、增强免疫、抗辐射和兴奋子宫等作用。

柏子仁

为柏科植物侧柏 *Platycladus orientalis* (L.) Franco 的干燥成熟种子。秋后采收,晒干。生用。

【性味归经】 味甘,性平。归心、肾、大肠经。

【功效】 养心安神,润肠通便。

【应用】

(1) 治阴血不足所致虚烦失眠、心悸怔忡、阴虚盗汗常配酸枣仁、五味子、当归等。

(2) 治阴血不足之肠燥便秘常与郁李仁、火麻仁、杏仁等同用。

【用量用法】 6~15g,水煎服。

【现代研究】 柏子仁有镇静、止汗和润燥滑肠等作用。

远 志

为远志科植物远志 *Polygala tenuifolia* Willd. 或卵叶远志 *Polygala sibirica* L. 的干燥根。春秋两季采挖,晒干。生用或炙用。

【性味归经】 味苦、辛,性微温。归心、肾、肺经。

【功效】 安神益智,祛痰。

【应用】

(1) 治心血不足、心肾不交之心神不宁、惊悸不安、失眠健忘等常与酸枣仁、龙齿、茯神等同用。

(2) 治咳嗽痰多、咳痰不爽常与杏仁、桔梗、陈皮等同用;治痰迷心窍、神志恍惚常与菖蒲、郁金等同用。

(3) 治疮痈肿毒、乳痈等一切痈疽可单用研末以酒送服,并调敷患处。

【用量用法】 3~10g,水煎服。外用适量。

【现代研究】 远志具有镇静、抗惊厥、祛痰、抑菌、降血压和收缩子宫、刺激胃黏膜等作用。

(二) 重镇安神药

本类药物多质重去怯。适用于惊吓、痰火扰心所致心神不宁、心悸失眠、惊痫及肝阳上亢等症。

朱 砂

为主含硫化汞(HgS)的矿石。又名辰砂、丹砂。随时可采。除去杂质,研细水飞。备用。

【性味归经】 味甘,性微寒;有毒。归心经。

【功效】 镇心安神,清热解毒。

【应用】 用于心火亢盛所致心烦失眠,心悸怔忡,癫痫发狂,小儿惊风,口疮,喉痹,疮疡肿毒等证多与龙骨、磁石配伍。

【用量用法】 0.1~0.5g,多入丸散服用,不入煎剂。

其他安神药见表9-10。

表 9-10　其他安神药简表

药名	性味	归经	功效	应用	用量	备注
龙骨	味甘、涩，性平	心、肝、肾	镇惊安神 平肝潜阳 收敛固涩	心神不宁，惊痫癫狂 肝阳上亢，头痛眩晕 肾虚滑精，自汗带下	15～30g	收敛固涩， 宜煅用
磁石	味咸，性寒；有毒	心、肝、肾	镇惊安神 平肝潜阳 聪耳明目 纳气定喘	心神不宁，心悸失眠 肝阳上亢，头晕头痛 肝肾阴虚，目昏耳鸣 肾不纳气，气逆喘促	15～30g	

十四、平肝熄风药

平肝熄风药能平肝潜阳，熄风止痉，适用于热极动风、肝阳化风及血虚生风等所致的肝风内动证，如高热痉挛、头晕目眩、惊风抽搐、震颤、癫痫或肝阳上亢所致的头晕目眩、头痛耳鸣等症。

临床应用时要根据药性的寒凉或温燥之不同区别使用，还应注意临证配伍。如阴虚阳亢者配滋阴潜阳药；热极生风者配清热泻火药；阴血亏虚者配补血养阴药；窍闭神昏者配开窍醒神药等。

属脾虚慢惊者不宜用寒凉之品；属阴血亏虚者当忌温燥之品。均宜久煎。

羚 羊 角

为牛科动物赛加羚羊 *Saiga tatarica* Linnaeus 的角。秋季猎取，锯取其角，晒干。用时磨汁或挫末，或镑为薄片。

【性味归经】　味咸，性寒。归肝、心经。

【功效】　平肝熄风，清肝明目，清热解毒。

【应用】

(1) 治热病高热抽搐，神昏谵语常与石膏、黄连、钩藤、生地同用；治热毒发斑与石膏、知母、丹皮同用。

(2) 治肝阳上亢的头痛、头晕目眩与石决明、牡蛎、天麻等配伍；治肝火上炎的目赤翳障、畏光流泪与龙胆草、决明子、黄芩同用。

(3) 治血热妄行的吐血、咯血、衄血配生地、三七、白及等。

(4) 治肺热咳喘、流感发热、小儿肺炎等发热病症可用羚羊角水解注射液等。

【用量用法】　1～3g，宜单煎久煎；磨汁或研粉吞服，每次 0.3～0.6g。

【现代研究】　本品具有镇静、催眠、抗惊厥、解热、镇痛、降血压等作用。

石 决 明

为鲍科动物杂色鲍 *Haliotis diversicolor* Reeve 或皱纹盘鲍 *Haliotis discus hannai* Ino 等多种鲍类的贝壳。夏秋两季捕捉，去肉洗净，干燥。生用或煅用。

【性味归经】　味咸，性寒。归肝经。

【功效】　平肝潜阳，清肝明目。

【应用】

(1) 治肝阳上亢所致头痛眩晕与生地、白芍、牡蛎配伍；治肝阳化火、口苦易怒者与菊花、钩藤、夏枯草同用。

(2) 治肝火上炎、目赤翳障、视物昏花与决明子、密蒙花、菊花等同用。

【用量用法】 15～20 g，水煎服。宜先煎。

【现代研究】 本品具有清热、镇静、降血压、制酸等作用。

牡 蛎

为牡蛎科动物长牡蛎 *Ostrea gigas* Thunberg.、大连湾牡蛎 *Ostrea talienwhanensis* Crosse 或近江牡蛎 *Ostrea rivularis* Gould 的贝壳。冬春捕捉，去肉洗净，晒干。打碎生用或煅用。

【性味归经】 味咸、涩，性微寒。归肝、肾经。

【功效】 平肝潜阳，软坚散结，收敛固涩。

【应用】

(1) 治阴虚阳亢之头痛眩晕、心悸失眠、烦躁不安等症常与龙骨、牛膝、龟甲、鳖甲等同用。

(2) 治瘰疬痰核与玄参、浙贝母、海藻同用；治肝脾肿大与丹参、鳖甲、莪术同用。

(3) 治盗汗、自汗、遗精、崩漏、带下等与五味子、芡实、龙骨同用；治胃酸过多与乌贼骨、浙贝母同用。

【用量用法】 10～20 g，先煎。收敛固涩宜煅用，其他宜生用。

【现代研究】 本品具有收敛、镇静、解热、镇痛、制酸等作用。

钩 藤

为茜草科植物钩藤 *Uncaria rhynchophylla* (Miq.) Jacks.、大叶钩藤 *Uncaria macrophylla* Wall. 等同属植物的带钩茎枝。春秋采收，剪去无钩的藤茎，切段，晒干。生用。

【性味归经】 味甘，性凉。归肝、心包经。

【功效】 熄风止痉，清热平肝。

【应用】

(1) 治肝风内动、惊痫抽搐、妊娠子痫与天麻、全蝎、蝉蜕同用，热极生风配羚羊角、菊花等。

(2) 治肝阳上亢的头痛眩晕配菊花、石决明等；肝经有热的头胀头痛、目赤配黄芩、夏枯草等。

【用量用法】 10～15 g，水煎服。后下，不宜久煎，一般不超过 20 min。

【现代研究】 钩藤有降血压、镇静、抗惊厥、减慢心率、抑制血小板聚集和抗血栓形成等作用。

天 麻

为兰科植物天麻 *Gastrodia elata* Bl. 的块茎。冬春采挖，洗净，蒸透，晒干或烘干，切片。生用。

【性味归经】 味甘，性平。归肝经。

【功效】 熄肝风，止痉挛，平肝阳，祛风湿，通经络。
【应用】
(1) 治眩晕头痛。肝阳上亢者与钩藤、菊花、石决明同用；风痰上扰者与半夏、白术、茯苓同用。
(2) 治肝风内动、癫痫抽搐、破伤风、小儿惊风等常与钩藤、羚羊角、全蝎同用。
(3) 治风寒湿痹及肢体麻木、手足不遂与秦艽、防风、川芎等同用。
【用量用法】 3～15g，水煎服。研末吞服，每次1～1.5g。
【现代研究】 天麻有抗惊厥、镇静、镇痉、镇痛、降血压及抗炎、利胆和增强免疫等作用。

地 龙

为钜蚓科动物参环毛蚓 *Pheretima aspergillum* (E. Perrier) 的全虫体。夏秋捕捉，除去内脏及泥沙，晒干。生用或鲜用。
【性味归经】 味咸，性寒。归肝、脾、膀胱经。
【功效】 熄风止痉，通络，清热平喘，利尿。
【应用】
(1) 治高热神昏、惊痫抽搐与钩藤、牛黄、僵蚕等配伍或单味煎服。
(2) 治关节痹痛、肢体麻木、半身不遂与秦艽、桑枝、僵蚕等同用。
(3) 治热结膀胱、小便不利或尿闭与木通、车前子同用。
(4) 治肺热哮喘与麻黄、杏仁、生石膏等同用，或单用鲜品取浓汁吞服。
【用量用法】 5～15g，水煎服。鲜品10～20g，研末吞服，每次1～2g。
【现代研究】 地龙有扩张支气管平滑肌、解热镇静、抗惊厥、降血压、收缩子宫、利尿等作用。

其他平肝熄风药见表9-11。

表9-11 其他平肝熄风药简表

药名	性味	归经	功效	应用	用量	备注
全蝎	味辛，性平；有毒	肝	息风止痉 通络止痛 解毒散结	抽搐痉挛，口眼歪斜 风湿顽痹，偏正头痛 疮疡肿毒，瘰疬痰核	3～6g；研末服0.6～1g	血虚生风及孕妇忌用
蜈蚣	味辛，性温；有毒	肝	息风止痉 攻毒散结 通络止痛	痉挛抽搐，口眼歪斜 疮疡肿毒，瘰疬痰核 风湿痹痛，顽固头痛	1～3g；研末服0.6～1g	有毒，用量不宜过大，孕妇忌用
代赭石	味苦，性寒	肝、心	平肝潜阳 重镇降逆 凉血止血	肝阳上亢，头晕目眩 胃气上逆，呕逆喘息 血热吐衄，崩漏血痢	10～30g	打碎先煎。降逆平肝生用，止血煅用

十五、开窍药

开窍药辛香走窜，通关开窍，苏醒神志。适用于温热病热陷心包或痰浊蒙闭清窍所致的神昏谵语，以及中风、惊风、癫痫等猝然昏厥、痉挛抽搐等症。

开窍药为急救治标之品，易耗伤正气，只宜暂用，不可久服；适用于闭证、实证，而虚证、脱证禁用。其有效成分易于挥发，内服宜入丸、散，不宜煎服。

常用开窍药见表 9-12。

表 9-12 常用开窍药简表

药名	性味	归经	功效	应用	用量	备注
麝香	味辛，性温	心、脾	开窍醒神 活血消肿 通络止痛	闭证神昏，中风昏迷，血瘀经闭，跌打损伤，偏正头痛，风湿痹痛	0.06～0.1 g （入丸散）	外用适量，不入煎剂
冰片	味辛、苦，性微寒	心、脾、肺	开窍醒神 清热止痛	神昏痉厥，中暑昏迷，中风痰厥，气郁暴厥，咽喉肿痛，口齿牙痛	0.15～0.3 g （入丸散）	外用适量，不入煎剂
石菖蒲	味辛、苦，性温	心、胃	开窍醒神 化湿和中	痰蒙清窍，神志昏迷，癫狂痴呆，心神不宁，湿浊中阻，脘痞腹胀	5～10 g	
苏合香	味辛，性温	心、脾	开窍醒神 辟秽止痛	闭证神昏，中风痰厥，暑湿秽浊，胸腹冷痛	0.3～1 g （入丸散）	外用适量，不入煎剂

十六、补益药

补益药能滋补人体气血阴阳之不足，改善脏腑功能，消除虚衰证候，又称补养药。

虚证一般可分气虚、阳虚、血虚、阴虚四类，补益药根据其性能与应用范围又分为补气药、补阳药、补血药和补阴药四类。由于人体生理上气血阴阳相互依存，故补益药之间也往往相须为用。临床上若出现虚实夹杂之证，也当攻补兼施，扶正祛邪；内有实积或实邪未尽及气盛体壮者忌用；脾胃虚弱者应配伍健脾和胃药，以免虚不受补。入汤剂宜文火久煎。

（一）补气药

补气药能补益脾、肺之气，消除或改善气虚证。适用于脾气虚之倦怠乏力，食欲不振，脘腹胀满，大便泄泻，甚至浮肿、脱肛或内脏下垂等证；肺气虚之少气懒言，动则气喘，自汗等各种虚证。此外，补气药常与理气药配伍应用。

人 参

为五加科植物人参 Panax ginseng C. A. Mey. 的干燥根。野生者为山参；栽培者为园参。秋季采挖，洗净。因加工方法不同，药用有生晒参、红参、糖参。去根切片或研粉。

【性味归经】 味甘、微苦，性微温。归脾、肺、心经。

【功效】 大补元气，回阳固脱，补脾益肺，生津止渴，安神益智。

【应用】

（1）治气虚欲脱，脉微欲绝。凡大失血、大汗、大吐、大泻及久病体虚气脱之危重症单用本品浓煎取汁服；兼汗出肢冷脉微者与附子等同用。

（2）治脾气虚弱，食少便溏，倦怠乏力者常与白术、茯苓、炙甘草同用；治中气下陷，内脏下垂者常与黄芪、升麻、柴胡同用。

（3）治肺虚咳喘，气短自汗者常与蛤蚧、五味子同用。

（4）治热病伤津，口渴多汗者常与麦冬、五味子同用；治消渴、多饮、多尿者常与生地、玄参、山药同用。

（5）治气血亏虚，心神不安，失眠多梦，惊悸健忘者常与酸枣仁、龙眼肉同用。

（6）治肾虚阳痿、尿频常与桑螵蛸、沙苑子同用等。

【用量用法】 5～10 g，大量 15～30 g。单味文火浓煎。

【使用注意】 实证、热证、阳亢者均忌用。反藜芦！畏五灵脂！

【现代研究】 本品能提高脑的供血和供氧量，增强记忆，提高思维和反应能力；能全面增强机体免疫功能和抵抗力；促进脑内核糖核酸和蛋白质的合成，增强心肌收缩力，抗心肌缺血，扩张血管；促进纤维蛋白溶解，改善组织灌注，防止血液凝固；促进骨髓造血功能；增强下丘脑-垂体-肾上腺皮质轴的功能，使垂体前叶的促性腺激素释放增加；有降血脂、降血糖、抗过敏、抗衰老、抗休克、抗疲劳、抗利尿、抗病毒、抗癌、抗辐射损伤等作用。人参对人体功能呈双向调节作用。

党 参

为桔梗科植物党参 *Codonopsis pilosula* （Franch.）Nannf. 及同属多种植物的根。山西潞安县产者称潞党参，现北方大多数地区均有栽培。秋季采挖，洗净，晒干，切片入药。生用或蜜炙用。

【性味归经】 味甘，性平。归脾、肺经。

【功效】 健脾补肺，益气生津。

【应用】

（1）治脾胃虚弱，倦怠乏力，食少便溏者与白术、茯苓、炙甘草同用。

（2）治肺气亏虚，气短咳喘，声音低微者与黄芪、五味子同用。

（3）治热病津伤，气短口渴者与麦冬、五味子同用。

（4）治气血两虚或血虚萎黄，头晕心慌者与当归、熟地同用等。

【用量用法】 10～30 g，水煎服。

【使用注意】 邪实中满者忌用。反藜芦！

【现代研究】 本品能增强免疫功能，提高机体应激能力，增强心肌收缩力，扩张外周血管，降低血液黏度，防止血栓形成；有兴奋中枢神经、抗疲劳、调节胃肠蠕动、保护胃黏膜、抗溃疡及延缓衰老等作用。

黄 芪

为豆科植物蒙古黄芪 *Astragalus membranaceus* （Fisch.）Bge. var. *mongholicus*（Bge.）Hsiao 或膜荚黄芪 *Astragalus membranaceus* （Fisch.）Bunge 的根。春秋采挖，晒干，切片。生用或蜜炙用。

【性味归经】 味甘，性温。归肺、脾经。

【功效】 补气升阳，固表止汗，利水消肿，托毒生肌。

【应用】

（1）治脾肺气虚所致倦怠乏力，食少便溏者常与人参、白术同用；中气下陷，久泻脱肛，内脏下垂者与党参、升麻、柴胡同用；气虚血亏者与熟地、当归同用；气虚自汗，易患感冒者与白术、防风同用；气不摄血，崩漏便血者与人参、龙眼肉、枣仁同用。

（2）治气血不足，痈疽脓成不溃者与白芷、穿山甲、皂角刺等同用；痈疽久溃不敛者与人参、当归、肉桂同用。

（3）治气虚水肿，小便不利者与白术、防己同用；慢性肾炎蛋白尿者与党参、山药同用。

（4）治气虚血瘀中风，半身不遂者与当归、川芎、红花同用；气虚血滞，肢体麻木，关节痹痛者与桂枝、白芍同用；气阴两虚的消渴病常与生地、麦冬、天花粉等同用。

【用量用法】 10～15g，大剂量可用 30～60g。补气升阳宜炙用。

【使用注意】 实证及阴虚阳亢者忌用。

【现代研究】 本品能增强非特异性免疫功能，扩张心、脑和外周血管，强心、利尿、降血压；能抗血小板聚集；促进血细胞生长发育和成熟；并能明显增加肝、脾的蛋白质和核糖核酸含量；有抗氧化、抗衰老、抗病毒、抗癌、抗溶血等作用。

白　术

为菊科植物白术 *Atractylodes macrocephala* Koidz. 的根茎。冬季采挖，除去根须，烘干或晒干。切厚片，干燥。生用或麸炒、土炒至黑褐色，称为焦白术。

【性味归经】 味苦、甘，性温。归脾、胃经。

【功效】 健脾益气，燥湿利水，止汗，安胎。

【应用】

（1）治脾胃虚弱诸证。食少、腹胀、腹泻、乏力者与党参、茯苓、砂仁同用；脾胃虚寒、脘腹冷痛、食少腹泻者与党参、干姜、肉桂同用。

（2）治脾失健运、水饮内停者与桂枝、茯苓同用；湿聚水肿、小便不利者与茯苓皮、猪苓同用。

（3）治痹痛配防己、木瓜等。

（4）治气虚自汗者与黄芪、防风同用；治脾虚气弱、胎动不安者与党参、杜仲、砂仁等同用。

【用量用法】 5～15g，水煎服。燥湿利水宜生用；补气健脾宜炒用；止泻宜炒焦用。

【使用注意】 阴虚津亏者忌用。

【现代研究】 白术能促进胃肠分泌和血液循环；对实验性胃溃疡有预防作用；有利尿、利胆保肝、降血糖、抗氧化、抗凝血及升高放疗引起的白细胞减少等作用。

山　药

为薯蓣科植物薯蓣 *Dioscorea opposita* Thunb. 的根茎。产于河南者为怀山药。霜降后采挖，切片，晒干。生用或炒用。

【性味归经】 味甘，性平。归脾、肺、肾经。

【功效】 益气养阴，补脾益肺，固精止带。

【应用】

（1）治脾胃虚弱，食少便溏或久泻不止者常与党参、白术、茯苓同用。

（2）治肺虚久咳或虚喘者与党参、麦冬、五味子等同用。

(3) 治肾虚遗精配熟地、山茱萸、芡实等；治肾虚尿频配益智仁、乌药等；治肾虚带下配熟地、山茱萸、菟丝子等同用。

(4) 治消渴多饮者与黄芪、葛根、天花粉、知母等同用。

【用量用法】 10～20 g，水煎服。

【使用注意】 湿盛中满或有积滞者忌服。

【现代研究】 本品有促进消化、止泻的作用。有降血糖、增强免疫功能的作用。

甘　草

为豆科植物甘草 *Glycyrrhiza uralensis* Fisch.、胀果甘草 *Glycyrrhiza inflata* Bat. 或光果甘草 *Glycyrrhiza glabra* L. 的根及根茎。春秋采挖，除去残茎及须根，切片，晒干。生用或蜜炙用。

【性味归经】 味甘，性平。归心、肺、脾、胃经。

【功效】 补中益气，缓急止痛，润肺止咳，泻火解毒，调和诸药。

【应用】

(1) 治脾虚诸证，倦怠乏力，食少便溏者与党参、白术、茯苓同用。

(2) 治血亏心悸，脉结代者与党参、桂枝、熟地同用。

(3) 治风寒咳喘与麻黄、杏仁同用；治风热咳嗽与桔梗、桑叶同用；治热痰咳嗽与瓜蒌、黄芩、川贝同用；治寒痰咳喘与干姜、细辛、半夏同用。

(4) 治痈肿疮毒与金银花、连翘、蒲公英同用；治药物或食物中毒与防风或绿豆同用；治咽喉肿痛与桔梗、玄参同用。

(5) 治脘腹或四肢痉挛疼痛与白芍、饴糖同用。

(6) 调和诸药，以减、缓药物的偏性或毒性。

【用量用法】 3～10 g，水煎服。解毒生用，补虚炙用。

【使用注意】 大量久服可引起水肿。反大戟、芫花、甘遂、海藻！

【现代研究】 甘草有肾上腺皮质激素样作用和抗炎、抗过敏、抗病毒、抗消化性溃疡、解痉、解毒、镇咳、祛痰、抗心律失常、保肝等作用。有抗肿瘤及抗突变作用。

(二) 补阳药

补阳药能补肾壮阳，强筋健骨。适用于肾虚肢冷，腰膝酸软，阳痿遗精，宫冷不孕，性欲减退，尿频遗尿，崩漏带下，五更泄泻，动则气喘，呼多吸少，水肿，小儿发育不良等症。

补阳药多与温里药、补肝肾药配伍应用。

补阳药性多温燥，阴虚火盛者忌用，以免发生助火劫阴之弊。

鹿　茸

为鹿科动物梅花鹿 *Cervus nippon* Temminck 或马鹿 *Cervus elaphus* Linnaeus 等雄鹿未骨化密生茸毛的幼角。前者为"花鹿茸"，后者为"马鹿茸"。夏秋割取，加工后，阴干或烘干。镑薄片用。

【性味归经】 味甘、咸，性温。归肾、肝经。

【功效】 补肾阳，益精血，强筋骨，调冲任，托疮毒。

【应用】

(1) 治肾阳虚衰，精血亏虚之腰膝酸痛，畏寒肢冷，阳痿早泄，尿频遗尿，性欲减退，宫寒不孕者常与人参、枸杞子、淫羊藿、熟地同用。

（2）治肝肾阴虚，精血不足之眩晕耳鸣，腰脊冷痛，筋骨痿软，神疲乏力及小儿骨软五迟证与熟地、山药、山茱萸同用。

（3）治妇女冲任虚寒，带脉不固，崩漏不止，白带过多与阿胶、当归、乌贼骨同用。

（4）治阴疽久溃不敛者与白芥子、肉桂同用。

【用量用法】 1～3 g，冲末研服，或入丸散酒剂，随方配制。

【使用注意】 阴虚阳亢者、热证、实证忌用。

【现代研究】 本品有性激素样作用；有抗炎、抗肿瘤、促进伤口愈合作用；能改善蛋白质及能量代谢；有提高机体工作能力、减轻疲劳、改善睡眠等作用。

杜 仲

为杜仲科植物杜仲 *Eucommia ulmoides* Oliv. 的树皮。夏秋采收，刮去粗皮，晒干，切块或丝片。生用、炭用或盐水炒用。

【性味归经】 味甘，性温。归肝、肾经。

【功效】 补肝肾，强筋骨，安胎。

【应用】

（1）治肝肾不足所致腰膝酸痛，筋骨无力，阳痿遗精者与熟地、枸杞子、桑寄生同用。

（2）治冲任不固，胎动胎漏或习惯性流产与桑寄生、续断、白术同用。

（3）治肝阳上亢，头晕目眩，高血压病者常与夏枯草、石决明、牛膝同用。

【用量用法】 10～15 g，水煎服，炒断丝效佳。

【使用注意】 阴虚火旺者慎用。

【现代研究】 杜仲有降血压、利尿、镇静、镇痛、增强垂体-肾上腺皮质轴功能、激活机体的非特异性免疫反应及调整细胞免疫功能等作用。

续 断

为川续断科植物川续断 *Dipsacus asperoides* C. Y. Cheng et T. M. Ai 的根。秋季采挖，除去根头及须根，切片，晒干。生用或酒、盐水炒用。

【性味归经】 味苦、辛，性微温。归肝、肾经。

【功效】 补肝肾，强筋骨，止血安胎，疗伤续折。

【应用】

（1）治肝肾不足之腰膝酸软，风湿痹痛与杜仲、牛膝、木瓜同用。

（2）治跌打损伤、肿痛与乳香、没药、自然铜同用。

（3）治崩漏、胎漏下血与桑寄生、阿胶、菟丝子等同用。

【用量用法】 10～15 g，水煎服。

【使用注意】 阴虚火旺者忌用。

【现代研究】 续断能促使组织再生及止血、生乳；有抗炎、抗氧化、抗维生素 E 缺乏的作用。

菟 丝 子

为旋花科植物菟丝子 *Cuscuta chinensis* Lam. 的成熟种子。秋季采收，晒干。生用或盐水炙用。

【性味归经】 味辛、甘，性平。归肝、肾、脾经。

【功效】 补肾益精，养肝明目，止泻，安胎。

【应用】

（1）治肾虚阳痿，遗精，遗尿、尿频，腰膝酸软，白带过多，胎动不安与熟地、杜仲、枸杞子、山药、金樱子等同用。

（2）治肝肾阴虚，精血不足，耳鸣目昏与枸杞子、女贞子、熟地等同用。

（3）治脾肾虚泻，食少便溏者与补骨脂、白术、山药等同用。

【用量用法】 10～15g，水煎服。

【使用注意】 阴虚火旺，便秘尿赤者不宜应用。

【现代研究】 菟丝子有强心、利尿、止泻、促抗体形成、抑菌等作用。还有增强性功能、促进造血、改善心肌缺血等作用。

淫 羊 藿

为小檗科植物淫羊藿 *Epimedium brevicornum* Maxim.、箭叶淫羊藿 *Epimedium sagittatum*（Sieb. et Zucc.）Maxim.、柔毛淫羊藿 *Epimedium pubescens* Maxim.、巫山淫羊藿 *Epimedium wushanense* T. S. Ying 或朝鲜淫羊藿 *Epimedium koreanum* Nakai 的地上部分。夏秋采割，晒干切碎。生用或羊脂炙用。

【性味归经】 味辛、甘，性温。归肝、肾经。

【功效】 补肾壮阳，强筋健骨，祛风除湿。

【应用】

（1）治肾阳虚衰之阳痿遗精，腰膝酸软，尿频遗尿，宫寒不孕常与巴戟天、补骨脂、仙茅等同用。

（2）治风寒湿痹，腰膝冷痛，肢体麻木，筋脉拘挛与桑寄生、独活、秦艽同用。

（3）治肾虚咳喘单用或与五味子、款冬花、百部等同用均可奏效。

【用量用法】 10～15g，水煎服。

【使用注意】 阴虚火旺，性欲亢进者忌用。

【现代研究】 本品有兴奋性神经、促进精液分泌、增强免疫功能、调节核酸及改善能量代谢、增加冠状动脉血流量、降血压、降血糖、抑制血小板聚集、抗衰老、抗菌、抗病毒及祛痰、镇咳平喘等作用。

（三）补血药

补血药能补益血虚。适用于心、肝血虚所致面色无华，唇甲苍白，头晕眼花，心悸失眠，月经量少、色淡，甚至闭经等证。

补血药性多滋腻，故脘腹胀满、湿浊中阻、纳差、便溏均宜慎用。多与补气健脾药、补阴药同用。

当 归

为伞形科植物当归 *Angelica sinensis*（Oliv.）Diels 的根。秋末采挖，烘干，切片。生用或酒炒用。

【性味归经】 味甘、辛，性温。归肝、心、脾经。

【功效】 补血活血，调经止痛，润肠通便。

【应用】

（1）治血虚诸证，面色萎黄，眩晕心悸与熟地、白芍同用；月经不调，经闭痛经，产后腹痛配桃仁、红花。

（2）治跌打损伤，瘀血作痛配乳香、没药、红花。

（3）治风湿痹痛配羌活、独活。

（4）治痈疽疮疡者配金银花、赤芍等。

（5）治血虚肠燥便秘与火麻仁、肉苁蓉等同用。

【用量用法】 6～15g，水煎服。补血用归身；活血用归尾。补血润肠宜生用；活血通经宜酒炒。

【使用注意】 湿阻中满及便溏者忌服。

【现代研究】 本品有促进血红蛋白及红细胞生成、抗血小板聚集、增加冠状动脉血流量、抗心肌缺血、改善循环、增强免疫功能、降低血脂、抗动脉硬化、保肝、抗菌、利尿、镇痛、对子宫有兴奋和抑制双向调节等作用；有抗肿瘤、抗辐射损伤的作用；有抗氧化、清除氧自由基、抗变态反应的作用。

熟 地 黄

为玄参科植物地黄 *Rehmannia glutinosa* Libosch. 的根。秋季采挖。用酒、砂仁、陈皮为辅料，反复蒸晒，至内外色黑，油润、质软黏腻，切片入药。

【性味归经】 味甘，性微温。归肝、肾经。

【功效】 滋阴补血，益精补髓。

【应用】

（1）治血虚证之面色萎黄，眩晕心悸，须发早白，月经不调，崩漏下血者与当归、白芍、何首乌、阿胶同用。

（2）治肝肾阴虚之腰膝酸软，骨蒸潮热，盗汗，遗精，消渴者与山药、吴茱萸、生地黄、枸杞子同用。

（3）治须发早白，小儿发育迟缓与何首乌、枸杞子、龟胶同用等。

【用量用法】 10～15g，水煎服。

【使用注意】 脾胃虚弱，脘腹胀满，气滞痰多，食少便溏者慎用。

【现代研究】 熟地黄有强心、利尿、降血糖、保肝、泻下、止血及抗真菌等作用。

阿 胶

为马科动物驴 *Equus asinus* L. 的皮经煎煮、浓缩制成的固体胶。烊化冲服或蛤粉烫炒至成珠用。

【性味归经】 味甘，性平。归肺、肝、肾经。

【功效】 补血止血，滋阴润肺。

【应用】

（1）治血虚证之面色萎黄，眩晕心悸，血虚经闭者与当归、熟地、党参同用。

（2）治阴虚肺燥证之咳嗽咯血者与麦冬、杏仁、桑叶同用。

（3）治出血证。吐衄、咯血配白及、生地；治便血、尿血配地榆、白茅根；治月经过多，崩漏，胎漏配艾叶炭、白芍、生地等。

（4）治虚烦失眠，阴虚风动或热病伤阴之心烦失眠配黄连、生地、白芍等。

【用量用法】 5～10g，烊化兑服。

【使用注意】 脾胃虚弱、便溏者慎用。

【现代研究】 本品有促进红细胞再生和止血、升高血压、抗辐射损伤、抗休克、利尿消肿、促进细胞免疫功能等作用。

白　芍

为毛茛科植物芍药 *Paeonia lactiflora* Pall. 的根。夏秋采挖，去皮，煮后晒干。生用或炒用。

【性味归经】 味苦、酸，性微寒。归肝、脾经。

【功效】 养血调经，柔肝止痛，敛阴止汗。

【应用】

（1）治肝阳上亢，头痛眩晕与钩藤、菊花、牛膝、石决明同用。

（2）治血虚萎黄，月经不调，痛经，崩漏者与当归、川芎、熟地同用。

（3）治肝气不和，胁肋脘腹疼痛，四肢拘挛与柴胡、木香、白术同用。

（4）治营卫不和，表虚自汗与桂枝、甘草、生姜同用；治阴虚盗汗者与牡蛎、龙骨、生地同用等。

【用量用法】 5～15g，水煎服。

【使用注意】 阳虚腹痛腹泻、满闷者忌用。反藜芦。

【现代研究】 芍药有解痉、解热、镇静、镇痛、调节免疫功能、减慢心率、扩张冠状动脉、降低血压、抑制血小板聚集、抗炎、抗溃疡、保肝和解毒、抗肿瘤及广谱抗菌作用。

何首乌

为蓼科植物何首乌 *Polygonum multiflorrum* Thunb. 的块根。秋冬采挖，切片，晒干。生用或经黑豆汁炮制用。

【性味归经】 味苦、甘、涩，性温。归肝、肾经。

【功效】 养血滋阴，解毒通便，乌须发。

【应用】

（1）治血虚及肝肾阴虚证，面色萎黄，眩晕耳鸣，失眠健忘与当归、熟地、枣仁同用；须发早白，腰膝酸软与熟地、枸杞子、女贞子同用。

（2）治瘰疬疮痈，风疹瘙痒与地丁、玄参、夏枯草同用。

（3）治血虚肠燥便秘与火麻仁、肉苁蓉同用。

【用量用法】 10～30g，水煎服。补肝肾、益精血制用；解毒通便生用。

【使用注意】 大便溏泄及痰湿较重者不宜应用。

【现代研究】 本品有降血脂、抗动脉硬化、抗衰老、抗菌、抗病毒、增强免疫功能、保肝、促进红细胞生成、缓泻等作用。

（四）补阴药

补阴药能养阴清热，润燥生津。适用于肝肾阴虚的头晕目眩，耳鸣耳聋，心烦失眠，腰膝酸软，骨蒸痨热，或肺阴虚的干咳少痰，潮热盗汗，咯血嘶哑；或胃阴不足的口干唇燥，胃中嘈杂，食欲不振，舌红少苔等证。

补阴药大多甘寒滋腻，故凡脾胃虚弱，痰湿中阻，纳呆便溏者均不宜用。

北沙参

为伞形科植物珊瑚菜 Glehnia littoralis Fr. Schmidt ex Miq. 的根。夏秋采挖，除去外皮，干燥，切段。生用。

【性味归经】 味甘、微苦，性微寒。归肺、胃经。

【功效】 养阴清肺，益胃生津。

【应用】

（1）治肺阴虚干咳少痰与麦冬、花粉同用；肺痨咯血与川贝母、百合同用。

（2）治热病津伤咽干口渴，口干舌燥者与生地、石斛、麦冬同用等。

【用量用法】 10～15g，水煎服。

【使用注意】 虚寒证忌服。反藜芦！

【现代研究】 北沙参有解热镇痛、祛痰、强心、抗真菌及免疫抑制作用。

麦冬

为百合科植物麦冬 Ophiopogon japonicus (Thunb.) Ker-Gawl. 的块根。夏秋采挖，干燥。生用。

【性味归经】 味甘、微苦，性微寒。归心、肺、胃经。

【功效】 滋阴润肺，益胃生津，清心除烦。

【应用】

（1）治肺燥干咳，虚痨咯血与北沙参、百合同用。

（2）治热病心烦，心悸失眠者与生地、丹参、酸枣仁同用。

（3）治胃阴不足，津伤口渴，肠燥便秘与石斛、玉竹、生地同用。

（4）治消渴常配天花粉、芦根、葛根等。

【用量用法】 10～15g，水煎服。

【现代研究】 麦冬有解热消炎、镇咳祛痰、强心利尿、降血糖、抗菌作用。有抗心律失常，对心肌有耐缺氧和保护作用。

枸杞子

为茄科植物宁夏枸杞 Lycium barbarum L. 的成熟果实。夏秋果实呈橙红色时采收，晾干。生用。

【性味归经】 味甘，性平。归肝、肾经。

【功效】 滋补肝肾，益精明目。

【应用】

（1）治肝肾阴虚，腰膝酸痛，眩晕耳鸣，阳痿遗精者与熟地、山茱萸、女贞子同用；目暗不明，视力减退者与菊花、熟地等同用。

（2）治内热消渴者常与生地、山药、天花粉同用等。

【用量用法】 10～15g，水煎服。

【现代研究】 本品有促进造血功能、增强免疫功能、保肝、降血糖、降血脂、抗衰老、抑制癌细胞生长繁殖、提高DNA损伤后的修复能力等作用。所含甜菜碱可使动物肌肉丰满，毛色光泽。

龟 甲

为龟科动物乌龟 *Chinemys reevesii* (Gray) 的背甲及腹甲。全年可捕，剥取，晒干，炮制入药。

【性味归经】 味咸、苦，性微寒。归肝、肾、心经。

【功效】 滋阴潜阳，补肾健骨，养心安神。

【应用】

(1) 治阴虚阳亢，头晕目眩者与生地、石决明、菊花同用；治热病伤阴，潮热盗汗与知母、黄柏同用；虚风内动，舌绛少苔者与生地、鳖甲、知母同用。

(2) 治肾虚腰膝酸软，筋骨不健，小儿囟门不闭与熟地、锁阳同用。

(3) 治惊悸，失眠健忘与龙骨、菖蒲、远志同用等。

【用量用法】 10～25g，先煎。

【使用注意】 脾胃虚寒者忌服；孕妇慎用。

【现代研究】 本品有滋补强壮、解热镇静、提高免疫功能、延缓衰老的作用。龟胶性味功效同龟甲，但滋阴作用强，并有补血、止血作用。

鳖 甲

为鳖科动物鳖 *Trionyx sinensis* Wiegmann 的背甲。全年可捕，取出背甲，晒干。生用或醋炙用。

【性味归经】 味咸，性微寒。归肝、肾经。

【功效】 滋阴潜阳，软坚散结。

【应用】

(1) 治阴虚发热，骨蒸潮热者与银柴胡、地骨皮、知母同用；治热病伤阴，夜热早凉者与青蒿、生地、丹皮同用；治虚风内动，手足抽搐者与牡蛎、生地、阿胶同用。

(2) 治肝脾肿大，胁肋疼痛者与柴胡、三棱、莪术等同用。

【用量用法】 10～30g，先煎。滋阴潜阳生用；软坚散结醋炙用。

【现代研究】 本品有镇静、补血、滋养强壮、抑制结缔组织增生、抗肿瘤等作用。

其他补益药见表9-13。

表9-13 其他补益药简表

药名	性味	归经	功效	应用	用量	备注
百合	味甘，性寒	心、肺	润肺止咳 养心安神	阴虚久咳，痰中带血，虚烦惊悸，失眠恍惚	10～15g	风寒咳嗽、脾虚便溏者忌用
黄精	味甘，性平	肺、脾、肾	养阴润肺 益气健脾 补肾填精	阴虚肺燥，劳嗽咯血，脾胃虚弱，倦怠食少，肾虚腰酸，须发早白	10～15g	中寒便溏、气滞腹胀者慎用

续表

药名	性味	归经	功效	应用	用量	备注
石斛	味甘，性微寒	胃、肾	滋阴清热 益胃生津	热病伤津，低热烦渴 胃阴不足，食少干呕	6~12g	本品助湿，舌苔厚腻者忌用
巴戟天	味甘、辛，性微温	肝、肾	补肾壮阳 强筋健骨 祛风除湿	阳痿不孕，月经不调 筋骨痿软，腰膝疼痛 风湿久痹，步履维艰	3~10g	
补骨脂	味辛、苦，性温	肾、脾	补肾壮阳 暖脾止泻 纳气平喘	阳痿尿频，腰膝冷痛 脾肾阳虚，五更泄泻 肾不纳气，虚寒咳喘	6~10g	
肉苁蓉	味甘、咸，性温	肾、大肠	补肾益精 润肠通便	阳痿不孕，腰膝酸软 精血亏虚，肠燥便秘	6~10g	阴虚火旺、腹泻便溏者忌用
蛤蚧	味咸，性平	肺、肾	温肾益精 补肺益肾	肾虚精亏，阳痿滑泄 肺肾两虚，虚喘久嗽	3~6g	

十七、收涩药

收涩药能收敛固涩。适用于久病体虚、正气不固所致的自汗、盗汗、久咳、虚喘、久泻、久痢、遗精、滑精、遗尿、尿频、崩漏、带下等滑脱不收证，又称固涩药。

收涩药主要用其固涩之性，敛其耗散，固其滑脱，为治标之品，常须与补益药同用以标本兼顾。收涩药有敛邪之弊，故对实邪未尽、表邪未解、内有实热湿滞者应慎重使用。

五 味 子

为木兰科植物五味子 *Schisandra chinensis* (Turcz.) Baill. 或华中五味子 *Schisandra sphenanthera* Rehd. et Wils. 的成熟果实。前者习称"北五味子"，后者习称"南五味子"。秋季采摘，晒干或加醋拌蒸后晒干。

【性味归经】 味酸、甘，性温。归肺、心、肾经。

【功效】 敛肺滋肾，生津敛汗，涩精止泻，宁心安神。

【应用】

(1) 治肺肾两虚，久咳虚喘与人参、蛤蚧同用；治肺寒咳喘与细辛、干姜同用。

(2) 治肾虚遗精滑泄，遗尿，带下与金樱子、芡实、桑螵蛸同用。

(3) 治阴虚盗汗，阳虚自汗与浮小麦、麻黄根、煅牡蛎同用。

(4) 治脾肾虚寒，久泻不止，五更泄泻与吴茱萸、补骨脂、肉豆蔻同用。

(5) 治阴血亏虚，心悸失眠，津伤口渴，消渴与生地、麦冬、酸枣仁等同用。

【用量用法】 5~10g，水煎服。

【现代研究】 五味子能增强大脑皮质兴奋和抑制的过程，改善人的智力活动，提高工作效率。有镇咳祛痰、强心、降转氨酶、抗菌、抗病毒、抗疲劳、抗衰老、兴奋子宫、调节免疫功能等作用。

山茱萸

为山茱萸科植物山茱萸 Cornus officinalis Sieb. et Zucc. 的成熟果实。秋末采摘,晒干或烘干用。

【性味归经】 味酸、涩,性微温。归肝、肾经。

【功效】 补益肝肾,收敛固脱。

【应用】

(1) 治肝肾亏虚,眩晕耳鸣,腰膝酸痛,阳痿遗精,消渴者常与熟地、枸杞子、补骨脂、山药同用。

(2) 治体虚自汗,盗汗,大汗虚脱常与人参、牡蛎、五味子同用。

(3) 治肾虚遗尿,尿频与益智仁、桑螵蛸同用。

(4) 治崩漏带下与乌贼骨、补骨脂、茜草同用等。

【用量用法】 6~12g,水煎服。

【现代研究】 山茱萸有收敛、抗菌、利尿、降血压、抗辐射、调节机体免疫功能等作用。

乌 梅

为蔷薇科植物梅 Prunus mume (Sieb.) Sieb. et Zucc. 的近成熟果实。夏季果实近成熟时采收,低温烘干至肉变黑色。生用或炒炭用。

【性味归经】 味酸、涩,性平。归肝、脾、肺、大肠经。

【功效】 敛肺,涩肠,生津,安蛔。

【应用】

(1) 治肺虚久咳与米壳、杏仁、紫菀、五味子同用。

(2) 治久泻久痢与诃子、肉豆蔻、广木香同用。

(3) 治消渴与天花粉、麦冬、人参同用。

(4) 治蛔虫腹痛,胆道蛔虫症与细辛、川椒、槟榔、使君子同用等。

【用量用法】 6~12g,水煎服。外用适量。

【现代研究】 本品有抗菌、消炎、祛痰、解热、抗过敏、利胆等作用。

其他收涩药见表 9-14。

表 9-14 其他收涩药简表

药名	性味	归经	功效	应用	用量	备注
金樱子	味甘、酸、涩,性平	肾、膀胱、大肠	固精缩尿 涩肠止泻	遗精滑精,遗尿带下 脾虚泻痢,日久不止	6~12g	
芡实	味甘、涩,性平	脾、肾	固肾缩尿 健脾止泻 除湿止带	肾虚遗精,小便不禁, 脾虚泄泻,久泄不愈, 下元虚冷,白带清稀	10~15g	
诃子	味苦、酸、涩,性平	肺、大肠	涩肠止泻 敛肺利咽	脾虚气弱,久泻久痢, 肺虚咳喘,咽痛喑哑	3~10g	涩肠止泻煨用, 敛肺利咽生用

十八、驱虫药

驱虫药能驱除或杀灭寄生虫。适用于蛔虫、蛲虫、绦虫、钩虫等所致的腹痛腹胀，呕吐涎沫，多食善饥或不思饮食，嗜食异物，肛门瘙痒，面色萎黄，形体消瘦，阴痒带下，小儿疳积等肠道寄生虫病。

驱虫药宜在空腹时服用，并应适当配伍泻下药以使寄生虫迅速排出体外。虫积腹痛剧烈时，应以安蛔止痛为主，待疼痛缓解后再行驱虫。脾胃虚寒，正气亏虚及妊娠、年老体弱者宜慎用。

常用药物

使君子　味甘，性温。归脾、胃经。功效：杀虫，消积。用于蛔虫、蛲虫病，小儿疳积。用量：10～15g，煎服，或火炒香嚼服6～9g。小儿每天1粒。空腹服用，服药时忌饮浓茶。过量服食可致呃逆、眩晕、呕吐等反应。

槟榔　味苦、辛，性温。归胃、大肠经。功效：驱虫消积，行气利水。用于绦虫、蛔虫、钩虫、姜片虫等寄生虫病及食积气滞，泻痢后重；水肿、脚气肿痛；疟疾等症。用量：6～15g，水煎服。脾虚便溏，气虚下陷者忌服。

苦楝根皮　味苦，性寒。有毒。归肝、脾、胃经。用于肠道寄生虫病及疥癣湿疮等。用量：6～9g，水煎服。

十九、外用药

外用药有解毒疗疮，化腐生肌，杀虫止痒等功效。主要用于外科、伤科、皮肤科及五官科之痈疽疮疡、疥癣、湿疹、麻风、梅毒、目赤肿痛、毒蛇咬伤等症。以局部涂擦、敷贴、熏洗为主要应用形式。

常用药物

白矾　味酸、涩，性寒。归肺、肝、脾、大肠经。功效：外用解毒，杀虫止痒；内服化痰，止血止泻。用于湿疹，湿疮，疥癣，久泻久痢，便血，崩漏，风痰之昏厥癫痫等症。用量：内服1～3g，入丸散剂；外用适量，研末外敷或化水熏洗。

硫黄　味酸，性温。有毒。归肾、大肠经。功效：解毒，杀虫止痒，补火助阳通便。用于疥疮，干湿癣，湿疹及寒喘阳痿，虚寒便秘等症。用量：内服1～3g，入丸散；外用适量，研末撒敷或香油调敷。畏朴硝！

雄黄　味辛，性温。有毒。归心、肝、胃经。功效：解毒，杀虫。用于痈肿疔疮，湿疹疥癣，虫蛇咬伤，蛔虫、蛲虫病，疟疾，哮喘等症。用量：内服0.15～0.3g，入丸散；外用适量，研末撒敷或香油调敷。忌火煅。

轻粉　味辛，性寒。有大毒。归大肠、小肠经。功效：攻毒，杀虫，敛疮。用于疥癣梅毒，疮疡溃烂及实证水肿、便秘等症。用量：内服宜慎用，0.1～0.2g，入丸散。外用适量，研末调涂或制膏外贴。

附：常用抗肿瘤中药

白花蛇舌草　味微苦、甘，性寒。归心、肝、脾、大肠经。功效：清热解毒，利湿通淋，活血止痛。适用于胃癌、食管癌、直肠癌等多种癌肿。另外，用于尿路感染、扁桃体炎、阑尾炎、盆腔炎、急性肝炎、毒蛇咬伤等症。用量：15～30g，水煎服，外用适量。

半边莲　味甘、淡，性寒。归心、肺、小肠经。功效：清热解毒，利水消肿。用于治疗胃癌、直肠癌、肝癌等癌肿。另外，用于毒蛇咬伤，疔疮肿毒，肝硬化腹水，肾炎水肿等症。用量：10～15 g，水煎服，外用适量。

半枝莲　味辛、微苦，性凉。归肝、肺、胃经。功效：清热解毒，活血利尿。用于治疗肺癌、肝癌、胃癌等癌肿。另外，用于热毒疮肿，毒蛇咬伤，跌打损伤，慢性肝炎，肝硬化腹水等症。用量：15～60 g，水煎服，外用适量。

七叶一枝花　味苦，性微寒。有小毒。归肝经。功效：清热解毒，消肿止痛，凉肝定惊。用于治疗多种癌肿。另外，用于痈肿疔疮，痄腮喉痹，瘰疬痰核，毒蛇咬伤及小儿惊风抽搐等症。用量：5～10 g，水煎服，外用适量。

山慈姑　味甘、微辛，性寒。有小毒。归肝、胃经。功效：清热解毒，消肿散结。用于治疗乳腺癌、鼻咽癌、食管癌等癌肿。另外，用于疔疮肿毒，瘰疬痰核，肝硬化及甲状腺瘤等多种癥瘕痞块。用量：3～6 g，水煎服，入丸散，每次0.6～1.0 g，外用适量。

白英　味苦，性平。有小毒。归心、肝、胆经。功效：清热利湿，解毒消肿。用于治疗子宫癌、膀胱癌、肝癌等癌肿。另外，用于感冒发热，黄疸型肝炎，胆囊炎，胆石症等。用量：15～30 g，水煎服。

龙葵　味苦，性寒。有小毒。归肺、膀胱经。功效：清热解毒，利水消肿，祛痰镇咳。用于治疗肺癌、肝癌、子宫癌、膀胱癌等癌肿，尤善治癌症胸腹积水。另外，用于急性乳腺炎、感冒发热、慢性支气管炎及痈肿疔毒等症。用量：10～30 g，水煎服。

斑蝥　味辛，性温。有大毒。归肝、肾、胃经。功效：破血逐瘀消癥瘕，攻毒散结。用于治疗肝、肺、胃、食管、乳腺等癌肿，尤以肝癌为优。另外，用于痈疽恶疮、顽癣、瘰疬等症。用量：内服0.03～0.06 g。多入丸散，外用适量。

复习题

一、单项选择题

1. 能发表散邪的药大多味（　　）
   A. 苦　　　　　　　　B. 辛　　　　　　　　C. 咸
   D. 甘　　　　　　　　E. 涩
2. 能燥湿的药大多味（　　）
   A. 辛　　　　　　　　B. 淡　　　　　　　　C. 苦
   D. 涩　　　　　　　　E. 咸
3. 沉降性表示药物的作用趋向是（　　）
   A. 上行向外　　　　　B. 下行向内　　　　　C. 下行向外
   D. 上行向内　　　　　E. 以上皆非
4. 风寒表证兼有水肿者宜选用（　　）
   A. 浮萍　　　　　　　B. 白芷　　　　　　　C. 麻黄
   D. 紫苏　　　　　　　E. 防风
5. 麻黄所不具有的功效是（　　）
   A. 发汗解表　　　　　B. 发汗解肌　　　　　C. 散寒通滞
   D. 发汗平喘　　　　　E. 发汗利尿

6. 桂枝治疗胸痹心痛是因其能（　　）
   A. 温通经络　　　　　B. 温通经脉　　　　　C. 温阳化气
   D. 温通胸阳　　　　　E. 温通血脉
7. 表虚有汗者桂枝最善配伍的药物是（　　）
   A. 白芍　　　　　　　B. 麻黄　　　　　　　C. 葛根
   D. 荆芥　　　　　　　E. 防风
8. 既可治疗感冒头痛，又可治疗风湿痹痛的药物是（　　）
   A. 荆芥　　　　　　　B. 防风　　　　　　　C. 辛夷
   D. 胡荽　　　　　　　E. 香薷
9. 防风不具有的功效是（　　）
   A. 化湿和中　　　　　B. 胜湿止痛　　　　　C. 发表散风
   D. 炒用止泻　　　　　E. 祛风止痉
10. 可祛风止痉，治疗破伤风的药物是（　　）
    A. 白芷　　　　　　　B. 荆芥　　　　　　　C. 羌活
    D. 藁本　　　　　　　E. 防风
11. 薄荷不具有的功效是（　　）
    A. 疏散风热　　　　　B. 清利头目　　　　　C. 利咽透疹
    D. 解毒散肿　　　　　E. 疏肝解郁
12. 既治疗风热感冒头痛发热，又治疗肝郁气滞胸闷胁痛的药物是（　　）
    A. 菊花　　　　　　　B. 葛根　　　　　　　C. 升麻
    D. 薄荷　　　　　　　E. 牛蒡子
13. 既可清热解毒，又可平肝明目的药物是（　　）
    A. 菊花　　　　　　　B. 桑叶　　　　　　　C. 薄荷
    D. 升麻　　　　　　　E. 牛蒡子
14. 独活的功效特点是（　　）
    A. 善祛在上之风寒湿邪　B. 善祛在下之风寒湿邪　C. 善祛在表之风寒湿邪
    D. 善祛在里之寒湿邪气　E. 以上均不是
15. 既利水又健脾的药是（　　）
    A. 猪苓　　　　　　　B. 泽泻　　　　　　　C. 茯苓
    D. 冬瓜皮　　　　　　E. 葫芦
16. 下列哪项不是车前子的功效（　　）
    A. 利尿通淋　　　　　B. 清肺化痰　　　　　C. 清热解毒
    D. 渗湿止泻　　　　　E. 清肝明目
17. 车前子入汤剂须（　　）
    A. 后下　　　　　　　B. 先煎　　　　　　　C. 包煎
    D. 另煎　　　　　　　E. 打碎
18. 石膏不具有的功效是（　　）
    A. 清热泻火　　　　　B. 除烦止呕　　　　　C. 除烦止渴
    D. 收敛生肌　　　　　E. 清热收敛
19. 知母所不具有的功效是（　　）

A. 清热泻火　　　　　　B. 滋阴润燥　　　　　　C. 滋阴退虚热
D. 生津止渴　　　　　　E. 清热消痈

20. 黄连所不具有的作用是（　　）
    A. 清肺火　　　　　　B. 清心火　　　　　　C. 清胃火
    D. 清大肠湿热　　　　E. 解热毒疗疮

21. 金银花不善治疗的病症是（　　）
    A. 痈肿疔疮　　　　　B. 肠痈、肺痈　　　　C. 外感风热
    D. 瘰疬痰核　　　　　E. 热毒血痢

22. 大黄用于治疗血热妄行之吐血、衄血、咯血等出血证，宜用（　　）
    A. 蜜制大黄　　　　　B. 醋制大黄　　　　　C. 生大黄
    D. 大黄炭　　　　　　E. 酒制大黄

22. 不宜与甘遂同用的药物是（　　）
    A. 甘草　　　　　　　B. 大枣　　　　　　　C. 乌头
    D. 玄参　　　　　　　E. 细辛

24. 川贝的功效是（　　）
    A. 清热化痰，润肺止咳　　B. 清热化痰，开郁散结　　C. 宣肺化痰，利咽
    D. 清热化痰，除烦止渴　　E. 清热化痰，润肠通便

25. 橘皮的功效是（　　）
    A. 理气健脾，燥湿化痰　　B. 疏肝理气，消积化滞　　C. 破气除痞，化痰消积
    D. 疏肝解郁，理气化痰　　E. 疏肝理气，化痰止咳

二、名词解释

1. 四气　2. 五味　3. 升降沉浮　4. 归经　5. 毒性　6. 炮制　7. 七情　8. 相使
9. 相畏　10. 相反

三、简答题

1. 简述麻黄的功效及应用。
2. 简述桂枝的功效及应用。
3. 简述柴胡的功效及应用。
4. 独活可治外感风寒夹湿表证，述其原因。
6. 藿香治何种呕吐？为什么？
7. 茯苓为什么可治寒热虚实各种水肿？
8. 石膏有生用、煅用之分，其功效各有何不同？

四、论述题

1. 试述麻黄与桂枝功效及应用方面的异同点。
2. 试述石膏与知母功效及应用的异同点。
3. 试述黄芩、黄连、黄柏功用的异同点。
4. 试述金银花与连翘在功用方面有何异同。
5. 试述附子的功能与主要临床应用。
6. 试述熟地黄、生地黄在性味、功效、主治方面的主要区别。

（山东万杰医学院　李艳茹）

第十章 方　剂

> **学习目标**
> 1. 掌握常用方剂的药物组成、主治、功效及临床应用。
> 2. 熟悉常用剂型的特点和应用。
> 3. 了解方剂的定义、组成原则及其组成变化。

以常用方剂的药物组成、主治、功效为重点；以常用方剂的临床应用为难点。

第一节　方剂基本常识

方剂是中医在辨证审机，确立治法的基础上，按照组方原则，通过选择合适药物，酌定适当剂量，规定适宜剂型及用法等一系列过程，最后完成的药物治疗处方。方剂通过合理的配伍，以增强或改变药物原有的功用，调其偏性，制其毒性，消除或减缓对人体的不利因素，从而以其综合的作用发挥更好的治疗效果。方剂是中医学中理、法、方、药的重要组成部分，是中医临床治疗的主要工具之一。

一、方剂的组成原则

方剂的组成不是药物随意的堆砌、主观的选择，而是必须遵循一定的组成原则。前人将这一原则概括为"君、臣、佐、使"。

1. **君药**　又称主药，是方剂中针对主病或主证起主要治疗作用的药物。
2. **臣药**　又称辅药，是辅助君药加强疗效，并对兼病或兼证起治疗作用的药物。
3. **佐药**　有三种意义：①佐助药，即协助君、臣以加强治疗作用；②佐制药，即消除或缓解君、臣药的毒性或烈性；③反佐药，即根据病情需要，配用与君药性味相反而又能在治疗中起相成作用的药物。
4. **使药**　有两种作用：①引经药，即能引方中诸药直达病所的药物；②调和药，即具有调和方中诸药作用的药物。

二、方剂的组成变化

方剂的组成变化归纳起来主要有以下三种形式：

1. **药味增减**　方剂中药物的增减变化主要有两种情况：一种是佐使药的加减，这种加减是在主证不变的情况下，对某些药物进行增减，以适应一些次要兼证的需要；另一种是臣药的增减，这种增减改变了方剂的配伍关系，会使方剂的功效发生根本变化。如麻黄汤去桂枝，名为三拗汤，此方仍以麻黄为君药，但无桂枝的配合，则发汗力弱，且配以杏仁为臣，其功专主宣肺散寒，止咳平喘，是一首治疗风寒犯肺咳喘的基础方。

2. 药量增减　方剂的药物组成虽然相同，但药物的用量各不相同，其药力则有强弱大小之分，配伍关系则有君臣佐使之变，从而在功用、主治上就不相同。如小承气汤与厚朴三物汤，同是由大黄、枳实、厚朴三种药组成，但由于小承气汤中大黄的用量是厚朴的2倍，其功用为泻火通便，主治热结便秘；而厚朴三物汤中厚朴的用量是大黄的2倍，其功用为行气除满，主治气滞腹胀。

3. 剂型变化　同一方剂尽管用药机制完全相同，但由于剂型不同，致使运用上也就有所区别。但这种区别只是药力大小与峻缓的差别，在主治病情上有轻重缓急之分而已。如理中丸和人参汤，两方组成与用量完全相同，但前方研末炼蜜为丸，治疗脾胃虚寒，其虚寒较轻，病势较缓，取丸以缓治；后方水煎作汤内服，主治中上二焦虚寒之胸痹，其虚寒较重，病势较急，取汤以速治。

三、常用的剂型

方剂组成以后，根据病情的需要和药物的特点制成一定的形态，称为剂型。目前常用的有汤剂、丸剂、散剂、膏剂、酒剂、丹剂、茶剂、露剂等剂型。以后又不断丰富发展，研究出许多新的剂型，如针剂、片剂、冲剂、糖浆剂、胶囊等。现将常用的剂型介绍如下：

（一）汤剂

即煎剂。是将药物饮片加水浸泡后，再煎煮一定时间，然后去渣取汁，称为汤剂，主要供内服用。其特点是吸收快，能迅速发挥疗效，而且便于加减使用，能较全面、灵活地照顾到每一个患者或各种病证的特殊性。是中医临床使用最广泛的一种剂型。

（二）丸剂

是将药物研成细末或药物提取物，加上适宜的黏合剂制成圆形的固体剂型。其特点是吸收缓慢，药力持久，节省药材，服用、携带、贮存比较方便。一般适用于慢性、虚弱性疾病，如十全大补丸、补中益气丸等；亦可用于急救，如安宫牛黄丸、苏合香丸等。临床常用的丸剂有蜜丸、水丸、糊丸、浓缩丸等。

（三）散剂

是将药物粉碎、混合均匀而成的粉末状制剂，有内服与外用两类。内服散剂有细末和粗末之分，细末可直接冲服；粗末可加水煮沸，取汁服用。外用散剂一般作为外敷，掺撒疮面或患病部位，如生肌散、金黄散等。

（四）膏剂

是将药物用水或植物油煎熬去渣浓缩后而成的剂型。有内服、外用两类。内服膏剂有流浸膏、浸膏、煎膏三种。外用膏剂又分软膏剂和硬膏剂两种。

（五）酒剂

又称药酒。将药物置于酒中浸泡一定时间后，使有效成分溶解在酒中，然后去渣取液而成。其特点是便于保存，并可供内服或外用。此剂多在补益剂和祛风通络剂中使用。如杜仲酒、风湿药酒等。

（六）丹剂

有内服与外用两类。内服丹剂没有固定剂型，有丸剂，也有散剂，每以药品贵重或药效显著而称之为丹，如紫雪丹、玉枢丹、至宝丹等。外用丹剂亦称丹药，是以某些矿物质类药经高温烧制成的不同结晶形状的制品，如红升丹、白降丹等，常供外科使用。

（七）茶剂

是将药物经粉碎加工而制成的粗末状制品，或与黏合剂混合制成的固定制剂。使用时置有盖的适宜容器中，以沸水泡汁代茶服用，故称茶剂。茶剂外形并无一定，常制成小方块形或长方块形，亦有制成饼状或制成散剂定量装置纸袋中。

（八）露剂

亦称药露。多用新鲜含有挥发性成分的药物，放在水中加热蒸馏，所收集的蒸馏液即为药露。

此外，还有冲剂、片剂、糖浆剂、胶囊、针剂（注射剂）等多种剂型。

第二节 常用方剂

麻黄汤（《伤寒论》）

【组成】 麻黄9g、桂枝6g、杏仁6g、炙甘草3g。

【用法】 水煎服。宜温服，服后盖被取微汗。

【功用】 发汗解表，宣肺平喘。

【主治】 外感风寒表实证。症见恶寒发热，头痛身疼，无汗而喘，舌苔薄白，脉浮紧。

【方解】 本方证为风寒之邪束表，肺气失宣所致。方中麻黄发汗解表，宣肺平喘，为君药。桂枝解肌发表，温经散寒，两药合用可增强麻黄发汗解表之力，又可调和营卫，为臣药。杏仁降利肺气，与麻黄配伍，一宣一降，以增强麻黄宣肺平喘之功，为佐药。炙甘草调和药性，以制麻黄、桂枝发汗太过，为佐使药。

【应用】 ①本方为辛温解表的代表方剂，是治疗外感风寒表实证的主方。以恶寒发热，无汗而喘，舌苔薄白，脉浮紧为证治要点。②感冒，流行性感冒，急性支气管炎，支气管哮喘等证属风寒表实证者，均可用本方治疗。③本方发汗作用较强，对于体虚外感，表虚有汗，外感风热，新产妇人，失血患者等均不宜使用。

桂枝汤（《伤寒论》）

【组成】 桂枝9g、芍药9g、炙甘草6g、生姜9g、大枣12枚。

【用法】 水煎服。宜温服，服后饮热稀粥少许，使微微汗出。

【功用】 解肌发表，调和营卫。

【主治】 外感风寒表虚证。症见头痛发热，汗出恶风，或鼻鸣干呕，苔薄白，脉浮缓等。

【方解】 本方证为风寒束表，营卫不和所致。方中桂枝辛温发散以解表，并能调和营卫，为君药。芍药为臣药，益阴敛营，桂、芍相合，一治卫强，一治营弱，散中有收，汗中寓补，使表邪得解，营卫调和。生姜辛温，既能助桂枝以散表邪，又兼和胃止呕；大枣甘平，意在益气补中，姜枣相配能补脾和胃，调和营卫，共为佐药。炙甘草调和药性，合桂枝辛甘化阳以实卫，合芍药酸甘化阴以和营，为佐使之药。本方发中有补，散中有收，邪正兼顾，阴阳并调。

【应用】 ①本方是治疗外感风寒表虚证的代表方。以恶风，发热，汗出，苔薄白，脉浮缓为证治要点。②若兼项背强而不舒，可加葛根以增强解肌发表，生津舒筋之力（即桂枝加葛根汤)；本方加厚朴、杏仁，名为桂枝加厚朴杏子汤，治疗素有咳喘，又感风寒而见桂枝汤证者。③本方常用于治疗感冒，流行性感冒，过敏性鼻炎，原因不明的低热以及皮肤病等病证属于表虚营卫不和者。

银翘散（《温病条辨》）

【组成】 银花15g、连翘15g、桔梗9g、薄荷9g、淡竹叶6g、淡豆豉6g、荆芥穗6g、牛蒡子9g、芦根15g、甘草6g。

【用法】 水煎服。或为丸，每次6~9g，每日2次，温开水送下。

【功用】 辛凉透表，清热解毒。

【主治】 温病初起，风热表证。症见发热微恶寒，无汗或有汗不多，头痛，咳嗽，咽痛，舌尖红，苔薄白，脉浮数。

【方解】 本方证为风温初起，温热之邪侵袭肺卫所致。方中银花、连翘辛凉解表，清热解毒，为君药。薄荷、牛蒡子疏风散热，清利头目，又可解毒利咽；荆芥穗、淡豆豉辛而不烈，温而不燥，助君药发散表邪，与薄荷、牛蒡子均为臣药。芦根、淡竹叶、桔梗清热生津止渴，宣肺止咳，同为佐药。甘草既可调和诸药，又可合桔梗清利咽喉，是为佐使药。

【应用】 ①本方是治疗风热表证的常用方剂，有"辛凉平剂"之称。以发热，微恶风寒，咽痛，口渴，脉浮数为证治要点。②口渴甚者，加花粉、知母清热生津；咽肿喉痛者，加马勃、玄参、板蓝根清热解毒，利咽消肿；鼻衄者，去荆芥穗、淡豆豉，加白茅根、侧柏炭、栀子凉血止血；咳嗽者，加杏仁、浙贝母止咳祛痰；胸膈闷者，加藿香、郁金芳香化湿。③本方常用于流行性感冒，急性上呼吸道感染，急性扁桃体炎，麻疹，流行性脑膜炎，流行性乙型脑炎等热性病初期具有风热表证者。

桑菊饮（《温病条辨》）

【组成】 桑叶9g、菊花6g、杏仁6g、连翘6g、薄荷3g、桔梗6g、芦根6g、甘草3g。

【用法】 水煎服。

【功用】 疏风清热，宣肺止咳。

【主治】 风温初起证。症见但咳，身热不甚，口微渴，苔薄白，脉浮数。

【方解】 本方证为外感风热病邪袭肺，肺的宣降功能失调所致。方中桑叶能疏散上焦风热，并能宣肺热而止咳嗽，为君药。菊花散风热，清头目而肃肺；杏仁、桔梗宣肺利气而止咳，共为臣药。连翘清热解毒；薄荷疏风散热；芦根生津而止渴，共为佐药。甘草调和诸药而为使药，且与桔梗相合又能利咽喉。诸药相配伍，能使上焦风热得以疏散，肺气得以宣畅，则表证解，咳嗽止。

【应用】 ①本方是治疗风温或风热犯肺轻证的常用方剂，有"辛凉轻剂"之称。以咳嗽，发热不甚，微渴，脉浮数为证治要点。②若气粗似喘，可加石膏、知母以增强清肺之力；咳嗽痰黄，可加黄芩、桑白皮以清肺止咳；口渴者加天花粉以清热生津；肺热伤络，咳嗽痰中夹血者，可加白茅根、藕节、丹皮以凉血止血。③本方常用于流行性感冒，急性支气管炎，急性扁桃体炎，上呼吸道感染等病证属风热犯肺轻证者。

银翘散与桑菊饮都是治疗温病初起的辛凉解表剂，组成中都有连翘、桔梗、甘草、薄荷、芦根，但银翘散有银花配伍荆芥、淡豆豉、牛蒡子、淡竹叶，疏风清热之力强，为辛凉平剂；桑菊饮有桑叶配伍杏仁，宣肺止咳之力大，为辛凉轻剂。

大承气汤（《伤寒论》）

【组成】　大黄12g、厚朴12g、枳实9g、芒硝9g。
【用法】　水煎服。大黄后下，芒硝冲服。
【功用】　峻下热结。
【主治】　阳明腑实证。症见大便秘结不通，矢气频作，腹胀满拒按，或高热，或日晡潮热，神昏谵语，苔黄厚而干，或焦黑燥裂，脉沉实有力者。或下利清水秽臭而腹痛不减，按之有硬块，口干舌燥，脉滑数者。或热厥，抽搐，发狂属于里有实热者。
【方解】　本方证为邪传阳明入里化热，与肠中燥屎相结，阻塞肠道，腑气不通所致。方中大黄苦寒，泻热祛瘀通便，荡涤肠胃邪热积滞，为君药。芒硝咸寒泄热，软坚通便，为臣药。枳实、厚朴消痞除满，破气散结，为佐使药。
【应用】　①本方为急下存阴之首方，是治疗阳明腑实证的基础方剂，又是寒下剂的代表方。以痞、满、燥、实及苔黄、脉实为证治要点。②本方去芒硝（即小承气汤）能轻下热结；无痞满者，本方去枳实、厚朴，加甘草（即调胃承气汤）能和中调胃；本方去枳实、厚朴，加丹皮、桃仁，名为大黄牡丹汤，有泻热破瘀，散结消肿的功能，主治肠痈初起证。③单纯性肠梗阻，粘连性肠梗阻，蛔虫性肠梗阻，急性胆囊炎，急性水肿性胰腺炎，急性阑尾炎，急性菌痢初起等病证而见上述症状者，可用本方加减治疗。

麻子仁丸（《伤寒论》）

【组成】　麻子仁18g、大黄12g、杏仁10g、枳实9g、厚朴9g、芍药9g。
【用法】　水煎服。或为丸，每次6～9g，每日2次，温开水送下。
【功用】　润肠通便，泄热行气。
【主治】　胃肠燥热之便秘证。症见大便干结，难以排出，腹胀痛，小便频数。
【方解】　本方证多由脾阴不足，不能为胃行其津液，胃肠燥热所致。方中麻子仁质润多脂，润肠通便，为君药。大黄泻热通便，为臣药。杏仁润肠降气；枳实、厚朴宽肠理气，使气机通畅，大便易行，为佐药。白芍养阴和营，为使药。用蜜和丸，亦能润燥滑肠，并有甘缓调和的作用。诸药合用，具有润肠、通便、缓下之功。
【应用】　①本方是润肠通便的常用方剂。以大便干结难下，时间较久为证治要点。②痔疮便血者，可加槐花、地榆以凉血止血；燥热伤津较甚者，可加柏子仁、瓜蒌仁以生津润燥；热结较重者，可增加大黄的用量，以增强其泻下作用。③常用于习惯性便秘，痔疮便秘，老人及产后便秘等病证属于本证者。

小柴胡汤（《伤寒论》）

【组成】　柴胡9g、黄芩9g、半夏9g、人参6g、炙甘草5g、生姜9g、大枣4枚。
【用法】　水煎服。
【功用】　和解少阳。
【主治】　少阳证。症见往来寒热，胸胁苦满，默默不欲饮食，心烦喜呕，口苦咽干，目眩，舌苔薄白，脉弦者。
【方解】　本方证为邪居少阳，枢机不利，胆火上炎犯胃所致。方中柴胡主入肝、胆经，能透泄与清解少阳之邪，并能疏泄气机郁滞，使少阳之邪得以疏泄，为君药。黄芩苦寒，清泄少阳之热，为臣药。生姜、半夏和胃降逆；人参、大枣益气健中，共为佐药。甘草调和诸药，为使药。

【应用】 ①本方为和解少阳的代表方。以往来寒热，胸胁苦满，心烦喜呕，苔白，脉弦为证治要点。②胸中烦而不呕者，去半夏、人参，加瓜蒌除烦清热，宽胸理气；口渴者，去半夏，加花粉清热生津；里有实热，大便不通者，去人参、甘草，加枳实、大黄、芍药（即大柴胡汤）和解泄热通腑。③常用于感冒，流行性感冒，疟疾，慢性肝炎，胆囊炎，胆结石，胆汁反流性胃炎，胸膜炎，急性乳腺炎等病证属少阳证者。

逍遥散（《太平惠民和剂局方》）

【组成】 柴胡9g、当归9g、白芍9g、白术9g、茯苓9g、甘草6g。
【用法】 水煎服。或为丸，每次6~9g，每日2次，温开水送下。
【功用】 疏肝解郁，健脾养血。
【主治】 肝郁血虚脾弱证。症见两胁作痛，胸闷嗳气，头痛目眩，口干咽燥，神疲食少，或见寒热往来，或妇女月经不调，乳房作胀，脉弦细者。
【方解】 本方证为肝郁血虚，脾失健运所致。方中柴胡疏肝解郁，使肝气得以条达，为君药。白芍养血敛阴，柔肝平肝；当归养血活血，理血中之气，与柴胡同用能补肝体，使肝气不郁，共为臣药。茯苓、白术健脾和中，既可健脾土，又可抑肝旺，共为佐药。加薄荷、生姜少许助肝疏散条达，亦为佐药。甘草调和诸药，为使药。
【应用】 ①本方既是治疗肝郁血虚、肝脾不和的常用方，又是妇科调经的基础方。以两胁作痛，神疲食少，或月经不调，脉弦细为证治要点。②肝郁血虚，郁而化热而见烦躁易怒，或月经不调者，加丹皮、栀子（即丹栀逍遥散）疏肝健脾，凉血清热；肝郁气滞较甚者，加香附、陈皮疏肝解郁；胁痛甚者，加延胡索、郁金、香附解郁止痛；血虚甚者，加熟地以养血。③本方常用于治疗慢性肝炎，胃及十二指肠溃疡，慢性胃炎，胃肠神经症，胸膜炎，乳腺炎，乳腺小叶增生，更年期综合征等病证属于本证者。

白虎汤（《伤寒论》）

【组成】 石膏（打碎）30g、知母12g、甘草6g、粳米9g。
【用法】 水煎服。石膏先煎，再入其余三味同煎，至米熟汤成，去渣温服。
【功用】 清热泻火，生津止渴。
【主治】 阳明气分热盛证。症见壮热头痛，口干舌燥，烦渴多饮，面赤恶热，大汗出，脉洪大有力或滑数。
【方解】 本方证为太阳伤寒之邪化热内传阳明之经，或温热病邪传入气分，耗伤津液所致。方中石膏辛甘大寒，清热除烦，为君药。知母苦寒，清热生津，既助石膏清热，又治已伤之津，为臣药。甘草、粳米和胃护津，以防寒凉伤中之弊，共为佐使药。
【应用】 ①本方为治疗阳明气分热盛证的基础方。以身大热，汗大出，口大渴，脉洪大等"四大"为证治要点。②本方加人参，名人参白虎汤，甘寒清热，益气生津。③常用于流行性感冒，上呼吸道感染，大叶性肺炎，乙型脑炎，伤寒，中暑，小儿麻疹，小儿夏季热等病证属于气分热盛者。

清营汤（《备急千金要方》）

【组成】 水牛角15～30g、生地15g、玄参9g、竹叶心3g、麦冬9g、丹参6g、黄连5g、金银花9g、连翘6g。

【用法】 水煎服。水牛角先煎。

【功用】 清营解毒，透热养阴。

【主治】 热入营分证。症见身热夜甚，口渴或不渴，时有谵语，心烦少寐，或斑疹隐隐，舌绛而干，脉细数。

【方解】 本方证是温热之邪由气入营，热伤营阴所致。方中水牛角咸寒，清解营分热毒，凉血化斑，为君药。玄参、生地、麦冬甘寒，养阴清热，共为臣药。黄连、竹叶、连翘、金银花清热解毒，能透热于外，使邪热转出气分而解，防止热邪内陷，共为佐药。丹参清热凉血，活血化瘀，以防血与热结，且能引药入心而清热，为使药。诸药合用，共奏清营解毒，透热养阴之效。

【应用】 ①本方为治疗温热病邪热入营的代表方。以身热夜甚、心烦少寐、舌绛而干、脉细数为证治要点。②若见痉厥，可加羚羊角、钩藤、菊花以清热解毒，息风镇痉，或配服紫雪丹。若见神昏谵语、舌謇肢厥者，是邪入心包之候，可先服安宫牛黄丸或至宝丹以清心开窍，再服本方。③可用于治疗流行性乙型脑炎，流行性脑脊髓膜炎，败血症或其他传染性疾病具有高热烦躁，舌绛而干等营分证者。

黄连解毒汤（《外台秘要》）

【组成】 黄连9g、黄芩6g、黄柏6g、栀子9g。

【用法】 水煎服。

【功用】 泻火解毒。

【主治】 三焦火毒热盛证。症见大热烦躁，口燥咽干，错语不眠；或热病吐血、衄血；或热甚发斑；或身热下利；或湿热黄疸；外科痈疡疔毒，小便黄赤，舌红苔黄，脉数有力。

【方解】 本方证为热毒壅盛于三焦，波及上下内外，内扰心神所致。方中黄连大苦大寒，清泻心火，兼清中焦之火而为君药。黄芩善清上焦之火，更增黄连清热解毒之力，为臣药。黄柏泻下焦之火，为佐药。栀子通泻三焦，导热下行，使火热从下而出，为使药。

【应用】 ①本方为泻火解毒的代表方。以大热烦躁，口燥咽干，舌红苔黄，脉数有力为证治要点。②便秘者，加大黄以泻下焦实热；吐血、衄血、发斑者，加玄参、生地、丹皮以清热凉血；瘀热发黄者，加茵陈、大黄以清热祛湿退黄。③常用于肺炎，急性细菌性痢疾，败血症，脓毒血症，流行性脑膜炎及其它急性感染性炎症等病证属热毒为患者。

龙胆泻肝汤（《医宗金鉴》）

【组成】 龙胆草12g、黄芩6g、栀子9g、泽泻9g、木通6g、车前子6g、当归6g、柴胡6g、甘草3g、生地18g。

【用法】 水煎服。或为丸，每次6～9g，每日2次，温开水送下。

【功用】 清泻肝胆实火，清利肝胆湿热。

【主治】 肝胆实火、湿热证。症见头痛目赤，胁痛，口苦心烦，耳聋，耳肿；或肝经湿热下注证，症见小便淋浊，阴痒阴肿，妇女带下黄臭，舌红苔黄腻，脉弦数等。

【方解】 本方证为肝胆经实火上炎，或湿热循经下注所致。方中龙胆草苦寒清热，上清肝胆实火，下泻肝经湿热，为君药。黄芩、栀子苦寒，泻火解毒，清热燥湿，共为臣药。泽泻、木通、车前子泻火利湿，使湿邪从小便而出；当归、生地滋阴养血，泻中有补，使泻火之药不致苦燥伤阴，共为佐药。柴胡疏肝解热，引药入肝胆；甘草调和诸药，同为使药。综观全方，其配伍特点是泻中有补，降中寓升，祛邪不伤正，泻火不伐胃，使火降热清，湿浊得消，则诸症可除。

【应用】 ①本方为治疗肝胆实火上炎证和肝胆湿热下注证的常用方剂。以头痛目赤，胁痛口苦，或小便淋浊，或阴痒阴肿，或妇女带下黄臭，舌红苔黄腻，脉弦数等为证治要点。②肝火上炎，目赤口苦者，加菊花、桑叶；咯血者，加丹皮、侧柏叶。③常用于头痛，高血压，头部湿疹，急性结膜炎，急性肝炎，急性胆囊炎，带状疱疹，睾丸炎以及泌尿系炎症等病证属肝胆实火湿热者。

青蒿鳖甲汤（《温病条辨》）

【组成】 青蒿6g、鳖甲15g、细生地12g、知母6g、丹皮9g。
【用法】 水煎服。
【功用】 养阴透热。
【主治】 温热病后期，邪伏阴分证。症见夜热早凉，热退无汗，形体消瘦，舌红少苔，脉细数。

【方解】 本方证为温病后期，阴液已伤，邪热留于阴分所致。方中鳖甲咸寒，养阴退热；青蒿清热透邪外出，共为君药。生地滋阴凉血；知母养阴清热，共助鳖甲养阴退热，共为臣药。丹皮凉血散血，泻阴中之火，以助青蒿透泻阴分之伏热，为佐药。诸药合用，共奏养阴透热之功。

【应用】 ①本方为治疗温病后期，阴液已伤，邪热伏于阴分之虚热证的常用方剂。以夜热早凉、热退无汗、舌红少苔、脉细数为证治要点。②对于肺痨骨蒸，阴虚火旺者，可加沙参、旱莲草以养阴清肺；小儿夏季热，可酌加荷梗、白薇以解暑退热。③常用于治疗各种不明原因的发热，小儿夏季热，慢性疾病的消耗性发热，各种传染性疾病恢复期低热，结核病，恶性肿瘤等病证属阴虚内热者。

理中丸（《伤寒论》）

【组成】 人参9g、干姜9g、炙甘草6g、白术9g。
【用法】 水煎服。或为丸，每次6~9g，每日2次，温开水送下。
【功用】 温中散寒，补气健脾。
【主治】 脾胃虚寒证。症见脘腹冷痛，喜温喜按，自利不渴，畏寒肢冷，呕吐，腹满食少，舌质淡，苔白，脉沉细。

【方解】 本方证为脾胃虚寒，健运失调，脾升胃降失常所致。方中干姜大辛大热，能温中散寒，扶阳抑阴，为君药。人参补中益气，培补后天之本则气旺阳复而为臣药。白术苦温，燥湿健脾而为佐药。炙甘草补中扶正，调和药性，为使药。

【应用】 ①本方是治疗中焦脾胃虚寒证的基础方。以脘腹冷痛，喜温喜按，自利不渴，呕吐，腹满食少，舌质淡，苔白，脉沉细为证治要点。②虚甚者，重用人参；寒甚者，重用干姜，并加附子、肉桂增强助阳祛寒之力；阳虚出血者，干姜易炮姜，并加艾叶以温中止血。③本方常用于急、慢性胃肠炎，胃痉挛，胃下垂，胃及十二指肠溃疡，胃肠神经症，慢性结肠炎等病证属脾胃虚寒者。

四逆汤（《伤寒论》）

【组成】 附子15g、干姜9g、炙甘草6g。

【用法】 水煎服。附子先煎30～60min，再入余药，煎汁温服。

【功用】 回阳救逆，温中散寒。

【主治】 阴盛阳衰寒厥证。症见四肢厥逆，恶寒喜卧，神疲欲寐，或下利清谷，腹痛，或冷汗淋漓，舌苔白滑，脉沉微欲绝者。

【方解】 本方证为少阴阴寒内盛，肾阳衰微所致。方中附子大辛大热，温肾壮阳，祛寒救逆，为君药。干姜温中祛寒，助阳通脉，协附子增强回阳救逆之力，为臣药。炙甘草和中，又可缓干姜、附子之燥热，为佐使药。

【应用】 ①本方为回阳救逆的代表方。以四肢厥逆，恶寒喜卧，神疲欲寐，脉沉微细为证治要点。②阳气暴脱者，去炙甘草、干姜，加人参（即参附汤）益气回阳、救脱。③本方常用于心肌梗死，心力衰竭，胃肠道疾病吐泻过多等病证属阴盛阳衰者。

四君子汤（《太平惠民和剂局方》）

【组成】 人参9g、茯苓9g、白术9g、炙甘草6g。

【用法】 水煎服。

【功用】 补气健脾。

【主治】 脾胃气虚证。症见面色萎黄，气短乏力，食少便溏，舌淡苔白，脉虚弱。

【方解】 本方证为脾胃虚弱，中气不足所致。方中人参补脾益气，为君药。脾虚易生湿，故配白术健脾燥湿，为臣药。茯苓健脾渗湿，为佐药。炙甘草甘温补中，调诸药而为使药。

【应用】 ①本方是治疗脾胃虚弱的常用方，也是补气剂的基础方。以面色萎黄，气短乏力，食少便溏，舌淡苔白，脉虚弱为证治要点。②脾胃虚弱而兼痰湿者，加陈皮、制半夏（即六君子汤）理气燥湿化痰；脾胃虚弱兼有痰湿气滞者，六君子汤加木香、砂仁（即香砂六君子汤）健脾理气化滞；脾胃气虚，运化不健者，加山药、白扁豆、莲子肉、桔梗、薏苡仁、缩砂仁（即参苓白术散）补气健脾，调中止泻。③常用于慢性胃炎，胃及十二指肠溃疡，慢性肠炎，消化不良等病证属于脾胃气虚者。

参苓白术散（《太平惠民和剂局方》）

【组成】 人参15g、茯苓15g、白术15g、甘草9g、山药15g、薏苡仁9g、砂仁6g、莲子肉9g、桔梗6g、白扁豆12g。

【用法】 水煎服。

【功用】 益气健脾，渗湿止泻。

【主治】 脾虚夹湿证。症见食少纳差，大便溏泄，形体消瘦，四肢倦怠，神疲乏力，声低懒言，胸脘痞闷，面色萎黄，舌淡苔白腻，脉缓弱。

【方解】 本方证为脾虚湿盛所致。方中人参、白术、茯苓益气健脾，渗湿止泻，共为君药。山药、莲子肉助人参健脾止泻；白扁豆、薏苡仁助白术、茯苓健脾渗湿，共为臣药。砂仁芳香醒脾，和胃化湿，使全方补而不滞；桔梗宣肺气，载药上行，均为佐药。甘草和胃健脾，调和诸药，为使药。诸药合用，共奏益气健脾、渗湿止泻之功。

【应用】 ①本方是治疗脾虚湿盛证的常用方剂。临床以食少纳差，大便溏泄，面色萎黄，神疲乏力，舌淡苔白腻，脉缓弱为证治要点。②若伴脾胃虚寒之腹痛，可加肉桂、干姜以温阳祛寒止痛；治疗小儿单纯性消化不良，加炒山楂、炒神曲、炒麦芽以消食和胃。③常用于慢性胃肠炎，贫血，慢性肾炎及妇科疾患等证属脾虚湿盛者。

补中益气汤（《脾胃论》）

【组成】 黄芪18g、人参9g、白术9g、炙甘草6g、升麻3g、柴胡3g、当归9g、陈皮6g。

【用法】 水煎服。或为丸，每次6～9g，每日2次，温开水送下。

【功用】 补中益气，升阳举陷。

【主治】 ①脾胃气虚证。症见神疲乏力，动则心慌气短，面色萎黄，食少便溏，舌质淡，脉虚大无力。②气虚发热证。症见身热，自汗，渴喜热饮，少气懒言。③中气下陷证。症见胃下垂，子宫下垂，脱肛，久泻，久痢，崩漏等。

【方解】 本方证为脾胃气虚，清阳下陷所致。方中黄芪重用，以补中益气，升阳固表，为君药。人参、白术、炙甘草补气健脾，以增强黄芪升阳举陷之力，均为臣药。气虚则血少，故配当归补血，陈皮理气，使补而不滞；气虚下陷，故辅以升麻、柴胡升举下陷之清阳，共为佐药。甘草和中，调诸药，为使药。

【应用】 ①本方为补气升阳，甘温除热的代表方。以体倦乏力，少气懒言，面色萎黄，脉虚大无力或脱肛，内脏下垂为证治要点。②若脏器下垂者，重用黄芪、升麻，并加枳壳。③常用于内脏下垂，久泻，久痢，脱肛，重症肌无力，子宫脱垂，月经量多等病证属脾胃气虚或中气下陷者。

玉屏风散（《丹溪心法》）

【组成】 黄芪12g、白术12g、防风6g。

【用法】 水煎服。

【功用】 益气固表，止汗。

【主治】 表虚自汗证。症见自汗恶风，面色淡白无华，舌淡苔白，脉浮缓，以及虚人易感风邪者。

【方解】 本方证为卫气虚弱，不能固表所致。方中重用黄芪益气固表，为君药。白术健脾益气，为臣药。防风走表祛风，以助黄芪抵御风邪，为佐使药。三药配合，补中有疏，散中寓补，以补固为主，故可用于表虚卫气不固之自汗，亦可用于气虚易于外感者。

【应用】 ①本方是益气固表的代表方剂。以自汗恶风，面色淡白无华，舌淡苔白，脉浮缓为证治要点。②表证较重，可加桂枝以解肌发表；汗出不止，可配牡蛎散以增强固表敛汗之功。③常用于体虚感冒，慢性鼻炎，过敏性鼻炎等病证属表虚不固而外感风邪者。

四物汤（《太平惠民和剂局方》）

【组成】 熟地12g、当归9g、白芍9g、川芎6g。

【用法】 水煎服。

【功用】 补血，活血，调经。

【主治】 营血虚滞证。症见头昏目眩，心悸失眠，面色无华，唇甲色淡，或月经不调，量少经闭或崩漏，舌质淡，脉细。

【方解】 本方证为营血亏虚，血行不畅所致。方中熟地滋阴养血填精，为君药。当归补血养肝，活血调经为臣药。白芍养血和阴、川芎活血行气，两者合用则补血不滞血，活血不伤血，均为佐使药。

【应用】 ①本方既是补血的常用方，又是妇科调经的基础方。以头昏目眩，心悸失眠，面色无华，舌质淡，脉细为证治要点。②气虚者，加党参、黄芪（即圣愈汤）补气生血；血虚兼血瘀者，加桃仁、红花（即桃红四物汤）活血化瘀；血虚寒滞，少腹疼痛，月经过多者，加阿胶、艾叶、甘草（即胶艾汤）养血温经；血虚有热，加黄芩、丹皮、熟地易生清热凉血；气血两虚者，合四君子汤（即八珍汤）气血双补。③常用于妇女月经不调，胎产疾病，慢性荨麻疹，过敏性紫癜，神经性头痛等病证属营血虚滞者。

归脾汤（《济生方》）

【组成】 人参6g、黄芪9g、白术9g、炙甘草3g、当归9g、龙眼肉9g、茯神9g、酸枣仁12g、远志9g、生姜2片、木香3g、红枣3枚。

【用法】 水煎服。或为丸，每次6～9g，每日2次，温开水送下。

【功用】 益气补血，健脾养心。

【主治】 心脾两虚，气血不足证。症见食少体倦，面色萎黄，心悸失眠，健忘，或紫癜，或便血，或崩漏，舌淡，脉细。

【方解】 本方证为心脾气血不足，心神失养所致。方中黄芪补脾益气；龙眼肉补益心脾，养血安神，共为君药。人参、白术补脾益气，能增强黄芪补脾益气之力；当归滋养营血，共为臣药。茯神、远志、酸枣仁养心安神；木香理气醒脾，使补而不滞；姜、枣调和脾胃，均为佐药。炙甘草和中，调诸药而为使药。

【应用】 ①本方是治疗心脾两虚、气血不足的常用方剂。以食少体倦，面色萎黄，心悸失眠，或崩漏，便血，舌淡，脉细为证治要点。②心悸胸闷气短者，加黄精、龙齿；汗多者，加乌梅、糯稻根；胃出血者，加地榆、白及；紫癜者，加阿胶、三七等；崩漏偏寒者加艾叶炭、炮姜炭温经止血；崩漏偏热者加生地、阿胶、棕榈炭清热止血。③常用于心脏病，神经衰弱，胃及十二指肠溃疡出血，功能性子宫出血，血小板减少性紫癜，再生障碍性贫血等病证属心脾两虚者。

六味地黄丸（《小儿药证直诀》）

【组成】 熟地24g、山萸肉12g、山药12g、茯苓9g、泽泻9g、丹皮9g。

【用法】 水煎服。或为丸，每次6～9g，每日2次，淡盐开水送下。

【功用】 滋阴补肾。

【主治】 肾阴虚证。症见腰膝酸软，头晕目眩，耳鸣耳聋，口燥咽干，盗汗，遗精，手足心热，或骨蒸潮热，消渴，舌红少苔，脉细数。

【方解】 肾阴不足，则肾府、骨髓不充，且髓不能充脑，故变生诸症。方中熟地滋补肾阴，填精补髓，为君药。山药补脾，益肾固精；山萸肉既能补肝肾，又能涩精，共为臣药。泽泻清热利湿，能防熟地之滋腻；茯苓健脾利湿，助山药之健运；丹皮清泻肝火，以制山萸肉之温热，三药合用，使补而不滞，共为佐使药。

【应用】①本方是治疗肾阴虚的基础方。以腰膝酸软，头晕目眩，耳鸣耳聋，口燥咽干，舌红少苔，脉细数为证治要点。②肾阴不足而虚喘者，加五味子（即七味都气丸）补肾纳气；阴虚火旺、潮热、遗精较甚者，加知母、黄柏（即知柏八味丸）滋阴泻火；肾虚肝旺，见目痛干涩者，加枸杞、菊花（即杞菊地黄丸）滋肾平肝。③神经衰弱，慢性肾炎，糖尿病，高血压，肺结核，肾结核，甲状腺功能亢进，更年期综合征等病证属肾阴虚者，均可用本方加减治疗。

肾气丸（《金匮要略》）

【组成】干地黄24g、山药12g、山萸肉12g、泽泻9g、茯苓9g、丹皮9g、肉桂3g、附子（炮）3g。

【用法】水煎服。或为丸，每次6～9g，每日2次，淡盐开水送下。

【功用】补肾助阳。

【主治】肾阳不足证。症见腰膝酸软，形寒肢冷，少腹拘急，小便不利或尿反多，或遗尿，阳痿早泄，舌质淡胖，苔薄白，脉沉细以及浮肿，痰饮咳喘。

【方解】本方证为肾阳不足，失其温煦功能所致。方中附子、肉桂温补肾阳，用量虽轻，是取"少火生气之意"；重用干地黄滋阴补肾，意在"善补阳者，必于阴中求阳，则阳得阴助而生化无穷"，共为君药。山萸肉、山药补肝脾，益精血，共为臣药。泽泻、茯苓、丹皮利水渗湿，清泻肝火，共为佐使药。

【应用】①本方为补肾助阳的常用方剂。以腰膝酸软，形寒肢冷，小便不利或尿反多，舌质淡胖，脉沉细为证治要点。②肾阳不足，腰重脚肿者，加牛膝、车前子（即济生肾气丸）利尿消肿；阳痿者，加淫羊藿、补骨脂、仙茅等壮阳起痿。③本方常用于慢性肾炎，慢性支气管哮喘，甲状腺功能低下，肾上腺皮质功能减退，更年期综合征等病证属肾阳不足者。

四神丸（《证治准绳》）

【组成】补骨脂12g、肉豆蔻6g、五味子6g、吴茱萸6g。

【用法】水煎服。

【功用】温肾暖脾，固肠止泻。

【主治】脾肾阳虚之泻泄证。症见五更泄泻，不思饮食，或久泻不愈，腹痛肢冷，神疲乏力，舌淡，苔薄白，脉沉迟无力。

【方解】本方证为命门火衰，火不暖土，脾失健运所致。方中重用补骨脂辛苦性温，补命门之火以温养脾土，为君药。肉豆蔻温中涩肠，与补骨脂相伍，既可增温肾暖脾之力，又能涩肠止泻，为臣药。吴茱萸温脾暖胃以散寒；五味子酸温，固肾涩肠，为佐药。同姜、枣同煮，温补脾胃，为使药。

【应用】①本方为治脾肾阳虚所致五更泄泻或久泻的常用方。以五更泄泻，不思饮食，舌淡苔白，脉沉迟无力为证治要点。②若腰酸肢冷较甚者，加附子、肉桂以温肾阳；若久泻脱肛，加黄芪、升麻益气升提，可合理中丸，增强温中止泻之力。③本方常用于慢性结肠炎，过敏性结肠炎，肠结核，肠道易激综合征等属脾肾虚寒者。

金锁固精丸（《医方集解》）

【组成】 沙苑蒺藜60g、芡实60g、莲须60g、龙骨30g、牡蛎30g。

【用法】 共为细末，以莲子粉糊丸，每服9g，每日2次，淡盐开水送下。

【功效】 涩精补肾。

【主治】 肾虚不固之遗精。症见遗精滑泄，腰痛耳鸣，神疲乏力，舌淡苔白，脉细弱。

【方解】 本方证为肾失封藏，精关不固所致。方中沙苑蒺藜补肾固精，为君药。芡实益肾固精补脾气，为臣药。龙骨、牡蛎、莲须涩精止遗，用莲子粉糊丸，助诸药补肾固精，且能养心清心，共为佐药。

【应用】 ①本方为治肾虚精滑不固的常用方。以遗精滑泄，腰痛耳鸣，舌淡苔白，脉细弱为证治要点。②若大便干结者，加熟地、肉苁蓉、当归以养血润肠；大便溏泄者，加补骨脂、菟丝子、五味子以补肾固涩止泻；腰膝酸痛者，加杜仲、续断以补益肝肾，强筋壮骨。③本方常用于神经性功能紊乱、乳糜尿、慢性前列腺炎等病证属肾虚精气不足，下元不固者。

完带汤（《傅青主女科》）

【组成】 白术30g、山药30g、人参6g、白芍15g、车前子9g、苍术9g、甘草3g、陈皮2g、黑芥穗2g、柴胡2g。

【用法】 水煎服。

【功用】 补脾疏肝，祛湿止带。

【主治】 脾虚肝郁，湿浊带下证。症见带下色白量多，清稀无臭，面色淡白无华，体倦便溏，舌淡苔白，脉缓或濡弱。

【方解】 本方证为脾虚肝郁，带脉失约，湿浊下注所致。方中白术益气健脾，燥湿止带；山药健脾补肾以固带脉，共为君药。人参益气健脾；苍术燥湿运脾；车前子淡渗利湿，共为臣药。白芍、柴胡疏肝养血；黑芥穗祛湿止带；陈皮行气化湿，共为佐药。甘草补中，调和诸药，为使药。

【应用】 ①本方为治疗带下病的常用方剂。以带下清稀色白，体倦乏力，舌淡苔白，脉缓或濡弱为证治要点。②若带下兼黄色者，加黄柏、龙胆草清热燥湿；腰膝酸痛者，加杜仲、续断以补益肝肾，强筋壮骨；病久滑脱者，加龙骨、牡蛎固涩止带。③本方常用于阴道炎、宫颈糜烂、盆腔炎等病证属脾虚肝郁，湿浊下注者。

酸枣仁汤（《金匮要略》）

【组成】 酸枣仁15g、知母9g、茯苓9g、川芎6g、炙甘草6g。

【用法】 水煎服。分早晚2次服，或临睡前1小时1次口服。

【功用】 养血安神，清热除烦。

【主治】 肝血不足，阴虚内热证。症见虚烦失眠，心悸盗汗，头目眩晕，咽干口燥，舌红，脉细。

【方解】 本方证为肝血不足，阴虚内热所致。方中酸枣仁养血安神，为君药。茯苓宁心安神；知母养阴除烦，共为臣药。川芎调畅气机，疏达肝气，为佐药。甘草调和诸药，为使药。

【应用】①本方是治疗虚烦不眠的常用方。以虚烦失眠，心悸盗汗，咽干口燥，舌红，脉细为证治要点。②失眠较甚者，加柏子仁、夜交藤、珍珠母镇静安神；虚火内扰者，去川芎，加旱莲草、女贞子、白芍、生地养阴清热；盗汗者，加五味子敛汗。③常用于神经衰弱，心脏神经症，更年期综合征等病证属肝血不足，虚热内扰者。

安宫牛黄丸（《温病条辨》）

【组成】 牛黄30g、郁金30g、水牛角30g、黄连30g、朱砂30g、冰片7.5g、麝香7.5g、珍珠15g、山栀30g、雄黄30g、黄芩30g。

【用法】 诸药为极细末，炼蜜成丸，每丸3g，金箔为衣。每服1丸，每日1～2丸。小儿用量酌减。

【功用】 清热开窍，豁痰解毒。

【主治】 邪热内陷心包证。症见高热烦躁，神昏谵语，口干舌燥，痰涎壅盛，舌红或绛，脉数有力。亦治中风昏迷，小儿惊厥属邪热内闭者。

【方解】 本方证为温热邪毒内陷心包，痰热蒙蔽清窍所致。方中牛黄味苦而凉，清心解毒，辟秽开窍；麝香芳香开窍醒神，两药共为君药。水牛角清心凉血解毒；黄连、黄芩、山栀清热泻火解毒；冰片、郁金芳香辟秽，化浊通窍，共为臣药。雄黄豁痰解毒；朱砂、珍珠镇心安神，共为佐药。用蜂蜜为丸，和胃调中，为使药。

【应用】①本方为清热开窍的常用方，也是凉开法的代表方。以高热烦躁，神昏谵语，舌红或绛，脉数有力为证治要点。②温病初起，逆传心包者，金银花、薄荷或银翘散煎汤送服；若兼有腑实者，安宫牛黄丸1丸化开，调生大黄9g内服；热闭证内闭外脱者，人参煎汤送服本方。③本方常用于流行性乙型脑炎，流行性脑脊髓膜炎，中毒性痢疾，急性脑血管疾病以及感染等引起的高热神昏证属热闭心包者。

紫雪丹（《苏恭方》）

【组成】 石膏、寒水石、滑石、磁石各1500g，水牛角屑、羚羊角屑、沉香、青木香各150g，玄参、升麻各500g，炙甘草240g，丁香30g，芒硝5000g，硝石96g，麝香1.5g，朱砂90g，黄金3000g。

【用法】 如法制成散剂，其色紫，状如霜雪。每次1.5～3g，每日1～2次，凉开水调服。小儿用量酌减。

【功用】 清热开窍，息风止痉。

【主治】 热邪内陷心包及热盛动风证。症见高热烦躁，神昏谵语，抽搐痉厥，口渴唇焦，尿赤便秘，舌红绛苔干黄，脉数有力或弦数，以及小儿热盛惊厥。

【方解】 本证为温热病发展过程中，热邪炽盛，内陷心包，伤及津液，引动肝风所致。方中水牛角、羚羊角清心解毒，凉肝息风止痉；麝香开窍醒神，共为君药。石膏、滑石、寒水石清热泻火；升麻、玄参清热解毒，养阴透邪，共为臣药。木香、丁香、沉香宣通气机，以助开窍；朱砂、磁石、金箔重镇安神；朴硝、硝石清热散结，共为佐药。炙甘草益气和中，调和诸药，为使药。

【应用】①本方为治疗热闭心包，热盛动风证的常用方。以高热，烦躁，神昏，痉厥，便秘，舌红绛苔干黄，脉数有力为证治要点。②本方常用于治疗小儿高热抽搐，流行性乙型脑炎，流行性脑脊髓膜炎，重症肺炎，败血症，小儿麻疹，斑疹伤寒，猩红热等病证属于本证者。

越鞠丸（《丹溪心法》）

【组成】 香附、川芎、苍术、神曲、栀子各9g。

【用法】 水煎服。

【功用】 行气解郁。

【主治】 六郁证。症见胸膈痞闷，或脘腹胀痛，吞酸呕吐，饮食不化，舌苔白腻，脉弦。

【方解】 本方证为肝脾气机郁滞，以致气、血、痰、火、食、湿等相因成郁所致。方中香附行气开郁，以治气郁，为君药。川芎行气活血，以治血郁，又可助香附行气解郁之功；苍术健脾燥湿，以治湿、痰二郁；栀子清热泻火，以治火郁；神曲消食和胃，以治食郁，共为臣、佐药。

【应用】 ①本方以行气解郁见长，是治疗六郁证的基础方剂。以胸膈痞闷，或脘腹胀痛，吞酸呕吐，饮食不化，舌苔白腻，脉弦为证治要点。②气郁偏重，加木香、枳壳、厚朴等行气解郁；血郁偏重，加红花、桃仁活血化瘀；湿郁偏重，加茯苓、泽泻利湿；痰郁偏重，加半夏、瓜蒌化痰；食郁偏重，加山楂、砂仁消食和胃；火郁偏重，重用栀子，并加黄连、青黛清热泻火。③本方常用于胃肠神经症，胃及十二指肠溃疡，慢性胃炎，消化不良，慢性肝炎，慢性胆囊炎，胆石证，肋间神经痛，妇女痛经、月经不调等病证具有六郁见症者。

柴胡疏肝散（《景岳全书》）

【组成】 柴胡、陈皮各9g，枳壳、白芍、川芎、香附各6g，炙甘草3g。

【功效】 疏肝解郁，行气止痛。

【用法】 水煎服。

【主治】 肝气郁滞证。症见胁肋胀痛，脘腹胀满，急躁易怒，嗳气，善太息，或往来寒热，脉弦。

【方解】 本方证多因情志不畅，肝气郁结所致。方中柴胡疏肝行气解郁，为君药。香附疏肝理气，助柴胡解郁；川芎行气活血止痛；陈皮理气开胃，共为臣药。芍药、甘草养血柔肝，缓急止痛；甘草并兼调和药性之用，共为佐使药。诸药合用，共奏疏肝解郁、行气止痛之功。

【应用】 ①本方为治疗肝郁气滞证的常用方。临床以胁肋胀痛，苔白，脉弦为证治要点。②胁肋胀痛甚者，可加乌药、延胡索、郁金、当归等以行气消胀止痛；肝郁化火者，可加栀子、川楝子清肝泻火；气滞血瘀者，酌加丹参、檀香、砂仁活血行气止痛。③常用于治疗肝炎，慢性胃炎，肋间神经痛等病证属肝郁气滞者。

半夏厚朴汤（《金匮要略》）

【组成】 半夏12g、厚朴9g、茯苓12g、生姜9g、苏叶6g。

【用法】 水煎服。

【功用】 行气散结，降逆化痰。

【主治】 梅核气。症见咽中如有物阻，咯吐不出，吞咽不下，胸膈满闷，或咳或呕，或胸胁撑胀作痛，舌苔白滑或白腻，脉弦缓或弦滑。

【方解】 本方证为情志不畅，肝气郁结，肺胃失于宣降，聚津成痰，痰气互结咽喉所致。方中半夏苦辛温燥，化痰散结，降逆和胃，为君药。厚朴苦温下气，除满开郁，为臣药。茯苓甘淡，渗湿健脾；生姜辛温，和胃止呕散结，共为佐药。苏叶芳香疏散，宣肺疏肝，助厚朴行气宽胸，为使药。

【应用】 ①本方为治疗梅核气的重要方剂。以咽中如有物阻，吞吐不得，苔白腻，脉弦滑为证治要点。②若气郁甚者，加香附、郁金增强行气解郁之力；胁肋疼痛者，可加金铃子、延胡索以疏肝理气止痛；咽喉痛者，加玄参、桔梗解毒宣肺利咽。③癔症，胃肠神经症，慢性咽炎，食管炎等病证而见上述症状者，可用本方加减治疗。

苏子降气汤（《太平惠民和剂局方》）

【组成】 苏子15g、半夏15g、厚朴6g、前胡6g、炙甘草12g、肉桂9g、当归9g、陈皮9g、生姜3片。

【用法】 水煎服。

【功用】 降气平喘，祛痰止咳。

【主治】 上实下虚之喘咳证。症见咳喘短气，痰多稀白，胸膈满闷，或肢体浮肿，舌苔白滑或白腻，脉弦滑。

【方解】 本方所治喘咳属上实下虚之证，而以上实为主。上实是指痰涎壅肺而致肺气不宣，下虚是指肾阳不足。方中苏子降气平喘，祛痰止咳，为君药。半夏降逆祛痰；厚朴行气除满；前胡化痰止咳宣肺；陈皮理气祛痰，共为臣药。肉桂温肾散寒，纳气平喘；当归为血中之气药，既可养血活血，又可治咳逆上气；生姜宣肺散寒，同为佐药。炙甘草和中，调和诸药，为使药。诸药合用，标本兼顾，上下兼顾而以上为主，使气降痰消，则喘咳自平。

【应用】 ①本方是治疗上实下虚之喘咳证的常用方剂。以咳喘气急，胸膈满闷，痰多稀白，苔白滑或白腻为证治要点。②若痰涎壅盛，喘咳气逆难卧者，可酌加沉香降气平喘；兼表证者，可酌加麻黄、杏仁止咳平喘；兼气虚者，可酌加党参益气。③本方常用于慢性支气管炎，肺气肿，支气管哮喘，肺源性心脏病等病证属上实下虚，痰涎壅盛者。

血府逐瘀汤（《医林改错》）

【组成】 当归9g、生地9g、桃仁12g、红花9g、枳壳6g、赤芍9g、柴胡3g、甘草3g、桔梗6g、川芎6g、牛膝9g。

【用法】 水煎服。

【功用】 活血祛瘀，行气止痛。

【主治】 胸中血瘀证。症见胸痛，胁肋痛，头痛日久不愈，痛如针刺而有定处，或呃逆日久不止，或内热烦闷，心悸失眠，入暮潮热，舌黯红或有瘀斑，或唇暗或两目暗黑，脉涩或弦紧。

【方解】 本方证为胸部瘀血内阻，气机郁滞所致。方中重用桃仁、红花活血祛瘀，为君药。当归、川芎、赤芍活血祛瘀；牛膝祛瘀血，通血脉，并引瘀血下行，共为臣药。生地清热凉血，配当归养血活血，使祛瘀而不伤阴；柴胡疏肝解郁，升发清阳；桔梗开宣肺气，引药上行；枳壳行气宽胸，与桔梗合用，一升一降，调畅气机，共为佐药。甘草调和诸药，为使药。

【应用】 ①本方是治疗胸中血瘀证的常用方剂。以胸痛，痛有定处，舌黯红或有瘀斑，脉涩或弦紧为证治要点。②血瘀经闭、痛经者，去桔梗，加香附、益母草活血调经止痛；胁下痞块，加郁金、丹参活血祛瘀，消化积滞。③常用于冠心病，风湿性心脏病，胸部软组织损伤，脑震荡后遗症，血管性头痛等病证属血瘀气滞者。

补阳还五汤（《医林改错》）

【组成】 生黄芪120g、当归尾6g、赤芍5g、地龙3g、川芎3g、红花3g、桃仁3g。

【用法】 水煎服。

【功用】 补气，活血，通络。

【主治】 中风后遗症。症见半身不遂，口眼歪斜，语言謇涩，口角流涎，小便频数或遗尿失禁，舌黯淡，苔白，脉缓无力。

【方解】 本方证为中风之后，正气亏虚，气虚血滞，脉络瘀阻所致。方中重用生黄芪，补益元气，意在气旺则血行，瘀去络通，为君药。当归尾活血通络而不伤血，为臣药。赤芍、川芎、桃仁、红花协同当归尾以活血祛瘀；地龙通经活络，周行全身，共为佐药。

【应用】 ①本方既是益气活血法的代表方，又是治疗中风后遗症的常用方。以半身不遂，口眼歪斜，舌黯淡，苔白，脉缓无力为证治要点。②偏寒者，可加熟附子温阳散寒；言语不利者，加石菖蒲、远志、郁金等开窍化痰；半身不遂以上肢为重者，加桑枝、桂枝等引药上行，温经通络；下肢为重者，加牛膝、杜仲等引药下行，补益肝肾。③常用于脑血管意外后遗症，冠心病，小儿麻痹后遗症，坐骨神经痛，脉管炎以及其他原因引起的偏瘫、截瘫等证属气虚血瘀者。

小蓟饮子（《济生方》）

【组成】 生地24g、小蓟15g、滑石12g、木通6g、蒲黄（炒）9g、淡竹叶6g、藕节9g、当归（酒浸）6g、栀子（炒）9g、炙甘草6g。

【用法】 水煎服。

【功用】 凉血止血，利尿通淋。

【主治】 下焦瘀热血淋证。症见尿中带血，小便频数，赤涩热痛，或血尿，舌红苔黄，脉数。

【方解】 本方证为热邪瘀结下焦，损伤膀胱血络所致。方中小蓟、生地清热养阴，凉血止血，为君药。蒲黄、藕节止血消瘀，使血止而不留瘀，共为臣药。滑石、木通、淡竹叶清热利水通淋；栀子清泻三焦之火，导热从下而出；当归养血活血，共为佐药。炙甘草调和诸药，缓急止痛而为使药。

【应用】 ①本方为治疗血淋、尿血属实热证的常用方剂。以尿中带血，小便赤涩热痛，舌红，脉数为证治要点。②血淋尿道剧痛者，加琥珀、海金砂通淋止痛；小便赤涩热痛重者，加石苇、桃仁、黄柏清热消瘀。③急性泌尿系感染，泌尿系结石及血尿等病证属实热所致者，均可用本方加减治疗。

川芎茶调散（《太平惠民和剂局方》）

【组成】 川芎9g、荆芥9g、薄荷9g、羌活6g、细辛3g、白芷6g、甘草6g、防风6g。

【用法】 水煎服。（原方为细末，每服6g，清茶调服）

【功用】 祛风，散寒，止痛。

【主治】 外感风邪头痛。症见偏正头痛，或巅顶疼痛，恶寒发热，目眩鼻塞，舌苔薄白，脉浮等。

【方解】 本方证为风邪外袭，阻遏清阳所致。方中川芎辛香走窜，能上行头目，下行血海，长于祛风活血而止痛，善治少阳、厥阴经头痛，为"诸经头痛之要药"，为君药。薄荷、荆芥为辛散之品，轻扬上行，善于清利头目，疏风散热，能助君药增加祛风止痛之效，并能解表而为臣药。羌活辛散疏风，善治太阳经头痛；白芷疏风解表，善治阳明经头痛；细辛散寒止痛，长于治少阴经头痛；防风辛散上行，疏散上部风邪，均为佐药。甘草调和诸药而为使药。服时以清茶调下，取茶叶的苦寒性味，既可上清头目，又能制约风药的过于温燥与升散。

【应用】 ①本方是治疗风邪头痛的常用方剂。以头痛，恶寒发热，鼻塞，脉浮等为证治要点。②风寒者，去薄荷，加生姜、苏叶辛散风寒；风热者，去羌活、细辛，加菊花、蔓荆子、僵蚕疏散风热；头痛日久不愈者，加僵蚕、全蝎、桃仁、红花搜风止痛，活血通络。③常用于感冒，流行性感冒，偏头痛，神经性头痛，慢性鼻炎等所见头痛属风邪为患者。

镇肝熄风汤（《医学衷中参西录》）

【组成】 怀牛膝、生赭石、生龙骨、生牡蛎各30g，生龟甲、生杭芍、玄参、天冬各15g，川楝子、生麦芽、茵陈各6g，甘草3g。

【用法】 水煎服。

【功用】 镇肝息风，滋阴潜阳。

【主治】 阴虚阳亢，肝风内动证。症见头晕目眩，目胀耳鸣，脑部热痛，心中烦热，或面色如醉，或肢体渐觉不利，口角渐歪斜。甚或眩晕昏仆，移时始醒。或醒后不能复原，脉弦长有力者。

【方解】 本方证为肝肾阴虚，肝阳上亢，肝风内动，气血逆乱所致。以肝肾阴亏为本，阳亢风动为标。方中重用怀牛膝引血下行，折其亢阳，亦能补养肝肾，为君药。生赭石、生龙骨、生牡蛎重镇降逆，平肝潜阳；生龟甲、生白芍、玄参、天冬滋阴柔肝息风，均为臣药。肝喜条达，过用重镇之品，必影响肝的升发条达之性，故用川楝子、生麦芽、茵陈清泻肝热，疏肝解郁，为佐药。甘草调和诸药，合麦芽和中益胃，防金石药物伤胃之弊，为使药。诸药合用，共奏镇肝息风，滋阴潜阳之功。

【应用】 ①本方是治疗肝肾阴虚，肝阳上亢化风所致类中风的常用方剂。以头晕目眩、脑热胀痛，面色如醉，脉弦长有力为证治要点。②若兼夹痰热，加胆南星、川贝母化痰；若脑热头痛重者，加夏枯草、菊花清热平肝；若兼夹胃热，心中热甚者，加生石膏清热；若肾水亏虚较甚，尺脉重按虚者，加熟地、山茱萸滋补肝肾。③本方常用于治疗高血压、脑卒中、血管性头痛等属于肝肾阴虚，肝阳上亢者。

天麻钩藤饮（《杂病证治新义》）

【组成】 天麻9g、钩藤（后下）12g、石决明（先煎）18g、栀子9g、黄芩9g、川牛膝12g、杜仲9g、益母草9g、桑寄生9g、夜交藤9g、茯神9g。

【用法】 水煎服。

【功用】 平肝熄风，清热安神。

【主治】 肝阳偏亢，风阳上扰证。症见眩晕头痛，失眠多梦，心烦，腰膝酸软，或颜面潮红，舌红苔黄，脉弦。

【方解】 本方证为肝肾不足，肝阳偏亢，火热上扰所致。方中天麻、钩藤平肝熄风，通络止痛，共为君药。石决明平肝潜阳，清肝明目；川牛膝引血下行，直折阳亢，共为臣药。栀子、黄芩清热泻火；杜仲、桑寄生补益肝肾；益母草合川牛膝通利血脉；夜交藤、茯神安神定志，共为佐药。

【应用】 ①本方是治疗肝阳偏亢，肝风上扰的常用方剂。以眩晕，头痛，失眠，舌红苔黄，脉弦数为证治要点。②常用于高血压，脑血栓形成，脑出血，脑梗死，更年期综合征，自主神经功能失调等病证属肝阳偏亢，肝风上扰者。

桑杏汤（《温病条辨》）

【组成】 桑叶6g、杏仁6g、沙参6g、象贝3g、香豉3g、栀皮3g、梨皮3g。

【用法】 水煎服。

【功用】 轻宣温燥，凉润止咳。

【主治】 外感温燥证。症见头痛，身热不甚，口渴，咽干鼻燥，干咳无痰，或痰少而黏，舌质红，苔薄白而干，脉浮数。

【方解】 本方证为温燥外袭，肺津受灼所致。方中桑叶轻宣温燥，杏仁宣肺利气止咳，共为君药。豆豉辛凉解表，助桑叶宣透肺热；贝母清热化痰；沙参润肺止咳，共为臣药。栀子皮轻泄上焦肺热；梨皮生津、润燥止咳，为佐使药。

【应用】 ①本方是治疗温燥伤肺轻证的代表方。以头痛，身热不甚，咽干鼻燥，干咳无痰或痰少而黏，脉浮数为证治要点。②常用于治疗上呼吸道感染，急性支气管炎，百日咳等病证属温燥伤肺者。

藿香正气散（《太平惠民和剂局方》）

【组成】 藿香9g、紫苏6g、白术9g、白芷6g、茯苓9g、大腹皮9g、厚朴6g、半夏9g、陈皮6g、桔梗6g、甘草3g。

【用法】 水煎服。成药有丸、胶囊、口服液等剂型。

【功用】 芳香化湿，解表和中。

【主治】 外感风寒，内伤湿滞证。症见恶寒，发热，头痛，胸闷，恶心呕吐，腹痛，腹泻，苔白腻，脉浮缓。

【方解】 本方证为外感风寒，内伤湿滞，以致营卫不和，脾胃运化失常所致。方中藿香芳香化湿，解表散寒，理气和中，为君药。厚朴、半夏理气化痰，降逆止呕，宽胸除满，共为臣药。大腹皮燥湿，理气除满；陈皮行气健脾，和胃燥湿；白术、茯苓健脾渗湿；苏叶、白芷、桔梗理气解表，增强藿香解表散寒作用，共为佐药。甘草调和诸药，为使药。

【应用】 ①本方是治疗外感风寒，内伤湿滞证的首要方。以恶寒，发热，头痛，胸闷，恶心呕吐，腹痛，腹泻，苔白腻，脉浮缓为证治要点。②表邪偏重，恶寒无汗者，加香薷、防风祛风解表；兼食滞胸闷腹胀者，加神曲、莱菔子、鸡内金消食导滞；舌苔白腻，苍术易白术，以增化湿作用；腹泻甚者，加炒扁豆、薏苡仁健脾止泻。③常用于急性胃肠炎，夏日感冒、中暑的发热头痛、恶心呕吐、腹泻腹痛等病证属于本证者。

茵陈蒿汤（《伤寒论》）

【组成】 茵陈蒿 18g、栀子 9g、大黄 9g。
【用法】 水煎服。
【功用】 清热，利湿，退黄。
【主治】 湿热黄疸证。症见一身面目俱黄，黄色鲜明，小便黄赤，腹微满，口渴，舌苔黄腻，脉沉数。
【方解】 本方证为湿热内蕴脾胃，熏蒸肝胆，胆液外泄所致。方中茵陈蒿清热利湿退黄，为治湿热黄疸的要药，为君药。栀子清利三焦湿热，使湿热从小便而出，为臣药。大黄荡涤肠胃，泻热通便，使湿热从大便而下，为佐药。
【应用】 ①本方是治疗湿热黄疸的常用方剂。以一身面目俱黄，黄色鲜明，舌苔黄腻为证治要点。②湿重于热者，加茯苓、泽泻、猪苓以利水渗湿；热重于湿者，加黄柏、龙胆草以清热利湿退黄。③本方常用于传染性黄疸型肝炎，胆囊炎，胆石症，胆管炎，钩端螺旋体病等病证属湿热内蕴者。

八正散（《太平惠民和剂局方》）

【组成】 车前子 9g、瞿麦 9g、萹蓄 9g、滑石 15g、木通 6g、甘草梢 3g、栀子 9g、煨大黄 9g。
【用法】 水煎服。
【功用】 清热泻火，利水通淋。
【主治】 湿热淋证。症见尿频尿急，尿时涩痛，淋沥不畅，小便黄赤，或癃闭不通，小腹急满，口燥咽干，舌苔黄腻，脉滑数。
【方解】 本方证为湿热蕴结下焦所致。方中瞿麦、萹蓄、滑石、木通、车前子清热除湿，利水通淋，为君药。栀子、大黄苦寒泻火，能加强清泻湿热之力，为臣药。甘草和中解毒，以防苦寒伤胃，为佐药。灯心草导热下行，为使药。
【应用】 ①本方是治疗湿热淋证的常用方剂。以尿频尿急，尿道刺痛，舌苔黄腻，脉数为证治要点。②热毒较盛者，加金银花、野菊花、白花蛇舌草等清热解毒；血淋者，加大小蓟、白茅根、旱莲草凉血止血；砂淋、石淋者，加海金砂、琥珀通淋化石。③常用于膀胱炎，尿道炎，急性前列腺炎，泌尿系结石，急性肾炎，急性肾盂肾炎等病证属湿热蕴结下焦者。

五苓散（《伤寒论》）

【组成】 泽泻 15g、茯苓 9g、猪苓 9g、白术 9g、桂枝 6g。
【用法】 水煎服。
【功用】 利水渗湿，温阳化气。
【主治】 水湿内停。症见小便不利，小腹胀满，水肿，泄泻，烦渴欲饮，甚则水入即吐；或脐下动悸，吐涎沫而头眩，舌苔白，脉浮或缓。
【方解】 本方证为水湿停聚，膀胱气化不利所致。方中泽泻重用，利水渗湿，为君药。茯苓、猪苓淡渗利水，增强泽泻利水渗湿之力，为臣药。白术健脾运湿，使水湿不致停聚；桂枝辛温通阳，以助膀胱气化，气化则水自利，共为佐药。

【应用】 ①本方是治疗水湿内停的代表方剂。以小便不利，水肿，泄泻，舌苔白，脉浮或缓为证治要点。②湿热黄疸，小便不利，湿重于热者，加茵陈（即茵陈五苓散）利水退黄。③本方常用于急、慢性肾炎，急、慢性肠炎，尿潴留，脑积水等病证属水湿内盛者。

独活寄生汤（《备急千金要方》）

【组成】 独活9g，秦艽、防风各6g，细辛、桂心各3g，桑寄生、牛膝、杜仲、人参、茯苓各9g，甘草6g，当归、芍药、干地黄各9g，川芎6g。

【用法】 水煎服。

【功用】 祛风湿，止痹痛，益肝肾，补气血。

【主治】 痹证日久，肝肾不足，气血两虚。症见腰膝关节疼痛，屈伸不利，或麻木不仁，畏寒喜温，舌淡苔白，脉细弱。

【方解】 本方证为肝肾不足，气血两虚，风寒、湿邪乘虚侵犯人体所致。方中独活、秦艽、防风、细辛祛风湿，止痹痛；桂心散寒止痛，温通血脉，可起宣痹止痛的作用，意在祛邪；桑寄生、牛膝、杜仲补肝肾，强筋骨，壮腰膝，兼能祛风湿；人参、茯苓、甘草、当归、芍药、干地黄、川芎为八珍汤去白术，有补益气血的作用，意在扶正。且当归、芍药、川芎又能活血祛风而止痹痛。全方祛邪与扶正并用，标本兼治，可使气血充足而风湿除，肝肾强壮而痹痛愈。

【应用】 ①本方是治疗风寒湿痹而兼有肝肾、气血不足的常用方剂。以腰膝冷痛，肢节屈伸不利，舌淡苔白，脉细弱为证治要点。②寒邪偏重而痛甚者，可加附子以散寒止痛；顽痹日久不愈，可酌加白花蛇、乌梢蛇、全蝎、蜈蚣等虫类搜风止痛之品。本方加黄芪、续断、生姜，去桑寄生，名"三痹汤"，其功效、主治与独活寄生汤基本相同，唯补气的作用更强。③本方常用于慢性风湿性关节炎，骨质增生症，坐骨神经痛，腰肌劳损等病证属于本证者。

二陈汤（《太平惠民和剂局方》）

【组成】 制半夏15g、陈皮15g、茯苓9g、炙甘草5g（原方尚有生姜、乌梅，而今多不用）。

【用法】 水煎服。

【功用】 燥湿化痰，理气和中。

【主治】 湿痰咳嗽。症见咳嗽痰多，色白易咳出，胸膈痞满，恶心呕吐，舌苔白润，脉滑。

【方解】 本方证为脾肺功能失调，停湿生痰，痰湿犯肺所致。方中半夏辛温性燥，能燥湿祛痰，降逆止呕，为君药。陈皮理气化痰，为臣药。茯苓健脾渗湿，为佐药。甘草补脾和中，调和药性，为使药。方中半夏、陈皮以陈久者为良，故方以"二陈"为名。

【应用】 ①本方为治疗湿痰的代表方，也是治痰的基础方。以咳嗽痰多，色白易咳出，舌苔白润，脉滑为证治要点。②寒痰者，加干姜、砂仁温中祛痰；热痰者，加瓜蒌、黄芩清热化痰；痰热上扰、心烦不眠者，加竹茹、枳壳清胆和胃化痰。③常用于慢性支气管炎，肺气肿，神经性呕吐，妊娠呕吐及慢性胃炎等病证属湿痰者。

半夏白术天麻汤（《医学心悟》）

【组成】　半夏9g、天麻6g、茯苓6g、橘红6g、白术15g、甘草3g。

【用法】　水煎服。

【功用】　燥湿化痰，平肝熄风。

【主治】　风痰上扰证。症见眩晕头痛，胸闷呕恶，舌苔白腻，脉弦滑等。

【方解】　本方证为脾虚生痰，肝风内动，风痰上扰所致。方中半夏燥湿化痰，降逆止呕，为治痰要药；天麻平肝熄风，为治风要药，同为君药。白术健脾燥湿，茯苓健脾渗湿，共为臣药。橘红理气化痰，为佐药。甘草调和诸药，又能健脾胃；姜、枣调和脾胃，共为使药。

【应用】　①本方为治疗风痰上扰之眩晕头痛的常用方剂。以眩晕，呕恶，舌苔白腻，脉弦滑等为证治要点。②偏于痰湿者，加厚朴、泽泻燥湿利湿；肝阳上亢者，加钩藤、代赭石平肝潜阳。③常用于耳源性、神经性眩晕，高血压，颈椎病等病证属风痰上扰者。

保和丸（《丹溪心法》）

【组成】　山楂18g、神曲6g、莱菔子6g、半夏9g、陈皮6g、茯苓9g、连翘6g。

【用法】　水煎服。或为丸，每次6~9g，每日2次，温开水送下。

【功用】　消食和胃。

【主治】　食积内停。症见胸脘痞闷或胀痛，嗳腐吞酸，厌食呕吐，大便稀溏，苔黄厚腻，脉滑等。

【方解】　本方证是由饮食不节或暴饮暴食以致食积内停，气机受阻，胃失和降所致。方中重用山楂，为君药，能消一切饮食积滞，尤善消肉食油腻之积。神曲消食健胃，善化酒食陈腐之积；莱菔子消食下气除胀，长于消谷面痰气之积，共为臣药。半夏、陈皮行气化滞，和胃止呕；茯苓健脾祛湿；由于食积易化热，故以连翘清热散结，共为佐药。

【应用】　①本方为治食积的通用方。以脘腹胀满，嗳腐厌食，舌苔厚腻，脉滑为证治要点。②若积甚便秘，酌加大黄、槟榔以通便导滞；气滞较甚，可加枳实、厚朴以行气消胀；若食积化热甚者，可加黄芩、黄连以清热；脾虚者，加白术以健脾。③常用于慢性胃炎，慢性肠炎，消化不良等病证属于本证者。

复习题

一、单项选择题

1. 能引方中诸药直达病所的药物是（　　）
   A. 佐助药　　　　　　B. 佐制药　　　　　　C. 反佐药
   D. 引经药　　　　　　E. 调和药

2. 与君药性味相反而又能在治疗中起相成作用的药物是（　　）
   A. 佐助药　　　　　　B. 佐制药　　　　　　C. 反佐药
   D. 引经药　　　　　　E. 调和药

3. 能消除或缓解君、臣药的毒性或烈性的药物是（　　）
   A. 佐助药　　　　　　B. 佐制药　　　　　　C. 反佐药

D. 引经药 E. 调和药

4. 在方剂中针对主病或主证起主要治疗作用的药物是（ ）
   A. 君药 B. 臣药 C. 佐药
   D. 使药 E. 反佐药

5. 下列除哪项外，均为汤剂的特点（ ）
   A. 吸收快 B. 起效快 C. 便于加减
   D. 能较全面地照顾病情 E. 药力持久

6. 症见恶寒发热，头痛身疼，无汗而喘，苔薄白，脉浮紧。治疗时应首选（ ）
   A. 麻黄汤 B. 桂枝汤 C. 杏苏散
   D. 人参败毒散 E. 桑菊饮

7. 具有疏风清热，宣肺止咳功用的方剂是（ ）
   A. 麻杏石甘汤 B. 桑菊饮 C. 银翘散
   D. 止嗽散 E. 麻黄汤

8. 下列除哪项外，均为银翘散的组成（ ）
   A. 荆芥、薄荷 B. 银花、连翘、牛蒡子 C. 桔梗、竹叶、甘草
   D. 菊花、杏仁、桑叶 E. 淡豆豉

9. 桑菊饮与银翘散主治的不同点是（ ）
   A. 发热微恶风寒 B. 口渴 C. 咳嗽为主
   D. 脉浮数 E. 舌尖红

10. 下列除哪项外，均是大承气汤的主证（ ）
    A. 痞 B. 满 C. 吐
    D. 实 E. 燥

11. 逍遥散的主治为（ ）
    A. 肝气郁结 B. 肝火犯肺 C. 肝风内动
    D. 肝郁血虚 E. 肝旺脾虚之痛泻

12. 白虎汤的应用要点除下列哪项外（ ）
    A. 壮热 B. 大汗 C. 大渴
    D. 脉洪大 E. 便秘

13. 黄连解毒汤的功效是（ ）
    A. 清热生津 B. 清热凉血 C. 凉血解毒
    D. 泻火解毒 E. 解毒消肿

14. 下列除哪项外，均是龙胆泻肝汤的主证（ ）
    A. 肝胆实火 B. 肝胆湿热 C. 胁痛、目赤
    D. 脉弦数 E. 胃火牙痛

15. 理中丸的组成药物中含有（ ）
    A. 附子 B. 白术 C. 生姜
    D. 大枣 E. 饴糖

16. 补中益气汤中最能体现补气升阳作用的药物配伍是（ ）
    A. 人参、升麻、柴胡 B. 人参、黄芪、升麻 C. 黄芪、升麻、柴胡
    D. 升麻、柴胡、白术 E. 人参、黄芪、柴胡

17. 补血剂中常配以补气药，其主要意义是（　　）
    A. 气血双补　　　　　　B. 制约补血药之滋腻　　　C. 补气以生血
    D. 补气以摄血　　　　　E. 补气以行血
18. 妇人月经不调，证属营血虚滞，选用下列何首调经方（　　）
    A. 四物汤　　　　　　　B. 八珍汤　　　　　　　　C. 生脉散
    D. 归脾汤　　　　　　　E. 逍遥散
19. 下列除哪项外，均属归脾汤的范围（　　）
    A. 健脾养心　　　　　　B. 心悸健忘　　　　　　　C. 食少体倦
    D. 湿热泻泄　　　　　　E. 脾虚便血
20. 六味地黄丸中三味泻药是（　　）
    A. 茯苓、猪苓、泽泻　　B. 茯苓、丹皮、泽泻　　　C. 猪苓、丹参、泽泻
    D. 茯苓、淮山、泽泻　　E. 淮山、猪苓、泽泻
21. 最能体现"善补阳者，必于阴中求阳，则阳得阴助而生化无穷"之理论的方剂是（　　）
    A. 六味地黄丸　　　　　B. 生脉散　　　　　　　　C. 肾气丸
    D. 炙甘草汤　　　　　　E. 四逆汤
22. 玉屏风散的组成是（　　）
    A. 黄芪、白术、防风　　B. 黄芪、麻黄根、白术　　C. 黄芪、浮小麦、白术
    D. 黄芪、牡蛎、白术　　E. 黄芪、党参、白术
23. 完带汤的主治是（　　）
    A. 湿热带下　　　　　　B. 带下秽臭　　　　　　　C. 赤白带下
    D. 脾虚肝郁之带下　　　E. 带下黄稠
24. 越鞠丸所治六郁以哪项为主（　　）
    A. 热郁　　　　　　　　B. 食郁　　　　　　　　　C. 气郁
    D. 湿、痰郁　　　　　　E. 火郁
25. 半夏厚朴汤的主治是（　　）
    A. 胸痹　　　　　　　　B. 寒疝　　　　　　　　　C. 食郁
    D. 火郁　　　　　　　　E. 梅核气
26. 血府逐瘀汤善于治疗（　　）
    A. 膈下瘀阻　　　　　　B. 胸中瘀阻　　　　　　　C. 两胁瘀阻
    D. 头部瘀阻　　　　　　E. 小腹瘀阻
27. 补阳还五汤组方意义重在（　　）
    A. 行气补血　　　　　　B. 补气行血　　　　　　　C. 气血双补
    D. 活血祛瘀　　　　　　E. 通经活络
28. 症见血淋尿血，小便频数，赤涩热痛，舌红脉数。选用（　　）
    A. 八正散　　　　　　　B. 黄土汤　　　　　　　　C. 小蓟饮子
    D. 十灰散　　　　　　　E. 六一散
29. 小蓟饮子与八正散相同的功用是（　　）
    A. 利水通淋　　　　　　B. 燥湿解毒　　　　　　　C. 凉血止血
    D. 泻火养阴　　　　　　E. 利湿化浊

30. 川芎茶调散的功用是（　　）
   A. 疏风止痛　　　　B. 祛湿止痛　　　　C. 活血止痛
   D. 宣痹止痛　　　　E. 散寒止痛

二、简答题
1. 试述方剂的组成原则及其变化形式。
2. 试比较汤剂、丸剂的特点。

三、论述题
试分析银翘散、桑菊饮的组成、功用、主治的异同点。

（柳州医学高等专科学校　徐袁明）

下篇　临床各科

第十一章 针 灸

> **学习目标**
>
> 1. 掌握毫针的刺法，包括进针角度、深度、行针、得气、留针、出针等全部操作，捻转、提插、疾徐等补泻手法；针刺异常情况的因、症、防、治；灸法的分类，艾炷灸、温针灸的操作方法；腧穴的定位方法；十四经中重点（60个）腧穴的定位、主治与操作；针灸的施治原则和配穴处方原则。
> 2. 熟悉针刺前准备工作；灸法的作用、适应证及禁忌证；十四经的循行、联属脏器及主治概要；常用经外奇穴的定位、主治与应用；特定穴的临床运用。
> 3. 了解毫针的结构和规格。

重点难点

以进针角度、深度、行针、得气、留针、出针等全部操作及捻转、提插、疾徐等补泻手法；十四经中重点（60个）腧穴的定位、操作为重点。以十四经中重点（60个）腧穴的主治；针灸的施治原则和配穴处方原则为难点。

针灸是中医学的重要组成部分，是以中医基础理论为指导，运用针刺和艾灸等方法防治疾病的一门临床学科。针灸疗法是以经络学说为理论依据，以腧穴为施治部位，以针灸刺激为治疗手段，改善自身调整能力，提高脏腑气血功能，从而达到防治疾病的目的。针灸具有操作简便、适应证广、疗效显著、经济安全等优点。

第一节 针灸基本常识

一、针法

针法是指应用不同的针具，针刺机体一定的腧穴，并运用不同的手法以激发经络之气，调整机体平衡，防治疾病的一种方法。针刺用的针具有多种，可根据施术部位的不同和病情需要，选用不同的针具和不同的方法。临床常用的针法有毫针刺法、三棱针法、皮肤针法等，而应用最多的是毫针刺法。

（一）针具

1. **毫针** 毫针是临床应用最广泛的针具，现在使用的毫针多以不锈钢为材料制成。毫针的结构可分为五个部分：针的尖端，锋锐的部分称针尖，亦名针芒，是接触腧穴刺入机体的前锋；针尖与针柄之间部分，称为针身，针身光滑挺直，富有弹性；针身与针柄连接处称为针根；以铜丝或铝丝呈螺旋形紧密缠绕的一端称针柄，是持针着力的部位；针柄的末端多缠成圆筒状，称针尾，是温针装置艾绒的部位（图11-1）。

毫针的规格是指针身的粗细和长短。其长短规格见表11-1，粗细规格见表11-2。

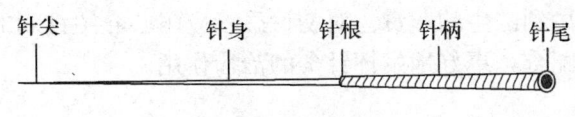

图 11-1 毫针的结构

表 11-1 毫针的长度规格

寸	0.5	1.0	1.5	2.0	2.5	3.0	3.5	4.0	4.5
毫米（mm）	15	25	40	50	65	75	90	100	115

表 11-2 毫针的粗细规格

号	26	27	28	29	30	31	32	33
直径（mm）	0.45	0.42	0.38	0.34	0.32	0.30	0.28	0.26

针具应放在垫有海绵或纱布的针盒或针管中，防止针尖受损或针体弯曲。针具有轻度损坏者应及时修理，如针尖变钝或卷曲时，可用细砂纸或细磨石，把针尖磨成圆锥形；若针身弯曲而无折角者，可用手指将针身捋直。对有缺损或折痕明显的毫针应剔除不用，以防断针。

2. 三棱针 由不锈钢制成，长 2～3 寸，是一种柄粗而圆，针身呈三棱形，针尖锋利的针具。一般应用于点刺或点刺放血，临床适用于实证、热证、瘀血病证等。点刺出血时，手法宜轻、宜浅、宜快，出血不宜过多。注意无菌操作，以防感染。

3. 皮肤针 又称"梅花针"，是用 5 或 7 枚不锈钢针，固定在针柄的一端而成，用它在一定部位的皮肤上进行叩刺。轻刺用力小，使局部皮肤略有潮红即可；重刺用力稍大，使局部皮肤微出血为度。叩刺的部位，可沿着经脉循行路线叩刺，也可选择有关的腧穴，还可在患部或脊柱两侧叩刺。临床多用于失眠、头痛、斑秃、中风后遗症、胃肠病、皮肤病等病证。

（二）针刺前的准备

1. 选择针具 针刺前，根据患者的性别、年龄、形体胖瘦、体质强弱、病情虚实、病变部位的表里浅深和所选腧穴的具体部位，选择长短、粗细适宜的针具。如男性、形胖、体壮、且病位较深者，可选稍粗、稍长的毫针；若为女性、形瘦、体弱、病位较浅者，就应选择较细、较短的针具。毫针应以针柄无松动，针身挺直、光滑、坚韧而富有弹性，针尖锐利者为好。如针身有缺损和伤痕明显者，应剔除不用。

2. 选择体位 针刺时，患者体位是否合适，对于正确取穴和进行针刺操作有一定的影响。选择正确体位，对防止针刺意外情况的发生也是一个有力的措施。因此，选择体位应以医生能正确取穴，便于操作，患者体位舒适并能持久为原则。可以根据选穴不同而取仰卧、俯卧、侧卧和仰靠坐、伏案坐、侧伏坐等体位，尽可能采取卧位，以防止发生晕针和其他意外。

3. 消毒 针刺前必须做好消毒工作，包括针具消毒、医生手指和施术部位的消毒。针具可采用高压或煮沸消毒法，亦可放在 75% 乙醇内浸泡 30 min，取出擦干备用。医生的手指和施术部位用 75% 乙醇棉球擦拭消毒。

4. 医生态度 医生首先要有急患者之所急，痛患者之所痛的思想，关心患者，集中精神，专心为患者治疗，尽到医生的职责。对初诊患者应耐心介绍针刺的常识，以消除其恐惧心理，取得患者的主动配合，更好地发挥针灸的治疗作用。

(三) 毫针的刺法

1. 进针法　进针法是把针刺入肌肤内的操作方法，进针时，一般多为双手协作、相互配合。大多以右手持针（称为刺手），用拇、食两指夹持针柄，用中指抵住针身，运用指力使针尖快速透入皮肤，再捻转刺向深层。同时运用左手辅助（称为押手），以固定穴位，扶托针身，减少进针疼痛。临床常用的进针方法有以下几种：

（1）指切进针法　用左手拇指或食指端切按在穴位旁，右手持针，紧靠指甲面刺入皮肤，适用于短针的进针（图11-2）。

（2）夹持进针法　用左手拇、食两指持捏消毒干棉球，夹住针身下端，露出针尖，将针固定在穴位上，右手持针柄，使针垂直，进针时右手用力下压，左手拇指和食指同时用力，协助右手将针刺入腧穴。此法是双手同时用力，适用于长针的进针（图11-3）。

（3）提捏进针法　左手拇、食两指将针刺部位的皮肤捏起，右手持针从捏起部的上端刺入，适用于皮肉浅薄部位的进针（图11-4）。

（4）舒张进针法　左手拇、食两指将针刺部位的皮肤向两侧撑开，使之绷紧，右手将针刺入，适用于皮肤松弛或有皱纹部位的进针（图11-5）。

图 11-2　指切进针法

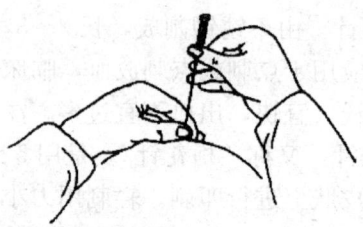

图 11-3　夹持进针法

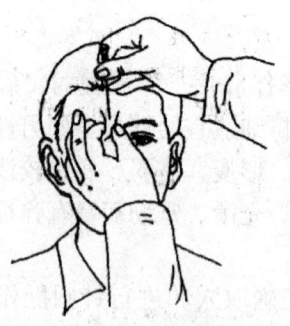

图 11-4　提捏进针法

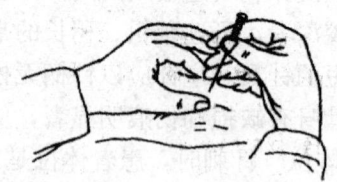

图 11-5　舒张进针法

2. 针刺的角度和深度　正确掌握针刺的角度和深度，是获得针感、提高疗效、防止针刺意外事故发生的重要环节。临床上所取腧穴的针刺角度和深度，要根据施术部位、病情需要以及患者的体质强弱、体形胖瘦、年龄大小等具体情况而定。

（1）针刺的角度　针刺的角度是指进针时针身与皮肤表面所构成的夹角。其角度的大小，主要根据腧穴所在部位的解剖特点和治疗要求而定。一般分直刺、斜刺、平刺三种（图11-6）。

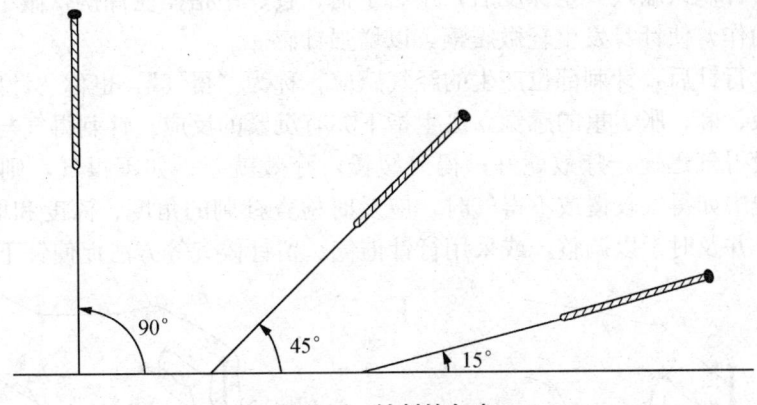

图 11-6 针刺的角度

①直刺：即针身与皮肤表面呈 90°角垂直刺入。常用于肌肉较丰厚的腰、臀、腹、四肢等部位的腧穴。

②斜刺：即针身与皮肤表面呈 45°角左右倾斜刺入。适用于肌肉浅薄处或内有重要脏器的部位，如胸、背及某些关节部的腧穴。

③平刺：又称"沿皮刺"、"横刺"，即针身与皮肤表面呈 15°角左右沿皮刺入。适用于肌肉特别浅薄处，如头面部、胸骨部的腧穴，有时在透穴刺法时也用这类针刺角度。

（2）针刺的深度　针刺的深度是指针身刺入皮肉内的深度而言。一般以既有针感又不伤及脏器为原则。临床应用时，应根据患者的年龄、体质、部位、病情灵活掌握。年老体弱或小儿宜浅刺，年青体壮者可深刺；体瘦者宜浅刺；体胖者宜深刺；头面及胸背部宜浅刺，四肢及臀腹部可深刺；病在表、阳证、新病者宜浅刺，病在里、阴证、久病者宜深刺。

针刺的角度和深度之间，有着相辅相成的密切联系。一般而言，深刺多用直刺，浅刺多用斜刺或平刺。尤其是对天突、哑门、风府、风池以及眼区、胸背部腧穴，要注意掌握好一定的针刺角度和深度。

3. 行针与得气

（1）行针　指将针刺入腧穴后，为了取得针感、调节针感和进行补泻而施行的各种针刺手法，又叫运针。行针手法很多，常用的一般分为基本手法和辅助手法两类。

①基本手法：是针刺的基本动作。主要有以下两种：

提插法：指针刺进一定深度后，以右手拇、食指捏住针柄，中指协同，将针在腧穴内进行反复上下提插的操作方法（图 11-7）。提插幅度的大小、频率的快慢以及操作时间的长短，应根据患者的体质、病情和腧穴的部位及医者要达到的目的灵活掌握。一般提插幅度以 1～1.5 cm 为宜。此法多适用于四肢的腧穴。

捻转法：即将针刺入一定深度后，以右手拇、食指捏住针柄，来回捻动（图 11-8）。捻转的幅度一般掌握在 180°～360°。

②辅助手法：是在行针基本手法基础上，辅佐施术的方法。常用的有以下几种：

刮柄法：是将针刺入腧穴一定深度后，用拇指指腹抵住针尾，以食指或中指指甲轻刮针柄。此法可加强针感和促使针感的扩散。

弹柄法：是将针刺入腧穴一定深度后，用手指轻弹针尾，使针体轻微震动，以增强针感。

震颤法：将针刺入腧穴一定深度后，用右手拇、食、中指捏住针柄，做小幅度、快频率的提插、捻转动作，使针身发生轻微震颤，以增强针感。

(2) 得气　行针后，针刺部位产生的经气感应，称为"得气"，也称"针感"，即患者在针刺部位产生酸、麻、胀、重的感觉，医生指下亦有沉紧的反应。针刺得气与否，是治疗效果的关键，一般得气迅速，疗效就好；得气缓慢，疗效就差；如不得气，则可能无效。因此，在针刺过程中如得气较慢或不得气时，应及时检查针刺的角度、深度和取穴是否准确，手法是否恰当，并及时予以调整，或采用行针催气、留针候气等方法促使针下得气。

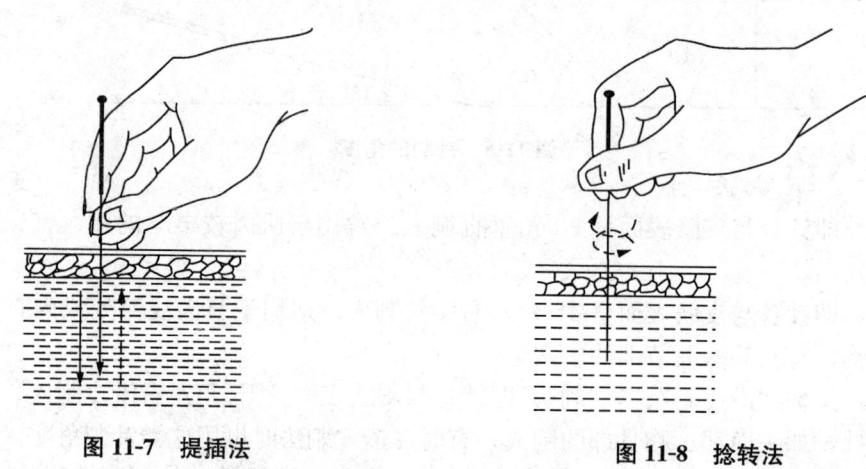

图 11-7　提插法　　　　　　　　图 11-8　捻转法

4. 针刺补泻　针刺补泻是根据"实则泻之，虚则补之"的理论而确立的两种不同的治疗原则和方法。凡能鼓舞人体正气，使低下的功能恢复旺盛的方法叫补法；凡能疏泄病邪，使亢进的功能恢复正常的叫泻法。运用适当的针刺手法刺激腧穴，激发经气以补虚泻实，从而调整人体脏腑经络功能，促使阴阳平衡协调而恢复健康。最常用的针刺补泻手法有下列几种：

(1) 提插补泻　针下得气后，先浅后深，重插轻提，幅度小，频率慢，时间短，为补法；先深后浅，轻插重提，幅度大，频率快，时间长，为泻法。

(2) 捻转补泻　针下得气后，捻转幅度小，用力轻，频率慢，时间短，为补法；捻转幅度大，用力重，频率快，时间长，为泻法。

(3) 疾徐补泻　进针慢，少捻转，出针快，为补法；进针快，多捻转，出针慢，为泻法。

(4) 呼吸补泻　呼气时进针，吸气时出针，为补法；吸气时进针，呼气时出针，为泻法。

(5) 平补平泻　针刺得气后均匀地提插、捻转后即可出针。

5. 留针与出针

(1) 留针　行针施术后，将针留置于穴内称为留针。其目的是便于间歇行针或持续行针。一般病证，针刺得气并施以适当的补泻手法后，即可出针，或酌情留针 15~30 min。但对一些慢性、顽固性、疼痛性、痉挛性病证，可适当延长留针时间，以便在留针过程中间歇行针，以增强疗效。

(2) 出针　行针施术完毕或留针后，将针拔出。出针时，以左手持消毒棉球按压针孔周围皮肤，右手持针轻微捻转，将针退到皮下，迅速出针，再用消毒棉球按压针孔，防止出血。出针后检查针数，防止漏针。

6. 针刺意外及其处理

（1）晕针　在针刺过程中，患者突然出现头晕目眩，胸闷心慌，面色苍白，身出冷汗，甚则晕厥，称为晕针。多因患者精神紧张，或体质虚弱，或饥饿疲劳，或体位不当，或医生手法过重所致。出现晕针时，应立即停止针刺，并将针取出，让患者平卧，头部放低，注意保暖。轻者静卧片刻，并给予温开水或糖开水后即可恢复。重者用拇指掐或针刺人中、合谷、足三里、内关，灸百会、关元等穴，必要时配合其他急救措施。

晕针应注重于预防。首先消除患者的思想顾虑和精神紧张，勿于患者饥饿和疲劳的情况下针刺，针刺时手法宜轻，选穴宜少。针刺过程中，医生应随时注意观察患者的表情、面色，询问感觉，以便及时发现，及时处理。

（2）滞针　行针时医者感觉针下紧涩，提插、捻转、出针困难，且患者感觉局部疼痛剧烈，称为滞针。多因患者精神紧张，局部肌肉强烈收缩，或行针手法不当，向单一方向捻针太过，使肌纤维缠绕针身所致。出现滞针时，应根据不同原因予以处理。因肌肉强烈收缩而致者，可在局部按摩，或在针刺附近再刺一针，以缓解痉挛；若因行针不当而致者，可向相反方向将针捻回，待针松动后即可出针。

预防滞针，应对初诊患者针前做好解释工作，同时针刺手法要轻巧，捻转幅度不要太大，更不宜单向捻转。

（3）弯针　针身在体内形成弯曲，多由于患者在留针过程中移动了体位，或医生进针手法不熟练，用力过猛所致。出现弯针时，可见到针柄改变了原来的刺入方向或角度，此时不得再行提插、捻转，应顺着弯曲的方向慢慢将针取出，如因患者体位改变而致，应先慢慢恢复原来体位，待局部肌肉放松后再缓缓退针。切忌强行拔针，以免将针断入体内。医者施术手法熟练、轻巧，患者体位舒适，留针时注意不改变体位，可避免弯针的发生。

（4）血肿　为针刺部位出现的皮下出血而引起的肿痛。其原因是针尖弯曲带钩刺破血管所致。血肿较轻者，一般不必处理，可自行消退。若肿痛较重，青紫面积较大，可先做冷敷止血后，再做热敷，促使局部瘀血消散。为预防血肿，针前应仔细检查针具，避开血管进针，切忌用力捣针，出针时立即用消毒干棉球按压针孔。

二、灸法

灸法是用艾绒或其他药物放置在体表的腧穴或部位上烧灼、温熨，借灸火的热力和药物的作用，通过经络的传导，达到治病防病目的的一种方法。施灸的原材料主要是艾，用干燥的艾叶捣成艾绒，然后做成艾条或艾炷使用。艾绒气味芳香，辛温易燃，火力温和、持久，易于深透肌肉而发挥治疗作用。

（一）灸法的作用及适应证

灸法是一种温热刺激，对虚寒证效果好。其作用如下：

1. 温经散寒，舒筋活络　适用于寒湿痹证所致的肢体麻木酸痛。

2. 升提中气，扶阳固脱　适用于中气下陷所致的胃下垂、子宫脱垂、久泻脱肛以及阳气虚脱所致的昏厥、休克等。

3. 温养气血、扶羸补虚　适用于体质虚弱所致的头昏、乏力、乳少、经闭、阳痿等症。

4. 温中散寒，消瘀散结　适用于寒邪所致的胃痛、腹痛、吐泻以及外科皮下阴性肿块、痰核、瘘管等。

5. 预防疾病，保健强身　常灸关元、气海、足三里、中脘等穴，能鼓舞人体正气，增强抗病能力，起到防病保健作用。

（二）常用灸法

1. 艾炷灸　将艾绒放在平板上，用拇、食、中三指捏成上小下大的圆锥状。大者如半个枣核，小者如麦粒。燃烧一个艾炷称为一壮。艾炷灸可分为直接灸和间接灸两种。

（1）直接灸　将艾炷直接放在腧穴上点燃施灸（图11-9）。直接灸又分为瘢痕灸和无瘢痕灸。

瘢痕灸又称化脓灸。用大蒜捣汁涂敷施灸部，上置艾炷点燃，待艾炷燃尽，除去灰烬，继续加炷再灸。一般灸5～10壮，使局部皮肤灼伤，起泡化脓，4～5周后灸疮自愈，留下瘢痕。施灸前必须征得患者同意。此法一般用于慢性、顽固性病症。

无瘢痕灸又称非化脓灸。施灸处先涂以少量凡士林，上置艾炷点燃，待患者感到灼痛时，即移去未燃尽的艾炷，更换艾炷再灸。一般灸3～5壮，以局部皮肤充血、红润为度。

（2）间接灸　即在艾炷与皮肤之间加一层间隔物，常用的间隔物有姜、蒜、盐、饼等，艾炷的热力通过间隔物作用于施灸部位，以此增强疗效（图11-10）。

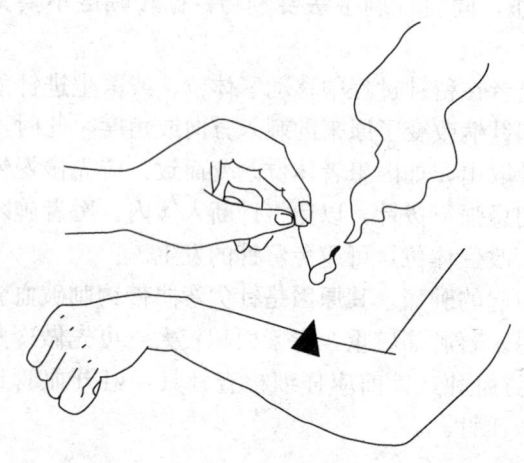

图11-9　艾炷直接灸

图11-10　艾炷间接灸

隔姜灸：将鲜姜切成约0.3cm厚的薄片，中间用针刺数孔后置于施术部位，上面放艾炷点燃灸之，当患者感觉灼痛时，换炷再灸，一般灸3～7壮，以局部皮肤红润为度。适用于虚寒性疾患。

隔蒜灸：将鲜大蒜切成约0.3cm的薄片，灸法同上。适用于痈疽初起、毒虫咬伤、肺痨等。

隔盐灸：用纯净的细食盐填平肚脐，上置艾炷施灸。此法有回阳救逆之功，适用于中风脱证、急性腹痛、吐泻、四肢厥冷等症。

隔饼灸：用附子研粉，以黄酒调和成饼为施灸的衬垫物。此法适用于肾阳虚衰的寒冷痼疾。

2. 艾条灸　用桑皮纸将艾绒卷成圆柱形的艾卷，点燃一端，在距离穴位约1寸的高度进行熏烤，灸至局部灼热红晕为度。一般每穴灸3～5min，此法称温和灸。如将点燃的艾条象鸟雀啄食一样，一上一下移动熏灸，称为雀啄灸。若将点燃的艾条做左右方向的移动或反复的旋转施灸，称为回旋灸（图 11-11）。

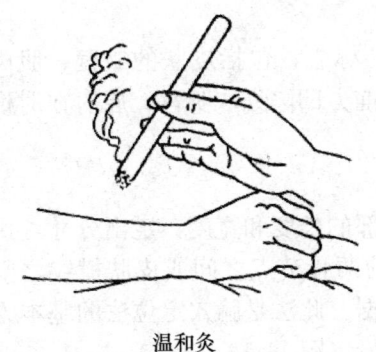 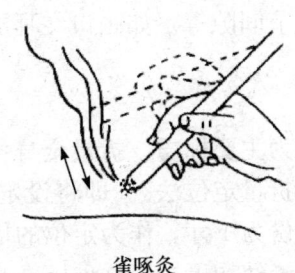 

温和灸　　　　　　　雀啄灸　　　　　　　回旋灸

图 11-11　艾条灸

3. 温针灸　是针刺和艾灸结合使用的一种方法。针刺得气后留针时，将一小团艾绒捏在针柄上，或用一小段艾条穿孔套在针柄上，点燃施灸，使热力通过针身传入穴位深处（图 11-12），适用于既需留针又需艾灸的病证，如寒湿痹证等。

（三）灸法的禁忌及灸法注意事项

1. 灸法的禁忌

（1）内有实热、阴虚发热者；孕妇腹部、腰骶部；皮肤破损处；禁灸穴应禁灸。

（2）颜面、五官和浅表大血管部位，肌腱所在部位，不宜采用瘢痕灸。

2. 灸法注意事项

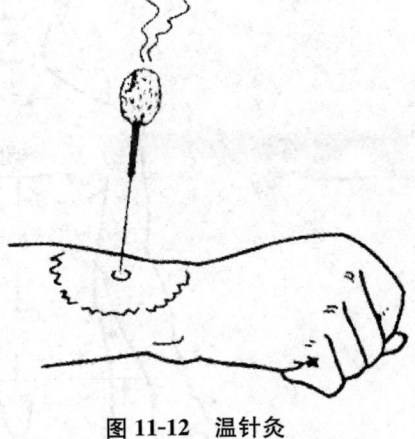

图 11-12　温针灸

（1）体位　灸治体位与针刺体位相同，以舒适自然而能持久为原则，以体位平直、便于施灸为宜，不能移动，防止艾炷脱落。

（2）施灸顺序　一般是先上后下，先阳后阴。壮数是先少而后多，艾炷是先小而后大。

（3）艾绒和艾条燃尽后应立即除去灰烬，防止烫伤皮肤和烧坏衣物。用过的艾条、残余艾炷等，应装入小口玻璃瓶或铁筒内，以防复燃。

（4）施灸后局部皮肤出现微红灼热，属正常情况，无须处理。若灸后局部起泡，小泡可自行吸收。水泡较大者，可用消毒毫针刺破基底部，放出水液，或用消毒注射器抽取水液，涂以龙胆紫，用消毒纱布覆盖，防止感染。

三、取穴法

在临床上，取穴位置准确与否，可直接影响治疗效果。因此，正确地掌握取穴的方法十分重要。

（一）体表解剖标志定位法

体表解剖标志定位法是指以体表解剖学的各种体表标志为依据来确定腧穴位置的方法。体表解剖标志可分为固定标志和活动标志两种。

1. 固定标志　指标志不受活动影响者。如五官、毛发、指（趾）甲、乳头、肚脐以及由骨节和肌肉所形成的突起或凹陷等作为取穴标志。如两眉之间取印堂，两乳之间取膻中，脐旁2寸取天枢，腓骨小头前下方取阳陵泉等。

2. 活动标志　指必须采取相应的动作或姿势才能出现的标志，包括皮肤的皱襞、肌肉部的凹陷、肌腱的显露以及某些关节间隙等。如张口在耳屏前方凹陷处取听宫，屈肘在肘横纹头与肱骨外上髁之间定曲池等。

（二）骨度分寸取穴法

骨度分寸取穴法指以体表骨节为主要标志，折量全身各部的长度和宽度，定出分寸，用于腧穴定位的方法，又称为"骨度折量定位法"。即将设定的两骨节点之间或皮肤横纹之间的长度折量为一定的等份，每一等份为1寸，作为定位的依据。此法是腧穴定位法的基本方法，无论任何年龄、体形、男女、老幼均可按照这种标准测量（图11-13、表11-3）。

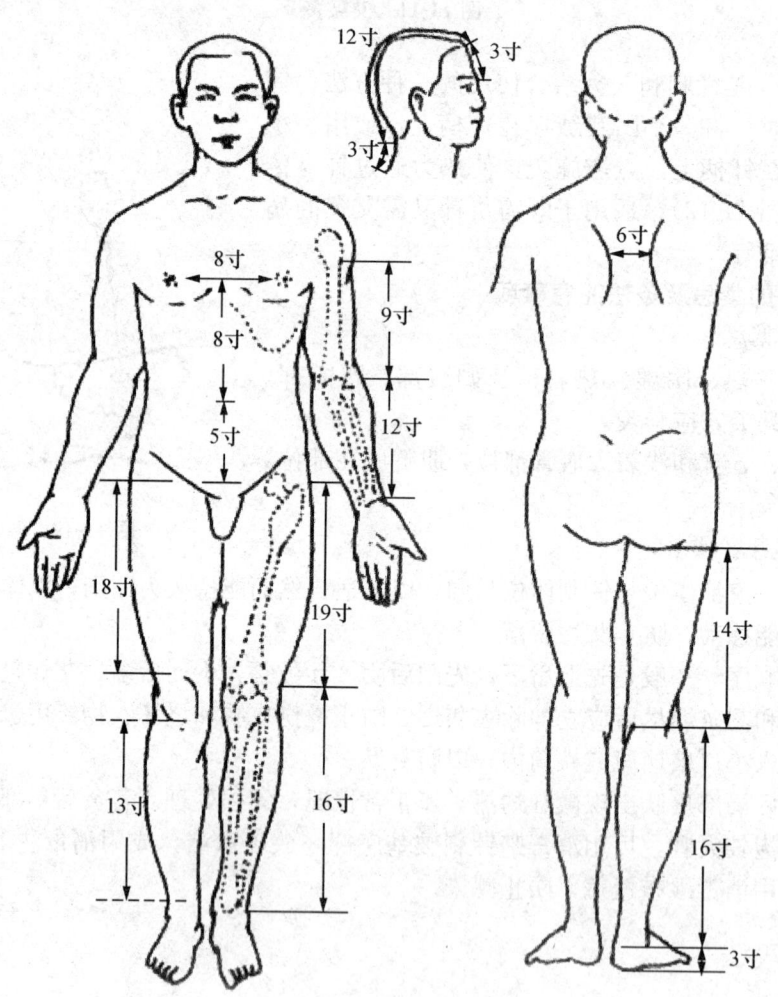

图11-13　骨度分寸图

表11-3 常用骨度分寸表

部位	起止点	量法	折量寸	说明
头部	前发际至后发际	直量	12	如前后发际不明，从眉心至大椎穴为18寸，眉心至前发际为3寸，大椎至后发际为3寸
胸腹部	两乳头之间	横量	8	用于胸腹部的横向距离
	天突至胸剑联合	直量	9	
	胸剑联合至脐中	直量	8	用于胸、腹部的纵向距离
	脐中至耻骨联合上缘	直量	5	
背部	两肩胛骨内缘之间	横量	6	
上肢部	腋前横纹至肘横纹	直量	9	用于手三阴、手三阳经
	肘横纹至腕横纹	直量	12	
下肢部	股骨大转子至腘横纹	直量	19	用于足三阴、足三阳经
	膝中至外踝尖	直量	16	
	胫骨内侧髁下缘至内踝尖	直量	13	

第二节 腧 穴

腧穴，俗称穴位，是人体脏腑经络之气输注于体表的部位，是针灸施术的特定部位。"腧"同"俞"与"输"，有转输、输注的含义；"穴"有"孔"、"隙"的意思。在历代文献中有"砭灸处"、"气穴"、"孔穴"、"穴道"、"穴位"等名称。

腧穴通过经络与脏腑密切相连，脏腑的生理、病理变化可以反映到腧穴，而腧穴的感应又可通过经络传与脏腑，因此，通过针灸刺激腧穴，以通其经脉，调其气血，从而使人体阴阳归于平衡，脏腑趋于和调，达到扶正祛邪、防治疾病的目的。

腧穴一般分为十四经穴、经外奇穴和阿是穴三类。

一、十四经穴

指分布在十二经脉与任、督二脉循行路线上的腧穴，称为"十四经穴"，简称"经穴"，共有361个。经穴具有固定的位置和专用名称，是腧穴的主要部分，因其分布在十四经脉循行路线上，所以与经脉关系密切，有主治本经病证的共同作用，并能反映十四经及其所属脏腑的病证。

（一）手太阴肺经穴

【经脉循行】 起于中焦，下络大肠，返回沿胃上口，通过横膈，属于肺，从肺系（气管、喉咙部）横出腋下（中府），沿上臂内侧，行于手少阴、手厥阴经的前面，下至肘窝中，沿前臂内侧前缘，入寸口上鱼际，沿其边缘直出拇指桡侧端。

其支脉，从腕后（列缺）分出，沿掌背侧走向食指桡侧端，与手阳明大肠经相接（图11-14）。

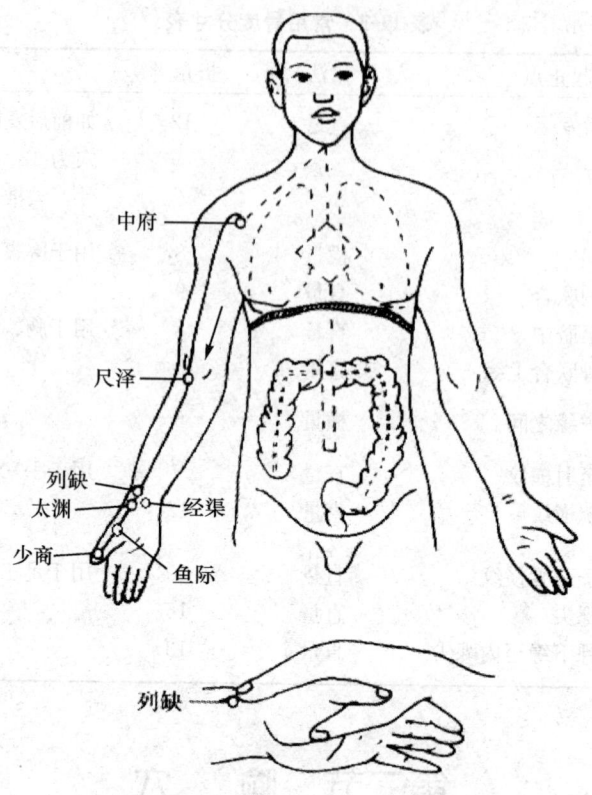

图 11-14 手太阴肺经循行及常用腧穴图

【主治概要】 本经主治胸、肺、喉部疾患，以及本经循行部位的病证。本经单侧 11 穴，首穴中府，末穴少商。

【常用腧穴】

1. 尺泽（Chǐzé）

定位：仰掌微屈肘，肘横纹上，肱二头肌腱桡侧凹陷处（图 11-14）。

功能：调理肺气，清热和中。

主治：咳嗽，气喘，咯血，潮热，咽喉肿痛，胸部胀满，吐泻，乳痈，肘臂挛痛。

操作：直刺 0.8～1.2 寸，或点刺出血；可灸。

2. 列缺（Lièquē）

定位：在桡骨茎突上方，腕横纹上 1.5 寸。简便定位法：两手虎口交叉，一手食指按在桡骨茎突上，指尖所至凹陷处（图 11-14）。

功能：宣肺疏风，通调任脉。

主治：头痛，项强，咳喘，咽喉肿痛，牙痛，口眼歪斜，手腕酸痛等。

操作：向上或向下斜刺 0.3～0.8 寸；可灸。

3. 少商（Shàoshāng）

定位：手拇指桡侧端，距指甲角 0.1 寸（图 11-14）。

功能：清肺利咽，泄热醒神。

主治：咽喉肿痛，鼻衄，咳嗽，发热，癫狂，中风昏迷等。为急救穴之一。

操作：直刺 0.1 寸，或向腕平刺 0.2～0.3 寸，或点刺出血；可灸。

手太阴肺经其它常用腧穴见表11-4。

表11-4　手太阴肺经其它常用腧穴

穴名	定位	主治	操作	参见图
中府	任脉旁开6寸，平第1肋间隙处	咳喘，胸痛，肺胀痛，肩背痛	向外斜刺0.5～0.8寸，不宜过深，以防伤肺；可灸	图11-14
太渊	腕横纹桡侧端，桡动脉桡侧凹陷中	咳喘，咯血，咽喉肿痛，胸痛，腕臂痛	避开桡动脉，直刺0.3～0.5寸；可灸	图11-14
鱼际	第一掌骨中点桡侧，当赤白肉际处	身热、头痛、咳嗽、咽喉肿痛	直刺0.5～1寸；可灸	图11-14

（二）手阳明大肠经穴

【经脉循行】　起于食指桡侧端，沿食指桡侧上行，通过第一、二掌骨之间，向上进入拇长伸肌腱与拇短伸肌腱之间的凹陷中，沿前臂背面桡侧缘，至肘外侧，再沿上臂外侧，上走肩端，经肩峰前缘交会于第7颈椎棘突下，进入锁骨上窝，联络肺脏，通过横膈，属于大肠。

其支脉，从锁骨上窝出走颈部，经过面颊入下齿龈，回绕至上唇，交叉于人中，左脉向右，右脉向左，至鼻孔两侧，与足阳明胃经相接（图11-15）。

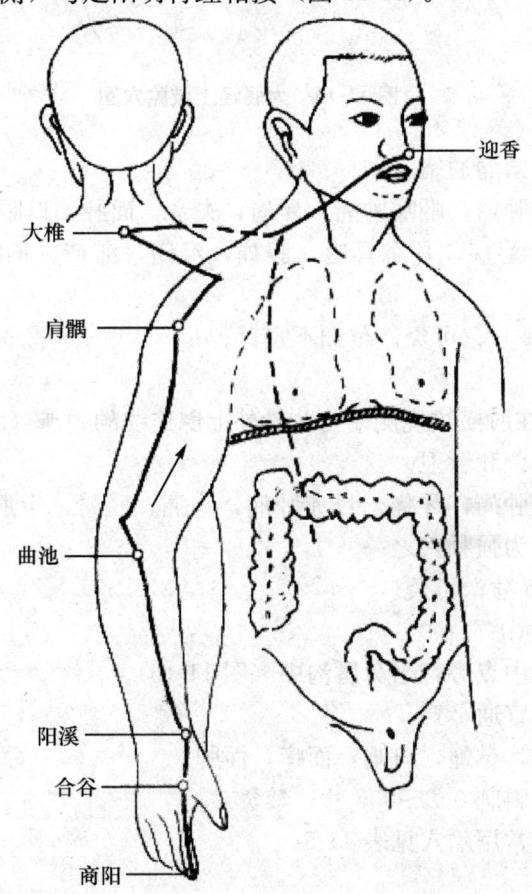

图11-15　手阳明大肠经循行及常用腧穴图

【主治概要】 本经主治头面、五官、胃肠、发热等病证，以及本经脉循行部位的病变。本经单侧20穴，首穴商阳，末穴迎香。

【常用腧穴】

1. 商阳（Shāngyáng）

定位：在食指桡侧端，距指甲角0.1寸（图11-16）。

功能：泻热消肿，开窍醒神。

主治：发热，咽喉肿痛，牙痛，鼻衄，中风昏迷，手指麻木等。为急救穴之一。

操作：浅刺0.1～0.2寸，或点刺出血；可灸。

2. 合谷（Hégǔ）

定位：在手背第一、二掌骨之间，当第二掌骨桡侧中点处。简便取穴法：以一手的拇指指间关节横纹，放在另一手的拇、食指之间的指蹼缘上，屈拇指，当拇指尖下是穴（图11-16）。

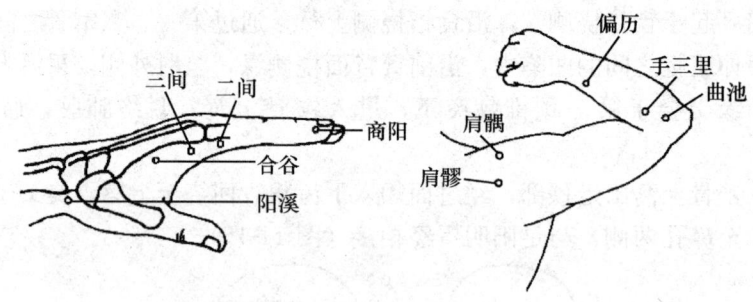

图11-16 大肠经上肢腧穴图

功能：疏风解表，镇痛通络。

主治：头痛，目赤肿痛，咽喉肿痛，牙痛，失音，面肿，口眼㖞斜，牙关紧闭，半身不遂，热病无汗，多汗，疟疾，耳聋耳鸣，腹痛，经闭，滞产，痢疾，便秘，小儿惊风，风疹等。

操作：直刺0.5～1寸；可灸。孕妇不宜针。

3. 曲池（Qūchí）

定位：屈肘90°，在肘横纹桡侧端与肱骨外上髁连线的中点（图11-16）。

功能：疏风清热，调和营卫。

主治：热病，咽喉肿痛，牙痛，目赤肿痛，头痛，眩晕，上肢不遂，肘臂肿痛，腹痛，吐泻，风疹，湿疹等，为强壮穴之一。

操作：直刺1～1.5寸；可灸。

4. 迎香（Yíngxiāng）

定位：在鼻翼外缘中点旁，当鼻唇沟中（图11-15）。

功能：散风清热，宣通鼻窍。

主治：鼻塞，鼻渊，鼻衄，口㖞，面痒，面肿。

操作：直刺或向上斜刺0.2～0.5寸；禁灸。

手阳明大肠经其它常用腧穴见表11-5。

表 11-5　手阳明大肠经其它常用腧穴

穴名	定位	主治	操作	参见图
阳溪	当手拇指向上翘起时,在腕背横纹桡侧端所形成的凹陷处	头痛,目赤肿痛,耳鸣,耳聋,牙痛,手腕痛	直刺 0.5～0.8 寸;可灸	图 11-16
肩髃	肩部三角肌上,臂外展或向前平伸时,当肩峰前下方凹陷处	肩臂疼痛,颈椎病,上肢瘫痪,风疹	直刺或向下斜刺 0.8～1.5 寸;可灸	图 11-16

(三) 足阳明胃经穴

【经脉循行】　起于鼻翼两侧（迎香），上行到鼻根部，与旁侧足太阳经交会，向下沿鼻的外侧，入上齿龈内，回出绕唇，向下交会于颏唇间（任脉）处，再沿下颌角上行，经耳前及发际抵前额。

面部支脉：从下颌部下行，沿喉咙入锁骨上窝，下过横膈，属于胃，络于脾。

直行经脉：由锁骨上窝分出，经乳头，向下夹脐旁达腹股沟处。

胃下口部支脉：沿腹壁内下行到腹股沟处，与循行于体表的经脉相会合，由此沿大腿及胫骨外侧前缘经足背部，进入第二足趾外侧端。

胫部支脉：从膝下3寸（足三里）处分出，进入足中趾外侧。

足背支脉：从足背（冲阳）分出，进入足大趾内侧端，与足太阴脾经相接（图 11-17）。

【主治概要】　本经主治脾胃、头面、气血不足等疾患，以及本经循行部位的病变。本经单侧45穴，首穴承泣，末穴厉兑。

【常用腧穴】

1. 承泣（Chéngqì）

定位：目正视，瞳孔直下，当眼球与眶下缘之间（图 11-17）。

功能：散风泻火，镇痉明目。

主治：目赤肿痛，迎风流泪，夜盲，视物不清，口眼㖞斜，眼睑瞤动。

操作：以左手拇指将眼球轻推向上固定，然后紧靠眶下缘缓慢直刺 0.3～0.7 寸。行针时轻微捻转，不宜提插，以防刺破血管，引起眶内出血。不宜灸。

2. 地仓（Dìcāng）

定位：在承泣穴直下，口角旁开 0.4 寸（图 11-17）。

功能：通经，活络，祛风。

主治：口角㖞斜，流涎，唇缓不收，牙痛，面痛，眼睑瞤动，流泪。

操作：向颊车方向平刺 0.5～1.5 寸；可灸。

3. 颊车（Jiáchē）

定位：在下颌角前上方一横指（中指），当咀嚼时咬肌隆起，按之凹陷处（图 11-17）。

功能：开关活络，止痛消肿。

主治：口眼㖞斜，颊肿，牙痛，牙关紧闭，面肌抽搐，痄腮，面瘫等。

操作：直刺 0.3～0.5 寸，或向地仓平刺 1～1.5 寸；可灸。

4. 下关（Xiàguān）

定位：在耳前方，颧弓与下颌切迹之间的凹陷中，合口有孔，张口即闭（图 11-17）。

功能：疏风清热，通关利窍。

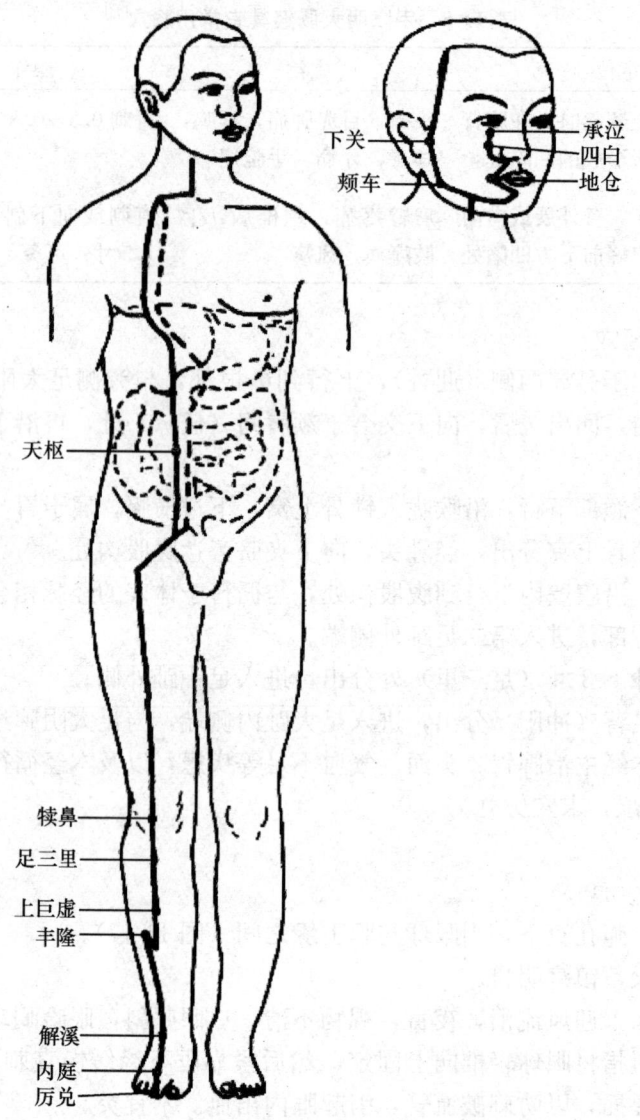

图 11-17 足阳明胃经循行及常用腧穴图

主治：齿痛，面痛，下颌关节痛，牙关紧闭，口眼㖞斜，耳鸣耳聋，聤耳。

操作：直刺 0.5~1.2 寸；可灸。

5. 天枢（Tiānshū）

定位：脐中旁开 2 寸处（图 11-17）。

功能：调肠腑，理气滞。

主治：腹痛，腹胀，肠鸣泄泻，痢疾，便秘，肠痈，月经不调，痛经，水肿。

操作：直刺 0.8~1.2 寸；可灸。

6. 足三里（Zúsānlǐ）

定位：在小腿前外侧，犊鼻穴下 3 寸，距胫骨前脊外侧一横指处（图 11-18）。

功能：调理脾胃，扶正培元，通经活络。

主治：胃痛，腹痛，腹胀，呕吐，肠鸣，消化不良，泄泻，便秘，痢疾，疳积，下肢痿痹,下肢不遂,癫狂,头晕,心悸,气短,虚劳羸瘦,水肿,脚气。本穴有强壮作用,为保健要穴。

操作:直刺1~2寸;可灸。

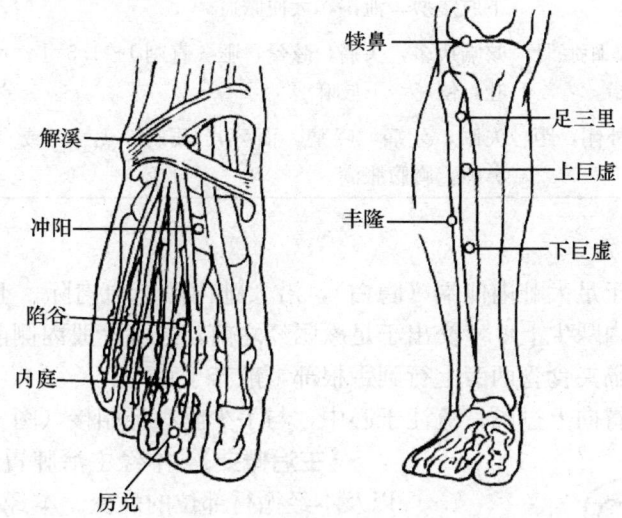

图 11-18 胃经下肢腧穴图

7. 解溪(Jiěxī)

定位:在足背与小腿交界处的横纹中央凹陷中,当拇长伸肌腱与趾长伸肌腱之间(图11-18)。

功能:清胃降逆,健脾化湿。

主治:头痛,眩晕,癫狂,目赤面肿,腹胀,便秘,下肢痿痹,踝关节疾患等。

操作:直刺0.5~1寸;可灸。

8. 内庭(Nèitíng)

定位:在足背第2、3趾间缝纹端(图11-18)。

功能:清胃止痛,通调腑气。

主治:齿痛,口喎,喉痹,鼻衄,腹痛,腹胀,泄泻,痢疾,足背肿痛,热病,胃痛吐酸。

操作:直刺0.3~0.5寸;可灸。

足阳明胃经其它常用腧穴见表11-6。

表 11-6 足阳明胃经其它常用腧穴

穴名	定位	主治	操作	参见图
四白	承泣直下,当眶下孔凹陷处	面瘫,目赤痛痒,头面疼痛,迎风流泪	直刺0.2~0.4寸;可灸	图11-17
犊鼻	屈膝,当髌骨与髌韧带外侧凹陷中	膝关节痛,屈伸不利,脚气	向后内斜刺0.8~1.5寸;可灸	图11-18
上巨虚	小腿前外侧,当足三里穴下3寸处	腹痛,肠鸣,泄泻,痢疾,肠痈,下肢瘫痪	直刺1~1.5寸;可灸	图11-18

续表

穴名	定位	主治	操作	参见图
下巨虚	小腿前外侧,当上巨虚穴下3寸处	小腹痛,痛引睾丸,乳痈,下肢痿痹,泄泻,大便脓血	直刺1~1.5寸;可灸	图11-18
丰隆	外踝尖上8寸,距胫骨前脊外侧二横指	咳喘痰多,头痛,眩晕,呕吐,便秘,下肢麻痹	直刺1~1.5寸;可灸	图11-18
厉兑	第二足趾末节外侧,距趾甲角0.1寸	失眠,牙痛,喉痹,面瘫,鼻衄,胸腹胀满	浅刺0.1寸,或点刺出血;可灸	图11-18

(四) 足太阴脾经穴

【经脉循行】 起于足大趾内侧端（隐白），沿大趾内侧赤白肉际，上行至内踝前，沿小腿内侧正中上行，至内踝尖上8寸交出于足厥阴经之前，经膝、股内侧前缘进入腹部，属于脾，联络胃腑，过横膈夹食管两旁上行到舌根部，散布于舌下。

胃部的支脉：从胃向上过膈，流注于心中，与手少阴心经相接（图11-19）。

【主治概要】 本经主治脾胃、妇科及前阴病证，以及本经循行部位的病变。本经单侧21穴，首穴隐白，末穴大包。

【常用腧穴】

1. 隐白（Yǐnbái）

定位：在足大拇趾内侧端，距趾甲角0.1寸（图11-20）。

功能：摄血，宁神。

主治：腹胀，便血，尿血，月经过多，崩漏，癫狂，多梦，惊风，昏厥等。

操作：浅刺0.1~0.2寸；可灸。

2. 三阴交（Sānyīnjiāo）

定位：在小腿内侧，足内踝尖上3寸，胫骨内侧缘后方（图11-20）。

功能：调脾胃，益肝肾。

主治：肠鸣腹胀，泄泻，消化不良，月经不调，经闭，崩漏，带下，阴挺，不孕，难产，遗精，阳痿，阴茎痛，水肿，小便不利，遗尿，疝气，足痿痹痛，脚气，失眠。

操作：直刺1~1.5寸；可灸。孕妇禁针。

3. 阴陵泉（Yīnlíngquán）

定位：胫骨内侧髁后下方凹陷处（图11-20）。

功能：健脾利水，通利三焦。

主治：腹胀，水肿，小便不利或失禁，黄疸，膝肿，阴茎痛，妇人阴痛，遗精。

操作：直刺1~2寸；可灸。

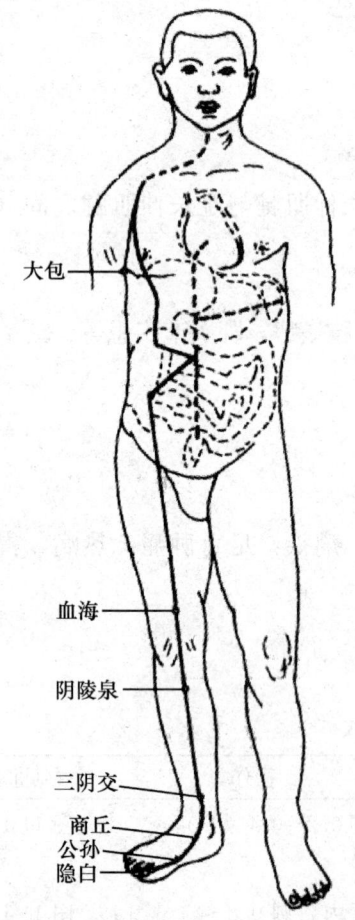

图11-19 足太阴脾经循行及常用腧穴图

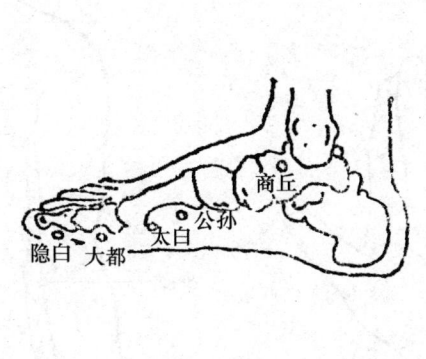
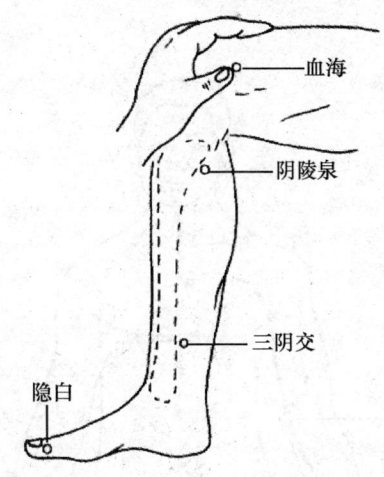

图 11-20 脾经下肢腧穴图

4. 血海（Xuèhǎi）

定位：髌骨内缘上2寸。简便取穴法：患者屈膝，医者以左（右）手掌心按在患者右（左）膝髌骨上，二至五指向上伸直，拇指约呈45°斜置，拇指尖下是穴（图11-20）。

足太阴脾经其它常用腧穴见表11-7。

表 11-7　足太阴脾经其它常用腧穴

穴名	定位	主治	操作	参见图
公孙	足内侧缘，第1跖骨基底的前下方	胃痛、腹痛、呕吐、泄泻，水肿，脚气	直刺0.5～1寸；可灸	图11-20
商丘	足内踝前下方凹陷中	肠鸣，腹胀，便秘、泄泻，黄疸，足踝痛	直刺0.5～0.8寸；可灸	图11-20
大包	在腋中线上，第6肋间隙中	胸胁痛，气喘，身痛，四肢无力	向外平刺或斜刺0.5～0.8寸，不宜过深；可灸	图11-19

（五）手少阴心经穴

【经脉循行】　起于心中，出属"心系"（指心与其他脏器相联系的组织），经过横膈，联络小肠。

其支脉，从"心系"上行夹咽，联系目系。

直行经脉，从心抵肺，向下浅出腋窝，沿上臂内侧后缘下行达肘窝，经前臂内侧后缘入掌中，经第四、五掌骨之间，沿小指桡侧至末端（少冲），与手太阳小肠经相接（图11-21）。

【主治概要】　本经主治心、胸、神志病证，以及本经循行部位的病变。本经单侧9穴，首穴极泉，末穴少冲。

【常用腧穴】

1. 神门（Shénmén）

定位：在腕横纹尺侧端，当尺侧腕屈肌腱的桡侧凹陷中（图11-22）。

功能：宁心安神。

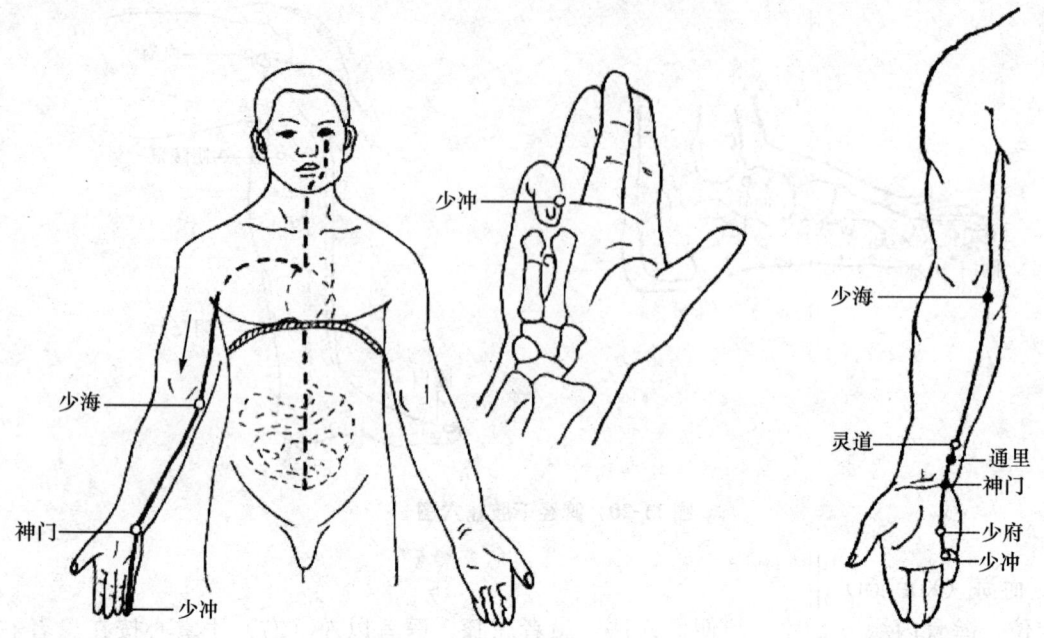

图 11-21　手少阴心经循行及常用腧穴图　　　　图 11-22　心经上肢腧穴图

主治：心痛、心烦，失眠健忘，惊悸，怔忡，癫狂，胁痛，掌中热。
操作：直刺 0.2～0.5 寸；可灸。

2．少冲（Shàochōng）
定位：手小指末节桡侧，距指甲角 0.1 寸（图 11-21）。
功能：开窍泄热，宣通气血。
主治：心悸心痛，胸胁痛，癫狂，目赤肿痛，热病，中风，昏厥，为急救穴之一。
操作：浅刺 0.1 寸，或点刺出血；可灸。
手少阴心经其它常用腧穴见表 11-8。

表 11-8　手少阴心经其它常用腧穴

穴名	定位	主治	操作	参见图
少海	屈肘，在肘横纹尺侧端与肱骨内上髁之间	心痛，失眠，臂麻酸痛，肘臂屈伸不利，手颤	直刺 0.5～1 寸；可灸	图 11-22
通里	腕横纹上 1 寸，尺侧腕屈肌腱桡侧	心悸怔忡，眩晕，舌强不语，咽喉肿痛，腕臂痛	直刺 0.2～0.5 寸	图 11-22

（六）手太阳小肠经穴

【经脉循行】　起于小指尺侧端（少泽），沿手背尺侧至腕，出于尺骨茎突，沿上肢外侧后缘，经尺骨鹰嘴与肱骨内上髁之间，上达肩部，绕肩胛，交会于大椎，向前入锁骨上窝，联络心脏，沿食管下行，过横膈，到胃部，属于小肠。

其支脉，从锁骨窝上行，沿颈达面颊，至目外眦，转入耳中。

另一支脉从颊部分出，至目内眦，与足太阳膀胱经相接（图 11-23）。

【主治概要】　本经主治头项、五官病证及热病、神志疾患，以及本经脉循行部位的病变。本经单侧19穴，首穴少泽，末穴听宫。

【常用腧穴】

1. 后溪（Hòuxī）

定位：第五掌指关节尺侧后方，握拳横纹头赤白肉际处（图11-23）。

功能：散风舒筋，通督脉。

主治：头项强痛，目赤，耳聋，癫狂，痫证，疟疾，热病，腰痛，肘臂及手指挛痛。

操作：直刺0.5～1寸；可灸。

2. 听宫（Tīnggōng）

定位：耳屏前，下颌关节髁状突的后缘，张口呈凹陷处（图11-23）。

功能：开窍聪耳。

主治：耳鸣，耳聋，聤耳，齿痛，癫痫，下颌关节肿痛。

操作：张口直刺0.5～1寸；可灸

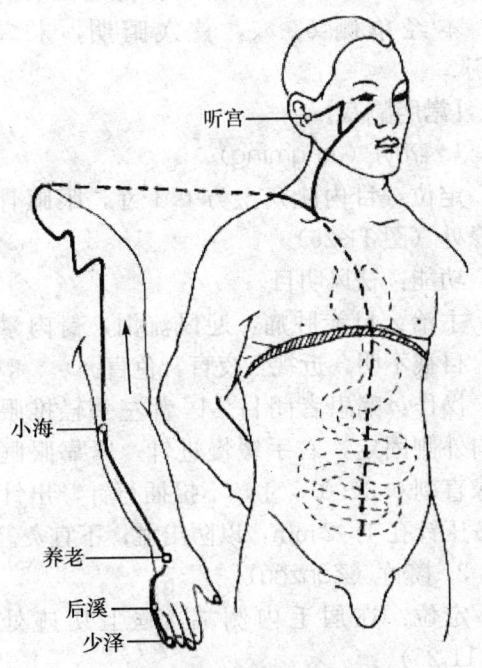

图11-23 手太阳小肠经循行及常用腧穴图

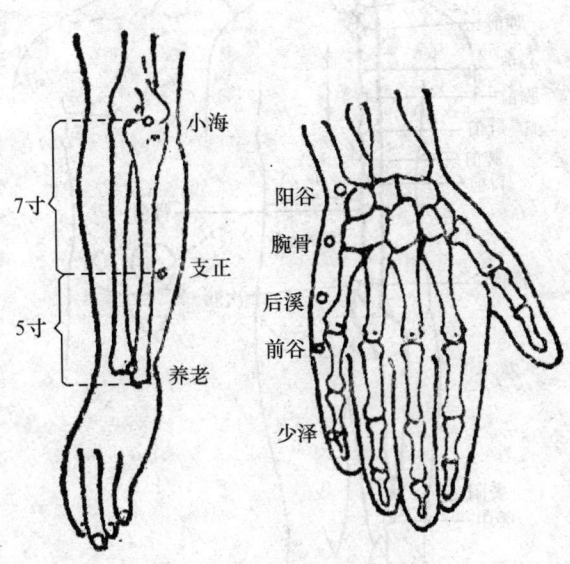

图11-24 小肠经上肢腧穴

手太阳小肠经其它常用腧穴见表11-9。

表11-9 手太阳小肠经其它常用腧穴

穴名	定位	主治	操作	参见图
少泽	在手小指尺侧端，距指甲角0.1寸	热病，昏迷，乳汁少，乳痈，咽喉肿痛，目翳	浅刺0.1寸，或点刺出血；可灸	图11-24
养老	掌心向胸时，在尺骨茎突桡侧缘的骨缝中	目视不明，急性腰痛，肩臂疼痛	直刺或斜刺0.5～0.8寸；可灸	图11-24
小海	肘内侧，当尺骨鹰嘴与肱骨内上髁之间凹陷处	颊肿颈痛，癫痫，头痛，肩臂外侧痛，耳鸣，耳聋	直刺0.3～0.5寸；可灸	图11-24

（七）足太阳膀胱经穴

【经脉循行】 起于目内眦（睛明），上额交会于头顶（百会）。其支脉，从头顶分出到耳上角。

直行经脉：从头顶入颅内络于脑，回出分开下行项后，沿肩胛骨内侧，夹脊柱，抵腰部，从脊旁入体腔，络肾，属于膀胱。

腰部支脉：向下过臀部，入腘窝中。

后项支脉：沿肩胛内缘下行，过臀部，沿大腿外后侧，与腰部下行的支脉会合于腘窝中。由此向下，过腓肠肌，至外踝后，沿第五跖骨粗隆，至足小趾外侧端（至阴），与足少阴肾经相接（图11-25）。

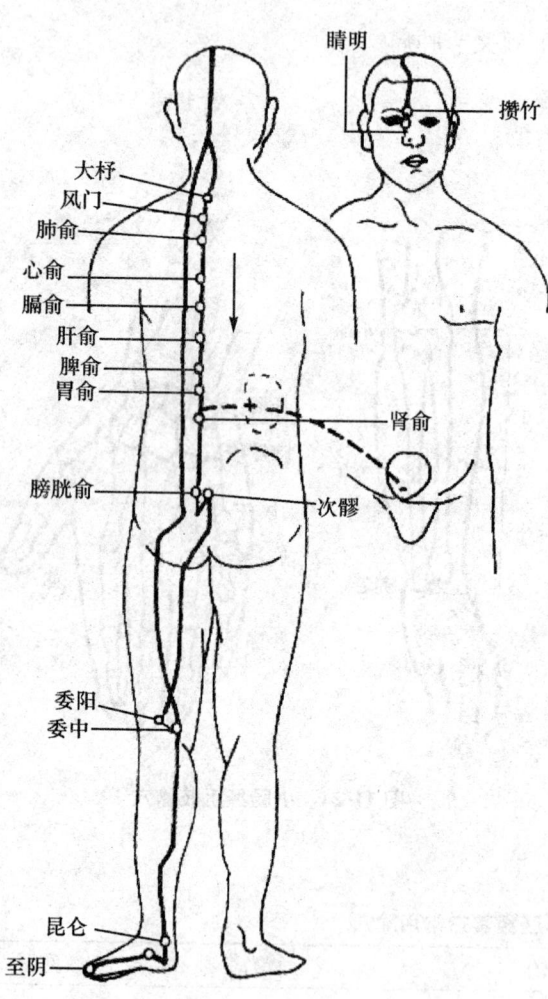

图11-25 足太阳膀胱经循行及常用腧穴图

【主治概要】 本经主治头目、项背、腰腿、神志病证，和与背部的"背俞"穴相应的脏腑病证，以及本经循行部位的病变。本经单侧67穴，首穴睛明，末穴至阴。

【常用腧穴】

1. 睛明（Jīngmíng）

定位：目内眦角上方0.1寸，眼眶骨内缘处（图11-25）。

功能：祛风明目。

主治：目赤肿痛，迎风流泪，胬肉攀睛，目视不明，近视，夜盲，色盲。

操作：嘱患者闭目。医者左手轻推眼球向外侧固定，右手缓慢进针。紧靠眼眶边缘直刺0.3~0.5寸，不提插行针，出针后按压针孔1~2min，以防出血；不宜灸。

2. 攒竹（Zǎnzhú）

定位：在眉毛内侧端，眶上切迹处（图11-25）。

功能：清热明目。

主治：头痛目眩，眉棱骨痛，目赤肿痛，迎风流泪，视物不明，眼睑瞤动，面瘫。

操作：向下或向外平刺0.5~0.8寸；禁灸。

3. 肺俞（Fèishū）

定位：在第三胸椎棘突下，旁开1.5寸（图11-26）。

功能：宣肺，平喘，利气。

主治：咳嗽，气喘，咯血，背痛，胸闷，潮热，盗汗，鼻塞等。

操作：斜刺0.5~0.8寸；可灸。

4. 心俞（Xīnshū）

定位：在第五胸椎棘突下，旁开1.5寸（图11-26）。

功能：宁心安神，调和营卫。

主治：心痛，惊悸，健忘，失眠，心烦，咳嗽，吐血，梦遗，胸背痛等。

操作：斜刺0.5～0.8寸；可灸。

5. 肝俞（Gānshū）

定位：在第九胸椎棘突下，旁开1.5寸（图11-26）。

功能：疏肝，利胆，明目。

主治：黄疸，胁痛，吐血，鼻衄，目赤，眩晕，目视不明，夜盲，癫狂，痫证，背痛。

操作：斜刺0.5～0.8寸；可灸。

6. 脾俞（Píshū）

定位：在第十一胸椎棘突下，旁开1.5寸（图11-26）。

功能：健脾，和胃，化湿。

主治：腹胀，呕吐，泄泻，痢疾，黄疸，水肿，脾胃虚弱，背痛。

操作：斜刺0.5～0.8寸；可灸。

7. 胃俞（Wèishū）

定位：在第十二胸椎棘突下，旁开1.5寸（图11-26）。

功能：健脾，和胃，降逆。

主治：胃脘痛，腹胀，肠鸣，呕吐，脾胃虚弱，胸胁痛。

操作：斜刺0.5～0.8寸；可灸。

8. 肾俞（Shènshū）

定位：在第二腰椎棘突下，旁开1.5寸（图11-26）。

功能：调补肾气，通利腰脊。

主治：遗精，阳痿，早泄，不育，不孕，遗尿，月经不调，白带，腰背酸痛，头昏，耳鸣，耳聋，小便不利，水肿，喘咳少气。

操作：直刺0.5～1寸；可灸。

9. 委中（Wěizhōng）

定位：在腘窝横纹中央，当股二头肌腱与半腱肌腱的中间（图11-27）。

功能：凉血泄热，舒筋活络。

主治：腰背疼痛，下肢痿痹，中风昏迷，半身不遂，腹痛，吐泻，小便不利，遗尿。

操作：直刺1～1.5寸；或用三棱针点刺腘静脉出血；可灸。

10. 承山（Chéngshān）

定位：在腓肠肌肌腹下，用力伸足，当肌腹下出现"人"字凹陷处（图11-27）。

功能：舒筋脉，理肛疾。

主治：腰背痛，小腿转筋，痔疮，便秘，疝气，脚气。

操作：直刺1～2寸；可灸。

11. 昆仑（Kūnlún）

定位：在外踝尖与跟腱之间的凹陷处（图11-27）。

功能：清头明目，利腰催产。

主治：头痛，项强，目眩，鼻衄，腰痛，足跟痛，难产，惊痫。

操作：直刺 0.5～0.8 寸；可灸。孕妇禁针。

12. 至阴（Zhìyīn）

定位：在足小趾外侧端，距趾甲角 0.1 寸（图 11-27）。

功能：上清头目，下调胎产。

主治：胎位不正，难产，胞衣不下，头痛，鼻塞，鼻衄，目痛。

操作：浅刺 0.1 寸；可灸。胎位不正用灸法。

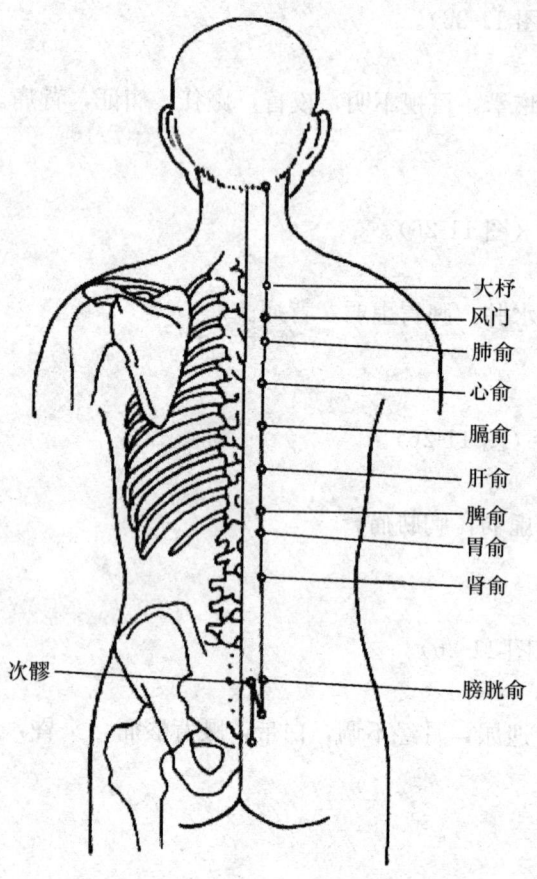

图 11-26　膀胱经背部腧穴图

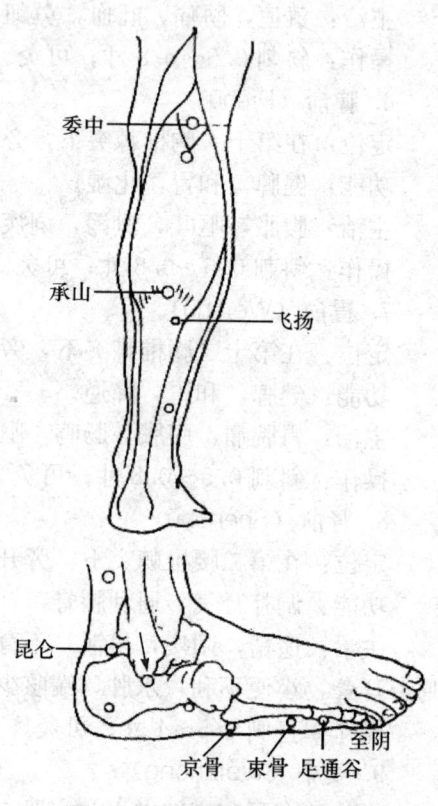

图 11-27　膀胱经下肢腧穴图

足太阳膀胱经其它常用腧穴见表 11-10。

表 11-10　足太阳膀胱经其它常用腧穴

穴名	定位	主治	操作	参见图
大杼	第一胸椎棘突下，旁开 1.5 寸	咳嗽，发热，头痛，肩背痛，颈项拘急	斜刺 0.5～0.8 寸；可灸	图 11-26
风门	第二胸椎棘突下，旁开 1.5 寸	伤风咳嗽，发热头痛，目眩，项强，胸背痛，鼻塞多涕	斜刺 0.5～0.8 寸；可灸	图 11-26
膈俞	第七胸椎棘突下，旁开 1.5 寸	胃脘痛，呕吐，咳嗽，盗汗	斜刺 0.5～0.8 寸；可灸	图 11-26

穴名	定位	主治	操作	参见图
膀胱俞	第二骶椎棘突下,旁开1.5寸	癃闭,遗尿,小便不利,遗精,泄泻,腰骶痛	直刺0.8~1.2寸;可灸	图11-26
次髎	髂后上棘内下方,适对第二骶后孔处	腰痛,痛经,小便不利,遗精,遗尿	直刺1~1.5寸;可灸	图11-26
飞扬	昆仑穴直上7寸,承山穴外下方1寸处	头痛,目眩,鼻塞,鼻衄,腰痛,腿软无力	直刺1~1.5寸;可灸	图11-27

(八) 足少阴肾经穴

【经脉循行】 起于足小趾下,斜走足心(涌泉),出于舟骨粗隆下,沿内踝后,进入足跟,上行小腿内侧后缘,至腘内侧,上行股内后缘,入脊柱,属于肾,联络膀胱。

直行者,从肾到肝,过横膈,入肺,沿喉咙,夹舌根。

另一支脉,从肺出,络心,流注胸中,与手厥阴心包经相接(图11-28)。

【主治概要】 本经主治妇科、前阴、肾、肺、咽喉病证,以及本经循行部位的病变。本经单侧27穴,首穴涌泉,末穴俞府。

【常用腧穴】

1. 涌泉(Yǒngquán)

定位:在足底部,卷足时足底前凹陷中,当足底(去趾)正中线前1/3与后2/3交点处(图11-28)。

功能:开窍,泄热,醒神。

主治:晕厥,中暑,小儿惊风,癫痫,癔病,小便不利,便秘,足心热痛,头痛,目眩。为急救穴之一。

操作:直刺0.5~1寸;可灸。

2. 太溪(Tàixī)

定位:在内踝尖与跟腱之间的凹陷处(图11-29)。

功能:滋阴补肾,调理冲任。

主治:月经不调,遗精,阳痿,小便不利,咽痛,齿痛,耳鸣耳聋,头痛眩晕,咳喘,胸痛咯血,腰痛,足跟痛。

操作:直刺0.5~1寸;可灸。

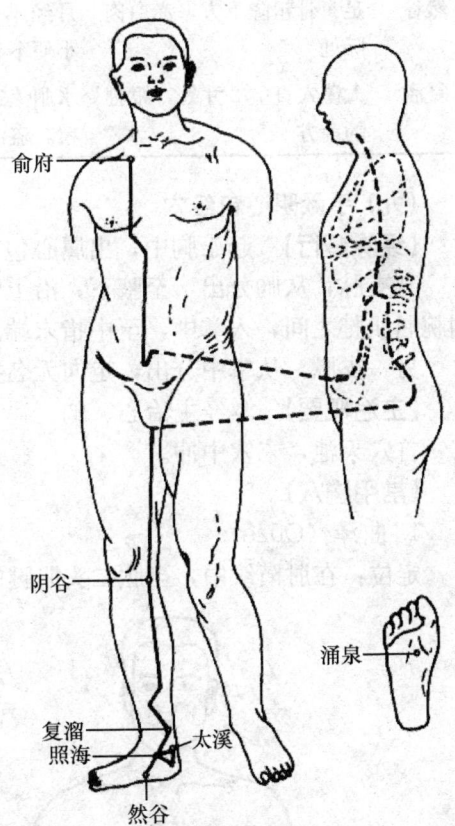

图11-28 足少阴肾经循行及常用腧穴图

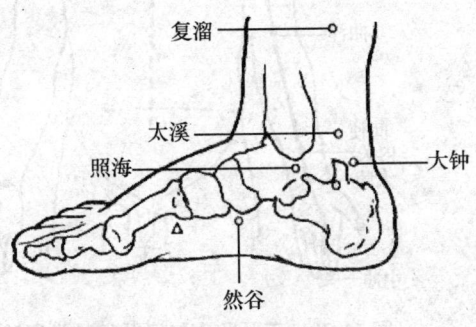

图11-29 肾经足部腧穴图

3. 照海（Zhàohǎi）

定位：内踝尖下方凹陷处（图 11-29）。

功能：滋阴补肾，利咽安神。

主治：咽喉干痛，梅核气，喑哑，癫痫，失眠，月经不调，赤白带下，阴挺，阴痒，小便频数，癃闭。

操作：直刺 0.5～0.8 寸；可灸。

足少阴肾经其它常用腧穴见表 11-11。

表 11-11 足少阴肾经其它常用腧穴

穴名	定位	主治	操作	参见图
然谷	足舟骨粗隆下方，赤白肉际处	月经不调，带下，遗精，小便不利，泄泻	直刺 0.5～0.8 寸；可灸	图 11-29
复溜	太溪穴直上 2 寸处，跟腱的前方	水肿，腹胀，泄泻，遗精，盗汗，腰痛	直刺 0.5～1 寸；可灸	图 11-29

（九）手厥阴心包经穴

【经脉循行】 起于胸中，出属心包，向下过膈，从胸至腹，联络上、中、下三焦。

其支脉，从胸分出，至腋下，沿上臂内侧正中，入肘窝中，向下行于前臂掌长肌腱与桡侧腕屈肌腱之间，入掌中，至中指末端。

另一支脉，从掌中分出，走向无名指端，与手少阳三焦经相接（图 11-30）。

【主治概要】 本经主治心、胸、胃、神志病证，以及本经循行部位的病变。本经单侧 9 穴，首穴天池，末穴中冲。

【常用腧穴】

1. 曲泽（Qūzé）

定位：在肘横纹中，当肱二头肌腱的尺侧缘（图 11-31）。

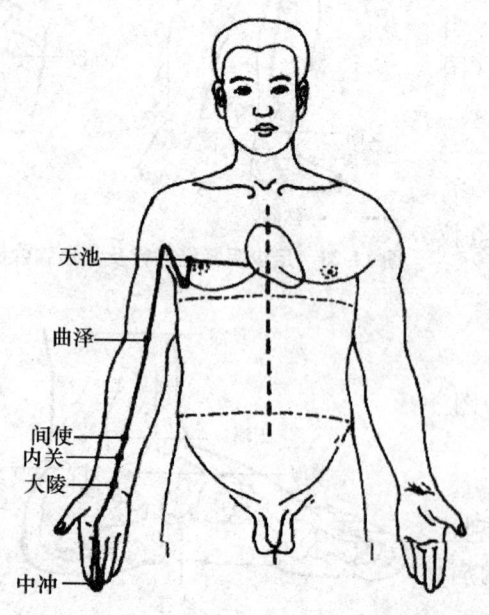

图 11-30 手厥阴心包经循行及常用腧穴图

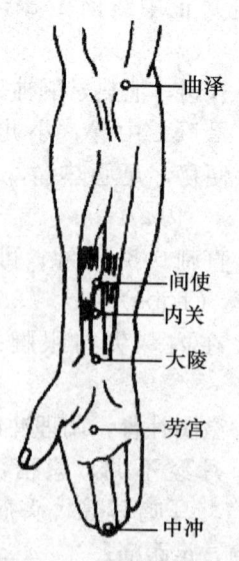

图 11-31 心包经上肢腧穴图

功能：清热宁心，降逆止呕。

主治：心痛，心悸，胃痛，呕吐，泄泻，热病，肘臂疼痛。

操作：直刺0.8~1寸，或点刺出血；可灸。

2. 内关（Nèiguān）

定位：仰掌，腕横纹上2寸，在桡侧腕屈肌腱与掌长肌腱之间（图11-31）。

功能：宁心安神，理气止痛。

主治：心痛，心悸，胸闷，胸痛，胃痛，呕吐，呃逆，癫痫，热病，上肢痹痛，偏瘫，失眠，眩晕，偏头痛。

操作：直刺0.5~1寸；可灸。

手厥阴心包经其它常用腧穴见表11-12。

表11-12　手厥阴心包经其它常用腧穴

穴名	定位	主治	操作	参见图
间使	腕横纹上3寸，掌长肌腱与桡侧腕屈肌腱之间	心痛，心悸，胃痛，呕吐，热病，癫狂，肘臂疼痛	直刺0.5~1寸；可灸	图11-31
劳宫	在掌心第2、3掌骨之间，握拳屈指时中指尖处	心痛，呕吐，癫狂，痫证，口疮，口臭	直刺0.3~0.5寸；可灸	图11-31

（十）手少阳三焦经穴

【经脉循行】　起于无名指尺侧端（关冲），向上经手背第四、五掌骨间，沿前臂外侧尺、桡骨之间，上过肘尖，沿上臂外侧达肩，入锁骨上窝，分布于胸中，联络心包，下过横膈，从胸至腹，属于上、中、下三焦。

胸中支脉，从胸而上，出锁骨上窝，上走项部，沿耳后直上，达额角，再屈而下行面颊，至目眶下。

耳部支脉，从耳后入耳中，出走耳前，至目外眦，与足少阳胆经相接（图11-32）。

【主治概要】　本经主治头侧、耳目、咽喉、胸胁病证、热病，以及本经循行部位的病变。本经单侧23穴，首穴关冲，末穴丝竹空。

【常用腧穴】

1. 中渚（Zhōngzhǔ）

定位：握拳，在手背第四、五掌骨小头后缘凹陷处（图11-32）。

功能：聪耳明目，清热止痛。

主治：头痛，目赤，耳鸣耳聋，咽喉肿痛，热病，手指不能屈伸。

操作：直刺0.3~0.5寸；可灸。

2. 外关（Wàiguān）

定位：在腕背横纹上2寸，当尺、桡骨之间（图11-32）。

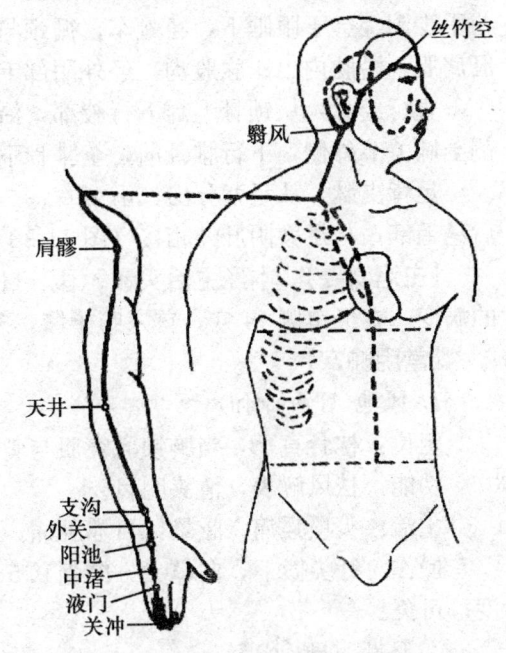

图11-32　手少阳三焦经循行及常用腧穴

功能：清热消肿，通经止痛。

主治：热病，头痛，颊肿，耳鸣耳聋，目赤肿痛，胁痛，上肢痹痛。

操作：直刺0.5～1寸；可灸。

3. 翳风（Yìfēng）

定位：在耳垂后方，当乳突与下颌角之间的凹陷处（图11-32）。

功能：散风活络，聪耳启闭。

主治：耳鸣，耳聋，口眼㖞斜，牙关紧闭，齿痛，颊肿，瘰疬。

操作：直刺0.8～1.2寸；可灸。

手少阳三焦经其它常用腧穴见表11-13。

表11-13 手少阳三焦经其它常用腧穴

穴名	定位	主治	操作	参见图
阳池	腕背横纹中，指伸肌腱尺侧缘凹陷处	目赤肿痛，耳聋，喉痹，疟疾，消渴，腕痛	直刺0.3～0.5寸；可灸	图11-32
支沟	腕背横纹上3寸，尺、桡骨之间	耳鸣，耳聋，失音，胁痛，便秘，热病	直刺0.5～1寸；可灸	图11-32
肩髎	上臂外展时肩峰后下方凹陷处	肩重不能举，臂痛，风疹	直刺或斜刺1～1.5寸；可灸	图11-32
丝竹空	眉梢凹陷中	头痛目眩，目赤痛，眼睑瞤动，齿痛，癫痫	平刺0.5～1寸	图11-32

（十一）足少阳胆经穴

【经脉循行】 起于目外眦，上达额角，下行耳后，沿颈到肩，下入锁骨上窝。

耳后支脉，从耳后入耳中，出耳前，至目外眦后方。外眦部支脉，从目外眦下走面颊，与手少阳经会于眼眶下，经颊车，循颈与前入锁骨上窝的经脉相会后，下入胸中，过膈，络肝属胆，沿胁内出于腹股沟，经外阴部毛际，横入髋关节处。

直行经脉，从锁骨上窝下行腋部，沿胸侧，过季肋，下会前脉于髋关节部，下沿大腿外侧至膝关节外侧，下行腓骨前，至腓骨下端，出外踝前，沿足背入第四足趾外侧端。

足背支脉，从足背分出，沿第一、二跖骨之间，至足大趾外侧端，回贯趾甲，至大趾甲后丛毛部，与足厥阴肝经相接（图11-33）。

【主治概要】 本经主治头颞、耳、目、胁肋部疾患、神志病、热病，以及本经循行部位的病变。本经单侧44穴，首穴瞳子髎，末穴足窍阴。

【常用腧穴】

1. 风池（Fēngchí）

定位：枕骨直下，当胸锁乳突肌与斜方肌上端之间的凹陷中（图11-33）。

功能：祛风解表，清头明目。

主治：头项强痛，眩晕，目赤肿痛，感冒，鼻衄，鼻渊，耳鸣，中风口㖞，癫痫等。

操作：针尖微下，向鼻尖方向刺0.5～1寸，深部为延髓，必须严格掌握针刺角度与深度；可灸。

2. 环跳（Huántiào）

定位：侧卧屈股，在股骨大转子最高点与骶管裂孔连线的外1/3与内2/3交点处（图

11-34)。

功能：祛风湿，利腰腿。

主治：下肢风湿痹痛，瘫痪，腰胯痛，膝胫痛。

操作：直刺 2~3 寸；可灸。

3. 阳陵泉（Yánglíngquán）

定位：腓骨小头前下方凹陷处（图 11-33）。

功能：清肝利胆，舒筋活络。

主治：胁痛，口苦，呕吐，黄疸，半身不遂，下肢痿痹，膝肿痛，小儿惊风。

操作：直刺 1~1.5 寸；可灸。

4. 悬钟（Xuánzhōng）（又名绝骨 Juégǔ）

定位：外踝尖上 3 寸，腓骨前缘处（图 11-33）。

功能：通经活络，强筋壮骨。

主治：半身不遂，颈项强痛，胸胁胀满，足痉挛痛，脚气。

操作：直刺 0.8~1 寸；可灸。

足少阳胆经其它常用腧穴见表 11-14。

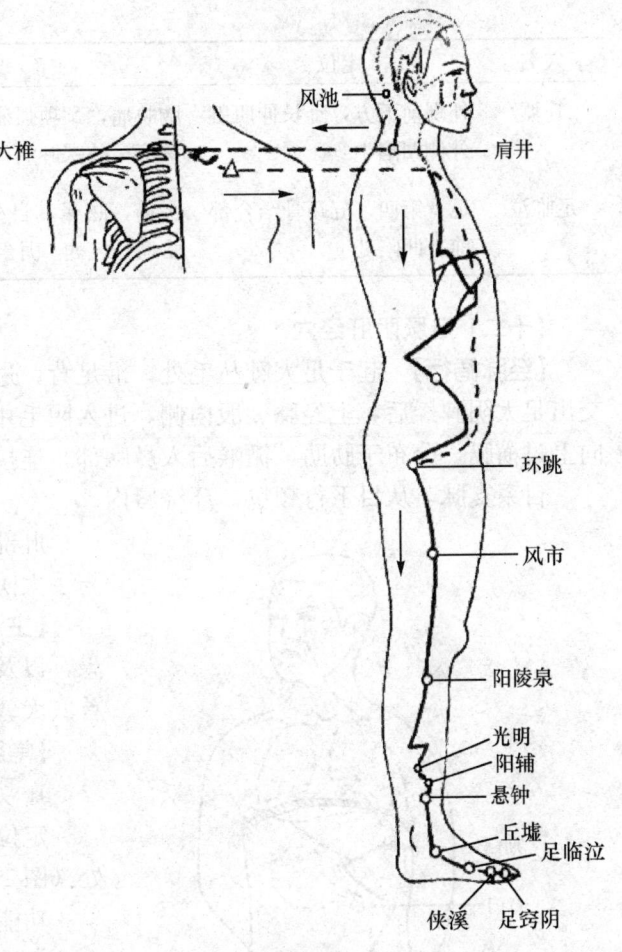

图 11-33 足少阳胆经循行及常用腧穴图

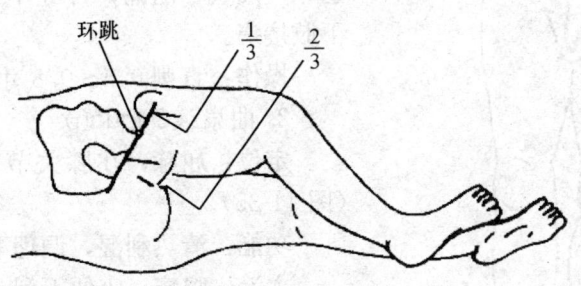

图 11-34 取环跳穴法

表 11-14 足少阳胆经其它常用腧穴

穴名	定位	主治	操作	参见图
肩井	在肩上，当大椎穴与肩峰连线的中点处	肩背疼痛，上肢不举，落枕，难产，乳汁不下	直刺 0.5~0.8 寸，切忌深刺、捣刺；可灸	图 11-33
风市	直立垂手时，中指尖到之处	中风半身不遂，下肢痿痹，麻木，皮肤瘙痒	直刺 1~2 寸；可灸	图 11-33

续表

穴名	定位	主治	操作	参见图
丘墟	外踝前下方,趾长伸肌腱外侧凹陷中	胸胁痛,颈项强痛,下肢痿痹,外踝肿痛	直刺 0.5～0.8 寸;可灸	图 11-33
足临泣	足背第四、五跖骨结合部前方凹陷处	头痛,眩晕,目外眦痛,胁痛,乳痈,月经不调	直刺 0.3～0.5 寸;可灸	图 11-33

(十二) 足厥阴肝经穴

【经脉循行】 起于足大趾丛毛处,沿足背,过内踝前,上行胫骨内侧面,至踝上 8 寸处交出足太阴脾经后,上经膝、股内侧,进入阴毛中,绕阴器,抵小腹,夹胃旁,属肝络胆,向上过横膈,分布于胁肋,循喉后入鼻咽部,连接目系,上额,与督脉会于巅顶。

目系支脉,从目下行颊里,环绕唇内。

肝部支脉,从肝分出,通过横膈,上注于肺,与手太阴肺经相接 (图 11-35)。

【主治概要】 本经主治肝病,妇科、前阴疾患,以及本经循行部位的病变。本经单侧 14 穴,首穴大敦,末穴期门。

【常用腧穴】

1. 太冲 (Tàichōng)

定位:在足背,第一、二跖骨结合部前方凹陷处 (图 11-35)。

功能:平肝镇惊,泄热理血。

主治:头痛,眩晕,目赤肿痛,口㖞,胁痛,遗尿,疝气,崩漏,月经不调,癫痫,小儿惊风,下肢痿痹。

操作:直刺 0.5～0.8 寸;可灸。

2. 曲泉 (Qūquán)

定位:屈膝,在膝关节内侧纹头上方凹陷中 (图 11-35)。

功能:清热利湿,调理下焦。

主治:腹痛,小便不利,遗精,阴痒,月经不调,痛经,带下,膝痛。

操作:直刺 1～1.5 寸;可灸。

足厥阴肝经其它常用腧穴见表 11-15。

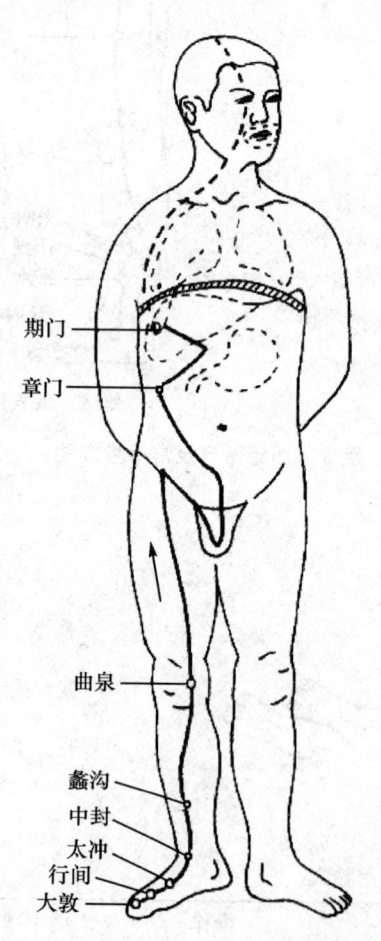

图 11-35 足厥阴肝经循行及常用腧穴图

表 11-15　足厥阴肝经其它常用腧穴

穴名	定位	主治	操作	参见图
行间	在足背第一、二趾间缝纹端	头痛眩晕，目痛，胁痛，痛经，月经不调，中风口㖞	直刺0.5～0.8寸；可灸	图11-35
期门	乳头直下，第六肋间隙	胸胁胀痛，腹胀，呕吐，乳痈，喘咳	斜刺或平刺0.5～0.8寸；可灸	图11-35

（十三）任脉穴

【经脉循行】　起于胞中，下出会阴，前行阴阜，沿前正中线，上经腹胸达咽喉，上行环唇，经过面部，入目眶下（图11-36）。

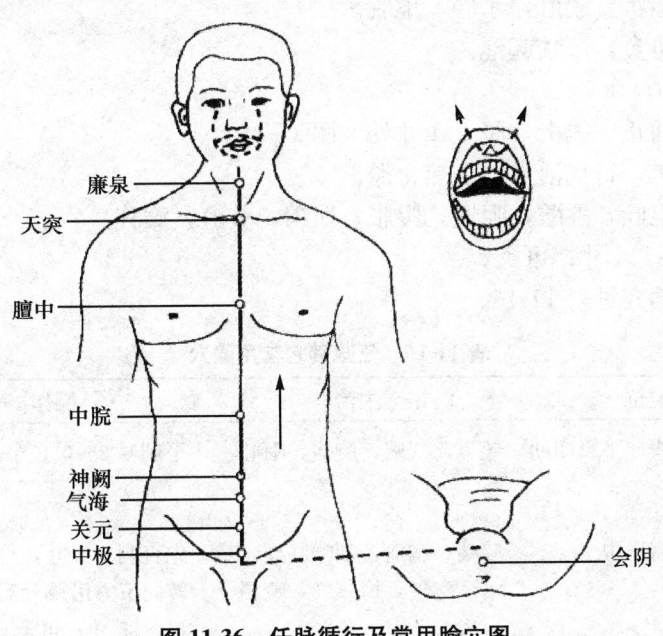

图 11-36　任脉循行及常用腧穴图

【主治概要】　本经主治腹、胸、颈、头面及相应内脏的病证。本经为正中单穴，共24穴，首穴会阴，末穴承浆。

【常用腧穴】

1. 中极（Zhōngjí）

定位：在下腹前正中线上，脐下4寸处（图11-36）。

功能：补肾培元，清热利湿。

主治：小便不利，遗尿，疝气，遗精，阳痿，月经不调，崩漏，带下，阴挺，不孕。

操作：直刺0.5～1寸，孕妇不宜针，针前排尿；可灸。

2. 关元（Guānyuán）

定位：在下腹前正中线上，脐下3寸处（图11-36）。

功能：补肾培元，清热利湿。

主治：遗尿，小便频数，尿闭，遗精，阳痿，疝气，月经不调，带下，不孕，泄泻，腹痛，中风脱证，虚劳羸瘦等。本穴有强壮作用，为保健要穴。

操作：直刺1~1.5寸，针前排尿。可灸。孕妇慎用。

3. 气海（Qìhǎi）

定位：在下腹前正中线上，脐下1.5寸处（图11-36）。

功能：补肾培元，清热利湿。

主治：腹痛，泄泻，便秘，遗尿，疝气，遗精，阳痿，月经不调，经闭，崩漏，虚脱，形体羸瘦。本穴有强壮作用，为保健要穴。

操作：直刺1~1.5寸；可灸。孕妇慎用。

4. 神阙（Shénquè）

定位：在脐窝正中处（图11-36）。

功能：培元固本，开窍复苏。

主治：腹痛，泄泻，脱肛，水肿，虚脱。

操作：禁针；可灸，严禁起泡。

5. 中脘（Zhōngwǎn）

定位：在上腹前正中线上，脐上4寸处（图11-36）。

功能：调理中焦，行气活血，清热化滞。

主治：胃痛，呕吐，吞酸，呃逆，腹胀，泄泻，黄疸，癫狂。

操作：直刺1~1.5寸；可灸。

任脉其它常用腧穴见表11-16。

表11-16 任脉其它常用腧穴

穴名	定位	主治	操作	参见图
膻中	胸前正中线，平第四肋间隙处	咳嗽，气喘，胸痛，呕吐	平刺0.3~0.5寸；可灸	图11-36
天突	在胸骨上窝正中	咳喘，胸痛，咽喉肿痛，暴喑，瘿气，梅核气，噎膈	先直刺0.2寸，再将针尖转向下方沿胸骨后壁刺入1~1.5寸；可灸	图11-36
廉泉	喉结上方正中线，舌骨上缘凹陷处	舌下肿痛，流涎，舌强不语，暴喑，吞咽困难	向舌根斜刺0.5~0.8寸，不留针；可灸	图11-36

（十四）督脉穴

【经脉循行】 起于胞中，下出会阴，向后行于脊柱内，上达项部，入脑内，上行巅顶，沿前额下行鼻柱，至上唇内系带处（图11-37）。

【主治概要】 本经主治神志病、热病、腰背、头项及相应内脏的病证。本经为正中单穴，共28穴，首穴长强，末穴龈交。

【常用腧穴】

1. 腰阳关（Yāoyángguān）

定位：在后正中线上，第四腰椎棘突下（图11-37）。

功能：壮腰补肾，疏利关节。

主治：月经不调，遗精，阳痿，腰骶痛，下肢痿痹。

操作：向上斜刺0.5~1寸；可灸。

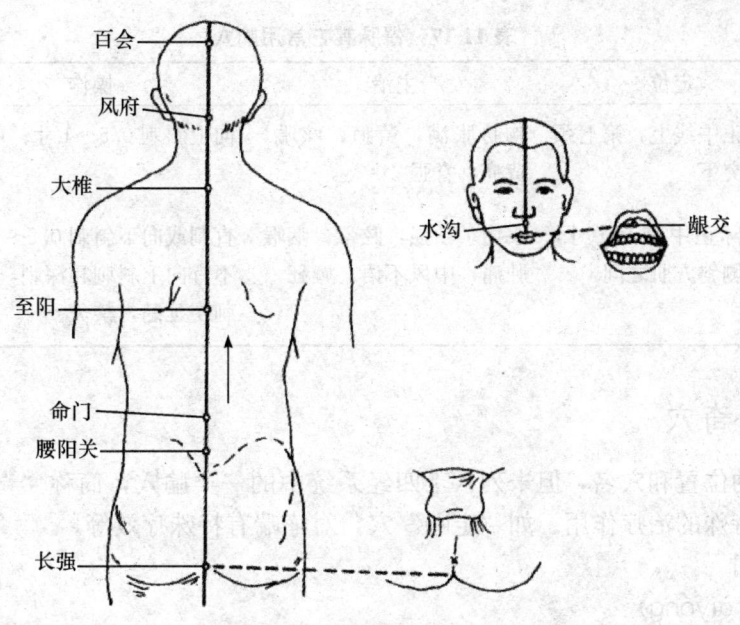

图 11-37 督脉循行及常用腧穴图

2. 命门（Mìngmén）

定位：在后正中线上，第二腰椎棘突下（图 11-37）。

功能：培元固本，强健腰膝。

主治：阳痿，遗精，带下，月经不调，泄泻，腰脊强痛，手足逆冷。

操作：向上斜刺 0.5～1 寸；可灸。

3. 大椎（Dàzhuī）

定位：在后正中线上，第七颈椎棘突下（图 11-37）。

功能：疏风解表，清热通里。

主治：热病，疟疾，咳喘，骨蒸盗汗，癫痫，头痛项强，肩背痛，腰脊强痛。

操作：向上斜刺 0.5～1 寸；可灸。

4. 百会（Bǎihuì）

定位：在头部，当前发际正中直上 5 寸，或两耳尖连线的中点处（图 11-37）。

功能：开窍醒脑，回阳固脱。

主治：头痛，眩晕，中风失语，癫狂，脱肛，泄泻，阴挺，健忘，不寐。

操作：平刺 0.5～0.8 寸；可灸。

5. 水沟（Shuǐgōu）

定位：在鼻下人中沟上 1/3 与下 2/3 交点处（图 11-37）。

功能：清热开窍，回阳救逆。

主治：昏迷，晕厥，癫狂，痫证，小儿惊风，口角㖞斜，牙关紧闭，腰脊强痛等。为急救要穴。

操作：向上斜刺 0.3～0.5 寸，或用指甲按掐。

督脉其它常用腧穴见表 11-17。

表 11-17　督脉其它常用腧穴

穴名	定位	主治	操作	参见图
至阳	在后正中线上，第七颈椎棘突下	胸胁胀满，黄疸，咳喘，背痛，脊强	向上斜刺 0.5～1 寸；可灸	图 11-37
风府	后发际正中直上 1 寸，当两侧斜方肌之间	头痛，项强，眩晕，咽喉肿痛，中风不语，癫狂	直刺或向下斜刺 0.5～1 寸，不宜向上斜刺和深刺，严防刺伤延髓，禁灸	图 11-37

二、经外奇穴

指有明确的位置和穴名，但未列入十四经系统中的一类腧穴，简称"奇穴"。这类腧穴对某些病证有特殊的治疗作用。如"定喘"穴，对哮喘有特殊疗效等。

【常用奇穴】

1. 太阳（Tàiyáng）

定位：在眉梢与目外眦之间向后约 1 寸凹陷处（图 11-38）。

功能：清头明目。

主治：头痛，目疾，口眼㖞斜，牙痛，面瘫。

操作：直刺或向下斜刺 0.3～0.5 寸，或点刺出血。

2. 定喘（Dìngchuǎn）

定位：在第七颈椎棘突下，旁开 0.5 寸（图 11-39）。

功能：宣肺定喘。

主治：哮喘，咳嗽，肩背痛。

操作：向椎体方向斜刺 0.5～1 寸。

3. 夹脊（Jiájǐ）

定位：在第一胸椎至第五腰椎，各椎棘突下左右旁开 0.5 寸（图 11-39）。

功能：通利关节，调理脏腑。

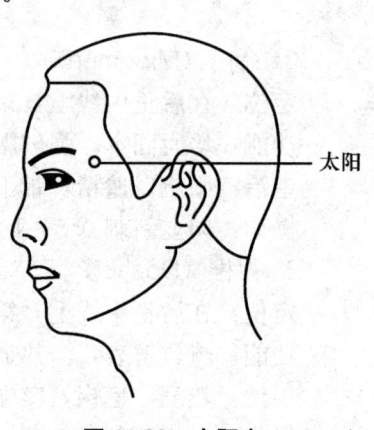

图 11-38　太阳穴

主治：上胸部穴位治疗心肺、上肢疾病；下胸部穴位治疗胃肠疾病；腰部穴位治疗腰腹及下肢疾病。

操作：斜刺 0.3～0.5 寸，或用梅花针叩刺；可灸。

4. 四缝（Sìfèng）

定位：在第二至第五指掌面，当近端指间关节横纹的中点处（图 11-40）。

功能：消积化痰。

主治：小儿疳积，百日咳。

操作：点刺出血或挤出少许黄白色透明黏液。

5. 十宣（Shíxuān）

定位：在手十指尖端，距指甲游离缘 0.1 寸（图 11-40）。

功能：泻热醒神。

主治：昏迷，癫痫，高热，中暑，咽喉肿痛。为急救穴。

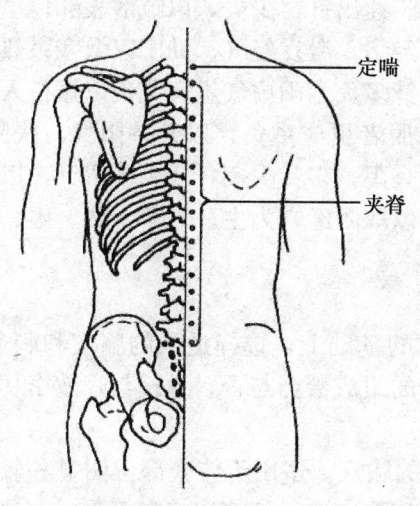

图 11-39 定喘、夹脊穴

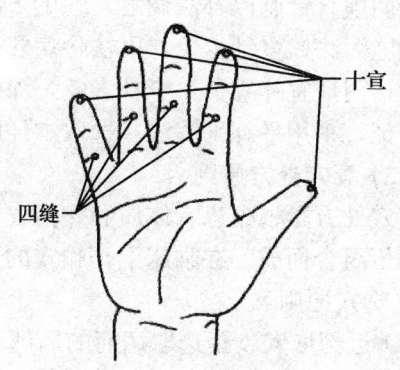

图 11-40 四缝、十宣穴

操作：浅刺 0.1～0.2 寸，或点刺出血。

6. 胆囊（Dǎnnáng）

定位：在阳陵泉穴直下 2 寸处（图 11-41）。

功能：利胆通络。

主治：急、慢性胆囊炎，胆石症，胆道蛔虫症，下肢痿痹。

操作：直刺 1～1.5 寸；可灸。

7. 阑尾（Lánwěi）

定位：在足三里穴直下 2 寸处（图 11-41）。

功能：清热化瘀，通调肠腑。

主治：急、慢性阑尾炎，消化不良，下肢痿痹。

操作：直刺 1～1.5 寸；可灸。

此外，还有一类"阿是穴"，指既无固定位置，又无具体名称，而是以压痛或其他反应点作为针灸施术的部位，又称"天应穴"、"不定穴"。也常以此作为诊断和治疗的依据。

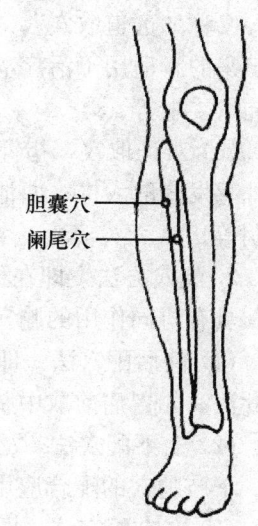

图 11-41 胆囊、阑尾穴

第三节 针灸治疗总则

一、治则

针灸治疗与药物治疗一样，必须根据中医基础理论进行辨证论治，必须遵循扶正祛邪，补虚泻实，调和阴阳的治疗原则。

（一）一般治疗原则

针灸治疗疾病以四诊所取得的资料为基础，再用八纲进行辨证，从复杂的病情变化过程中找出疾病的规律，以明确疾病的部位在经在脏，在表在里；疾病的性质是寒是热；正邪关系属虚属实。在此基础上进行相应的选穴处方，以决定或用针或用灸，手法或用补或用泻，最终达到疏通经络，调达气血，扶正祛邪，使阴阳归于平衡，脏腑功能趋于和调。

八纲证候针灸治疗的一般原则是：表证宜浅刺、速出针，少灸，以疏散表邪；里证宜深刺，或多灸；寒证宜深刺、久留或加灸法，以温通经络，激发经气，助阳以散寒；热证宜浅刺疾出或刺泻出血，以泻邪热；虚证宜补宜灸，少针多灸，阳虚气虚宜艾灸以振奋人体气化功能，阴虚宜针刺以补法调之，气虚下陷，阳气暴脱者更应重灸，以升举阳气，扶阳固脱；实证宜施泻法，多针少灸，以祛除病邪；阳证宜针宜泻，多针少灸，浅刺不留针，以取阳经穴为主；阴证宜补宜灸，少针多灸，深刺而久留，以取阴经穴为主。对寒、热、虚、实不明显的病证，采用平补平泻法，选取本经腧穴为主。

（二）配穴处方原则

配穴处方是根据患者体质和病情，在辨证立法的基础上，选择适当的腧穴和刺灸方法，加以配伍组合而成。在临床上，腧穴的选取和处方的组成恰当与否，直接与疗效密切相关。

1. 选穴原则

（1）近部取穴　指选取病痛的局部和邻近部位的腧穴。多用于体表部位明显和较局限的病证，急、慢性病证均可采用。如鼻病取迎香；胃病取中脘；膝痛取犊鼻等。

（2）循经取穴　指在病变部位所属的经脉循行路线上取穴，多取四肢肘、膝以下的腧穴，又称"远道取穴"。它是根据阴阳、脏腑、经络等学说和某些腧穴具有远治作用的特点提出来的。适用于治疗本经循行所及的远隔部位和所属脏腑的病证，如肚腹痛取足三里，腰背痛取委中等。

（3）对证取穴　指针对全身性某些疾病，结合腧穴的特殊治疗作用来选穴的一种方法。如外感发热取大椎、曲池；身体虚损取关元、气海、足三里；昏迷急救取人中；胎位不正灸至阴等。

2. 配穴方法　即在选穴原则的基础上，根据各种病证的治疗需要，选取主治相同或相近，具有协同作用的腧穴加以配伍应用的方法。临床常用的有以下几个方面。

（1）前后配穴法　即前胸腹和后腰背的腧穴配合应用的方法。凡治疗脏腑疾患，均可采用此法。如胃痛前取中脘，后取胃俞。

（2）上下配穴法　泛指将身体上部腧穴与下部腧穴配合应用的方法。临床应用最广的是上、下肢腧穴的配合应用。如牙痛，取合谷与内庭相配合。

（3）左右配穴法　即指选取躯干、肢体左右两侧腧穴配合应用的方法。即左病可取右，右病可取左，亦可左右穴同时取用，以加强协同作用。如胃痛取双侧胃俞、足三里；心病取双侧心俞、内关。

（4）远近配穴法　即选穴原则中的"近部选穴"与"远部选穴"配合使用的方法。如肩痛近取肩髃，远配合谷；胃病近取中脘、胃俞，远配内关、足三里等。

（5）表里配穴法　即以脏腑经脉的阴阳表里关系为配穴依据，某一脏腑经脉有病，取其表里经腧穴组成处方施治。如眩晕取肝经的太冲，配胆经的风池；泄泻取脾经的三阴交，配胃经的足三里等。

（6）本经配穴法　即某一脏腑、经脉发生病变时，选该脏腑经脉的腧穴配成处方。如肺病咳嗽，取肺经的中府、尺泽、太渊；胃火牙痛，取胃经的颊车、内庭等。

二、特定穴位的应用

特定穴位是指十四经中具有某种特殊作用的腧穴。这些穴的临床应用范围较广，在选穴配伍上也有一定的特点。

(一)五输穴的应用

五输穴即"井、荥、输、经、合"穴,是十二经脉分布于肘、膝以下的五类特定穴,简称为"五输穴"。

五输穴是人体经络之气出入之所,因此,各脏腑经络有病,都可取五输穴。

临床应用:①按脏腑经络应用:如《难经》中所载:"井主心下满,荥主身热,输主体重节痛,经主喘咳寒热,合主逆气而泻。"②按五输穴与五行配合应用:"实者泻其子",如肺在五行中属金,肺经实证,可泻肺经五输穴中属"水"的合穴尺泽,也可泻肾经属"水"的合穴阴谷;"虚者补其母",肺经虚证,可补肺经五输穴中属"土"的输穴太渊,也可补脾经属"土"的输穴太白。余可类推(表11-18,表11-19)。

表11-18 阴经五输穴表

阴经	五输穴				
	井(木)	荥(火)	输(土)	经(金)	合(水)
肺手太阴	少商	鱼际	太渊	经渠	尺泽
心包手厥阴	中冲	劳宫	大陵	间使	曲泽
心手少阴	少冲	少府	神门	灵道	少海
脾足太阴	隐白	大都	太白	商丘	阴陵泉
肝足厥阴	大敦	行间	太冲	中封	曲泉
肾足少阴	涌泉	然谷	太溪	复溜	阴谷

表11-19 阳经五输穴表

阳经	五输穴				
	井(木)	荥(火)	输(土)	经(金)	合(水)
大肠手阳明	商阳	二间	三间	阳溪	曲池
三焦手少阳	关冲	液门	中渚	支沟	天井
小肠手太阳	少泽	前谷	后溪	阳谷	小海
胃足阳明	厉兑	内庭	陷谷	解溪	足三里
胆足少阳	足窍阴	侠溪	足临泣	阳辅	阳陵泉
膀胱足太阳	至阴	足通谷	束骨	昆仑	委中

(二)原穴与络穴的应用

原穴在六阳经中,排列在五输穴的"输穴"之后,而六阴经则以"输穴"为原穴。原穴能调整内脏功能,对治疗内脏病有重要作用。络穴是络脉由经脉别出部位的腧穴,具有主治表里两经有关病证的作用。

原穴和络穴在临床上可以单独应用,亦可配合应用。配合应用时,称为原络配穴法,又称主客配穴法,属表里配穴法的一种。如肺经先病,取其经的原穴太渊为"主",配大肠经的络穴偏历为"客"。反之,大肠经先病,取其经的原穴合谷为"主",配肺经的络穴列缺为"客"。余可类推(表11-20)。

表 11-20 十二经原穴、络穴表

经脉	原穴	络穴	经脉	原穴	络穴
手太阴肺经	太渊	列缺	手阳明大肠经	合谷	偏历
手厥阴心包经	大陵	内关	手少阳三焦经	阳池	外关
手少阴心经	神门	通里	手太阳小肠经	腕骨	支正
足太阴脾经	太白	公孙	足阳明胃经	冲阳	丰隆
足厥阴肝经	太冲	蠡沟	足少阳胆经	丘墟	光明
足少阴肾经	太溪	大钟	足太阳膀胱经	京骨	飞扬

（三）八会穴的应用

八会穴是指脏、腑、气、血、筋、脉、骨、髓八个聚会穴。在临床应用上，凡脏、腑、气、血、筋、脉、骨、髓的病变，都可取其所聚会的腧穴进行治疗，如腑病取中脘，脏病取章门，气病取膻中，血病取膈俞等（表 11-21）。

（四）下合穴的应用

根据《黄帝内经》"合治内腑"的原则，临床上疾病属于哪一腑，即取用该腑的下合穴进行治疗。如肠痈为大肠腑病，可取用上巨虚穴治疗。因上巨虚是大肠的下合穴，大肠、小肠都与胃相连，所以其下合穴在足阳明胃经上，可治疗有关的腑病。六腑所属的下合穴见表 11-22。

表 11-21 八会穴表

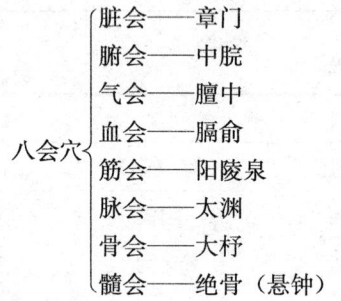

表 11-22 六腑下合穴表

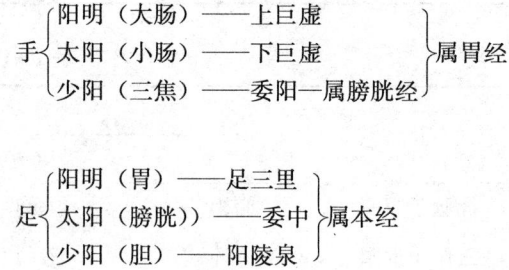

复习题

一、单项选择题

1. 不宜采用瘢痕灸的是（   ）
   A. 背部 B. 下肢部 C. 上肢部
   D. 颜面部 E. 下腹部
2. 同时针刺中府、孔最、足三里、三阴交四穴时，宜选用（   ）
   A. 伏卧位 B. 仰卧位 C. 俯伏坐位
   D. 侧伏坐位 E. 侧卧位
3. 提插补法是（   ）
   A. 重插轻提、幅度小、频率快 B. 重提轻插、幅度小、频率慢
   C. 重插轻提、幅度大、频率快 D. 重插轻提、幅度小、频率快
   E. 以上都不是

4. 舒张进针法适用于（　　）
   A. 皮肉浅薄处　　　　B. 皮肤松弛处　　　　C. 肌肉丰厚处
   D. 关节附近　　　　　E. 毛发处
5. 呼吸补泻中泻法的操作是（　　）
   A. 呼气时进针，呼气时出针　　B. 呼气时进针，吸气时出针
   C. 吸气时进针，呼气时出针　　D. 吸气时进针，吸气时出针
   E. 以上都不是
6. 下列晕针处理方法中有错误的是（　　）
   A. 患者平卧，头部垫高　　B. 注意通风、保暖　　C. 予饮温开水或糖开水
   D. 可灸百会、关元、气海等穴　E. 针刺人中、素髎、内关、足三里等穴
7. 在肘横纹中，肱二头肌腱桡侧凹陷中的穴是（　　）
   A. 曲泽　　　　B. 小海　　　　C. 少海　　　　D. 尺泽
8. 下脘至中脘的距离是（　　）
   A. 2寸　　　　B. 3寸　　　　C. 4寸　　　　D. 1寸
9. 在腹中部，距脐中4寸的穴是（　　）
   A. 大横　　　　B. 天枢　　　　C. 水分　　　　D. 气海
10. 后正中线上，位于第四腰椎棘突下凹陷处的穴是（　　）
    A. 腰俞　　　　B. 悬枢　　　　C. 腰阳关　　　　D. 命门
11. 在常用骨度分寸法中前发际至后发际为（　　）
    A. 9寸　　　　B. 10寸　　　　C. 12寸　　　　D. 14寸
12. 针刺百会、气海时的体位一般宜选用（　　）
    A. 侧卧位　　　B. 仰卧位　　　C. 仰靠坐位　　　D. 侧伏坐位
13. 提捏进针法主要适用于（　　）
    A. 皮肉浅薄处　B. 肌肉丰厚处　C. 毛发处　　　　D. 腹部柔软处
14. 下列属于滞针原因的是（　　）
    A. 劳累过度　　B. 饥饿空腹　　C. 气血虚弱　　　D. 精神紧张
15. 捻转法是属于（　　）
    A. 主要进针手法　B. 主要行针手法　C. 行针辅助手法　D. 主要补泻手法

二、填空题
1. 毫针的规格主要指针身的_____和_____。
2. 艾炷灸可分为_____和_____两类。
3. 按操作方法，艾卷灸又分为_____、_____两种。
4. 太阳属_____穴，在颞部，当_____与_____之间，向后约一横指的凹陷处。
5. 三阴交穴在小腿_____侧，当足内踝尖上_____寸，胫骨内侧缘_____方。
6. 任脉经穴起于_____止于_____，一名一穴共_____穴。

三、名词解释
1. 刺手与押手　2. 提插法　3. 捻转法　4. 循法　5. 弹法　6. 刮法　7. 得气　8. 滞针　9. 晕针　10. 呼吸补泻　11. 平补平泻　12. 间接灸　13. 回旋灸

四、简答题
1. 试述捻转补泻中补法的具体操作方法。

2. 发生晕针应如何处理？
3. 双手进针法有哪几种？如何操作及区别应用？
4. 得气有何临床意义？

(张掖医学高等专科学校　闫立国)

第十二章 内科病证

> **学习目标**
>
> 1. 掌握感冒、咳嗽、喘证、水肿、消渴、胃痛、眩晕、便秘、黄疸、痹证各病证的病名涵义及临床特征、诊断要点、鉴别诊断及临床常见证型的证候特征、治法和方药。
> 2. 熟悉以上10个病证的病因病机、病位、病理性质及辨证要点、治疗原则；病与病、证与证之间的共性和特殊性，以及它们之间的区别和联系。
> 3. 了解以上各病证的预防与调护、病机转化和预后。

重点难点

以感冒、咳嗽、喘证、水肿、消渴、胃痛、眩晕、便秘、黄疸、痹证各病证的病名涵义及临床特征、诊断要点、鉴别诊断为重点；以感冒、咳嗽、喘证、水肿、消渴、胃痛、眩晕、便秘、黄疸、痹证各病的临床常见证型的证候特征、治法和方药为难点。

第一节 感　　冒

感冒是感受风邪或时行疫毒导致肺卫功能失调所致的外感病症。以鼻塞、流涕、喷嚏、头痛、恶寒、发热、脉浮为主要临床特征。本病一年四时皆可发生，但以冬、春季多见。其发病有轻重之分，轻者俗称"伤风"或"冒风"；重者俗称"重伤风"。如果由时行疫毒引起者，称为时行感冒。早在《内经》就已认识到本病是感受风邪所致，《素问·空骨论》"风从外入，令人振寒，汗出头痛，身重恶寒。"隋代《诸病源候论》说"非其时而有其气，是以一岁之中，病无长少，率相近似者，此则时行之气也。"宋代《仁斋直指方》最先提出感冒的病名。元代《丹溪心法》提出辛温、辛凉的两大治疗方法，同时明确了病位在肺。

西医学中的普通感冒、流行性感冒、急性上呼吸道感染，均可参照本病进行辨证论治。

【病因病机】 六淫是感冒发生的主要病因。基本病机为外邪袭表，侵犯肺卫，卫表不和，肺失宣肃。

1. 风邪　风邪为六淫之首，在不同的季节，往往夹当令之气而入侵人体，如冬季夹寒、春季夹热、夏季夹暑湿、秋季夹燥、长夏季节夹湿。

2. 非时之气　由于四时六气的反常太过或不及而伤人。如春应温反寒，夏应热反冷，冬应寒反温，秋应凉反热。

3. 时行疫毒　属疠气范畴，疫毒暴虐伤人，发病迅速，不限于季节性，病情多重，常有广泛的流行。

4. 正气不足　感邪后发病与否，正气强弱是关键。久病重病之后，将息失宜，或素体虚弱，或过度疲劳，正气亏损，卫外不固，极易为外邪所侵而发病。

感冒病位在肺，肺为五脏六腑之华盖，主气，司呼吸，开窍于鼻，外合皮毛。六淫风邪或时行疫毒，侵袭人体，从口鼻皮毛而入，内合于肺。病理性质以实证居多，如体虚感邪则可见虚实夹杂，本虚标实证。病机转化：一般感冒，少有传变，多能治愈。时行感冒及年老、体弱、婴幼儿，易生他病。初起外邪袭表，肺卫功能失调，无论风热、风寒，则易转化为肺热证。感受时行疫毒，入里化热较快，易转化为热毒炽盛证。若反复感邪，正气耗伤，则转化为本虚标实证。预后：感冒以表证为主，少有传变，则病程短，易治愈，预后大都良好。若年老、体弱及婴幼儿，或感受时行疫毒者，外邪可由表入里，或变生他病。

【诊断要点】

1. 临床特征　典型的肺卫症状，初起多见鼻塞、咽痒、流涕、喷嚏、咳嗽、声重，继则恶寒、发热、咽痛、肢体酸楚等。

2. 病史　本病四季均可发生，以冬、春季多见，常因气候骤变而发病，一般有感寒的病史，起病急，病程3～7天。时行感冒呈流行性，且症状较重。

【鉴别诊断】

1. 风温　风温初起类似风热感冒，但风温病势急骤，多表现高热、壮热，服药汗出后热势虽降，但脉数不静，身热旋即复起，多有传变。感冒一般发热不高，大都停留在表证阶段，少有传变，病情较轻，服解表药后多汗出热退，身凉脉静。

2 其他传染病　麻疹、风疹、百日咳、春温、暑温等多种传染病，早期均有类似感冒的症状，但各有其传染源、传播途径及流行特征，应注意从流行病学等方面加以鉴别。

【辨证论治】

（一）辨证要点

1. 辨寒热　分清风寒、风热两证。风寒者，恶寒重，发热轻，无汗，舌苔薄白，脉浮紧；风热者，发热重，恶寒轻，有汗，舌苔薄黄，脉浮数。

2. 辨清兼夹　风为六淫之首，常夹他邪致病，在不同环境和季节有夹暑、夹湿、夹燥等情况。

3. 辨虚实　感冒有表实、表虚之分，以有汗和无汗加以分辨，表虚有汗，表实无汗。这里指的表实、表虚只是相对而言，感冒初起，正气尚盛，故两者均为实证。素体虚弱，感受风邪，多属虚实夹杂，正虚邪实之证。且体虚感冒，又当分清气虚、血虚、阴虚、阳虚的不同。

4. 辨普通感冒与时行感冒　普通感冒以风邪为主因，多发生在冬、春气候多变季节，常呈散发性，病情较轻，多无传变。时行感冒以时行疫毒为主因，发病不限季节，有广泛的传染性和流行性，起病急，病情重，全身症状突出，证候多相类似，可发生传变或合并它病。

（二）治疗原则

本病邪在肺卫，多属实证，治疗以解表达邪为原则。根据所兼夹的邪气不同，分别选用辛温、辛凉、清暑、润燥等法。体虚感冒，应根据正邪虚实程度轻重，扶正驱邪，不可专行发散，重伤肺卫。时行感冒易入里化热，发生传变，清热解毒是常用的重要治疗方法。

（三）分证论治

1. 实证

（1）风寒感冒

证候：恶寒发热，无汗头痛，鼻塞声重，喷嚏，流清涕，喉痒，咳嗽，痰白清稀，周身酸痛。舌苔薄白，脉浮或浮紧。

证候分析：本证以风寒袭表，肺失宣肃为基本病机。寒邪外束肌表，卫阳被遏，故恶寒重，发热轻，无汗；寒邪郁滞经络，阳气不能外达，则头痛，肢体酸痛；风寒犯肺，肺气不宣，则鼻塞，咽痒，咳嗽。舌苔薄白，脉浮紧均为风寒客表之征。以恶寒重，发热轻，无汗，肢体酸痛为辨证要点。

治法：辛温解表，宣肺散寒。

方药：荆防败毒散加减。方中荆芥、防风、生姜辛温散寒；柴胡解表退热；川芎活血散风止痛；桔梗、枳壳、前胡、薄荷、茯苓、甘草宣肺理气，化痰止咳；羌活、独活祛风散寒除湿，为治肢体酸痛要药。表寒重者，加麻黄、桂枝加强发汗之力；头痛甚者，加白芷散寒止痛；鼻塞不通者，加苍耳子、辛夷宣散通窍；咳重痰多者，加杏仁、半夏宣降肺气、化痰止咳。

（2）风热感冒

证候：发热微恶风寒，汗出，鼻塞，流浊涕，头痛，咳嗽，痰黄黏稠，口干，咽痛。舌苔薄黄，脉浮数。

证候分析：本证以风热袭表，肺失宣肃为基本病机。风与热均为阳邪，其性开泄，郁于肌表，故发热重，汗出，微恶风寒；风热上扰则头痛，邪热伤津则口渴；风热犯肺，肺气失宣，则鼻塞，咳嗽，痰黄，甚则咽痛，红肿。舌苔薄黄，脉浮数为风热客表之征。以发热重，微恶风寒，有汗，咽痛为辨证要点。

治法：辛凉解表，清热宣肺。

方药：银翘散加减。方中银花、连翘清热解毒；荆芥、淡豆豉疏风解表，透邪外出；牛蒡子、桔梗、薄荷、甘草宣肺利咽，祛痰散结；竹叶、芦根清热生津。头痛者，加冬桑叶、菊花清利头目；咳嗽痰黄黏稠者，加杏仁、浙贝、黄芩、瓜蒌皮清热化痰；咽喉肿痛者，加射干、马勃、玄参清热利咽；发热重者，加柴胡、葛根透表退热。

（3）暑湿感冒

证候：发热，微恶风寒，无汗或少汗，汗出热不解，肢体酸重，头昏沉闷、胀痛，心烦口渴，胸闷泛恶，尿短赤。舌苔薄黄而腻，脉濡数。

证候分析：本证以暑湿伤表，肺卫失和为基本病机。暑为阳邪，且多夹湿，暑热熏蒸，故身热汗出，心烦口渴；暑湿郁于肌表，卫表不和，则肢体酸重，微恶风寒；上扰清空，则头昏胀痛；湿邪内阻，气机不畅，则胸闷泛恶。舌苔薄黄而腻，脉濡数为暑热夹湿之征。以夏令感冒，身热而汗出不解，烦渴，苔黄腻为辨证要点。

治法：清暑，祛湿，解表。

方药：新加香薷饮加减。方中银花、连翘辛凉透邪；香薷发汗解表，化湿去暑；厚朴、扁豆花祛湿和中。暑热偏甚者，加黄连、青蒿、鲜荷叶、芦根清暑泄热；湿邪偏甚者，加豆蔻仁、藿香、佩兰芳香化湿宣表；小便短赤者，加六一散、赤茯苓清热利湿。

（4）外感燥邪

证候：口唇、鼻腔、皮肤干燥，咽喉干痛，咳嗽少痰。温燥兼见：发热，微恶风寒，头痛少汗，口渴，舌尖红，苔薄黄而干，脉浮数。凉燥兼见：恶寒微发热，无汗，头痛，苔薄白乏津，脉浮。

证候分析：本证以燥邪袭表，肺失宣肃，卫表不和为基本病机。燥邪外袭，肺气不宣，营卫失和，津液耗伤，则身热，口、鼻、咽、皮肤干燥，干咳少痰。温燥兼夹风热之邪，则发热微恶寒，汗出，口渴。凉燥兼夹风寒之邪，则恶寒微发热，无汗。本证以干燥兼风热表证或风寒表证为辨证要点。

治法：疏风解表，清润宣肺。

方药：温燥用桑杏汤加减。方中桑叶、豆豉、杏仁宣肺泄热，疏表达邪；桔梗、象贝母、沙参、梨皮化痰止咳润肺；栀子清热除烦。可加薄荷、玄参、菊花透表利咽。凉燥用杏苏散加减。方中苏叶、前胡解表散邪；杏仁降肺润燥；枳壳、陈皮、半夏、茯苓、桔梗、甘草化痰止咳；生姜、大枣解表和中。身痛无汗较甚者，加防风、荆芥穗解表透邪。无论温燥、凉燥，燥盛津伤甚者，加天花粉、知母、麦冬养阴生津；大便干结者，加火麻仁、蜂蜜润肠通便。

2. 虚实夹杂证

(1) 阴虚感冒

证候：发热，微恶风寒，少汗或无汗，头痛，五心烦热，口干渴，咽红，干咳痰少。舌红少苔，脉细数。

证候分析：本证以素体阴虚，复感外邪，卫表不和为基本病机。阴虚之体，易感风热，风邪外袭，则身热微恶风寒，头痛；阴精亏虚，则无汗或少汗，干咳痰少；阴虚生内热，则五心烦热，口干渴、咽红；舌红少苔，脉细数为阴虚之征。以阴虚兼风热表证为辨证要点。

治法：滋阴解表。

方药：葳蕤汤加减。方中玉竹养阴生津，以资阴液；豆豉、薄荷、葱白、桔梗解表散邪，宣肺止咳；白薇退热和阴；甘草、大枣甘润和中。若口渴，咽干重者，加沙参、麦冬滋阴养液；表证重者，加荆芥、冬桑叶疏风解表；咳嗽胸痛，痰中带血丝者，加丹皮、茅根、藕节、生地清肺凉血止血。

(2) 阳虚感冒

证候：恶寒甚，发热轻，无汗或自汗，头痛，肢体酸楚，倦怠乏力，骨节冷痛，四肢不温，咳嗽，咳痰无力。舌质淡胖，苔白，脉沉无力或浮而无力。

证候分析：本证以体气虚寒，复感外邪为基本病机。阳气亏虚，感受风寒，无力抗邪，故恶寒甚，发热轻，无汗，或卫外不固而自汗出；阳虚生寒，机体失温，则肢体酸楚，四肢不温，骨节冷痛；舌淡苔白，脉沉等为阳虚感寒之征。以风寒表证与阳虚并见为辨证要点。

治法：温阳解表。

方药：无汗选用麻黄附子细辛汤；有汗选用桂枝加附子汤。前方麻黄、细辛辛温发散风寒而解表；附子温阳祛寒；三药合用，温阳扶正以助解表。后方用桂枝汤调和营卫而解表；附子温阳以驱寒，阳气盛则托邪外出。若习惯性感冒者，为气虚卫外不固，可选用玉屏风散，益气固表。

(3) 气虚感冒

证候：恶寒明显，发热较轻，无汗或自汗，头身疼痛，鼻塞，咳嗽痰白，少气懒言，倦怠乏力。舌质淡，舌苔白，脉浮无力。

证候分析：本证以表虚卫弱，风寒乘袭，气虚无力达邪为基本病机。气虚之体，风寒侵袭，卫表不和，故恶寒甚，发热轻，头身疼痛；寒邪袭表，肺失宣降，则鼻塞、咳嗽痰白；肺脾气虚，则少气懒言，倦怠乏力；舌淡苔白，脉浮无力为气虚外感之征。以气虚兼见风寒表证为辨证要点。

治法：益气解表。

方药：参苏饮加减。方中苏叶、前胡宣肺解表，葛根解肌退热；桔梗、半夏祛痰止咳；陈皮、枳壳、木香理气宣肺；人参、茯苓、甘草益气扶正。本方为气虚风寒外袭的代表方，尤适宜于气虚感冒而咳嗽痰多之证。

【预防与调护】 随着季节、气候的变化，要随时增减衣服。平时要注意锻炼身体，增强抗病能力。在感冒流行期间，避免接触患者，适时地采用中西药物预防。

注意感冒药的煎药及服药方法，汤剂煮沸 5 ～ 10 min 即可，趁热服，药后覆被，安卧少动，进热粥以助药力。汗液湿透衣被，应及时更换，并以干毛巾擦干皮肤。微微汗出，脉静身凉为病愈之象。出汗后应避风保暖，以防复感。饮食宜清淡，忌油腻之品。发病期间，宜卧床休息，多饮开水。室内空气要流动，但不能直接吹风。

第二节 咳 嗽

咳嗽是由六淫侵袭肺系，或脏腑功能失调，致使肺气失于宣肃，逆而作声，以咳嗽或咳吐痰液为主要临床特征的病证。咳嗽为肺系多种疾病的一个症状，又是具有独立性的一种证候。中医学曾将无痰有声称为咳，有痰无声称为嗽，既有痰又有声称为咳嗽，临床很难截然分开，一般统称为咳嗽。《内经》对咳嗽作了较为系统的论述，《素问·咳论》说："五脏六腑皆令人咳，非独肺也。"强调咳嗽非单肺脏受邪引起，其他脏腑的功能失调均能导致咳嗽发生。明代张景岳把咳嗽明确地分为外感、内伤两大类。《景岳全书·咳嗽》篇说："咳嗽之要……一曰外感，二曰内伤，而尽之矣。"这种分类比较切合临床实际。

西医学中的急、慢性支气管炎，支气管扩张，肺炎等以咳嗽为主症者，均可参考本病辨证论治。

【病因病机】 咳嗽的病因有外感与内伤两大类。外感咳嗽为六淫外邪犯肺；内伤咳嗽则为脏腑功能失调，内邪干肺。无论外感或内伤咳嗽，基本病机均为肺系受病，失于宣肃，肺气上逆所致。

1. 外邪犯肺 外邪一般指风、寒、暑、湿、燥、火六淫之邪。六淫皆能致咳，但风为百病之长，其他外邪多随风邪侵袭人体，故外感咳嗽以风邪为先导，或夹寒，或夹热，或夹燥，其中以夹寒夹热者较为常见。

2. 内邪干肺 内伤咳嗽，总因脏腑功能失调，影响及肺所致。可因情志所伤，肝失条达，气郁化火，上犯于肺；或因饮食失调，脾失健运，痰湿内生，上阻于肺；或肾阴下亏，虚火上炎，灼伤肺阴，使肺失肃降，肺气上逆而引起咳嗽；或因肾失摄纳，气逆而咳；或因肾虚气不化水，水饮上凌心肺而咳。若肺自身气阴不足，宣降无权，也可导致气逆而咳。

咳嗽病位在肺，与肝、脾、肾密切相关。咳嗽既是内外之邪犯肺所引起的病理表现，又是肺祛邪外达的一种防护性反应。病理性质：外感咳嗽属邪实；内伤咳嗽有实有虚，大多属邪实与正虚并见。病机转化：主要表现在寒热与虚实两方面。外感咳嗽治不及时，可转变为风寒郁久化热，或风热灼津液化燥，或肺热酿成痰热内蕴。迁延不愈，耗伤肺气，可由实转虚，成为内伤咳嗽。内伤咳嗽，他脏及肺可因实转虚，如肝火犯肺，气火灼津而致肺阴亏虚。肺脏自病又可因虚致实，如肺气耗伤，气不化津，津聚为痰而致痰湿蕴肺。咳嗽虽有外感与内伤之分，但有时两者又互为因果。预后：外感咳嗽大都可在较短时间内治愈，预后良好。内伤咳嗽多为慢性反复发作，短时间内难以治愈。内伤咳嗽日久，可累及他脏，由肺及脾至肾，可演变成喘证，哮证，肺胀，虚劳等，预后较差，往往出现病程缠绵，迁延难愈。

【诊断要点】

1. 临床特征 肺系受邪，咳逆有声，咽痒，咳吐痰液。

2. 病史　一般外感咳嗽多属新病，起病急，病程短，常伴有寒热表证。内伤咳嗽多为宿疾，起病缓慢，往往有较长的咳嗽病史，反复发作常伴有他脏病证。

【鉴别诊断】

1. 肺痈　肺痈是肺部化脓性感染。咳嗽是其主症之一，但以发热、胸痛、咳吐腥臭脓痰甚至脓血痰为特点。多因感受风热病毒所致，其病理性质为痰热壅盛的实热证，病理特点为热壅血瘀，酝酿成痈，肉腐血败，化为脓血，与一般咳嗽有明显区别。

2. 肺痨　肺痨是由结核分枝杆菌引起的肺部感染性疾病。咳嗽是肺痨主症之一，但与一般咳嗽不同，临床具有咳嗽、咯血、潮热、盗汗、消瘦和慢性、虚弱性、传染性的特征。可结合肺部 X 线检查，帮助诊断。

3. 肺胀　肺胀是因咳嗽、哮喘等证，日久不愈，肺脾肾虚损，气道滞塞不利所致。临床以咳、痰、喘、肿（颜面、四肢浮肿，胸部胀满）为特征。虽然肺胀与一般咳嗽病位都在肺，但区别较大。

4. 哮病与喘证　哮病与喘证会兼见咳嗽，但各自以哮和喘为其主要临床表现。哮病以发作性喉中哮鸣有声，呼吸急促困难，甚则喘息不能平卧为特征。喘证以呼吸困难，甚则张口抬肩，鼻翼扇动，难以平卧为特征。

【辨证论治】

(一) 辨证要点

1. 辨外感内伤　外感咳嗽起病急，病位浅，多伴有肺卫表证，以风寒、风热、风燥多见。内伤咳嗽病势缓，反复发作，多伴有脏腑功能失调见证。多夹痰热、痰湿、肝火；久咳不愈，易耗伤肺阴，导致肺脾气虚。

2. 辨虚实　一般外感咳嗽多属实证；内伤咳嗽多属虚证或虚实夹杂证。但外感咳嗽与内伤咳嗽互相影响，病久则邪实转为正虚，因虚亦可致实，互为因果。

3. 辨痰　痰少或干咳无痰，多属燥热或阴虚；痰多，多为湿痰、热痰、虚寒；痰白而稀薄者多属风寒；痰黄而黏稠难咳者属热；痰中带血，多属热伤肺络或阴虚肺燥。

(二) 治疗原则

咳嗽的治疗以宣降肺气，化痰止咳为基本原则，应分清外感内伤、邪正虚实。外感咳嗽多属邪实，以祛邪为主，用药宜轻扬，使药力直达病所，慎用补益、收敛、镇咳之药，以防闭门留邪。内伤咳嗽多属邪实正虚，标实为主者，以祛邪为主，适当扶正；本虚为主者，以扶正为主，兼以祛邪。

(三) 分证论治

1. 外感咳嗽

(1) 风寒咳嗽

证候：咳嗽声重，咳痰稀薄色白，常伴有头痛，鼻塞，流清涕，肢体酸痛，恶寒发热，无汗等表证，舌苔薄白，脉浮紧。

证候分析：本证以风寒袭表，肺失宣降为基本病机。风寒犯肺，肺气不宣，故咳嗽，痰稀色白，鼻塞流清涕；寒束肌表，腠理闭塞，营卫失调，则寒热无汗，肢体酸痛；舌苔白，脉浮紧为风寒之征。以咳嗽，咳痰清稀色白兼风寒表证为辨证要点。

治法：疏风散寒，宣肺止咳。

方药：杏苏散加减。方中苏叶、前胡疏风散邪，降气化痰；杏仁、桔梗、枳壳宣肃肺气；茯苓渗湿健脾；半夏、陈皮理气化痰止咳，燥湿行滞；生姜、大枣、甘草调营和卫利咽。若痰白量多，胸脘作闷，苔白厚腻者，加厚朴、苍术、半夏、茯苓燥湿健脾。

（2）风热咳嗽

证候：咳嗽气粗，咽痒，痰黏稠或黄稠，咳痰不爽，口干咽痛，常伴发热，汗出恶风，头痛，鼻流浊涕等表证。舌苔薄黄，脉浮数。

证候分析：本证以风热犯肺，肺失清肃为基本病机。风热犯肺，热灼津液，肺气失宣，故咳嗽痰黄而稠，气粗，口渴咽痛；邪客皮毛，正邪相搏，则身热，恶风；卫表不和则汗出，风热上扰则头痛。舌苔薄黄，脉浮数为风热在表之征。以咳嗽痰黄兼风热表证为辨证要点。

治法：疏风清热，宣肺止咳。

方药：桑菊饮加减。方中桑叶、菊花、薄荷宣透风热；杏仁、桔梗、甘草化痰止咳利咽；连翘、苇根清热生津。若肺热内盛，加黄芩、知母、生石膏清肺泄热；咳嗽甚者，加前胡、枇杷叶、浙贝母清宣肺气，止咳化痰；咽痛、声哑者，加射干、牛蒡子清热利咽；口渴者，加天花粉、沙参、玄参清热生津。

（3）风燥咳嗽

证候：干咳无痰，或痰少而黏，不易咳出，咽干痛，喉痒，口、唇、鼻干燥，咳甚则胸痛，伴鼻塞、恶寒发热等表证。舌质红，苔薄黄而干，脉浮数。

证候分析：本证以燥热灼津，肺失清润为基本病机。常见于秋天气候干燥季节，风热与燥邪合并为病；也可风寒与燥邪合并为病。风热与燥邪伤肺，肺津受损，失于宣肃，故干咳少痰，痰少而黏，不易咳出。津液耗伤，官窍失润，则口、鼻、咽喉干燥。风燥外束，卫表不和，则恶寒发热。舌尖红，舌苔薄黄而干，脉浮数为燥热之征。以干咳少痰及干燥少津为辨证要点。若风寒与燥邪合并客于肌表，也可见于凉燥之证。

治法：疏风清热，润燥止咳。

方药：桑杏汤加减。方中桑叶、豆豉疏风解表，清宣燥热；杏仁、川贝母润肺化痰止咳；沙参、梨皮、山栀清热润燥生津。若津伤甚者，加麦冬、玉竹滋养肺阴；痰中夹血丝者，加白茅根、侧柏叶、生地、丹皮清热凉血止血。

若系凉燥犯肺，治当疏风散寒，润肺止咳，方用杏苏散加减治疗。

2. 内伤咳嗽

（1）痰湿蕴肺

证候：咳嗽痰多，晨起咳甚，痰黏腻色白易咳，因痰而咳，痰出则咳缓。伴胸脘痞闷，体倦，纳差，呕恶，便溏。舌苔白腻，脉濡滑。

证候分析：本证以脾虚生痰，痰湿壅肺为基本病机。脾气失运，聚湿生痰，上渍于肺，故咳嗽痰多，黏腻色白易咳；肺失宣降，则胸脘痞闷；痰湿壅阻，则体倦、纳差、呕恶、便溏。舌苔白腻，脉濡滑均为痰湿之征。以咳嗽痰多兼脾失健运为辨证要点。

治法：健脾燥湿，化痰止咳。

方药：二陈汤加减。方中半夏燥湿化痰；陈皮理气，使气顺痰消；茯苓健脾利湿，以绝生痰之源；炙甘草补益中气；若痰湿较重，胸脘痞闷者，加枳壳、厚朴燥湿化痰，行气宽中；痰白多沫、畏寒者，加干姜、细辛温肺化痰；脾虚明显者，加党参、白术、砂仁健脾燥湿。

（2）痰热壅肺

证候：咳嗽气粗，痰多色黄，质稠难咳，或喉间有腥味；或痰中带血，胸胁胀满，咳时引痛，身热面赤，口苦咽干，舌质红，苔黄腻，脉滑数。

证候分析：本证以痰热壅阻，肺失宣肃为基本病机。痰热郁肺，肺气失宣，故咳嗽气粗，痰黄难咳，或有腥味；痰热壅盛，气机不利，则胸胁胀满；热伤肺络，则痰中带血，胸胁引痛；热盛伤津，则口干口苦，身热。舌质红苔黄腻，脉滑数均为痰热之征。以咳嗽气粗，痰稠质黏色黄为辨证要点。

治法：清热化痰，肃肺止咳。

方药：清金化痰汤。方中桑白皮、黄芩、山栀、知母清肺泄热；陈皮、桔梗、瓜蒌理气化痰；麦冬、贝母、甘草养阴润肺止咳；茯苓健脾渗湿。若肺热壅盛，壮热口渴，咳喘气粗者，去桔梗、陈皮，加金银花、石膏、葶苈子清泄肺热；咳痰黄稠如脓或腥臭者，加鱼腥草、金荞麦、冬瓜仁清肺化痰。

(3) 肝火犯肺

证候：气逆作咳，咳则连声，咳引胸胁疼痛，面赤，咽干，痰少质黏，咳之难出，急躁易怒，口苦，咳甚则痰中带血，或咳吐鲜血。舌苔薄黄，脉弦数。

证候分析：本证以肝郁化火，气逆犯肺为基本病机。肝火侮肺，肺失清肃，故咳嗽气逆，咳则连声；气火内扰，则性急易怒，面赤，咽干；肝失疏泄，则咳引胸胁疼痛；热灼肺津，则痰少质黏难咳；木火刑金，肺络受损，则咳嗽吐血。舌苔薄黄，脉弦数为肝火之征。以咳嗽气逆，胸胁引痛，急躁易怒为辨证要点。

治法：清肝泻火，宣肺化痰。

方药：泻白散合黛蛤散加减。方中桑白皮、地骨皮泻肺清热止咳；青黛、海蛤壳清肝泻火；粳米、甘草和中养胃。二方合用，使肝火得清，肺气肃降，咳逆自平。胸闷者，加枳壳、旋覆花利肺降逆；咳嗽频作，痰黏难出者，加山栀、黄芩、浙贝、海浮石清热化痰；火郁伤津，口干舌燥，咳嗽日久不减者，加沙参、玄参、天花粉、知母、五味子养阴生津敛肺。

(4) 肺气虚弱

证候：咳嗽声低无力，痰多清稀色白，气短乏力，面色无华，精神困倦，自汗畏风，易感冒。舌淡苔白，脉缓。

证候分析：本证以肺气亏虚，清肃失司为基本病机。久咳伤肺，肺气耗损，气不布津，故咳声低弱，痰多清稀色白；肺气虚损，主气无力则气短乏力，精神困倦，面色无华；气虚卫外不固则自汗、恶风、易感冒。舌淡苔白、脉细弱为肺气虚弱之征。以咳嗽声低无力，痰白清稀兼气虚征象为辨证要点。

治法：补益肺气，化痰止咳。

方药：玉屏风散合二陈汤加减。方中黄芪益气补肺；白术健脾以资化源；防风疏风固表；茯苓、甘草健脾利湿；陈皮、半夏理气燥湿，化痰止咳。纳少者，加山楂、麦芽、神曲和胃消食；自汗出者，加党参、五味子益气敛阴；咳嗽日久不愈者，加紫菀、款冬花、诃子敛肺止咳。

(5) 肺阴亏虚

证候：干咳无痰或痰少，或痰中带血，或声音嘶哑，咽干舌燥，或午后潮热，盗汗，手足心热，形体消瘦，神疲乏力。舌红少苔，脉细数。

证候分析：本证以阴虚肺燥，肺失润降为基本病机。肺阴亏损，虚火内生，肺失清润，故干咳无痰，或痰少而黏，咽干舌燥；阴虚火旺，肺络受损，则潮热，盗汗，手足心热，或咳痰带血；阴精亏虚，形体失于充养，则消瘦，神疲乏力。舌红少苔，脉细数为阴虚内热之征。以干咳少痰，潮热，盗汗，消瘦为辨证要点。

治法：养阴润肺，止咳化痰。

方药：沙参麦冬汤加减。方中沙参、麦冬、花粉、玉竹养阴清热润肺；桑叶宣肺止咳；扁豆、甘草健脾和中化痰。咳嗽重者，加百部、紫菀润肺止咳；潮热明显者，加地骨皮、银柴胡、鳖甲清退虚热；盗汗者，加五味子、浮小麦收敛止汗；咳吐黄痰者，加知母、黄芩清热化痰。

【预防与调护】 注意气候变化，预防感冒，锻炼身体，增强体质，提高抗病能力。冬春季节注意防寒保暖，预防呼吸道疾病的发生。室内空气要保持新鲜，避免灰尘及异味刺激，戒烟、酒。咳嗽患者饮食宜清淡、易消化，富有营养，不宜甘肥、辛辣及过咸。痰涎壅盛者要注意排痰，使呼吸道保持通畅。剧烈咳嗽痰黏而稠不易咳出时，可轻拍其背，或给予雾化吸入。注意防止呼吸道感染。

第三节　喘　证

喘证以呼吸困难，气息迫促，甚则张口抬肩，鼻翼煽动，难以平卧为临床特征。喘既是一种常见病证，又是许多急、慢性疾病过程中，尤其是肺系疾病常见的症状之一。医学文献中称喘证为"上气"、"逆气"、"喘促"等。《内经》已认识到喘证有外感内伤之分，"邪在肺"即外感，"劳则喘"即内伤。明代《景岳全书》将喘证以虚实分类，"实喘者有邪，邪气实也；虚喘者无邪，元气虚也。"至今仍作为辨证纲领。清代《类证治裁》认为"喘由外感者治肺，由内伤者治肾。"对临床实践有较大的指导意义。

西医学中的喘息性支气管炎、肺部感染、肺气肿、慢性肺源性心脏病、心源性哮喘等，均可参照本病进行辨证治疗。

【病因病机】 喘证的病因分外感与内伤两个方面。外感由外邪侵袭，内伤由痰浊、久病、劳欲、情志等所致。基本病机为邪壅肺气，气失宣肃，升降出纳失常。实证为邪气壅塞，肺气不利；虚证为肾失摄纳，气无所主，气机上逆。

1. 外邪犯肺　外感风寒、风热之邪，或肺素有痰饮复感外邪，卫表闭塞，肺气壅滞，宣降失常，肺气上逆而喘。

2. 痰浊内蕴　恣食肥甘油腻，过食生冷或嗜酒伤中，脾失健运，湿浊内生，聚湿成痰；或急、慢性疾病影响于肺，肺气受阻，气津失布，津凝成痰，上渍于肺，阻遏气道，肃降失常，气逆而喘。

3. 久病劳欲　久病肺虚，劳欲伤肾，肺肾亏损，气失所主，肾不纳气，肺气上逆而喘。

4. 情志所伤　精神抑郁，忧思气结，或郁怒伤肝，肝失条达，气失疏泄，气机升降不利，肺气闭阻，气逆而喘。

本证病位在肺肾，与肝、脾相关。病理性质有虚实之分。实喘在肺，为外邪，痰浊、肝郁气逆、邪壅肺气、宣降不利。虚喘在肺、肾，因精气不足，气阴亏耗，以致肺不主气，肾不纳气，出纳失常。病变过程中形成上盛下虚，虚实夹杂之候。病机转化：实喘因外邪所致，可由表及里；因痰浊、肝郁所致，可化热、化火。虚喘因肺虚所致，反复发作，可累及脾肾；因肾虚所致，复感外邪，可转化为上盛下虚证；若长期迁延，可造成肺脾肾严重虚损，累及心阳，导致喘脱证。预后：喘证的预后与病程的长短、患者体质强弱、病位深浅、治疗当否有关。一般实喘治疗及时恰当，预后良好。虚喘因体虚气衰，根本不固，易复感外邪，较难治愈，预后较差。喘证反复发作，可因肺、脾、肾受损而成为肺胀。

【诊断要点】

1. 临床特征　呼吸困难，迫促，稍动即喘息不已，甚则张口抬肩，鼻翼扇动，不能平卧，口唇紫绀。

2. 病史　多有久咳、哮病、心悸等病史，每遇外感，或劳累，或饮食不当而诱发。

3. 可借助X线胸片及CT、心电图等检查，有助于诊断。

【鉴别诊断】

1. 哮病　喘证与哮病均有呼吸困难，急促。哮以声响言，是一种发作性痰鸣气喘疾病，病有宿根，发则喉中哮鸣有声，呼吸气促困难，难以平卧，是反复发作的独立性疾病。一般来说，哮必兼喘，喘未必兼哮。

2. 气短　喘证与气短均为呼吸异常，以气息短促、胸闷不畅为特点。短气呼吸虽数，但浅促微弱，不能接续，或短气不足以息，似喘而无声，亦不抬肩，尚可平卧。然而两者亦有联系，气短进一步加重可呈虚喘表现。

【辨证论治】

（一）辨证要点

1. 辨病位　实喘病位在肺，多因外邪、痰浊、肺闭等所致。虚喘病位在肺、肾，多因久病劳欲、肺肾出纳失常所致。发病与情志相关涉及肝，与食欲相关涉及脾。

2. 辨虚实　实喘起病急，病程短，呼吸深长息粗，痰鸣有声，以呼出为快。虚喘起病缓慢，病程较长，呼吸短促难续，气怯声低，以深吸快。属外感者多实证，属内伤者多虚证，或虚实夹杂证。

（二）治疗原则

1. 实喘　其治在肺，以祛邪利气平喘为主，区别寒、热、痰的不同，采用温宣、清肃、化痰等方法。

2. 虚喘　其治在肺肾，重点在肾，以培补摄纳为主，针对脏腑虚损不同，采用补肺、固肾、益气、养阴、温阳等方法。虚实夹杂者，当分清主次，权衡标本，分别辨治。

（三）分证论治

1. 实喘

（1）风寒束肺

证候：喘息气促，胸闷，咳嗽痰多，清稀色白，兼恶寒发热，头痛无汗，身痛，口不渴。舌苔薄白，脉浮紧。

证候分析：本证以风寒壅肺，肺失宣肃为基本病机。风寒外束，卫气闭郁，故见恶寒发热、头痛、无汗、身痛；邪实气壅，肺气失宣，则喘息、胸闷、咳嗽，痰多清稀色白。舌苔薄白，脉浮紧为风寒之征。本证以咳嗽气喘，恶寒无汗为辨证要点。

治法：疏风散寒，宣肺平喘。

方药：麻黄汤加减。方中麻黄、桂枝辛温发汗，散寒解表，宣肺平喘；杏仁、甘草降气化痰。若表寒不重，可去桂枝，即为宣肺平喘之三拗汤；痰白清稀量多泡沫者，加细辛、生姜温肺化痰；痰多胸闷甚者，加半夏、陈皮、白芥子理气化痰；气喘甚者，加苏子、前胡降气平喘。

（2）表寒肺热

证候：喘逆气粗，甚则鼻煽肩息，咳嗽，痰黄而黏稠，咯吐不爽，身热烦躁，汗出，口干渴，恶寒。舌质红，苔薄黄，脉浮数。

证候分析：本证以外寒里热，肺气壅实，失于宣降为基本病机。风寒之邪，化热入里，或里有蕴热，复感风寒，热郁于肺，故喘逆气粗，咳痰黏稠不爽，甚则鼻煽；邪热内郁，则身热烦躁，口渴，汗出；表邪不解则恶寒；舌苔薄黄，脉浮数为表邪入里化热之征。本证以喘逆气粗，咳痰黄稠，恶寒为辨证要点。

治法：祛风清热，宣肺平喘。

方药：麻杏石甘汤加减。方中麻黄、石膏相使为用疏风清热，宣肺平喘；杏仁、甘草化痰利气。若痰多黏稠、烦闷者，加黄芩、桑白皮、知母、瓜蒌皮、鱼腥草清热泻肺化痰。大便秘结者，加大黄、枳实泻热通便；喘甚者，加葶苈子、白果化痰平喘。

（3）痰浊壅肺

证候：气喘、咳嗽，痰多而黏腻色白，咳吐不爽，胸闷窒满，呕恶，纳呆腹胀，口黏不渴。舌淡胖有齿痕，苔白厚腻，脉缓滑。

证候分析：本证以痰浊壅肺，肺失宣降为基本病机。痰浊壅阻，肺失宣肃，则气喘咳嗽痰多，胸闷窒满；痰浊内困，脾失健运，胃失和降，则呕恶，纳呆，腹胀，口黏。舌淡苔白腻，脉缓滑为痰浊内阻之征。以咳喘痰多色白，苔腻为辨证要点。

治法：燥湿化痰，降逆平喘。

方药：二陈汤合三子养亲汤加减。方中陈皮、半夏、茯苓、甘草燥湿化痰，理气和中；莱菔子、苏子、白芥子化痰降逆平喘，二方合用，一治脾，一治肺，效专力宏。若痰涌便秘，喘不能卧者，加葶苈子、大黄涤痰通便；痰湿壅盛者，加苍术、厚朴健脾燥湿化痰。

（4）气郁伤肺

证候：每遇情志刺激而诱发，发时呼吸短促，喘逆息粗气憋，痰鸣不明显，胸闷痛，咽中如窒。常忧思抑郁、失眠、心悸，苔薄脉弦。

证候分析：本证以肝郁气逆，肺气郁闭为基本病机。忧思气结，肝失条达，冲逆犯肺，故喘促气憋，咽中如窒；肝气冲逆，肺络不和，则胸闷痛；心神不安，则心悸失眠；因非痰浊阻肺，则痰鸣不显；脉弦为肝郁之征。以情志刺激而诱发气喘、气憋、胸闷痛为辨证要点。

治法：开郁降气平喘。

方药：五磨饮子。方中沉香降气平喘；木香、枳实、乌药疏肝理气；槟榔行气镇逆；伴心悸者，加酸枣仁、远志、合欢花宁心安神。

2. 虚喘

（1）肺气虚

证候：喘促气短，气怯声微，咳声低弱，咳痰清稀，神疲乏力，自汗畏风。舌质淡，苔薄腻，脉弱无力。

证候分析：本证以肺气虚弱，主气无权为基本病机。肺气亏虚，气无所主，故喘促气短，气怯声低，神疲乏力；气不布津，聚湿为痰，则咳痰清稀；卫外不固，则自汗畏风。舌淡，苔薄腻，脉弱无力为气虚痰饮初聚之征。本证以喘促气短，气怯声低为辨证要点。

治法：补肺益气定喘。

方药：补肺汤合玉屏风散加减。方中人参、黄芪补益肺气；白术、甘草健脾补中助肺；五味子、紫菀、桑白皮化痰止咳，敛肺定喘；防风助黄芪益气护表。若兼见痰少质黏，口干，舌红少津，脉细数者，为气阴两虚，治宜益气养阴，润肺定喘，方用生脉散加沙参、玉竹、川贝、桑白皮、百合养阴益气滋肺；肺阴虚明显者，加百合、生地、沙参、玉竹滋养肺阴。

(2) 肾气虚

证候：喘促日久，动则尤甚，呼多吸少，气不得续，甚则张口抬肩，腰膝酸软，肢冷，汗出，夜尿频多。舌淡苔白，脉沉弱。

证候分析：本证以肾气亏虚，摄纳无权为基本病机。肾为气之根，下元不固，气失摄纳，气不得续，故呼多吸少，张口抬肩；肾气亏虚，肾阳不振，则腰酸、肢冷、汗出、夜尿多。舌淡苔白，脉沉弱皆为肾气虚弱之征。以动则喘甚，呼多吸少为辨证要点。

治法：补肾纳气平喘。

方药：七味都气丸合参蛤散加减。方中熟地、山茱萸、山药、丹皮、泽泻、茯苓、五味子补肾纳气；人参大补元气，蛤蚧肺肾两补，纳气平喘；肾阴虚者，加麦冬、龟板滋阴潜阳。肾阳虚者，可选用金匮肾气丸合参蛤散加减。

附：喘脱

喘脱是喘证发展到严重阶段出现的证候。表现喘逆加剧，张口抬肩，鼻煽气促，不能平卧，心悸，烦躁不安，面青唇紫，汗出如珠，手足逆冷。舌淡苔白，脉浮大无根。

治法：扶阳固脱，镇摄纳气。

方药：参附汤送服黑锡丹。方中人参、附子回阳固脱、救逆；黑锡丹降气定喘。

【预防与调护】 慎起居，适寒温，节饮食，薄滋味，戒烟酒，节房事。适当参加体育活动，增强体质。保持良好的心态，避免和控制诱发因素，减少复发。鼓励患者与医务人员建立伙伴关系，制订长期管理的用药计划。饮食宜清淡而富有营养，忌油腻酒醪及辛热助湿生痰动火食物。室内空气要保持新鲜流动，环境安静，避免烟尘刺激。痰多者要注意排痰，痰多难咳者，可给予雾化吸入，保持呼吸道通畅。喘证发作时，应取半卧位或端坐位，缓解期可进行呼吸操、医疗气功锻炼。

第四节 水 肿

水肿是指脏腑功能失调，水液代谢失常，滞留体内，外溢肌肤，引起头面、眼睑、四肢、甚则全身浮肿为临床特征的一种病证。《内经》已有"水"、"风水"、"石水"等名称，并对水肿的病因病机、临床表现作了简要论述，提出了"去菀陈莝，……开鬼门，洁净府"的基本治疗法则。唐代孙思邈主张水肿病必须忌盐；元代朱丹溪提出阴水、阳水的临床分类方法，都为后世对水肿的认识和治疗打下了基础。水肿一证，是全身气化功能障碍的一种表现。人体水液代谢是在肺的通调、宣肃，脾的运化、传输，肾的温化、蒸动等生理功能共同协调下完成的，故水肿的形成与肺、脾、肾三脏关系最大，与三焦、膀胱亦有关。本节着重讨论以水肿为主要表现的病证。

西医学中的急、慢性肾小球肾炎、肾病综合征、充血性心力衰竭、内分泌失调以及营养障碍等疾病所出现的水肿，均可参照本病辨证论治。

【病因病机】 水肿的病因分外感、内伤两大类，外感多见于风邪、水湿、疮毒等；内伤多见于饮食、劳欲等。基本病机为肺失通调，脾失传输，肾失开合，三焦气化不利，水液代谢失常所致。

1. **风邪外袭** 风邪袭表，内舍于肺，肺失宣降，不能通调水道，下输膀胱，以致风遏水阻，风水相搏，溢于肌肤，发为水肿。

2. **湿热疮毒** 痈疮肿毒，或痧毒疫邪由皮毛而入，内归脾肺，使肺失通调，脾气不运，水道受阻，水液代谢失常，溢于肌肤，而成水肿。

3. **水湿浸渍** 久居湿地，或冒雨涉水，水湿内侵；或平素过食生冷，损伤脾阳，湿蕴中焦，脾为湿困，失其健运，不能升清降浊，水湿泛溢肌肤，而成水肿。

4. **劳倦亏损** 劳倦过度，或纵欲无节，损伤脾肾，导致脾失健运，肾失气化，水液输布失常，内停体内，溢于肌肤，而成水肿。

水肿的病位在肺、脾、肾三脏，与肾的关系最密切。因此水肿一证其本在肾，其标在肺，其制在脾。病理性质有阴水、阳水之分。外感所致的水肿，多为阳水，属实证，病变主要在肺、脾；内伤所致的水肿，多为阴水，其证偏虚，病变主要在脾、肾。病机转化：阳水、阴水可互相转化。阳水日久，反复发作，脾肾之阳渐伤，可转化为阴水。阴水因复感外邪，或饮食失调，导致水肿加剧，转为阳水，为本虚标实之证。水肿在发病期间也可出现寒热转化。预后：一般而言，阳水只要治疗及时，合理调养，容易消退，预后较好。阴水病程较长，反复发作，正虚邪恋，水肿难消，病情缠绵难愈。

【诊断要点】

1. **临床特征** 头面、眼睑、四肢、腹背，甚至全身浮肿。水肿可先从眼睑或下肢开始，继及四肢和全身。轻者仅眼睑或足胫浮肿，重者全身皆肿，甚者尿闭，恶心呕吐，口有秽味，严重的可见头痛、神昏、谵语等危象。

2. **病史** 可有乳蛾、心悸、疮毒以及久病体虚、脏腑功能失调的病史。

3. 可结合尿常规、血常规、肾功能、肝功能、心电图的辅助检查帮助诊断。

【鉴别诊断】

1. **鼓胀** 鼓胀以单腹胀大如鼓，皮色苍黄，脉络暴露为特征，肢体多不肿，反见消瘦。后期可有轻度肢体浮肿，是由于肝、脾、肾功能失调，导致气滞、血瘀、水聚腹中所致。

2. **支饮与溢饮** 支饮表现喘逆倚息，短气不得平卧，其形如肿，属饮邪支撑胸肺所致。溢饮表现咳喘，胸闷身痛，恶寒无汗，甚则肢体浮肿，属饮溢四肢所致。水肿一般先肿后喘，支饮、溢饮则先喘后肿。

【辨证论治】

（一）辨证要点

1. **辨阴水阳水** 水肿以辨阴阳为纲。风邪、水湿、湿毒、湿热所致，发病较急，病程较短，证见表、热、实证者，多属阳水；饮食劳倦，房劳过度，损伤脾肾所致，起病较缓，病程较长，证见里、虚、寒证者，多属阴水。但阴水、阳水可以互相转化。

2. **辨病位** 眼睑浮肿，继而四肢皆肿，伴恶寒、发热、咳嗽者，病位在肺；周身浮肿，肢体困重，脘闷纳呆，病位在脾；面浮肢肿，腰以下甚，伴腰膝酸软，病位在肾；面浮肢肿，惊悸怔忡，病位在心；周身浮肿，胁肋胀满，嗳气不舒，病位在肝。

（二）治疗原则

本病的治疗原则为发汗利尿，攻下逐水。临床常用的方法有两个方面：一是上下异治：上半身肿，以发汗为主；下半身肿，以利尿为主。二是阴阳分治：阳水可发汗、利尿或攻逐，以祛邪为主，配合清热解毒，理气化湿；阴水可健脾、温肾，以扶正为主，配合利水、养阴、活血、化瘀。

(三) 分证论治

1. 阳水

(1) 风水相搏

证候：初起眼睑浮肿，继则四肢全身皆肿，来势迅速，以头面部肿为剧，肢节酸重，小便不利，伴见恶寒发热等表证。偏于风寒者，兼恶寒咳喘，苔薄白，脉浮紧。偏于风热者，伴咽喉红肿疼痛，舌质红，苔薄黄，脉浮数。

证候分析：本证以风邪外袭，肺失宣降，通调失职为基本病机。风邪侵袭，肺气失宣，风遏水阻，泛溢肌肤，故恶风发热，肢节酸楚，小便不利，全身浮肿。风性轻扬，则水肿起于面目，迅速遍及全身。若风邪夹热则咽喉红肿热痛，舌红，脉浮数；风邪夹寒，邪在肌表，卫阳被遏则恶寒咳喘，苔薄白，脉浮紧。以颜面浮肿显著，来势迅速，伴有表证为辨证要点。

治法：疏风解表，宣肺行水。

方药：越婢加术汤加减。方中麻黄、生姜发汗解表，利水消肿；生石膏解肌清热；白术健脾制水；甘草、大枣补益肺脾。可酌加浮萍、泽泻、茯苓宣肺利水消肿。若热偏重，咽喉肿痛者，加牛蒡子、桔梗、连翘清热利咽；若风寒偏盛者，去石膏，加苏叶、桂枝以助麻黄发汗解表散寒。

(2) 疮毒浸淫

证候：面目眼睑浮肿，遍及全身，小便黄赤或血尿，身发疮痈，或疫痧痘疹，甚者溃烂，发热恶风。舌红苔黄，脉浮数或滑数。

证候分析：本证以疮毒内侵脾肺，三焦气化不利，水湿泛溢为基本病机。肌肤疮毒，内侵脏腑，使脾失健运，肺失通调，故全身浮肿，小便不利。病初多兼风邪，则面目眼睑肿起，恶风发热。舌红苔黄，脉浮数为风邪夹毒之征。以颜面浮肿，延及全身，身发疮毒为辨证要点。

治法：宣肺解毒，利湿消肿。

方药：麻黄连翘赤小豆汤合五味消毒饮加减。方中麻黄、杏仁、桑白皮宣肺行水；赤小豆利水消肿；连翘、金银花、野菊花、紫花地丁、天葵子、蒲公英清热解毒，除疮痈疫毒。尿少肿甚者，加车前子、泽泻利水消肿；血尿者，加小蓟、白茅根、石苇凉血止血利尿；皮肤痒疹，红赤灼热者，加丹皮、赤芍清热凉血。

(3) 水湿浸渍

证候：肢体浮肿，按之没指，小便短少，身体困重，胸脘痞闷，腹胀，纳差，泛恶。舌淡胖苔白腻，脉沉缓。

证候分析：本证以水湿内阻，脾阳受困，湿浊不化为基本病机。水湿浸渍，壅滞不行，故肢体浮肿，按之没指。湿邪聚积，膀胱气化失常，则小便短少。脾为湿困，阳气不得舒展，则身体困重，胸脘痞闷，腹胀，纳差，泛恶；舌淡苔白腻，脉沉缓为湿胜脾困之征。以全身水肿，按之没指，身体困重为辨证要点。

治法：健脾化湿，通阳利水。

方药：五苓散合五皮饮加减。方中茯苓、白术、泽泻、桂枝、猪苓健脾渗湿，通阳利水；陈皮、茯苓皮、生姜皮、大腹皮、桑皮理气消肿，合用则利水消肿之力倍增。偏寒者，加附子、干姜温阳化气；偏热者，加滑石、车前子清利湿热；水肿甚者，加麻黄、杏仁、葶苈子宣肺行水。

2. 阴水

(1) 脾阳虚衰

证候：肢体浮肿，按之凹陷难起，脘闷腹胀，纳差便溏，面色萎黄，神倦肢冷，小便短少。舌质淡，苔白滑，脉沉缓。

证候分析：本证以脾阳虚弱，土不制水，水湿泛溢为基本病机。中阳不振，气化不利，水邪泛溢，故身肿，按之凹陷不起，神倦肢冷，小便短少。脾虚失运，气血生化匮乏，则脘闷腹胀，纳差，便溏，面色萎黄。舌淡苔白腻，脉沉缓为阳虚水停之征。以肢体浮肿，纳呆，便溏，神倦肢冷为辨证要点。

治法：温运脾阳，利水消肿。

方药：实脾饮加减。方中附子、干姜温阳化气；茯苓、白术健脾燥湿；木瓜醒脾化浊；厚朴、木香、大腹皮行气导滞，利湿行水；甘草、大枣、生姜益脾和中。若尿少者，加桂枝、猪苓、泽泻温阳利尿；气虚息短，便溏者，加人参、黄芪健脾益气。

(2) 肾阳衰弱

证候：面浮身肿，腰以下为甚，两足跗尤剧，按之凹陷不起，心悸，腰部酸重，四肢厥冷，尿少，畏寒神疲，面色晦暗。舌质淡胖，苔白，脉沉细或沉迟无力。

证候分析：本证以肾阳虚衰，气不化水，水湿壅滞为基本病机。肾阳亏损，阳不化气，水湿下聚，故全身浮肿，腰以下甚，尿少。水气上凌心肺则心悸气促；命门火衰，肌体失温，则腰酸，四肢厥冷，畏寒神疲，面色晦暗。舌淡苔白，脉沉迟无力为阳虚湿盛之征。以腰下肿甚，腰酸重，畏寒肢冷为辨证要点。

治法：温肾助阳，化气行水。

方药：真武汤加减。方中附子大辛大热，温补脾肾；白术、茯苓健脾利水；生姜温肺散寒；白芍与附子合用，敛阴和阳。若心悸、唇紫、脉虚数或结代，宜重用附子，加桂枝、炙甘草、丹参、川芎温阳化瘀，益气安神；喘促，汗出，脉虚浮而数，为水邪凌肺，肾不纳气所致，加人参、蛤蚧、五味子、山茱萸、煅牡蛎以防喘脱。

(3) 瘀水互结

证候：水肿日久不退，时轻时重，全身浮肿，下肢为甚，小便短少，或伴尿血，肌肤或有紫红斑块，妇女月经不调或闭经。舌紫暗，或有瘀点瘀斑，脉细涩。

证候分析：本证以痰瘀内阻，水湿停滞为基本病机。水湿，痰瘀阻滞经隧，气血运行不畅，故全身浮肿，日久不退；瘀血痰湿胶结阻络，则肌肤紫暗，妇女月经不调；血不循经则尿血；舌有瘀斑，脉细涩为瘀血之征。以水肿日久不退，肌肤紫暗，舌有瘀斑为辨证要点。

治法：活血化瘀，利水消肿。

方药：桃红四物汤合五苓散。桃红四物汤重在活血化瘀，滋阴养血；五苓散重在通阳化气，渗湿利水。痰瘀较甚者，加益母草、泽兰、凌霄花利湿化瘀；气虚明显者，加黄芪、党参益气行水。阳虚突出者，加附子、细辛温阳行水。

【预防与调护】 锻炼身体，增强抗病能力。起居有时，饮食有节，生活有规律，避免外邪侵袭；及时治疗皮肤痈肿疮疖，以防毒邪内侵；勿过劳，节房事，免伤脾肾。水肿初起，宜清淡无盐饮食，待肿势渐退后，逐步改为低盐饮食，最后恢复普通饮食；严重水肿，要卧床休息。水肿患者皮肤抵抗力低下，极易发生破损和疮疡，注意加强皮肤护理，经常用温水清洁皮肤，不可用力擦洗。忌食辛辣、烟酒等刺激性物品及发物。此外，尤须注意寒温变化，防止再感外邪。

第五节 消 渴

消渴是以多饮、多食、多尿、身体消瘦无力或尿有甜味为临床特征的病证。消渴之名，首见于《内经》，并根据病机与症状不同，分为"消瘅"、"膈消"、"肺消"、"消中"。认为过食肥甘，情志失调，五脏柔弱是消渴的主要病因，内热是主要病机，治疗方面要禁食膏粱厚味。汉代张仲景首创白虎加人参汤、肾气丸治疗消渴。唐代《外台秘要》最先记载了消渴病人尿甜。后世医家根据本病"三多"症状的偏重不同，将本病分为上、中、下三消，口渴多饮为上消，多食易饥为中消，渴而便数如脂为下消。主要由于禀赋不足，阴津亏损，燥热偏盛所致，并与血瘀密切相关。

现代医学中的糖尿病、尿崩症可参照本病辨证论治。

【病因病机】 本病发病原因复杂，先天不足、情志失调、饮食不节、劳欲过度是其主要原因。消渴的基本病机为燥热偏盛，阴津亏耗。以阴虚为本，燥热为标，两者互为因果。

1. 饮食不节 过食肥甘、醇酒厚味，以致积热内蕴，化燥伤津，发为消渴。
2. 情志失调 长期精神刺激，导致气机郁结，郁而化火，耗伤肺胃阴津而发为消渴。
3. 劳欲过度 房事不节，劳倦所伤，损耗阴精，虚火内生，阴虚火旺，上蒸肺胃，发为消渴。
4. 禀赋薄弱 先天不足，五脏虚弱，气血津液亏损，阴不敛阳，燥热内生，发为消渴。

消渴病的病位在肺、胃、脾、肾，尤以肾为关键。病理性质为本虚标实，虚实夹杂。本虚是指阴虚、气虚，甚至阳虚，以阴虚为主，气虚、阳虚为阴虚转化而来。标实是指燥热、瘀血、痰浊，以燥热为主，痰瘀为继发因素。病机转化：消渴日久易发生两种转化：一是阴损及阳，阴阳俱损，以脾阳虚和肾阳虚多见。二是久病入络，瘀血阻滞，日久不愈，常累及五脏，以致精血枯竭，阴阳俱损，血脉瘀滞而并发多种兼症。预后：消渴病表现出"三多一少"的程度是判断病情轻重的重要标志。是否有并发症及其病变的程度，有无脏腑衰竭，特别是有无脾肾阴阳两虚证候，是判断预后的重要因素。症状较轻，病变控制较好，并发症少，或不严重，脏腑衰竭不明显，病情较轻；反之，则病重，预后不良，甚至出现阴阳两虚，厥脱昏迷的危象。

【诊断要点】

1. 临床特征 口渴多饮，多食易饥，多尿，形体消瘦（三多一少），或尿有甜味。
2. 病史 本病多发于中年以后，以及嗜食膏粱厚味、醇酒炙煿者。并与先天禀赋不足有关，故消渴病的家族史可供诊断参考。
3. 辅助检查 查空腹、餐后 2h 血糖和尿糖，尿比重，葡萄糖耐量试验，有助于明确诊断。

【鉴别诊断】

1. 瘿病 瘿病以情绪激动、多食善饥、形体逐渐消瘦、心悸、眼突、颈部一侧或两侧肿大为特征。虽然瘿病多食易饥，消瘦类似中消，但无多饮、多尿、尿甜等症。消渴无眼突、颈前长肿物等表现。
2. 尿崩症 尿崩症以尿多如崩，尿色淡如清水，多饮，低比重尿和低渗尿为特征，起病较急。与消渴病的"三多一少"有明显区别，亦可借助辅助检查加以鉴别。

【辨证论治】
(一) 辨证要点

1. 分辨病位　消渴病的病位在肺、胃、肾。烦渴多饮，病在肺；消谷善饥，病在胃；尿频量多，甚则尿浊稠如膏，病在肾。一般病之早期、中期，以上焦、中焦为主；后期以中焦、下焦为主。

2. 辨标本　本病以阴虚为本，燥热为标，初病多以燥热为主，病程较长者则阴虚与燥热互见，日久则以阴虚为主，进而阴损及阳，导致阴阳俱虚之证。

3. 辨本证与并发症　"三多一少"为本病的基本临床特征，而诸多并发症则是本病的另一特点。多数患者，先见本证，随病情的发展而出现并发症。但有少数患者"三多"及消瘦的本证不明显，常因痈疽、眼疾、心血管病而发现本病。并发症的多少与轻重决定着本病的预后与转归。

(二) 治疗原则

消渴病的基本治疗原则是清热润燥、养阴生津。临床上，上、中、下三消症状互见为多，难以截然划分。消渴日久不愈，常发生血脉瘀滞及阴损及阳的病变，并发痈疽、眼疾、劳嗽等症，故根据病情，常配伍活血化瘀、清热解毒、健脾益气、滋阴补肾、温补肾阳等治法。

(三) 分证论治

1. 上消　肺热津伤

证候：烦渴多饮，口干舌燥，尿频量多，烦热多汗，或大便秘结，身体渐瘦。舌边尖红，苔薄黄，脉洪数。

证候分析：本证以燥热伤肺，气不布津为基本病机。多见于消渴病初起，肺热炽盛，耗伤津液，故烦渴多饮、口干舌燥，多汗；肺阴耗伤，气不布津，故尿频量多，大便秘结；舌边尖红、苔薄黄、脉洪数为内热炽盛之征。以烦渴多饮，多尿为辨证要点。

治法：清热润肺，生津止渴。

方药：消渴方加味。方中黄连、天花粉清泻肺胃之热；生地、藕节养阴生津；蜂蜜润肺益胃。口干舌燥甚者，加葛根、麦冬生津止渴；大便秘结者，加玄参、大黄、芒硝增液泻热通便。

2. 中消　胃热炽盛

证候：多食易饥，口渴引饮，形体消瘦，小便多，大便干燥。舌红少津，苔黄燥，脉滑数。

证候分析：本证以胃热炽盛，津液耗伤为基本病机。本证为消渴病的典型症状期。胃主受纳，腐熟水谷，胃火炽盛，邪热消谷，故多食易饥；阳明热盛，耗伤津血，无以充养形体，则口渴引饮，形体消瘦；肺胃受病，宣降失职，水不化气，则小便多；胃津不足，大肠失润，则便秘；舌苔黄燥，脉滑数为里热伤津之征。以多食易饥，大便干燥，舌苔黄燥为辨证要点。

治法：清胃泻热，养阴增液。

方药：玉女煎加减。方中石膏、知母清泻胃热；熟地、麦冬、牛膝养阴生津。如大便秘结不行，可用增液承气汤，润燥通腑，待大便通后，再转本方治疗；烦渴甚者，加芦根、天花粉清热生津止渴。

3. 下消

(1) 肾阴亏虚

证候：尿频量多，混浊如脂膏，或尿甜，口干唇燥，皮肤干燥或瘙痒，五心烦热，头晕耳鸣，腰膝酸软无力。舌红少苔，脉沉细数。

证候分析：本证以肾阴亏虚，阴虚内热为基本病机。肾精亏损，精不化气，肾关不固，水谷精微下注，故尿频量多、混浊如脂膏而甜；腰府失养，则腰膝酸软无力；官窍、肌肤失润，则口咽、皮肤干燥；精亏，髓海失充，则头晕耳鸣；阴虚生热，相火扰动，则多梦遗精；舌红少苔，脉沉细数为阴虚内热之征。以尿频量多，混浊如脂膏与肾阴虚症状并见为辨证要点。

治法：滋养肝肾，益精润燥。

方药：六味地黄丸。方中山药、山萸肉、熟地补益肝肾，固摄阴精；丹皮、茯苓、泽泻清热泻火。若气阴两虚，伴困倦、气短者，加党参、黄芪益气养阴；阴虚火旺者，加知母、黄柏滋阴降火；骨蒸潮热者，加地骨皮、龟板、鳖甲养阴清热。

（2）阴阳两虚

证候：小便频数，混浊如膏，甚至饮一溲一，面色黧黑，容颜憔悴，耳轮焦干，腰膝酸软，形寒畏冷，阳痿不举。舌淡苔白而干，脉沉细无力。

证候分析：本证以肾之阴阳两虚，封藏失职为基本病机。本证多见于消渴病后期重症患者，肾阴亏损，阴损及阳，病情较为复杂。肾虚则封藏失司，则小便频数，混浊如脂膏，甚或饮一溲一；肾精亏耗，肌体失养，则面容憔悴、耳轮干枯、腰膝酸软；命门火衰，则阳痿，形寒畏冷；舌淡、苔白，脉沉细无力，为阴阳俱虚之征。以小便频数，混浊如脂膏与肾阳亏虚并见为其辨证要点。

治法：滋阴温阳，益肾固摄。

方药：金匮肾气丸加减。方中附子、肉桂温补肾阳；熟地、山萸肉、山药滋补肾阴；泽泻、茯苓、丹皮泄热化浊。加覆盆子、桑螵蛸、金樱子补肾固摄；气虚明显者，加党参、黄芪益气生精；腰膝酸软无力者，加杜仲、续断补肾强腰；畏寒怕冷者，加鹿茸、紫河车温肾壮阳。

4. 气滞血瘀

证候：口渴引饮，或渴饮不多，消谷善饥，身体消瘦，胸胁胀满或刺痛，或半身不遂，头晕耳鸣，心悸健忘，小便频数量多。舌紫暗，有瘀斑，脉沉涩或结代。

证候分析：本证以瘀血阻络，气为血阻，津气不布为基本病机。消渴日久，耗阴伤气，气虚血瘀，阴虚燥热，津液失布，故多饮、多食、多尿。瘀阻气滞，则胸胁刺痛，心悸，甚者半身不遂，阻于清窍则头晕。舌质紫暗，脉细涩为瘀血之征。以"三多"症状，伴胸胁刺痛，舌质紫暗为辨证要点。

治法：活血化瘀，养阴润燥。

方药：桃红四物汤加减。方中生地、白芍、当归、川芎滋阴养血；桃仁、红花活血化瘀；可加丹参、益母草、木香理气行血。口干咽燥者，加葛根、麦冬、天冬生津止渴润燥；气阴两虚者，可与生脉散合用。

消渴日久，容易发生各种并发症，应在治疗本病的同时针对并发症积极治疗。

【预防与调护】 保持心情舒畅，勿紧张恼怒。适当体育活动，建立有规律的生活方式，劳逸结合，不宜过度疲劳，节制性生活。养成有规律的生活习惯，适当控制体重，防止肥胖。有消渴病家族史者，要早期预防，早期发现，坚持长期治疗。消渴病患者要制订合理的食谱，饮食清淡易消化，忌进食糖类，限制淀粉类食物和油脂的摄入，忌食辛辣烟酒等刺激物品；忌恼怒、郁闷、惊恐。积极防治并发症。

第六节 胃 痛

胃痛，又称胃脘痛，是胃失和降或胃络失养所致，以上腹胃脘部近心窝处经常发生疼痛为临床特征。在古代文献中，把胃脘痛称之为胃心痛、心口痛，或者心痛。其实胃脘痛与心痛，两者既有部位之别，疼痛的程度、性质与预后也有很大不同。胃脘痛之名最早见于《内经》，《灵枢·邪气脏腑病形》篇说："胃病者，腹胀，胃脘当心而痛。"宋代《济生方》把胃脘痛的病因归纳为外感六淫、七情内伤、饮食失节三个方面。元代朱丹溪指出胃脘痛的病位在中焦脾胃，为后世辨治胃痛奠定了基础。

西医学中的急、慢性胃炎，胃、十二指肠溃疡病，胃癌，胃神经官能症等病，均可参照本病进行辨证治疗。

【病因病机】 胃痛的病因不外是外邪、饮食、情志，以及久病脾虚等。基本病机为胃失和降，气机不利，"不通则痛"，以及胃失濡养、温煦，"不荣亦痛"。

1. 寒邪客胃 外感寒邪或脘腹受凉，寒客胃腑，导致气机凝滞，胃失通降，不通则痛。

2. 饮食伤胃 饮食不节，暴饮暴食，损伤脾胃，脾气失运，宿食停滞；或过食生冷，寒凉伤中，损伤中阳，纳运失常；或嗜食肥甘、辛辣，湿热中阻，胃失和降，气机不畅而痛。

3. 情志不畅 郁怒伤肝，肝失疏泄，横逆犯胃；或忧思伤脾，胃气不得宣通，导致气机阻滞，胃失和降而痛。

4. 体虚久病 素体脾胃虚弱，或久病劳倦，或过服寒凉药物，均可致脾胃气虚，中阳不振，中焦虚寒，寒凝气滞而发生胃痛；或素体阴虚，或热病伤阴，或久服香燥理气之品，耗伤胃阴，胃失濡养、温煦而疼痛。

胃痛的病因较复杂，但其发病机制的共同之处为"不通则痛"。其病位在胃，与肝、脾关系密切，涉及胆与肾。病理性质有虚实之分，因外邪、饮食、情志所伤，多为实证。因胃失濡养、温煦所致，多为虚证。后期常脾胃虚弱，虚实夹杂。病机转化：主要表现在三个方面：一是寒热转化，寒湿郁久化热形成热证，或寒热错杂证。二是气血转化，初起病在气分，日久入络伤血，出现瘀阻胃络而出血。三是虚实转化，初病多属实证，久痛不愈，或反复发作，脾胃受损，可由实转虚，或出现虚实夹杂证。预后：胃痛治疗正确，护理得当，预后一般较好。若日久形成虚实夹杂证，则治疗难度加大，易反复发作。久痛入络伤血，则出现呕血、便血。胃痛日久，则易形成痰瘀互结胃脘。

【诊断要点】

1. 临床特征 以胃脘部疼痛为主症，常见持续性胀痛、刺痛、隐痛，伴有恶心、嘈杂、嗳气、泛酸等症状。

2. 病史 以中青年居多，有反复发作病史，发作多与恼怒、劳累、暴食、饥饿，或饮食不当等因素有关。

3. 胃镜、上消化道钡餐造影、幽门螺杆菌检测等有助诊断。

【鉴别诊断】

1. 真心痛 胃痛以胀痛、隐痛多见，也有剧烈疼痛如针刺者，但一般不如真心痛严重；真心痛多见绞痛如割，痛彻胸背，心悸、憋闷、有濒死的感觉。

2. 腹痛 腹痛是胃脘部以下的胁腹、大腹、少腹等部位疼痛，与胃脘痛发生的部位明显不同。

3. 胁痛　胁痛是以一侧或两侧胁肋疼痛为主的病证，一般为肝胆病等多种病证所伴有的自觉症状，在疼痛部位及兼症方面与胃脘痛明显不同。

【辨证论治】

(一) 辨证要点

1. 辨虚实　一般来说，病程短，体质壮实，痛势急迫，痛处拒按者，多属实证；病程长，体质虚弱，病势缠绵，痛处喜按者，多属虚证。

2. 辨寒热　疼痛突发，遇寒则痛增，得热则痛减，泛吐清水者，多属寒证；胃脘灼痛，痛势急迫，喜凉饮冷，遇热痛剧，泛吐酸水者，多属热证。

3. 辨气血　以胀痛为主，或痛引胸胁，随情志波动而增减者，多属气滞；痛如针刺，固定不移，多属血瘀。

(二) 治疗原则

以理气和胃止痛为基本原则。属实者以祛邪为主，根据寒凝、气滞、血瘀、胃热等不同情况，分别采用散寒止痛、疏肝理气、活血化瘀、清泄胃热等法。属虚者以扶正为主，根据虚寒、阴虚等不同情况，分别采用温中补虚、滋养胃阴等法。虚实夹杂者，应扶正祛邪兼用。

(三) 分证论治

1. 寒邪犯胃

证候：胃痛暴作，剧烈疼痛，畏寒喜暖，得温则减，遇寒加剧，口不渴，喜热饮。舌苔白，脉弦紧或弦迟。

证候分析：本证以寒邪客于胃府，气机凝滞不通为基本病机。寒为阴邪，其性凝滞，寒客胃府，阳气被遏，气机阻滞，故胃痛暴作，疼痛剧烈，得温则减，遇寒加重；寒性清澈，则口淡不渴。舌苔白，脉弦紧均为寒凝之征。以胃痛暴作，得温则减，遇寒加剧为辨证要点。

治法：温胃散寒，理气止痛。

方药：良附丸加减。方中良姜温胃散寒，香附行气止痛。若为外感寒邪所致，加桂枝、荆芥、紫苏散寒通阳；兼有食滞者，加焦三仙、生姜、半夏消食导滞；气滞较甚，胀痛者，加陈皮、木香行气止痛。

2. 饮食积滞

证候：胃脘胀痛拒按，嗳腐吞酸，或呕吐不消化食物，吐后痛减，不思饮食，大便不调，矢气或便后稍舒。舌苔厚腻，脉滑。

证候分析：本证以食滞胃脘，胃失和降为基本病机。饮食不节，食积胃脘，气机阻滞，故胃脘胀痛拒按；胃气不得通降，则嗳腐吞酸，不思食，呕吐、或得便、或矢气，胀痛减轻。舌苔厚腻，脉滑均为食滞之征。以脘腹胀满，疼痛拒按，嗳腐吞酸为辨证要点。

治法：消食导滞，和胃止痛。

方药：保和丸加减。方中山楂、神曲、莱菔子消食导滞；半夏、陈皮、茯苓和胃降逆，理气化湿；连翘清热散积。胃脘胀痛不减者，加香附、枳壳行气止痛；食积化热，胃痛较剧，大便秘结，苔黄腻，脉滑数者，加大黄、枳实泻热破气通腑。

3. 肝气犯胃

证候：胃脘胀满，攻撑作痛，痛连两胁，胸闷，嗳气，善叹息，情志不舒易诱发或加重。舌苔薄白，脉弦。

证候分析：本证以肝气郁滞，横逆犯胃，胃失和降为基本病机。肝失条达，横逆犯胃，故胃脘攻撑胀痛，痛连两胁，嗳气，叹息。气机郁滞，升降失常，则胃痛每因情志变化而诱发或加重。舌苔薄白，脉弦为肝郁气滞之征。以胃脘攻撑胀痛，痛连两胁为辨证要点。

治法：疏肝理气，和胃止痛。

方药：柴胡疏肝散加减。方中柴胡、白芍、川芎、香附疏肝解郁；陈皮、枳壳、甘草理气和中，共奏理气止痛之功。若胀痛甚者，加木香、佛手行气疏肝；嗳气频作者，加半夏、旋覆花降气和胃。

4. 瘀血停滞

证候：胃痛日久，痛如针刺或刀割，痛有定处，拒按，食后加重，或见呕血、大便黑。舌质紫暗或有瘀斑，脉涩。

证候分析：本证以久痛入络，脉络瘀阻为基本病机。胃痛日久，气血瘀滞，瘀阻胃络，故痛如针刺或刀割，痛有定处而拒按。久痛入络，脉络受损，血不循经，则吐血、便血。舌紫暗，脉涩为瘀血之征。以胃痛如针刺刀割，痛处固定为辨证要点。

治法：活血化瘀，理气止痛。

方药：失笑散合丹参饮加减。方中五灵脂甘温，活血散瘀；蒲黄辛平，行血消瘀；丹参化瘀通络；檀香、砂仁行气宽中。如痛甚者，加元胡、三棱、莪术以增活血止痛之功；吐血、便血者，加地榆、白及、三七消瘀止血。

5. 脾胃虚寒

证候：胃脘隐痛，绵绵不断，时发时止，喜暖喜按，得食则减，泛吐清水，纳差，大便溏薄，神疲乏力，四肢不温。舌质淡，苔薄白，脉虚弱。

证候分析：本证以脾胃亏虚，中阳不振，胃失温养为基本病机。脾阳不振，虚寒内生，胃失温煦，故胃脘隐痛，喜温喜按，四肢欠温。脾失健运，肌体失养，则便溏，食少乏力，时泛清水。舌淡苔白，脉弱为中焦虚寒之征。以胃脘隐痛，喜温喜按，四肢欠温为辨证要点。

治法：温中健脾，缓急止痛。

方药：黄芪建中汤加减。方中黄芪、饴糖补虚益胃，合桂枝温阳散寒；芍药、甘草缓急止痛；生姜、大枣健脾胃而和营卫。若泛吐酸水者，加吴茱萸暖肝温胃以制酸；泛吐清水者，加良姜、陈皮、半夏、茯苓温胃化饮；寒胜而痛甚、呕吐肢冷者，可加附子扶助阳气，温散阴寒。

6. 胃阴亏虚

证候：胃脘隐隐灼痛，心烦嘈杂，烦渴思饮，口燥咽干，纳差，大便干结。舌质红少苔，脉细数。

证候分析：本证以胃阴不足，胃失润降为基本病机。胃痛日久，邪郁化热伤阴，胃失濡润，故胃脘灼痛，嘈杂，纳差，烦渴思饮；阴虚液耗，肌体失润，则口燥咽干，大便干结。舌红少苔，脉细数为阴虚之征。以胃脘隐隐灼痛，口燥咽干，舌红少苔为辨证要点。

治法：滋阴养胃，和中止痛。

方药：沙参麦冬汤加减。方中沙参、麦冬清热润燥，养阴益胃；天花粉、玉竹清润肺胃，滋阴生津；扁豆、甘草健脾，补中益气；桑叶轻泻虚热。疼痛较甚者，加芍药、元胡缓急止痛；腹胀者，加佛手理气而不伤阴。

【预防与调护】　保持良好的饮食习惯和生活规律，切忌暴饮暴食、饥饱不匀、烟酒过度。情绪要乐观、开朗，保持良好的心理状态。胃痛患者要合理调配饮食，少食多餐，以温暖、清淡软烂、易消化的食物为宜，勿贪食生冷、恣食酸辣、肥甘等刺激性食品。胃痛持续不已，较剧烈者，应卧床休息，密切注意病情变化。

第七节　眩　晕

临床上以目眩头晕为特征的病证称为眩晕。眩指眼花或眼前发黑，视物模糊；晕指头晕，感觉自身或外物旋转，站立不稳。两症常同时并见，故称眩晕。轻者闭目即止，重者旋转不定，不能站立，或伴有恶心、呕吐、汗出等症，严重者可突然仆倒。眩晕最早见于《内经》，《素问·至真要大论》说："诸风掉眩，皆属于肝"，指出眩晕与肝关系密切。汉代张仲景认为痰饮是眩晕发病原因之一；元代朱丹溪倡导痰火致眩学说，提出了"无痰不作眩"；明代张景岳强调"无虚不能作眩"，认为"眩晕一证，虚者居八九，而兼火、兼痰者不过十中一二耳。"这些理论至今仍值得借鉴，从不同的角度阐发和丰富了眩晕的病因病机，指导着临床实践。

西医学中的高血压、低血压、低血糖、梅尼埃综合征、贫血、脑动脉硬化、神经衰弱等病，临床表现以眩晕为主要症状者，均可参照本病进行辨证论治。

【病因病机】　本病的发生，可因阴虚，血少精亏所引起，也可由于痰浊、瘀血所致。基本病机是：虚者为髓海不足，或气血亏虚，清窍失养；实者为风、火、痰、瘀，上扰清空。

1. 肝阳上亢　素体阳盛，或因长期忧郁恼怒，气郁化火，使肝阴暗耗，风动阳升，上扰清窍；或肾阴素亏，水不涵木，肝阳上亢，发为眩晕。

2. 气血亏虚　久病不愈，或饮食失节，或失血之后，或思虑过度，以致气血两虚，气虚则清阳不展，血虚则脑失所养，皆能发生眩晕。

3. 肾精不足　先天不足或后天失养，或久病伤肾，或房劳过度，导致肾精亏耗，不能生髓充脑，髓海不足，发生眩晕。

4. 痰浊中阻　饮食不节，或思虑伤脾，脾胃受损，健运失司，以致水谷不化精微，聚湿生痰，痰浊中阻，清阳不升，浊阴不降，清窍失养，引起眩晕。

眩晕一证病位在清窍（脑），与肝、脾、肾三脏密切相关。其病理性质为本虚标实，以虚者居多。肝肾阴虚，气血不足为病之本；风、火、痰、瘀为病之标。病机转化：眩晕在发病过程中，各种因素可互相影响、转化，形成虚实夹杂；或阴损及阳，阴阳两虚；或肝风痰火，上蒙清窍，阻滞经络，形成中风；或突发气机逆乱，清窍暂闭而引起晕厥。预后：眩晕若脏腑受损不重，病情轻者，治疗护理得当，预后多良好。脏腑受损，经久不愈，频繁发作，尤其中年以上风阳上扰，肝火上炎的眩晕等，难以根治，严重者可阳化风动，血随气逆，横窜经络而发生中风，致残伤命。

【诊断要点】

1. 临床特征　以头晕目眩，视物旋转，轻者闭目即止，重者如坐车船，甚则仆倒为特征。发作时伴有恶心呕吐，眼球震颤，耳鸣耳聋，汗出，面色苍白等。

2. 病史　发病缓慢，逐渐加重，或反复发作。多有思忧恼怒，久病体弱，年迈肾虚，饮食失调，跌仆外伤等病史。

3. 借助辅助检查，明确诊断，注意排除颅内占位性病变和颅内感染性疾病。

【鉴别诊断】

1. 厥证　厥证以突然昏仆，不省人事，或伴有四肢厥冷为特点。发作后一般在短时间内逐渐苏醒，醒后无偏瘫、失语、口眼㖞斜等后遗症。严重者也可一蹶不复而死亡。眩晕发作严重者也有欲仆或眩晕仆倒等表现，与厥证相似，但一般无昏迷及不省人事的表现。

2. 中风　中风以猝然昏仆，不省人事，伴有口眼㖞斜、偏瘫、失语；或不经昏仆，而仅以㖞僻不遂为特征。本证昏仆与眩晕之甚者相似，但其昏仆则必昏迷不省人事，且伴㖞僻不遂，与眩晕迥然不同。

3. 痫证　痫证以突然昏倒，不省人事，口吐涎沫，两目上视，四肢抽搐，或口中如作羊叫声，移时苏醒，醒后一如常人为特征。痫证昏仆与眩晕甚之仆倒相似，且发作前多有眩晕、乏力、胸闷的先兆，发作日久常有神疲乏力、眩晕时作等症状，但痫证昏仆时与眩晕仆倒有很大区别。

【辨证论治】

（一）辨证要点

1. 辨主症　以头晕目眩，视物旋转，轻者闭目即止，重者如坐车船，甚则仆倒为主症。

2. 辨虚实　本证慢性起病，逐渐加重，或反复发作。一般情况下，新病多实，久病多虚；体壮者多实，体弱者多虚；发作期多实，缓解期多虚。

3. 辨脏腑　眩晕病位在清窍，与肝、脾、肾关系密切。一般伴有头昏脑胀，面部潮红的病在肝；伴有纳差、痰多和呕恶的病在脾；伴有腰膝酸软，耳鸣如蝉，脑中空痛的病在肾。

（二）治疗原则

眩晕的治疗原则主要是补虚泻实，调整阴阳。补虚以填精补髓、益气补血为主，配合健脾和胃。泻实以燥湿祛痰、清肝泻火为主，配合清镇潜降。本证多属本虚标实之证，所以一般常须标本兼顾，或者在标证缓解后，即须考虑治本。

（三）分证论治

1. 肝阳上亢

证候：眩晕耳鸣，头胀痛，每因烦劳或恼怒而增剧，面红目赤，急躁易怒，心悸健忘，少寐多梦，口苦，腰膝酸软，或肢体麻木、震颤。舌红苔黄，脉弦细或弦数。

证候分析：本证以水不涵木，阴虚阳亢为基本病机。肾阴亏虚，肝阳独亢，血随气逆，风阳升动，上扰头目，则眩晕耳鸣，头痛且胀，面红耳赤，口苦。肝失疏泄，故急躁易怒；恼怒劳累，故能加重诸症；腰为肾府，肝肾阴虚，筋脉失养，故腰膝酸软，肢麻，震颤。阴虚火动，上扰心神，则心悸健忘，失眠多梦。舌红苔黄，脉弦细数为阴虚阳亢之征。以眩晕、头痛且胀、面红耳赤、急躁易怒、脉弦细数为辨证要点。

治法：平肝潜阳，凉肝熄风。

方药：天麻钩藤饮加减。方用天麻、钩藤、石决明平肝潜阳熄风；益母草、黄芩、栀子清肝泻火；杜仲、牛膝、桑寄生补益肝肾；茯神、夜交藤养血安神；若肝火偏盛，面红目赤，口苦者，加龙胆草、丹皮、菊花、夏枯草凉肝泻火熄风；兼阴虚，五心烦热，舌红苔少者，加生地、麦冬、玄参、首乌、白芍滋补肝肾，养阴清热；腑热便秘者，加大黄、芒硝泻热通便。

2. 气血亏损

证候：眩晕，动则加重，劳累即发，乏力气短，神疲自汗，食少懒言，腹胀，便溏，面色无华，口唇、爪甲不荣，心慌心跳，失眠健忘。甚则自觉景物旋转，不能站立，呕吐恶心、汗出。舌质淡，脉细弱。

证候分析：本证以气血亏虚，清窍失养为基本病机。血虚则脑失所养发为眩晕，甚则不能站立，恶心；劳则耗气，故动则加剧，或遇劳即发；气血不足，机体失养，则神疲懒言，乏力自汗；血不养心，则心悸失眠；气血虚弱不能上荣头面，充盈脉络，则面色无华，唇甲淡白。舌淡，脉细弱为气血虚弱之征。本证以眩晕，动则加剧，遇劳即发及气血亏损的表现为辨证要点。

治法：补益气血，健脾养胃。

方药：归脾汤加减。方用人参、黄芪、白术、茯苓益气健脾，资生化之源；当归、枣仁、远志、龙眼补血安神；木香理气，使补而不滞；甘草和中。若自汗出者，加五味子、浮小麦益阴敛汗；伴有泄泻便溏者，加炒山药、白扁豆健脾止泻；若兼见畏寒肢冷，腹中隐痛者，加桂枝、炮姜温中助阳；若血虚甚，面色苍白者，加熟地、阿胶补养精血；若中气不足，清阳不升，眩晕时作，便溏气坠者，治宜补中益气，升清降浊，方用补中益气汤加减。

3. 瘀血阻窍

证候：眩晕耳鸣，或头部刺痛，健忘，失眠，心悸，面色或口唇紫暗，舌质有紫斑或瘀点，脉涩或沉弦。

证候分析：本证以瘀血阻滞，脑络不通为基本病机。瘀阻脑络，气血不畅，脑失所养，故眩晕耳鸣时作，头部刺痛；瘀血不去，新血不生，心失所养，则健忘、失眠、心悸；面唇紫暗，舌有瘀点紫斑，脉弦涩，为瘀血内阻之征。本证以眩晕，头部刺痛，舌紫有瘀点为辨证要点。

治法：通窍活络，祛瘀止痛。

方药：通窍活血汤。方中桃仁、红花、赤芍、川芎活血化瘀；麝香、老葱、生姜行气散结，通阳止痛；大枣益气，黄酒行血。若神疲乏力，少气自汗者，重用黄芪，益气活血通络；若畏寒肢冷，寒凝心脉者，加用附子、桂枝温经通阳止痛。

4. 肾精不足

证候：眩晕，脑中空痛，耳鸣如蝉，精神萎靡，腰膝酸软，或遗精、滑泄，齿摇，失眠健忘。舌质淡，脉沉细无力。

证候分析：本证以精血亏虚，脑失所养为基本病机。肾精亏损，脑髓失充，故头晕目眩，健忘，耳鸣；腰为肾府，肾精不足，髓少骨弱，则腰酸膝软，精神萎靡；精血虚弱，不能上奉于心，则少寐多梦；封藏失职，则遗精、滑泄；舌淡，脉沉细为血虚之征。本证以头晕目眩，耳鸣健忘及肾虚表现为辨证要点。

治法：补肾填精，益髓充脑。

方药：①偏于阴虚者用左归丸。方以熟地、山萸肉、山药补肾填精；枸杞子、菟丝子、鹿角霜生精补髓；牛膝、龟板胶滋阴降火，补肾壮骨。若相火妄动，烦热梦遗者，加知母、黄柏清热除烦。②偏阳虚者用右归丸。方用肉桂、附子、杜仲补肾壮阳，强健筋骨；熟地、山萸肉、山药肝、脾、肾三脏并补；枸杞子、菟丝子、鹿角胶生精补髓；当归补血生精。若小便清长，夜尿增多者，加益智、乌药助阳化气。

5. 痰浊中阻

证候：眩晕，视物旋转，头重如蒙，肢体沉重，胸闷恶心，食少多寐，呕吐痰涎，精神困倦。舌胖大有齿痕，舌苔白腻，脉濡滑。

证候分析：本证以痰浊中阻，清阳不升，浊阴上蒙为基本病机。痰浊壅阻，清阳不升则眩晕；浊阴上逆则头重如蒙；痰浊中阻，气机不利，胃失和降，则胸闷，恶心，呕吐痰涎；中阳受困，脾气不运，则食少神疲；舌胖大，苔白腻，脉濡滑为痰湿内盛之征。以视物旋转，头重如蒙及痰浊困阻脾胃的表现为辨证要点。

治法：燥湿祛痰，健脾和胃。

方药：半夏白术天麻汤加减。方用陈皮、半夏燥湿化痰，降逆止呕；茯苓、白术健脾燥湿；生姜、大枣、甘草和胃补中；天麻熄风定眩。若耳鸣重听者，加葱白、郁金、菖蒲通阳开窍。若脘闷不适者，加砂仁、白蔻仁芳香化湿，理气健脾。

【预防与调护】 戒躁怒，节房事，注意劳逸结合，避免体力和脑力过度劳累。锻炼身体，修身养性，以增强抗病能力。眩晕患者要少做或不做旋转、弯腰运动，以免诱发或加重病情。平时饮食宜清淡富有营养，节食肥甘厚味，忌辛辣酒食。注意适当休息，保持心情舒畅，防止七情内伤。对重症患者要密切注意观察病情，以便及时处理，并注意生活及饮食上的调理。病室安静，舒适，避免噪音。眩晕发作时应卧床休息，闭目养神，注意观察血压、呼吸、脉搏、神志等变化。

第八节 便 秘

便秘是因大肠传导失常，而致大便秘结，排便周期延长，便质干燥难出，或便质虽软，但排出艰涩不畅为临床特征的病证。汉代张仲景在《伤寒杂病论》中对便秘有较全面的认识，提出了寒、热、虚、实不同的发病机制，创立了苦寒攻下、温里泻下、养阴润下、理气通下、蜜煎导法等诸多治疗便秘的方剂和方法，为后世治疗便秘确立了基本原则。元代朱丹溪认为血少是便秘的重要原因，告诫不可妄用攻下。明代张景岳把便秘分为阴结和阳结两大类：阳结者邪有余，宜攻宜泻；阴结者正不足，宜补宜滋；有火便是阳结，无火便是阴结。简明扼要，便于应用。

西医学中的习惯性便秘、肠道激惹综合征、肠炎恢复期、肛裂、痔疮等肛门直肠疾患引起的便秘，以及药物引起的便秘均可参照本病辨证治疗。

【病因病机】 便秘多因肠胃积热、气机郁滞、气血亏虚、阴寒凝滞所致，基本病机为大肠传导功能失常。

1. 肠胃积热　素体阳盛，或过食辛辣厚味等，导致肠胃积热，耗伤津液，肠道失润，大便干涩燥结，形成便秘。

2. 气机郁滞　思忧恼怒，肝失条达；或久坐少动，腑气郁滞，大肠通降失常，传导失司，糟粕不得下行而便秘。

3. 气血亏虚　久病内伤，或年老体弱，气血亏虚，或汗下耗津，导致气伤津亏。气虚则大肠传导无力，血虚则肠道失润，以致大便秘结。

4. 阴寒凝滞　恣食生冷，或外感寒邪，或年老阳衰，导致阴寒内结，糟粕不行，凝滞肠道而成冷秘。

便秘的病位在大肠，而与肺、脾、肝、肾四脏关系极为密切。肺与大肠相表里；脾主运化水谷；肝主疏泄调畅三焦气机；肾主五液，司二便。病理性质有寒、热、虚、实之分。燥热内结为热秘；阴寒凝滞为冷秘。虚者为大肠失于温润或濡养，传导失常；实者为邪滞肠腑，壅塞不通。病机转化：主要体现在寒热虚实之间的转化。邪热不去伤阴，由实秘转为虚秘；寒积日久伤阳，形成阳气亏损的虚证。阴血不足，虚热内生，又可致热结便秘；气虚阳虚之人，易导致阴寒内生而形成冷秘。预后：便秘治疗及时恰当，大多可痊愈。对于年老体弱、产后、病后等气血亏虚者，宜内外合治，缓图其效。长期便秘，易引起肛裂、痔疮等。

【诊断要点】

1. 临床特征　排便次数减少，间隔时间延长，大便干燥，排出困难；或排便无力，艰涩难出。

2. 病史　发病常与外感寒热、饮食、情志、少动、年老体虚、气血耗伤等因素有关。起病缓慢，多表现为慢性病变过程，老年及女性多见。

【鉴别诊断】

1. 积聚　积聚与便秘均可触及腹部包块。便秘包块在左下腹，为条索状，与肠形一致，排便后即减少或消失。积聚包块形状不定，多与肠形不一致，排便后不消失。

2. 直肠癌　直肠癌表现顽固性便秘，大便形状变细，血便较突出，或腹泻与便秘交替。直肠指检可发现直肠肿块，质地坚硬，表面呈结节状，有肠腔狭窄。结肠镜检查和粪便隐血检查可帮助诊断。

【辨证论治】

（一）辨证要点

1. 辨寒热虚实　大便干燥难出，身热，腹胀拒按，舌苔黄燥，多为实证、热证。大便艰涩，面白头晕，气短乏力，四肢不温，舌淡苔白滑，多为虚证、寒证。实证有热秘、冷秘、气秘之分；虚证有气虚、血虚、阳虚之别。

2. 辨大便性状　大便干燥坚硬，排便时肛门灼热，属燥热内结；大便艰涩，腹痛拘急，多为阴寒凝滞；便结不甚，欲便不出或便下无力多为气虚。

3. 腹部触诊　便秘而腹部拒按者属实证，便秘而腹部喜按者属虚证。

（二）治疗原则

便秘治疗以通下为基本原则。实证以祛邪为主，采用泻热、温散、通导之法，辅以顺气导滞。虚证以扶正为主，采用滋阴养血、益气温阳之法，辅以增液润肠，标本兼治。

（三）分证论治

1. 实秘

（1）热秘

证候：大便干结，腹胀腹痛，面红身热，口干口臭，心烦不安，小便短赤，或口舌生疮。舌红、苔黄或黄燥，脉滑细。

证候分析：本证以肠腑燥热，伤津耗液，肠道失润为基本病机。肠胃积热，耗伤津液，故大便干结，口干口臭，或口舌生疮；热积肠腑，气机壅滞，腑气不通，则腹胀或腹痛；邪热内扰心神，则心烦不安；热移膀胱，则小便短赤；苔黄燥、脉滑数为肠腑积热、伤津化燥之征。以大便干结，腹胀，面红身热为辨证要点。

治法：泻热导滞，润肠通便。

方药：麻子仁丸加减。方中大黄、枳实、厚朴通腑泻热，行气除满；火麻仁、杏仁润肠通便；芍药养阴和营。若大便干结而坚硬者，可加芒硝、瓜蒌仁以软坚散结，泻热通便；若口干舌燥，津液耗伤者，加生地黄、玄参、麦冬滋阴生津；若热势较甚，痞满燥实者，可选用大承气汤，急下存阴。

(2) 气秘

证候：大便秘结，欲便不得出，或便而不爽，肠鸣矢气，腹中胀痛，胸胁痞满，嗳气频作，食纳减少。舌苔腻，脉弦。

证候分析：本证以肝脾气滞，通降失常为基本病机。情志失和，气机郁滞，腑气不通，大肠传导失司，故大便秘结，欲便不得；肠腑气滞，升降失调，则腹中胀痛，肠鸣矢气，嗳气频作；肝郁气滞，则胸胁痞满；胃肠气阻，脾气不运，则食少纳呆；舌苔薄腻，脉弦为气滞湿阻，肝脾气郁之征。以便秘，欲便不得，嗳气，胸胁痞满为辨证要点。

治法：顺气导滞。

方药：六磨汤加减。方中木香调气，乌药顺气，沉香降气，大黄、槟榔、枳实破气行滞。若气郁化火，口苦咽干，舌苔黄者，加黄芩、栀子、龙胆草清肝泻火；腹胀甚者，加莱菔子、青皮、厚朴理气消胀；气逆呕吐者，加半夏、陈皮、旋覆花、代赭石降逆和胃止呕；精神抑郁，忧虑寡欢者，加柴胡、白芍、合欢皮疏肝解郁。

(3) 冷秘

证候：大便艰涩，腹胀痛拒按，拘急难忍，喜热畏寒，手足不温，呃逆呕吐，舌苔白腻，脉弦紧。

证候分析：本证以阴寒凝滞，壅阻胃肠为基本病机。阴寒内盛，凝滞胃肠，大肠传导失司，故大便艰涩、手足不温；肠腑凝滞，气失通调，则腹胀痛拒按，拘急难忍；气机不畅，胃失和降，则呃逆呕吐；舌苔白腻，脉弦紧为阴寒凝滞之征。以便秘，腹胀痛拒按，畏寒为辨证要点。

治法：温里散寒，通便止痛。

方药：温脾汤合半硫丸加减。前方温中散寒，导滞通便。方中附子温里散寒；大黄通腑除积；人参、干姜、甘草补脾益气，温中祛寒。后方温肾祛寒散结。方中半夏、姜汁温胃降逆，和中化浊；硫黄温肾壮阳，祛寒开秘。可加枳实、厚朴行气止痛，导滞通下；若肠燥津亏者，可加当归、肉苁蓉养血润燥，补阳通便。

2. 虚秘

(1) 气虚便秘

证候：大便并不干硬，虽有便意，但临厕努挣乏力，排出不畅，汗出气短，面色无华，神疲懒言，肢倦少动，舌淡苔白，脉弱。

证候分析：本证以肺脾气虚，传导无力为基本病机。气虚，则大肠传导无力，故虽有便意，大便并不干硬，临厕须竭力努挣；肺卫不固，腠理疏松，则汗出短气。脾失健运，化源不足，则面色无华，神疲肢倦；舌淡苔白，脉虚弱属气虚之征。以便质并不干硬，便难排出，汗出气短，神疲为辨证要点。

治法：补气润肠。

方药：黄芪汤加减。方中黄芪补益脾肺之气；火麻仁、白蜜润肠通便；陈皮理气。气虚较甚者，加人参、白术健脾益气。气虚下陷脱肛者，合用补中益气汤益气，升提举陷。

(2) 血虚便秘

证候：大便干结，面白无华，心悸气短，健忘，失眠多梦，头晕目眩，口唇色淡。舌淡苔白，脉细涩。

证候分析：本证以阴血亏虚，肠道失润为基本病机。血虚津少，不能濡润大肠，故大便干结；血虚不能上荣，则头晕目眩，面色无华；心失所养，则心悸、健忘。唇舌淡，脉细涩,均为阴血不足之征。以便秘,面色无华,头晕,唇舌淡为辨证要点。

治法:养血润燥。

方药:润肠丸加减。方中当归、生地黄滋阴养血;火麻仁、桃仁润肠通便;枳壳行气导滞。血虚有热,口干心烦,加知母、何首乌、玄参清退虚热;妇女产后出血过多而致便秘者,可选用八珍汤加首乌、桃仁,气血双补,润肠通便。

(3) 阴虚便秘

证候:大便干结,形体消瘦,头晕耳鸣,颧红,心烦失眠,潮热盗汗,腰膝酸软。舌红少苔,脉细数。

证候分析:本证以阴虚内热,肠道失润为基本病机。阴血亏损,肠道失润,故大便干结;机体失养,清窍失充,则腰膝酸软,头晕耳鸣;阴虚火旺,则颧红,潮热盗汗;热扰心神,则心烦失眠。舌红苔少,脉细数为阴虚内热之征。以大便干结,颧红,潮热盗汗为辨证要点。

治法:滋阴通便。

方药:增液汤加减。方中玄参、麦冬、生地黄滋阴生津,润肠通便。可加白芍、北沙参、当归、石斛以助养阴和血之力;加火麻仁、柏子仁、瓜蒌仁增强滋阴润肠之功;阴亏燥结,热盛伤津者,可选用增液承气汤以增水行舟。

(4) 阳虚便秘

证候:大便干或不干,排出艰涩不畅,小便清长,面色淡白,时作眩晕,四肢不温,腹中冷痛,腰膝酸冷。舌淡苔白,脉沉迟。

证候分析:本证以脾肾阳虚,津液不行,传导失司为基本病机。阳气虚衰,机体失温,阴寒凝聚,气机不畅,传导无力,故大便排出不畅,腹中冷痛,腰膝酸冷,四肢不温,面色㿠白;寒凝气滞,清阳不升,则时作眩晕。舌淡苔白,脉沉迟为阳虚寒凝之征。以大便不畅,兼脾肾阳虚为辨证要点。

治法:温阳通便。

方药:济川煎加减。方中肉苁蓉、牛膝温补肾阳,润肠通便;当归养血润肠;升麻、泽泻升清降浊;枳壳宽肠下气。若老人虚冷便秘,可用半硫丸;腹中冷痛较甚者,加高良姜、肉桂、木香温阳理气止痛;兼见气虚者,加黄芪、党参补气健脾。

【预防与调护】 注意生活、起居的调摄,饮食宜清淡,多食粗粮及蔬菜水果,减少辛辣刺激性食物。适当体力活动,避免久坐少动,并养成定时登厕的大便习惯。积极治疗直肠肛门疾患。避免情志刺激,保持情绪稳定。

便秘不可滥用泻药,使用不当,耗伤津液,损伤正气,反可使便秘加重。对于大便干硬者,可用甘油栓入肛门中,使大便易于排出。热病后,或其他疾病,由于进食少而无大便者,不必急于通便,只须扶养正气,待饮食渐增,大便自能正常。因虚便秘者,特别是老年、产后气血双亏或虚羸已极的患者,排便时应使用坐式便器为宜,以防临厕久蹲,用力努挣而致虚脱。

第九节 黄 疸

黄疸是以目黄、身黄、小便黄为临床特征的病证,其中目黄是辨识本病的重要依据。黄疸一证始见于《内经》,《素问·平人气象论》"溺黄赤,安卧者,黄疸……目黄曰黄疸"。元代罗天益《卫生宝鉴》简明而概括性地将湿从热化，黄色鲜明者称为阳黄；湿从寒化，黄色晦暗者称为阴黄。这种分类把黄疸的辨证论治系统化，易于掌握，对临床具有重要的指导意义。明代张景岳初步认识到黄疸的发生与胆汁外泄有关。清代沈金鳌对黄疸的传染性及严重性有所认识。黄疸的发生主要与湿关系密切，湿邪可从外感受，亦可自内而生。

西医的急性传染性肝炎、胆道疾患、溶血性黄疸、钩端螺旋体病等发黄者，均可参照本病进行辨证论治。

【病因病机】 黄疸的病因有外感和内伤两个方面：外感多因感受时邪疫毒，内伤多因饮食、劳倦、积聚续发有关。基本病机是湿，湿邪困遏脾胃，壅阻肝胆，肝失疏泄，胆汁外溢所致。

1. 感受时邪　湿热疫毒之邪，由表及里，内阻中焦，脾胃运化失常，湿热郁而不达，熏蒸肝胆，胆汁不循常道，浸淫肌肤，下流膀胱，而致身目小便俱黄。

2. 饮食所伤　饮食不节，或过度饮酒，或嗜食肥甘，损伤脾胃，脾气失运，湿热内蕴，肝失疏泄，胆汁外溢肌肤，发为黄疸。

3. 脾胃虚寒　素体脾胃虚弱，或恣食生冷，损伤脾阳，痰湿内阻，湿从寒化，阻滞中焦，胆汁疏泄不畅，外溢肌肤，发为黄疸。

黄疸一证，从外邪来说，以湿为主，湿与热合，为湿热黄疸；湿与寒合，为寒湿黄疸。病位在肝胆，与脾胃密切相关。病理性质有湿热和寒湿两个方面。湿热熏蒸为阳黄，并有热重于湿和湿重于热之别；寒湿阻遏为阴黄。病机转化：阴黄、阳黄在一定条件下可互相转化。阳黄迁延失治，脾阳受损，湿从寒化，可转为阴黄。阴黄复感湿热，湿从热化，可出现阳黄。阳黄治疗不当，热毒炽盛，深入营血，内陷心包，又可转化为急黄重证。预后：阳黄病程较短，消退较易，预后良好，但湿重于热者，应防其迁延转为阴黄。阴黄病情缠绵，不易消退，预后较差。黄疸日久不愈，气血瘀滞，损伤肝脾，可导致积聚、鼓胀、急黄，病情重笃，可危及生命，应积极救治。

【诊断要点】

1. 临床特征　目黄、身黄、小便黄，以目黄为黄疸的重要特征。因目黄是最早出现而最迟消失的体征。

2. 病史　有外感湿热疫毒，或内伤酒食不节史；或有胁痛、鼓胀、积聚等病史可寻。

3. 血清总胆红素，结合胆红素、非结合胆红素定量，尿胆红素和尿胆原等辅助检查有助于明确诊断。

【鉴别诊断】

1. 萎黄　多因久病，重病或大失血之后，气血耗损，肌体失养，肤色萎黄，干枯无光泽。但两目及小便均不黄，不难与黄疸鉴别。

2. 黄胖　寄生虫匿伏肠中，尤其是钩虫，日久不除，耗伤气血所致。表现面肿胖色黄，全身皮肤色黄带白，可伴有头晕、心悸、气短乏力等气血亏虚的表现。但两目及小便不黄。

【辨证论治】

（一）辨证要点

1. 辨黄疸性质　着重区别阳黄、阴黄、急黄。阳黄起病迅速，病程短，黄色鲜明，多由湿热疫毒所致，属热证实证。阴黄起病缓慢，病程长，黄色晦暗或熏黑，多由寒湿所致，属寒证虚证。急黄起病急骤，变化迅速，身黄如镀金，为湿热夹毒，郁而化火，内陷心营所致，属虚实错杂的危重证。

2. 辨黄疸轻重 以观察黄疸色泽变化为标志。黄疸逐渐加深，表示病势加重；黄疸逐渐消失，表示病情好转。黄疸色泽鲜明，神清气爽，为顺证，病较轻；黄色晦滞，或黄如金色，烦躁不宁，为逆证，病重。

3. 辨湿热轻重 阳黄为湿热所致，因感邪程度和体质差异，有热重于湿和湿重于热之别。热重于湿者热毒较突出，治以清热解毒为主，兼化湿；湿重于热者湿邪较突出，治以利湿运脾为主，兼清热。

（二）治疗原则

黄疸治疗以化湿利小便为基本原则。根据不同情况，阳黄应配合清热解毒，阴黄应配合健脾温化、益气养血、疏肝活血等，急黄当清热解毒，凉血开窍。

（三）分证论治

1. 阳黄

（1）热重于湿

证候：身目俱黄，黄色鲜明，小便短少黄赤，大便秘结，发热口渴，纳差腹胀，心中懊恼，口干而苦，恶心，舌质红苔黄腻，脉弦数。

证候分析：本证以湿热熏蒸肝胆，热重于湿为基本病机。湿热熏蒸，胆汁不循常道而外溢，故身黄、目黄、小便黄；热为阳邪，灼津耗液，则黄色鲜明，发热口干，大便结。湿热内扰则心中懊恼；脾胃失和则纳差腹胀。舌红苔黄腻，脉弦数为湿热阻遏之征。以身目俱黄，黄色鲜明，舌红苔黄腻为辨证要点。

治法：清热利湿，佐以泻下。

方药：茵陈蒿汤加味。方用茵陈、栀子清热利湿；大黄泻热通瘀。湿热重者，加茯苓、泽泻、车前子淡渗利湿；纳差腹胀者，加川楝子、郁金、神曲、谷麦芽、山楂疏肝调胃；烦热口苦，恶心呕吐者，加柴胡、黄芩、法半夏疏肝泄热、降逆止呕；胁痛较甚者，加川楝子、延胡索、郁金、柴胡疏肝止痛。

（2）湿重于热

证候：身目色黄，但不如热重者鲜明，小便短黄，大便溏垢，身热不扬，头重身困，胸脘痞闷，纳差腹胀，恶心呕吐。苔黄腻，脉弦滑。

证候分析：本证以湿遏热伏，湿重于热，肝失疏泄为基本病机。湿热阻遏，肝气失疏，胆汁外溢，故身目发黄。湿重热轻，则黄而不鲜；湿邪内困，清阳不升，浊阴不化，则头身困重，脘痞，腹胀纳差，呕恶，便溏。热被湿遏，不能外达，则身热不扬。以黄色不鲜，身困头重，脘痞便溏为辨证要点。

治法：利湿化浊，清热退黄。

方药：茵陈五苓散加味。方用茵陈清热利湿疏肝；五苓散行气化浊。可加藿香、佩兰、蔻仁、生苡仁增强化浊除湿之力。若恶心呕吐者，加半夏、橘皮降逆止呕；腹胀较甚者，加苍术、厚朴、大腹皮、木香燥湿宽中，行气消胀。

（3）肝胆郁热

证候：黄疸出现较快，黄色鲜明，右胁疼痛剧烈，牵引肩背，往来寒热，口苦咽干，纳差腹胀，大便秘结，小便短赤灼热。舌质红，苔黄厚，脉弦数。

证候分析：本证以肝郁气滞，胆热瘀结为基本病机。瘀热内结，胆气阻遏，气机不畅，故黄疸出现快，色鲜明，胁痛剧烈；胆热内扰，少阳受邪，则口苦咽干，往来寒热；腑气不通则腹胀，便秘；舌红苔黄厚，脉弦数为胆热内郁之征。以黄色鲜明，右胁剧痛，口苦咽干为辨证要点。

治法：疏肝利胆，清热导滞。

方药：大柴胡汤加减。方中柴胡、白芍疏肝理气；黄芩、半夏清热和中；大黄、枳壳通便导滞，行气利胆。加茵陈、金钱草、郁金加强疏肝利胆之功；舌苔黄厚者，加厚朴、苍术化湿导滞；疼痛较甚者，加玄胡索、川楝子疏肝解郁，理气止痛。

2. 阴黄

（1）寒湿阻遏

证候：身目色黄晦暗，或如烟熏，纳呆脘闷，腹胀便溏，口淡不渴，神疲畏寒。舌淡苔白腻，脉濡缓。

证候分析：本证以寒湿阻遏，阳气不宣，湿浊不化为基本病机。寒为阴邪，寒湿内阻，土壅木郁，故身目俱黄而晦暗；寒湿困脾，运化失调，则腹胀、口淡、纳差、便溏；阳气受损，气血不运，则神疲畏寒；舌淡苔白腻，脉濡缓为寒湿壅遏之征。本证以黄色晦暗，兼脾气不运为辨证要点。

治法：健脾和胃，温化寒湿。

方药：茵陈术附汤加味。方中茵陈、附子寒热并用，温化寒湿，疏肝利胆；干姜、白术、甘草健脾温中；可加猪苓、泽泻、茯苓、厚朴、郁金行气利湿。若腹胀苔黄腻者，去甘草，加苍术燥湿除满；皮肤瘙痒者，加地肤子、防风、蚤休、赤小豆疏风祛湿，解毒止痒；若胁肋胀痛者，加柴胡、当归、香附、川楝子、延胡索疏肝理气，消胀止痛。

（2）气滞血瘀

证候：身目发黄而晦暗，面色黧黑，胁下有痞块胀痛，或刺痛，拒按，面颈皮肤现赤纹丝缕，大便黑，或有腹水。舌质紫或有瘀斑，脉弦涩。

证候分析：本证以肝郁气滞，瘀血内阻为基本病机。黄疸日久，肝郁血瘀，胆气不行，故黄色晦暗，胁下痞块，刺痛，拒按。脉络瘀阻，气血运行不畅，则皮肤有赤纹丝缕；三焦气化不利，则腹水。舌紫暗有瘀斑，脉弦涩为瘀血内阻之征。以身目发黄，面色黧黑，胁下痞块刺痛，舌有瘀斑为辨证要点。

治法：疏肝理气，活血化瘀。

方药：逍遥散合鳖甲煎丸。方中柴胡、白术、茯苓、薄荷疏肝理脾；当归、赤芍活血养血；甘草缓急止痛；鳖甲煎丸软坚消积。胁痛甚者加元胡、丹参、桃仁行气理血止痛。黄疸日久，湿浊停聚，肝脾肿大，腹胀大如鼓者，按鼓胀辨证论治。

【预防与调护】 起居有节，加强体育锻炼，顺应时令，避免接触非时及秽浊之气。讲究饮食卫生，餐具定时消毒，防止病从口入。注意休息，勿使过劳。黄疸患者要卧床休息，恢复期和慢性久病者可适当活动；密切观察病情变化。保持心情舒畅，使肝气条达。饮食宜清淡、易消化，进富有营养的饮食或半流质食物，忌烟酒，勿恣食辛辣油腻。有传染性者，应采取隔离措施。

第十节 痹 证

痹证是指风、寒、湿、热之邪侵袭人体，阻闭经络，气血运行不畅所导致的，以肌肉、筋骨、关节发生酸痛、麻木、重着、屈伸不利，甚或关节肿大灼热等为临床特征的病证。痹证首见于《内经》，《素问·痹论篇》对本病的病因、发病机制、证候分类等均作了论述，列举了行痹、痛痹、着痹之名，奠定了中医对痹证认识的基础。宋代《圣惠方》另立热痹一证，使痹证认识逐渐成熟。清代《医门法律》强调痹证日久，未可先治其痹，应先养血气。叶天士有"久病入络"之说，倡导活血化瘀及虫类药物，搜剔宣通经络，使痹证的辨证论治日益完备。

西医学中的风湿热、风湿性关节炎、坐骨神经痛、骨质增生性疾病等均可参考本病辨证论治。

【病因病机】 痹证的发生与体质的盛衰以及气候条件、生活环境有密切的关系。素体虚弱，正气不足，是发生痹证的内在因素；风寒湿热邪是发生痹证的外在因素。痹证的基本病机是风、寒、湿、热等邪气留滞筋肉、关节，气血痹阻不通，不通则痛。痹证日久，可致瘀血痰浊痹阻经络，或气血亏虚，或病邪由经络而波及脏腑。

1. 感受风寒湿邪　由于居处潮湿，冒雨涉水，或地理环境的影响，或气候剧变，冷热交错，风寒湿邪乘虚入侵，留注经络关节，痹阻气血发为痹证。

2. 感受热邪　外感风热，与湿相并；或风寒湿邪，日久化热；或素体阴虚，感邪之后，从阳化热。风湿热邪留注经络关节而发为热痹。

3. 正气不足　素体虚弱，或病后、产后正气亏损，或劳倦过度、损伤正气，机体卫外不固，外邪乘虚入侵遂致痹证。

痹证的发病一般比较缓慢，往往犯病并不明显，若迁延不愈，病邪由经络内舍于脏腑，则顽固难愈。痹证的病位在肌肉、关节、经络，与肝、脾、肾三脏关系密切。病理性质有虚实之分。病变初期，风、寒、湿、热之邪，闭阻经络气血，以邪实为主；反复发作，病邪深入，气血耗损，多为正虚邪实；病久气血亏虚，肝肾虚损，以正虚为主。病机转化：初起感受风寒湿邪，发为风寒湿痹；日久化热，转化为风湿热痹，或寒热错杂证；迁延不愈，影响气血运行。湿聚为痰，血滞为瘀，可致瘀血痰浊痹阻经络，正虚邪恋，病情缠绵。预后：痹证预后与感邪轻重、正气盛衰、治疗当否有关。病初正气未虚，病邪尚浅，治疗及时有效，多可治愈。日久不愈，气血耗伤，痰瘀阻痹，则气血亏虚，关节肿大，屈伸不利；病情反复迁延，内舍于脏腑，尤以心痹常见，预后较差。

【诊断要点】

1. 临床特征　以肢体关节疼痛，酸楚，麻木，活动障碍，甚则变形为特征。反复发作，部分患者关节隆突部位出现坚硬、无触痛的皮下结节，四肢内侧和躯干部出现淡红色不规则的环形红斑，数量的多少、存在时间的长短与痹证的轻重、进退有关。

2. 病史　任何年龄均可发病，发病与寒冷、潮湿、劳累、天气变化等有关。起病比较缓慢，病初并不明显，疼痛呈游走性，或固定，或刺痛、麻木、肿胀。

3. 可借助 ESR、ASO、类风湿因子等辅助检查，帮助诊断。

【鉴别诊断】 痿证　痿证、痹证同是肢体疾患，但两者病因病机、临床表现不尽相同。痿证的基本病机是五脏精血亏损，肌肉、筋骨失却濡养。临床特征为手足软弱无力，患肢枯萎瘦削，甚至手不能握物，足不能任地，多见于下肢，肢体关节一般不痛。

【辨证论治】

(一) 辨证要点

1. 辨病因　分清风寒湿痹和风湿热痹。痹证日久，邪阻经络，又当辨明有无痰瘀。痹痛游走不定偏于风；疼痛固定、剧烈，遇寒加重偏于寒；酸胀重着、麻木偏于湿；红肿灼痛偏于热；关节漫肿，按之柔软偏于痰；按之较硬，麻木痛剧则为瘀。久病关节肿痛多为痰瘀交阻所致。

2. 辨虚实　痹证初起，风寒湿邪入侵，多见邪实证。反复发作，湿聚为痰，血滞为瘀，痰瘀互结，多见正虚邪实证。迁延日久，耗气伤血，肝肾亏损，筋骨失养，遂成正虚邪恋证。

（二）治疗原则

痹证的治疗以舒经通络为基本原则。根据病邪偏盛，分别予以祛风、散寒、除湿、清热。痹证初起，以温散温通为主；久病正虚，应扶正祛邪，标本兼顾，以温补为主。益气养血，补益肝肾是常用扶正之法。痹证的治疗过程中应重视养血活血，所谓"治风先治血，血行风自灭"。

（三）分证论治

1. 风寒湿痹

（1）行痹

证候：肢体关节疼痛，游走不定，屈伸不利，多发于肩、背、上肢，或伴恶风发热，舌苔薄白或腻，脉浮。

证候分析：本证以风邪夹寒湿，痹阻经络，气血不通为基本病机。风性轻扬，善行数变，故痛以肩、背、上肢为多，且游走不拘于一处；风邪袭表，则恶风、发热；舌苔白、脉浮等是风夹寒湿之征。以肢体关节游走性疼痛为辨证要点。

治法：祛风通络，散寒除湿。

方药：防风汤加减。方中防风、秦艽祛风除湿，通络止痛；麻黄、杏仁散寒宣肺，达邪外出；葛根发表解肌；赤茯苓淡渗利湿；当归养血活血，为"治风先治血，血行风自灭"之理；肉桂补火助阳，生姜、大枣、甘草和中调营，黄芩防其辛温过甚，化火伤血，耗气之弊。腰背酸痛者，加桑寄生、杜仲、巴戟天、淫羊藿补肾壮阳；足膝关节肿胀者，加土茯苓、薏苡仁、车前子清热利湿，消肿止痛。

（2）痛痹

证候：肢体关节疼痛剧烈，痛有定处，得热痛减，遇寒增剧，日轻夜重，关节难以屈伸，局部时有冷感，舌淡、苔白，脉弦紧。

证候分析：本证以寒邪夹风湿，痹阻经络，气血不通为基本病机。寒为阴邪，其性凝滞，故痛有定处且剧烈、关节屈伸不利、局部时有冷感；血得温则行，遇寒则凝，故得热痛减、遇寒痛增；夜晚阴寒气盛，故痛亦较白天加剧；舌淡苔白、脉弦紧为寒邪痹阻之征。以肢体关节痛剧有定处，得热痛减为辨证要点。

治法：温经散寒，祛风除湿。

方药：乌头汤加减。方中川乌、麻黄温经散寒，除湿止痛；黄芪益气固表，升阳通痹；白芍、甘草缓急止痛。关节发凉、痛剧者，加桂枝、细辛、当归温经散寒，通络止痛；寒湿甚者，加苍术、白术、威灵仙等散寒除湿。

（3）着痹

证候：肢体关节肌肉疼痛重着，多见于下肢，或肿胀，痛有定处，肌肤麻木不仁，活动不便，得热得按可略缓，苔白腻，脉濡缓。

证候分析：本证以湿邪夹风寒，痹阻筋骨、关节，气血阻滞不通为基本病机。湿为阴邪，闭阻经脉，气血运行不畅，则下肢肌肉、关节重着、肿胀，痛有定处；湿邪黏滞，阳气不行，则麻木不仁，活动不便；得热得按，气血暂可宣通，诸症遂缓；舌苔白腻、脉濡缓为湿邪留着之征。以下肢重着麻木，苔腻，脉濡缓为辨证要点。

治法：除湿通络，祛风散寒。

方药：薏苡仁汤加减。方中羌活、独活、威灵仙祛风除湿；桂枝、川乌温经散寒；苍术、薏苡仁燥湿健脾；当归、虎杖活血通络。偏于风盛，关节疼痛游走，或部位偏于上肢者，重用羌活，并加防风、秦艽、寻骨风、威灵仙祛风以胜湿；偏于寒盛，关节疼痛固定，拘急冷痛，加麻黄、细辛、制川乌、制草乌温经散寒；下肢肿胀，重着较甚者，加防己、蚕砂、茯苓、五加皮祛湿止痛消肿。

2. 风湿热痹

证候：病势较急，关节红肿热痛，痛不可触，得冷稍舒，呈游走性，屈伸不利，或恶风发热，或汗出，口渴，心烦不安。舌红苔黄燥，脉滑数。

证候分析：本证以风湿热邪侵袭，痹阻筋骨关节，气血不通为基本病机。热为阳邪，性急迫，壅于经络关节，故起病急，局部灼热红肿，疼痛拒按，喜冷；气血运行不畅，则筋脉拘急，难以屈伸；表卫不和则恶风；热甚伤津，则发热口渴、心烦不安；舌红苔黄燥、脉滑数为邪热内壅之征。以关节灼热红肿，痛不可触，舌红为辨证要点。

治法：清热通络，祛风除湿。

方药：白虎加桂枝汤加味。方用白虎汤清热除烦，养胃生津；桂枝疏风通络。发热甚，口干渴者，加忍冬藤、连翘、黄柏清热解毒；关节肿痛甚者，加海桐皮、桑枝、防己、姜黄、威灵仙祛风除湿，活血通络，消肿止痛；壮热烦渴，关节红肿热痛者，加山栀、黄芩清热泻火。

3. 痰瘀痹阻

证候：痹证日久，反复发作，疼痛时轻时重，或麻木不仁，或剧烈疼痛，痛处固定，关节肿大，甚则强直、畸形，筋脉拘急，肌肉萎缩，屈伸不利。舌苔白腻，舌淡紫，脉细涩。

证候分析：本证以痰瘀互结，留滞筋骨，闭阻经络为基本病机。痹证日久，津凝为痰，瘀阻于络，经脉闭阻，终使关节僵硬变形，筋脉拘急；痰瘀胶结，痹阻加重，则痛剧而有定处，麻木肿胀，不可屈伸；肝肾亏损，气血虚弱，肌肉筋脉失却濡养而萎缩。舌、脉之象亦为痰瘀征象。以痹证日久，关节痛剧变形，痛处固定不移，功能障碍为辨证要点。

治法：化痰祛瘀，搜风通络。

方药：桃红饮加味。方中桃仁、红花、当归、川芎养血活血，通络止痛；僵蚕、制南星、白芥子祛痰散结。痰瘀久留，加虫类药祛瘀搜风剔络，如乌梢蛇、地鳖虫、全蝎、蜈蚣等；关节腔肿大有积液，而形体壮实者，配合小剂量控涎丹逐水消肿。痹证日久，气血两虚，肝肾亏损者，用独活寄生汤补肝肾，益气血，祛风除湿。

【预防与调护】 注意居室卫生以及气候冷暖变化，防寒、防潮，避免久居阴冷潮湿之地。保持室内干燥，温度适宜，阳光充足。风寒湿痹患者要注意患处保暖，可戴护腕、护肘、护膝；忌食生冷，宜进温热性饮食。风湿热痹患者住室宜清爽通风，忌食辛辣厚味及海腥发物，宜进清淡饮食。关节疼痛剧烈及发热者，应卧床休息，病情好转后，才能逐渐活动。痹证患者应适当进行功能锻炼，防止关节僵硬，肌肉萎缩。平时要注意调护正气，减少感邪机会。

复习题

一、单项选择题

1. 下列除哪项以外均为感冒的特征（　　）
   A. 恶寒发热　　　　B. 鼻塞声重　　　　C. 头身疼痛
   D. 喷嚏流涕　　　　E. 咳喘痰多

2. 下列除哪项外，均是区别风寒和风热感冒的主要依据（　　）
   A. 恶寒发热的孰轻孰重　　B. 渴与不渴　　　　C. 咽喉疼痛与否
   D. 舌苔的黄与白，脉象的数与不数　　　　E. 头痛身疼与否

3. 恶寒发热，头痛鼻塞，咳嗽痰白，倦怠无力，气短懒言，舌淡苔白，此属何型感冒（　　）
   A. 阳虚感冒　　　　B. 气虚感冒　　　　C. 风寒感冒
   D. 血虚感冒　　　　E. 以上均不是

4. 患者周某，女，25岁，鼻塞声重，恶风，无汗，喷嚏流涕，头重如裹，身热不扬，纳呆，口淡，苔白腻，治疗宜选（　　）
   A. 荆防败毒散　　　　B. 新加香薷饮　　　　C. 羌活胜湿汤
   D. 藿香正气水　　　　E. 防风汤

5. 下列哪一项因素是咳嗽发生的关键所在（　　）
   A. 外邪侵袭，肺卫受感　　B. 肺功能的失调　　　　C. 肝火犯肺
   D. 肾亏损，气失摄纳　　　　E. 脾失健运，痰浊上犯于肺

6. 外感咳嗽属于（　　）
   A. 邪实正虚　　　　B. 邪实　　　　C. 邪实为主夹正虚
   D. 正虚　　　　E. 正虚为主夹邪实

7. 治疗风热咳嗽的首选方剂为（　　）
   A. 银翘散　　　　B. 杏苏散　　　　C. 麻杏石甘汤
   D. 越婢加半夏汤　　　　E. 桑菊饮

8. 咳嗽初起，易致"关门留寇"的是哪类药（　　）
   A. 苦寒药　　　　B. 温补药　　　　C. 收涩药
   D. 镇咳药　　　　E. 通下药

9. 喘证的特征是（　　）
   A. 呼吸急促，喉间痰鸣
   B. 呼吸急促，胸胁胀痛，咳唾、转侧时疼痛加剧
   C. 咳吐浊唾涎沫，咳声不扬，气急喘促
   D. 咳嗽气急，咳吐脓痰，其味腥臭，壮热汗出
   E. 呼吸急促，甚至张口抬肩，鼻翼煽动

10. 治疗虚喘主要从哪两脏着手（　　）
    A. 肺肾　　　　B. 心肾　　　　C. 心肺
    D. 脾肺　　　　E. 肝肺

11. 喘证的病位主要在（　　）
    A. 肺　　　　B. 肺脾　　　　C. 肺肾

D. 脾肾 E. 肾

12. 李某，女，45岁。喘促气粗，甚则鼻翼煽动，伴有咳嗽，痰稠色黄，难以咳出，或有胸痛，烦闷口渴，身热，汗出，恶风，苔薄黄，脉浮数。治疗的首选方为（ ）
    A. 白虎汤　　　　　　B. 麻杏石甘汤　　　　C. 大青龙汤
    D. 越婢加半夏汤　　　E. 定喘汤

13. 胃痛的治疗，以下何者为主（ ）
    A. 疏肝和胃止痛　　　B. 调和脾胃止痛　　　C. 理气和胃止痛
    D. 理气活血止痛　　　E. 益气健脾止痛

14. 脾胃虚寒型胃痛的疼痛特点为（ ）
    A. 胃脘疼痛暴作，畏寒喜暖，温熨胃脘不可使之减轻
    B. 胃脘胀满，攻撑作痛，脘痛连胁，每因情志因素而痛作
    C. 胃脘灼痛，痛势急迫
    D. 胃痛隐隐，喜暖喜按
    E. 胃脘隐隐灼痛

15. 以下哪项不是阴虚胃痛的主症（ ）
    A. 胃痛隐隐　　　　　B. 口燥咽干　　　　　C. 口不渴
    D. 舌红少苔　　　　　E. 脉弦细

16. 肝气犯胃型胃痛治宜（ ）
    A. 柴胡疏肝散　　　　B. 逍遥散　　　　　　C. 木香顺气丸
    D. 半夏厚朴汤和左金丸　E. 化肝煎

17. 燥热便秘的治法是（ ）
    A. 清热润燥　　　　　B. 顺气导滞　　　　　C. 行气通便
    D. 滋阴养血　　　　　E. 增液润肠　　　　　F. 排便不畅，头晕眼花
    G. 排便无力，欲便不得

18. 实热壅结，便秘腹痛宜选用（ ）
    A. 润肠丸　　　　　　B. 济川丸　　　　　　C. 麻子仁丸
    D. 大承气汤　　　　　E. 黄芪丸

19. 下列脏腑除哪项外均与黄疸的发生关系密切（ ）
    A. 肝　　　　　　　　B. 肾　　　　　　　　C. 脾
    D. 胃　　　　　　　　E. 胆

20. 下列哪项为治疗黄疸的基本大法（ ）
    A. 泄热除黄　　　　　B. 祛湿利小便　　　　C. 健脾和中
    D. 疏肝利胆　　　　　E. 清热解毒

21. 眩晕的病因，除哪项以外皆是（ ）
    A. 肝阳上亢　　　　　B. 气血亏虚　　　　　C. 肾精不足
    D. 痰浊中阻　　　　　E. 六淫侵袭

22. 痰浊中阻型眩晕的证候特点是（ ）
    A. 眩晕头重且痛　　　B. 眩晕头重如蒙　　　C. 眩晕耳鸣，头痛且胀
    D. 眩晕头重　　　　　E. 眩晕动则加剧

23. 眩晕，动则加剧，劳累则发，面色苍白，心悸失眠，神疲懒言，饮食减少，舌淡，

脉细弱，其辨证为（   ）
   A. 肝阳上亢　　　　　B. 痰热上扰　　　　　C. 气血亏虚
   D. 肾精不足　　　　　E. 痰浊中阻
24. 水肿一证，其标在肺，其制在脾，其本在（   ）
   A. 肝　　　　　　　　B. 三焦　　　　　　　C. 心
   D. 肾　　　　　　　　E. 膀胱
25. 风水泛溢水肿，主方是（   ）
   A. 越婢加术汤　　　　B. 五皮饮　　　　　　C. 五苓散
   D. 舟车丸　　　　　　E. 五积散
26. 肾阳虚衰水肿选方（   ）
   A. 八正散　　　　　　B. 真武汤　　　　　　C. 干姜附子汤
   D. 五皮汤　　　　　　E. 五苓散
27. 消渴病的基本病机特点是（   ）
   A. 阴虚燥热　　　　　B. 肝郁气滞　　　　　C. 痰热扰动
   D. 气阴两虚　　　　　E. 阴阳两虚
28. 消渴病，肾阴阳两虚证常用的方剂有（   ）
   A. 消渴方　　　　　　B. 六味地黄丸　　　　C. 玉女煎
   D. 玉泉丸　　　　　　E. 金匮肾气丸
29. 消渴病，久虚血瘀，常见并发症不包括（   ）
   A. 胸痹心痛　　　　　B. 中风偏瘫　　　　　C. 痈疽
   D. 眼病　　　　　　　E. 眩晕
30. 消渴病，肺热津伤证主方（   ）
   A. 金匮肾气丸　　　　B. 白虎加人参汤　　　C. 消渴方
   D. 玉女煎　　　　　　E. 生脉散
31. 消渴病，肾阴虚证主方（   ）
   A. 金匮肾气丸　　　　B. 增液承气汤　　　　C. 玉女煎
   D. 四物汤　　　　　　E. 六味地黄丸
32. 痹证所以有风寒湿痹与热痹，从内因来分析，主要取决于（   ）
   A. 感邪性质的不同　　B. 病变部位的不同　　C. 感邪季节的不同
   D. 地理、气候、环境的不同　E. 人体素质的阳气盛衰不同
33. 下列除哪一项外，均为痹证初起的主要症状之一（   ）
   A. 疼痛　　　　　　　B. 酸楚　　　　　　　C. 重着
   D. 痿弱无力　　　　　E. 麻木
34. 治疗行痹的首选方是（   ）
   A. 桂枝芍药知母汤　　B. 桂枝汤　　　　　　C. 防风汤
   D. 麻黄汤　　　　　　E. 越婢汤
35. 患者男性，23岁。因受寒出现下肢、踝关节剧痛，痛处不移，得热则减，得寒加剧，关节屈伸不利，无红肿发热等。舌苔薄白，脉弦紧。治以（   ）
   A. 乌头汤　　　　　　B. 薏苡仁汤　　　　　C. 防风汤
   D. 桂枝芍药知母汤　　E. 水牛角散

二、简答题

1. 风寒感冒与风热感冒在临床表现上有何异同？
2. 如何从病因病机、临床特征、治疗原则上来区别外感咳嗽和内伤咳嗽？
3. 实喘与虚喘两者的发病机制、证候特征和治疗原则有何不同？
4. 胃痛的辨证要点、治疗的基本原则是什么？
5. 如何区分阳黄与阴黄？
6. 黄疸的治疗原则是什么？试述其机制。
7. 眩晕的病因病机是什么？历代医家有哪些论述？
8. 水肿的治疗原则是什么？试述其临床应用范围。
9. 消渴常见的并发症及其病变机制是什么？
10. 痹证的病机关键及治疗原则是什么？

三、病案分析题

1. 施某，女，26，教师，于2009年5月14日初诊。

主诉：恶寒、发热、头痛、无汗2天。

现病史：患者于前天晨起受凉，稍有恶寒，微发热，头痛，鼻塞。下午下班冒雨回家，随即出现恶寒加重，发热轻，无汗，头感觉重痛，肢体骨节酸痛沉重，鼻塞流涕，咽痒，口干不欲饮。查：舌苔薄白而腻，脉浮缓。

要求：①作出病证诊断；②对主证进行分析；③确定治法；④写出方药。

2. 江某某，男，50岁，工人，于2007年2月6日初诊。

主诉：反复咳嗽咳痰3年，发作1个月，加重2天。

现病史：患者于2004年底因野外作业，调摄不慎，始咳嗽咳痰，此后每逢冬春寒冷季节发作或加剧，经治疗病情时轻时重。近1个月来因气候突变宿痰复作，咳嗽，咳痰黏稠不爽，口渴心烦，自服"五积散"，诸症不减。2天前复因外出受凉，病情加重，故来延医。刻下症见：咳嗽息粗，咳吐黄稠痰，口渴心烦，时有发热感觉，伴恶寒身痛，鼻塞流涕。查：舌苔薄黄腻，脉浮紧。

要求：①作出病证诊断；②对主证进行分析；③确定治法；④写出方药。

3. 栗某某，男，48岁，工人，于2005年3月16日就诊。

现病史：患者反复咳嗽、咳稠痰3个月，病情时轻时重。3天前复因外出受凉，突然出现喘逆，息粗，鼻煽，咳嗽，吐痰稠黏不爽，胸部胀痛。伴有恶寒，身热，烦闷，身痛，有汗，口渴，舌边尖红，舌苔薄白略黄，脉浮数。

要求：①作出病证诊断；②简要辨证分析；③确定治法；④写出方药。

4. 张某，男，80岁，于2009年6月就诊。

现病史：患者有便秘史约十几年，屡次服用番泻叶治疗，通下后不到2天又艰涩不畅，但大便并不很干结。曾多方寻医，经中西药治疗效果欠佳。自诉每日虽腹胀有便意，而排便较难，便出不爽，临厕努挣乏力，甚至汗出淋漓，头目眩晕。平素精神困倦，少气懒言，坐卧较多，不爱活动。舌质淡，舌苔薄白，脉虚无力。

要求：①作出病证诊断；②简要主证分析；③确定治法；④主方用药（包括剂量）；⑤简要医嘱。

5. 唐某某，男，42岁，推销员，于2007年4月7日就诊。

主诉：间发胃脘疼痛1年多，加重2天。

现病史：患者于 2006 年 3 月在外地推销产品时，因与人争吵后突发胃脘疼痛，攻撑连胁，在某诊所处以中药汤剂 5 剂，经治疗后疼痛缓解。此后每因情绪不畅之时则胃痛发作，伴嗳气、矢气，情志舒畅则痛缓。2 天前患者复因恼怒而胃痛加重。就诊时症状：胃脘胀痛，攻撑窜动，疼痛连胁，嗳气频繁，泛吐酸水，大便不畅。查：舌苔薄白，脉沉弦。胃镜检查报告为"慢性浅表性胃炎"。

要求：①病证诊断；②辨证分析；③确定治法；④主方用药（包括剂量）；⑤简要医嘱。

6. 彭某某，女性，28 岁，助理工程师，2002 年 5 月 10 日初诊。

现病史：患者发热、乏力 1 周，两目、皮肤发黄 3 天。患者 1 周前自觉发热（体温 38℃），全身乏力，食欲不振，4 天后出现两目及皮肤发黄，并感头重身困，上腹饱胀，纳差，恶心呕吐，厌食油腻，口淡不渴，大便溏薄，小便黄，舌苔厚腻微黄，脉濡数。体温 38.4℃，脉搏 92 次/分，血压 120/86 mmHg，巩膜、全身皮肤黄染，腹软，肝于右肋缘下 2 cm，质软，边缘清楚，触痛，脾未触及。

要求：①辨证分析；②简要病因病机分析；③治法；④选方；⑤简要医嘱。

7. 胡某某，男，65 岁干部。

现病史：患者反复头晕眼花 5 年，加重 1 周。现症状：眩晕，头胀痛，每因烦劳或恼怒而诱发或加重，面部潮红，性情急躁易怒，口苦，少寐多梦，舌质红，苔黄，脉弦。血压 172/104 mmHg。甲医生诊断为眩晕，痰浊中阻，痰郁化火型，用温胆汤治疗；乙医生诊断为眩晕，肝风内动型，用镇肝熄风汤治疗。

①你对两位医生的诊断及选方有何看法？②你认为该如何辨证治疗？

8. 张某某，女，17 岁，于 2007 年 5 月 6 日初诊。

现病史：头面眼睑浮肿 3 天。患者 5 月 2 日起感觉发热恶风、头痛、咽痛，自服速效感冒胶囊、氨苄青霉素效果不明显，4 日出现头面眼睑浮肿，双下肢亦肿，全身不适，精神不振，尿少色黄，口渴咽痛。舌红苔薄黄，脉浮数。体温 38℃，咽部充血，双侧扁桃体肿大Ⅱ度，心率 120 次/分，颜面及下肢呈凹陷性水肿。尿常规：RBC 4~7/HP，WBC 2~3/HP，蛋白（＋），管型（－）。

要求：①诊断；②主证分析；③治法；④选方；⑤用药。

9. 夏某某，女，55 岁，工程师。

现病史：患者因小腿、足趾麻木，消瘦、多饮、多尿 1 年，加重 10 天，于 2003 年 6 月 18 日入院。曾在门诊做针刺、理疗治疗近 1 年，未效。现症状：小腿、足趾麻木，口渴多饮，全身无力，腰膝酸软，头晕耳鸣，1 年来体重下降 15 kg，尿频量多，舌红少苔，脉细数。血压 170/106 mmHg；血糖 11.1 mmol/L。尿糖（＋＋＋）。

要求：①诊断；②主证分析；③治法；④选方；⑤用药。

10. 周某某，女，57 岁，反复大小关节疼痛 20 年，加重伴关节肿大、畸形、屈伸不利 5 年。患者关节疼痛多在劳累或气候变化时加重，曾服用过布洛芬、激素。现症见：四肢大小关节疼痛肿胀，双膝、双肘关节为甚，且畸形、屈伸不利、酸楚，伴腰膝酸痛，神疲乏力，面色㿠白，舌质淡，脉细。ESR 88 mm/h，RF 阳性。

要求：①诊断；②主证分析；③治法；④选方；⑤用药。

（怀化医学高等专科学校 吴水盛）

第十三章 妇科病证

> **学习目标**
>
> 1. 掌握月经先期、月经后期、月经先后无定期、崩漏、闭经、痛经、带下病、妊娠病、妊娠恶阻、胎漏、胎动不安、产后缺乳各病证的病名涵义、临床特征、诊断要点、鉴别诊断及临床常见证型的证候特征、治法和方药。
> 2. 熟悉上述各病证的病因病机、病位、病性、治疗原则。
> 3. 了解上述各病证的预防与调护、病机转化和预后。

重点难点

以妇科病证临床表现、临床常见证型的治法和方药为重点。以妇科病证的鉴别诊断、临床常见证型的证候特征为难点。

第一节 月 经 病

月经病是指月经的周期、经期和经量发生异常,以及伴随月经周期出现明显不适症状的病证。

月经病的主要病因是外感寒热湿邪、内伤七情、房劳多产、饮食不节、劳倦过度和体质因素等。其主要病机是脏腑功能失常,血气失调,冲任二脉损伤以及肾、天癸、冲任、胞宫功能失调。其病位在冲任、胞宫。

月经病辨证根据月经的期、量、色、质及伴随的全身及局部症状、舌象、脉象等辨别寒、热、虚、实之证,尤其重视色、质的改变。

月经病的治疗原则是调经治本,调经的目的就是使冲脉盛,任脉通,胞宫血海按时满溢,月经按时来潮。

月经病的预防与调护在于:

1. 注意经期保健,经期卫生,避免受寒、淋雨、涉水及过食生冷;避免过劳与房事。
2. 计划生育,节制房事,避免计划外妊娠及流产;劳逸结合,饮食适度,锻炼身体,增强体质;心态平和,情绪稳定,使五脏安康,气血调顺。
3. 注意饮食节制,勿过食辛辣、肥厚等助热生湿之品,以免损伤脾胃,影响摄血功能。

一、月经先期

月经周期缩短,经行提前7天以上,甚至十余日一行,连续两个周期以上者称为"月经先期",亦称为"经水先期"、"经早"、"月经前期"等。

【病因病机】 本病主要由外淫内伤,耗气伤血,气失统摄,或邪热内扰,伤及冲任、子宫,血海不宁,致经血先期妄行。

【诊断要点】

1. 症状　主要根据月经周期提前 7 天以上以，甚至半月余一行，连续发生 2 个周期以上，经期与经量基本正常。

2. 妇科检查　一般无明显器质性病变。

【鉴别诊断】　与经间期出血相鉴别：经间期出血是在 2 次正常月经之间的子宫出血，其发生在经前 14 天左右，相当于排卵期，与月经相比出血时间短，血量少，临床表现为月经血量一次多，一次少，多少交替，有规律地反复发生。

【辨证论治】

1. 阳盛实热

证候：经行提前、经血量多，色红，质稠。身热面赤，口渴喜冷饮，心胸烦闷，大便秘结，小便黄赤。舌红，苔黄，脉滑数。

证候分析：邪热内伏冲任，下扰血海，迫血妄行，致经水先期而行，经行量多。血为热灼，伤阴耗津，则经色红紫而质黏稠。内热外散则身热面赤，邪热扰心则心胸烦闷，热邪伤津则口干喜冷饮，便秘，小便黄赤。热盛于里则舌红、苔黄，脉滑数。

治法：清热养阴，凉血调经。

方药：清经散加减。药用丹皮、地骨皮、白芍、熟地、青蒿、白茯苓、黄柏。

2. 肝郁血热

证候：经行先期、经量或多或少，经色紫红，质稠有小块。经前乳房、胸胁、少腹胀满疼痛，精神抑郁，烦躁易怒，口苦咽干。舌红，苔薄黄，脉弦数。

证候分析：肝郁化热，热扰冲任，迫血妄行，则经行先期。肝郁疏泄失调，经血多少不定。火热伤津耗液，经色紫红，质稠。肝气郁结，经脉不畅，则精神抑郁，心烦易怒，胸胁、乳房、少腹胀满疼痛。肝经郁火、火热熏灼，则口苦咽干。舌红苔黄，脉弦数为肝经郁热之象。

治法：疏肝解郁，清热调经。

方药：丹栀逍遥散加减。药用丹皮、栀子、当归、白芍、柴胡、白术、茯苓、炙甘草、煨姜、薄荷。

3. 虚热

证候：经行提前，经血量少，经色红赤，质稠。形体瘦弱，潮热颧红，咽干唇燥，五心烦热。舌体瘦红，少苔，脉细数。

证候分析：素体阴虚，或久病耗血伤阴，阴虚生内热，热扰冲任，冲任不固，经行先期。阴亏血少，经血量不多。虚热煎熬，则经血色红、质稠。阴亏血乏，肌肤失养则形体瘦弱。虚火上浮则潮热颧红，虚火上扰则五心烦热，咽干唇燥。舌红少苔，脉细数均为阴虚内热之象。

治法：滋阴清热，养血调经。

方药：两地汤加减。药用生地、地骨皮、玄参、白芍、阿胶、麦冬。

4. 气虚

证候：经行提前，经血量多，色淡，质清稀。神疲乏力，倦怠嗜卧，气短懒言，或脘腹胀满，食少纳呆，小腹空坠，便溏。舌淡红，苔薄白，脉缓弱。

证候分析：脾虚中气不足，统摄无权，冲任不固，故月经先期而行，量多。脾虚化源不足，气虚火衰，血失温煦，则经血色淡，质稀。脾虚中气不振，则神疲乏力，倦怠嗜卧，气短懒言,小腹空坠。脾虚失运,饮食不化,则食后脘腹胀满,食少纳呆,便溏。气虚血亏则舌淡苔薄,脉缓弱。

治法:健脾益气,摄血调经。

方药:补中益气汤加减。药用人参、黄芪、白术、当归、陈皮、升麻、柴胡。

【转归预后】 月经先期者大多预后良好,经治疗多可康复。延误治疗,或合并月经过多,可致贫血,甚至崩漏,影响生育。

二、月经后期

月经周期延长,经行错后 7 天以上,甚至 3～5 个月一行,连续发生 2 个周期以上者,称为"月经后期",又称"月经错后"、"经水后期"、"经迟"等。

【病因病机】 月经后期的发生,有虚实之不同。虚者多由水谷不能化生精血,或失血耗血,脉道空虚而源竭,血海不能按时满盈;实者多由经脉气机受阻,经血迟滞,不能按期蓄注冲任,而使月经周期延长,经行延迟而错后。

【诊断要点】

1. 症状 月经周期超过 35 天以上,甚至 3～5 个月一行,连续发生 2 个周期以上,月经持续时间及月经血量基本正常。

2. 妇科检查 一般无明显异常。

【鉴别诊断】

1. 月经先后无定期,月经周期缩短或延长不定,交替错杂。

2. 早孕 受孕者月经停闭,往往出现早孕反应,尿妊娠试验(+),血 HCG 升高,B 超探查可见子宫增大、宫腔内有胎囊、胎芽、胎动等。

3. 并月、居经 并月是生育期妇女月经有规律地二月一行,不影响生育者。居经是月经三月一行,不影响生育,且身体健康,无其他不适。

【辨证论治】

1. 血寒

证候:经行延迟错后,经血量多,色暗红,有块。经行腰腹冷痛,膝痛肢冷,喜热畏寒,面色苍白,小便清长。舌暗红、苔白,脉沉紧或沉迟。

证候分析:寒邪客于冲任,血为寒凝,经血运行不畅,则经行延迟,经血有块。寒客于胞宫脉络,经行血失约束,则经行量多。寒性收引拘急,滞阻于冲任督脉而不去,则腰腹冷痛。寒邪束表,阳气不得外达,则膝痛肢冷,喜热畏寒,面色苍白。膀胱失温则小便清长。舌、脉均为寒邪凝滞之象。

治法:温经散寒,行血调经。

方药:温经汤加减。药用人参、当归、川芎、白芍、桂心、莪术、丹皮、甘草、牛膝。

2. 气滞

证候:经行延后,血行不畅,量少,色暗红,有块。小腹胀满,或胸胁、乳房胀痛不适,精神抑郁,时欲叹息。舌暗红,苔白,脉弦或涩。

证候分析:情志内伤,气机郁结,血为气阻,运行迟滞,则经行延后,经血量少,色暗有块。气机阻滞,经行气血运行不畅,则小腹、胸胁、乳房胀满疼痛。伤于情志,气机不利,故精神抑郁,时欲叹息。舌、脉所见为气机阻滞之象。

治法:开郁行气,和血调经。

方药：加味乌药汤加减。药用乌药、砂仁、木香、延胡索、香附、甘草、槟榔。

3. 痰湿

证候：经行延迟错后，经血量少，色淡或混杂黏液，经间带下清稀，量多，形态肥胖，眩晕心悸，胸闷呕恶，口腻多痰，咳吐痰涎。舌体胖大，边有齿痕，苔白腻，脉弦滑。

证候分析：脾气不振，运化失常，湿聚成痰，痰湿之邪阻滞于冲任胞脉，气血运行受阻，血海不能按时满溢，故经行常常延迟，量少。痰湿随经血下行，则经血色淡，夹有黏液。湿邪留散于肌肤，则形体肥胖，甚至肿满，困阻清窍则眩晕心悸，停留于胸胁脘腹则胸闷呕恶，口腻多痰，咳吐痰涎。舌、脉所见均为痰湿内盛之象。

治法：燥湿化痰，健脾调经。

方药：六君子加归芎汤。药用人参、白术、茯苓、炙甘草、陈皮、半夏、当归、川芎、香附。

【转归预后】 月经后期合并月经过少者，常影响生育。未及时治疗或治疗不当，可发展为闭经。

三、月经先后无定期

月经周期延长或缩短，即经行或提前或错后 7 天以上，先后不定，连续发生 3 个周期以上称"月经先后无定期"，又称"经乱"、"月经或前或后"等。

【病因病机】 本病的发生主要为肝肾功能失常，冲任气血失调，血海蓄溢不循常度所致。

【诊断要点】

1. 症状　主要以经行或提前或错后 7 天以上，交替不定为依据。一般需连续发生 3 个周期以上，有诊断意义。

2. 妇科检查　一般无明显异常。

【鉴别诊断】 崩漏：崩漏者无周期可循，经行来去不定，多少不定，周期、经期、经量皆紊乱。

【辨证论治】

1. 肝郁

证候：经行时间先后不定，或提前或错后，经血量或多或少，色暗红，有块，伴情志抑郁，胸胁、乳房胀满，脘闷不舒，时叹息，嗳气食少，腰腹疼痛，舌苔薄白或薄黄，脉弦。

证候分析：情志郁结伤肝，气机逆乱，疏泄失常，故经行或前或后，经血量多少不定。肝气郁滞，血行受阻，则经血色暗，有块。肝郁经脉不畅，气机不利，故情志抑郁，胸胁、乳房胀满，腰腹疼痛，脘闷不舒，时叹息，嗳气食少。舌、脉亦为肝郁之象。

治法：疏肝解郁，和血调经。

方药：逍遥散加减。药用柴胡、当归、茯苓、白芍、白术、炙甘草、煨姜、薄荷。

2. 肾虚

证候：经行或先或后，量少，色淡，质清稀。伴面色晦暗，头晕耳鸣，腰骶酸痛，小腹空坠，小便频数。舌质淡，苔薄，脉沉细弱。

证候分析：肾气虚弱，冲任失调而封藏失职，血海蓄溢失常则经行先后不定。肾虚，精气阴阳两亏，阴精不足则血少，阳气虚衰则经血色淡，质清稀。肾虚面现其本色而晦暗，肾虚外府失养则腰骶酸痛，小腹空坠。肾虚膀胱失约则小便频数。舌、脉均为肾虚精气亏乏之象。

治法：补肾益气，固冲调经。

方药：固阴煎加减。药用人参、熟地、山药、山茱萸、远志、炙甘草、五味子、菟丝子。

【转归预后】 月经先后无定期者，月经周期不规则，若疏于调护治疗，可转化为闭经或经漏，甚至不孕。及时调治，多可治愈。

四、崩漏

月经非时而下，量多如注，或淋漓不断者称为"崩漏"。其突然大量出血，称为"崩中"。日久淋漓不断则称为"漏下"。两者虽出血状况不同，但其在疾病发生过程中可以互相转化，即崩证日久，气血耗伤，渐成漏下；久漏不止，病势日进，可转成崩证，所以临床上常崩漏并称。

【病因病机】 崩漏的病因病机主要是血热、肾虚、脾虚、血瘀等造成冲任损伤，不能制约经血，导致月经非时妄行。

【诊断要点】

1. 症状　月经的周期、经期以及经量发生严重紊乱。月经周期紊乱常可在停经数周或数月后，发生出血，量多如注，暴下不止，或淋漓不断，甚至屡月不净。出血量多，迁延日久者，可见贫血症状。

2. 妇科检查　多无明显改变，正值出血时检查，子宫可略增大，比正常变软。

【鉴别诊断】

1. 月经先期、月经过多、经期延长　三者与崩漏均是以月经周期、经期或经量的改变为主要症状的月经病，但月经先期、经期延长和月经过多症状的发生仍有一定的规律可循，即经量增多、经期延长，但经血能自行停止。

2. 月经先后无定期　月经先后无定期与崩漏都表现为周期的先后不定。但前者的周期均在一定的范围内提前或错后，并且经期正常。

3. 经间期出血　本病为非经期出血，与漏下的表现相似。但本病常发生在两次月经中间，出血量少，持续2～5天，多能自动停止。经间期出血与月经出血往往形成一次少、一次多有规律的交替发生。

【辨证论治】

1. 肾阳虚

证候：经来无期，出血量多或淋漓不断，色淡质清，畏寒肢冷，面色晦暗，腰腿酸软，小便清长。舌质淡，苔薄白，脉沉细。

证候分析：肾气不足，肾阳虚弱，封藏不固，冲任失约，故经来无期，量多或淋漓不断。阳虚则真火不足，经血失煦，故色淡质稀。余证均为阳虚失煦之象。

治法：温肾固冲，止血调经。

方药：右归丸加减。药用肉桂、附子、山药、枸杞、熟地、杜仲、山茱萸、鹿角胶、菟丝子、当归。

2. 肾阴虚

证候：经乱无期，出血淋漓不断或量多，色鲜红，质稍稠，头昏耳鸣，腰膝酸软，或手足心热，或有心烦。舌质偏红，苔少，脉细数。

证候分析：肾水不足，冲任失守，故经乱无期，量多或淋漓不断。阴虚血热，则色鲜红，质稍稠。肾阴不足，不能上荣于脑，故头晕耳鸣。精亏则腰腿酸软，肾水不足，虚热内生，故手足心热。水不济火，虚火扰心，故心烦。舌、脉为肾阴亏虚之象。

治法：滋阴益肾，固冲止血。

方药：左归丸加减。药用熟地、山药、枸杞、山茱萸、菟丝子、龟板胶、川牛膝、旱莲草、女贞子。

3. 血热

证候：经血非时而下，量多如崩或淋漓不断、色深红或紫红，质黏稠，口渴烦热或有发热，小便黄或大便干结。舌质红，苔黄或黄腻，脉洪数或滑数。

证候分析：热盛于冲任，血海沸腾，迫血妄行，故经血崩下或淋漓不断，血色深红，质稠。热扰心神则烦热，热伤胃津，故口渴，热邪内蕴可有发热。舌质红，苔黄，脉洪数，均是血热之征，若夹有湿邪，则苔黄腻。

治法：清热凉血，止血调经。

方药：清热固经汤。药用黄芩、焦栀子、生地、地骨皮、地榆、阿胶、生藕节、陈棕炭、炙龟板、牡蛎粉、甘草。

4. 脾虚

证候：经血非时而至，崩中继而淋漓，血色淡而质稀，气短神疲，面色㿠白，或面浮肢肿，手足不温，或饮食不佳。舌质淡红，苔薄白，脉缓弱或沉溺。

证候分析：脾虚气陷，统摄无权，故忽然暴下，或日久不止，造成崩漏。气虚火不足，故血色淡而质薄。中气虚故气短，神疲。脾阳不振，故四肢不温，纳差，面色㿠白。脾虚不运，可有浮肿。舌、脉为气虚脾阳不足之象。

治法：补气健脾，摄血固冲。

方药：固本止崩汤加减。药用人参、黄芪、白术、熟地、当归、煨姜。

5. 血瘀

证候：经血非时而下，时来时止，或淋漓不断，或停闭日久，又突然崩中下血，继而淋漓不断，色紫暗，有块，小腹坠胀。舌质紫暗或有瘀斑，苔薄白，脉涩。

证候分析：冲任瘀滞，新血不安，导致经乱无期，离经之血不循常道，故经血时来时止。血瘀故血色紫暗，有块，瘀阻则气血不畅，故小腹坠胀。舌质紫暗，脉涩为瘀滞之征。

治法：活血化瘀，止血调经。

方药：逐瘀止血汤加减。药用生地、大黄、赤芍、丹皮、当归尾、枳壳、桃仁、龟板、蒲黄、五灵脂。

【转归预后】 青春期和育龄期崩漏及时治疗，预后多良好。绝经前后的患者，应积极控制出血，改善症状，促进顺利绝经。

五、闭经

闭经有原发、继发之分。原发性闭经指女子年龄超过 16 岁，无月经来潮。继发性闭经指月经周期建立后，在正常绝经年龄前，月经停止来潮 6 个月以上者，或月经稀发，按自身原来月经周期计算，停经 3 个周期以上者。古人又称"不月"、"经闭"、"月水不通"、"血闭"、"月闭"等。

【病因病机】 闭经的病因病机较复杂，若以虚实统之，主要责之于精血不足，血海亏虚，无血可下；或冲任胞脉被阻，经血不得下行两大类。前者为虚，后者属实。虚者主要有先天不足的肝肾虚损，后天的气血虚弱及阴虚血燥；实者主要有血瘀气滞的冲任受阻及痰湿阻滞的胞脉不畅。

【诊断要点】

1. 症状　青春女子，年逾16岁，月经尚未来潮，为原发性闭经。已建立正常周期的生育年龄妇女，停经已过6个月，或月经稀发者，停经超过其既往3个月经周期者，为继发性闭经。

2. 妇科检查　注意检查内、外生殖器官有无器质性病变，包括缺失、损伤、萎缩以及阴毛有无脱落。先天禀赋不足，可见子宫过小等解剖形态学的异常；继发性闭经日久者常见子宫缩小、阴道黏膜充血等雌激素水平低落现象。

【鉴别诊断】

1. 避年　避年者月经一年一行，可正常生育。
2. 暗经　暗经者终身不行经而能孕育。
3. 早孕　早孕者月经不行，伴有厌食、择食、恶心等早孕反应。

【辨证论治】

1. 肝肾虚损

证候：年龄已届青春期，月经迟迟不至，或月经后期量少，渐至经闭不行。兼见体质虚弱，面色憔悴，肌肤不荣，头晕耳鸣，腰膝酸软，阴中干涩，阴毛、腋毛稀疏脱落。舌淡红，苔少，脉沉弦细。

证候分析：肝肾同源，肝病伤肾，肾病及肝，肝肾虚损，精血亏乏，冲任不盈，故月经延迟不潮，或停闭不行。精血不荣肌肤，则形体瘦弱，面色憔悴，肌肤枯萎。精血不能奉养脑髓，则头晕耳鸣，腰膝酸软。阴血不润前阴，则阴毛稀疏脱落。舌、脉为肝肾虚损之象。

治法：补益肝肾，养血通经。

方药：归肾丸加减。药用熟地、山药、枸杞、山茱萸、茯苓、当归、杜仲、菟丝子。

2. 气血亏虚

证候：月经周期逐渐延长，经行延迟，经血量少，色淡，渐至经闭不行。兼见面色萎黄，神疲肢倦，食欲不振，心悸气短，毛发不泽或早白。舌淡红，苔白薄而少，脉沉细无力。

证候分析：反复失血，或虫积耗血，或脾胃虚损，化源不足，血虚气弱，冲任不充，血海不盈，月经由稀少渐至停闭不行。血虚不荣于肌肤，则面色萎黄，疲乏无力，毛发不泽。血不养心，则心悸气短。气血不足脾失运化，则食欲不振。舌、脉所见均为气血亏虚之象。

治法：补中益气，养血调经。

方药：人参养荣汤加减。药用白芍、当归、陈皮、黄芪、桂心、人参、白术、炙甘草、五味子、茯苓。

3. 阴虚血燥

证候：月经由量少渐至停闭不行，兼面颈烘热，五心烦热，颧红唇干，多汗或盗汗，甚至痨热骨蒸，咳唾痰血。舌瘦红，少苔，脉细数。

证候分析：阴血耗损，亏乏日久不复，虚热内生，津伤口燥，血海渐枯涸，故月经从涩少渐至停闭。热扰心神，则心烦不眠，虚热内扰。蒸津外泄，则多汗，盗汗，痨热骨蒸。虚热上灼，则面颈烘热，颧红唇干。热伤肺经，则咳唾痰血。舌、脉为阴虚内伤之候。

治法：滋阴润燥，益精通经。

方药：一阴煎加减。药用生地、熟地、白芍、麦冬、知母、地骨皮、炙甘草。

4. 血瘀气滞

证候：月经停闭不行，下腹部胀痛拒按，腰骶部疼痛，精神抑郁，表情呆滞，胸胁满闷，心烦易怒，身重乏力。舌体紫暗，有瘀斑瘀点，脉沉弦或沉涩。

证候分析：气机郁结，血行瘀阻。血瘀气滞，冲任不行，血海不能满溢，则月经停闭不行。气血阻滞子宫脉络，胞络者系于肾，脉络气机闭阻不通，不通则痛。气滞不行，气失宣降升发则精神抑郁，表情呆滞，胸胁满闷，心烦易怒。气血不行，肌肤失荣则身重乏力，甚至肌肤甲错。舌、脉为气血瘀阻之象。

治法：活血理气，祛瘀通经。

方药：血府逐瘀汤加减。药用当归、生地、桃仁、红花、枳壳、赤芍、柴胡、甘草、桔梗、川芎、牛膝。

5. 痰湿阻滞

证候：月经由稀发量少，渐至停闭不行。全身症见形体肥胖，胸胁满闷，呕恶痰多，神疲倦怠，嗜睡懒言，面目虚浮，带下量多而清稀。舌体胖大，苔厚腻，脉沉滑。

证候分析：痰湿流注于冲任，子宫经络闭阻，气血瘀滞不行，则月经停闭，痰湿内盛，溢于肌肤则形体肥胖。痰湿阻于胸脘则胸胁满闷，呕恶痰多。湿邪上困清窍，则神疲倦怠，嗜睡懒言，面目虚浮。痰湿下注，流于前阴则带下量多，质清稀。舌、脉为痰湿内盛之象。

治法：健脾除湿，化痰通经。

方药：丹溪治湿痰方加减。药用苍术、半夏、滑石、茯苓、白术、香附、川芎、当归。

【转归预后】 闭经者影响生育，若闭经时间较短，因营养不良、生活环境变迁、情志内伤致功能失调性闭经，积极治疗，多可在短期内治愈。若闭经时间长，肾虚天癸竭，则不易恢复月经周期。

六、痛经

凡在经期或行经前后，出现周期性小腹疼痛，或痛引腰骶，甚则剧痛昏厥者，称为"痛经"，亦称"经行腹痛"。

痛经又分原发性痛经和继发性痛经，前者是指生殖道无器质性病变的痛经，后者系指盆腔器质性疾病引起的痛经，此处所述为原发性痛经。

【病因病机】 痛经可由先天禀赋不足、情志所伤、起居不慎或六淫等引起，并与行经前后冲任、子宫的气血变化密切相关。经前气血下注冲任，子宫藏而不泄，冲任气血充盛，子宫内实，若因气滞血瘀或寒邪内客，冲任、子宫壅盛之气血碍而不畅，"不通则痛"故痛经发作。

【诊断要点】

1. 症状 本病的诊断以经期或经期前后，出现周期性下腹疼痛，剧烈难忍，以致影响工作及生活。

2. 妇科检查 无盆腔器官器质性病变。

【鉴别诊断】

1. 继发性痛经 症状表现相似，多见于已婚或经产妇，痛经渐加剧。鉴别关键在于有无生殖器器质性病变。通过妇科检查、盆腔B超和腹腔镜检查，可与盆腔炎、子宫内膜异位症等妇科疾病引起的痛经相鉴别。

2. 异位妊娠、胎动不安、堕胎、小产等　这些疾病的腹痛都是在停经一段时日后发生，与月经后期伴有痛经应进行鉴别，前者妊娠阳性反应或有胎物排出，后者无妊娠依据。妇科检查盆腔B超有助于鉴别。

【辨证论治】

1. 气滞血瘀

证候：经前或行经第一、二天，小腹胀痛，拒按，甚则小腹剧痛而恶心呕吐、伴胸胁作胀，或经量少，或经行不畅，经色紫暗，有块，血块排出后痛减，经净疼痛消失。舌质紫暗或有瘀点，苔薄白，脉弦或弦滑。

证候分析：肝司血海，又主疏泄，肝气条达，则血海通调。因情志抑郁，肝失条达，加之行经前期气实血盛，而致冲任气血不利，胞脉瘀阻，经血排出受限，不通则痛，故经前一、二日或经期，少腹胀痛、拒按，或经量少或行而不畅。经血瘀滞，故色暗有块。血块排出，瘀滞减轻，气血暂通，故疼痛缓解；瘀滞随经血而外泄，故经后疼痛自消。若瘀滞之因未除，则于下次月经周期又复发作。舌紫暗，有瘀点，脉弦为瘀滞之征。

治法：活血化瘀，行气止痛。

方药：膈下逐瘀汤加减。药用当归、川芎、赤芍、桃仁、红花、枳壳、延胡索、五灵脂、丹皮、乌药、香附、甘草。

2. 寒凝胞中

（1）阳虚内寒

证候：经期或经后小腹冷痛，喜按，得热则舒，经量少，经色暗淡，或经下有瘀块，腰腿酸软，小便清长。舌质淡胖、边有齿痕，苔白润，脉沉。

证候分析：肾为冲任之本，胞脉系于肾而络于胞中，肾阳虚弱，虚寒内生，冲任、胞宫失去温煦，血为寒凝，胞脉气血运行不畅，故经期或经后小腹冷痛，经量少，经色暗淡。寒得热化，故得温则舒。若阳虚与瘀浊交结，则经下瘀块而痛剧。肾阳不足，腰膝失养，故腰腿酸软；肾虚膀胱气化失常，故小便清长。脉沉，舌淡胖，苔白润均为虚寒之象。

治法：温经扶阳，暖宫止痛。

方药：温经汤加减。药用吴茱萸、当归、芍药、川芎、人参、生姜、麦冬、半夏、牡丹皮、阿胶、甘草、桂枝。

（2）寒湿凝滞

证候：经前数日或经期小腹冷痛，得热痛减，按之痛甚，经量少，经色暗黑或有血块，或畏冷身痛。舌淡紫，苔白腻，脉沉紧。

证候分析：寒湿之邪重浊凝滞，经前冲任气血壅盛，寒湿客于冲任、子宫，与经血相搏结，使经血运行不畅，故于经前一、二日或经期小腹冷痛。血为寒凝，故经色暗红，有块。得热则凝滞稍减，故疼痛减缓。舌淡紫，苔白腻，脉沉紧均为寒湿内阻、气血瘀滞之征。

治法：温经散寒，化瘀止痛。

方药：少腹逐瘀汤加减。药用小茴香、干姜、延胡索、没药、当归、川芎、肉桂、赤芍、蒲黄、五灵脂。

3. 气血虚弱

证候：经后一、二日或经期小腹隐隐作痛，或小腹及阴部空坠，喜按揉，月经量少，色淡，质薄，或神疲乏力，或面色不华，或纳少便溏。舌质淡，苔薄白，脉细弱。

证候分析：气血不足，冲任亦虚，经行之后，血随经去，血海空虚，血虚失于濡养，气虚血行迟滞，故经后一二日小腹隐隐作痛而喜揉按。经后数日，冲任气血渐复，故隐痛自消，若体虚而未复，遇经期失血伤气则经净腹痛复作。气虚阳气不充，血虚精血不荣，故经量少而色淡、质薄，面色萎黄无华。气血虚弱，脾阳不振，故神疲、纳少、便溏。舌淡，脉细弱为气血两虚之象。

治法：益气补血，和营止痛。

方药：圣愈汤加减。药用人参、黄芪、当归、川芎、熟地黄、生地黄。

【转归预后】 本病一经诊断，治疗得当，可收到较好效果。只要坚持治疗，预后较好。有部分患者经来腹痛剧烈，可伴面色苍白，四肢逆冷，大汗淋漓，甚者可晕厥，病势急，故当积极抢救，多数可在短时间内苏醒。

第二节 带下病

带下病是指妇人阴道内排出白色或淡黄色稀薄或黏稠的液体，带下量增多，色、质、气味异常，伴全身或局部症状。

【病因病机】 本病临床常见病因有脾虚湿困、肾阳虚、阴虚夹湿、湿热下注、热毒蕴结等。主要机制是任脉不固，带脉失约。任脉总司一身之阴液，带脉约束诸经。故当任带二脉受损，则可致带下病。

【诊断要点】 临床根据带下量、色、质、气味的特点，局部及全身症状，结合妇科检查及有关的辅助检查即可诊断。

1. 症状 带下明显增多，不同病邪引起白带的颜色、气味各有不同，或伴有阴部瘙痒、灼热、疼痛；或兼有尿频尿痛，或有腥臭味。

2. 妇科检查 外阴、阴道炎急性期可见局部潮红肿胀，慢性期局部体征不明显。

【鉴别诊断】

1. 带下呈赤色时应与经间期出血、经漏区别。

2. 阴疮 阴疮溃破时虽可出现赤白带，但伴有阴户红肿热痛，或阴户结块，而带下病无此症。

3. 子宫黏膜下肌瘤 当肌瘤突入阴道时，可呈脓性白带或赤白带，或伴臭味，与黄带、赤带相似，通过妇科检查可见悬吊于阴道内的黏膜下肌瘤。

【辨证论治】

1. 脾虚湿困

证候：带下量多，色白或淡黄，质稀薄，或如涕如唾，无臭，面色㿠白或萎黄，神疲乏力，纳少，腹胀便溏，肢肿。舌质胖，苔薄腻，脉缓弱。

证候分析：脾虚运化失司，不能化水谷而为精血，水湿之气下陷而为带下，脾虚中阳不振，则面色㿠白或萎黄，纳少，传输失职，则大便溏薄，肢肿。舌苔薄腻，质胖，脉缓弱均为脾虚湿困之征。

治法：健脾益气，升阳除湿。

方药：完带汤加减。药用人参、白术、白芍、淮山药、苍术、陈皮、柴胡、车前子、甘草。

2. 肾阳失固

证候：带下量多、质清稀如水，日久不止，腰酸如折，小便清长，或夜尿增多，面色晦黯，小腹和背冷感。舌质淡，苔白，脉沉细。

证候分析：肾阳不足，命门火衰，阳虚内寒，任脉不固，精液滑脱而下，故带下量多，质清稀如水。阳虚不能下暖膀胱，故小便清长。腰为肾之府，故肾虚则腰酸如折；胞宫居于小腹，胞脉系于肾，肾阳虚，胞宫失于温煦，故小腹冷痛。舌苔白，质淡，脉沉细均为肾阳虚之征。

治法：温肾固任，收涩止带。

方药：内补丸加减。药用鹿茸、菟丝子、蒺藜、黄芪、肉桂、桑螵蛸、肉苁蓉、制附子、紫菀茸。

3. 阴虚夹湿

证候：带下量少或多，色黄或赤白相兼，质稠，有气味，阴部干燥，有灼热感，或阴部瘙痒，头晕目眩，心烦易怒，口干内热，耳鸣心悸，或面部烘热，失眠腰酸。舌质红，苔少，脉细数或弦数。

证候分析：肾阴不足，相火偏旺，损伤血络，或复感湿邪，损伤任带致任脉不固，带脉失约，故带下量多，色黄或赤白相兼，阴虚生内热，则口干内热，阴部干燥，有灼热感或瘙痒，阴虚则虚阳上扰，心烦易怒，头晕目眩，烘热汗出。肾水亏损，不能上济于心，故失眠，肾为腰之府，肾阴虚则腰酸。舌红苔少，脉细数均为阴虚之征。

治法：滋阴益肾，清热除湿。

方药：知柏地黄丸加减。药用熟地黄、山茱萸、山药、牡丹皮、茯苓、泽泻、知母、黄柏。

4. 湿热下注

证候：带下量多，色黄或呈脓性，质黏稠，有臭秽，或带下色白，呈豆腐渣样，外阴瘙痒，小便黄短，口苦口腻，胸闷纳呆，小腹作痛。舌苔黄腻，脉滑数。

证候分析：湿热蕴结注于下，损伤任带二脉，故带下量多，色黄或如脓，质黏稠或浊如豆渣样，有秽臭，阴痒，湿热内盛，阻于中焦，见口苦口腻，胸闷纳呆，湿热阻遏气机，故小腹作痛，湿热蕴于膀胱，见小便黄短。舌苔黄腻或厚，脉濡略数均为湿热之征。

治法：清热利湿止带。

方药：止带方加减。药用猪苓、茯苓、车前子、泽泻、茵陈、赤芍、丹皮、黄柏、栀子、牛膝。

【转归预后】 带下病经过及时正确治疗均可好转或痊愈，故预后较好。若未及时或彻底治疗，或病程迁延日久，致使邪上客胞宫、胞脉，或阴液耗损，正气虚弱，可引起盆腔炎、月经不调和不孕症等病证。若带下病日久不愈，且五色带下秽臭，形瘦者，多属恶证，预后较差。

第三节 妊娠病

妊娠期间发生与妊娠有关的疾病，称妊娠病。妊娠病不但影响孕妇的身体健康，还可妨碍胎儿的正常发育，甚至造成堕胎、小产。

一、妊娠恶阻

妊娠早期出现恶心呕吐、头晕厌食、恶闻食味，甚则食入即吐，称"妊娠恶阻"，又称

"妊娠呕吐"、"子病"、"病儿"、"阻病"。

【病因病机】 常见病因有脾胃虚弱、肝胃不和。主要病机是冲脉之气上逆犯胃，胃失和降。孕后胎元初凝，血聚养胎，胞宫内实，冲气偏旺，冲气上逆犯胃所致，病位在胃，涉及肝脾。

【诊断要点】 妊娠恶阻易于诊断，根据停经史、妊娠试验阳性，加上恶心呕吐症状，即可做出诊断。

【鉴别诊断】 本病应与妊娠合并消化道溃疡、慢性胃炎、病毒性肝炎、急性阑尾炎、胆道感染相鉴别。根据病史以及相关的化验检查不难鉴别。

【辨证论治】

1. 脾胃虚弱

证候：妊娠呕吐不食，呕吐食物或清水痰涎，神疲倦怠。舌质淡，苔薄润或白厚，脉缓滑无力。

证候分析：脾胃素虚，孕后阴血下聚养胎，冲脉之气上逆，胃气不降，反随逆气上冲，则呕恶不食，或食入即吐，脾胃虚弱中阳不振，浊气不降故呕吐痰涎，神疲乏力。舌淡，苔薄，脉缓滑无力均为脾胃虚弱之征。

治法：健脾和胃，降逆止呕。

方药：香砂六君子汤加减。药用党参、白术、茯苓、甘草、半夏、陈皮、木香、砂仁、生姜、大枣。

2. 肝胃不和

证候：呕吐酸水苦水，胸胁胀痛，叹息嗳气，头胀而晕，烦渴口苦。舌质红，苔薄黄或黄，脉弦滑或滑数。

证候分析：肝气郁结，失于疏泄，肝脉夹胃贯膈，肝气上逆犯胃，则胸满呕逆，肝气不舒，则两胁胀痛，嗳气叹息。肝气上逆走空窍则头胀而晕，肝胆相表里，肝气上逆，胆火随之上升，胆热液泄则呕吐酸苦之水，烦渴、口苦。苔薄黄、脉弦滑均为肝胃不和之象。

治法：抑肝和胃，降逆止呕。

方药：苏叶黄连汤加减。药用苏叶、黄连、半夏、陈皮、竹茹、乌梅。

【转归预后】 恶阻轻者，经过对症治疗或随着妊娠月份增加可好转。若呕吐严重可致气阴两伤，若经治疗，病情继续发展，可出现高热、黄疸、精神异常等，应下胎益母。

二、胎漏、胎动不安

妊娠期间，阴道不时有少量出血，时出时止，或淋漓不断，而无腰酸腹痛、小腹坠胀等现象者，称为胎漏，亦称为胞漏，或漏胎。若妊娠期间腰酸、腹痛下坠或伴有少量阴道出血者，称胎动不安。

胎动不安与胎漏有别，胎漏仅见出血，胎动不安则有腰腹痛及阴道出血，故以有无腰腹疼痛为其鉴别要点。因胎漏、胎动不安的临床表现不能截然分开，病因病机、辨证论治亦基本相同，故一并论述。

【病因病机】 胎漏、胎动不安病因有胎元、母体的方面。胎元方面，因夫妻之精气不足，虽能两精相合，但很难摄精成胎，或成胎后胎元不固，甚或胎元有缺陷，胎多不能成实；母体方面，有素体肾虚、气血不足和感受外邪等原因。病位在冲任、胎元。

【诊断要点】

1. 症状　妊娠期间阴道出现不规则的少量出血，时下时止，并无腰酸腹痛症状，可诊断为胎漏。腰酸、下腹坠胀或伴少量阴道出血者，可诊断为胎动不安。

2. 孕期检查　阴道少许出血来自宫腔，子宫口关闭，羊膜囊未破，子宫大小与停经月份相符。

3. 辅助检查　妊娠试验阳性，B超检查提示孕囊在宫腔内，胚胎发育的大小跟妊娠月份相符，可见胎心搏动。

【鉴别诊断】

1. 激经　孕初月经仍按周期依时而下，但量少，且无明显腰酸腹痛，3个月后不治自止。胎漏的阴道出血无周期性，可资鉴别。

2. 异位妊娠　早孕期间有间断或持续的少量出血，未破损时有一侧少腹隐痛等症状与胎漏、胎动不安相似，但异位妊娠妇科检查时一侧附件有软性包块、压痛，B超子宫内未见孕囊。破损时，一侧少腹剧痛，波及全腹，体检时下腹部压痛、反跳痛，有移动性浊音，妇科检查可见子宫颈摇举痛，子宫有漂浮感等临床表现与本病有明显区别。

3. 堕胎、小产　阴道出血多，超过月经量，伴有腹痛，阵发性剧痛坠胀，或出现阴道流液（胎膜破裂）；妇科检查宫颈口已开，或宫颈口有胎物嵌顿，或有胎物排出。

【辨证论治】

1. 肾虚

证候：妊娠期间阴道少许出血，色暗淡，质稀，腰膝酸软，小腹坠痛，或伴头晕、耳鸣、小便频数、夜尿多，甚至失禁，或曾屡次堕胎。舌质淡，苔薄白，脉沉滑尺弱。

证候分析：胞脉系于肾，肾虚则冲任不固，胞失所养而致胎动不安，阴道下血。腰者，肾之府，主下焦，肾虚则腰膝酸软，肾虚髓海不足，脑失所养，则头晕耳鸣。肾与膀胱相表里，肾虚膀胱失约，故小便频数，甚则失禁。尺脉弱为肾虚之典型脉象。

治法：固肾安胎，佐以益气。

方药：寿胎丸加减。药用菟丝子、桑寄生、续断、阿胶。

2. 气血虚弱

证候：妊娠初期，胎动下坠，阴道少量流血，舌淡红，质稀薄，神疲肢倦，腰酸腹胀，面色㿠白，心悸气短。舌质淡，苔薄白，脉细滑无力。

证候分析：气虚不能载胎，血虚不能养胎，致胎动不安、胎漏下血；气虚阳气不布，故神疲肢倦，心悸，气短，面色㿠白；气虚下陷，冲任不固，胎失所载，故腰酸腹胀。舌质淡、苔薄白，脉细滑无力均为气血两虚之象。

治法：补气养血，固肾安胎。

方药：胎元饮加减。药用人参、当归、杜仲、白芍、熟地、白术、陈皮、炙甘草。

3. 血热

证候：妊娠期阴道下血，色鲜红或腹痛下坠，心烦不安，手心灼热，口干咽燥，大便秘结。舌质红，苔薄黄而干，脉弦滑或滑数。

证候分析：热伏冲任，迫血妄行，以致血海不固，故胎漏下血，色鲜红，或腰酸腹痛，胎动下坠；热扰心神，故心烦不安；热伤阴津，故手足心热，口干咽燥，大便秘结。舌质红，苔黄而干，脉弦滑均为阴虚血热之象。

治法：滋阴清热，养血安胎。

方药：保阴煎加减。药用生地、熟地、黄芩、黄柏、白芍、续断、甘草、山药。

4. 外伤

证候：有外伤史，胎动下坠，腰酸腹痛，甚或胎漏下血。舌质淡，苔薄白，脉滑无力。

证候分析：跌仆闪挫或劳累强力，损伤冲任，扰乱气血。气乱不能载胎，血乱不能养胎，冲任损伤，胎元不固，故腰酸，小腹疼痛下坠。气血紊乱，不能循经，故见阴道出血。脉滑无力为气血损伤之征。

治法：益气和血，固肾安胎。

方药：加味圣愈汤加减。药用人参、黄芪、当归、川芎、熟地、白芍、杜仲、续断、砂仁。

【转归预后】　胎漏、胎动不安可由妊娠腹痛发展而来。如果胚胎正常，经过正确治疗和充足的休息可足月正常分娩；如果胚胎发育不良或治疗不当，可发展为堕胎、小产。

第四节　产后缺乳

产妇在哺乳期内，乳汁甚少或全无，称为"缺乳"，亦称"乳汁不行"，或"乳汁不足"，或"产后乳无汁"。缺乳多发生在产后第2天至1周，也可发生在整个哺乳期。

【病因病机】　乳汁由气血所化生，赖肝气疏泄与调节，故气血虚弱或肝郁气滞均能导致产后缺乳。本病的主要病机是气血化源不足和肝气郁结，乳汁壅阻不行。

【诊断要点】

1. 症状　产妇在哺乳期中，乳汁甚少，或全无，不足以喂养婴儿。

2. 妇科检查　乳房柔软无胀痛，挤压乳汁点滴而出，或乳房胀满，乳腺成块，挤压乳汁，疼痛难出。此外，还应注意有无乳头凹陷和皲裂。

【鉴别诊断】　本病应与急性乳腺炎引起的缺乳相鉴别。急性乳腺炎性缺乳则有乳房局部红肿热痛，产妇体温增高，恶寒发热，一般单侧发病。

【辨证论治】

1. 气血虚弱

证候：产后乳汁甚少或全无，乳汁稀薄，乳房柔软无胀感。面色少华，神疲食少。舌质淡，苔薄白，脉细弱。

证候分析：气血虚弱，乳汁化源不足，故乳汁少或全无，乳汁稀薄。乳腺空虚，乳汁不充，故乳房柔软无胀感。气虚血少，不能上荣，则面色少华。阳气不振，脾失健运故神疲食少。舌质淡，苔薄白，脉细均为气血虚弱之征。

治法：补气养血，佐以通乳。

方药：通乳丹加减。药用人参、黄芪、当归、麦冬、木通（或用通草）、桔梗、猪蹄煮汤。

2. 肝郁气滞

证候：产后乳汁涩少，浓稠，或乳汁不下，乳房胀满而痛。胸胁满闷，食欲不振，或身有微热。舌质淡，苔薄黄，脉细弦或弦滑。

证候分析：情志郁结，肝气不舒，气机不畅，乳络受阻，故乳汁涩少。乳汁壅滞，运行受阻，故乳房胀满而痛，乳汁浓稠。肝脉布胁肋，肝气郁滞，失于宣达，则胸胁满闷。肝气犯胃则食少。乳汁淤久化热故身热。舌苔薄黄，脉细弦或弦数，乃肝郁气滞或郁而化热之征。

治法：疏肝解郁，通络下乳。

方药：下乳涌泉散加减。药用当归、白芍、川芎、生地黄、柴胡、青皮、花粉、通草、桔梗、白芷、穿山甲、王不留行、甘草。

【转归预后】 缺乳虽有虚实之分，但素体气血虚弱者疗效较差，尤其是先天乳腺发育不良，效果往往不理想，而且影响婴儿的生长发育。肝郁气滞者，治疗及时，乳汁自下。若乳汁郁滞不下，可致乳房胀硬加重，继则红肿灼热，为乳痈发生之先兆。若进一步发展，乳汁积久化热成脓，则可发展为乳痈。

复习题

一、单项选择题

1. 下面哪个不是月经先期常见的证型（　　）
   A. 脾气虚　　　　　　B. 肾气虚　　　　　　C. 肺气虚
   D. 阴虚血热　　　　　E. 阳盛血热

2. 某患者月经提前而至，量多，色淡红，质清稀；伴心悸怔忡，失眠多梦，四肢倦怠，气短懒言，纳少便溏；舌淡红，苔薄白，脉细弱。最佳治法是（　　）
   A. 补气摄血，固冲调经　　B. 滋阴益气，固冲调经　　C. 补肾益气，固冲调经
   D. 健脾养心，因冲调经　　E. 补脾益气，固冲调经

3. 月经后期治疗以调整周期为主，应注重（　　）的调理
   A. 经期　　　　　　　B. 经前　　　　　　　C. 平时
   D. 经后　　　　　　　E. 以上都不是

4. 患者月经延后，量少，色淡红，质清稀，小腹隐痛，喜暖喜按，腰酸无力，小便清长，大便溏，舌淡苔白，脉沉迟。应诊断为（　　）
   A. 肾气虚型月经后期　　B. 脾肾阳虚型月经后期　　C. 实寒型月经后期
   D. 虚寒型月经后期　　　E. 肾阴虚型月经后期

5. 月经先后无定期的病因病机是（　　）
   A. 冲任不固，经血失约　　B. 肝失条达　　　　　　C. 肾阴不足
   D. 肝肾功能失常，冲任功能紊乱，血海蓄溢失常
   E. 冲任受阻，血海不能按时满溢

6. 患者月经周期延后，量少，有血块，小腹胀痛，胸胁、乳房胀痛，舌质正常，苔薄白，脉弦。最佳治法是（　　）
   A. 疏肝健脾调经　　　　B. 理气行滞调经　　　　C. 平冲降逆调经
   D. 理气散寒调经　　　　E. 疏肝清热调经

7. 肝郁型月经先后无定期的主要证候不包括下列哪项（　　）
   A. 月经周期或先或后　　B. 经量或多或少　　　　C. 经行不畅，色暗，有块
   D. 小腹绞痛，拒按　　　E. 胸胁、乳房胀痛

8. 经行或先或后，量少，色淡，质清稀，伴腰骶酸痛，头晕耳鸣，舌淡苔白，脉细弱。应诊断为（　　）
   A. 气虚型月经先后无定期　　B. 血虚型月经先后无定期

C. 肾阳虚型月经先后无定期　　D. 肾虚型月经先后无定期

E. 肾阴虚型月经先后无定期

9. 崩漏发生的主要病机是（　　）

　　A. 热扰冲任，迫血妄行　　B. 脾虚气不统血　　C. 肾虚封藏失职

　　D. 瘀血不去，新血不安　　E. 冲任不固，不能制约经血

10. 崩漏的诊断依据是（　　）

　　A. 崩与漏交替出现　　B. 经血淋漓不断　　C. 经血非时暴下不止

　　D. 伴有不同程度的贫血　　E. 月经周期、经期、经量的严重紊乱

11. 某女，暴崩下血，继而淋漓不止已月余，血色暗淡，质稀；面色晦暗，肢冷畏寒，腰膝酸软，小便清长，夜尿多；眼眶暗，舌质淡暗，苔白，脉沉细无力。证属（　　）

　　A. 肾阴虚崩漏　　B. 肾阳虚崩漏　　C. 脾虚崩漏

　　D. 血瘀崩漏　　E. 脾肾阳虚崩漏

12. 崩漏的治疗，应本着（　　）的原则

　　A. 治崩三法　　B. 辨证论治　　C. 补气摄血

　　D. 急则治其标，缓则治其本　　E. 或补肾，或扶脾，或疏肝

12. 虚证闭经的主要病机为（　　）

　　A. 肾气不足，冲任虚弱　　B. 脾胃虚弱，气血乏源　　C. 肝肾亏损，精血不足

　　D. 精亏血少，冲任血海空虚　　E. 脾肾阳虚，化源不足

13. 下列哪一项可诊断为闭经（　　）

　　A. 月经一年一行，无其他不适

　　B. 月经三月一行，无其他不适

　　C. 产后半年尚未行经

　　D. 以往月经不调，现闭止 7 个月

　　E. 月经停闭 6 个月，小腹隆起，脉滑

14. 肾气亏损型闭经的证候特点是（　　）

　　A. 月经停闭，潮热汗出，五心烦热

　　B. 月经停闭，头晕耳鸣，腰酸腿软

　　C. 月经闭止，形寒肢冷，大便溏薄

　　D. 月经闭止，精神抑郁，小腹胀痛

　　E. 月经停闭，形体肥胖，带下量多

15. 某患者月经停闭半年未行，形体肥胖，胸脘满闷，泛恶，带下量多、色白，苔腻，脉滑。治宜（　　）

　　A. 健脾祛湿，活血调经　　B. 燥湿祛痰，行气活血　　C. 燥湿祛痰，健脾止带

　　D. 燥湿健脾，消食导滞　　E. 健脾燥湿化痰，活血调经

16. 某妇女经期小腹胀痛拒按，经量少，色紫暗，有块，血块排出痛减，兼胸胁、乳房胀痛，诊断为（　　）

　　A. 肝郁气滞型痛经　　B. 肝脾不调痛经　　C. 肾虚肝郁痛经

　　D. 寒凝血瘀痛经　　E. 气滞血瘀痛经

17. 肾气亏损型痛经治宜（　　）

　　A. 补肾益气　　B. 温肾散寒　　C. 补肾益精，养血止痛

D. 滋阴补肾　　　　　　　　E. 补肾活血，养血止痛
18. 痛经的主要病机是（　　）
   A. 气血虚弱，失于濡养　　B. 气郁不舒，血行失畅　　C. 寒客冲任，与血相搏
   D. 肾气亏损，精血不足　　E. 不通则痛，不荣则痛
19. 正常带下，以下哪一项是错误的（　　）
   A. 色赤白　　　　　　　　B. 质黏　　　　　　　　　C. 无臭气
   D. 经间期量稍多　　　　　E. 绝经后量减少
20. 以下哪一项不是肝胃不和型恶阻的主症（　　）
   A. 胸满胁痛　　　　　　　B. 呕吐清涎　　　　　　　C. 头胀头晕，烦渴口苦
   D. 舌淡红，苔微黄，脉弦滑　E. 嗳气叹息
21. 脾胃虚寒型恶阻的最佳选方是（　　）
   A. 香砂六君汤　　　　　　B. 四君子汤　　　　　　　C. 六君子汤
   D. 参苓白术散　　　　　　E. 陈夏六君汤
22. 妊娠期出现腰酸腹痛、胎动下坠，有少量阴道流血者，应诊断为（　　）
   A. 异位妊娠　　　　　　　B. 妊娠腹痛　　　　　　　C. 胎漏
   D. 胎动不安　　　　　　　E. 堕胎小产
23. 胎动不安血热型的首选方为（　　）
   A. 寿胎丸　　　　　　　　B. 胎元饮　　　　　　　　C. 六味地黄汤
   D. 保阴煎　　　　　　　　E. 两地汤
24. 素体气血素弱，产时失血耗气，气血虚弱，无以化乳而致缺乳，治宜（　　）
   A. 益气固摄　　　　　　　B. 补气养血，佐以通乳　　C. 益气养阴
   D. 补气固冲，佐以通乳　　E. 益气养血，活络通乳
25. 气血虚弱，化源不足可导致缺乳，以下哪项亦可致缺乳（　　）
   A. 瘀血内阻　　　　　　　B. 中气下陷　　　　　　　C. 肝郁气滞
   D. 湿热中阻　　　　　　　E. 以上均不是

二、简答题

1. 月经先后无定期与崩漏如何鉴别？
2. 如何区别崩、漏，其两者又有何内在的联系？
3. 闭经的治疗原则是什么？
4. 缺乳的发病机制是什么？虚证、实证各有何特点？

三、病案分析

1. 张某，女，20岁，未婚，14岁月经初潮后，经量中等，经色、经质、经期正常，但月经很难按期来潮，多推后1周，偶见四五十天一行。时有腰酸膝软，胃纳不佳，大便溏。末次月经，阴道出血5天，量偏少，色淡红，质清稀，无血块，喜热按，腰酸膝软，大便溏，日1～2次，舌质淡，苔薄白，脉沉迟。
   请写出诊断、辨证分型、证候分析、治法、代表方药。

2. 王某，女，32岁，已婚，2002年6月10日就诊。经行不规则已半年余，或先或后，经量或多或少不定，色淡，经前乳房胀痛，胸闷不舒，时有头晕眼花，平时腰酸乏力。舌淡暗，苔白，脉沉弦。
   请写出诊断、辨证分型、病机要点、治法、代表方药。

3. 周某，女，14岁，初中学生，阴道不规则出血3月余。13岁初潮后，经乱无期，停闭数月后经来，末次至今3月余不能止血，量多少不一，曾有经来如注，继而淋漓不断，经色鲜红，质略稠，头晕耳鸣，腰膝酸软，五心烦热，夜寐不宁，舌红少苔，脉细数。肛诊及盆腔B超未发现异常。

请写出诊断、辨证、病机分析、治法、方药（主方名及处方）。

（怀化医学高等专科学校 唐云峰）

第十四章 儿科病证

> **学习目标**
> 1. 掌握小儿腹泻、痄腮各病证的病名涵义与临床特征、诊断要点、鉴别诊断及临床常见证型的证候特征、治法和方药。
> 2. 熟悉上述各病证的病因病机、病位、病性、治疗原则。
> 3. 了解上述各病证的预防与调护、病机转化和预后。

重点难点

以小儿腹泻、痄腮的临床表现、治法和方药为重点。以小儿腹泻、痄腮的鉴别诊断、临床常见证型的证候特征为难点。

第一节 小儿腹泻

小儿腹泻是由多种病因引起的以大便次数增多,粪质稀薄或如水样为特征的一种小儿常见病。本病一年四季均可发生,以夏秋季节发病率为高。2岁以下小儿发病率高,其病位在脾胃,因婴幼儿脾常不足,易于感受外邪、伤于乳食,或脾肾气阳亏虚,均可导致脾病湿盛而发生泄泻。

【病因病机】 小儿腹泻的主要病因是感受外邪、伤于饮食、脾胃虚弱。主要病机是胃主受纳腐熟水谷,脾主运化水湿和水谷精微,若脾胃受病,则饮食入胃之后,水谷不化,精微不布,清浊不分,合污而下,致成泄泻。

【诊断要点】
1. 有乳食不节、饮食不洁,或冒风受寒、感受时邪病史。
2. 大便次数较平时明显增多,重者每天达10次以上。粪呈淡黄色或清水样;或夹奶块、不消化物,如同蛋花汤;或黄绿稀溏,或色褐而臭,夹少量黏液。可伴有恶心、呕吐、腹痛、发热、口渴等症。

【鉴别诊断】 痢疾(细菌性痢疾):急性起病,便次频多,大便稀,有黏冻脓血,腹痛明显,里急后重。大便常规检查见脓细胞、红细胞,可找到吞噬细胞;大便培养有痢疾杆菌生长。

【辨证论治】 本病常证重在辨寒、热、虚、实;变证重在辨阴、阳。常证按起病缓急、病程长短分为暴泻、久泻,暴泻多属实,久泻多属虚或虚中夹实。变证起于泻下不止,精神萎软、皮肤干燥,为气阴两伤证,属重证;精神萎靡、尿少或无、四肢厥冷、脉细欲绝,为阴竭阳脱证,属危证。

治疗原则:泄泻治疗,以运脾化湿为基本法则。实证以祛邪为主,根据不同的证型分别治以清肠化湿、祛风散寒、消食导滞。虚证以扶正为主,分别治以健脾益气,温补脾肾。泄泻变证,总属正气大伤,分别治以益气养阴、酸甘敛阴、护阴回阳、救逆固脱。

(一) 常证

1. 湿热泻

证候：泻下稀薄或如水注，粪色深黄而臭或见少许黏液，肛门灼热潮红、腹痛纳差或伴泛恶，肢体倦怠。或见发热，口渴，小便短黄。舌质红，舌苔黄腻，脉滑数，指纹紫滞。

证候分析：湿热蕴结，伤及脾胃，下注大肠，传化失职，故见泻下稀薄如水注，肛门灼热潮红；湿性黏腻，热性急迫，湿热交蒸，壅遏肠胃气机，故粪色黄臭，有少许黏液，腹部时见疼痛；泄热困阻，胃失和降，故纳差。泛恶，肢体倦怠；湿热蕴蒸，故可见发热、口渴、尿黄。舌质红，苔黄腻，脉滑数，指纹紫滞，均为湿热内盛之象。

治法：清热利湿。

方药：葛根芩连汤加减。药用葛根、黄芩、黄连、白芍、木香。

2. 风寒泻

证候：大便清稀，中多泡沫，臭味不甚，腹痛肠鸣。或兼恶寒发热，鼻塞流涕。舌质淡、舌苔薄白，脉浮紧，指纹淡滞。

证候分析：风寒之邪侵犯脾胃，客于肠中，寒凝气滞，脾阳被困，运化失职，故见大便清稀、多泡沫、臭味不甚；风寒郁阻，气机不得宣通，故腹痛肠鸣；风寒之邪外袭肺卫，故有恶寒发热，鼻塞流涕。舌质淡、舌苔薄白，脉浮紧，指纹淡滞，均为感受风寒之象。

治法：疏风散寒，化湿祛邪。

方药：藿香正气散加减。药用藿香、紫苏、白芷、桔梗、白术、厚朴、半夏、大腹皮、茯苓、陈皮。

3. 伤食泻

证候：脘腹胀满、肚腹作痛，痛则欲泻，泻后痛减，粪便酸臭，或如败卵，嗳气酸馊，或恶心欲吐，不思乳食。舌苔厚腻或微黄，脉滑有力，指纹紫滞。

证候分析：乳食入胃，停滞不化，壅滞肠中，气机不畅，故脘腹胀满，肚腹疼痛欲泻，不思乳食，泻后积滞见减，气机得畅，故腹痛得以暂时缓解；腐浊壅积肠中，故粪便酸臭；乳食内腐，胃失和降，气秽上冲，故嗳气酸馊，恶心欲吐。舌苔厚腻或微黄，脉滑有力，指纹紫滞，均为饮食内停之象。

治法：消食化积，和中止泻。

方药：保和丸加减。药用连翘、山楂、神曲、莱菔子、制半夏、陈皮、茯苓、麦芽。

4. 脾虚泻

证候：大便稀溏，带有奶瓣或不消化的食物残渣，色淡不臭，多在食后作泻，时轻时重，纳食减少。面色萎黄，肌肉消瘦，神疲倦怠，舌淡，苔白，脉弱无力，指纹淡。

证候分析：脾胃虚弱，清阳不升，运化失职，故大便稀溏，带有不消化的残渣，色淡不臭，时轻时重；脾胃虚弱，运化无权，故食后腹泻，纳食减少；脾虚不运，气血生化无源，机体失于营养，故面色萎黄，肌肉消瘦，神疲倦怠。舌淡、苔白，脉弱无力，指纹淡均为脾胃虚弱、气血不足之象。

治法：健脾益气止泻。

方药：参苓白术散加减。药用党参、茯苓、白术、桔梗、山药、白扁豆、莲子肉、砂仁、薏苡仁。

5. 脾肾阳虚泻

证候：久泻不止，大便清稀，澄澈清冷，完谷不化，或见脱肛，形寒肢冷，面色㿠白，精神萎靡，睡时露睛，舌淡苔白，脉细弱，指纹色淡。

证候分析：腹泻日久，损及肾阳，命门火衰，不能温煦脾土，故食入即泻，粪质清稀、完谷不化；脾虚气弱，气虚下陷，故见脱肛；命门火衰，失于温煦，阳气不布，阴寒内生，故形寒肢冷，精神萎靡，睡时露睛；脾虚，气血生化之源不足，故面色苍白，身体消瘦。舌淡、苔白，脉弱无力，指纹色淡均为脾肾阳虚之象。

治法：温补脾肾，固涩止泻。

方药：附子理中汤合四神丸加减。药用人参、白术、附子、炮姜、补骨脂、五味子、肉豆蔻、吴茱萸、赤石脂、甘草。

（二）变证

1. 伤阴

证候：泻下无度，质稀如水，色黄混浊，小便短少，皮肤干燥或干瘪，眼窝及前囟凹陷，啼哭无泪，精神萎靡或烦躁不安，口渴引饮，齿干唇红，舌绛无苔或起芒刺，脉微细弱。

证候分析：本病多起于湿热泄泻。湿热下注，故泻下无度，质稀如水，色黄混浊；由于泄泻无度，体液耗损，阴津枯竭，肌体失养，故皮肤干燥或干瘪，眼窝及前囟凹陷，啼哭无泪，齿干，精神萎靡；水液不足，故小便短少；胃阴伤，故口渴引饮；阴津不足，阴虚则内生虚热，故见烦躁不安、唇红。舌绛无苔或起芒刺，脉微细弱，均为阴津内夺，阴虚内热之象。

治法：滋阴敛津。

方药：连梅汤加减。药用黄连、乌梅、麦冬、阿胶、玉竹、花粉。

2. 伤阳

证候：暴泻不止，稀薄如水，面色苍白，神疲气弱，表情淡漠，四肢厥冷，冷汗不止，舌淡、苔白，脉沉微。

证候分析：本病见于暴吐暴泻或久泻之后。脾肾虚败，命门火衰，肠道失于固摄，故暴泻不止，便稀如水；阴寒盛极，阳气将亡，故面色苍白，神疲气弱，表情淡漠，四肢厥冷；阳气外脱，故冷汗不止。舌淡，苔白，脉沉微，均为阳气衰败之象。

治法：回阳救逆。

方药：参附龙牡汤加减。药用人参、附子、龙骨、牡蛎。

【转归预后】 轻者治疗得当，预后良好；重者下泻过度，易见气阴两伤，甚至阴竭阳脱；久泻迁延不愈者，则易转为疳证。

【预防与调护】

1. 注意饮食卫生，食品应新鲜、清洁，不吃变质食品，不要暴饮暴食。饭前、便后要洗手，餐具要卫生。

2. 提倡母乳喂养，不宜在夏季及小儿有病时断奶，遵守添加辅食的原则，注意科学喂养。

3. 加强户外活动，注意气候变化，防止感受外邪，避免腹部受凉。

4. 适当控制饮食，减轻脾胃负担。对吐泻严重及伤食泄泻患儿暂时禁食，以后随着病情好转，逐渐增加饮食量。忌食油腻、生冷及不易消化的食物。

第二节 痄腮

痄腮是由腮腺炎时邪（腮腺炎病毒）引起的一种急性传染病，以发热、耳下腮部肿胀疼痛为主要特征。西医称之为"流行性腮腺炎"。本病一年四季均可发生，以冬春两季易于流行。多发于3岁以上儿童，2岁以下婴幼儿少见。痄腮潜伏期为12~22天。在腮腺肿大前6天至肿后9天从唾液腺中可分离出腮腺炎病毒，故本病传染期为自腮腺肿大前24h至消肿后3天。

【病因病机】 本病的病因为感受腮腺炎时邪，其病变部位在足少阳胆经和足厥阴肝经。主要病机为邪毒壅阻少阳经脉，与气血相搏，凝滞于耳下腮部而致病。

【诊断要点】

1. 痄腮流行期间，发病前2~3周有痄腮接触史。
2. 初病时可有发热，腮腺肿大以耳垂为中心，向前、后、下扩大，边缘不清，触之有弹性感、疼痛感。常一侧先肿大，2~3天后对侧亦出现肿大。腮腺管口红肿，或同时有颌下腺肿大。

【鉴别诊断】

1. **化脓性腮腺炎** 中医名"发颐"。腮腺肿大多为一侧；表皮泛红，疼痛剧烈，拒按；按压腮部可见口腔内腮腺管口有脓液溢出；无传染性；血白细胞总数及中性粒细胞增高。
2. **其他病毒性腮腺炎** 流感病毒、副流感病毒、巨细胞包涵体病毒、艾滋病病毒等都可引起腮腺肿大，可依据病毒分离加以鉴别。

【辨证论治】 本病辨证，以经络辨证为主，同时辨常证、变证。根据全身及局部症状，凡发热、耳下腮肿，但无神志障碍，无抽搐，无睾丸肿痛或少腹疼痛者为常证，病在少阳经为主；若高热不退、神志不清、反复抽搐，或睾丸肿痛、少腹疼痛者为变证，病在少阳、厥阴二经。治疗以软坚散结为基本法则。常证分邪犯少阳证、热毒壅盛证。邪犯少阳证治以疏风清热，散结消肿；热毒壅盛证治以清热解毒，软坚散结。软坚散结只可用宣、通之剂，以祛其壅滞，不要过于攻伐。壅滞祛除，则风散毒解，可达到消肿止痛目的。变证邪陷心肝证治以清热解毒，熄风开窍；毒窜睾腹证治以清肝泻火，活血止痛。本病宜采用内服药物与外治法结合治疗，有助于腮部肿胀的消退。

(一) 常证

1. **邪犯少阳**

证候：轻微发热恶寒，单侧或两侧腮部漫肿疼痛，咀嚼不便，或伴咽红，舌质红、舌苔薄白或淡黄，脉浮数。

证候分析：外感温毒之邪，病邪在表，故发热恶寒、咽红；腮颌为足少阳经之所循，故有腮部漫肿疼痛、咀嚼不便。舌质红、舌苔清白或淡黄，脉浮数均为外感温热之象。

治法：疏风清热，消肿散结。

方药：银翘散加减。药用金银花、连翘、豆豉、牛蒡子、荆芥、薄荷、桔梗、竹叶、芦根。

2. **热毒壅盛**

证候：腮部漫肿，胀痛，坚硬拒按，咀嚼困难，咽红肿痛，壮热烦躁，头痛，口渴饮水，食欲不振，或伴有呕吐，舌红、苔黄、脉滑数。

证候分析：热毒蕴结少阳，故腮部肿胀疼痛、咀嚼困难、咽红肿痛；热邪入里，毒热亢盛，故壮热烦躁；热毒内蕴阳明经，故头痛、呕吐、口渴饮水、食欲不振。舌红、苔黄，脉滑数均为热毒蕴结之象。

治法：清热解毒，软坚散结。

方药：普济消毒饮加减。药用黄芩、黄连、连翘、玄参、板蓝根、马勃、牛蒡子、僵蚕、升麻、柴胡、陈皮、桔梗、甘草、人参。

（二）变证

1. 邪陷心肝

证候：腮腺肿大1周左右，突然壮热，头痛，项强，甚则嗜睡，昏迷，抽搐，舌绛，脉数。

证候分析：热毒炽盛，内陷心肝，故突然壮热，头痛，项强，甚则嗜睡、昏迷、抽搐。舌绛、脉数均为热入营血、邪毒内陷之征。

治法：清热解毒，熄风镇痉。

方药：普济消毒饮加减。药用黄芩、黄连、连翘、玄参、板蓝根、僵蚕、全蝎、钩藤、蒲公英。

2. 毒窜睾腹

证候：腮腺肿大1周左右，突然高热战栗，一侧（极少数为双侧）睾丸肿胀坠痛，阴囊皮肤水肿。舌红，脉数。

证候分析：足厥阴经脉循行于少腹而络阴器，热毒炽盛，循经下传，故突然高热战栗；热毒壅滞，气血运行不畅，故睾丸肿胀坠痛。舌红、脉数为热毒炽盛之象。

治法：清泻肝胆，活血止痛。

方药：龙胆泻肝汤加减。药用龙胆草、栀子、黄芩、柴胡、车前子、木通、泽泻。

【转归预后】 本病一般预后良好，少数患儿因素体虚弱或邪毒炽盛，可见邪陷心肝、毒窜睾腹之变证。感染本病后可获终生免疫。

【预防与调护】

1. 生后14个月可给予减毒腮腺炎活疫苗。

2. 痄腮流行期间，易感儿应少去公共场所。幼儿园及中、小学校等集体单位要经常体格检查，有接触史的可疑患儿，要进行隔离观察，并用板蓝根15～30g煎汤口服，每日1次，连服3～5天。

3. 未曾患过本病的儿童，可给予免疫球蛋白，效果良好。

复习题

一、单项选择题

1. 小儿腹泻各种证型中，最为多见的是（   ）

　　A. 湿热泻　　　　　　B. 风寒泻　　　　　　C. 伤食泻

　　D. 脾虚泻　　　　　　E. 脾肾阳虚泻

2. 诊断小儿腹泻，每天大便次数应（   ）

　　A. 不少于2次　　　　B. 不少于3次　　　　C. 不少于4次

　　D. 不少于5次　　　　E. 比平时明显增多

3. 痄腮出现高热，耳下腮部肿胀，同时伴见神昏嗜睡、头痛项强、恶心呕吐、反复抽搐。其证候是（   ）
   A. 风邪犯少阳　　　　　B. 热毒壅盛　　　　　C. 邪陷心肝
   D. 痰热闭窍　　　　　　E. 余邪留恋
4. 下列哪项最有助于痄腮的诊断（   ）
   A. 发热，面颊红肿疼痛　　B. 血清及尿中淀粉酶升高　C. 腮腺管口可见红肿
   D. 白细胞计数升高　　　　E. 腮部红肿疼痛，压之有波动感
5. 下列对痄腮的描述中，不正确的是（   ）
   A. 中医又称"发颐"　　　B. 2岁以下婴幼儿少见　　C. 一年四季均可发生
   D. 病机为邪毒壅阻少阳经脉　E. 感染本病后可获终身免疫

二、简答题

小儿腹泻的特点是什么？

三、病案分析

钱××，男，7岁。3天前始出现右腮肿痛，继而高热，头痛，咽痛，曾用抗生素治疗，高热持续，腮肿加重。现患儿头痛剧烈，频繁呕吐，嗜睡，时有轻度抽动，不思饮食，大便3天未行，小便黄。查体：体温39.8℃，神志清，精神萎靡，右腮部仍坚硬肿痛，颈强有抵抗，咽红肿，舌苔黄厚腻，舌质红绛而干，脉数有力。

要求：作出中医病证诊断，病机分析，治法，主方。

（怀化医学高等专科学校　唐云峰）

第十五章 外科病证

> **学习目标**
> 1. 掌握丹毒、蛇串疮的临床表现、临床常见证型的证候特征、治法和方药。
> 2. 熟悉丹毒、蛇串疮的诊断及鉴别诊断。
> 3. 了解丹毒、蛇串疮的病因病机及预防。

重点难点

以丹毒、蛇串疮的临床表现、临床常见证型治法和方药为重点。丹毒、蛇串疮的临床常见证型的证候特征为难点。

第一节 丹 毒

丹毒是一种突然患部皮肤发红呈片状、色如涂丹、迅速蔓延的急性感染性疾病。关于丹毒，古代医家早有认识。《素问·至真要大论》就有单㾦之名，即为丹毒。巢元方《诸病源候论》中有"丹者，人身忽然焮赤，如涂丹之状，故谓之丹……"的论述；孙思邈《千金方》也有"丹毒一名天火，肉中忽有赤，如丹涂之色"的论述。本病的发病特点是病起突然，恶寒发热，病变皮肤突然变红，焮热肿胀，边界清晰，迅速扩大，病变发无定处，好发于颜面部、腿部。根据病变部位不同而有不同名称：发于头面，重者称大头瘟，轻者称抱头火丹；发于胸腹腰胯者，称内发丹毒；发于小腿、足部者，称腿游风。如新生儿发病，发无定处，游走迅速，称为赤游丹毒，又名游火。

丹毒相当于西医中的急性网状淋巴管炎，多是由于乙型溶血性链球菌和金黄色葡萄球菌感染而引起的。

【病因病机】 本病由于素体血分有热，外受火毒搏结而发病，或是由于皮肤黏膜破损，如搔抓伤、皮肤擦伤、毒虫咬伤、脚湿气溃烂等。若发于头面部者，多为邪热疫毒或风热之邪化为火毒；若发于胸腹腰胯者，多为肝经火旺、脾经湿热而成；若发于小腿、足部者，多由湿热下注，化为火毒；若发于新生儿者，多因胎热火毒所致。

【病理】 丹毒的典型病理变化是真皮高度水肿，血管及淋巴管扩张，真皮中有广泛的脓性白细胞浸润，可深达皮下组织。

【临床表现】 本病多发于小腿部，头面次之，发病前多有皮肤或黏膜破损史。初起常伴突然恶寒发热、头痛、胃部不适、便秘尿赤、舌红、苔薄白或薄黄、脉洪数或滑数等全身症状。继而可见局部皮肤先起小片红斑，迅速蔓延成大面鲜红色斑，边界清晰，皮损处皮肤肿胀，表面紧张光亮，略高于正常皮肤，局部焮热灼手，以手压之，皮肤红色减退，放手又显，有明显的触痛。5~6日消退，皮色由鲜红逐渐转暗或呈棕黄色，脱屑而愈。如病情严重，红肿处可见瘀斑、瘀点、紫癜、水泡或血泡，间有化脓、坏死。游走性丹毒可一边消退，一边发展，连绵数周，一般预后较好。如新生儿或年老体弱者，火毒甚者易致毒邪内攻，可见壮热烦躁，神昏谵语，恶心呕吐，一般预后较差。

【诊断】 本病根据其典型临床表现及血白细胞增高可诊断。

【鉴别诊断】

1. 接触性皮炎 有接触史。局部红肿、边界不清楚，有痒感。皮疹有丘疹、水泡、大泡、糜烂、渗液、结痂等。白细胞计数不增多。

2. 类丹毒 常发生于手部，为紫红色，范围小，起势慢，多与职业有关，多见于宰猪行业、渔业、贩卖鱼虾肉类人员，好发于冬季，多有局部外伤史，无恶寒发热等明显的全身症状。

3. 蜂窝织炎 病变皮色呈紫红色，中央隆起，红肿明显，边缘较轻，边界不明显，按之稍硬、坚实。急性期常伴有疼痛、高热、寒战及全身不适，可有淋巴结炎，甚至败血症；慢性期皮肤硬化萎缩，类似于硬皮病。

4. 血管神经性水肿 为一种暂时性、局限性、无痛性的皮下或黏膜下水肿。多发生在组织疏松而易肿胀的部位，如眼睑、口唇、耳垂、外生殖器、喉头等处。

【治疗】

(一) 内治

1. 风热毒蕴型（抱头火丹）

(1) 症状 发病突然，常与瘟疫流行有关。发于头面部，如从眼部而发者，则眼周肿胀、难睁；如从口鼻而发者，则口鼻周围肿胀，张口困难，鼻塞不通；如从耳部而发者，则耳周围肿胀疼痛，并逐渐向面部发展。局部皮肤焮红灼热，肿胀疼痛，多伴有痒感，甚则可见水泡。在颈部可触及肿大臀核。伴恶寒发热，头痛，烦躁，大便干结，尿黄赤，舌红苔薄黄，脉浮数。

(2) 治法 疏风清热，凉血解毒。

(3) 方药 普济消毒饮加减。药用黄芩、黄连、柴胡、玄参、连翘、陈皮、板蓝根、薄荷、桔梗。大便干结者，加生大黄、芒硝；咽痛者，加玄参、生地；起水泡者，加生薏苡仁、车前子。

2. 肝脾湿火型

(1) 症状 发于胸腹腰胯部，初起有恶寒发热等表证，病变皮肤先为小片红斑，迅速蔓延，红肿成片，轻者色红，重者色紫，高于皮肤表面，边缘清晰，表面紧张光亮、疼痛，摸之灼手，伴见口干口苦，大便干结，尿黄赤，舌红苔黄腻，脉弦滑数。

(2) 治法 清肝泻火，解毒利湿。

(3) 方药 柴胡清肝汤或龙胆泻肝汤加减。药用柴胡、当归、生地、白芍、黄芩、栀子、川芎、花粉、连翘、牛子。便秘者，加瓜蒌仁、生大黄、枳实；热甚者，加生山栀、生石膏；皮色紫者，加牡丹皮、白芍。

3. 湿热毒蕴型

(1) 症状 多好发于下肢，常由脚湿气感染或小腿溃疡引起，初发头痛骨楚，恶寒发热，局部皮肤红肿焮热、疼痛，表面光亮，或见水泡、紫斑，甚则化脓或坏死。多数在腘窝或腹股沟有臀核肿大。下肢丹毒可反复发作，日久形成大脚风（橡皮腿）。伴见发热，舌红苔黄腻，脉滑数。

(2) 治法 清热利湿，凉血解毒。

(3) 方药 五神汤合萆薢渗湿汤加减。药用生薏苡仁、茯苓、泽泻、蒲公英、丹参、当归、益母草、花粉、革薢、丹皮、滑石。肿胀甚者，可加防己、丝瓜络、鸡血藤、赤小豆；水泡较多者，可加土茯苓、六一散；发不退者，可加牡丹皮、生栀子、薄荷。

4. 胎火毒蕴型

（1）症状　发生于新生儿，脐部创伤所致，自脐腹部开始，呈游走性，局部皮肤红肿灼热，可发生坏疽，伴见壮热烦躁，便秘溲赤，甚则恶心呕吐、神昏谵语。局部症状有时一边消退，一边发展，经5～6日中央皮肤由鲜红转为暗红，脱屑而愈，边缘逐渐向外围游移。

（2）治法　清热凉血，泻火解毒。

（3）方药　犀角地黄汤合黄连解毒汤加减。药用水牛角、白芍、丹皮、黄芩、黄连、栀子。壮热烦躁者，可加服安宫牛黄丸或紫雪丹；舌绛苔光者，可加麦冬、石斛、玄参；大便秘结者，可加服大黄、芒硝。

5. 热毒炽盛型

（1）症状　发病1～2周后，高温日久不退，患肢疼痛剧烈，并焮红肿胀，内已酿脓，舌红苔黄腻，脉洪数。

（2）治法　清热合营托毒。

（3）方药　黄连解毒汤合仙方活命饮加减。药用黄芩、黄连、栀子、白芷、陈皮、银花、浙贝、当归、花粉、乳香、没药、皂角刺、赤芍。毒盛肿甚者，加大青叶；壮热烦渴者，加石膏、连翘、竹叶；脓成破溃者，加败酱草、生薏苡仁。

6. 脓毒蚀骨型

（1）症状　脓水淋漓不断，日久形成窦道。患部肌肉萎缩，可触摸粗大骨骼，伴见体乏神疲、头晕、低热等全身症状，舌苔薄，脉濡细。

（2）治法　清化余毒，补益气血。

（3）方药　八珍汤合六味地黄丸。药用白术、黄芪、党参、生地、当归、白芍、山药、山茱萸、茯苓、丹皮、泽泻。舌绛苔光者，可加麦冬、玄参、石斛；脓水淋漓者，可加金银花、赤小豆、生薏苡仁；有坏死骨者，可加续断、补骨脂、骨碎补。

（二）外治

1. 外敷　红肿初起者，外用玉露散、玉露膏或鲜银花露外敷；若见水泡或红肿日久不退，可用金黄散冲或调和散外敷；还可用鲜马齿苋、仙人掌或者大青叶等捣烂外敷患处。

2. 熏洗法　取紫苏、葱白各100g，鲜凤仙花带茎叶100g，煎水熏洗。

3. 手术　如见积脓，在坏死部位引流治疗，外敷九一丹。

【预防与调护】

1. 患者需注意卧床休息，避免过度劳累。如下肢丹毒，应将患肢抬高30°～40°；如头面部丹毒，可采取半卧位。

2. 饮食应清淡，不宜食用刺激性食物，鼓励患者多饮水。

3. 如有皮肤破损，及时处理，严格无菌操作，避免感染。

4. 外治时要注意固定患处，脓成应尽早引流。

5. 已成大脚风（橡皮腿），可用绷带缠束，宽松适度。

第二节　蛇串疮

蛇串疮是一种单侧皮肤上出现成簇水泡，排列成带状，状如蛇形，所以称为蛇串疮，又名蛇丹、蜘蛛疮，因其常发于腰肋间，所以又名缠腰火丹。对于蛇串疮的记载，最早出现在隋代巢元方的《诸病源候论》"甑带疮者缠腰生，状如甑带，因以为名"。明代王肯堂《疡医准绳》中也有"或问绕腰生疮，累累如贯珠，何如？曰是名火带疮，亦名缠腰火丹"。明代陈士铎《外科秘录》中说"蛇窠疮生于身体脐腹之上下左右，本无定处，其形象宛如蛇形也"。

蛇串疮相当于西医中的带状疱疹，是一种由水痘-带状疱疹病毒所引起的急性疱疹性皮肤病。

【病因病机】　本病多是由于情志不遂，肝气郁结，郁久化火，肝胆火盛于内；或是由于饮食失节，内伤脾胃，脾失健运，湿热内盛，外溢于肌肤而生；或兼感毒邪，湿热火毒发于皮肤而成；若年老体弱者，气血不足，常因血虚肝旺，湿热毒盛，复感邪毒而发病。

【病理】　皮肤的病变主要在表皮，水泡位于表皮的深层，在泡内及边缘处可见明显肿胀的气球状表皮细胞。在变性的细胞核中可见嗜酸性核内包涵体。

【临床表现】　本病好发于春秋季节，发病前一般先有轻度发热，全身不适、食少纳差等全身症状，局部皮肤常有感觉过敏、灼热刺痛等前驱症状。亦可无前驱症状即发疹。疼痛可于疹前或伴随皮疹出现，也可在皮疹后出现，经1～3日后，皮肤疼痛处出现皮疹，初期为带状的红色斑丘疹，继而出现簇集成群的粟粒至绿豆大小的疱疹，随即变为水泡，常三、五成群，累累如串珠排列成带状不融合，聚集一处或几处，疱疹群之间的皮肤正常。泡液初为澄清透明，泡壁紧张发亮，数日后泡液由澄清变为浑浊化脓，逐渐干枯，部分水泡可破裂，干燥结痂，痂脱落后可留有淡红色色素沉着。本病轻者可只有丘疹，不出现皮疹，严重者可见豌豆甚至樱桃大小的水泡，可出现出血点、血泡或坏死溃烂。

皮疹好发于身体的一侧，以腰肋部、胸部、大腿部及颜面部多见，常单侧沿皮神经分布，一般不超过中线。常伴随疼痛，主要为刺痛，局部淋巴结肿大，压痛感。若发生在颜面部三叉神经分布区域，严重者可损伤眼球而致失明；若发生在耳部者，可发生周围性面瘫，可在外耳道及鼓索出现疱疹，从而引发听觉异常、眩晕等症状。病程一般在2周左右，年老者可维持3～4周，病愈后少有复发。皮损消退后，仍可遗留神经痛数周或数月。

【诊断】　本病根据其典型临床表现可诊断。

【鉴别诊断】

1. 热疮（单纯性疱疹）　病情较轻，多见于热病之后，好发于皮肤与黏膜交界处，口唇、鼻及阴部等处，水泡多为针尖至绿豆大小，常簇为一群，疼痛不明显，1周左右可痊愈，但容易复发。

2. 接触性皮炎　皮疹限于有接触史的部位，无疼痛感。

3. 水泡型湿疹　皮损多形性，常对称分布，自觉痒感，可反复发作。

【治疗】

（一）内治

1. 肝经郁热型

（1）症状　皮损鲜红，焮红灼热刺痛，泡壁紧张，伴口苦咽干，烦躁易怒，大便干结，小便黄赤，舌红苔黄，脉弦数。

（2）治法　清肝泻火，解毒止痛。

（3）方药　龙胆泻肝汤加减。药用龙胆草、生山栀、黄芩、当归、车前子、泽泻、木通、板蓝根、生地、生甘草等。大便干燥者，可加生大黄；发于眼部者，可加谷精珠、草决明；发于面部者，可加石决明、菊花。

2. 脾经湿蕴型

（1）症状　起黄白水泡或是大泡，疱疹松弛容易穿破，皮损色淡，疼痛不明显，伴见食少纳差，腹胀便溏，舌淡苔白或白腻，脉沉缓或滑。

（2）治法　健脾利湿，解毒消肿。

（3）方药　除湿胃苓汤加减。药用陈皮、焦白术、制苍术、制川朴、赤猪苓、生山栀、泽泻、木通、生甘草等。发于下肢者，可加牛膝、黄柏；水泡大而多者，可加萆薢、车前草、土茯苓。

3. 气滞血瘀型

（1）症状　多见于老年人。疱疹减轻或消退后，皮肤干燥，局部仍疼痛不止，放射到附近部位，重者可持续数月或更久，伴见两胁窜痛，情志抑郁，舌暗苔白，脉弦细。

（2）治法　疏肝理气，通络止痛。

（3）方药　柴胡疏肝散合桃红四物汤加减。药用柴胡、赤芍、当归、红花、枳壳、陈皮、香附、桃仁、生地等。心烦睡眠较差者，可加牡蛎、山栀子、酸枣仁；疼痛剧烈者，可加制乳香、制没药、延胡索。

（二）外治

1. 外敷　皮疹初起可外敷三黄散、青黛散，或青黛膏、玉露膏外敷；水泡破溃后，可外涂黄连膏或复方地榆氧化锌油，如有坏死，可加外敷九一丹。

2. 砭法　若水泡大者，可用消毒的三棱针刺破水泡，放出液体，吸尽泡液。

【预防与调护】

1. 预防感染　感染是诱发本病的原因之一。尤其是在春秋季节，寒暖交替，要适时增减衣服，避免受寒引起上呼吸道感染。此外，口腔、鼻腔的炎症应积极给予治疗。

2. 忌食油腻的食物、海鲜及辛辣等刺激食物，多饮水。

3. 皮损局部需要保持干燥、清洁，避免搔抓及衣物的摩擦，防止继发感染。

复习题

一、单项选择题

1. 丹毒根据病变部位不同而有不同名称，如新生儿发病称为（　　）
   - A. 大头瘟
   - B. 抱头火丹
   - C. 内发丹毒
   - D. 腿游风
   - E. 赤游丹毒

2. 丹毒相当于西医的（　　）
   - A. 急性网状淋巴管炎
   - B. 接触性皮炎
   - C. 类丹毒
   - D. 蜂窝织炎
   - E. 血管神经性水肿

3. 蛇串疮相当于现代医学中的（　　）
   - A. 单纯性疱疹
   - B. 接触性皮炎
   - C. 水泡型湿疹
   - D. 带状疱疹
   - E. 特应性皮炎

4. 蛇串疮好发于（　　）
   - A. 秋冬季节
   - B. 冬春季节
   - C. 夏春季节
   - D. 春秋季节
   - E. 一年四季

5. 蛇串疮鲜红，焮红灼热刺痛，泡壁紧张，伴口苦咽干，烦躁易怒，大便干结，小便黄赤，舌红苔黄，脉弦数。属于（　　）
   A. 脾经湿蕴型　　　　B. 肝经郁热型　　　　C. 气滞血瘀型
   D. 阴虚火旺型　　　　E. 湿热毒蕴型

二、简答题
请简述丹毒的临床表现。

三、论述题
蛇串疮的辨证分型有哪些？其临床表现、治法及方药是什么？

（大庆医学高等专科学校　张立峰）

附 方剂索引

一 画

1. 一贯煎（《柳州医话》）沙参　麦冬　当归　生地黄　枸杞子　川楝子

二 画

2. 二仙汤（经验方）仙茅　淫羊藿　当归　巴戟　知母　黄柏
3. 二陈汤（《太平惠民和剂局方》）半夏　陈皮　茯苓　炙甘草
4. 二阴煎（《景岳全书》）生地黄　麦冬　酸枣仁　生甘草　玄参　茯苓　黄连　木通　灯心（或竹叶）
5. 二神散（《杂病源流犀烛》）海金沙　滑石
6. 十灰散（《十药神书》）大蓟　小蓟　侧柏叶　荷叶　茜草根　山栀　茅根　大黄　丹皮　棕榈皮
7. 十补丸（《济生方》）熟地　山药　山茱萸　泽泻　茯苓　丹皮　肉桂　五味子　炮附子　鹿茸
8. 丁香散（《古今医统》）丁香　柿蒂　良姜　炙甘草
9. 七味都气丸（《医宗己任编》）熟地黄　山茱萸　山药　茯苓　丹皮　泽泻　五味子
10. 八正散（《太平惠民和剂局方》）木通　车前子　扁蓄　瞿麦　滑石　甘草梢　大黄　山栀　灯心
11. 八珍汤（《正体类要》）　人参　白术　茯苓　甘草　当归　白芍药　川芎　熟地黄　生姜　大枣
12. 人参养营汤（《太平惠民和剂局方》）　人参　甘草　当归　白芍　熟地黄　肉桂　大枣　黄芪　白术　茯苓　五味子　远志　橘皮　生姜
13. 人参五味子汤（《幼幼集成》）人参　白术　茯苓　五味子　麦冬　炙甘草　生姜　大枣
14. 人参乌梅汤（《温病条辨》）人参　乌梅　木瓜　山药　莲子肉　炙甘草

三 画

15. 三才封髓丹（《卫生宝鉴》）天冬　熟地黄　人参　黄柏　砂仁　甘草
16. 三子养亲汤（《韩氏医通》）苏子　白芥子　莱菔子
17. 三仁汤（《温病条辨》）杏仁　白蔻仁　薏苡仁　厚朴　半夏　通草　滑石　竹叶
18. 三甲复脉汤（《温病条辨》）炙甘草　地黄　白芍药　牡蛎　麦冬　阿胶　麻仁　鳖甲　龟板
19. 三妙丸（《医学正传》）苍术　黄柏　牛膝　共研细末　面糊为丸
20. 三黄石膏汤（《证治准绳》）黄连　黄柏　栀子　玄参　黄芩　知母　石膏　甘草
21. 三拗汤（《太平惠民和剂局方》）麻黄　杏仁　生甘草　生姜

22. 下乳涌泉散（《清太医院配方》） 当归 川芎 花粉 白芍 生地 柴胡 青皮 漏芦 桔梗 通草 白芷 穿山甲 甘草 王不留行
23. 大补元煎（《景岳全书》）人参 炒山药 熟地黄 杜仲 枸杞子 当归 山茱萸 炙甘草
24. 大补阴丸（《丹溪心法》）知母 黄柏 熟地黄 龟板 猪脊髓
25. 大青龙汤（《伤寒论》）麻黄 桂枝 杏仁 炙甘草 石膏 生姜 大枣
26. 大宝风珠（《温病条辨》）白芍 阿胶 龟板 地黄 麻仁 五味子 牡蛎 麦冬 炙甘草 鳖甲 鸡子黄
27. 大承气汤（《伤寒论》）大黄 厚朴 枳实 芒硝
28. 大黄黄连泻心汤（《伤寒论》）大黄 黄连
29. 大黄附子汤（《金匮要略》）大黄 附子 细辛
30. 大柴胡汤（《伤寒论》）柴胡 黄芩 半夏 枳实 白芍药 大黄 生姜 大枣
31. 千金苇茎汤（《备急千金要方》）苇茎 薏苡仁 冬瓜仁 桃仁
32. 川芎茶调散（《太平惠民和剂局方》） 川芎 荆芥 薄荷 羌活 细辛 白芷 甘草 防风
33. 小半夏汤（《金匮要略》） 半夏 生姜
34. 小青龙汤（《伤寒论》） 麻黄 桂枝 芍药 甘草 干姜 细辛 半夏 五味子
35. 小承气汤（《伤寒论》）大黄 厚朴 枳实
36. 小建中汤（《伤寒论》）桂枝 芍药 甘草 生姜 大枣 饴糖
37. 小活络丹（《和剂局方》） 制南星 制川乌 制草乌 地龙 乳香 没药 蜜糖
38. 小柴胡汤（《伤寒论》）柴胡 黄芩 半夏 人参 甘草 生姜 大枣
39. 小蓟饮子（《济生方》） 生地黄 小蓟 滑石 通草 炒蒲黄 淡竹叶 藕节 当归 山栀 甘草

四画

40. 天王补心丹（《摄生秘剖》）人参 玄参 丹参 茯苓 五味子 远志 桔梗 当归身 天冬 麦冬 柏子仁 酸枣仁 生地黄 辰砂
41. 天麻钩藤饮（《杂病证治新义》）天麻 钩藤 生石决明 川牛膝 桑寄生 杜仲 山栀 黄芩 益母草 朱茯神 夜交藤
42. 无比山药丸（《太平惠民和剂局方》）山药 肉苁蓉 干地黄 山茱萸 茯神 菟丝子 五味子 赤石脂 巴戟天 泽泻 杜仲 牛膝
43. 木香顺气散（《沈氏尊生书》）木香 青皮 橘皮 甘草 枳壳 川朴 乌药 香附 苍术 砂仁 桂心 川芎
44. 木防己汤（《金匮要略》）木防己 石膏 桂枝 人参
45. 五皮散（《华氏中藏经》）桑白皮 橘皮 生姜皮 大腹皮 茯苓皮
46. 五苓散（《伤寒论》）桂枝 白术 茯苓 猪苓 泽泻
47. 味消毒饮（《医宗金鉴》）金银花 野菊花 蒲公英 紫花地丁 紫背天葵
48. 五磨饮子（《医方集解》）乌药 沉香 槟榔 枳实 木香
49. 不换金正气散（《太平惠民和剂局方》） 厚朴 藿香 甘草 半夏 苍术 陈皮 生姜 大枣

50. 止带方（《世补斋》）茯苓　猪苓　泽泻　赤芍　丹皮　茵陈　黄柏　栀子　牛膝　车前子
51. 止痛如神方（《医宗金鉴》）　秦艽　桃仁　皂角　熟大黄　炒苍术　防风　黄柏　当归尾　泽兰　槟榔
52. 止嗽散（《医学心悟》）荆芥　桔梗　甘草　白前　陈皮　百部　紫菀　茯苓　猪苓　泽泻　砂仁　干姜　姜黄　人参　白术　炙甘草
53. 少腹逐瘀汤（《医林改错》）　小茴香　干姜　延胡索　没药　当归　川芎　肉桂　赤芍药　蒲黄　五灵脂
54. 内补丸（《女科切要》）　鹿茸　肉桂　菟丝子　黄芪　白蒺藜　沙苑蒺藜　苁蓉　桑螵蛸　制附子　紫菀茸
55. 牛蒡解肌汤（《疡科心得集》）　牛蒡子　薄荷　荆芥　连翘　山栀　丹皮　石斛　玄参　夏枯草
56. 化痰通络汤（《临床中医内科学》）茯苓　半夏　生白术　天麻　胆南星　竺黄　紫丹参　香附　酒大黄
57. 月华丸（《医学心悟》）天冬　麦冬　生地黄　熟地黄　山药　百部　沙参　川贝母　茯苓　阿胶　三七　獭肝　白菊花　桑叶
58. 丹栀逍遥散（《医统》）　当归　白芍药　白术　柴胡　茯苓　甘草　煨姜　薄荷　丹皮　山栀
59. 丹溪治湿痰方（《丹溪心法》）苍术　白术　半夏　茯苓　滑石　香附　川芎　当归
60. 乌头汤（《金匮要略》）麻黄　芍药　黄芪　炙甘草　制川乌
61. 六君子汤（《校注妇人良方》）人参　炙甘草　茯苓　白术　陈皮　制半夏　生姜　大枣
62. 六味地黄丸（《小儿药证直诀》）熟地黄　山药　茯苓　丹皮　泽泻　山茱萸
63. 六磨汤（《证治准绳》）沉香　木香　槟榔　乌药　枳实　大黄

五画

64. 玉女煎（《景岳全书》）石膏　熟地黄　麦冬　知母　牛膝
65. 玉屏风散（《丹溪心法》）黄芪　白术　防风
66. 甘麦大枣汤（《金匮要略》）甘草　淮小麦　大枣
67. 甘露消毒丹（《温热经纬》）滑石　茵陈　黄芩　石菖蒲　川贝母　木通　藿香　射干　连翘　薄荷　白蔻仁
68. 左归丸（《景岳全书》）熟地　山药　山茱萸　菟丝子　枸杞子　川牛膝　鹿角胶　龟板胶
69. 左归饮（《景岳全书》）熟地　山茱萸　枸杞子　山药　茯苓　甘草
70. 石韦散《证治汇补》）石韦　冬葵子　瞿麦　滑石　车前子
71. 石决明散（《普济方》）　石决明　草决明　羌活　山栀子　大黄　荆芥　木贼　青葙子　芍药　麦冬
72. 石斛夜光丸（《原机启微》）天门冬　麦门冬　人参　熟地黄　生地黄　牛膝　杏仁　枸杞子　草决明　川芎　水牛角　白蒺藜　羚羊角　枳壳　石斛　五味子　青葙子　甘草　防风　肉苁蓉　黄连

73. 右归饮（《景岳全书》）熟地　山药　山茱萸　枸杞　甘草　杜仲　肉桂　制附子
74. 右归丸（《景岳全书》）熟地黄　山药　山茱萸　枸杞子　杜仲　菟丝子　附子　肉桂　当归　鹿角胶
75. 龙胆泻肝汤（《兰室秘藏》）龙胆草　泽泻　木通　车前子　当归　柴胡　生地黄（近代方有黄芩、栀子）
76. 归脾汤（《济生方》）人参　黄芪　白术　茯神　酸枣仁　龙眼肉　木香　炙甘草　当归　远志　生姜　大枣
77. 四君子汤（《太平惠民和剂局方》）党参　白术　茯苓　甘草
78. 四妙勇安汤（清?《验方新编》）玄参　当归　金银花　甘草
79. 四味回阳饮（《景岳全书》）人参　制附子　炮姜　炙甘草
80. 四物汤（《太平惠民和剂局方》）当归　白芍药　川芎　熟地黄
81. 四物消风饮（《医宗金鉴》）　生地黄　当归　荆芥　防风　赤芍　川芎　白鲜皮　蝉蜕　薄荷　独活　柴胡　红枣
82. 四神丸（《证治准绳》）补骨脂　肉豆蔻　吴茱萸　五味子　生姜　大枣
83. 四逆散（《伤寒论》）柴胡　白芍药　枳壳　甘草
84. 生化汤（《傅青主女科》）当归　川芎　桃仁　炮姜　炙甘草
85. 生脉饮（散）（《内外伤辨惑论》）人参　麦冬　五味子
86. 失笑散（《太平惠民和剂局方》）五灵脂　蒲黄
87. 白术散（《全生指迷方》）白术　茯苓　大腹皮　生姜皮　陈皮
88. 白头翁汤（《伤寒论》）　白头翁　秦皮　黄连　黄柏
89. 白虎汤（《伤寒论》）知母　石膏　粳米　甘草
90. 白虎加人参汤（《伤寒论》）知母　石膏　甘草　粳米　人参
91. 白虎加桂枝汤（《金匮要略》）知母　甘草　石膏　粳米　桂枝
92. 仙方活命饮（《医宗金鉴》、《校注妇人良方》）　穿山甲　皂角刺　当归尾　甘草　金银花　赤芍　乳香　没药　天花粉　陈皮　防风　贝母　白芷
93. 瓜蒌薤白半夏汤（《金匮要略》）瓜蒌　薤白　白酒　半夏
94. 半夏白术天麻汤（《医学心悟》）半夏　白术　天麻　陈皮　茯苓　甘草　生姜　大枣
95. 半夏厚朴汤（《金匮要略》）半夏　厚朴　紫苏　茯苓　生姜
96. 圣愈汤（《医宗金鉴》）熟地　白芍　川芎　人参　当归　黄芪
97. 加味二妙散（《丹溪心法》）黄柏　苍术　当归　牛膝　防己　萆薢　龟板
98. 加味二陈汤（《医宗金鉴》）法半夏　茯苓　陈皮　甘草　黄芩　黄连　薄荷　生姜
99. 加味五苓散（《类证治裁》）猪苓　茯苓　白术　泽泻　茴香　肉桂　共研粗末
100. 加味四君子汤（《三因极一病证方论》）人参　茯苓　白术　炙甘草　黄芪　白扁豆
101. 加味圣愈汤（《医宗金鉴》）当归　白芍　川芎　熟地　人参　黄芪　杜仲　续断　砂仁
102. 加味地黄丸（《原机启微》）生地黄　熟地黄　枳壳　牛膝　当归身　羌活　杏仁　防风
103. 加味阿胶汤（《医宗金鉴》）阿胶　艾叶　生地　白芍　当归　杜仲　白术　黑栀子　侧柏叶　黄芩

104. 加味桔梗汤（《医学心悟》） 桔梗 甘草 贝母 橘红 银花 苡仁 葶苈子 白及
105. 加味清胃散（《张氏医通》）生地 丹皮 当归 黄连 连翘 犀角 升麻 生甘草
106. 加味温胆汤（《医宗金鉴》） 陈皮 法半夏 茯苓 甘草 枳实 竹茹 黄芩 黄连 麦冬 芦根 生姜

六画

107. 耳聋左慈丸（《广温热论》）熟地黄 淮山药 山萸肉 牡丹皮 泽泻 茯苓 五味子 磁石
108. 百合固金丸（《医方集解》）生地黄 熟地黄 麦冬 贝母 百合 当归 炒芍药 甘草 玄参 桔梗
109. 芍药汤（《素问病机气宜保命集》）黄芩 芍药 炙甘草 黄连 大黄 槟榔 当归 木香 肉桂
110. 芍药甘草汤（《伤寒论》）白芍药 炙甘草
111. 芎芷石膏汤（《医宗金鉴》）川芎 白芷 石膏 菊花 藁本 羌活
112. 地榆散（验方）地榆 茜根 黄芩 黄连 山栀 茯苓
113. 托里消毒散（《外科正宗》）人参 川芎 白芍 黄芪 当归 白术 茯苓 金银花 白芷 甘草 皂角针 桔梗
114. 托里消毒散（《医宗金鉴》）黄芪 皂角刺 金银花 连翘 炙甘草 桔梗 陈皮 白芷 川芎 当归 白芍 白术 茯苓 党参
115. 托里消毒饮（《外科理例》）人参 黄芪 当归 川芎 芍药 白术 茯苓 白芷 银花 甘草
116. 至宝丹（《太平惠民和剂局方》）朱砂 麝香 安息香 金银箔 水牛角 牛黄 琥珀 雄黄 玳瑁 龙脑
117. 当归四逆汤（《伤寒论》）当归 桂枝 芍药 细辛 甘草 通草 大枣
118. 当归芍药汤（经验方）当归 白术 赤芍 茯苓 泽泻 黄芩 辛夷花 白菊花 干地龙 甘草 薄荷 川芎
119. 当归饮子（《外科正宗》）当归 川芎 白芍 生地 防风 白蒺藜 荆芥 何首乌 黄芪 甘草
120. 当归鸡血藤汤（经验方）当归 熟地 桂圆肉 白芍 丹参 鸡血藤
121. 竹叶石膏汤（《伤寒论》）竹叶 石膏 麦冬 人参 半夏 粳米 炙甘草
122. 血府逐瘀汤（《医林改错》）当归 生地黄 桃仁 红花 枳壳 赤芍药 柴胡 甘草 桔梗 川芎 牛膝
123. 舟车丸（《景岳全书》）甘遂 芫花 大戟 大黄 黑丑 木香 青皮 陈皮 轻粉 槟榔
124. 会厌逐瘀汤（《医林改错》）桃仁 红花 甘草 桔梗 生地 当归 玄参 柴胡 枳壳 赤芍
125. 安宫牛黄丸（《温病条辨》）牛黄 郁金 犀角 黄连 朱砂 冰片 珍珠 山栀 雄黄 黄芩 麝香 金箔衣
126. 安神定志丸（《医学心悟》）茯苓 茯神 远志 人参 石菖蒲 龙齿

127. 如金解毒散（《景岳全书》）桔梗　甘草　黄芩　黄连　黄柏　山栀
128. 导痰汤（《校注妇人良方》）半夏　陈皮　枳实　茯苓　甘草　制南星　生姜
129. 防己黄芪汤（《金匮要略》）防己　白术　黄芪　甘草　生姜　大枣
130. 阳和汤（《外科全生集》）　熟地黄　白芥子　炮姜炭　麻黄　甘草　肉桂　鹿角胶（烊化冲服）

七画

131. 麦门冬汤（《金匮要略》）麦冬　人参　半夏　甘草　粳米　大枣
132. 寿胎丸（《医学衷中参西录》）菟丝子　续断　桑寄生　阿胶
133. 苍耳子散（《医方集解》）白芷　薄荷　辛夷花　苍耳子
134. 苏合香丸（《太平惠民和剂局方》）白术　青木香　水牛角　香附　朱砂　诃子　檀香　安息香　沉香　麝香　丁香　荜茇　苏合香油　薰陆香　冰片
135. 杏苏散（《温病条辨》）杏仁　苏叶　橘皮　半夏　桔梗　枳壳　前胡　茯苓　甘草　大枣　生姜
136. 杞菊地黄丸（《医级》）枸杞子　菊花　熟地黄　山茱萸　山药　泽泻　丹皮　茯苓
137. 两地汤（《傅青主女科》）生地　玄参　白芍　麦冬　阿胶　地骨皮
138. 连理汤（《张氏医通》）人参　白术　干姜　炙甘草　黄连　茯苓
139. 吴茱萸汤（《伤寒论》）吴茱萸　人参　生姜　大枣
140. 龟鹿二仙膏（《医便》）鹿角　败龟板　枸杞　人参
141. 辛夷散（《三因极一病证方论》）辛夷花　细辛　川椒　干姜　川芎　吴茱萸　附子　皂角　肉桂
142. 完带汤（《傅青主女科》）白术　山药　人参　白芍　苍术　车前子　甘草　陈皮　柴胡　黑芥穗
143. 沙参麦冬汤（《温病条辨》）沙参　麦冬　玉竹　桑叶　生甘草　天花粉　生扁豆
144. 沙参清肺汤（验方）北沙参　生黄芪　太子参　合欢皮　白及　生甘草　桔梗　苡仁　冬瓜子
145. 沉香散（《金匮翼》）沉香　石韦　滑石　当归　橘皮　白芍　冬葵子　甘草　王不留行
146. 补天大造丸（《医学心悟》）人参　白术　当归　枣仁　炙黄芪　远志　白芍　山药　茯苓　枸杞子　紫河车　龟版　鹿角　大熟地
147. 补中益气汤（《脾胃论》）人参　黄芪　白术　甘草　当归　陈皮　升麻　柴胡
148. 补气健脾汤（《不知医必要》）高丽参　黄芪　川芎　白芷　白扁豆　丁香　肉桂　淮山药　炙甘草　龙眼肉　炒莲仁
149. 补阳还五汤（《医林改错》）当归尾　川芎　黄芪　桃仁　地龙　赤芍　红花
150. 补肝汤（《医宗金鉴》）当归　白芍　川芎　熟地　酸枣仁　木瓜　炙甘草
151. 补肾壮筋汤（《外伤补要》）熟地黄　当归　牛膝　山茱肉　茯苓　续断　杜仲　白芍药　青皮　五加皮
152. 补肾地黄丸（《医宗金鉴》）　熟地黄　山茱萸　炒山药　茯苓　牛膝　牡丹皮　泽泻　鹿茸
153. 补肺汤（《永类钤方》）人参　黄芪　熟地　五味子　紫菀　桑白皮

154. 补虚汤（《圣济总录》）黄芪　茯苓　甘草　五味子　干姜　半夏　厚朴　陈皮
155. 附子泻心汤（《伤寒论》）大黄　黄连　黄芩　附子
156. 附子理中丸（《太平惠民和剂局方》）炮附子　人参　白术　炮姜　炙甘草
157. 附子理中汤（《三因方》）　附子　人参　干姜　白术　炙甘草
158. 附桂八味丸（汤）（《金匮要略》）熟地黄　山茱萸　牡丹皮　泽泻　茯苓　淮山药　炮附子　肉桂心
159. 防风秦艽汤（《医宗金鉴》）　防风　秦艽　当归　川芎　连翘　槟榔　栀子　甘草　地榆　枳壳　生地　白芍　槐角

八画

160. 青蒿鳖甲汤（《温病条辨》）青蒿　鳖甲　生地黄　知母　丹皮
161. 苓桂术甘汤（《金匮要略》）茯苓　桂枝　白术　甘草
162. 枇杷清肺饮（《医宗金鉴》）　人参　枇杷叶　甘草　黄连　桑白皮　黄柏
163. 虎潜丸（《丹溪心法》）龟板　黄柏　知母　熟地黄　白芍药　锁阳　陈皮　虎骨　干姜
164. 明目地黄丸（《审视瑶函》）熟地黄　生地黄　山萸肉　淮山药　泽泻　茯神　牡丹皮　柴胡　当归　五味子
165. 固冲汤（《医学衷中参西录》）白术　黄芪　煅龙骨　煅牡蛎　山茱萸　白芍　海螵蛸　茜草根　棕炭　五倍子
166. 固阴煎（《景岳全书》）人参　熟地　山药　山茱萸　远志　炙甘草　五味子　菟丝子
167. 知柏地黄丸（《医宗金鉴》）知母　黄柏　熟地黄　山萸肉　山药　茯苓　丹皮　泽泻
168. 金铃子散（《素问病机气宜保命集》）金铃子　延胡索
169. 金匮肾气丸（《金匮要略》）桂枝　附子　熟地黄　山萸肉　山药　茯苓　丹皮　泽泻
170. 金锁固精丸（《医方集解》）沙苑蒺藜　芡实　莲须　龙骨　牡蛎　莲肉
171. 肥儿丸（《医宗金鉴》）人参　茯苓　白术　黄连　胡黄连　使君子　神曲　麦芽　山楂　芦荟　甘草
172. 羌活胜湿汤（《内外伤辨惑论》）羌活　独活　川芎　蔓荆子　甘草　防风　藁本
173. 定喘汤（《摄生众妙方》）白果　麻黄　桑白皮　款冬花　半夏　杏仁　苏子　黄芩　甘草
174. 泻心汤（《金匮要略》）大黄　黄芩　黄连
175. 泻白散（《小儿药证直诀》）桑白皮　地骨皮　生甘草　粳米
176. 参附汤（《校注妇人良方》、世医得效方》）人参　熟附子　姜　枣
177. 参苓白术散（《太平惠民和剂局方》）人参　茯苓　白术　桔梗　山药　甘草　白扁豆　莲子肉　砂仁　薏苡仁
178. 参蛤散（《普济方》）人参　蛤蚧

九画

179. 荆防四物汤（《医宗金鉴》）当归　白芍　川芎　地黄　荆芥　防风
180. 荆防败毒散《外科理例》荆芥　防风　羌活　独活　柴胡　前胡　川芎　枳壳　茯苓　桔梗　甘草
181. 茜根散（《景岳全书》）茜草根　黄芩　阿胶　侧柏叶　生地黄　甘草
182. 茵陈术附汤（《医学心悟》）茵陈蒿　白术　附子　干姜　炙甘草　肉桂
183. 茵陈四苓汤（验方）茵陈　猪苓　茯苓　泽泻　白术
184. 茵陈蒿汤（《伤寒论》）茵陈蒿　山栀　大黄
185. 胃苓汤（《丹溪心法》）苍术　厚朴　陈皮　甘草　生姜　大枣　桂枝　白术　泽泻　茯苓　猪苓
186. 香砂六君子汤（《时方歌括》）木香　砂仁　陈皮　半夏　党参　白术　茯苓　甘草
187. 复元活血汤（《医学发明》）柴胡　瓜蒌根　当归　红花　甘草　穿山甲　大黄　桃仁
188. 顺气导痰汤（验方）半夏　陈皮　茯苓　甘草　生姜　胆星　枳实　木香　香附
189. 保元汤（《博爱心鉴》）人参　黄芪　肉桂　甘草　生姜
190. 保阴煎（《景岳全书》）生地　熟地　白芍　山药　续断　黄芩　黄柏　甘草
191. 保和丸（《丹溪心法》）神曲　山楂　茯苓　半夏　陈皮　连翘　莱菔子
192. 养心汤（《证治准绳》）黄芪　茯苓　茯神　当归　川芎　炙甘草　半夏曲　柏子仁　酸枣仁　远志　五味子　人参　肉桂
193. 养血当归地黄汤（《济生拔萃》）当归　川芎　熟地黄　芍药　藁本　防风　白芷　细辛
194. 养阴清肺汤（《重楼玉钥》）生地黄　麦冬　白芍　牡丹皮　贝母　玄参　薄荷　甘草
195. 养胃增液汤（验方）石斛　乌梅　北沙参　玉竹　甘草　白芍
196. 养精种玉汤（《傅青主女科》）熟地　山茱萸　白芍　当归
197. 宫外孕Ⅰ号方（山西医学院附属第一医院）赤芍　丹参　桃仁
198. 宫外孕Ⅱ号方（山西医学院附属第一医院）赤芍　丹参　桃仁　三棱　莪术
199. 活血止痛汤（《伤科大成》）　当归　川芎　乳香　苏木　红花　没药　地鳖虫　三七　赤芍　陈皮　落得打　紫荆藤
200. 活血散瘀汤（、《医宗金鉴》）当归尾　赤芍　桃仁（去皮、尖）　大黄（酒炒）　川芎　苏木　牡丹皮　枳壳　瓜蒌仁　槟榔
201. 活血散瘀汤（《外科正宗》）川芎　当归　防风　赤芍　苏木　红花　黄芩　炒枳壳　皂角刺　连翘　天花粉　生大黄
202. 济川煎（《景岳全书》）当归　牛膝　肉苁蓉　泽泻　升麻　枳壳
203. 济生肾气丸（《济生方》）熟地黄　山药　山茱萸　丹皮　茯苓　泽泻　炮附子　官桂　川牛膝　车前子

十画

204. 秦艽鳖甲散（《卫生宝鉴》）地骨皮　柴胡　秦艽　知母　当归　鳖甲　青蒿　乌梅

205. 泰山磐石散（《景岳全书》）人参　黄芪　当归　续断　黄芩　川芎　白芍　熟地　白术　炙甘草　砂仁　糯米
206. 都气丸（《医宗己任编》）熟地黄　山药　山萸肉　丹皮　泽泻　五味子　茯苓
207. 真人养脏汤（《太平惠民和剂局方》）诃子　罂粟壳　肉豆蔻　白术　人参　木香　肉桂　炙甘草　当归　白芍
208. 真武汤（《伤寒论》）炮附子　白术　茯苓　芍药　生姜
209. 桂枝汤（《伤寒论》）桂枝　芍药　生姜　炙甘草　大枣
210. 桂枝甘草龙骨牡蛎汤（《伤寒论》）桂枝　炙甘草　煅龙骨　煅牡蛎
211. 桂枝茯苓丸（《金匮要略》）桂枝　茯苓　丹皮　桃仁　芍药
212. 桃仁红花煎（《素庵医案》）丹参　赤芍　桃仁　红花　制香附　延胡索　青皮　当归　川芎　生地
213. 桃红四物汤（《中国医学大辞典》）当归　白芍药　川芎　熟地黄　桃仁　红花　丹皮　香附　延胡索
214. 桃花汤（《伤寒论》）赤石脂　干姜　粳米
215. 桃核承气汤（《伤寒论》）桃仁　大黄　桂枝　甘草　芒硝
216. 柴胡葛根汤（《外科正宗》）柴胡　天花粉　葛根　黄芩　桔梗　连翘　牛蒡子　石膏　甘草　升麻
217. 柴胡清肝汤（《医宗金鉴》）生地　当归　白芍　川芎　柴胡　黄芩　山栀　天花粉　防风　牛蒡子　连翘　甘草
218. 柴胡桂枝干姜汤（《伤寒论》）柴胡　桂枝　干姜　瓜蒌根　黄芩　牡蛎　甘草
219. 柴胡疏肝散（《景岳全书》）陈皮　柴胡　枳壳　芍药　炙甘草　香附　川芎
220. 逍遥散（《太平惠民和剂局方》）柴胡　白术　白芍药　当归　茯苓　炙甘草　薄荷　煨姜
221. 逍遥蒌贝散（经验方）柴胡　当归　白芍　茯苓　白术　瓜蒌　贝母　半夏　南星　生牡蛎　山慈姑
222. 透脓散（《外科正宗》）生黄芪　山甲（炒）　川芎　当归　皂角刺
223. 健脾方（《医方集解》）人参　白术　陈皮　麦芽　山楂　枳实　神曲
224. 射干麻黄汤（《金匮要略》）射干　麻黄　细辛　紫菀　款冬花　半夏　五味子　生姜　大枣
225. 消风散（《外科正宗》）当归　生地　防风　蝉蜕　知母　苦参　胡麻　荆芥　苍术　牛蒡子　石膏　甘草　木通
226. 消乳丸（《证治准绳》）香附　神曲　麦芽　陈皮　砂仁　炙甘草
227. 润肠丸（《沈氏尊生书》）当归　生地　麻仁　桃仁　枳壳
228. 海藻玉壶汤（《温病条辨》）桑叶　杏仁　沙参　浙贝母　豆豉　山栀　梨皮
229. 涤痰汤（《济生方》）制半夏　制南星　陈皮　枳实　茯苓　人参　石菖蒲　竹茹　甘草　生姜
230. 凉血地黄汤（《外科大成》）细生地　当归尾　地榆　槐角　黄连　天花粉　生侧柏　甘草　升麻　赤芍　枳壳　黄芩　荆芥
231. 凉血地黄汤（《脾胃论》）黄柏　知母　青皮　槐子　熟地黄　当归
232. 凉膈清肠散（汤）（《证治准绳》）生地　当归　芍药　升麻　防风　荆芥　黄芩

黄连　香附　川芎　甘草

233. 凉膈散（《太平惠民和剂局方》）川大黄　朴硝　甘草　山栀子仁　薄荷　黄芩　连翘　竹叶　蜂蜜
234. 调肝汤（《傅青主女科》）山药　阿胶　当归　白芍　山茱萸　巴戟　甘草
235. 通乳丹（《傅青主女科》）人参　黄芪　当归　麦冬　木通　桔梗　猪蹄
236. 通窍活血汤（《医林改错》）赤芍药　川芎　桃仁　红花　麝香　老葱　鲜姜　大枣　酒
237. 桑白皮汤（《景岳全书》）桑白皮　半夏　苏子　杏仁　贝母　黄芩　黄连　山栀　生姜
238. 桑杏汤（《温病条辨》）桑叶　杏仁　沙参　浙贝母　豆豉　山栀　梨皮
239. 桑菊饮（《温病条辨》）桑叶　菊花　连翘　薄荷　桔梗　杏仁　芦根　甘草
240. 桑螵蛸散（《本草衍义》）桑螵蛸　远志　菖蒲　龙骨　人参　茯神　当归　龟板

十一画

241. 黄土汤（《金匮要略》）灶中黄土　甘草　干地黄　白术　炮附子　阿胶　黄芩
242. 黄芩汤（《医宗金鉴》）黄芩　甘草　麦冬　桑白皮　栀子　连翘　赤芍　桔梗　薄荷　荆芥穗
243. 黄芩泻白散（《伤寒太白》）黄芩　桑白皮　地骨皮　粳米　甘草
244. 黄芩清肺饮（《证治准绳》）黄芩　栀子
245. 黄芩滑石汤（《温病条辨》）黄芩　滑石　通草　茯苓　猪苓　大腹皮　白豆蔻
246. 黄芪汤（《金匮翼》）黄芪　陈皮　火麻仁　白蜜
247. 黄芪建中汤（《金匮要略》）黄芪　白芍　桂枝　炙甘草　生姜　大枣　饴糖
248. 黄连阿胶汤（《伤寒论》）黄连　阿胶　黄芩　鸡子黄　芍药
249. 黄连温胆汤（《备急千金要方》）半夏　陈皮　茯苓　甘草　枳实　竹茹　黄连　大枣
250. 黄连解毒汤（《外台秘要》）黄连　黄柏　黄芩　栀子
251. 黄芪桂枝五物汤（《伤寒论》）黄芪　芍药　桂枝　通草　炙甘草　细辛　大枣
252. 黄芪桂枝五物汤（《金匮要略》）黄芪　桂枝　芍药　生姜　大枣
253. 麻子仁丸（《伤寒论》）麻子仁　芍药　枳实　大黄　厚朴　杏仁
254. 麻杏石甘汤（《伤寒论》）麻黄　杏仁　石膏　炙甘草
255. 麻黄汤（《伤寒论》）麻黄　桂枝　杏仁　炙甘草
256. 麻黄连翘赤小豆汤（《伤寒论》）麻黄　杏仁　生梓白皮　连翘　赤小豆　甘草　生姜　大枣
257. 羚羊钩藤汤（重订《通俗伤寒论》）羚羊角　桑叶　川贝　鲜生地　钩藤　菊花　白芍药　生甘草　鲜竹茹　茯神
258. 清经散（《傅青主女科》）丹皮　地骨皮　白芍　熟地　青蒿　茯苓　黄柏
259. 清胃散（《兰室秘藏》）当归　生地黄　牡丹皮　升麻　黄连
260. 清咽下痰汤（验方）玄参　桔梗　甘草　牛蒡子　贝母　瓜蒌　射干　荆芥　马兜铃
261. 清骨散（《证治准绳》）银柴胡　胡黄连　秦艽　鳖甲　地骨皮　青蒿　知母　甘草

262. 清肺饮（《证治汇补》）　茯苓　黄芩　桑白皮　麦冬　车前子　山栀　木通　泽泻
263. 清热固经汤（《简明中医妇科学》）　地骨皮　生地　炙龟板　牡蛎粉　阿胶　焦栀子　地榆　黄芩　藕节　棕榈炭　甘草
264. 清热泻脾散（《医宗金鉴》）山栀　石膏　黄芩　黄连　生地黄　赤苓　灯心
265. 清营汤（《温病条辨》）水牛角（磨粉冲服）生地　玄参　竹叶心　金银花　连翘　黄连　丹参　麦冬
266. 清暑汤（《外科全生集》）　连翘　花粉　赤芍　甘草　滑石　车前子　金银花　泽泻　淡竹叶
267. 清解透表汤（验方）　西河柳　蝉蜕　葛根　升麻　紫草根　桑叶　菊花　甘草　牛蒡子　银花　连翘
268. 清燥救肺汤（《医门法律》）桑叶　石膏　杏仁　甘草　麦冬　人参　阿胶　炒胡麻仁　炙枇杷叶
269. 银花甘草汤（《外科十法》）鲜金银花　甘草
270. 银翘散（《温病条辨》）金银花　连翘　豆豉　牛蒡子　薄荷　荆芥穗　桔梗　生甘草　竹叶　鲜芦根

十二画

271. 越婢加半夏汤（《金匮要略》）麻黄　石膏　生姜　大枣　甘草　半夏
272. 越鞠丸（《丹溪心法》）　川芎　苍术　香附　炒山栀　神曲
273. 葛根芩连汤（《伤寒论》）葛根　黄芩　黄连　炙甘草
274. 葶苈大枣泻肺汤（《金匮要略》）葶苈子　大枣
275. 紫雪丹（《外台秘要》）滑石　石膏　寒水石　磁石　羚羊角　青木香　水牛角　沉香　丁香　升麻　玄参　甘草　朴硝　朱砂　麝香　黄金　硝石
276. 黑锡丹（《太平惠民和剂局方》）黑锡　硫黄　川楝子　胡芦巴　木香　炮附子　肉豆蔻　阳起石　沉香　茴香　肉桂　补骨脂
277. 阑尾化瘀汤（天津南开医院方）生大黄　川楝子　元胡　木香　桃仁　丹皮　金银花　蒲公英
278. 阑尾清化汤（天津南开医院方）生大黄　金银花　蒲公英　桃仁　赤芍　丹皮　生米仁　川楝子
279. 阑尾清解汤（天津南开医院方）生大黄　金银花　蒲公英　败酱草　丹皮　生米仁　川楝子
280. 舒筋活血汤（《伤科补要》）羌活　防风　荆芥　独活　当归　续断　青皮　牛膝　五加皮　杜仲　红花　枳壳
281. 痛泻要方（《景岳全书》）白术　白芍　防风　炒陈皮
282. 普济消毒饮（《东垣试效方》）　黄芩　黄连　连翘　玄参　板蓝根　马勃　牛蒡子　僵蚕　升麻　柴胡　陈皮　桔梗　甘草　人参　薄荷
283. 温经汤（《妇人大全良方》）　人参　当归　川芎　白芍　肉桂　莪术　丹皮　甘草　牛膝
284. 温胆汤（《三因极一病证方论》）半夏　橘皮　甘草　枳实　竹茹　生姜　茯苓

附 方剂索引 **343**

大枣
285. 温胞饮（《傅青主女科》）巴戟天　补骨脂　菟丝子　肉桂　附子　杜仲　白术　山药　芡实　人参
286. 温脾汤（《备急千金要方》）附子　人参　大黄　甘草　干姜
287. 滋水清肝饮（《医宗己任编》）熟地黄　山茱萸　茯苓　归身　山药　丹皮　泽泻　白芍　柴胡　山栀　酸枣仁
288. 滋生青阳汤（《医醇剩义》）生地　石决明　磁石　石斛　寸冬　丹皮　白芍　甘菊　薄荷　柴胡　天麻　桑叶
289. 滋阴除湿汤（《外科正宗》）　川芎　当归　白芍　熟地　柴胡　陈皮　黄芩　知母　贝母　泽泻　地骨皮　甘草　生姜
290. 犀角地黄汤（《备急千金要方》）水牛角　生地黄　丹皮　芍药
291. 犀角散（《备急千金要方》）　水牛角　黄连　升麻　山栀　茵陈
292. 疏风清热汤（经验方）　荆芥　防风　牛蒡子　甘草　金银花　连翘　桑白皮　赤芍　桔梗　黄芩　天花粉　玄参　浙贝母
293. 疏凿饮子（《济生方》）　商陆　泽泻　赤小豆　椒目　木通　茯苓皮　大腹皮　槟榔　生姜　羌活　秦艽

十三画

294. 新加香薷饮（《温病条辨》）香薷　鲜扁豆花　厚朴　金银花　连翘
295. 解毒活血汤（《医林改错》）　连翘　葛根　柴胡　枳壳　当归　赤芍　生地　红花　桃仁　甘草

十四画以上

296. 膈下逐瘀汤（《医林改错》）五灵脂　当归　川芎　桃仁　丹皮　赤芍药　乌药　延胡索　甘草　香附　红花　枳壳
297. 增液汤（《温病条辨》）玄参　麦冬　生地
298. 增液承气汤（《温病条辨》）大黄　芒硝　玄参　麦冬　生地黄
299. 镇肝熄风汤（《医学衷中参西录》）淮牛膝　生龙骨　生白芍　天冬　生麦芽　代赭石　生牡蛎　玄参　川楝子　茵陈蒿　甘草　生龟板
300. 薏苡仁汤（《类证治裁》）薏苡仁　苍术　羌活　独活　防风　川乌　麻黄　桂枝　当归　川芎　生姜　甘草
301. 螵蛸丸（《类证治裁》）桑螵蛸（炙）　鹿茸（酥炙）　炙黄芪　煅牡蛎　赤石脂　人参　研末　山药糊丸
302. 黛蛤散（验方）青黛　海蛤壳
303. 藿香正气散（《太平惠民和剂局方》）藿香　紫苏　白芷　桔梗　白术　厚朴　半夏曲　大腹皮　茯苓　橘皮　甘草　大枣　生姜
304. 蠲痹汤（《百一选方》）羌活　姜黄　当归　赤芍　黄芪　防风　炙甘草　生姜

中成药

305. 小儿金丹片　朱砂　橘红　贝母　胆南星　前胡　玄参　半夏　大青叶　木通　桔

梗　荆芥穗　羌活　西河柳　地黄　枳壳　赤芍　钩藤　葛根　牛蒡子　天麻　甘草　防风　冰片　人工牛黄　羚羊角粉　薄荷脑

306. 牛黄清心丸　牛黄　水牛角　羚羊角　黄芩　白蔹　桔梗　杏仁　肉桂　蒲黄　柴胡　防风　人参　茯苓　白术　甘草　干姜　红枣　山药　当归　白芍　川芎　麦冬　阿胶　神曲　大豆卷　麝香　雄黄　冰片　朱砂

参考文献

1. 姚军汉. 中医学. 北京：高等教育出版社，2006.
2. 吴水盛，谭泰华. 中医学. 北京：北京大学医学出版社，2007.
3. 张珍玉. 中医学基础. 北京：中国中医药出版社，2009.
4. 张登本. 中医学基础. 北京：中国中医药出版社，2004.
5. 吴敦序. 中医病因病机学. 上海：上海中医学院出版社，1987.
6. 张发荣. 中医内科学. 北京：中国中医药出版社，2005.
7. 肖振辉. 中医内科学. 北京：人民卫生出版社，2010.
8. 凌锡森，王行宽. 中西结合内科学. 北京：中国中医药出版社，2001.
9. 赵尚华. 中医外科学. 北京：科学出版社，2004：78-81.
10. 顾伯华. 实用中医外科学. 上海：上海科学技术出版社，1985：426-458.
11. 古云飞. 中医外科学表解. 北京：人民卫生出版社，2009：53-56.
12. 张学军. 皮肤性病学. 6版. 北京：人民卫生出版社，2004：67-68.

参考文献